编委会

主　编： 戴伟华

副主编： 吴夏平　张　巍

编　委（按姓氏笔画排序）

肖瑞峰　吴在庆　陈尚君　胡可先

胡阿祥　查屏球　钱志熙　阎　琦

劉禹錫研究

偉華題

（第一辑）

主　编　戴伟华

副主编　吴夏平　张　巍

暨南大學出版社
JINAN UNIVERSITY PRESS

中国·广州

图书在版编目（CIP）数据

刘禹锡研究．第一辑／戴伟华主编；吴夏平，张巍副主编．—广州：暨南大学出版社，2017.5

ISBN 978－7－5668－2040－2

Ⅰ.①刘…　Ⅱ.①戴…②吴…③张…　Ⅲ.①刘禹锡（772—843）—人物研究②刘禹锡（772—843）—唐诗—诗歌研究　Ⅳ.①K825.6②I207.22

中国版本图书馆 CIP 数据核字（2016）第 325575 号

刘禹锡研究（第一辑）
LIUYUXI YANJIU（DIYIJI）
主编：戴伟华　副主编：吴夏平　张　巍

………………………………………………………………………………

出 版 人：徐义雄
策划编辑：潘雅琴
责任编辑：颜　彦
责任校对：周海燕　李林达
责任印制：汤慧君　周一丹

出版发行：暨南大学出版社（510630）
电　　话：总编室（8620）85221601
营销部（8620）85225284　85228291　85228292（邮购）
传　　真：（8620）85221583（办公室）　85223774（营销部）
网　　址：http://www.jnupress.com　http://press.jnu.edu.cn
排　　版：广州良弓广告有限公司
印　　刷：广州天虹彩色印刷有限公司
开　　本：787mm×960mm　1/16
印　　张：26.25
字　　数：502 千
版　　次：2017 年 5 月第 1 版
印　　次：2017 年 5 月第 1 次
定　　价：78.00 元

目　录

诗歌研究

刘禹锡的诗论与诗艺

钱志熙

唐代诗人多长于创作，对于诗道三昧，多是得之于心，应之于手，较少发为论言。唐代诗人论诗，最常见的一种做法，是在诗歌中表达写诗的一些心得，发表其对诗道与诗艺的主张。这种情况，让我们想起《山海经》中说的一种情况：有些鸟类是“其鸣自呼”“其鸣自詨”（《北山经》《东山经》），意思是鸟类的鸣声就是其名。诗人在写诗中发表诗论，也可以说是“其鸣自呼”，是一种最自然也最原始的论诗方式，《诗经》《楚辞》中不少诗论就有这样的。在这之后，诗论沿着两个方向发展：一种是学者的诗论，基本上将诗作为一种客观的对象来认识与论述，此派应该是导源于西周诗教大师，经先秦诸子至汉儒，下降及刘勰、钟嵘，即所谓文论家的诗论，常常与某种学术思潮与流派有关系，来源于经学、史学与文学等不同的方向；一种则是诗人的诗论，站在创作者立场，发源于前面所说的“其鸣自呼”式的诗论。魏晋诗人开其端，至南朝时候开始发展起来，鲍照与颜延之就曾讨论过颜谢诗的风格问题，其后如沈约、谢朓等人，都有一些论诗的文字。据钟嵘《诗品序》中所说：“观王公缙绅之士，每博论之余，何尝不以诗为口实，随其嗜欲，商榷不同。淄渑并泛，朱紫相夺，喧议竞起，准的无依。”可见当时诗坛论诗风气已经很盛，钟嵘也承认这是促使其著述《诗品》的重要原因，当时想做这工作的还有刘士章。

唐代诗论继南北朝诗论而来。初唐时期由于格律诗趋于定型，讨论声律、偶对、格式之类的著述开始出现；另一方面则是随着复古思潮的形成，复古诗学的理论与批评逐渐成为诗坛的主流。但唐人除了格式类著作外，没有出现像《诗品》《文心雕龙》那样体系完整、原原本本地叙述源流演变的诗学著作。唐人诗论的主流还是诗人论诗这一派，它的特点是形成鲜明的主张，并且通过一些富有美学思辨色彩的重要诗学范畴的建立而得以在创作实践中施行，其文本则是论诗、序跋、书信等不一。也因此让人产生一种印象，认为唐人缺少系统的诗论，其实这是一种误解。诗人论诗与其创作紧密相连，往往具有更加明确的宗旨及实践上的可行性。其美学价值，有时超过纯粹的理论著作。初唐陈子昂的汉魏风骨说和兴寄说影响最大，李、杜、王诸家也都有一些表明其创作主张性质的诗论，李尚自然，杜重法度，也都在他们的诗论中有所反映。如果能很好地联系这些诗论来研究他们的诗歌艺术，有时候能起到得其关键、纲举目张的效果。比用现代的、外来的理论来阐述，有时会让人觉得更省劲些，更能击中要害。当然，这些用古代的艺术范畴与表达方式来发表的诗论，有时还必要用现代美学的论述方式来阐述它。这可以说是一个有难度但必须做的工作。

刘禹锡就是一位在诗歌创作方面独具宗旨，在艺术上具有自觉意识的诗人。他不仅敏于诗艺，而且长于论诗，对诗歌艺术有系统全面的看法，代表着中唐时期诗歌理论与批评方法的转变。造成刘氏诗论之独特成就的，笔者认为主要有这么几个原因：一是盛中唐之际的诗学转型；二是刘氏在诗歌艺术上的丰富经验，尤其是他热衷于并时诸派而自成一家的艺术追求；三是他在哲学思想上的深厚造诣。唐代在诗歌上有独特建树的诗人，可以说都有其一家之诗学，却不一定都形之于理论。这是因为建构诗歌理论，提出独特的创作与批评的主张，不仅要有独到的创作经验，还要有一定的抽象思维能力，尤其是提出某种前人没有提过的理论范畴，需要有理论上的创造能力。刘禹锡在哲学上有很深的造诣，善于论辩义理，因此能将诗歌创作方面感性的经验提炼为一些重要的艺术范畴，用一种思辨的方式表达出来，达到了较高的理论水准。在唐代诗人的诗论中，刘氏无疑是在诗歌理论方面造诣较高的一位，对后世诗学的影响也比较深远。本文尝试对刘氏诗论的理论内涵作一阐述，并且解释其与刘氏独特的哲学本体论与认识论的关系，以及与中唐各派诗学的关系，最后联系刘氏诗论来分析其诗歌艺术的特点。

一

刘禹锡诗论的一个鲜明特点，就是注重具体的创作问题，它可以说是一种典型的创作论。它与同期的白居易诗论主要着眼于诗歌的伦理学问题不同，实际上反映了中唐诗学的一种转型。唐人的诗论，初盛唐的核心问题是提出复古主张，并且形成与具体创作相关的风骨、兴寄等范畴。但总的看来，初盛唐的诗论，除了格式派的讨论声律、修辞格式之外，重要诗人的诗论主要是阐述宗尚并提出鲜明的风格主张，多是以对前代艺术与当代艺术中的弊病为批判对象而建立的，带有明显的批判色彩。至于具体创作中的艺术表达问题，则是较少阐述的。关注创作中具体问题的论诗风气，也许是从杜甫开始的。杜甫在他的诗作中常常涉及具体的创作问题，提出“法”“神”等与具体的创作实践直接相关的概念。他自称“孰知二谢将能事，颇学阴何苦用心”（《解闷》）、“晚节渐于诗律细”（《遣闷戏呈路十九曹长》），这其中就包含着对于创作中具体问题的探讨，也包含了对如何实现诗歌之艺术本质的实践性探索。但是，杜甫开创的这种重视艺术的论诗方法，在中唐时期没有立即流行。由于安史乱后社会现实问题的突出，中唐诗学，从元结到元白、韩孟诸派，多引儒学入诗学，其诗歌理论与批评的重心仍然在政教主题与六义宗旨方面，可以说仍然是沿着初盛唐复古派的批判性思维方式来展开诗歌理论的建树及艺术上的实践的。尤其在诗论方面建树突出的元白一派，其诗论主要集中在乐府学方面，试图回归六义，其对当代艺术弊病批判之激烈，比之陈子昂、李白有过之而无不及。在唐诗艺术已经全面成熟，实际上已经达到高峰之后，仍然沿用批判思维来建构诗论，其局限性可想而知。韩孟一派诗学的核心宗旨，也还在于复古。他们沿着初盛唐风格复古的道路发展下来，最后走上自我作古的境地，表现为力矫圆熟的崇奇尚怪，体裁上尊古轻今。杜甫的法度、入神及“能事”之说，没有受到此派的充分重视。

事实上，盛唐风格的形成，并非只是依靠复汉魏之古这一方面，同时也是对齐梁诗艺进行丰富多样的借鉴与扬弃的结果，但在复古派的主流诗论中，一直无视这一方面的基本事实。相反，从元结到元白、韩孟两派，继续推激复古论，并且理论上趋于狭隘化。这造成诗学理论本身的一种不足，同时也影响了创作实践。元结诗艺的局限性、白居易诗艺的率易化，以及韩愈的以文为诗，某种意义上都是因为不重视诗歌艺术的本质和艺术规律所致。在这种情况下，中唐时期的一些诗家重新提出“诗道”的问题，并且不是简单重复风雅六义的诗教观，而是深入诗的艺术本质与艺术表现。皎然的《诗式》就是一个典型的例子。《诗式》以探索“诗道”自任，其论大历诗风云：“吾知诗道初丧，正在于此。”① 其《答权从事德舆书》中也说：“贫道隳名之人，万虑都尽，强留诗道以乐性情。”② 从这种思想出发，就是更多肯定了诗歌艺术本身的规律性，相对传统的一直从主体（实际上是社会性）来认识诗歌艺术，是一种推进。《诗式》中有两个重要的概念，一为“作用”，一为“作者”：

> 夫诗者，众妙之华实，六经之菁英，虽非圣功，妙均于圣。彼天地日月、元化之渊奥、鬼神之微冥，精思一搜，万象不能藏其巧。其作用也，放意须险，定句须难，虽取由我衷，而得若神授。至如天真挺拔之句，与

---

① 李壮鹰．诗式校注［M］．济南：齐鲁书社，1986：197.
② 李壮鹰．诗式校注［M］．济南：齐鲁书社，1986：280.

> 造化争衡，可以意冥，难以言状，非作者不能知也。①

这种论诗的方法，与传统的诗教之说不一样，也不是简单地提倡言志、抒情之旨，风骨兴象之美，而是强调创作本身，重视写物造诣、遣词造句、谋篇定式这些具体的艺术处理的问题，强调诗歌的最高境界，在于人工作用之极，而致于自然之妙。这与杜甫的由法度而入神的基本思想是一脉相承的，杜甫所说的“能事”，在这里得到了具体的展开。在取法上，皎然不仅重视汉魏，同时推崇晋宋齐梁，而对一直被复古派推为典范的陈子昂则表示了一定程度的质疑，认为卢藏用《陈子昂集序》对陈氏推崇太过，陈诗学阮诗，但没有达到阮诗的境界。又如他认为诗道之坏并不在齐梁，而在于大历诸家。这些地方，都可见皎然《诗式》对作为初盛唐诗学主流的复古派有所超越，直接地启发了刘禹锡的诗歌理论与创作实践。

刘禹锡的诗论正代表了诗学思想上的一种转型。他超越了批判思维与风格复古的诗学途径，摆脱传统诗教论，单纯地探讨创作本身的问题。刘氏虽然也发表“八音与政通，而文章与时高下”（《唐故尚书礼部员外郎柳君集纪》）②这样强调政教与文章关系的传统观点，但他思考的最主要问题是诗歌的审美特质与艺术规律，亦即从审美方面来探讨诗的本质，以及这种本质的实现。从唐代诗论的发展逻辑来看，这正是沿着杜甫、皎然的诗论而来的。从大背景来看，这是属于中晚唐之际开始流行的、着重于诗歌艺术本质的“诗道”“雅道”“诗旨”诸说中的一家之言。但中晚唐此派，包括皎然《诗式》在内，多陷格式之论。刘禹锡凭着他在诗歌创作方面的独特经验与杰出的思辨能力，形成系统的理论，既克服了风雅六义派终始停止在形而上层面的弊病，也超越了格式派的烦琐、拘泥，具有很高的美学价值。

刘禹锡诗论比较集中地反映在《唐故尚书主客员外郎卢公集纪》《董氏〈武陵集〉纪》《澈上人文集纪》这三篇文章中。在《唐故尚书主客员外郎卢公集纪》一文中他对诗质作了阐述：

> 心之精微，发而为文；文之神妙，咏而为诗。犹夫孤桐朗玉，自有天律。能事具者，其名必高。名由实生，故久而益大。③

---

① 李壮鹰. 诗式校注［M］. 济南：齐鲁书社，1986：1.

② 刘禹锡. 刘禹锡集：上［M］. 北京：中华书局，1990：236.

③ 刘禹锡. 刘禹锡集：上［M］. 北京：中华书局，1990：233.

这里作者首先肯定文章是心灵的表现，而诗更是一种神妙的东西，它的特质并非外在的、粗芜可见的，而是存在于一种微妙的状态中，非作者不能知。这种思想与上述皎然的看法是一致的。从语言艺术来看，诗并非日常的语言表达，甚至也不是一般书面语言的运用，而是一种特殊的语言艺术，或者说是创造诗美的一种语言艺术。所以，在表达的方式上，诗的表达与普通语言的表达是不一样的。这也是诗被称为一种艺术的原因。在《董氏〈武陵集〉纪》中刘禹锡又阐发了类似的观点：

诗者，其文章之蕴邪！义得而言丧，故微而难能；境生于象外，故精而寡和。①

所谓“文章之蕴”，亦即“文之神妙”的意思，“蕴”即幽隐微妙之意。刘氏的这种观点，是对传统的言志、缘情之说的发展。传统的言志、缘情之说，也是一种表现论，但主要是从诗的表现对象来规范诗的本质，而非从诗的自身审美特征来思辨诗的艺术本质与审美特性，也没有触及诗歌语言艺术的问题。刘禹锡在指出诗是心灵之精微神妙表现的同时，又指出诗还具有一种似乎外在于我们主观认识的自在的本质，即他所说的“犹夫孤桐朗玉，自有天律”。这样的探讨，当然是指向诗的艺术规律的。这种审美规律的接近与实现，在诗人一方面来说，就称为“能事”，所以他说“能事具者，其名必高”。前引杜甫论诗，有“孰知二谢将能事，颇学阴何苦用心”之说，可见刘氏的这种诗论，从逻辑发展来看，是直接着杜氏诗论的。杜甫在诗歌艺术方面的巨大推进与其日常究心诗艺之多，远过并时的诗人。刘禹锡也是在艺术上做了不少独特尝试的诗人，所以他们不约而同地关注到创作中的艺术规律问题，不是偶然的。刘禹锡既强调诗美具有一种客观的规律性的表现，同时也认为这种诗美是通过心灵的精微神妙的表现来达到的。他的观点，比较接近于美是主客观的统一这种思想。

在《董氏〈武陵集〉纪》中，刘禹锡进一步展开他对诗的审美本质与艺术规律的探讨，将其放在实际的诗史与诗体的整体中来把握，并集中到“诗道”这一诗学理论的终极性范畴之上：

片言可以明百意，坐驰可以役万里，工于诗者能之。风雅体变而兴同，古今调殊而理冥，达于诗者能之。工生于才，达生于明，二者还相为

① 刘禹锡．刘禹锡集：上［M］．北京：中华书局，1990：238.

用，而后诗道备矣！①

上述诗论包蕴极其丰富，可以说是刘氏一家之“诗道说”，是他对诗歌艺术系统、完整的表达。这段诗论所阐述的仍然是诗的本质及其实现的问题。所谓诗的本质，就如哲学家所说的世界本体一样，是一种高度抽象的东西，但它并非某种先天的存在，而是表现于古今中外一切诗歌之中，古今之诗形异而质同。所谓“风雅体变而兴同，古今调殊而理冥”，就是认为古今诗歌虽存在于不同的体制、格调之中，但其中体现着诗之为诗的共同性的艺术本质，蕴含着诗的艺术规律。“兴同”“理冥”，正是一种“天律”的作用。古今论诗，都重视诗的本质与统一性，但具体指出者少，刘禹锡的这一阐述，是对诗的艺术本质的高度概括。刘氏诗论之高明之处，不仅在于指出诗的本质与艺术规律，而且更主要的是要探讨这种本质在具体诗歌中的实现问题。在这里，他提出“工生于才，达生于明”这样的看法。“工”与“才”、“达”与“明”四个概念，涉及诗人主体的才性与学养的各个方面。诗的出色的表现，或者说完美、成熟的诗句的产生，从个体与局部来看，好像是一种才性的实现，即所谓“工生于才”。但是诗人如果局限于具体的诗歌创作中，不积累他的诗学，将其对诗的追求尽可能推广到他所能接触到的古今中外广阔的诗歌传统与诗体领域，则不能形成其对诗的本质的高度悟解，所以刘氏主张从古今不同的体调中体会诗兴之同，以求冥合诗理，此即所谓“达生于明”。只有做到“工生于才”与“达生于明”的结合，才可以算是“能事具者”，亦即“诗道备矣”。从这里可以看出，刘禹锡对于诗歌创作问题的认识是全面的。同时，从“风雅体变而兴同，古今调殊而理冥”可以看出，刘禹锡不只是超越了简单的风雅说、汉魏说的论诗方法，而且从本质论出发审视古今一切诗艺，承认诗史上体制风格的变化，超越了复古论的思维方式。

刘禹锡对诗歌艺术本质最重要的阐述，还是下面这一段话，它提出更具思辨性的义与言、境与象的问题：

诗者，其文章之蕴邪！义得而言丧，故微而难能；境生于象外，故精而寡和。千里之缪，不容秋毫。非有的然之姿，可使户晓。必使知者，然后鼓行于时。②

---

① 刘禹锡．刘禹锡集：上［M］．北京：中华书局，1990：237.
② 刘禹锡．刘禹锡集：上［M］．北京：中华书局，1990：238.

这里涉及诗歌意象的创造方面的一些原则。其中最精到的是，刘禹锡触及了语言表达与创造诗意的辩证关系。诗通过语言来生成，但是诗意并不为语言所限，或者说并不直接存在于语言中。因为语言的基本因素，如形、音、义、字、词、语法等，是一种共性、抽象性的东西；而诗歌所要创造的美，是充分个性化、新颖化的。诗即存在于语言的共性与诗意个性的辩证关系之中。诗依赖于语言而超越于语言。语言对诗意的创造来说，只是一种工具，所谓“义得而言丧”，这里明显受到道家与玄学的影响。除了言义之说外，刘氏还提出更重要的境象之说，即所谓“境生于象外，故精而寡和”，以象论文，渊源久远，刘勰《文心雕龙·神思》中就将象作为构思论里面的重要范畴，提出“独照之匠，窥意象而运斤”，“神用象通，情变所孕”这样的说法，触及我们今天所说的艺术形象的问题。[①] 兴象范畴的提出及在创作中的自觉认识，可以说是六朝以来情景诗学的一个结晶，也是对形似体物的六朝诗风的一种提高。盛唐殷璠在《河岳英灵集》中多次使用“兴象”概念，唐人诗歌中也频繁地提及兴象、物象等概念，说明“象”“兴象”等概念在盛唐时期已有较多使用。“境”这一概念主要来自佛学，天台宗、禅宗、唯识宗等派都频繁地使用这一概念。在佛教的色空观念中，“境”带有消极性，佛教认为境为心所攀缘所生，毕竟归空。所以佛教是要求离境而悟空的。当然，中观与唯识都对境有辩证的看法，物境之外，还有法境。也许正是这个原因，“境”获得了某种积极的性质，到了诗歌创作中，就成了一个积极、审美的概念了。佛教还充分地探讨了“境”中的主客观问题，使其境论具有广义的美学性质。因此，从佛教的境界哲学到诗歌的境界说，是一种很自然的过渡。中唐时期，无论是诗人的日常写诗，还是诗论家的论诗，“境”都已经是一个重要范畴。其中王昌龄《诗格》的三境说、皎然《诗式》的取境说最为著名，已为研究古代境界说的论者所充分关注。刘禹锡少年时曾在吴兴从诗僧皎然、灵澈学诗，其诗境说无疑受到皎然等人的影响。但从刘氏“义得而言丧，故微而难能；境生于象外，故精而寡和”来看，他用“义”与“境”来揭示诗歌的本质，即诗歌在表达情意的时候，所创造的是一种超越于语言之上的“义”，这种“义”是只可意会不可言传的。而诗在写景、体物等方面，则要创造一种象外之境，即超越在景象、景物之上的一种境界。可以说，刘氏的“义境说”是指出诗歌的审美特质的，而非仅仅将境作为诗歌的一种表现要素。

根据上面的分析，我们大致已经弄清楚刘禹锡在唐代诗论发展中的位置，即他已经脱离了复古派诗学批判性的思维方式，摆脱了以齐梁陈隋诗为靶的论

① 范文澜．文心雕龙注：下册［M］．北京：人民文学出版社，1958：493.

诗方式，也超越了纯粹的风格论的范畴。他的诗论，转向正面地探讨诗歌的艺术特质以及它的创造问题，为后世诗学的创作论奠定了基础。同时，他的诗论与诗歌审美理想，也超越于宗派之上，不同于并时的元白、韩孟等派的诗论，后者具有明显的宗派性质。这与刘氏在诗歌艺术方面独立于中唐后期两派之外，自成一家之体的创作实践是一致的。

二

刘禹锡之所以能提出上述富于思辨性、具有丰富的美学思想的诗歌理论，是与他在哲学上的造诣分不开的。刘禹锡对于诗歌艺术本质及其规律的认识，与他在哲学本体论与认识论上所达到的高度是一致的。

刘禹锡在思想上对释道诸家都有汲取，但并非简单地拼合几家思想，而是通过自己的思考形成对世界本体及事物本质的独特看法。他最著名的思想就是《天论》中所表达的“天人交相胜”的思想，指出天道与人事是两个不同的范畴，那种认为一切人事的祸福都决定于天道的认识是错误的。同样，认为人事祸福与天道无关，善恶无凭，陷入不可论的认识，也是错误的。刘禹锡认为天道与人事是相互影响并且相对着的，它们各循着自己的立场来起作用。就人类的行动所造成的效果来看，其中也可以分析为天与人两种形态。在人类社会的组织与规则淡薄的场合，人类的行动及其所造成的结果更多受到自然力支配，表现为天胜；而在人类社会的组织与规则高度发达的场合，人类的行动及其所造成的结果更多地受到社会规律的支配，则表现为人胜。这就是刘禹锡《天论》的基本内涵，是他独特的通天人之际的思考方式，也是他的历史观与审美观的基础。这种思想对刘禹锡的诗歌创作也有影响，尤其是他最擅长的咏史、怀古一类的诗，里面就表现出“天人交相胜”的思想：

> 山围故国周遭在，潮打空城寂寞回。淮水东边旧时月，夜深还过女墙来。(《石头城》)①

> 朱雀桥边野草花，乌衣巷口夕阳斜。旧时王谢堂前燕，飞入寻常百姓家。(《乌衣巷》)②

---

① 刘禹锡. 刘禹锡集：上［M］. 北京：中华书局，1990：300.
② 刘禹锡. 刘禹锡集：上［M］. 北京：中华书局，1990：310.

西晋楼船下益州，金陵王气黯然收。千寻铁锁沉江底，一片降幡出石头。人世几回伤往事，山形依旧枕寒流。今逢四海为家日，故垒萧萧芦荻秋。(《西塞山怀古》)①

南国山川旧帝畿，宋台梁馆尚依稀。马嘶古树行人歇，麦秀空城野雉飞。风吹落叶填宫井，火入荒陵化宝衣。徒使词臣庾开府，咸阳终日苦思归。(《荆门道中怀古》)②

刘禹锡的这种表达方法，也许可以用“人世几回伤往事，山形依旧枕寒流”这一联来概括。在这里，存在着自然与人事两种力量，当人事消去，自然便呈现出它的本然状态。但对人类来讲，这并非本然状态，而是经历过一番人事的。所以，表现自然的本然状态，正是从另一个方面衬托人事的消磨。感喟人事代谢，一切终归于自然，粗看仍是传统的虚无之感的抒发，实际是作者对“天人交相胜”的一种具象的演示，有较深的历史思考。这种传统的以自然衬托人事的表达方法，之所以在刘禹锡这里得到出色的发展与频繁的使用，正是作者上述思想的结晶。

刘禹锡上述对于天人关系的看法，很大程度上是围绕认识论而展开的，同时也触及本体问题。在认识问题上，他是持可知论的态度的。但他的可知论并非粗芜的、直观的机械唯物论，而是带有较强的思辨哲学的意味，其中最重要的概念就是“数”。在《天论》中，他通过行舟这一事实来阐述存在其中“天人交相胜”的道理，指出一次舟行的成败夷险是天与人两方面因素共同作用的结果，其相约的东西，则可称为“数”：

问者曰：“吾见其骈焉而济者，风水等耳，而有沉有不沉，非天曷司欤?”答曰：“水与舟，二物也。夫物之合并，必有数存乎其间焉。数存，然后势形乎其间焉。一以沉，一以济，适当其数乘其势耳。彼势之附乎物而生，犹影响也。本乎徐者其势缓，故人得以晓也；本乎疾者其势遽，故难得而晓也。”③

由此出发，他认识到一切事物都是可以认识的，包括本体的、抽象的东

① 刘禹锡．刘禹锡集：上［M］．北京：中华书局，1990：300.
② 刘禹锡．刘禹锡集：上［M］．北京：中华书局，1990：302.
③ 刘禹锡．刘禹锡集：上［M］．北京：中华书局，1990：70.

西，也无不依于具象而显现。由此，他既超越了佛教与道教的归之于上天、三世报应的果报之说，同时也超越玄学中的不可知、不可言的一派：

> 问者曰："天果以有形而不能逃乎数，彼无形者，子安所寓其数邪？"答曰："若所谓无形者，非空乎？空者，形之希微者也。为体也不妨乎物，而为用也恒资乎有，必依于物而后形焉。今为室庐，而高厚之形藏乎内也；为器用，而规矩之形起乎内也。音之作也有大小，而响不能逾；表之立也有曲直，而影不能逾。非空之数欤？"……吾固曰："以目而视，得形之粗者也；以智而视，得形之微者也。乌有天地之内有无形者邪？古所谓无形，盖无常形耳，必因物而后见耳。乌能逃乎数邪？"①

"希微"是老子的哲学概念，"空"是佛教的概念。刘禹锡的上述范畴渊源于佛老的本体论，但发展出自己的"数"的概念，将上述哲学本体论阐发于一种可知论的哲学。由这种可知论出发，刘禹锡对于言与意的关系，既不是简单的言可达意论者，也不是神秘的言不可达意一派，而是强调通过表达者的主体与适当的方法的运用，不但可以认识事物，并且可以通过语言来表达这种认识。所以，他接受禅宗的真空妙有之说，认为空宗妙理是"得之自然，竟不可传。口传手付，则碍于有"（《大唐曹溪第六祖大鉴禅师第二碑》）②。这就是同意老子等人的道不可言、名不可名的观点，也接受佛教不可言说之义。但是从上述他阐述"古所谓无形，盖无常形耳，必因物而后见耳。乌能逃乎数邪"的观点来看，他并没有停止在上述佛道认识哲学的不可知论的层次上，而是认为认识虽然是不可穷究性的，但并非不可知、不可达。这种思想，在他的《问大钧赋》中表达得比较清楚。他一方面说大钧之神，不可名状，"强名之曰大钧"，然"天为独阳，高不可问"，同时又提出对这种鸿蒙恍惚的对象的一种把握与表达的方法："身执其权，心平其运。循名想象，斯可以讯。"③所谓"身执其权，心平其运"，与"数"的思想是相通的，也可说"权"与"运"是"数"的另一种说法，此"权""运"存乎于天人之际，却是身心所能掌握的，由此出发，循名想象，则天道之微妙，人事之变幻，概可认识与表达。他在《袁州萍乡县杨岐山故广禅师碑》中，又对名与道、内与外的关系

① 刘禹锡．刘禹锡集：上［M］．北京：中华书局，1990：71.
② 刘禹锡．刘禹锡集：上［M］．北京：中华书局，1990：52.
③ 刘禹锡．刘禹锡集：上［M］．北京：中华书局，1990：1.

作了这样的阐述："名自外得，故生分别；道由内证，则无异同。"① 这都说明刘禹锡在认识论问题上有很深的思辨，并且形成他自己的一种言意说与表达论。

刘禹锡对诗道的认识，也是建立在上述认识论的基础上的。他强调诗道的精妙幽微，"微而难能"，"精而寡和"，"千里之缪，不容秋毫，非有的然之姿，可使户晓"，但并非不可认识、不可表达，所谓"风雅体变而兴同，古今调殊而理冥"。不仅诗道可知、可行，并且"必使知者，然后鼓行于时"。所以，他对于美的认识，既不是神秘的不可知论者，也不是简单的客观论者。他认为美可以表现，可以实现，对创造艺术形象与境界持一种积极的态度，所谓"片言可以明百意，坐驰可以役万里"的表现论，正是建立在言可达意论的认识上。由此可见，刘禹锡的诗学思想中包含着一种哲学的思辨色彩。

刘禹锡的诗歌思想，重视作者心灵的作用，强调作者对于诗歌艺术本质的认识与规律的掌握。这与他在哲学思想上接受佛教中华严宗、禅宗的心性哲学有关。他对佛教开启人心的作用给予极高的评价：

> 虽如来灭后，中五百岁而摩腾竺法兰以经来华，人始闻其言。犹夫重昏而见昒爽。后五百岁而达摩以法来华，人始传其心。犹夫昧旦之睹白日。自达摩六传至大鉴，如贯意珠，有先后而无同异。世之言真宗者，所谓顿门。②

这种重视心性的哲学，就是刘禹锡美学思想的基础。但刘禹锡并不接受佛道两家的祛情、色空之说，而认为情为人心的根本：

> 人之所以取贵于蜚走者，情也。而诞者以遣情为智，岂至言邪！(《伤往赋·序》)③

人的本质，不仅存在于人的生物本性之中，同时存在于社会关系之中。遣情为智的玄学观念，如果推至极端，同样是否定了人的存在本质。刘禹锡的这种思想，也是超越于当时一般文人的认识水平，可见他是很具独立思考意识的。

---

① 刘禹锡．刘禹锡集：上［M］．北京：中华书局，1990：57.
② 刘禹锡．刘禹锡集：上［M］．北京：中华书局，1990：51.
③ 刘禹锡．刘禹锡集：上［M］．北京：中华书局，1990：9.

在上述心本与情本思想的基础上，他对于物与情的关系也有清晰的剖判。其《望赋》就涉及这方面的问题：

邈不语兮临风，境自外兮感从中。晦明转续兮，八极鸿蒙。上下交气兮，群生异容。发孤照于寸眸，骛遐情乎太空。物乘化兮多象，人遇时兮不同。嗟乎！有目者必骋望以尽意，当望者必缘情而感时。[①]

其《洗心亭记》也涉及情境关系：

征其经始，曰僧义然。啸侣为工，即山求材。般高孕虚，万景坌来。词人处之，思出常格；禅子处之，遇境而寂；忧人处之，百虑冰息。[②]

《刘氏集略说》自述其沅、湘间的创作云：

及谪于沅、湘间，为江山风物之所荡，往往指事成歌诗，或读书有所感，辄立评议。[③]

这些诗论，都是继承以刘勰为代表的传统物色论。虽然不像上述表达论那样富于独创性，但要全面地认识刘禹锡的诗学思想，也是不可忽略的。另外，《望赋》和《洗心亭记》中都提到“境”的问题，对于我们全面认识刘氏的境说也是很重要的。联系前面讨论的刘禹锡的意境之说，可知刘禹锡的“境”主要指外在万物，而情主于内，两者相凑而生贯乎内外之万象。诗歌艺术是引入外境而造内境的。他的诗句“境入篇章高韵发”（《夏日寄宣武令狐相公》）[④] 也表达了这样的认识。所以“境生象外”，阐述的是主客观相凑合、相交融的审美境界，诗歌艺术就是要创造这种主客相融的境界。

三

刘禹锡的诗论和他的诗艺是相应的，或者说是他实践的反思与总结。关于

---

① 刘禹锡．刘禹锡集：上［M］．北京：中华书局，1990：14.
② 刘禹锡．刘禹锡集：上［M］．北京：中华书局，1990：111.
③ 刘禹锡．刘禹锡集：上［M］. 北京：中华书局，1990：251.
④ 刘禹锡．刘禹锡集：下［M］. 北京：中华书局，1990：463.

刘禹锡的诗风及其在中晚唐诗风演变中的位置，瞿蜕园做过这样的概括：

> 刘禹锡诗上承大历而予以新变，善用典实而透脱不滞，词采丰美而笔致流利，特别是其中的豪健之气，矫拔之致，读来别有一种深长的韵味，在当时就赢得白居易“诗豪”之赞。在诗史上与乐天并称刘白。其实刘诗拔戟自成一队，对后来温李诗派，有多方面的影响。①

刘禹锡的诗歌，尤其是在近体方面，与大历诗风也有一定的渊源关系。大历诗风主要是沿承盛唐正宗的艺术风格而发展的，属于表现诗学的范畴。其高处仍然能够做到兴象高妙、格律精深，但低处则又返回到齐梁以形似写物为工的途径。皎然《诗式》对这一派有所批评：“大历中，词人多在江外，皇甫冉、严维、张继、刘长卿、李嘉佑、朱放，窃占青山白云、春风芳草以为己有。吾知诗道初丧，正在于此，何得推过齐梁作者?”② 皎然虽然说“何得推过齐梁作者”，其实此风正是齐梁以物色为工之诗风的再现。刘禹锡早年生活于吴兴一带，他的诗学正是在上述“词人多在江外”的背景下培养起来的，所以与大历诗风实有很深的关系。尤其是刘诗长于物色，工于情景，精于用典，都是大历诗风的影响。我们看《和李相公平泉潭上喜见初月》，正是标准的大历风格：

> 家山初见月，林壑悄无尘。幽境此何夕，清光如为人。潭空破镜入，风动翠蛾颦。会向琐窗望，追思伊洛滨。③

这种诗歌力求写出情景中的一种幽微之致，达到有寄托入、无寄托出的圆融境界，正是大历诗中的高格，直接发源于王孟，但有些流于绮丽了。又如《和令狐相公晚泛汉江书怀寄洋州崔侍御阆州高舍人二曹长》：

> 雨过远山出，江澄莫霞生。因浮济川舟，遂作适野行。郊树映缇骑，水禽避红旌。田夫损舂锸，织妇窥柴荆。古岸夏花发，遥林晚蝉清。沿洄方玩境，鼓角已登城。部内有良牧，望中寄深情。临觞念佳期，泛瑟动离

---

① 瞿蜕园．刘禹锡集笺证［M］．上海：上海古籍出版社，1989：3.

② 李壮鹰．诗式校注［M］．济南：齐鲁书社，1986：197.

③ 刘禹锡．刘禹锡集：下［M］．北京：中华书局，1990：551.

声。寂寞一病士，夙昔接群英。多谢谪仙侣，几时还玉京?[①]

此诗也是比较典型的大历风格，通过物色的描写创造一种雅丽的风格，但其中又澜入疏野质朴的成分。此类诗还是可举出好些，如“树含秋露晓，阁倚碧天秋。灰琯应新律，铜壶添夜筹。商飙从朔塞，爽气入神州。蕙草香书殿，槐花点御沟”（《早秋集贤院即事》）[②]，“晴烟沙苑树，晚日渭川帆”（《贞元中侍郎舅牧华州时余再忝科第前后由华觐谒陪登伏毒寺屡焉亦曾赋诗题于梁栋今典冯翊暇日登楼南望三峰浩然生思追想昔年之事因成篇题旧寺》）[③]，工写物色而近于丽，但在刘禹锡的诗体上，不算是最高的造诣。由此可见刘诗与大历诗风有较深的渊源关系。但是整体上看，刘禹锡在创造诗境时，又不屑于形似之工，而是力破大历圆熟之格，追求写物入神，离形得似，形成一种豪健清拔的风格，这是对大历诗风的一种超越。比如他的七律也多用情景交融之法，与刘长卿不无渊源关系，但形成了深劲格调、笔力健拔、意境幽深的风格，是与长卿体不同的。比如其《松滋渡望峡中》：

渡头轻雨洒寒梅，云际溶溶雪水来。梦渚草长迷楚望，夷陵土黑有秦灰。巴人泪应猿声落，蜀客船从鸟道回。十二碧峰何处所，永安宫外是荒台。[④]

这种诗歌，从物色形容出发，通过用典带出怀古韵味，与刘长卿诗纯从物色形容中寄兴幽微有所不同。可是刘长卿诗之长于境韵相生，这方面对刘禹锡诗是有影响的，但刘禹锡诗境更趋于实。从境界上看，刘禹锡诗对刘长卿诗有很大的突破，由此出发生成一系列的怀古七律，如《西塞山怀古》《汉寿城望春》《荆门道怀古》等名作，由大历情韵出发，返回到老杜咏史怀古的意境，但又在杜律外自成一格。从中我们可看到刘禹锡怎样融化前人的艺术经验，创造出一家的独特风格。

刘禹锡与元白、韩孟两派也有共同趋诣，与白居易尤多唱和，可以说是“元和体”主要作者之一。但从整体的风格来看，刘氏与两派都有所不同，能够“拔戟自成一队”。他们都面临如何突破大历诗风这一共同问题，但解决办

① 刘禹锡．刘禹锡集：下［M］．北京：中华书局，1990：473.
② 刘禹锡．刘禹锡集：下［M］．北京：中华书局，1990：284.
③ 刘禹锡．刘禹锡集：下［M］．北京：中华书局，1990：471.
④ 刘禹锡．刘禹锡集：上［M］．北京：中华书局，1990：305.

法则有所不同。如果说大历诗风是拘守着盛唐正宗的表现之美而流于徒工物色，丧失风骨，并且丧失兴寄之旨，元白一派则是重新提倡诗歌的政教功能，但普遍流于平易，并且表现出注重思想内容而轻视艺术表现的倾向，其近体诗仍不免于流连风物，并且精警尚不及大历诸家。韩孟一派针对大历诗风的圆熟，表现出务去陈言、力求奇崛的倾向。两派的表现，颇有过犹不及之嫌，对于已经成熟的盛唐诗歌的美学风格，都有所丧失。这两派的艺术倾向对刘禹锡都有所影响，刘诗在刻露浮现方面近于元白，也受到了韩孟派妥贴力排奡的影响，但表现得不是那么明显。事实上，强调诗歌的审美本质，提倡“诗道”，认为“风雅体变而兴同，古今调殊而理冥”，提出“工于诗”“达于诗”的主张，则不仅是纠正大历之失，也是有鉴于并时两派在创造诗美方面的缺失与走样。同样，他感叹创造诗境之难，诗道“非为的然之姿可使户晓”，正是针对中唐各派诗风在审美上的缺失而发的。

元白派将革新的努力放在内容方面，尤其是讽喻类作品重视现实性主题。韩孟派在内容上则有崇奇尚怪的倾向，并且追求风格上的创新。刘禹锡与这两派不同，他的诗歌在表现内容方面并没有特别的崇尚，也不以题材方面的开辟与风格的尚奇见长。比之盛中唐的诸大家诗来，刘诗可以说并没形成鲜明的风格个性与题材类型，而是将主要的努力放在艺术表现方面，具有很高的随物赋形、随类赋彩的能力；并且重视事物特征的描写。唐人普遍认识到诗歌的情性宗旨，所以唐诗具有很强的抒情性；但是所谓情性，其实不仅是指诗人的主观精神方面的内容，同时也指事物的情性，也即事物的特征。只有做到主观情性与事物特征的统一，才算是传神的艺术。刘诗不仅充分表现作者的个性，并且能写物之性情，达到了内外的统一。比如他的《秋词二首》其一：

自古逢秋悲寂寥，我言秋日胜春朝。晴空一鹤排云上，便引诗情到碧霄。①

这里不仅写出秋的特殊神韵，而且写出了作者的性情，所以能够超出陈陈相因的悲秋老套。又如《赏牡丹》一诗：

庭前芍药妖无格，池上芙蕖净少情。唯有牡丹真国色，花开时节动京城。②

---

① 刘禹锡．刘禹锡集：下［M］．北京：中华书局，1990：349.
② 刘禹锡．刘禹锡集：下［M］．北京：中华书局，1990：335.

这里写了三种花，各能得其性情，而其褒贬之词中，寄托了作者的感情，也是做到了通过写物之性情而达到写人之性情的效果。在形象的创造方面，刘诗常给人以戛戛独造的感觉。但它用来表现情感、意兴的形象本身又都是常见的，并非搜奇索隐，也不陷于僻仄，不像李贺的诗歌那样，通过变幻常境达到个性的创造。刘禹锡诗歌的物象与情思本身都属于常境，但表达的方式却又新颖奇警，也就是他自己所说的“思出常格”。用我们今天的语言来说，就是构思的迥出意表，他的近体名作在这方面表现得最为突出。如《金陵五题》中的《石头城》《乌衣巷》两首，是写历史的兴废、人事的代谢，用的都是常境，但通过“淮水东边旧时月，夜深还过女墙来”写石头城的兴亡往事，用“旧时王谢堂前燕，飞入寻常百姓家”写六朝贵族的衰落，可以说正是“思出常格”。

刘禹锡不仅工于随类赋形，而且有重要的特点，就是对于一些抽象的、难以表达的内容，运用比喻、托兴的方法，将其出色地形容出来，让人觉得有匪夷所思之妙。比如《苏州白舍人寄新诗有叹早白无儿之句因以赠之》一诗，用“雪里高山头白早，海中仙果子生迟”这样的意象来表达，不仅新奇，而且能婉转尽情。[①] 又如《酬乐天扬州初逢席上见赠》用“沉舟侧畔千帆过，病树前头万木春”这两个形象来写“二十三年弃置身”“到乡翻似烂柯人”这种迟暮失落的情绪。[②] 又如《答乐天所寄咏怀且释其枯树之叹》“骊龙颔被探珠去，老蚌胎还应月生”，也是摄象来兴喻，慰其枯树之叹。[③] 再如《乐天寄重和晚达冬青一篇因成再答》：“秋隼得时陵汗漫，寒龟饮气受泥涂。”[④] 又如《牛相公见示新什谨依本韵次用以抒下情》用“雨天龙变化，晴日凤骞腾”来比喻牛僧孺的诗歌。[⑤] 刘禹锡的这种表现艺术，正是他自己所说的“片言可以明百意，坐驰可以役万里”，也是“思出常格”的一种表现。

刘诗追求“思出常格”，将“片言可以明百意，坐驰可以役万里”作为“工于诗”的目标。他诗歌的整体成就是与此相符的。卞孝萱、吴汝煜曾经联系刘氏诗论来分析其表现艺术：

> 刘禹锡认为诗歌应力求“片言明百意”，“境生于象外”（《董氏〈武陵集〉纪》）。前者主要指精炼，后者指含蓄。他的诗歌正好两者兼而有

---

① 刘禹锡．刘禹锡集：下［M］．北京：中华书局，1990：419.

② 刘禹锡．刘禹锡集：下［M］．北京：中华书局，1990：421.

③ 刘禹锡．刘禹锡集：下［M］．北京：中华书局，1990：440－441.

④ 刘禹锡．刘禹锡集：下［M］．北京：中华书局，1990：448.

⑤ 刘禹锡．刘禹锡集：下［M］．北京：中华书局，1990：502.

之。方回用“句句精绝”（《瀛奎律髓》卷二七）、“言言精确”（《瀛奎律髓》卷三）来形容这一特色，可谓十分恰当。①

卞、吴两位先生也认为刘氏诗歌用典精切，并认为“他的诗歌含蓄有致，显然与用典精切有关，但主要还是得力于构思的巧妙”，“长于用曲笔”。其中“怀古诗最多韵外之致”，“往往从眼前的景物出发，驰骋丰富的想象，在对历史现象作深刻艺术概括的基础上，对古今隐微相似的某一端加以点染，因此形象鲜明而又发人深思”。②

通过“片言可以明百意，坐驰可以役万里”，他提出了“言”“意”“景”等问题，即以简练的语言表达丰富的意蕴，并可以引起读者丰富的联想。尤其是强调诗是一种想象力的实现，所谓“坐驰可以役万里”，避免了将诗歌的体物造境看成一种摹写形似的作法。即使是在看似直写景物的诗句中，想象力也是必具的元素。像“千里莺啼绿映红”这样看似摹景的句子，其实也体现了想象力的作用。明人不知此理，将“千里”改为“十里”，就是没有体会到“坐驰可以役万里”的原理。缺乏想象力的作品，自然无法引起读者丰富的联想，达不到兴感的作用。这已经触及写景与造境的问题。

刘诗并不停留在一般的情景表现上，而是上升到对境象的追求，即他自己所说的诗歌要有“境外之象”。中唐揭诗境之说者，多为诗僧及浸淫佛学较深的诗人。同时，皎然论诗重视诗歌的表现艺术，对刘氏也是深有启发的。但皎然具体的论诗宗旨多拘于格法，刘禹锡的诗论则富于思辨性，非格式之学。可见其对于皎然的理论，是能入又能出的。另外中唐诗僧之诗，多入僻境，刘氏在《澈上人文集纪》中对此有所批评：

> 世之言诗僧多出江左。灵一导其源，护国袭之。清江扬其波，法振沿之。如幺弦孤韵，瞥入人耳，非大乐之音。独吴兴昼公能备众体。昼公后，澈公承之。至如《芙蓉园新寺》云：“经来白马寺，僧到赤乌年。”《谪汀洲》云：“青蝇为吊客，黄耳寄家书。”可谓入作者阃域，岂独雄于诗僧间邪？③

可见刘氏虽与江左诗僧多有接触，能识其短。与诗僧这种“幺弦孤韵”

① 刘禹锡．刘禹锡集：前言［M］．北京：中华书局，1990：10.
② 刘禹锡．刘禹锡集：前言［M］．北京：中华书局，1990：10－11.
③ 刘禹锡．刘禹锡集：上［M］．北京：中华书局，1990：240.

相近的是中唐后期开始流行的贾姚一派的苦吟诗风，虽然他们也十分重视境象之旨，追求警醒之句，并且力求通过写景、叙述的真切而发生一种韵味，像上面刘氏所举灵澈“经来白马寺，僧到赤乌年”“青蝇为吊客，黄耳寄家书”，不仅对仗新奇精绝，而且一写佛寺来历之悠久，一写独客孤迥之态，都符合他所说“义得而言丧，故微而难能；境生于象外，故精而寡和”的审美要求。刘禹锡与这种磨镌物象、苦吟为工的诗僧派、贾姚派诗风，也有接近的地方。尤其是他的一些五律诗，境界近于此派。如《南中书来》：

君书问风俗，此地接炎洲。淫祀多青鬼，居人少白头。旅情偏在夜，乡思岂唯秋？每羡朝宗水，门前日夕流。①

又如《提招隐寺》：

隐士遗尘在，高僧精舍开。地形临渚断，江势触山回。楚野花多思，南禽声例哀。殷勤最高顶，闲即望乡来。②

但诗僧及苦吟派诗人的创作，多入于幽僻之境，大多数作品又流于形似写物，失去兴寄之旨。刘禹锡认识此派为“幺弦孤韵”，“非大乐之音”，并没有为其所限。即使上述这两首接近苦吟派作风的诗，其情境仍较贾姚一派开阔。而他的大多数五律，都具有风格高朗、思致骞腾之美。可以说，刘禹锡与苦吟派都强调情景之工，都讲究境象，但刘禹锡能避免幽僻仄径，自造通途，继承了盛唐诗歌的高远之境。

唐代诗人在学习前人与同时代的诗歌艺术方面的主要方法是风格学习。刘禹锡在这方面与一般的表现有所不同，他很少走风格模拟的道路，也不走宗法某一大家的道路，所以能不为古今大家与时流所笼罩，自成一格。我们看杜诗应该是对刘禹锡有很大启发的，尤其是那些偏重物色情景的诗歌，应该是刘诗的渊源所自。但杜诗沉郁顿挫，刘诗豪健清拔，风格上是很不一样的。这在两家的咏史怀古诗中表现得很清楚。杜甫的《咏怀古迹》咏诸葛亮事迹，寄慨深沉；刘禹锡的咏史怀古之作，表现的形象也都十分鲜明生动，并多感慨，但总体上看，是一种冷峻清醒的态度。即使是对于他怀有较深同情的对象，写起来也有一种置身事外的冷静态度。如他的《经伏波神祠》：

---

① 刘禹锡．刘禹锡集：下［M］．北京：中华书局，1990：575.

② 刘禹锡．刘禹锡集：下［M］．北京：中华书局，1990：575.

蒙蒙篁竹下，有路上壶头。汉垒麏鼯斗，蛮溪雾雨愁。怀人敬遗像，阅世指东流。自负霸王略，安知恩泽侯？乡园辞石柱，筋力尽炎洲。一以功名累，翻思马少游。①

这些诗的情景描写受到杜甫的影响，“怀人敬遗像”与杜甫《咏怀古迹》其五“宗臣遗像肃清高”不无肸蠁相通之处，但整首诗表现的风格与杜诗的沉郁顿挫颇不一样。上诗先是逼真地描写了神祠的荒萧之境，这种自然景象与人事是毫不相关的。作者正是要强调这一点来突出人类事迹在自然面前的失落与无奈。这是刘禹锡大部分怀古咏史作品的共同特点，我们前面已经谈过。杜甫的怀古史长在深情共鸣，重在情；刘禹锡则是在情中还有一种识。杜甫的沉郁顿挫，根源于忧国忧民的深情孤愤；而刘禹锡的豪健清拔，根源于其深刻的历史认识。这也是中唐咏史与盛唐怀古之不同。总的来说，刘禹锡受到盛唐李杜等大家的影响，但他的学习，不在形迹的相似，甚至也没有简单地附和陈子昂、李白以来的复古之说。他有自己的风格追求，不走步武前贤的道路，更非亦步亦趋，窘步不前。在这方面，我们甚至可以说，他比并时的韩愈、白居易似乎还要高明一些。

刘禹锡诗歌是对盛、中唐各派诗歌的一种继承，同时又有很大的变化。这都是他重视诗歌艺术本质，积极探讨艺术规律的结果。刘禹锡既然认识到诗歌艺术的本质，并且指出“风雅体变而兴同，古今调殊而理冥”，就摆脱了从魏晋以来一直流行的拟古作法，也不刻意复古。在这方面他的表现与元稹、白居易、韩愈、张籍、王建等人是不同的，拿他跟刻意追求古风、古调的孟郊、李贺对比，就更加明显了。他的诗歌兼用众体，对各种体裁并无尊卑、雅俗的分别，也可以说他在诗体方面的观念是比较开放的。他致力于近体，尤以七言律绝见长，在这两种体裁上取得显著的成就。同时积极尝试民间的《竹枝词》及流行新曲，也与元白共倡元和体，可以说他在诗体方面，是偏向今体的。但他也究心于古调，五古方面尤见风格。正是在这种经验的基础上，他提出“风雅体变而兴同，古今调殊而理冥”这一具有革新的体裁思想，至少在理论上解决了唐诗体裁使用上围绕古今体问题所产生的纷争。

总之，刘禹锡的诗歌，走的是一种不唯古、不唯今的道路，行其难而避其易。他在中唐诗道日趋庞杂、多歧的背景中，执着地追求自己心目中的诗道与诗艺表现，结果能做到与元白、韩孟诸派桴鼓相应而不为时风所笼罩，独立不倚而自成一家，这与他在诗论上的独到见解是分不开的。由于他不走批判派的

---

① 刘禹锡．刘禹锡集：上［M］．北京：中华书局，1990：279.

道路，并且不简单附和以复古论诗、以政教论诗的时论，所以在当时并不能开宗立派，但其在艺术创造上的成就，对后世还是产生了实实在在的影响，晚唐的温、李受到他的影响，北宋的苏、黄也将他的诗歌作为经典来学习，可以说是中唐后期的主要家数之一，与同代的韩、白各有千秋。

（作者单位：北京大学）

逆境超越与悲秋情怀

——以刘禹锡诗的风格主调为中心

尚永亮

哲学家有言："生命的力量，尤其是心灵的威力，就在于它本身设立矛盾，忍受矛盾，克服矛盾。""生命是向否定以及否定的痛苦前进的，只有通过消除对立和矛盾，生命才变成对它本身是肯定的。"① 显然，能否克服矛盾、阻力，乃是生命能否最终获得对自身完全肯定的关键。对矛盾、阻力克服得愈多，生命自身的肯定性就愈充分，反之，这种肯定性就愈少。就中唐元和贬谪文学而论，其主要过程是在生命力与阻力碰撞、抗衡的阶段展开的，因而其中大量存在的是被压抑的深沉悲伤、反压抑的激切孤愤、压抑与反压抑长久相持的冷峻峭厉，却较少有一种在压抑中备经磨难而能高瞻远瞩傲视忧患的悲壮劲健。这种悲壮劲健，便是生命力对阻力的克服，便是生命对自身较充分的肯定，便是生命之深度和力度的象征。

毫无疑问，在遭受贬谪、身处逆境的韩愈、柳宗元、白居易、元稹等并世著名诗人中，这种悲壮劲健有着不同程度的存在。柳宗元于冷峭中尤见孤直，韩愈于奇险中不乏沉雄，元稹之激切已寓劲力，白居易虽平淡闲雅亦时露健气，然而，所有这些都不足以构成他们文学风格的主要特征。换言之，他们往往只得到其中一点，或得到者虽多，却又为另一风格所掩。相比之下，能将悲壮劲健合于一途，展示出一种强烈的逆境超越倾向的，唯刘禹锡一人而已。在《刘白唱和集解》中，白居易曾深为叹服地说道："彭城刘梦得，诗豪者也，其锋森然，少敢当者。……梦得、梦得！文之神妙，莫先于情；若妙与神，则吾岂敢？"在《后村诗话》中，刘克庄谓刘诗"皆雄浑老苍，沉着痛快，小家数不能及也"。从这些并不全面的论述中，已可看出刘禹锡诗风的基本特点了。

表面看来，悲壮，主要指气韵的苍凉雄直；劲健，主要指骨力的坚挺劲拔。但从深层次看，这种苍凉雄直的气韵和坚劲挺拔的骨力又无不源于贬谪诗

---

① 黑格尔．美学：第一卷［M］．北京：商务印书馆，1983：154，124.

人生命力的内在充实，源于他对自我的坚定信念。固然，在被贬被弃的严酷打击下，在忧患相仍的谪居磨难中，刘禹锡确实感到了巨大的苦闷，产生了强烈的悲伤情绪，吟出了一曲曲孤臣的哀唱，然而，他却始终不曾绝望，始终跳动着一颗斗士的灵魂。读刘禹锡诗文，我们总有这样一种感觉：诗人虽然竭力希望摆脱苦难，却从未为苦难所压倒，甚至往往将苦难视作磨炼自我的一个对象，对之报有一份感激之情。从而悲凉中有执着，沉痛中寓刚劲。在很多情况下，他似乎是站在一个更高的角度来俯瞰给他造成悲剧命运的人和社会的，在他看来，虽然自己在政治上惨败于这个社会某些人的手下，但在精神上、境界上、人格上却要远远高于他们，因而，他对政敌不仅愤慨，而且藐视、嘲笑，于是，激切中又糅合着一股雄直豪迈之气。当然，对昔日持守的信念，他是忘怀不了的，但在此之外，他还始终以他特有的诗人气质和真诚，执着地追求着一种更本质的人与自然相激相生、紧密融合的自由生命，从而不仅大大强化了他的生命活力，而且由此活力外溢，构成了他诗作中那极具感召力、吸附力和情感张力的劲健风格。

首先，这种风格明显地表现在诗人对待忧患的态度上。

> 莫道谗言如浪深，莫言迁客似沙沉。千淘万漉虽辛苦，吹尽狂沙始到金！
>
> ——《浪淘沙词九首》其八

“谗言如浪深”，“迁客似沙沉”，极度突出了世情之险恶、忧患之沉重，而前面冠以“莫道”“莫言”，于否定语气中展现出一种傲视忧患、独立不移的豪杰气概。诗人认为，自己的被贬就好比大浪淘沙，虽“千淘万漉”、备经磨难，但只有这种磨难，才能锤炼意志；只有风淘浪漉，才能得到真金。这里有饱含哲理的人生透视，有坚定执着的自我信念。“既然灾难不可挽救，既然人生不能虚度，精神抖擞的人就有一种崇高的意境，当陷入穷途之际，他高瞻远瞩，仿佛从另一个世界来静观世变。”① 唯其如此，诗人的意志才益发显得坚强，他的胸怀才益发显得博大，而他所达到的境界才益发神圣而不可侵犯。

> 九曲黄河万里沙，浪淘风簸自天涯。如今直上银河去，同到牵牛织女家。
>
> ——《浪淘沙词九首》其一

---

① 乔治·桑塔耶纳．美感［M］．北京：中国社会科学出版社，1985：161.

塞北梅花羌笛吹，淮南桂树小山词。请君莫奏前朝曲，听唱新翻《杨柳枝》。

——《杨柳枝词九首》其一

就诗意看，这两首作品均晓畅易解，但透过一层看，便会领悟到一种身在忧患之中而不为其所羁绊的乐观情怀，以及弃旧图新、面向未来的追求精神。且不说诗中已然存在着一种奔动流走的生命活力，即以其写景来看，千回百折的黄河裹挟着万里泥沙，呼啸着，翻腾着，自遥远的天涯滚滚而来，其气势该是何等雄壮！紧接着，诗人健笔陡转，语出惊人，“如今直上银河去”，则此境界又该是何等的高远！笔酣墨饱，元气淋漓，胸臆特高，骨力甚健，乃是我们读此诗作的突出感受。诚如王夫之所谓：“七言绝句，初、盛唐既饶有之，稍以郑重，故损其风神。至刘梦得而后宏放出于天然，于以扬挖性情，驭娑景物，无不宛尔成章，诚小诗之圣证矣。”（《姜斋诗话》卷下）

其次，刘禹锡悲壮劲健的诗风，还体现在他对生命意志的自觉磨砺、对自我人格的顽强坚持上。人所熟知的《元和十年自朗州召至京戏赠看花诸君子》《再游玄都观》两首诗，表面看是意在讥刺，深入一层看，展示的却是对自我信念的坚定持守。身陷谪籍，权贵当道，但诗人却并不因之而改易行操，一句“种桃道士归何处，前度刘郎今又来”，内含何等勇气和自信！刘永济《唐人绝句精华》有言：“考此两诗所关，前后二十余年，禹锡虽被贬斥而终不屈服，其蔑视权贵而轻禄位如此。”可谓探本之论。在《砥石赋》中，诗人注目于砥石，寄慨于宝刀，自激自励，高唱入云：

拭寒焰以破眦，击清音而振耳。故态复还，宝心再起。既赋形而终用，一蒙垢焉何耻？感利钝之有时兮，寄雄心于瞪视。

盛唐诗人李白曾因怀才不遇而发“天生我材必有用”的呼喊，刘禹锡这里所说的“既赋形而终用”，盖与李白同一机杼。不以蒙垢为耻辱，不因生命沉沦而颓丧，而是在逆境中磨砺心性，等待时机，“寄雄心于瞪视”，则其自信何其坚定，意志何其果决！一个“雄心”，丝毫无隐地展露了诗人的豪杰心性。“百胜难虑敌，三折乃良医。人生不失意，焉能慕知己”（《学阮公体三首》其一）、“受谴时方久，分忧政未成。比琼虽碌碌，于铁尚铮铮”（《历阳书事七十韵》）、“养鸷非玩形，所资击鲜力”（《养鸷词》）、“犹思风尘起，无种取侯王”（《武夫词》）、“天下英雄气，千秋尚凛然”（《蜀先主庙》）、“世道剧颓波，我心如砥柱”（《咏史二首》其一）。在这些诗句里，有对人生苦难的深刻透视，有对自我志节的真切表白，有对历史豪杰的由衷敬慕，有对生命意志的极力弘扬，多方面的内涵汇聚在一起，大声镗鞳，格调激越，有如洪钟巨响，令人在对贬谪诗人那颗“雄心”的领略中，深深感悟到一种坚毅高洁的人格操守，一种水石相激般的生命力度。

刘禹锡这颗“雄心”，既是志士之心，又是诗人之心；前者赋予其作品以深厚的思想内蕴，后者则强化了其作品悲壮劲健的风格特征。综观刘禹锡各种类型的作品，这种风格特征均有程度不同的表现。在着重抒发悲伤意绪的《望赋》中，诗人的健气雄风虽有所潜隐，却并没有消失：“风萧萧兮北渚波，烟漠漠兮西陵树。夫不归兮江上石，子可见兮秦原墓。拍琴翻朔塞之音，挟瑟指邯郸之路!”在其咏史怀古诸作中，这种风格表现得尤为明显，《西塞山怀古》《金陵怀古》《荆州道怀古》等无不沉着痛快、雄浑苍健，论者谓其《西塞山怀古》“前半隐括时事，千里形势在目，健笔雄才，诚难匹敌”（《唐律偶评》），“人事几回伤往事”一联“若有上下千年，纵横万里在其笔底者”（《诗学纂闻》），而其《金陵五题》之《石头城》更为白居易“调头苦吟，叹赏良久”，并断言：“吾知后之诗人不复措词矣。”（见诗前引言）至如其他佳诗美句而具豪雄之气者，亦所在多有，“万乘旌旗分一半，八方风雨会中央”（《郡内书怀献裴侍中留守》），至被人评为“高唱入云，气魄雄厚”（朱庭珍《筱园诗话》卷三）。管世铭有言：“十子而降，多成一副面目，未免数见不鲜。至刘、柳出，乃复见诗人本色，观听为之一变。子厚骨耸，梦得气雄，元和之二豪也。”（《读雪山房唐诗序例·七律凡例》）方回亦谓：“刘梦得诗格高，在元、白之上，长庆以后诗人皆不能及。”（《瀛奎律髓汇评》卷四七）细详刘诗，此二论可谓得之。

然而，这里需要强调指出的是，刘禹锡悲壮劲健风格更突出、更本质的表现，却是在其悲秋、爱秋乃至颂秋的众多作品中，这些作品呈现的是一种浓郁深至而又有着大幅提升的悲秋情怀。

在中国古代文人那里，秋主要是作为悲的象征而存在的，“凡与秋可相系着之物态人事，莫非‘蹙’而成‘悲’，纷至沓来，汇合‘一涂’，写秋而悲即同气一体。举远行、送归、失职、羁旅者，以人当秋则感其事更深，亦人当其事而悲秋逾甚”[1]。这是一种根深蒂固、源远流长的悲秋意识，[2] 这种悲秋意识，对刘禹锡置身逆境而悲伤忧愤的心理自然有着强大的影响。“何处秋风

① 钱锺书．管锥编：第二册［M］．北京：中华书局，1979：628.

② 尚永亮．生命在西风中骚动——中国古代文人与自然之秋的双向考察［M］．西安：陕西人民教育出版社，1989.

至？萧萧送雁群。朝来入庭树，孤客最先闻。”这首题名“秋风引”的诗作，最能反映贬谪诗人因景起情、由情会景、悲秋悲己复悲人生的苍凉心境。唐汝洵谓此乃“孤客之心，未摇落而先秋，所以闻之最早”（《唐诗解》卷二三），还只是一种总体上的解说，实际上，在这“孤客最先闻”的表述中，既有壮志未酬的英雄失路之悲，又有对人生反思而生成的凄楚之感，更有对自我生命空被耗费而深深痛惜的沉痛之情，而所有这些，又都在萧瑟秋风的刺激下愈发强烈了。然而，刘禹锡的特异之处在于，他并没有始终陷入这种痛苦之中，也不只是像历代文人骚客那样简单地以秋为悲，而是以悲为基础，赋予秋一种振衰起弊、激励生命的内蕴，因而，他笔下出现的秋，便较少萧瑟悲凉的色彩，而大多是寥廓高远、清新疏落的秋境，凛冽肃杀、强劲无比的秋风。

寥廓高远、清新疏落的秋境，固然是自然物候本质特征的一个方面，但当它出现在诗人笔下时，又何尝没有留下诗人喜秋爱秋的心理投影？“暑退九霄净，秋澄万景新”（《八月十五夜玩月》）、“暮景中秋爽，阴灵既望圆”（《奉和中书崔舍人……》）、“长泊起秋色，空江涵霁晖”（《秋江晚泊》）、“芦苇晚风起，秋江鳞甲生”（《晚泊牛渚》）……其中，秋以其澄澈、清爽、淡雅、明丽的多方面特征，构成了一个令人心驰神往的美的境界，正是在这境界中，诗人的人生感悟以向心底沉潜的方式获得了表层的淡化，他布满创伤的心灵得到了暂时的抚慰，他原本即有的高情雅趣得到了大的提升，而他久经沉沦的生命也由此获得了更生。“轻阴迎晓日，霞霁秋江明。草树含远思，襟怀有余清。凝睇万象起，朗吟孤愤平”（《秋江早发》）、“尘中见月心亦闲，况是清秋仙府间。凝光悠悠寒露坠，此时立在最高山！”（《八月十五夜桃源玩月》）宛如强效应的清凉剂，明净的秋江、如水的秋月，豁然唤醒了贬谪诗人疲惫的心灵，消解了他长期郁积的“孤愤”，此时登高而望，目极千里，放声朗吟，兴会淋漓，怎不使他产生一种脱尽尘俗、宠辱皆忘的感受？尽管在这种感受中也许还夹杂着人生的几多酸辛、世事的几度炎凉，但所有这些在旋转乾坤的自然变化面前都暂时淡化了、退隐了，都变成了一种潜在的悲感而刺激人去作新的寻觅和追求。这种寻觅和追求，说到底便是贬谪诗人对自由生命的殷切盼望：

> 自古逢秋悲寂寥，我言秋日胜春朝。晴空一鹤排云上，便引诗情到碧霄。
>
> ——《秋词二首》其一

在这首有名的秋词中，诗人一反传统的悲秋观，颂秋赞秋，并赋予秋一种导引生命的力量。就其写景而言，在寥廓无比的秋空，一只孤鹤排云直上，振翅翱翔，矫健凌厉，所向披靡，该是何等的劲拔，何等的自由！就其内蕴来看，这只孤鹤又显然可以视作诗人的象征，在它排云直上、振翅翱翔的场景中，深寓着贬谪诗人对自由境界的无限向往。“六翮方铩，思重托于扶摇”（《上杜司徒启》），表明诗人这种向往积蓄已久，尽管在专制政治的严酷压抑下，他不可能在政治舞台实现此一愿望，但可将之寄托于广袤的自然界中，借此表现自己不屈的心志，表现那源于人性深处不可阻遏的自由生命的勃动。

正是由于秋具有一种导引生命的力量，所以，在刘禹锡笔下，人之于秋便不仅仅是一种单向度的喜爱、赞赏，而是一种双向交感并以激发生命意志为核心的多维关系。换言之，诗人对秋特具一种主动追求借以立志的心态，而饱含诗人主观色彩的秋景和秋的意象反转过来，又极有力地催发了诗人的生命强力，从而不仅使得人与秋在一个更深的层面达到了同一，而且使得诗人的秋作无不具有突出的劲健感和深厚感。

秋季的苍鹰、骏马等意象的大量使用，将这种劲健感和深厚感推到了顶点。一般来说，用艺术形式表现情感的主要途径，便是寻找一个与此情感紧相吻合的客观对应物，借以更深刻地传达出主体的情感指向。这些客观对应物亦即艺术意象大都具有明显的特征，而“特征的重要程度取决于特征力量的大小，力量的大小取决于抵抗袭击的程度的强弱；因此，特征的不变性的大小，决定特征等级的高低，而越是构成生物的深刻的部分，属于生物的元素而非属于配合的特征，不变性越大”①。据此，则苍鹰、骏马的意象无疑是表现贬谪诗人刚健不挠情志的最好的客观对应物，而且就生物属性来说，它们处于“万物秋霜能坏色”的肃杀环境，或凌空搏击，或大漠奔驰，反倒益发显露精锐之气，因而也最能代表一种深刻的、不变的、本能的生命强力，这就难怪苍鹰、骏马意象要一而再，再而三地奔赴诗人笔下了。

> 朔风悲老骥，秋霜动鸷禽。……不因感衰节，安能激壮心？
>
> ——《学阮公体三首》其二

> 马思边草拳毛动，雕盼青云睡眼开。天地肃清堪四望，为君扶病上高台！
>
> ——《始闻秋风》

“朔风”“老骥”“秋霜”“鸷禽”，两两相对，若合符契，相激相生，互

① 丹纳．艺术哲学［M］．北京：人民文学出版社，1983：350.

为依托，在人们面前展示了多么苍劲雄阔的景象！马思边草而至于拳曲的鬃毛俱动，雕盼青云而至于惺忪的睡眼全开，这一“动”一“开”，不正因了那凛冽的秋气刺激并振起了它们的生命活力吗？“不因感衰节，安能激壮心？”生命活力的勃发，全在于这一“感”一“激”，唯其有感，故而能激；唯其被激，故所感愈深。前人谓其“寓悼望于秋风，英气勃发，笔力雄健”（《唐诗三百首续选》），诚然。翻阅刘集，类似的诗句幅凑眼前：“鹰至感风候，霜余变林麓”（《步出武陵东亭临江寓望》）、“鸷鸟得秋气，法星悬火旻”（《早秋送台院杨侍御归朝》）、“边马萧萧鸣，边风满碛生。暗添弓箭力，半上鼓鼙声”（《边风行》）……在这里，鹰的勇猛、马的矫健，切合着诗人不甘潦倒、勇于奋争的自我形象。一方面，诗人将自我的生命意志寄寓于自然物候和苍鹰、骏马的意象中；另一方面，又借此已经人化了的自然和意象来更深一层地表现自己的渴望和追求。这种渴望和追求几乎贯穿了诗人的一生，即使在他已脱离谪籍、步入花甲之年的时候，也未稍减。在那篇作于会昌元年（841）亦即诗人卒前一年的《秋声赋》里，刘禹锡再次以鹰、马为喻，抒发了自己一怀悲慨激切的耿耿秋情：

> 骥伏枥而已老，鹰在鞲而有情。聆朔风而心动，盼天籁而神惊。力将瘆兮足受绁，犹奋迅于秋声！

这里流露的是意志的坚强，心灵的敏感，追求的执着。坚强的意志使诗人于行将就衰的孤独寂寞中仍能保持信念、保持美感，顽强地超拔于浊世；敏感的心灵使诗人时时具有一种强烈的、一触即发的创作冲动，将其内在的雄直之气抒发出来；而执着的追求更给予诗人源源不断的精神动力，使他怀着“秋隼自能凌汗漫”（《乐天重寄和晚达冬青一篇因成再答》）的壮志，在与大自然的紧密融合中，实现个体的同时也完成了族类的自由生命。

这是一种百折不挠、奋迅无比的精神，也是一种振衰起弊、摧枯拉朽的力量，它的终极根源，无疑在于苦难对诗人的压抑以及在此压抑下生命不肯屈服而顽强抗争的向上挣扎，正是在这种压抑与反压抑的碰撞中，在万死投荒的无数劫难中，生命力强化了，意志坚强了，情趣升华了，诗人成熟了，而由此导致的贬谪文学的内在意蕴也大大增值了。因而，我们有理由认为，这是一种饱含生命强力的、具有最高价值取向的悲剧精神。

这种精神同时源于中国民族深厚博大的文化精神的涵育。《周易·乾传》云：“天行健，君子以自强不息。”孔颖达疏曰：“行者，运动之称；健者，强壮之名。”“天行健者，谓天体之行，昼夜不息，周而复始，无时亏退。……

君子以自强不息，此以人事法天所行，言君子之人用此卦象，自强勉力，不有止息。”[①] 这是中国古代文化中最富生命力和感召力的一种观念，这种观念经原始儒家理论的自觉熔铸，更紧密地与个体人格的完善和内在心志的培养联系在一起，并作为一种集体的无意识，代复一代地积淀在古代士人的心理深层，在意识与潜意识、理性与非理性之间，影响着他们的精神生活和价值选择。如果说，“天行健”在先民那里还只是对自然运行的泛指，那么，在面对强劲秋风、寥廓秋境的诗人这里，它便得到了具体化、形象化的落实；如果说，“君子以自强不息”对一般生活道路平坦、心性纤弱的文人来说，还没有展示其最大效力，那么，对饱经人生坎坷而又心性刚烈的俊杰之士来说，便发挥了它催人向上、顽强奋争的全部功用。刘禹锡精于《易》学，而且明确宣称：

> 愚独心有概焉，以为君子受乾阳健行之气，不可以息。苟吾位不足充吾道，是宜寄余术百艺以泄神用。其无暇日，与得位同。
>
> ——《答道州薛侍郎论方书书》

显而易见，诗人是以其全副身心去体悟行健不息之理，并将之融汇于自我生命之中去的。在《伤我马词》中，诗人径以病马象喻自己沉沦之生命，慷慨致辞：

> 生于碛砺善驰走，万里南来困丘阜。青菰寒菽非适口，病闻北风犹举首。

身虽被病，犹昂首嘶鸣，永恒地盼望着那塞北的大漠秋风，时时忘怀不了自己“所向无空阔”的凌厉本性，从本源上说，这不正是上述根深蒂固的行健不息精神的最好展现吗？是的，正是这种精神，以把握生命的肯定形式表现了生命曾经遭受过的否定内涵，以惜时重时的进取精神取代了悲时叹时的消极意绪，以自我生命活力与自然生命活力的深层契合相激相荡，为人们展示了一片新的驰骋天地，同时也为元和贬谪文学增添了一种富大声宏的苍茫悲壮、雄直劲健格调。

《二十四诗品》之《雄浑》有云：“大用外腓，真体内充。返虚入浑，积健为雄。”又《劲健》一品说道：“行神如空，行气如虹。巫峡千寻，走云连风。饮真茹强，蓄素守中。喻彼行健，是谓存雄。”郭绍虞注谓：“行神则劲

① 阮元，等. 十三经注疏：上册［M］. 北京：中华书局，1980：14.

气直达，绝无阻碍，故云如空；行气则硬语盘空，苍莽横亘，故云如虹。”“‘喻彼行健’，即天地亦可与之并立，如天地之终古不敝；这是劲的作用。‘是谓存雄’，则天地之存神造化，亦无不与之同功；这是真的存雄，同时又是健的作用。”① 由此可知，劲、健、雄是紧密联系在一起的，雄为健之所积，健中又充溢了劲力，而它们在本源意义上，又无不与行健不息的文化精神紧相关合，具有一种与大自然相互依存、并立同功的特点。刘禹锡作品的风格特征，似乎正当作如是观。

当然，刘禹锡这种悲壮劲健，与盛唐诗人同一风格相比，确实缺少了一些雄阔博大的气象，而多了一种峻嶒刚硬的骨力。这种差别，与时代精神和诗人遭际不无关联。简言之，盛唐精神蓬勃昂扬，积极进取，中唐精神则相对局促，进取中总有一种勉力为之的沉重之感；盛唐诗人于安史之乱前较少巨大的人生忧患，漫游、交友、饮酒、尚侠、纵横干谒、大漠立功，构成了他们主要的生活经历，而中唐诗人尤其是大历诗人几乎都遭受过严酷的政治打击，生命的沉沦和心里的苦闷不能不使他们由外向的发越转为内向的聚敛，即使力大气雄如刘禹锡者虽能于总体的内敛中不时向外发越，但这发越也早已一扫人生少年时代那种纯感性的激情冲动和浮躁气息，而无形中增添了中年人所特有的成熟持重、深沉坚劲。由此影响到他作品的风格特征，便不能不表现出与盛唐诗人的同中之异来。

进一步说，不独刘禹锡如此，柳宗元、韩愈、元稹、白居易无不如此。陆时雍有言：“中唐诗近收敛，境敛而实，语敛而精。势大将收，物华反素。盛唐铺张已极，无复可加，中唐所以一反而之敛也。”（《诗镜总论》）此论正确指出了盛、中唐文学的不同风貌，但原因却没有完全说准，相比之下，胡应麟《诗薮》内编卷四的说法似乎更深刻一些：

> 盛唐句，如“海日生残夜，江春入旧年”；中唐句，如“风兼残雪起，河带断冰流”；晚唐句，如“鸡声茅店月，人迹板桥霜”；皆形容景物，妙绝今古，而盛、中、晚界限斩然。故知文章关气运，非人力。

所谓“气运”，指的就是基于社会盛衰变化而形成的不同的时代精神，在这种精神的影响下，不同的历史时期必然呈现出各不相同的美学风神。如果说这里所举的盛唐诗句代表着一种阔大广远、蓬勃开展的进取意向，晚唐诗句代表着一种孤寂冷清、中乏力度的萧瑟意向，那么，这里所举的中唐诗句岂不正

---

① 司空图撰，郭绍虞集解．诗品集解［M］．北京：人民文学出版社，1981：16－17.

是代表着一种嶙峋瘦劲、悲而不衰的坚韧意向？固然，就较广的范围论，自不难得出这样的结论："元和而后，诗道浸晚，而人才故横绝一时。若昌黎之鸿伟，柳州之精工，梦得之雄奇，乐天之浩博，皆大家材具也。"（《诗薮》外编卷四）"唐诗至元和间，天地精华，尽为发泄，或平，或奇，或高深，或雄直，旗鼓相当，各成壁垒"（《方南堂先生辍锻录》）。但若将范围稍予缩小，仅就元和贬谪文学论，则无论是韩愈、元稹等人充满痛苦怨愤的悲慨激切，还是柳宗元描写山水以寄孤愤的清冷峭厉，抑或是刘禹锡由悲伤而忧愤终至毅然奋起克服忧患的悲壮劲健，都与此嶙峋瘦劲、悲而不衰的坚韧意向大体一致。换言之，在这一意向里，深隐着贬谪诗人们人生的苦难和生命的抗争，深隐着他们从沉沦到奋起那艰难的心路历程。正是在这一意义上，我们说，元和贬谪文学诸多艺术特征和主体风格的形成，无不源于元和贬谪诗人命运的悲剧和克服悲剧的精神。

（原题"雄直劲健：刘禹锡诗文的风格主调"，载《中州学刊》1991 年第 4 期，收入本集有增删改动）

（作者单位：武汉大学）

刘禹锡七绝艺术探微

刘青海

中晚唐七绝对盛唐七绝有沿袭的一面，也有求新求变的一面。相对于盛唐七绝的主情，讲究兴象风神，中晚唐七绝则是“以意胜”或者说“主情”的。七绝由盛唐入中晚唐，同时也是绝句体制本身从以乐府体为主发展到以徒诗体为主的过程。相较乐府体，徒诗体更重视纯粹的语言艺术，所以徒诗艺术的增加不可避免会带来绝句在题材上的扩张，并促使诗人更加重视意匠经营。中晚唐七绝“主情”或者“以意胜”，正是绝句中徒诗艺术不断增加之后导致七绝在题材和数量上激增的结果，由此形成七绝艺术在整体上平实、平浅乃至平庸化的倾向；而这种倾向反过来又进一步加剧了徒诗体七绝创作中一直以来对造意的追求。上述两方面看似矛盾，实则是七绝体制内部矛盾运动的结果，并共同构成中晚唐七绝的发展趋势。刘禹锡是中唐七绝的一大家，其七绝创作就是在上述中晚唐七绝体制内部的矛盾运动中展开的。[①] 刘禹锡七绝，既有沿袭盛唐的乐府体七绝如《竹枝词》《杨柳枝》《浪淘沙》一类，也有在艺术上锻炼精工的徒诗体七绝，如咏史怀古、自我抒情等主题的诗作。本文立足于上述立场，在前人研究的基础上对刘禹锡七绝加以研究，重点探讨其乐府体七绝、咏史怀古七绝和自我抒情七绝的艺术风格和特质，把握其诗学源流演变，并以此求教于学界方家。

一

盛唐绝句和音乐的关系极为密切。王士禛《万首唐人绝句·序》云：“开元、天宝已来，宫掖所传，梨园弟子所歌，旗亭所唱，边将所进，率当时名士所为绝句尔。”这段话对盛唐绝句的题材类型（宫怨闺情、相思离别、边塞）及其与音乐关系的描述，大抵上是属实的。盛唐七绝作为歌调的性质，与七绝的抒情本质相一致，二者共同造成盛唐七绝特有的以兴象风神为尚的审美品格。中晚唐七绝发展的总趋势，是越来越多的作者加入徒诗体创作的行列，不

---

① 刘青海．试论中晚唐七绝发展的趋势：徒诗艺术的扩张和深化［J］．安徽大学学报，2011（1）．

断地扩充七绝的题材领域，增加其徒诗艺术。但与此同时，乐府体七绝的创作也并没有就此中断。中唐七绝创作方面称得上名家的作者如李益、刘禹锡、张籍、王建乃至白居易、元稹，都创作了一定数量的乐府体七绝。在这些诗人当中，刘禹锡的乐府体七绝成就最高。

刘禹锡创造的最典型的也是艺术价值最高的乐府体七绝，无疑是《竹枝词》《浪淘沙》《杨柳枝》诸组诗。这些绝句组诗，无一不受到地方歌调的影响，写成之后又可以直接演唱，是真正的中唐乐府。

关于《竹枝词》的创作，刘禹锡在《竹枝词引》中有这样的表述：

> 四方之歌，异音而同乐。岁正月，余来建平，里中儿联歌《竹枝》，吹短笛击鼓以应节。歌者扬袂睢舞，以曲多为贤。聆其音，中黄钟之羽。卒章激讦如吴声，虽伧伫傳不可分，而含思宛转，有《淇澳》之艳。昔屈原居沅湘间，其民迎神，词多鄙陋，乃为作《九歌》，到于今荆楚鼓舞之。故余亦作《竹枝词》九篇，俾善歌者扬之，附于末。后之聆巴歈，知变风之自焉。

刘禹锡穆宗长庆二年正月初到达夔州刺史任上，见里中儿歌《竹枝》，有三个印象。一是“聆其音，中黄钟之羽。卒章激讦如吴声”。黄钟宫缠绵，而羽调铿锵激昂，激讦者，神情激越之谓。结合起来看，《竹枝词》的声调是缠绵而不失激越，尾调尤高，有“响遏行云”之效。这样的声调，是适合表现“含思宛转”之思的，同时听起来有“伧儜”的效果。二是“虽伧儜不可分，而含思宛转，有《淇澳》之艳”，这是说歌词所写，多为男女之事，而多宛转幽怨之情。《竹枝》善“怨”，刘禹锡在其他地方说得更加明确，如“《桃叶》含情《竹枝》怨”（《堤上行三首》其二），白居易也说“巴童巫女《竹枝歌》，懊恼何人怨咽多”（《听竹枝歌赠李侍御》），又谓“《竹枝》苦怨怨何人”（《竹枝词四首》其二）。而同一“含思宛转，有《淇澳》之艳”，也是刘禹锡将其改写《竹枝词》与屈原创作《九歌》相类的另一层原因。三是其词语如沅湘迎神词一样“多鄙陋”。显然，刘禹锡对《竹枝词》本身的声调和抒情是十分欣赏的，这种声情也很适合抒写刘禹锡当时低沉又不失放达的心境。而其词语的鄙陋，则是刘禹锡明确的革新对象。而从其《竹枝词九首》《竹枝词二首》的创作和流传来看，显然他的革新是极为成功的。后世提起《竹枝词》调，也多先想到刘禹锡诸作，尽管就时间的先后而论，白居易在通州司马任上所作《竹枝词四首》其实是更早的文人改作，但一直以来不如刘作之传诵，这足以说明刘禹锡《竹枝词》在艺术上的成功。

刘禹锡《竹枝词》七绝组诗在艺术上的成功，大抵也可以从上述声、情、词三个方面来加以分析。首先，其充分重视并且在最大程度上保持了《竹枝词》作为歌调的体性。刘禹锡认为“审音者，不独工于辞藻而已”[①]，因此他在重新创作《竹枝词》之初就特别重视其音乐性，希望“俾善歌者扬之”，也就要确保其入乐可歌。据其《别夔州官吏》“唯有《九歌》词数首，里中留与赛蛮神”之句，可知他在离开夔州之时，其《竹枝词》就已为当地人所传唱了，可见《竹枝词》在当时是可歌的。白居易《忆梦得》“几时红烛下，听唱《竹枝》歌”一联下自注说：“梦得能唱《竹枝》，听者愁绝。”由此又知道他还能自歌《竹枝》，无怪乎其《竹枝词》一经写出就能流传于当地，且令“听者愁绝”，而其《竹枝词》作为抒情歌调的体性无疑是得以圆满的保持。《邵氏闻见后录》云：“夔州营妓为喻迪孺扣铜盘，歌刘尚书《竹枝词》九解，尚有当时含思宛转之艳。”可见一直到北宋邵伯温（1055—1134）时，其《竹枝词》尚以歌调的形式流传，这进一步说明其《竹枝词》在入乐之歌调中又别有其过人之处。其次，其善于借本地风光，抒写宛转之思、幽怨之情。如《竹枝词九首》其一：“白帝城头春草生，白盐山下蜀江清。南人上来歌一曲，北人莫上动乡情。”首联写夔门之景叠用两个“白”字，以生韵趣；尾联“南人”“北人”对写，“言南人过此，近乡而喜，北人溯峡而上，乡关愈远，乡思愈深矣”（《诗境浅说续编》）。刘禹锡从长安远贬至此，正是歌中的“北人”，可谓不言怨而怨在其中。[②] 此外，其二“花红易衰似郎意，水流无限似侬愁”，其六“懊恼人心不如石，少时东去复西来”，其七“长恨人心不如水，等闲平地起波澜”诸首，其哀怨之对象虽有不同，而深于哀怨则一。所以陆时雍《诗境总论》谓“刘梦得七言绝……深于哀怨，谓骚之余派可”，也正是看到了这一点。最后，虽多写地方风俗人情，但其语言毫无尘俗之气，而自然一新人耳目。黄庭坚赞其“词意高妙，元和间诚可独步。道风俗而不俚，追古昔而不愧”，苏东坡誉其“奔逸绝尘，不可追也”。

从上述声、情、词三方面的分析我们看到，刘禹锡对夔州当地《竹枝词》调的改造是相当成功的。而他的《竹枝词》七绝组诗在艺术上所取得的成功，除了受益于当地民歌和《九歌》的抒情传统之外，也和他善于借鉴此前杜甫在夔州所创作的《夔州歌》七绝组诗的体制有关系。明人许学夷最早注意到此：“梦得七言绝有《竹枝词》，其源出六朝《子夜》等歌，而格与调则子美

---

① 谢榛．四溟诗话［M］．北京：人民文学出版社，1961.

② 刘禹锡《踏歌词》有“日暮江头闻《竹枝》，南人行乐北人悲”，正可为此二句作注脚。

也。”[①] 杜甫入蜀以后的七绝组诗总的来说是以徒诗体为主的，追求逼真地再现自然和社会生活。《夔州歌》以歌为名，很可能也受到蜀中民歌的影响[②]，如其一：“中巴之东巴东山，江水开辟流其间。白帝高为三峡镇，夔州险过百牢关。”首句叠用巴、东二字，全为平声，读之如绕口令；次句亦不合近体诗的平仄，这种在声调上的刻意生新，大约就是杜甫所谓“吴体”，刘禹锡所谓“吴声”，正是受到民歌影响的表现。《夔州歌》采用七绝组诗的形式表现夔州自然山水与当地独特的风俗人情，这与刘禹锡《竹枝词》的主题表现基本一致。但是在艺术表现上，杜甫《夔州歌》组诗主要体现为一种徒诗艺术，作为抒情歌调的特征并不突出，其论审美价值是不如刘禹锡《竹枝词》诸调的。仍以《夔州歌》中艺术价值最高的其一为例，它对于夔州山水之雄奇的表现是很有力度的，但不太合乎七绝作为抒情七绝的体性，而且从中也很难窥见诗人的性情。要之，《夔州歌》中的杜甫是作为一个外来的观看者而存在的，这导致本该以抒情见长的七绝，其抒情性反不如杜甫七律组诗《秋兴八首》，盖以后者所写之秋中处处有杜甫本人在。刘禹锡《竹枝词》也写夔州山水和民俗，却处处能见出诗人的“宛转之思”，具有很强的抒情性，可以说最大限度地发挥了七绝作为抒情歌调的体性。从七绝体的发展来看，相对于杜甫《夔州歌》，刘禹锡《竹枝词》组诗可以说是实现了七绝组诗向其抒情本质的回归，是对于杜甫在乐府体七绝的探索上的一次纠偏。刘禹锡在《竹枝词引》中不提杜甫《夔州歌》，而特别强调《九歌》的抒情传统，也许有这方面的考虑。其《竹枝词》诸调的创作，如果说对于《夔州歌》有所取法，也是以变为主的。

上面主要对《竹枝词》七绝组诗的艺术特征及其渊源加以论述。其实不仅《竹枝词》，其余如《杨柳枝》《浪淘沙》诸七绝组诗，也都受到民歌的影响，皆具有类似的特征。

二

盛唐七绝继承汉魏六朝抒情诗的传统，题材多以宫怨、闺情、关山离别、征夫思妇等类型为主，咏史怀古七绝可举者，似乎只有李白《苏台览古》《越中览古》，以及岑参《山房春事二首》寥寥数首。刘禹锡是诗歌史上第一位大量创作咏史怀古七绝的作者，其以《金陵五题》为代表的咏史怀古七绝，在

---

① 许学夷．诗源辩体［M］．北京：人民文学出版社，1987.

② 夏承焘．月轮山词论集［M］．北京：中华书局，1979：182－189.

其当世就得到了时人的认可，直接推动了中晚唐咏史怀古七绝的繁荣，对后世的七绝咏史艺术产生了深远的影响。

咏史怀古是刘禹锡诗歌的重要主题，覆盖五七言律、绝各体，并且有“咏史”“咏古”“怀古”等多种标目。其中绝句一体，五绝又早于七绝，如《咏史二首》[①]《君山怀古》等。较早的咏史怀古七绝，当属《梁国祠》《后梁宣明二帝碑堂下作》等，前首风格较为浑成，近于杜甫七律怀古；后首以荆州道上“暮雨潇潇闻子规”之景写今昔之感，和李白《越中览古》“而今只有鹧鸪飞”同一机杼。

刘禹锡在《董氏〈武陵集〉纪》中主张“片言可以明百意”，他自己的创作，也特别重视抒情的婉曲，许其为诗豪的白居易对他有“文章微婉我知丘”（《哭刘尚书梦得二首》）的评价。七绝体制短小，尤其讲究蕴藉。刘禹锡既然在创作上有“片言可以明百意”的追求，而其才又足以辅之，这应该是他长于七绝一体的很重要的一个原因。而他的七绝，也历来被认为具有“婉多讽”的特点[②]。刘禹锡不仅乐府体七绝追求“含思宛转”，咏史怀古七绝更是深得以少总多、不着一字尽得风流之三昧。如《金陵五题》其二《乌衣巷》云：

> 朱雀桥边野草花，乌衣巷口夕阳斜。旧时王谢堂前燕，飞入寻常百姓家。

前二句用白描，只朱雀桥、乌衣巷二地名，已让人想象当日乌衣之游时的王谢风流，而以野草、斜阳点染，微露怀古意绪。此诗开篇，相较“山围故国周遭在，潮打空城寂寞回”，更为蕴藉，毕竟后者还有“空”“寂寞”这样的字眼。后二句最是婉曲。诗人之本意，乃是感慨昔日高门王谢，今已沦为寻常百姓。却借旧时燕子之不改旧巢写出人世之兴衰无常，无限感慨，都在言外。施补华《岘佣说诗》谓其“用笔极曲”，甚是。又《故洛阳古墙》亦怀古：“粉落椒飞知几春，风吹雨洒旋成尘。莫言一片危基在，犹过无穷来往人。”此诗不甚为后人所称引，然末二句实托兴微婉，可谓深得风人之旨。

善于从眼前的景物出发，驰骋丰富的想象，将诗人的感慨借沟通历史和现实的某一物象加以表现，是刘禹锡咏史怀古诗在艺术表现上的特点。这些用于

---

① 其一咏卫青失势后任安不肯改投霍去病门下，“世事剧颓波，我心如砥柱”，显然是有所指。陶敏将之系于作于永贞元年革新受阻之时，可从。

② 陆时雍．诗镜总论［M］．北京：中华书局，2014.

反衬人事之变化无常的自然物象，在《乌衣巷》中是堂前的旧燕，在《生公说法》和《石头城》中是照耀故国空城或中庭的明月，在《江令宅》中则是秦淮碧波。同一诗人笔下的同一组诗，《石头城》《乌衣巷》皆能将兴亡百感集于毫端，尽婉而多讽之能事，《生公说法》略嫌不浑厚，《江令宅》则觉少风致。可见对于一首诗来说，精巧的构思和造意固然重要，诗歌在艺术上能否取得成功，同时也与其能否情景相生、形象鲜明，抒情微婉紧密相关。李商隐《齐宫词》："永寿兵来夜不扃，金莲无复印中庭。梁台歌管三更罢，犹自风摇九子铃。"以"九子铃"作为齐梁兴亡的参照对象，机杼从刘禹锡来，而"九子铃"的意象，较之明月流水，固更新巧，却欠一分浑厚。由此亦可见刘禹锡此种七绝，其难以企及者，正在气象之浑厚，前人以为"盛唐遗响"（《网师园唐诗笺》），也正着眼于此。

刘禹锡七绝的另一个特点，是"始以议论入诗，下开杜紫薇一派"（刘克庄《后村诗话前集》卷一），这一点在其咏史七绝中也有突出表现。盛唐七绝，不着议论，但也并非全不涉议论。王昌龄《出塞》"但使龙城飞将在，不教胡马度阴山"便是其例。但王昌龄诗之好处，并不在议论本身，而在其音节高亮，气象浑成，"但使"二句，能反虚入实，积健为雄。所以虽涉议论，诗人写之，当时人读之，皆不以为是议论。中晚唐七绝门户大开，题材增加，数量激增，七绝中议论始多，如韩愈《晚春》"杨花榆荚无才思，唯解漫天作雪飞"之类，已不免流于纤巧。庸手为之，为议论而议论，全不见诗人性情，流弊渐生。刘禹锡七绝虽着议论，但或许是因为他特别重视寄兴和婉曲，鲜有直露的议论，所以总的来说仍是沿袭盛唐旧轨，如前举《竹枝词》"常恨人心不如水，等闲平地起波澜"，从"瞿塘嘈嘈十二滩，人言道路古来难"具体生发出来，所以觉言外有致。咏史七绝因涉及对历史人物和事件的评价，议论更难避免，如《金陵五题》其三《台城》：

> 台城六代竞豪华，结绮临春事最奢。万户千门成野草，只缘一曲后庭花。

将"六代竞豪华"的台城之荒芜，归结到陈后主的荒淫，如果这样直写，就不是诗而是议论。诗是感性的，主性情，而议论则是理性的，重逻辑。刘禹锡这里巧妙地选取了《玉树后庭花》曲这一历史细节来指代后主的荒淫，又以"万户千门"和"一曲"相对写出，用细节的生动有效地中和了议论对诗歌在审美上有可能产生的负面影响。杜牧《泊秦淮》"商女不知亡国恨，隔江犹唱后庭花"直接脱胎于此，可见这首诗在中晚唐脍炙人口。李商隐七绝

“寄托深而措辞婉”，受刘禹锡七绝影响尤深，其咏史七绝善于裁剪具有戏剧性的细节来表现其“历览前贤国与家，成由勤俭败由奢”（李商隐《咏史》）的历史观，对于刘禹锡《台城》诗的艺术技巧有进一步的发展。如《北齐二首》其一之“小怜玉体横陈夜，已报周师入晋阳”，寓论于叙，有如老吏断狱，极为深刻，较刘禹锡一般地感慨兴亡不同，这也是各自所处时代不同使然。

将《台城》诗和刘禹锡另外两首同样作于金陵的怀古诗相较，最能见出刘禹锡诗学观念中怀古和咏史的分际：

> 潮满冶城渚，日斜征虏亭。蔡洲新草绿，幕府旧烟青。兴废由人事，山川空地形。后庭花一曲，幽怨不堪听。（《金陵怀古》）

> 清江悠悠王气沉，六朝遗事何处寻。宫墙隐嶙围野泽，鹳鸮夜鸣秋色深。（《台城怀古》）

《金陵怀古》和《台城怀古》同样用《玉树后庭花》故事，但咏史以议论语出之，而怀古则以情语出之。同样是咏台城七绝，《台城怀古》以景语结，感慨皆在言外。

刘禹锡另外一首咏史七绝几乎全为议论，颇损风神，因此不太知名：

> 将略兵机命世雄，苍黄钟室叹良弓。遂令后代登坛者，每一寻思怕立功。（《韩信庙》）

但此种咏史七绝反倒更容易模仿，中晚唐学者甚多，其下者流于胡曾一派的浅俗风格。李商隐和杜牧的七绝中尚议论的一种，李如“君王若道能倾国，玉辇何由过马嵬”（《马嵬二首》其一），杜如“南军不袒左边袖，四老安刘是灭刘”（《题商山四皓庙一绝》），乃至杜之好翻案，李之好新求异，应该部分地渊源于此。这和中晚唐士人格于自身处境反思兴亡的风气有关，也是徒诗体七绝在中晚唐的扩张中在诗歌的审美艺术上所付出的代价。和刘禹锡相比，小李杜在对史实本身的提炼上更下功夫。

刘禹锡咏史怀古七绝能够返虚入浑，积健为雄，在中唐诗坛重新奏响“盛唐遗响”，和其七绝向盛唐七绝的传统深汲是有关系的。如《金陵五题》其一《石头城》：

山围故国周遭在，潮打空城寂寞回。淮水东边旧时月，夜深还过女墙来。

起二句纯用白描，“山围故国周遭在”，自然形胜如故，令人不禁追慕石头城的繁华气象，而接以“潮打空城寂寞回”，转瞬之间，无尽繁华尽归乌有，只有潮水起起落落，与空城寂寞相伴。下二句“淮水东边旧时月，夜深还过女墙来”，顺接第二句，以山水明月之恒久写六代繁华之终归空无，言外有无限感慨。此诗无论构思还是取象，都和李白《苏台览古》有相似之处：皆借自然之永恒不变来抒写人世兴亡之感，李白诗中“曾照吴王宫里人”的“西江月”，也不妨是刘禹锡诗中“夜深还过女墙来”的“淮水东边旧时月”。前人常称赞李白《越中览古》，以其前三句皆写越中之繁华，单第四句“而今只有鹧鸪飞”写其衰败，转出主题，格法奇矫。此诗正好相反，仅第一句写其昔日形胜，后面三句都是形容今之寂寞，也属于别格。七绝多在第三句作转，而此诗第二句即已转，而且情景两惬，极为自然，无怪乎白居易尤其推重第二句，有“后世诗人不复措辞”（《金陵五题序》）之叹。当然，刘禹锡此诗的好处不仅在造意、章构，其能“状难写之景如在目前，含不尽之意见于言外”的造境艺术，也是此诗艺术魅力的一部分。苏东坡“山围故国城空在，潮打西陵意未平”（《和秦少章》）脱胎于“山围”二句，而二者有直露与浑厚之别，可见刘禹锡的造境之功。

三

刘禹锡被后人誉为“绝句中山海也”，其七绝一体，可谓无所不有。除在前文所述之乐府体七绝《竹枝词》诸调以及咏史怀古七绝两方面开拓甚广、造诣极高之外，盛唐七绝已有的题材类型，举凡宫怨（《阿娇怨》）、闺怨（《和乐天春词》）、关山离别（《重别》《答张侍御贾喜再登科后，自洛赴上都赠别》）、山水（《如望洞庭》）、听乐（《秋夜安国观闻笙》）等主题也多有涉笔，而伤悼（《伤愚溪三首》《伤桃源薛道士》《伤循州浑尚书》《代靖安佳人怨》《和西川李尚书伤孔雀及薛涛之什》）、酬答唱和尤多，而皆可观，可以说在七绝各题材领域都取得了广泛的成就，不愧“大家”之称号。这也是他能够在七绝的传统题材之外有新建树的原因。

刘禹锡前期（任主客以前）的七绝以酬赠之作为主，虽不入乐，但抒情的意味较为浓厚，比较好地保有了七绝的抒情体性。和刻意追摩盛唐风格的大历十才子这一派明显不同的是，其七绝并不刻意追求鲜明的风格，无论结构和造意都无造作之迹，而自有一种从容不迫的气度在。以其集中最早（贞元十七年）之七绝为例：

寂寂独看金烬落，纷纷只见玉山颓。自羞不是高阳侣，一夜星星骑马回。（《扬州春夜，端公李益、张侍御登、段侍御平仲、密县李少府畅、秘书张正字复元同会，于水馆对酒联句，追刻烛击铜钵故事，迟辄举觥以饮之，逮夜艾，群公沾醉，纷然就枕，余偶独醒，因题诗于段君枕上以志其事》）

这首诗制题极为讲究，论其近源，显然受到杜甫影响，而可上溯至谢灵运。就诗论诗，“金烬”点出刻烛联句，“玉山颓”言“群公沾醉”，而以“独看”“只见”“自羞”写出“独醒”，颇得绝句以少总多、含吐不露之妙。盛唐七绝，多于第三句“作一势喝起，或顺溜泻下，或随波倒卷”①，虽非刻意，但到中晚唐一般作者手中，已成窠臼。刘禹锡却不受此影响，只平平道来，并无寡淡之嫌，仔细咂摸，还觉言外有一种若有若无的深意在。这种不刻意造作而有言外之意的特点，可以说是他早期绝句普遍具有的特点。刘禹锡会唱《竹枝词》，还创作了不少入乐的七绝，并且能填《潇湘神》《忆江南》等词调，在音乐方面有一定造诣。他的七绝能保持较浓厚的抒情性，“音节神韵，可追逐龙标供奉”（沈德潜《唐诗别裁》卷二十），可能也与此有关。当然，更重要的还是他自己在创作观念上的坚持。

清人贺裳《载酒园诗话又编》云：“梦得佳诗，多在朗、连、夔、和时作，主客以后，始事疏纵。”但单就七绝一体而言，其任主客以后的诗作在艺术质量上并无明显的下降，这和七绝抒写比较自由有关，也和刘禹锡本人在七绝上一贯的艺术标准有关。

上面我们主要论述了刘禹锡七绝在传统题材以及新开拓的乐府体和咏史怀古七绝方面的艺术风格、特色及渊源。从中晚唐诗学发展的大背景来看，随着五、七言近体在整体上逐渐丧失其音乐的背景，七绝作为抒情歌调的本质面临其自身发展的困境，这是中晚唐以七绝名家的诗人如李益、张王、刘禹锡、元白诗人等诗人共同面对的问题，他们也各自以自己的方式进行了积极的努力。这其中，刘禹锡的探索应该说是比较成功的。一方面，他利用自己对夔州地方民歌的熟悉和了解，试图为七绝体寻找新的音乐母体，创作出新的乐府体七绝《竹枝词》，并且在艺术上获得了很大的成功，为唐宋文人大量创作《竹枝词》

---

① 何文焕．历代诗话［M］．北京：中华书局，1981：732.

开辟了道路，也为文人诗向民间文学学习提供了一个成功的典范。另一方面，他调动各种艺术手段，在徒诗体七绝的创作中，尽可能地保持七绝的抒情体性，创造出以婉曲为主的抒情风格；同时为了避免徒诗化带来的平庸浅俗，在七绝的构思、取象上皆精心结撰，对晚唐李商隐、杜牧一派的咏史怀古七绝的影响尤大。相对于中晚唐名家七绝也不免有尖新、刻露、浅俗之病，刘禹锡七绝在艺术上的浑厚健举，显得格外难能可贵。从这个意义上，时至今日，我们对刘禹锡七绝艺术价值的认识仍是不够充分的，有必要给予更多的关注。

（作者单位：上海师范大学）

刘禹锡与元白诗派的离合

陈才智

刘禹锡与白居易同年而生，二人晚年交游、唱和甚密，惺惺相惜，生前即并称“刘白”，所谓“四海齐名白与刘”①，而身后这一齐名状态则不复存在。早在晚唐批评家张为的《诗人主客图》中，二人地位的改变已见端倪，一为广大教化派之“主”，一为瑰奇美丽派之“上入室”，一主一客，虽不至云泥而分，但轩轾之别显然已滥觞于此。尽管也有人曾推崇刘禹锡，说“元和以后，诗人之全集可观者数家，当以刘禹锡为第一。其诗入选及人所脍炙，不下百首矣”②，但二人名家与大家之别，今日已成公认。按说刘禹锡登进士第比白早七年之久，出仕亦早，在贞元、元和诗坛上亦声名早著，当日，“刘、白并称，中山（刘禹锡）未必甘也”③，但论今时之声名地位，白却后来居上。百年人物有谁在，千古声名无尽时。在文学史上，声名的指认固然难以量化和定论，但品第甲乙从来没有停止。这里无意评骘二人声名高下，只想由此说开，结合二人的交游、唱和等，探讨刘禹锡与元白诗派的离合。

一

元白诗派的领袖是白居易，向无疑义。诗派成员众多，而晚年与白居易交往密切、唱和频频的刘禹锡，因为身份、地位较特殊，创作上又自具风格，别有个性，所以一般文学史多将其单列，并无归入元白诗派者。因此，当拙著《元白诗派研究》将晚年与白居易唱和的刘禹锡划入元白诗派时，曾引起异议。确实，一般而言，甘入某流某派者，多为二三流，罕有名家大家，尤其是明清诗坛，所谓拉大旗作虎皮也，刘禹锡岂能与之同列？何况，与活跃在诗坛中心的白居易不同，刘禹锡一生大半在穷僻荒远的贬所度过，苦闷哀怨与执着不屈交织成为他诗歌的底色，同香山优游林下的闲适冲淡形成对比。从诗风上

---

① 朱金城．白居易集笺校：四［M］．上海：上海古籍出版社，1988：2541.

② 郭绍虞．清诗话续编［M］．上海：上海古籍出版社，1983：897.

③ 李庆甲．瀛奎律髓汇评［M］．上海：上海古籍出版社，1986：1579.

看，一豪迈俊爽，一平易浅澹，迥然有别，刘之高华与白之通俗之间，亦难以混同。白居易《刘白唱和集解》称："彭城刘梦得，诗豪者也。其锋森然，少敢当者。"洵为知言，正以慧眼道出梦得"诗豪"的特质。但耐人寻味的是，乐天自己也曾屡被后人称作"诗豪"①，可见其诗风之广大，之多样，之与梦得有趋同之处。

刘白之趋同，历史上曾引起白冠刘戴或刘冠白戴的误判，其中还包括方回、王士禛和袁枚这样赫赫有名的诗评家。方回（1227—1307）《瀛奎律髓》卷四十二《寄赠类》收录《寄李蕲州》七律一首："下车书奏龚黄课，动笔诗传鲍谢风。江郡讴谣夸杜母，洛阳欢会忆车公。笛愁春尽梅花里，簟冷秋生薤叶中。（蕲州出好笛并薤叶簟）不道蕲州歌酒少，使君难称与谁同。"归为刘宾客之作，何焯（1661—1722）点评："寄诗却切蕲州事，春秋二句点化固妙，然章法又不甚紧，所以七言四韵须教梦得独步也。"② 纪昀（1724—1805）批曰："前四句太庸滥。"许印芳（1832—1901）议道："四句用六个古人，太堆砌，太猥杂。"③ 实际上，正如冯班（1604—1671）所辩："此首白居易作。"方回心目中，"刘梦得诗格高在元、白之上，长庆以后诗人皆不能及，且是句句分晓，不吃气力，别无暗昧关锁"④。但这还不是他将这首诗白冠刘戴的具体原因，具体原因应该是开成三年（838）李播赴任蕲州刺史时，刘白均有七律之作送行，刘诗《送蕲州李郎中赴任》云："楚关蕲水路非赊，东望云山日夕佳。薤叶照人呈夏簟，松花满碗试新茶。楼中饮兴因明月，江上诗情为晚霞。北地交亲长引领，早将玄鬓到京华。"⑤ 其中写蕲州特产的"薤叶照人呈夏簟"一句，与上引白诗"簟冷秋生薤叶中"出典用语均略相似，因此致误。相比之下，刘诗颈联"楼中饮兴因明月，江上诗情为晚霞"，一用庾亮，一用谢朓，但读之使人不觉，尽管也受到"纤巧"⑥ 的批评，但较白诗《寄李蕲州》前四句堆砌六个古人确实更有诗味。

再来看刘冠白戴的误判，白居易《刘白唱和集解》曾激赏的"沉舟侧畔

---

① 葛立方（1098—1164）《韵语阳秋》卷十一："杜子美、白乐天皆诗豪器识皆不凡。"（《历代诗话》第568页）王逢（1319—1388）《读白寓斋诗》："太白南流昴渐高，乐天退隐擅诗豪。"（《四库全书》本《梧溪集》卷四）夏之蓉（1697—1784）《读白香山诗集》："一代诗豪孰与俦，最清微处费冥搜。"（《半舫斋编年诗》卷十九，《四库未收书辑刊》影印清乾隆夏味堂等刻本）

② 朱金城．白居易集笺校：四［M］．上海：上海古籍出版社，1988：2352.

③ 李庆甲．瀛奎律髓汇评［M］．上海：上海古籍出版社，1986：1505.

④ 李庆甲．瀛奎律髓汇评［M］．上海：上海古籍出版社，1986：1740.

⑤ 瞿蜕园．刘禹锡集笺证［M］．上海：上海古籍出版社，1989：921.

⑥ 许学夷．诗源辩体［M］．北京：人民文学出版社，1987：281.

千帆过，病树前头万木春”，在号称“一代正宗”[①]“一代之宗”[②]“一代宗匠”[③]“一代宗工”[④]“一代诗宗”[⑤]的王渔洋那里，居然被视为白乐天的诗句。王士禛《池北偶谈》卷十六“表语本乐天诗”一则云：“宋任忠厚惇坐上书入籍，久不得调，投时相启云：‘笼中剪羽，仰看百鸟之翔；岸侧沉舟，坐阅千帆之过。’盖用白乐天诗‘沉舟侧畔千帆过，病树前头万木春’语。”[⑥]而同书卷十四及《香祖笔记》卷五明明又称，乐天作《刘白唱和集解》独举梦得“沉舟”一联以为神妙，看来多半是王渔洋意气之余的记忆短路。这意气源自与赵执信的抬杠。赵执信《谈龙录》载：“刘宾客诗云：‘沉舟侧畔千帆过，病叶前头万木春。’有道之言也。白傅极推之。余尝举似阮翁。答云：‘我所不解。’阮翁……薄乐天而深恶罗昭谏。”[⑦]王渔洋诗尚神韵，故薄斥以直白浅易著称的乐天，以致刘冠白戴——即使是千古警句，沉郁豪放，且正切己境与酬赠当下之景，王渔洋眼中亦是“下劣”，下劣之句，自然下意识就归入自己心目中所薄斥的乐天名下。其后居然仍有以讹传讹者——乾隆间，山东即墨学

---

① 袁枚（1716—1798）《随园诗话》卷二：“阮亭先生，自是一代名家。”“本朝古文之有方望溪，犹诗之有阮亭：俱为一代正宗，而才力自薄。”其《论诗绝句》：“一代正宗才力弱，望溪文集阮亭诗。”王士禛门人史申义（1661—1712）《题带经堂集后柬程圣跂》亦曾云：“鸿文一代仰宗师，心苦编摩爱者谁。”郑江（1682—1745）《拙隐斋集序》：“我朝王渔洋先生集宋元明人之大成……诗人之诗惟渔洋先生为孤诣为正传。”（沈廷芳《拙隐斋集》卷首，《清代诗文集汇编》第298册）卢见曾（1690—1768）《国朝山左诗钞》卷四十六：“本朝诗家以渔洋为正宗。”沈廷芳（1692—1762）《研精斋诗序》：“新城王尚书独标此旨，世称正宗。百余年间，流派既殊，踵武者罕。”（《拙隐斋集》卷三十八，《清代诗文集汇编》第298册）李元度（1821—1887）《王文简公事略》：“一代正宗必以新城王公称首，公以诗鸣海内五十余年，士大夫识与不识，皆尊之为泰山北斗。”（《清朝先正事略》卷六）胡薇元（1850—1920?）《题周诚甫江左三大家集虞山集后》：“一代正宗王贻上，瓣香私淑只虞山。”（《梦痕馆诗话》卷四）

② 郑方坤（1693—1755后）《本朝名家诗钞小传》卷二称许王渔洋：“至先生出而始断然为一代之宗。天下之士尊之如泰山北斗，至今家有其书，户习其说，盖自韩、苏二公以后，求其才足以包孕余子，其学足以贯穿古今，其识足以别裁伪体，六百年来未有盛于先生者也。”（台北：广文书局1971年影印本，第112－113页）

③ 杨际昌（1719—1804）《国朝诗话》卷一：“王新城诗，一代宗匠，总是风骚绝世。”（《清诗话续编》第1658页）茹纶常（1735—?）《题渔洋山人诗后》：“一代文章仰巨公，瓣香争欲拜涪翁。”（《容斋诗集》卷一）单可惠（?—1821?）《题国朝六家诗钞后·王贻上》：“领袖群公一代奇，生前身后九重知。”（《射鹰楼诗话》卷十七）翁心存（1791—1862）《论诗绝句十八首》其一：“一代文章正始音，渔洋三昧印禅心。”（《知止斋诗集》卷二）

④ 秦朝釪（1722—1795）《消寒诗话》：“阮亭喜风调，尚标格，为诗家一代宗工。”

⑤ 方廷楷（?—1929前）《习静斋诗话》卷二：“王阮亭为一代诗宗。”袁嘉穀（1872—1937）《卧雪诗话》卷一：“阮亭一代风雅，坛坫盟主。”金震（?—1937后）《书王渔洋诗集四首》其二：“一代诗名推正主，落笺堂与带经堂。”（《东庐诗钞》卷六）

⑥ 王士禛著，靳斯仁点校．池北偶谈［M］．北京：中华书局，1982：393.

⑦ 赵执信著，赵蔚芝，刘聿鑫注释．谈龙录注释［M］．济南：齐鲁书社，1987：39.

者黄立世《柱山诗话》即云：“香山‘沉舟侧畔千帆过，病树前头万木春’，阮翁非之，是也。秋谷极口称赞，何也？岂好诋阮翁，必使之无完肤耶？”[①]这位忙着拉偏架的学者，居然如此不学，也算罕见。

王渔洋另有一处关于刘白之诗的误判，其《香祖笔记》卷五载：“《丹铅录》云：‘《丽情集》载湖州妓周德华者，刘采春女也。唱刘梦得《柳枝词》云云。此诗甚佳，而刘集不载。’余按，此乃白乐天诗，诗本六句，非绝句，题乃《板桥》，非《柳枝》。盖唐乐部所歌，多剪截四句歌之，如高达夫‘开箧泪沾臆’，本古诗，止取前四句；李巨山‘山川满目泪沾衣’，本《汾阴行》，止取末四句是也。白诗云：‘梁苑城西三十里，一渠春水柳千条。若为此路今重过，二十年前旧板桥。曾共美人桥上别，不知消息到今朝。’板桥在今汴梁城西三十里中牟之东，唐人小说载板桥三娘子事即此，与谢玄晖之‘新林浦板桥’异地而同名也。升庵博极群书，岂未睹《长庆集》者，而亦有此误耶？”[②] 此前之《池北偶谈》卷十三“板桥诗”一则亦云：“白氏集有板桥诗云：‘梁苑城西三十里，一渠春水柳千条。若为此路今重过，十五年前旧板桥。曾与玉颜桥上别，更无消息到今朝。’今讹作刘梦得，而说者疑《中山集》不载此诗，盖未考《长庆集》耳。”[③] 按，白诗题为“板桥路”，“三十里”一作“二十里”。[④]《香祖笔记》所引杨慎《丹铅录》云云，又见《升庵诗话》卷七，唯末尾多出一句：“然此诗櫽括白香山古诗为一绝，而其妙如此。”[⑤] 升庵《绝句衍义》卷二、《百琲明珠》卷一均收录《柳枝词》七言绝，署名周德华。[⑥]《绝句衍义》并于诗后注云：“周德华，镜湖妓刘采春女也。此诗櫽括白香山古诗为七言绝，而其妙思如此，真花月之妖也。”杨升庵刘冠周戴，确有未谛，但并未如王渔洋所云白冠刘戴。白诗七言三韵，刘诗据之删削改易为七绝，出处须注明，但版权还是刘，而王渔洋恰恰忽略了杨升庵业已点明的“櫽括白香山”云云。櫽括削改后的“春江一曲柳千条，二十年前旧板桥。曾与美人桥上别，恨无消息到今朝”，其实愈加凝练精彩，也更适合歌唱，想必原创者乐天也要承认其锻炼磨砻之功。

---

① 山东省博物馆藏高氏辨洞居齐鲁遗书钞本《柱山诗话》。

② 王士禛著，湛之点校．香祖笔记［M］．上海：上海古籍出版社，1982：100. 又见王士禛撰，张宗楠辑，戴鸿森点校．带经堂诗话［M］．北京：人民文学出版社，1998：525.

③ 王士禛著，靳斯仁点校．池北偶谈［M］．北京：中华书局，1982：316.

④ 朱金城．白居易集笺校［M］．上海：上海古籍出版社，1988：1298.

⑤ 丁福保．历代诗话续编［M］．北京：中华书局，1983：777.

⑥ 王文才，万光治．杨升庵丛书：六［M］．成都：天地出版社，2002：229，439.

与素来不喜香山诗风的王渔洋不同，号称“诗学白傅”[①] 的袁枚居然也刘冠白戴，可谓更令人吃惊。袁枚《随园诗话》卷十云：“唐人诗曰：‘欲折垂杨叶，回头见鬓丝。’又曰：‘久不开明镜，多应为白头。’皆伤老之诗也。不如香山作壮语曰：‘莫道桑榆晚，余霞尚满天。’又，宋人云：‘劝君莫恼鬓毛斑，鬓到斑时也自难。多少朱门年少子，被风吹上北邙山！’”[②] 按，“莫道桑榆晚，余霞尚满天”并非香山之壮语，乃刘禹锡《酬乐天咏老见示》中的名联。“余霞”原作“微霞”，又作“为霞”。开成二年（837），66 岁的白少傅《咏老赠梦得》云：“与君俱老也，自问老何如。眼涩夜先卧，头慵朝未梳。有时扶杖出，尽日闲门居。懒照新磨镜，休看小字书。情于故人重，迹共少年疏。唯是闲谈兴，相逢尚有余。”[③] 刘禹锡《酬乐天咏老见示》答道：“人谁不愿老，老去有谁怜。身瘦带频减，发稀冠自偏。废书缘惜眼，多炙为随年。经事还谙事，阅人如阅川。细思皆幸矣，下此便翛然。莫道桑榆晚，微霞尚满天。”[④] 四语中极起伏之势。结句英迈之气，老而不衰，堪与其“在人虽晚达，于树似冬青”[⑤] 之句并美，实难为乐天所掠美。袁枚的这一刘冠白戴，大概可以视为对貌类而心仪的学习对象白香山之抬举，好在此时香山确也英华未衰，此后余霞尚比刘禹锡多了四年。其实，在上引《随园诗话》的语境里，香山自有“放眼看青山，任头生白发”这联壮语，见于《洛阳有愚叟》一诗，[⑥] 是大和八年（834）63 岁在洛阳任太子宾客分司所作，明人陈洪绶还曾反其语句，书为“任头生白发，放眼看青山”一副对联，以示旷达自适之心态，不知袁枚为何没有想起。

二

将刘禹锡归入元白诗派，不仅源自二人并称齐名，更因为诗风诗境之趋同，堪称文友诗敌。毛奇龄（1623—1716）《西河合集·诗话》卷七曾分析：

---

① 袁枚《读白太傅集三首·序》：“人多称余诗学白傅，自惭平时于公集殊未宣究。今年从岭南归，在香亭处借《长庆集》，舟中读之，始知阳货无心，貌类孔子。”周本淳标校．小仓山房诗文集：二［M］．上海：上海古籍出版社，1988：819．石玲．袁枚诗与白居易诗之“貌类”及内在成因［J］．文学评论，2005（3）．

② 袁枚著，顾学颉校点．随园诗话［M］．北京：人民文学出版社，1998：332．

③ 朱金城．白居易集笺校：四［M］．上海：上海古籍出版社，1988：2236．

④ 瞿蜕园．刘禹锡集笺证［M］．上海：上海古籍出版社，1989：1261．

⑤ 陶敏，等．刘禹锡全集编年校注：上册［M］．长沙：岳麓书社，2003：549．

⑥ 朱金城．白居易集笺校：四［M］．上海：上海古籍出版社，1988：2056．

> 白居易与刘禹锡齐名，又与元稹齐名，当时有《刘白集》，又有《元白长庆集》，而白并不辞，世亦疑之。予谓梦得与乐天原可肩并，元则卑劣抑下矣。白岂不自知，而甘与颉颃。盖其时丁开、宝全盛之后，贞元诸君皆怯于旧法，思降为通脱之习，而乐天创之，微之、梦得并起而效之，故乐天第喜其德邻之广，而不事较量。然犹自言曰："每被老元偷格律，苦教短李伏歌行。"则亦若有不甘于并名者。夫既创斯体，已置身升降之际，使能者为之，不过舍谧（密）就疏，舍方就圜（圆），舍官样而就家常。而自不能者效之，则卑格贫相，小家数，驵侩气，无所不至。幸乐天才高，纵卑贫小巧，而意能发摅，力能搏捖，才与气能克斥布濩，而所在周给。老元短李，又何能为！白所自言，固审耳。[①]

分析元和诗坛通脱风习的兴起，指出倾向通脱之风的诗人形成创作群体，其主创为白居易，其并起而效之的主要成员有刘禹锡与元稹，围绕着这一诗歌群体所共同具有的通脱放达的艺术倾向，他们在诗歌创作中有三点共性：①诗歌意象结构由细密而趋疏朗；②遣词造句由方正而趋圆融；③主题与取材舍官样而就家常。这是对元和诗风变化较为准确的归纳。方世举（1675—1759）《兰丛诗话》论承继老杜五七言律诗者，"白香山之疏以达，刘梦得之圜以闳"[②]，均可为初学唐诗之导引，与上引毛奇龄所云三点共性有相通之处。毛奇龄诗学少好宋元，后转宗唐。[③] 其所宗之唐，不废中晚。他给丁克扬《琴溪合稿》所作之序云："自夫论诗者好言初盛，遂致贞元、元和以后弃置不问，而昔有终身为诗，始悟《长庆集》之不易为者。"[④] 上引对元和诗风之变代表人物元、白、刘三人的归纳，可以追溯至《新唐书·文艺传序》，其中言诗除杜甫、李白之外，即元稹、白居易、刘禹锡三人，"皆卓然以所长为一世冠"。[⑤] 至于推尊"乐天创之"，毛奇龄《唐七律选》也有类似评说，中云："乐天为中唐一大作手，其七古五排，空前掩后，独七律下乘耳，然犹领袖元和、长庆间，宝、太以后窃脂乞泽者，越若千年亦文豪也，若同时倡和，争相摩仿，终不得似。此如东家效西家，才分悬远。老元、短李，久在下邽嗤笑中矣，但黄钟大吕铿锵已久，既降细响，则蜗吟蚓呻，自所不免，兹择其于卑

---

① 毛奇龄．西河合集：卷七．《四库全书存目丛书》影印清康熙间书留草堂刻本，集部第420册：566－567.

② 郭绍虞．清诗话续编［M］．上海：上海古籍出版社，1983：773.

③ 蒋寅．清初钱塘诗人和毛奇龄的诗学倾向［J］．湖南社会科学，2008（5）．

④ 毛奇龄《琴溪合稿序》，《四库全书》本《西河集》卷三十七。

⑤ 欧阳修，宋祁，等．新唐书［M］．北京：中华书局，1975：5726.

格贫相、小家数、驵侩气不甚浸淫者，备录于篇，以厌时好之目。”① 诗选之评与其诗话之论正可参照。

毛奇龄为人好辩，有时不免强作解事，如论苏轼诗“春江水暖鸭先知”之类。上引论元和诗风之变，沈德潜（1673—1769）曾提出异议，其雍正九年（1731）所撰《说诗晬语》卷上云：“大历十子后，刘梦得骨干气魄，似又高于随州，人与乐天并称，缘刘、白有倡和集耳。白之浅易，未可同日语也。萧山毛大可，尊白诎刘，每难测其指趣。”② 说毛大可尊白是不错，但他并未诎刘，只是以“卑劣抑下”诎元稹而已，稍带也批评了江湖间元和体末流妄相仿效，卑格贫相的小家数和驵侩气。沈德潜早年编选的《唐诗宗》卷十二，及康熙五十二年（1713）增删《唐诗宗》而成的十卷本《唐诗别裁集》卷八中，持论与《说诗晬语》相仿：“中唐七律，梦得可继随州，后人与乐天并称，因刘、白有唱和诗耳，神彩骨干，恶可同日语？”语词亦颇为近似。而乾隆二十八年（1763）重订的二十卷本《唐诗别裁集》卷十五中，关于刘禹锡七言律诗的评语则订正为：“大历后诗，梦得高于文房。与白傅唱和，故称刘、白。实刘以风格胜，白以近情胜，各自成家，不相肖也。”③ 其实，毛大可将刘禹锡列入白居易所创元和通脱诗风的追随者，并未屈就其地位。

刘白二人地位之高下，在他们在世之日即有辩说，白居易作为当事人表示，尽管彭城刘梦得“其锋森然，少敢当者”，但他并未服软，称“予不量力，往往犯之”，结果“合应者声同，交争者力敌，一往一复，欲罢不能”（《刘白唱和集解》），可见不相上下。当然，对《石头城》中的“潮打空城寂寞回”，白居易还是服善让能，据刘禹锡讲，不仅叹赏良久，并且说：“吾知后之诗人不复措辞矣！”④ 而史上盛传的“金陵怀古”同题竞赛，刘禹锡探龙

① 毛奇龄《唐七律选》卷三序语，中国社会科学院文学研究所图书馆藏清刊本。

② 丁福保．清诗话［M］．上海：上海古籍出版社，1999：541.

③ 沈德潜著，富寿荪校点．唐诗别裁集［M］．上海：上海古籍出版社，1979：490.

④ 见刘禹锡《金陵五题·序》，《刘宾客文集》卷二十四。陶敏，等．刘禹锡全集编年校注：上册［M］．长沙：岳麓书社，2003：390.

获珠，白居易等罢唱，[1] 则因所云时间、地点多有不合之处，恐为传讹附会。[2] 开成三年（838），因为好五言诗的唐文宗欲置诗学士七十二员，翰林学士推荐了名单，宰相杨嗣复声称："今之能诗，无若宾客分司刘禹锡。"[3] 可见刘禹锡声名之盛。可惜被人联系起从前元白始作俑并风行一时的"元和体"，因为担心玷黯皇化，实非小事，于是不了了之。但刘白二人诗坛地位之不相上下，已埋下伏笔。官方史书《旧唐书》既在《元白传论赞》中声称"元和主盟，微之、乐天而已"[4]，同时也于《刘禹锡传》中表明："禹锡晚年与少傅白居易友善，诗笔文章，时无在其右者。"[5]

分析后世刘白二人高下的形成史，约有两派，一派认为刘不及白，如宋人晁公武《郡斋读书志》卷十七云："禹锡早与柳宗元为文章之友，称刘柳，晚与居易为诗友，号刘白，虽诗文似少不及，然能抗衡二人间，信天下之奇才也。"[6] 明人许学夷（1563—1633）《诗源辩体》卷二十九云："刘虽与白齐名，而其集变体实少，五、七言古及五言律俱未为工。"[7] 清人赵骏烈（1700—?）《刘宾客诗集序》云："元和、长庆诸公，与香山唱和齐名者，刘

---

① 何光远《鉴诫录》卷七"四公会"："长庆中，元微之、刘梦得、韦楚客同会白乐天之居，论南朝兴废之事。乐天曰：'古者言之不足，故嗟叹之；嗟叹之不足，则咏歌之。今群公毕集，不可徒然。请各赋《金陵怀古》一篇，韵则任意择用。'时梦得方有郎署，元公已在翰林，刘骋其俊才，略无逊让。满斟一巨杯，遂为首唱。饮讫不劳思忖，一笔而成。白公览诗曰：'四人探骊，吾子先获其珠。所余鳞甲何用？'三公于是罢唱。但取刘诗吟咏竟日，沉醉而散。刘诗曰：'王濬楼船下益州，金陵王气黯然收。千寻铁锁沉江底，一片降幡出石头。荒苑至今生茂草，古城依旧枕寒流。而今四海归王化，两岸萧萧芦荻秋。'"（《丛书集成初编》第2843册，第51页）

② 见卞孝萱．刘禹锡年谱［M］．北京：中华书局，1963. 120－121．瞿蜕园．刘禹锡集笺证［M］．上海：上海古籍出版社，1989：670.

③ 王谠撰，周勋初校证．唐语林校证［M］．北京：中华书局，1997：149. 胡应麟《诗薮》外编卷三"（唐）上"云："文宗欲置诗学士，固非急务，然非雅尚不能。李珏奏罢，未为无见，第以宪宗为诗，酿成轻薄之风，中间聱牙崛奇，讥讽时事，明指韩、柳、元、白诸公，此大是无识妄人。唐一代之文，所以能与汉并，正赖数君，岂俗子所解。乃宪宗兴起之风，可与汉武、唐文相次。淮、蔡之勋，尚出此下，而史不略言，故余特详著焉。乐天有讽谏诗，元稹、李绅有新乐府。"（王国安校补本，上海古籍出版社1979年版，第173页）《资治通鉴》卷二百四十六："（文宗开成三年）上好诗，尝欲置诗学士；李珏曰：'今之诗人浮薄，无益于理。'乃止。"（中华书局1976年版，第7938页）

④ 刘昫，等．旧唐书［M］．北京：中华书局，1975：4360.

⑤ 刘昫，等．旧唐书［M］．北京：中华书局，1975：4212. 王仲镛．唐诗纪事校笺：上册［M］．成都：巴蜀书社，1989：1073.

⑥ 晁公武《郡斋读书志》卷十七："禹锡早与柳宗元为文章之友，称刘柳，晚与居易为诗友，号刘白，虽诗文似少不及，然能抗衡二人间，信天下之奇才也。"孙猛．郡斋读书志校证［M］．上海：上海古籍出版社，1990：882.

⑦ 许学夷．诗源辩体［M］．北京：人民文学出版社，1987：281.

宾客为称首。……大约刘之比白，边幅稍狭，而精诣未之或逊。”① 余成教（1778—?）《石园诗话》卷一云：“刘固诗豪，白乃诗仙。……在当时则刘白齐名，日久论定，刘终不能逾白也。”② 另一派则认为白不及刘，如元人方回（1227—1307）心目中，“梦得诗句句精绝，其集曾自删选，故多佳者，视乐天之易不侔也”③。“刘梦得诗格高在元、白之上，长庆以后诗人皆不能及，且是句句分晓，不吃气力，别无暗昧关锁。”④ 明人黎民表（1515—1581）《书刘中山别集卷首》亦称：“中山于唐元和间有隽名，文稍亚于韩、柳，世谓之‘刘柳’，其诗则元、白诸人远不逮也”。⑤ 均为上引沈德潜《说诗晬语》意见之先声，乔亿（1702—1788）《剑溪说诗又编》以为：“刘禹锡七言律绝，……并出乐天之右。乐天只长律擅场，亦无子厚笔力也。而当日名播鸡林，后人多宗之，良由诸体赡博，尽疏快宜人耳。”⑥ 同调还有《四库全书总目·刘宾客文集提要》云：“其诗则含蓄不足，而精锐有余。气骨亦在元、白上，均可与杜牧相颉颃，而诗尤矫出。”⑦ 民国间丁仪《诗学渊源》卷八《名人小传诗品》甚至认为：“元和诗人，（刘禹锡）自当首屈一指。韩、刘、元、白虽属异曲，未见同工也。”⑧ 今天看来，正如瞿蜕园所云：“元白刘三人同开元和新派，各成壁垒。而居易能知人，能服善，此所以得广大教主之称欤！”⑨

三

尽管刘前期诗风之俊爽高华，后期诗风之雄浑老辣，与元白的浅切平易不相肖，但如果从交游的密切与唱和、联句的频繁来看，晚年刘禹锡与元白诗派的吻合之处要多于疏离之端。刘白交游可以按照二人唱和诗的四次结集为线索加以勾勒。具体的复原工作，因为《刘白唱和集》编排以时间先后为序，而

---

① 台湾图书馆藏《刘宾客文集》卷首。陶敏，等．刘禹锡全集编年校注：下册［M］．长沙：岳麓书社，2003：1511.

② 郭绍虞．清诗话续编［M］．上海：上海古籍出版社，1983：1755.

③ 李庆甲．瀛奎律髓汇评［M］．上海：上海古籍出版社，1986：1072.

④ 《瀛奎律髓》卷四十七“释梵类”。李庆甲．瀛奎律髓汇评［M］．上海：上海古籍出版社，1986：1740.

⑤ 台湾图书馆藏《刘宾客文集》卷首。陶敏，等．刘禹锡全集编年校注：下册［M］．长沙：岳麓书社，2003：1510.

⑥ 郭绍虞．清诗话续编［M］．上海：上海古籍出版社，1983：1126.

⑦ 纪昀，等．钦定四库全书总目提要整理本：下册［M］．北京：中华书局，1997：2009.

⑧ 张寅彭．民国诗话丛编：第3册［M］．上海：上海书店出版社，2002：207.

⑨ 瞿蜕园．刘禹锡集笺证［M］．上海：上海古籍出版社，1989：1609.

今存《刘宾客文集·外集》之唱和诗，即宋敏求（1019—1079）自《刘白唱和集》中裒出者，保留了原集的编次，因此给复原工作提供了很好的基础。此后，日本学者花房英树、柴格朗、橘英范等，中国学者熊飞、贾晋华、王卓华、王艳玲等均曾作过进一步的努力。[①] 笔者在博士学位论文《元白诗派成立之研究》（2000）基础之上，复编订《白居易资料新编》，于刘白唱和集复有补订。[②] 毋庸赘言，仅列四次结集为表1，以见其概况。

表1 刘白唱和之结集

结集名称	结集时间	年龄	卷数	出处
刘白唱和集	大和三年（829）	58岁	两卷（138首）	白居易《刘白唱和集解》："一二年来，日寻笔砚，同和赠答，不觉滋多。至大和三年春以前，纸墨所存者凡一百三十八首。"（《白居易集笺校》第六册，卷六十九，第3711页）参见刘禹锡《彭阳唱和集引》（瞿蜕园《刘禹锡集笺证》下册，第1496页）

① 花房英树《〈刘白唱和集〉稿》，《京都府立大学学术报告（人文）》1960年第12期，第1-28页，后收入其《白居易研究》（世界思想社1971年版），柴格朗《刘白唱和考》，《中国语文志》（京都产业大学外国语学部中国语文研究会），1961年；《〈刘白吴洛寄和卷〉中所表现的刘禹锡对政界的执着》，《中唐文学会报》（日本中唐文学会）8，2001年10月。橘英范《刘白唱和诗复原的问题》，《中国中世文学研究》（广岛大学中国中世文学研究会）20，1991年2月；《中唐唱和文学的发展——走向〈刘白唱和集〉之路》，《日本中国学会报》（日本中国学会）第60集，2008年。熊飞《刘禹锡、白居易唱和诗简论》（《湖北大学学报》1990年第2期）及《〈刘白唱和集〉编集流散考》（《唐都学刊》1997年第4期）。贾晋华《唐代集会总集与诗人群研究》（北京大学出版社2001年版）。王卓华《从几部唐代唱和总集看刘禹锡的唱和诗》（《殷都学刊》2005年第4期）。王艳玲《刘白诗人群的唱和活动及其诗歌创作——以刘白唱和诗的四次结集为中心》（《天津大学学报》2009年第5期）。此外，学位论文方面可供参考者，还有王玫《刘禹锡白居易唱和诗研究》，首都师范大学硕士学位论文，2002年，导师邓小军；王曼霏《刘白唱和诗研究》，广西大学硕士学位论文，2008年，导师李寅生；付瑶《刘禹锡唱和诗研究》，新疆师范大学硕士学位论文，2005年，导师薛天纬；张育桦《刘禹锡、白居易交往诗研究》，屏东教育大学硕士学位论文，2010年，导师简贵雀。

② 其中刘诗系年参照卞孝萱《刘禹锡年谱》（中华书局1966年版）、高志忠《刘禹锡诗文系年》（广西人民出版社1988年版）、瞿蜕园《刘禹锡集笺证》（上海古籍出版社1989年版）、蒋维崧等《刘禹锡诗集编年笺注》（山东大学出版社1997年版）和陶敏等《刘禹锡全集编年校注》（岳麓书社2003年版）。白诗系年参照朱金城《白居易集笺校》（上海古籍出版社1988年版）。

（续上表）

结集名称	结集时间	年龄	卷数	出处
刘白吴洛寄和卷	大和六年（832）	61 岁	一卷	白居易《与刘苏州书》："与阁下在长安时，合所著诗数百首，题为《刘白唱和集》卷上下事具《集解》中。去岁冬，梦得由礼部郎中、集贤学士迁苏州刺史。……仆方守三川，得为东道主。阁下为仆税驾十五日，朝觞夕咏，颇尽平生之欢。各赋数篇，视草而别。岁月易得，行复周星。一往一来，忽又盈箧。……今复编次焉，以附前集，合前三卷，题此卷为下，迁前下为中。命曰《刘白吴洛寄和卷》，自大和五年冬送梦得之任之作始。"（《白居易集笺校》第六册，卷六十八，第 3696 页）按，"送梦得之任之作"指《送刘郎中赴任苏州》（《白居易集笺校》第六册，外上，第 3831 页）
汝洛集	大和八年（834）	63 岁	一卷	刘禹锡《汝洛集引》："大和八年，予自姑苏转临汝，乐天罢三川守，复以宾客分司东都。……明年，予罢郡，以宾客入洛，日以章句交欢。因而编之，命为《汝洛集》。"（瞿蜕园《刘禹锡集笺证》下册，第 1500 页）《新唐书·艺文志》《唐诗纪事》以之为裴度、刘禹锡唱和集。据刘禹锡《汝洛集引》可知主要为刘白。据陈尚君《唐代文学丛考》第 212 页，与唱者还有裴度、吴士矩等
刘白唱和集	会昌五年（845）	刘已逝，白 74 岁	五卷（新增两卷）	白居易《白氏长庆集后序》："其文尽在大集内录出，别行于时。"（《白居易集笺校》第六册，外下，第 3916 页）

从《刘白唱和集》看，二人交游始于元和五年（810），翰林学士白居易将诗作百篇寄给被贬朗州（今湖南常德）司马已有五年的刘禹锡，元稹也是

在这一年开始与刘禹锡唱和，白主动寄诗当因元稹之介。[①] 刘禹锡答以《翰林白二十二学士见寄诗一百篇因以答贶》："吟君遗我百篇诗，使我独坐形神驰。玉琴清夜人不语，琪树春朝风正吹。郢人斤斫无痕迹，仙人衣裳弃刀尺。世人方内欲相寻，行尽四维无处觅。"[②] 此诗收入《刘宾客文集》外集卷一压卷之作，开篇第二句称，读白诗而坐形神驰，与刘禹锡《董氏〈武陵集〉纪》所云"片言可以明百意，坐驰可以役万里，工于诗者能之"，可以参观。结尾夸白诗举世无二，大概缘于初交，不免溢美，但中间两联，盛赞白诗如琴韵悠扬，玉声清越，且匠心独运，自然浑成，如郢人运金，毫无斧凿之痕，似仙人裁衣，不用刀尺之功，应出自真实的体认。正如赵翼《瓯北诗话》卷四所云："香山主于用意，用意则属对排偶，转不能纵横如意；而出之以古诗，则惟意所之，辨才无碍。且其笔快如并剪，锐如昆刀，无不达之隐，无稍晦之词；工夫又锻炼至洁，看是平易，其实精纯。刘梦得所谓'郢人斤斫无痕迹，仙人衣裳弃刀尺'者，此（香山）古体所以独绝也。然近体中五言排律，或百韵，或数十韵，皆研炼精切，语工而词赡，气功而神完，虽千百言亦沛然有余，无一懈笔。当时元、白唱和，雄视百代者，正在此。"[③] 后来陆游《九月一日读诗稿有感走笔作歌》"诗家三昧忽见前，屈贾在眼元历历。天机云锦用在我，剪裁妙处非刀尺"，即师此意。值得一提的是，何焯于刘禹锡此诗之批语道："梦得别集七言律诗，大抵多效白公之体，但起结多恨其过于平直。"[④] 可见在二人唱和之始，刘禹锡即有意识向乐天诗风靠拢。

长庆二年（822）正月，刘禹锡任夔州刺史时，有《始至云安寄兵部韩侍郎中书白舍人二公近曾远守故有属焉》，表达对兵部侍郎韩愈、中书舍人白居易在京为官的钦羡，中云："故人青霞意，飞舞集蓬瀛。昔曾在池籞，应知鱼鸟情。"[⑤] 长庆三年（823），白居易作《杭州春望》："望海楼明照曙霞，护江堤白蹋晴沙（城东楼名望海楼）。涛声夜入伍员庙，柳色春藏苏小家。红袖织绫夸柿蒂（杭州出柿蒂，花者尤佳也），青旗沽酒趁梨花（其俗酿酒趁梨花时熟，号为梨花春）。谁开湖寺西南路，草绿裙腰一道斜（孤山寺路在湖洲中，

---

① 卞孝萱．刘禹锡丛考：交游考［M］．成都：巴蜀书社，1988：196. 陶敏，等．刘禹锡全集编年校注：上册［M］．长沙：岳麓书社，2003：103.

② 陶敏，等．刘禹锡全集编年校注：上册［M］．长沙：岳麓书社，2003：102.

③ 郭绍虞．清诗话续编［M］．上海：上海古籍出版社，1983：1174－1175.

④ 卞孝萱．刘禹锡诗何焯批语考订［M］//荣新江．唐研究：第二卷．北京：北京大学出版社，1996：185.

⑤ 陶敏，等．刘禹锡全集编年校注：上册［M］．长沙：岳麓书社，2003：279.

草绿时望如裙腰）。”① 次年（824），刘禹锡答以《白舍人自杭州寄新诗有“柳色春藏苏小家”之句因而戏酬兼寄浙东元相公》：“钱塘山水有奇声，暂谪仙官领百城。女妓还闻名小小，使君谁许唤卿卿。鳌惊震海风雷起，蜃斗嘘天楼阁成。莫道骚人在三楚，文星今向斗牛明。”② 白诗中首句之“望海楼”在杭州凤凰山。颔联“人”字、“藏”字，极写望中之景，伍员即伍子胥，伍员死，吴王取子胥尸，盛以鸱夷革，浮之江中，吴人怜之，为立祠于江上，因命曰胥山。苏小，指南齐钱塘名妓苏小小，才空士类，容华绝世。白居易《和春深二十首》有“杭州苏小小，人道最夭斜”。“柿蒂”是杭产绫绢所织之花纹，“梨花”是杭州美酒的名称。落句结足春意。刘禹锡和诗第一句中“奇声”，是说异样声名。“仙官”指白居易曾为中书舍人，极清华之选而出。“守”一作“领”。三四句言虽有名妓苏小小，然不许命使君以卿卿也。谐谑之语却精极。五句“鳌惊”言刺史之雷厉风行。六句言舍人之文辞灿丽。“莫道”句说向云骚人诗思盛于三楚，故有屈原、宋玉辈，如今文星都改到吴越来了（“斗牛”间，杭与越之星野也）。这首诗通体清稳，可以和白居易原作旗鼓相当。说文星改照到吴越之间，又是何等自负！

刘白大规模的唱和始于宝历年间。宝历元年（825）春刘禹锡在和州作《春日书怀寄东洛白二十二杨八二庶子》：“曾向空门学坐禅，如今万事尽忘筌。眼前名利同春梦，醉里风情敌少年。野草芳菲红锦地，游丝撩乱碧罗天。心知洛下闲才子，不作诗魔即酒颠。”③ 从中可见他对洛中白居易的诗酒生活极为了解，诗风亦与白颇似。

宝历二年（826），刘禹锡卸任和州刺史，经扬州回洛阳，与自苏州北归的白居易相逢于扬子津，一见如故，白居易作《醉赠刘二十八使君》：“为我引杯添酒饮，与君把箸击盘歌。诗称国手徒为尔，命压人头不奈何。举眼风光长寂寞，满朝官职独蹉跎。亦知合被才名折，二十三年折太多。”④ 刘禹锡答以《酬乐天扬州初逢席上见赠》：“巴山楚水凄凉地，二十三年弃置身。怀旧空吟闻笛赋，到乡翻似烂柯人。沉舟侧畔千帆过，病树前头万木春。今日听君歌一曲，暂凭杯酒长精神。”⑤ 刘诗回赠接过白诗话头，既抒写出那一特定环境中的感情，又蕴含着贬官二十多年后回乡的深沉感叹。那一年两人都是55岁，回溯到贞元十九年癸未（803），他们都是32岁，刘禹锡在京官监察御

---

① 朱金城．白居易集笺校：三［M］．上海：上海古籍出版社，1988：1364.
② 瞿蜕园．刘禹锡集笺证［M］．上海：上海古籍出版社，1989：1032.
③ 陶敏，等．刘禹锡全集编年校注：上册［M］．长沙：岳麓书社，2003：357.
④ 朱金城．白居易集笺校：三［M］．上海：上海古籍出版社，1988：1706.
⑤ 瞿蜕园．刘禹锡集笺证［M］．上海：上海古籍出版社，1989：1047.

史，白居易职为校书郎，住常乐里。23 年过去，难免欷歔慨叹。可颈联却突然振起，化沉郁为通达，变悲怨而乐观，写沉舟侧畔，千帆竞发；病树前头，万木争荣。在自然界的平凡现象中，暗示社会人事新陈代谢的哲理，意象新奇壮丽，寓意深长，较之乐天之“命压人头不奈何”确实较胜一筹。难怪乐天称赞这两句诗“神妙”，“在在处处应有灵物护之”（《刘白唱和集解》），清人赵执信《谈龙录》更推许为“有道之言”，至今仍常常被人引用，并赋予新的意义，说明新事物必将取代旧事物的自然和社会发展规律。类似闪烁着清刚的理性之光的诗句还有“芳林新叶催陈叶，流水前波让后波”（《乐天见示伤微之敦诗晦叔三君子皆有深分因成是诗以寄》），“自古逢秋悲寂寥，我言秋日胜春朝”（《秋词》），都是对宇宙与自然沉思之后的一种感悟。这种感悟以形象出现在诗里，不仅有开阔的视界，而且有一种超时空的跨度，显示出历史、现实、未来的一种交融。

大和二年（828），刘白都在长安，多有活动，与张籍同游杏园，白有《杏园花下赠刘郎中》，刘有《杏园花下酬乐天见赠》；刘白都参加的联句，有《杏园联句》《花下醉中联句》《首夏犹清和联句》《蔷薇花联句》《西池落泉联句》。之后，刘禹锡在长安、苏州、汝州等地，与白居易唱和不断。大和三年（829）白居易归洛后，刘禹锡有《遥和白宾客分司初到洛中戏呈冯尹》，这是白退闲后，刘白唱和频繁的开始，时刘在长安任礼部郎中、集贤院学士。开成元年（836），刘禹锡以太子宾客分司东都，白居易其时已在洛阳，两人再次相聚，因为都以分司身份生活于洛阳，有相对自由的时间彼此唱和，交往更密，正如刘禹锡《汝洛集引》所说：“予罢郡，以宾客入洛，日以章句交欢。”[①] 刘白的深契主要是此后一段时间。如开成二年（837）夏，白居易有《分司洛中多暇数与诸客宴游醉后狂吟偶成十韵因招梦得宾客兼呈思黯奇章公》云：“性与时相远，身将世两忘。寄名朝士籍，寓兴少年场。老岂无谈笑，贫犹有酒浆。随时求伴侣，逐日用风光。数数游何爽，些些病未妨。天教荣启乐，人恕接舆狂。改业为逋客，移家住醉乡。不论招梦得，兼拟诱奇章。要路风波险，权门市井忙。世间无可恋，不是不思量。”[②] 其中“身将世两忘”，引申鲍照《咏史》“身世两相弃”之意，与此前元和三年《偶作》“是非一以贯，身世交相忘”、元和五年《适意》“悠悠身与世，从此两相弃”、元和七年《咏兴五首》其三“我今异于是，身世交相忘”、元和九年《退居渭村寄礼部侍郎翰林钱舍人诗一百韵》末二句“可怜身与世，从此两相忘”、元和

① 陶敏，等．刘禹锡全集编年校注：下册［M］．长沙：岳麓书社，2003：1230.

② 朱金城．白居易集笺校：四［M］．上海：上海古籍出版社，1988：2323.

十二年《闭关》“我心忘世久，世亦不我干”、大和八年《咏怀》“由兹两相忘，因得长自遂”、大和九年《诏下》“我心与世两相忘，时事虽闻如不闻”等，一脉而承。刘禹锡答以《酬乐天醉后狂吟十韵（来章有移家住醉乡之句)》：“散诞人间乐，逍遥地上仙。诗家登逸品，释氏悟真筌。制诰留台阁，歌词入管弦。处身于木雁，任世变桑田。吏隐情兼遂，儒玄道两全。八关斋适罢，三雅兴尤偏。文墨中年旧，松筠晚岁坚。鱼书曾替代，香火有因缘。欲向醉乡去，犹为色界牵。好吹杨柳曲，为我舞金钿。”[①]“散诞人间乐，逍遥地上仙”，说出“中隐”生活的快意；“醉乡”“色界”“香火”“管弦”“歌词”等，写出“中隐”生活的内容；“处身于木雁，任世变桑田。吏隐情兼遂，儒玄道两全”，对白居易“中隐”思想本质特征加以概括，相当准确。开成三年（838）元日，白访刘，白有《新岁赠梦得》，刘酬和《元日乐天见过因举酒为贺》。晚夏，白访刘，白作《晚夏闲居，绝无宾客，欲寻梦得，先寄此诗》，刘答《酬乐天晚夏闲居欲相访先以诗见贻》。秋日，刘又访白，白寄示《与梦得沽酒闲饮且约后期》《梦得相过援琴命酒因弹秋思偶咏所怀兼寄继之待价二明府》，刘酬以《乐天以愚相访沽酒致欢因成七言聊以奉答》。此举可以概见二人交游之频繁。此间刘诗不乏仿白之作，如开成五年（840），白有《杨柳枝》：“陶令门前四五树，亚夫营里百千条。何似东都正二月，黄金枝映洛阳桥。”[②] 刘禹锡和诗云：“金谷园中莺乱飞，铜驼陌上好风吹。城东桃李须臾尽，争似垂杨无限时。”[③] 范晞文（？—1291？）《对床夜语》即断为“仿白”之作。[④] 此外如前所引，刘禹锡还有檃括白香山古诗《板桥路》的《柳枝词》。

四

全部《刘白唱和集》共137组唱和诗作，已超过《元白唱和集》的111组。其浩博堪称诗史一大奇观。刘白唱和诗诗体，由多至少依次为七律、七绝、五律、五排、五古。刘白和韵诗诗体，由多至少依次为七绝、七律、五律、五排、五古。二者次序基本一致。不过，刘白唱和在元白之后，以律体唱和之比例明显超过古体，超过元白，这也是中晚唐以还律体逐渐成熟壮大趋势

---

① 瞿蜕园．刘禹锡集笺证［M］．上海：上海古籍出版社，1989：1266．陶敏，等．刘禹锡全集编年校注：上册［M］．长沙：岳麓书社，2003：672.

② 朱金城．白居易集笺校：四［M］．上海：上海古籍出版社，1988：2167.

③ 瞿蜕园．刘禹锡集笺证［M］．上海：上海古籍出版社，1989：858.

④ 丁福保．历代诗话续编［M］．北京：中华书局，1983：442.

的反映。刘白和韵诗占同体唱和诗的比例，由大至小依次为七绝、七律、五排、五古、五律，见与元白和韵诗情况略有不同。

表2 刘白唱和诗之诗体

	唱和者	七绝	七律	五律	五排	五古	七古	六绝	总计
唱和	白居易	49	62	28	11	9	3	2	164
	刘禹锡	52	57	25	12	8	2	2	158
和韵	白居易	33	13	4	4	2			56
	刘禹锡	33	14	4	4	2			57
次韵	白居易	21	2	2	2				27
	刘禹锡	21	2	2	2				27

刘白唱和诗之浩博，足以佐证刘禹锡与元白诗派的亲离度。如果细相比对，可以发现，刘白二人在诗风诗境上较量之余，不乏相互趋同与妥协。何焯《刘禹锡诗》批语对刘白唱和诗尤其留意二人诗作同异的相互比对，如《春日书怀寄东洛白二十二杨八二庶子》："曾向空门学坐禅，如今万事尽忘筌。眼前名利同春梦，醉里风情敌少年。野草芳菲红锦地，游丝撩乱碧罗天。心知洛下闲才子，不作诗魔即酒颠。"《八月十五日夜半云开然后玩月因书一时之景寄呈乐天》："半夜碧云收，中天素月流。开城邀好客，置酒赏清秋。影透衣香润，光凝歌黛愁。斜辉犹可玩，移宴上西楼。"二诗皆批云："白公体。"《三月三日与乐天及河南李尹奉陪裴令公泛洛禊饮各赋十二韵》："洛下今修禊，群贤胜会稽。盛筵陪玉铉，通籍尽金闺。波上神仙妓，岸傍桃李蹊。水嬉如鹭振，歌响杂莺啼。历览风光好，沿洄意思迷。棹歌能俪曲，墨客竞分题。翠幄连云起，香车向道齐。人夸绫步障，马惜锦障泥。尘暗宫墙外，霞明苑树西。舟形随鹢转，桥影与虹低。川色晴犹远，乌声暮欲栖。唯余踏青伴，待月魏王堤。"批语云："乐天固不可及，此作亦自秀整。齐韵容易窘人，非梦得几于搁笔矣。"《题于家公主旧宅》："树绕荒台叶满池，箫声一绝草虫悲。邻家犹学宫人髻，园客争偷御果枝。马埒蓬蒿藏狡兔，凤楼烟雨啸愁鸱。何郎独在无恩泽，不似当初傅粉时。"批语云："比乐天诗更曲折有味，三、四妙绝。冯已苍（冯舒）极称此诗，以为悲凉之中，自饶才致，他人为此而定薄矣。"《和乐天诮失婢榜者》："把镜朝犹在，添香夜不归。鸳鸯拂瓦去，鹦鹉透笼飞。不逐张公子，即随刘武威。新知正相乐，从此脱青衣。"批语云："定翁（冯班）云：'似胜白。'第三先起后半二句，直是叙得生动。"《和白侍郎送

令狐相公镇太原》："十万天兵貂锦衣，晋城风日斗生辉。行台仆射深恩重，从事中郎旧路归。叠鼓蹙成汾水浪，闪旗惊断塞鸿飞。边庭自此无烽火，拥节还来坐紫微。"批语云："其精切工假如此，乐天'青衫书记''红旆将军'，未免为渠压倒。"① 类似的诗作还有不少。

总之，尽管刘禹锡诗自具风格与个性，但晚年创作，因与白居易交往唱和而有所变化，二人在流畅自然的风格特色中找到了共通之处，尤其体现在七言律绝体中，每有异曲同工的含思婉转之妙。正如明人许学夷（1563—1633）《诗源辩体》所云："考《万首唐人绝句》，刘（梦得）实有似乐天者，故当时有'刘白'之称。"② 方世举《兰丛诗话》亦云："（五七绝句）元、白清宛，宾客同之。"③ 唐寅、徐祯卿等吴中诗人，普遍师法刘禹锡与白居易，所看重的也是二人流利自然、语工调协的七言律绝。

另外，在元白诗派"长庆体"创作上，刘禹锡元和八年（813）任朗州司马期间所作《泰娘歌》④《伤秦姝行》⑤，与元白"长庆体"的创作时间大致平行，且符合其四个共性——①诗体为七言歌行体；②内容以叙事为主；③篇幅为八句以上的长篇；④韵律上多用律句和转韵。另外均不约而同于诗前又加以小序，可以见出这种叙事歌行体的一种风尚。因拙著《元白诗派研究》曾加以论及，此亦不赘。

综合以上，可见刘白二人诗风因交互影响，亦多有趋同倾向之迹，既有异中之同，也有同中之异，比较之下，异中之同已超过同中之异。在不同诗体的创作上，刘禹锡与元白诗派的均有相互吻合之迹，且合大于离，这就是笔者认为刘禹锡可以划入元白诗派的主要理由。

（作者单位：中国社会科学院文学所）

---

① 卞孝萱．刘禹锡诗何焯批语考订［M］//荣新江．唐研究：第二卷．北京：北京大学出版社，1996：185－202.

② 许学夷．诗源辩体［M］．北京：人民文学出版社，1987：282.

③ 郭绍虞．清诗话续编［M］．上海：上海古籍出版社，1983：779.

④ 瞿蜕园．刘禹锡集笺证［M］．上海：上海古籍出版社，1989：630－631.《全唐诗》卷三百五十六；《增订注释全唐诗》第2册，第568页。写作时间，陈寅恪谓作于元和九年（814），见刘隆凯整理《陈寅恪"元白诗证史"讲席侧记》（湖北教育出版社2005年版，第69页）；卞孝萱《刘禹锡年谱》第72页，高志忠《刘禹锡诗文系年》第81、298页系于元和元年（806）至元和九年（814），此据陶敏，等．刘禹锡全集编年校注：上册［M］．长沙：岳麓书社，2003：137.

⑤《刘禹锡集笺证》，第1014－1015页；《全唐诗》卷三百五十六；余才林撰《增订注释全唐诗》第2册，第1574页。写作时间据高志忠．刘禹锡诗文系年［M］．南宁：广西人民出版社，1988：84，283.

中晚唐之际的刘白诗派与姚贾诗派

张 巍

中唐时期最重要的诗歌流派是以白居易、元稹为代表的元白诗派和以韩愈、孟郊为代表的韩孟诗派，到了中晚唐之交的宝历、大和年间，随着白居易晚年诗风的变化和韩孟的相继离世，元白诗派和韩孟诗派的相关成员也重新分化与组合，由于彼此间的交游酬唱和艺术风格的相近，又形成了以白居易、刘禹锡为核心的刘白诗派和以姚合、贾岛为核心的姚贾诗派。这两个诗歌流派可以说是元白诗派和韩孟诗派的后继，某种程度上具备了从中唐诗歌向晚唐诗歌过渡的性质。

一

刘白诗派的组成人员都是高官显宦，其成员除刘白外还有令狐楚、裴度、李德裕、王起等人。他们大多才兼文武，早在元和年间即已成名，并有着出将入相的辉煌经历。虽然饱经宦海浮沉的政治风波，但在晚年阶段，大都官高位显、名重俸足，诗歌成为他们歌咏闲适、消遣自娱、交友往来的重要手段。

刘白诗派的活动可以刘白唱和诗的三次结集为主线进行考察。刘白两人之交往始于元和五年（810）或稍前，白居易曾以诗百篇寄予刘禹锡①，刘禹锡作《翰林白二十二学士见寄诗一百篇因以答贶》一诗为赠。然而两人的谋面却直至宝历二年（826），刘禹锡罢和州刺史，白居易罢苏州刺史，两人北归途中相遇于扬州，同游半月，诗酒唱和。初次相逢，白居易作有《醉赠刘二十八使君》，刘禹锡作有《酬乐天扬州初逢席上见赠》，两人晚年的诗歌唱和由此而始。

文宗大和二年（828）春末时分，白居易、刘禹锡、裴度、张籍、李绛等人游曲江杏园，极尽诗酒之欢，并先后作有《杏园联句》《花下醉中联句》《春池泛舟联句》等。此次曲江联句是刘白诗派的首次群体创作活动，标志着

---

① 本文所论刘白诗派和姚贾诗派具体的文学创作活动，参看诸家年谱及傅璇琮主编的《新编唐五代文学编年史》（辽海出版社 2012 年版），不再一一详考。

该诗派的正式形成。大和三年（829），白居易将他与刘禹锡的唱和诗编成《刘白唱和集》，并对两人诗歌唱和的情况作了这样的记述：

> 彭城刘梦得，诗豪者也，其锋森然，少敢当者。予不量力，往往犯之。夫合应者声同，交争者力敌；一往一复，欲罢不能。由是每制一篇，先相视草；视竟则兴作，兴作则文成。一二年来，日寻笔砚，同和赠答，不觉滋多。至大和三年春已前，纸墨所存者，凡一百三十八首。其余乘兴扶醉，率然口号者，不在此数。①

诗集编成后不久，白居易即赴太子宾客分司东都任，此前令狐楚已任东都留守，白居易将至洛阳时先有诗寄之，令狐楚亦赋诗酬答。刘白诗派此后即以东都洛阳为其诗歌创作的主要据点，而往来洛阳的达官贵士们，也一般都与白居易等有所唱和。

刘白间的第二部唱和诗集《刘白吴洛寄和卷》编成于大和六年（832）。白居易《与刘苏州书》云："微之先我去矣，诗敌之劲者，非梦得而谁？"②已明确将刘禹锡视为自己最亲密的诗伴，并指出两人的诗歌唱和对双方的创作有极大的促进作用："得隽之句，警策之篇，多因彼唱此和中得之，他人未尝能发也。"③ 与此同时，令狐楚虽已赴太原任河东节度使，但与刘白的诗歌唱和依然不断，如刘禹锡作有《令狐相公自太原累示新诗因以酬寄》一诗，诗中有云："珍重新诗远相寄，风情不似旧登坛。"④ 两人诗歌交往之密切，于此可见一斑。刘禹锡后于大和七年（833）将与令狐楚唱和诗篇编为《彭阳唱和集》，并在《彭阳唱和集引》中记载了令狐楚的来信以说明此集的编撰缘起。令狐楚语曰：

> 三川守白君编录与吾子赠答，缄缥囊以遗余。白君为词以冠其前，号曰《刘白集》。悠悠思与所赋亦盈于巾箱，盍次第之，以塞三川之诮？⑤

可见《彭阳唱和集》是刘禹锡应令狐楚的要求，仿效《刘白唱和集》所编而成，亦可见令狐楚试图与刘禹锡建立起像刘白一样密切的诗友关系。

---

① 白居易．白居易集：卷六十九［M］．北京：中华书局，1979：1452.
② 白居易．白居易集：卷六十八［M］．北京：中华书局，1979：1445.
③ 白居易．白居易集：卷六十八［M］．北京：中华书局，1979：1445.
④ 刘禹锡．刘禹锡集：卷三十三［M］．北京：中华书局，1990：469.
⑤ 刘禹锡．刘禹锡集：卷三十九［M］．北京：中华书局，1990：588.

刘禹锡稍后又将他与李德裕之间的唱和诗编为《吴蜀集》。刘禹锡、李德裕、元稹三人早有唱和之作，后编成《吴越唱和集》，所收诗始于长庆三年（823），终于大和三年。刘禹锡在《吴蜀集引》中具体记载了双方远在异地时的诗歌唱和方式：

> 长庆四年，余为历阳守，今丞相赵郡李公时镇南徐州。每赋诗，飞函相示，且命同作。尔后出处乖远，亦如邻封。凡酬唱始于江南，而终于剑外，故以吴蜀为目云。①

开成元年（836）是刘白诗派创作极为活跃的一年。白居易早春频与李绅游于洛阳城郊，赋诗咏怀。后自编《白氏文集》六十五卷，藏于东都圣善寺，李绅赋诗题于白集后。李德裕由滁州刺史迁太子宾客分司，抵洛阳住于平泉别墅，屡有诗作吟咏风物、寄赠友人。刘禹锡亦由同州刺史迁太子宾客分司洛阳，多有诗与白居易、李德裕、令狐楚、裴度等唱和，后又将其任汝州刺史以来与白居易的唱和诗编为《汝洛集》，这是刘白之间的第三部唱和诗集。开成二年（837）三月三日，河南尹李珏禊于洛滨，白居易、刘禹锡、裴度等十五人与宴，并各有歌咏，“自晨及暮，簪组交映，歌笑间发，前水嬉而后妓乐，左笔砚而右壶觞。望之若仙，观者如堵”②。与大和二年的杏园之会隐然呼应。

开成二年令狐楚卒，开成四年（839）裴度卒，刘白又与另一位诗友东都留守王起有较多唱和。三人曾同赋《秋霖即事联句》《喜晴联句》，刘禹锡与王起共赋一七诗。会昌二年（842）刘禹锡卒，白居易写诗痛悼：“四海齐名白与刘，百年交分两绸缪。同贫同病退闲日，一死一生临老头。杯酒英雄君与操，文章微婉我知丘。贤豪虽殁精灵在，应共微之地下游。”③ 但他并没有停止诗歌交游，会昌五年（845），白居易七十四岁，与赵杲等七老宴于家中，宴罢赋诗记之。会昌六年（846）李绅卒，白居易亦卒于洛阳。后一年即大中元年（847）王起卒，大中三年（849）李德裕卒。参加过刘白诗派唱和的重要诗人至此已完全谢世，刘白诗派的活动至此完全终结。从大和二年（828）起至会昌六年，其存在时间共计十八年之久。

作为一批位处上层的著名文士，刘白等人对官场的黑暗仕途的艰险可谓心有余悸。刘禹锡曾因参加永贞革新而被贬朗州司马，白居易也曾因上疏请捕刺

---

① 刘禹锡．刘禹锡集：卷三十九［M］．北京：中华书局，1990：589.

② 白居易．白居易集：卷三十三［M］．北京：中华书局，1990：757.

③ 白居易．白居易集：卷三十六［M］．北京：中华书局，1990：841.

杀宰相武元衡之凶手而被贬江州司马，但此刻他们早年的政治锐气早已荡然无存，白居易在甘露事变后所作的两首诗，颇能代表他们当时的心态："麒麟作脯龙为醢，何似泥中曳尾龟。"① "重裘暖帽宽毡履，小阁低窗深地炉。身稳心安眠未起，西京朝士得知无。"② 因此他们大多与政治保持疏远关系，《旧唐书·裴度传》中对这一诗人群的生活与精神面貌有生动的记述：

> 度以年及悬舆，王纲版荡，不复以出处为意。东都立第于集贤里，筑山穿池，竹木丛萃，有风亭水榭，梯桥架阁，岛屿回环，极都城之胜概。又于午桥创别墅，花木万株，中起凉台暑馆，名曰绿野堂。引甘水贯其中，酾引脉分，映带左右。度视事之隙，与诗人白居易、刘禹锡酣宴终日，高歌放言，以诗酒琴书自乐，当时名士，皆从之游。③

正是因为力求闲适远离政治，所以无论对方昔日的政治态度如何，刘白二人都与之相处甚欢。开成二年，裴度由东都留守为河东节度使，李德裕由浙西观察使为淮南节度使，牛僧孺由淮南节度使为东都留守。刘白二人刚结束了与裴度、李德裕的唱和，又与李德裕的政敌牛僧孺多有唱酬。《旧唐书·牛僧孺传》记牛僧孺"洛都筑第于归仁里"④，"常与诗人白居易吟咏其间，无复进取之怀"⑤，白居易作诗记述了牛僧孺服药养伎的奢华生活，并云"妒他心似火，欺我鬓如霜"⑥，戏谑中略带羡慕之意。

刘白诗派最主要的文学活动有联句、诗歌赠答与唱和、诗歌别集与唱和诗集的编定三项，而诗歌内容基本上都是歌咏闲适生活。大和八年（834），白居易集在洛阳所作之诗为《洛诗》。其作《序洛诗》云："序洛诗，乐天自叙在洛之乐也。"⑦ 并记此集内容曰：

> 自三年春至八年夏，在洛凡五周岁，作诗四百三十二首。除丧朋哭子十数篇外，其他皆寄怀于酒，或取意于琴，闲适有余，酣乐不暇；苦词无一字，忧叹无一声……斯乐也，实本之于省分知足，济之以家给身闲，文

---

① 白居易．白居易集：卷三十二［M］．北京：中华书局，1990：734.
② 白居易．白居易集：卷三十二［M］．北京：中华书局，1990：734.
③ 刘昫，等．旧唐书·裴度传［M］．北京：中华书局，1975：4432.
④ 刘昫，等．旧唐书·牛僧孺传［M］．北京：中华书局，1975：4472.
⑤ 刘昫，等．旧唐书·牛僧孺传［M］．北京：中华书局，1975：4472.
⑥ 白居易．白居易集：卷三十四［M］．北京：中华书局，1990：767.
⑦ 白居易．白居易集：卷七十［M］．北京：中华书局，1990：1474.

之以觞咏弦歌，饰之以山水风月：此而不适，何往而适哉？兹又以重吾乐也。[①]

这与白居易早期主张的“惟歌生民病，愿得天子知”[②] 的诗歌观点简直判若两人。而白居易后期的诗歌也因此缺乏激动感发人心的力量，几乎没有什么名篇佳作。不但不见《秦中吟》《新乐府》一样讽喻的“正声”，也没有《长恨歌》《琵琶行》那种感伤的“风情”，甚至连《钱塘湖春行》中物我两得的清新自然、活泼欢快也不多见，而所有的都是官高位重的心满意足。刘禹锡等人的诗作也在不同程度上存在着这个问题，他的一曲《酬乐天扬州初逢席上见赠》，苍凉中有激越，自伤时亦不忘奋进，实无愧于诗人“诗豪”的称号，因为那是被贬召还后的痛定思痛，有的是充足的情感与感受。他后来与白居易唱和的诗歌连篇累牍，却没有一首能与这篇相比。

他们本是一批优秀的诗人，但此刻却变成了平庸的退休官僚。无论是文学才华还是创作经验，刘白等人都堪称元和、大和诗人中的佼佼者，可晚年诗歌却时常显得淡而无味，内蕴不足。白居易早年诗作“理太周”“意太切”[③] 的弱点，一旦有了高官厚禄的土壤，就陷入无所不记的流水账，数字多得令人生厌，如“月俸百千官二品，朝廷雇我作闲人”[④] “钟乳三千两，金钗十二行”[⑤]。然而这样的诗作也有它的好处，那就是易读易懂易学易作，既不要求有杰出的文学才华，也不需要有深刻的情感体验，只需将饮酒用餐一类的身边琐事照实摇笔写来便可成篇，颇能迎合普通官僚士大夫的品位，因此在动荡时代可能无人过问，承平年间却会风行一时。白体经历了五代十国的短暂消歇之后，在宋初又迎来了它的复兴。徐铉、李昉都是由五代十国入仕北宋的官员，宋太祖、宋太宗对他们既委以重任又不无猜忌防备之心，他们在欣喜之余也多少有些惊惧，一心想远离政治风波，这与白居易后期的思想颇有切合之处。他们学作白体诗，徐铉“诗有白乐天之风”[⑥]，李昉“为文章慕白居易，尤浅近易晓”[⑦]；也仿效白居易等人编定唱和诗集，如李昉和李至作有《二李唱和集》，《青箱杂记》云：“昉诗务浅切，效白乐天体，晚年与参政李公至为唱和

① 白居易．白居易集：卷七十［M］．北京：中华书局，1990：1474－1475.
② 白居易．白居易集：卷一［M］．北京：中华书局，1990：15.
③ 白居易．白居易集：卷二［M］．北京：中华书局，1990：40.
④ 白居易．白居易集：卷三十三［M］．北京：中华书局，1990：736.
⑤ 白居易．白居易集：卷三十四［M］．北京：中华书局，1990：767.
⑥ 李庆甲．瀛奎律髓汇评：卷十六［M］．上海：上海古籍出版社，2005：625.
⑦ 脱脱．宋史·李昉传［M］．北京：中华书局，1977：9138.

友，而李公诗格亦相类，今世传《二李唱和集》是也。”[①] 这与《刘白唱和集》的情况十分类似。

“杯觞留客切，妓乐取人宽”[②]，除却游赏之乐，闲适生活的另一个方面就是声色之娱。刘白二人听歌赏舞之余，也致力于就曲填词，从而为文人词的发展作出了自己的贡献。刘白的词作大都写于晚年。开成三年（838）春，白居易作《忆江南词三首》，刘禹锡亦作有《忆江南二首》，题为“和乐天春词依《忆江南》曲拍为句”[③]。这是较早的文人词的唱和，可以说已具备了文人词派的雏形。他们的词体创作早于温庭筠、皇甫松等人，直接成为晚唐五代时期词体繁荣的先声。

二

与刘白诗派的组成人员与创作情况正好相反，姚贾诗派的成员主要是寒素文士与下层衲子，几乎涵盖了张为《诗人主客图》中“清奇雅正”与“清奇僻苦”两个系列的所有中晚唐诗人。宋代方岳《深雪偶谈》云：“贾浪仙燕人，产寒苦地，故立心亦然。……同时喻凫、顾非熊，继此张乔、张蠙、李频、刘得仁，凡晚唐诸子，皆于纸上北面，随其所得深浅，皆足以终其身而名后世。”[④] 方回《瀛奎律髓》亦云：“晚唐诸人，贾岛开一别派，姚合继之，沿而下，亦非无作者，亦不容不取之。”[⑤] 姚贾一派是晚唐时期人数最多的诗歌流派，其同时唱酬者及后学包括周贺、方干、郑巢、李频、刘得仁、元绪上人、马戴、无可、厉玄、殷尧藩、姚鹄、雍陶、李廓、顾非熊等人。姚贾诗风也从中晚唐之交起至五代宋初持续不断近两百年，以至于闻一多将晚唐五代称为“贾岛时代”[⑥]。

姚贾诗派中成就最高者是贾岛，但当时的领袖人物却是姚合。姚合官止秘书监，是姚贾诗派中一位地位突出而且经济条件较好的诗人，姚合宅几乎成为姚贾诗人群在京都的固定活动场所，姚合也起到了该诗派实际组织者的作用。姚合曾编选《极玄集》并撰有《极玄律诗例》，《极玄集》中收诗二十一家共百首，除王维、祖咏外，所选皆大历诸子之诗，着眼于艺术风格的清素平淡，

---

① 吴处厚撰，李裕民点校．青箱杂记［M］．北京：中华书局，1985：3.

② 白居易．白居易集：卷三十二［M］．北京：中华书局，1990：720.

③ 刘禹锡．刘禹锡集：卷三十四［M］．北京：中华书局，1990：495.

④ 方岳．深雪偶谈［M］．《丛书集成初编》本．

⑤ 李庆甲．瀛奎律髓汇评：卷十［M］．上海：上海古籍出版社，2005：338.

⑥ 闻一多．贾岛《唐诗杂论》［M］．上海：上海古籍出版社，1998：36.

可视为姚贾一派的共同追求。只是由于晚唐动荡的时代和诗人们贫贱的身世，其诗比大历诗多了几分寒苦之音。

姚贾并称，其诗风却同中有异。孙仅《读杜工部诗集序》谓其二人皆出杜甫而取向不同，“姚合得其清雅，贾岛得其奇僻”①。《唐才子传·姚合传》亦云：

> 与贾岛同时，号“姚、贾”，自成一法。岛难吟，有清冽之风；合易作，皆平澹之气。兴趣俱到，格调少殊。所谓方拙之奥，至巧存焉。②

更为准确的则是齐己的概括：“冷淡闻姚监，精奇见浪仙。”③ 这种艺术风格的差异与姚仕途较顺而贾则终身坎坷有关。姚贾诗派中的其他成员，也多是处顺境时则近于姚，是自适中的寂寞；处逆境时则近于贾，多悲鸣与哀叹。

姚贾诗派的诗歌活动主要在长安附近，活动形式主要是诗歌酬答、寄赠与唱和，而送别诗尤多，可以姚合的仕历为主线进行考察。元和十三年（818），姚合在魏博幕，贾岛秋日来访，两人有诗酬答，这是姚贾之间的第一次交往。元和十五年（820），姚合罢魏博幕调任武功主簿，姚合诗歌创作的特殊风格，正是在任武功主簿时逐渐形成的，世称“武功体”，姚合也因此得名“姚武功”。姚合在武功主簿任期间，即与贾岛、殷尧藩、顾非熊有诗唱和。长庆三年，姚合罢武功主簿改授万年县尉，贾岛、顾非熊、无可、朱庆余秋日宿其宅吟诗，同年，姚合、贾岛、朱庆余有诗送李余及第归蜀及张蒙饶州赴任，姚合、贾岛、朱庆余、马戴、无可以诗送韩湘冬日任江西使府从事。这一系列的活动标志着继姚合创作风格的确立之后，姚贾诗派的正式形成。特别是贾岛等人秋日宿姚合宅所作之诗，诗风清苦寒瘦，状写县邑荒凉之景，恰是武功体的典型特色。

正好在此后一年即长庆四年（824），韩愈谢世，而此前孟郊早在元和九年（814）就已离开了人间。韩孟诗派消亡后，曾出入韩门的贾岛则完全投身于姚贾诗派当中。姚贾诗派从时间上看是韩孟诗派的后继，但诗风却更多的是反拨。韩愈、孟郊、李贺等好作古体，显得奇崛险怪；姚贾却长于近体，力求精切苦淡。但在好苦吟、多书写个人身世之悲这些方面又有相通之处，表现出一定的沿袭性。

---

① 孙仅．读杜工部诗集序［M］//蔡梦弼．杜工部草堂诗笺．《古逸丛书》本．

② 傅璇琮．唐才子传校笺：第三册［M］．北京：中华书局，1990：124.

③ 齐己．还黄平素秀才卷［M］//彭定求．全唐诗：卷八三九．北京：中华书局，1999：9542.

姚贾诗派正式形成三年后即宝历二年（826），姚合以祖恩授监察御史，有诗与无可相互酬答，并和贾岛同有诗送朱庆余归越。此后随着姚合的不断迁升，姚贾诗人群体进入了诗歌活动的高潮期，写下了大量的酬唱送别之作。直至会昌三年（843）贾岛离世，姚合此前一年也已去世，姚贾诗派的活动进入了消歇期。从长庆三年至会昌三年，其活动共时间有二十年之久。

姚贾诗人群大多身世落拓，漂泊江湖，或宿于荒店逆旅，或游于古刹破庙，生计既无着落，前途更是渺茫。发而为诗，好写破败荒凉之景，多为感慨不遇的叹贫嗟卑之作。他们作诗崇尚苦吟，讲究字锤句炼，一语不轻下，数月而后成篇，在感动自己之后也希望能感动别人，所谓“二句三年得，一吟双泪流。知音如不赏，归卧故山秋”①。他们的不少诗作状景真切，刻画精到，颇为感人，有一定的艺术水准和相当的艺术感染力，但格局狭小，气象不足，“秋风生渭水，落叶满长安”② 这样的阔大之作，在姚贾集中颇为少见。贾岛等诗人们大都过着单调而贫寒的日子，生活内容贫乏，生活面狭窄，因此诗意诗句上屡有重复之处，读过十篇之后，觉得诗味都差不多，薛能讽刺刘得仁的诗“百首如一首，卷初如卷终”③，倒真是切中要害。而且，与晚唐时期同样地位不高、命运坎坷的温庭筠、李商隐不同，他们的诗作很少有对社会现实政治的关怀，更少见对于历史的追问和对于恋情的向往，有的只是在寒冷的山间孤独地伫立，然而还有一点暖色，那就是友情。他们互相诉说着不幸并关怀着对方，在友情中得到了彼此的慰藉。诗友间的相逢、分别、遥寄、酬答、追忆，成了他们诗歌的主要内容。

以姚贾为代表的苦吟诗风在唐末五代产生了极大的影响，学习姚贾者不乏其人：“进士李洞慕贾岛，欲铸而顶戴，尝念“贾岛佛”，而其诗体又僻于贾。”④ “南唐孙晟……尝画贾岛像，置之屋壁，晨夕事之。”⑤ “一日不作诗，心源如废井”⑥，贾岛是在苦吟中寻找安身之处，而李洞、孙晟则是在贾岛诗的冷淡寂寞中找到了心灵的栖息地。这是对那个动荡时代的消极逃避，让疲惫的生命暂时在精工的五律中得到片刻的喘息机会，虽然这无异于自我麻醉。贾岛和他的后继者们都实在缺乏气力也不想与黑暗现实抗争，甚至没有勇气多看一眼，只能在荒宅古屋那暂时属于个人的小天地里，与枯桐孤蛇为友，用寂寞

---

① 贾岛著，黄鹏笺注．贾岛诗集笺注［M］．成都：巴蜀书社，2002：384.

② 贾岛著，黄鹏笺注．贾岛诗集笺注：卷五［M］．成都：巴蜀书社，2002：153.

③ 孙光宪．北梦琐言［M］．北京：中华书局，2002：137.

④ 孙光宪．北梦琐言［M］．北京：中华书局，2002：164.

⑤ 晁公武撰，孙猛校证．郡斋读书志校证：卷十八［M］．上海：上海古籍出版社，1990：946.

⑥ 贾岛著，黄鹏笺注．贾岛诗集笺注：卷二［M］．成都：巴蜀书社，2002：50.

的歌唱排遣生命的余晖。他们的苦吟，似乎有几分自虐与自恋，玩味着人生的辛酸，得到了一种痛楚的满足感。作诗成为他们人生的归宿与必然，一种生存的基本方式。我们可以说他们是“为艺术而艺术”，尽管这艺术是一种社会走向毁灭时的自我保存。

宋初三体之一的“晚唐体”，正是以姚贾为师法对象，其创作成员也多是下层文士与僧人，尤以九僧为代表。学习姚贾的另一个高潮出现在南宋后期，永嘉四灵和江湖诗派都以姚贾为创作典范，姚贾诗风又因此盛行一时。

三

刘白诗派和姚贾诗派的形成过程中，有一个颇为重要但极易为论者所忽略的因素，那就是诗人的生年和寿命。下表中是刘柳、元白、韩孟、姚贾这八位诗人的生卒年和享年数，仔细观察该表可以让我们对这一问题有深入认识。①

诗人姓名	生年	卒年	享年	文献出处
刘禹锡	772（大历七年）	842（会昌二年）	七十一	《旧唐书·刘禹锡传》
柳宗元	773（大历八年）	819（元和十四年）	四十七	韩愈《柳子厚墓志铭》
元稹	779（大历十四年）	831（大和五年）	五十三	白居易《唐……河南元公墓志铭并序》
韩愈	768（大历三年）	824（长庆四年）	五十七	李翱《韩公行状》
孟郊	751（天宝十年）	814（元和九年）	六十四	韩愈《贞曜先生墓志铭》
白居易	772（大历七年）	846（会昌六年）	七十五	李商隐《刑部尚书致仕赠尚书右仆射太原白公墓碑铭并序》

① 每位诗人的享年数依传统惯例按虚岁计算，即卒年减生年后再加一；比较诗人的生年或卒年的差距时则依实际年数计算，即二者直接相减。

（续上表）

诗人姓名	生年	卒年	享年	文献出处
贾岛	779（大历十四年）	843（会昌三年）	六十五	苏绛《贾司仓墓志铭》
姚合	777（大历十二年）	842（会昌二年）	六十六	姚勖《唐故朝请大夫守秘书监赠礼部尚书吴兴姚府君墓铭并序》①

以上八位诗人中，孟郊生年最早，长韩愈十七岁，明显属于前辈诗人。二者的实际关系可以说是亦师亦友，在韩孟诗派和韩愈雄奇险怪诗风的形成过程中，孟郊均起到了重要作用。韩愈生年排序仅次于孟郊，而刘禹锡、柳宗元、白居易、元稹、贾岛、姚合均出生于公元7世纪70年代，可以视为同辈诗人。如果细致区分的话，又可分为两组：刘禹锡、柳宗元、白居易基本同岁，元稹、贾岛、姚合生年也相差不大，前一组比后一组早问世五年至七年。但是刘、白二人都颇为高寿，享年均在七十岁以上；而柳、元二人则离世较早，去世时都不过五十岁左右。仔细比较起来，柳宗元要比刘禹锡早卒二十三年，元稹也比白居易早离世十五年。“钟子期卒，伯牙不复鼓琴”一事如果属实的话，那是友谊史上的嘉话，但是艺术史上的损失，而创造力丰富的诗人也总是不甘寂寞地在寻觅着新的诗友。对于白居易来说，刘禹锡正好弥补了元稹离世后所留下的空缺，上文所引的“微之先我去矣，诗敌之劲者，非梦得而谁”就是对此最好的说明。

贾岛比孟郊小二十八岁，比韩愈小十一岁。如果以十年为一个年限的话，他们可以粗略地算成是三代诗人。孟郊、贾岛二人并非同代的诗友，他们的并称迟至宋代才出现，二人得以并称的原因是诗歌格调的相似。② 韩愈曾作有《赠贾岛》一诗，全诗如下：“孟郊死葬北邙山，日月星辰顿觉闲。天恐文章浑断绝，再生贾岛在人间。”③ 就是明确地将贾岛视为孟郊的后继。孟郊去世

① 姚合墓志2007年出土于河南洛阳，后归私人收藏。学界目前代表性的研究论著如下：朱关田. 姚合卢绮夫妇墓志题记［J］. 书法丛刊，2009（1）. 陶敏. 读姚合、卢绮二志札记［J］. 文史，2011（1）. 胡可先. 出土文献与唐代诗学研究［M］. 北京：中华书局，2012. 文中关于姚合墓志的信息蒙陈尚君教授告知，胡可先教授提供相关资料，于此谨表谢意。

② 欧阳修《太白戏圣俞》云：“郊死不为岛，圣俞发其藏。”这是较早将孟郊、贾岛并称的做法。此后苏轼《祭柳子玉文》亦云：“元轻白俗，郊寒岛瘦。”

③ 此诗见于韦庄《极玄集》卷中，参见傅璇琮等编《唐人选唐诗新编》（增订本）（中华书局2014年版）第826页。钱仲联《韩昌黎诗系年集释》（上海古籍出版社1994年版）中，因韩愈本集不载，收入“疑伪诗”中，文字亦有小异，见全书卷十二，第1288页。此处从《极玄集》。该诗即使非韩愈所作，也定是出自于晚唐五代人的手笔，颇能代表当时的看法。

时，贾岛不过三十六岁，在人间还有二十九年的岁月。而姚合与贾岛的生卒年都极为相近，以他们二人为核心重新形成新的诗歌流派也就在情理当中。[①] 可以说，从刘柳并称、元白并称转为刘白并称，进而形成刘白诗派，从韩孟诗派让位于姚贾诗派，诗人的年岁起到了某种决定性的因素，它和诗人的文学成就也产生了有趣的关联。时至宋代，这个因素所起到的作用更加明显。

另外一个值得考察的因素是社会身份。元白诗派和韩孟诗派两大诗派的诗人之间，还有着比较多的社会交往，例如元和四年（809）韦丛去世之后，元稹就请韩愈为其作墓志铭。某些诗人例如张籍，更是与两派诗人都来往密切。张籍曾为韩愈之子韩昶授诗，韩愈也曾作有《醉赠张秘书》《赠张籍》等多首诗歌，但他也与白居易有多首诗歌相互赠答。然而刘白诗派和姚贾诗派这两大诗派的成员间却显得界限分明，极少有相互往来。所存在的这种差异，部分可以归因为社会阶层的不同。与元白诗派相比，韩孟诗派总体成员普遍显得官职卑微，但社会地位的差别还不是太大，韩愈更是与元白地位相近。刘白诗派和姚贾诗派（仅姚合例外）却分处于社会的较上层和较底层，有着根本性的不同。

四

刘白诗派和姚贾诗派的创作在唐宋诗歌的发展历程中具有重要意义。杜甫集先唐诗及初盛唐诗之大成，杜诗中本有平易与奇险两种风格，元白与韩孟推尊杜甫，分别发展了这两种倾向而各自成派，刘白诗派与姚贾诗派则可以说是中唐元白诗派与韩孟诗派在新的历史条件下的蜕变。从中唐的元白诗派与韩孟诗派，到中晚唐之际的刘白诗派与姚贾诗派，再到宋初的白体与晚唐体，始终表现出两种艺术风格的对立。这可以说是台阁诗人阶层与山林诗人阶层的对立，也可以说是平白畅达的诗风与奇崛或寒苦诗风的对立。

刘白诗派和姚贾诗派的创作都带有中唐诗歌向晚唐诗歌过渡的倾向。他们的诗歌风格虽然截然相反，但与此前的元白诗派与韩孟诗派的创作相比较而言，诗歌境界都趋于狭小，情思均趋于淡薄，关注的目光更为集中于个人人生感受，诗中都表现出对现实社会的疏离之感，这是时代精神与社会环境对不同风格的诗歌流派产生的共同影响。从中唐步入晚唐，社会朝政日益黑暗，文人士子的政治锐气在“甘露之变”后丧失殆尽，文学作品中的骨气、风力与气

① 对于姚贾二人的关系，尹占华师《论郊岛与姚贾》一文有述，可参看。该文刊于《文学遗产》1995 年第 1 期，收入其《唐宋文学与文献丛稿》（天津古籍出版社 2014 年版）第 127 – 136 页。

象大为减弱，晚唐诗文中重视个体情感的特点初露端倪，刘白诗派与姚贾诗派的创作都体现出了这种变化。宋初三体诗中，白体与晚唐体都存在着气格萎弱、诗意浅浮的不足，其根源也可上溯至此。

刘白诗派与姚贾诗派的创作是晚唐诗歌的重要起点之一，但能代表晚唐诗歌最高成就和创作主流的却并不是他们而是李商隐。刘白与姚合都颇为高寿而多产，他们与李商隐的创作有一定的重合期，晚唐前期诗坛上出现了两代诗人并存的局面。李商隐出于令狐楚门下，令狐楚曾引荐李商隐拜会白居易，白居易对李商隐颇为称赏。姚合曾为李商隐上级官员，也称许李商隐的诗才。而李商隐并未学习白诗的浅近明白和姚诗的疏野清寒而是走向了“包蕴密致”“沉博绝丽”一路，晚唐诗歌在刘白、姚贾二派之外又有新的发展。

刘白诗派和姚贾诗派分别以洛阳和长安为创作中心绝非偶然。地域文化对诗歌风貌的形成有着重要影响，唐代东都洛阳多为年老官员任闲职或致仕所居，远离政治斗争，具有较为浓厚的追求闲适自足的文化氛围。而都城长安则日常消费较高，贫富差距悬殊，长安附近奔走谋生的下层文人士子深刻地体会到了生活的严酷，也较多地在诗歌中抒发人生感慨。洛阳与长安在唐诗创作的总体格局中各自起到了不同的作用。

刘白诗派和姚贾诗派对宋诗的先导作用不仅表现在诗歌风格方面，更重要的是在诗歌流派的文学活动方式上。中国诗歌流派的发端可以追溯至汉末魏初的建安诸子，但完全成熟却是在中唐时期。比起元白诗派和韩孟诗派，刘白诗派和姚贾诗派的诗歌创作中酬唱的成分更重，写诗往往是一种群体互动创作行为，并将诗歌创作与诗集编定密切结合起来，这为此后宋代诗歌流派的构成方式提供了典范。

（作者单位：华南师范大学）

刘禹锡的诗文创作与汉译佛典之关系

何剑平

文人与佛教的关系主要通过其对佛典的研读、与僧人的交往、对佛教的看法等得以表现。自汉末支谦、康僧会等译经师开启了僧人与文人交往的序幕[①]，二者的关系未曾间断。许询与支道林的山阴讲经[②]，谢灵运著《辩宗论》（《广弘明集》卷一八）对竺道生佛性说的重申，都被视为名士与名僧交往的佳例。柳宗元《送文畅上人登五台遂游河朔序》（《柳宗元集》卷二五）所说“吾辈常希灵运、明远之文雅”[③]，即表达了唐人对六朝文人、僧侣交游的景仰之情。但那时双方的交流多为佛教义理的研讨。逮至唐代，由于诗歌的繁荣、佛教的普及，文人与僧人之交往呈现一种新的社会面貌。此在文人与佛教的关系上得到反映。兹以刘禹锡为个案，对中唐文人与佛教的关系作一描述。

一

综观刘禹锡一生，其与僧人的交游贯穿始终。刘禹锡童年即与佛教有胜缘。据《澈上人文集纪》（《刘禹锡集》卷十九），大约建中二年（781），十岁的刘禹锡即从名僧皎然、灵澈学诗。当时的皎然早已名闻天下，成为江南诗人们效法楷范的偶像。刘禹锡于永贞元年（805）九月贬连州刺史，十月又贬朗州司马，此后即开始了二十三年漫长的贬谪生涯。在此期间，除了与密友通信、论学、写作外，刘禹锡尚有一项重要的社交活动，即与僧人交往。卞孝萱先生《刘禹锡年谱》可谓最早注意到刘禹锡信仰佛教并与僧人交游往还这一现象，其年谱提供的数据较为全面。为叙述的方便，兹以其年谱为线索，仅就刘禹锡在朗州、连州、夔州等地与主要僧人交往之情况略述如下：

（1）释还源。按刘禹锡有《袁州萍乡县杨岐山故广禅师碑》（《刘禹锡

---

① 释慧皎撰，汤用彤校注．高僧传［M］．北京：中华书局，1992：15，17.

② 释慧皎撰，汤用彤校注．高僧传［M］．北京：中华书局，1992：161.

③ 柳宗元．柳宗元集：第二册［M］．北京：中华书局，1979：668.

集》卷四）云：“其门人还源……缪谓余为习于文者，故茧足千里，以诚相攻。”① 此碑主为乘广。赵明诚《金石录》卷九《目录（唐）》第一六七九《唐乘广禅师碑》条云：“刘禹锡撰并正书，元和二年五月。”② 据此碑，禅师乘广尝“依荷泽会公以契真乘”，故其门人还源实属神会南禅宗支系。

（2）释元暠。刘有《送僧元暠南游并引》（《刘禹锡集》卷二九）：“开士元暠……雅闻予事佛而佞，亟来相从。”③ 柳宗元《送元暠师序》卷二五：“元暠师居武陵，有年数矣。与刘游久且昵。”④ 据引云释元暠“于毗尼禅那极细密之义，于初中后日习总持之门”，可知其为禅、律、密相结合之义解僧人。卞先生云：“序有‘予策名二十年’之句，禹锡于贞元九年登进士第，下推二十年为元和七年。此诗当作于本年前后。”⑤ 良是。

（3）释鸿举。按刘有《秋日过鸿举法师寺院便送归江陵并引》（《刘禹锡集》卷二九）云：“今年至武陵，……闰八月，余步出城东门，谒仁祠，而鸿举在焉，与之言移时。”此诗作于朗州司马任，与僧鸿举相识之时。据引“初鸿举学诗于荆郢间，私试窃咏，发于余习”⑥，可知刘禹锡与鸿举之间的交往纯属诗文间的相悦。又引有“闰八月”之句，刘禹锡在朗州期间，只有元和九年是闰八月（据《旧唐书·宪宗纪》下）。除此诗外，刘禹锡还有《重送鸿举赴江陵谒马逢侍御》（《刘禹锡集》卷二九）诗。

（4）释慧则。按刘有《送慧则法师上都因呈广宣上人并引》（《刘禹锡集》卷二九）云：“释子慧则……业于净名，深达实相。自京师涉汉沔，历鄢郢，登衡湘，听徒百千，……顾予有社内之因，故言别之日，爱缘瞥起。”⑦ 此明言慧则为游方僧人，以《维摩诘经》为宗经，刘禹锡尝听其讲经。

（5）释方及。按刘有《送僧方及南谒柳员外并引》（《刘禹锡集》卷二九）云：“予为连州。居无何而方及至，出裓中诗一篇以贶予，其词甚富。留一岁，……一旦以行日来告。”⑧ 此明言方及亦为诗僧。柳宗元有《送方及师序》（《刘禹锡集》卷二五）也云刘禹锡对待方及是“馆焉而备其敬，歌焉而致其辞”⑨。卞先生云此诗写于元和十一年（816）。

---

① 瞿蜕园．刘禹锡集笺证：上册［M］．上海：上海古籍出版社，1989：119.
② 赵明诚撰，金文明校证．金石录校证［M］．桂林：广西师范大学出版社，2005：162.
③ 瞿蜕园．刘禹锡集笺证：中册［M］．上海：上海古籍出版社，1989：950.
④ 柳宗元．柳宗元集：第二册［M］．北京：中华书局，1979：678.
⑤ 卞孝萱．卞孝萱文集：第一卷［M］．南京：凤凰出版社，2010：48－49.
⑥ 瞿蜕园．刘禹锡集笺证：中册［M］．上海：上海古籍出版社，1989：957.
⑦ 瞿蜕园．刘禹锡集笺证：中册［M］．上海：上海古籍出版社：1989：955.
⑧ 瞿蜕园．刘禹锡集笺证：中册［M］．上海：上海古籍出版社，1989：960.
⑨ 柳宗元．柳宗元集：第二册［M］．北京：中华书局，1979：666.

（6）释中巽等。刘有《唐故衡岳律大师湘潭唐兴寺俨公碑》（《刘禹锡集》卷四）云：“传律弟子中巽、道准，传经弟子圆皎、贞璨与其徒圆静、文外、惠荣、明素、存政等，欲其师之道光且远，故咨予乞词。”① 据此碑，衡山律大师智俨卒于“元和十三年九月二十七日”，故碑文撰制时间应在此后不久。

（7）释文约。刘有《赠别约师并引》（《刘禹锡集》卷二九）云：“荆州人文约，……入兴南，抵六祖始生之墟，得遗教甚悉。今年访余于连州。”又云：“春雨同栽树，秋镫对讲经。”② 知文约乃六祖门人，且与刘论议佛理。按韩愈集有《和归工部送僧约》云：“早知皆是自拘囚，不学因循到白头。汝既出家还扰扰，何人更得死前休?”旧注云：“工部，归登也。约，荆州人。详见《刘梦得集》。”③

（8）释浩初。刘有《海阳湖别浩初师并引》（《刘禹锡集》卷二九）云：“按师为诗颇清，而弈棋至第三品。”④ 此明言浩初师亦为诗僧。关于其宗系，柳宗元《龙安海禅师碑》（《柳宗元集》卷六）称浩初乃龙安海禅师弟子。卞先生云此诗与《赠别约师》作于元和十四年（819）十一月之前。

（9）释法照。刘有《夔州始兴寺移铁像记》（《刘禹锡集》卷四）云：“法照以愿力能就，泣于佛前，因持片石，乞词以示后。”⑤ 又云：“凡修大殿，立菩萨、大弟子侍佛左右，逮长庆癸卯有成。”此记作于长庆三年（823）在夔州刺史任。

（10）释广宣。《唐诗纪事》卷七十二：“（广）宣，会昌间有诗名，与刘梦得最善。”刘有《广宣上人寄在蜀与韦令公唱和诗卷因以令公手札答诗示之》（《刘禹锡集》卷二九）、《宣上人远寄贺礼部王侍郎发榜后诗因而继和》（《刘禹锡集》卷二四）。

（11）释宗密。《宋高僧传》卷六有传。刘有《送宗密上人归南山草堂寺因诣河南尹白侍郎》（《刘禹锡集》卷三十）。按宗密卒于会昌元年（841），则此诗为大和五年（831）冬刘禹锡在长安尚未赴苏州时所作，以白居易大和三年（829）罢刑部侍郎，是年正为河南尹⑥。白居易有《赠草堂宗密上人

---

① 瞿蜕园．刘禹锡集笺证：上册［M］．上海：上海古籍出版社，1989：112.
② 瞿蜕园．刘禹锡集笺证：中册［M］．上海：上海古籍出版社，1989：971.
③ 韩愈著，钱仲联释．韩昌黎诗系年集释［M］．上海：上海古籍出版社，1984：355.
④ 瞿蜕园．刘禹锡集笺证：中册［M］．上海：上海古籍出版社，1989：965.
⑤ 瞿蜕园．刘禹锡集笺证：上册［M］．上海：上海古籍出版社，1989：123.
⑥ 瞿蜕园．刘禹锡集笺证：中册［M］．上海：上海古籍出版社，1989：982.

诗》[①] 作于大和七年（833）。

（12）释嗣肇。按刘有《毗卢遮那佛华藏世界图赞》（《刘禹锡集》卷四）云：“佛说《华严经》直入妙觉，不由诸乘，非大圆智不能信解。德宗朝，有龙象观公，能于是经了第一义，居上都云华寺，名闻十方。沙门嗣肇是其上足，以经中九会，纂成《华藏》，俾人瞻礼，即色生敬。因请余赞之。”此明言刘禹锡与华严宗大师澄观上足弟子嗣肇有交往，且熟悉《华严经》内容。

通过上面的简短考述，我们可以看出刘禹锡与僧侣交往的特点。其一是文字之交。文字又分两种：诗歌之间的交往和应酬文字之交。如刘禹锡幼年和皎然在朗州与鸿举、景玄，在连州与方及、儇师、浩初等之交均为诗歌的交往。而应酬文字之交，如与还源、中巽、道琳、法照、义然、澄观上足弟子嗣肇等的交往均是。这种情况反映了唐代僧人的习尚。事实上，在贞元、元和间文坛上出现了许多才华横溢的诗僧，构成唐代诗人一大枝派。这一特征在文人为之编集作序的活动中得到反映。当时僧侣也多请名士为诗序或碑铭以求不朽。如元稹《永福寺石壁法华经记》（《元稹集》卷五一）载元稹长庆三年“徙会稽，路出于杭”，僧徒以元稹为“名声人”，“相与日夜攻刺史白（居易）乞予文”以为碑铭之事，李翱《答泗州开元寺僧澄观书》（《全唐文》卷六三六）述名僧澄观“如欲从俗之所云”，命其作开元寺钟铭之事。此时的僧侣已不再如六朝时期以辩才、相貌著称，而是以工于诗文、倾心儒教而为世所重。其二是佛教义理间的交往。如与元暠、仲剬、慧则、文约、惟良、宗密等的交往均是。这说明在唐代到寺院巡礼或听经谈法成为文士缓解仕途压力、调伏身心的一种手段，成为其生活的一部分。其三是在交往方式上不拘佛教宗派。如文约、道琳、还源等为六祖门人，中巽为律宗人氏，嗣肇则是华严宗大师澄观上足弟子，而宗密禅师世称圭峰大师，推为华严第五祖。其学问据裴休《禅源诸诠集都序》云是融会华严与禅二宗。[②] 盖在会昌法难以前，正是中国佛教各宗派学说纷纭竞起的时代，所以从佛教义理的承袭或接受方面而言，刘禹锡并不拘于任何佛教宗派。以上三点事实上也反映了中唐文人与僧人交往的一般特征，下面我们将可看到，刘禹锡对佛教所持的基本看法亦无别于当时大多数崇信佛教的文士。

---

① 朱金城．白居易集笺校［M］．上海：上海古籍出版社，1988：2115.

② 《大正藏》册48，第398页下。

二

前已言及，刘禹锡童年时即与名僧交接，但那时的交往主要还是文字之交。至贬谪之后，刘奉佛尤盛，方式也有所不同。其谪朗州时所作《赠别君素上人并引》言己“晚读佛书”，认为不了解自己的人会讥诮自己是因为“困而后援佛”。《送僧元暠南游并引》云释元暠“雅闻予事佛而佞，亟来相从”，《春日书怀寄东洛白二十二杨八二庶子》言己“曾向空门学坐禅”，《谢上连州刺史表》云“只读佛经，愿延圣寿”，均表明诗人对佛教的嗜好其日既久。对于其佛学修养，友人柳宗元于《送浚上人归淮南觐省序》（《柳宗元集》卷二五）盛称其“深明世典，通达释教”①。在谪斥期间，崇佛活动渐在其生活中占据重要位置。其《送僧元暠南游并引》表达了这种转变的心态：

> 予策名二十年，百虑而无一得。然后知世所谓道无非畏途。唯出世间法可尽心耳。繇是在席砚者多旁行四句之书，备将迎者皆赤髭白足之侣。深入智地，静通道源。客尘观尽，妙气来宅。内视胸中，犹煎炼然。②

“予策名二十年”，谓自贞元九年（793）至元和七、八年（812、813）。即刘禹锡于贞元九年登进士第到贬朗州司马第八年这一时期。在此期间，仕途的经历及现实的失意，使诗人认识到佛法的妙处，遂研读佛书，与僧侣交往渐事频繁。谪居朗州时所作《赠别君素上人并引》（《刘禹锡集》卷二九）表明了刘禹锡对佛教的看法：

> 昔予习《礼》之《中庸》，至不勉而中，不思而得，惧然知圣人之德，学以至于无学。然而斯言也，犹示行者以室庐之奥耳。求其经术而布武未易得也。晚读佛书，见大雄念物之普，级宝山而梯之。高揭慧火，巧熔恶见，广疏便门，旁束邪径。其所证入如舟沿川，未始念于前而日远矣。夫何勉而思之邪？是余知突奥于《中庸》，启键关于内典。会而归之，犹初心也。不知予者，诮予困而后援佛，谓道有二焉。③

---

① 柳宗元．柳宗元集：第二册［M］．北京：中华书局，1979：684.
② 瞿蜕园．刘禹锡集笺证：中册［M］．上海：上海古籍出版社，1989：949－950.
③ 瞿蜕园．刘禹锡集笺证：中册［M］．上海：上海古籍出版社，1989：942.

刘禹锡在此将自己过去研习《礼》之《中庸》与晚年读佛书的切身经验作了比较，认为所谓道者唯一，即“知突奥于《中庸》，启键关于内典。会而归之，犹初心也”。此可视为刘禹锡对待儒释的态度。可见会通儒释——寻求佛教与中国传统意识（积极入世的观念）相接近的成分而又使二者相融无碍——成为刘禹锡所追求的目标。刘禹锡在连州五年，建吏隐亭。他在《酬乐天醉后狂吟十韵》中云“吏隐情兼遂，儒玄道两全”。“吏隐”还成了刘诗文中不断重复的主题，《吏隐亭》诗、《吏隐亭述》等均为显证。我们说这种会通儒释的观念并非刘禹锡所独有，在当时的文士中成为时尚，如李德裕“尚理信古，儒玄交修”，既为已故之高僧法融修塔，又请远在长安之刘禹锡撰写塔记《牛头山第一祖融大师新塔记》。孟郊《赞维摩诘》盛称维摩诘“非独僧礼，亦使儒钦”的品质。刘禹锡的挚友柳宗元之所以不排斥浮屠，即认为佛教中含有与《易》《论语》契合、不与孔子异道的成分，其《送浚上人归淮南觐省序》说：“金仙氏之道，盖本于孝敬，而后积以众德，归于空无。”其《送文畅上人登五台遂游河朔序》主张“真乘法印与儒典并用”，故而与他交往的僧人也都为“统合儒释”之人。白居易在《和梦游春诗一百韵》并序中称己与元稹均“外服儒风，内宗梵行”。可见刘禹锡对待佛教的观念代表了当时儒释结合背景下唐代文人的一种普遍看法。然而我们知道，由于每个人的根器不同，悟性有异，由之势必导致他们生活方式的差别。刘禹锡在佛经的理解和吸收方面则是颇异于其他文人的。

三

由《刘禹锡集》可知，刘禹锡最喜爱的佛典为《维摩诘经》。这一情况在同时期的文人如柳宗元、元稹、白居易、孟郊、李德裕等人的经历中也同样存在。这种现象并不奇怪，因为早在南北朝时，这一大乘经典不仅成为僧侣，也成为士人接触佛教的必读书目。逮至唐代，该经又受到佛教各宗派的尊崇，成为其阐发教义时的取资对象，其普及性理宜固然。在现存刘禹锡诗文中，我们发现有数篇作品留下了与《维摩诘经》相关的迹象，这些作品可分为以下两种情况：

第一，对传说故事的袭用。刘禹锡对维摩诘故事的使用，有些显然是取自中土传说。例如《维摩诘经》中并无金粟如来为维摩诘之记载，刘禹锡《送慧则法师归上都因呈广宣上人并引》却以“雪山童子应前世，金粟如来是本师”称慧则为维摩诘的门下。此“金粟如来”乃本于维摩诘传说故事。按吉藏在《维摩经义疏》卷一即说“有人言……净名即是金粟如来。相传云：金粟如来出《思惟三昧经》，今未见本”。《维摩经义疏》作于隋仁寿四年(604)，其所述维摩诘为金粟如来一事，实乃齐梁时的传说，南齐王简栖《头陀寺碑》及东魏居士赵融于东魏孝静帝兴和元年（梁武大同六年）造刊《凝禅寺三级浮图颂碑》已先言之。至于《唐故衡岳律大师湘潭唐兴寺俨公碑》“居室方丈，名闻大千”之说，则本于在中土流传已久的维摩诘故宅的故事。本来，“方丈”，一丈四方之室，又作方丈室、丈室，即禅寺中住持之居室或客殿，亦称函丈、正堂、堂头。印度之僧房多以方一丈为制，维摩诘故宅亦依此制，之后它因贞观廿年七月十三日玄奘《大唐西域记》的问世及大唐显庆年中王玄策出使印度过维摩诘宅而演化出的“方丈”之名而风靡天下。事实上，“方丈”之名，早在刘禹锡生前，就不同程度地在慧立本、释彦悰笺《大慈恩寺三藏法师传》卷三、道宣《续高僧传》卷四《玄奘传》、《释迦方志》卷上《遗迹篇》、道世《法苑珠林》卷二十九、义净《大唐西域求法高僧传》卷下《义净自述》中得到因袭或补记。这说明，刘禹锡在维摩诘事典方面明显接受了来自中土故事传说的影响。尽管这些传说不见诸原典，却在当时世俗社会盛传。刘禹锡对这些名词的使用，无疑反映了他对维摩诘故事的关注和热衷。

第二，对义理的阐发。除上述对维摩诘故事传说的亲熟外，刘禹锡还在一些诗作中表现出对《维摩诘经》教理的深刻体悟，可以说，《维摩诘经》在其宗教生活中占据了举足轻重的地位，成为其思想资料来源的一个重要方面。这些诗作可分为赠僧诗和酬友诗两类。我们可以首先看《赠别君素上人》。此诗在《刘禹锡集》赠僧诸篇居首，据千里来访及穷巷秋草等语，自是谪朗州时作。[①] 君素上人乃禹锡法侣至交。从诗中可以看出，刘禹锡尝就君素上人咨问佛法要义，且进行过默契的会谈。

> 穷巷唯秋草，高僧独扣门。相欢如旧识，问法到无言。水为风生浪，珠非尘可昏。去来皆是道，此别不销魂。

值得注意的是，刘禹锡在诗中所化用的《维摩诘经》中的典故，就义理的承袭而言，最明显的有以下两处：

（1）“维摩之默”。《维摩诘所说经》卷八《入不二法门品》：

> 如是诸菩萨各各说已，问文殊师利：“何等是菩萨入不二法门？”文

① 瞿蜕园．刘禹锡集笺证：中册［M］．上海：上海古籍出版社，1989：942－943.

殊师利曰："如我意者，于一切法无言、无说、无示、无识、离诸问答，是为入不二法门。"于是文殊师利问维摩诘："我等各自说已，仁者当说何等是菩萨入不二法门？"时维摩诘默然无言。文殊师利叹曰："善哉善哉！乃至无有文字语言，是真入不二法门。"①

此品旨在辩论何为不二法门之义。众菩萨各说不二之义，文殊菩萨总众家之说，表明无可言说，乃为不二之意。当问及维摩诘，维摩诘却静默无言。宾主问答分为两个层次：三十二菩萨及文殊等所说并属言说之教，而维摩诘之默然则显示的是绝言之教。对于文殊的有言于无言，维摩诘的无言于无言，鸠摩罗什注曰："夫默语虽殊，明宗一也。所会虽一，而迹有精粗。有言于无言，未若无言于无言，故默然之论，论之妙也。"竺道生注曰："文殊虽明无可说，而未明说为无说也。是以维摩默然无言，以表言之不实，言若果实，岂可默哉！"相同的解释又见于僧肇《涅盘无名论》："然则言之者失其真……净名杜口于毗耶，须菩提唱无说以显道……斯皆理为神御，故口为之缄默。岂曰无辩，辩所不能言也。"② 以上这些论述都对语言文字本身存在的缺憾与不足有所认识：语言有时并不能把握存在现象的整体，它有时会使存在现象丧失真质等，所以，谈论的极致乃是维摩诘无言的境界。刘禹锡所谓"问法到无言"，其含义来源于《维摩诘经》的"无言之教"，表现作者向君素上人咨议佛理达到了"至义非言宣，寻言则失至"的境地。

（2）"举足下足皆是道场"。《维摩诘所说经》卷四《菩萨品》载光严童子出毗耶离大城，将求道场。时维摩诘方入城，故为广说何为真道场之旨：道无不之，场无不在，修行者若能怀道场于胸中，遗万累于身外，虽然形处愦闹的尘世，与俗事为邻，但举动所游，无非道场（诸有所作，举足下足，当知皆从道场来）。道法世界与现实世界并无区别，关键在于人能否修心进道。《维摩诘经》中随处可以看到这种面对尘俗世界、大乘菩萨法的应变之方。这种新的修行观念对唐代早期禅宗影响甚巨，并成为其禅法言论的经典依据。如《楞伽师资记》道信传载其说法言论即云："夫身心方寸，举足下足，常在道场。施为举动，皆是菩提。"盛行于开元年间的托名宝志《十二时颂》亦云："坐卧不知元是道，只么忙忙受苦辛。"置身于慧能禅法流布天下（凡言禅皆本曹溪）的时代③，作为《维摩诘经》的受持诵读者，刘禹锡诗中的"去来

① 释僧肇，等．注维摩诘所说经［M］．上海：上海古籍出版社，1994：155.

② 释慧皎撰，汤用彤校注．高僧传［M］．北京：中华书局，1992：251.

③ 柳宗元．柳宗元集：第一册［M］．北京：中华书局，1979：150.

皆是道”，强调在世间实现求道的目标，其间源流关系昭然可见。唯《维摩诘经》的“道场”观念有两种含义：一方面，广说万行（三界、持戒、布施、慈、悲、喜、舍、烦恼等）是道场；另一方面，把修心置于重要地位，强调内心真直，外无虚假，乃万行之本。刘禹锡的观念主要取自前一方面，即把人生的相见离别所带来的欣喜、烦恼都视为道的所在、人生智慧的渊源，故能虚心静漠，等观来去，不复为烦恼所蔽，无生死之畏，而有无为之乐。

当然，除了《维摩诘经》，刘禹锡在《赠别君素上人》一诗中还化用了其他佛教事典。如“水为风生浪”一句，当源于《楞伽经》的如来藏义，即自性清净心，亦即众生平常之心。[1]《楞伽经》说此平常心，常以海水暴流为喻。如《楞伽阿跋多罗宝经》卷一《一切佛语心品第一》载佛说偈言：“譬如巨海浪，斯由猛风起。洪波鼓冥壑，无有断绝时。藏识海常住，境界风所动。种种诸识浪，腾跃而转生。”其意盖谓，大海水为猛风所飘，波涛汹涌，动荡不停，但海水的本性不会因之改变，正是因为本性不变的缘故，名为常住。海水本性虽是常住，而彼水相，因风生而波转。喻彼真识，虽为妄想境界风动，真性不变。性虽不变，而彼真相随于无始妄想，动发虚伪境界，起于七识，如海波浪。[2] 这层意思在唐人作品中习见，如张说《唐国师玉泉寺大通禅师碑》（《八琼室金石补正》卷五十，《全唐文》卷二三一）铭文：“海藏安静，风识牵乐。”宋儋《大唐嵩山会善寺故大德道安禅师碑并序》（《唐文续拾》卷三）辞曰：“水实精鉴，激风而扰；心实澄恬，触境而挠。”李吉甫《杭州径山寺大觉禅师碑铭并序》（《全唐文》卷五一二）：“水无动性，风止动灭。”皎然《唐杭州灵隐山天竺寺故大和尚塔铭并序》（《昼上人集》卷八）：“水之性不动而鉴，得非夫实相之体耶？虽积为洪溟而未尝变，亦真我自在之妙致也。”独孤及《舒州山谷寺觉寂塔隋故镜智禅师碑铭并序》（《毗陵集》卷九）：“众生佛性，莫非宿植。知诱于外，染为妄识。如浪斯鼓，与风动息。”元稹《寻西明寺僧不在》（《元稹集》卷十六）：“莲池旧是无波水，莫逐狂风起浪心。”刘禹锡诗中的“水为风生浪”与上述文中的譬喻应属同源。

再如“珠非尘可昏”，则出于《华严经》（唐于阗国三藏实叉难陀译）卷五六《离世间品》：

> 佛子！如有宝珠，名净庄严，置泥涝中光色不改，能令浊水悉皆澄

---

① 吕澄．吕澄佛学论着选集·楞伽如来藏章讲义［M］．济南：齐鲁书社，1991：257.

② 参净影寺沙门慧远《大乘起信论义疏》上之下及《大乘义章》卷三；印顺．大乘起信论讲记［M］//妙云集：上编之七．台北：正闻出版社，2000：131.

净。菩萨摩诃萨亦复如是，虽在凡愚杂浊等处，终不失坏求一切智清净宝心，而能令彼诸恶众生远离妄见、烦恼、秽浊，得求一切智清净心宝。①

刘禹锡在此用宝珠之喻，无非用来说明自己的理想或者信仰绝非世俗尘垢所能污染。

刘集中还有《病中一二禅客见问因以谢之》，卞先生谓此诗为刘禹锡于会昌年间患足疾之时所作，瞿蜕园先生亦认为此诗编在《和吏部杨尚书太常李卿》诗之后，当在开成、会昌之间，疑刘禹锡已属疾将殁矣。在此诗中，刘禹锡就禅客问疾传达了自己对人生衰老、疾病的看法，其基本观点，也可追溯到《维摩诘经》：

劳动诸贤者，同来问病夫。添炉捣鸡舌，洒水净龙须。身是芭蕉喻，行须邛竹扶。医王有妙药，能乞一丸无？

这些诗句中，有以下教义采自《维摩诘经》：

（1）身是芭蕉。按《维摩诘所说经》卷二《方便品》写到长者维摩诘现身有疾，国王、大臣、长者、居士、婆罗门等，及诸王子，并余官属无数千人，皆往问疾，其往者，维摩诘因以身疾广为说法，经文云：“诸仁者，是身无常，……是身如芭蕉，中无有坚。”僧肇注曰：“芭蕉之草，唯叶无干。”佛教常谓芭蕉体为危脆之物，无有坚实，以譬人身亦如芭蕉之虚脆而无坚实。刘禹锡所说的“身是芭蕉喻”，含义与此大体一致。

（2）医王。生老病死，乃人生必经之大忧患，在现实的药物无力拯救的情况下，以佛法为良药来济度众生，正为医王所专擅。故佛经中常以佛法为医来疗治众病（心疾）。“医王”一语在《维摩诘经》亦习见。如《佛国品》言菩萨：“为大医王善疗众病，应病与药，令得服行。”又说：“度老病死大医王，常礼法海德无边。”《佛道品》则言菩萨法身能随众生所须而自变形，当“劫中有疾疫”时，则“现作诸药草，若有服之者，除病消众毒”。《文殊师利问疾品》：“勿生忧恼，常起精进，当作医王疗治众病。”如何疗治众病？《文殊师利问疾品》说慰谕有疾菩萨并令其欢喜的方法之一乃是：应为病者说人身无常，祛除其对身体的贪着，而不应为说厌离于身。刘禹锡所言“医王有妙药，能乞一丸无”，实化用其意。但刘禹锡更强调不断除贪爱生命的欲望，又不复为此欲望所困扰，而是观贪爱真相即是解脱。此与《维摩诘经》卷三

① 《大正藏》册 10，第 297 页上。

《弟子品》所说“不灭痴爱，起于明脱”之意相应，暗示了诗人安心处疾、不厌生死的态度。瞿蜕园先生说此诗“依然精切如平时，不见丝毫颓唐之态”①，可谓精当。

在刘禹锡与友人的唱和之作中，维摩教义却表现出日常化的倾向，沦为文人之间问候的文字游戏。如《和乐天斋戒月满夜对道场偶怀咏》(《刘禹锡集》卷三四) 作于开成元年 (836)，时白居易六十五岁，居洛阳，任太子少傅分司。白居易晚年常自比维摩诘，刘禹锡此诗总述了白晚年的崇佛生活，并以较有趣味的形式运用了维摩诘故事：

> 常修清净去繁华，人识王城长者家。案上香烟铺贝叶，佛前灯焰透莲花。持斋已满招闲客，理曲先闻命小娃。明日若过方丈室，还应问为法来邪?

《维摩诘所说经》卷六《不思议品》：“尔时舍利弗见此室中无有床坐，作是念：斯诸菩萨大弟子众当于何坐? 长者维摩诘知其意，语舍利弗言：‘云何仁者为法来耶? 求床座耶?’舍利弗言：‘我为法来，非为床座。’维摩诘言：‘唯，舍利弗，夫求法者，不贪躯命，何况床座。夫求法者，非有色受想行识之求，非有界入之求，非有欲色、无色之求。’”此段经文描写维摩诘为辨明真法旨在无所求的道理，认为舍利弗须床座之念，迹在有求，有求则心与法乖，即非为听法而来。凡真求法者，身体性命尚且不惜，何暇贪恋床座? 显而易见，刘禹锡此诗尾句意即化用了维摩诘与舍利弗对话的典故，但已与经义略有不同：即由论辩佛理流为双方的戏论之语。这层意思在白居易诗中表现得更为明显。白集中有《斋戒满夜戏招梦得》，云：“纱笼灯下道场前，白日持斋夜坐禅。无复更思身外事，未能全尽世间缘。明朝又拟亲杯酒，今夕先闻理管弦。方丈若能来问疾，不妨兼有散花天。”② 刘、白二诗，都在尾句利用了《维摩诘经》中典故，皆含戏论成分，但刘禹锡实善意戏论白居易虽修佛法，却终“未能全尽世间缘”之真实心态。

由此可见，《维摩诘经》无疑是对刘禹锡影响较大的一部佛典，成为他思想资料来源的一个重要方面。刘禹锡对《维摩诘经》这部大乘经典极为熟悉，并对其义旨有相当透彻的体悟。此外，刘禹锡还熟读《楞伽经》《华严经》两部佛典。其中《楞伽经》是北宗禅师所宗要的经典，而《华严经》则是华严

① 瞿蜕园．刘禹锡集笺证：中册［M］．上海：上海古籍出版社，1989：637.

② 朱金城．白居易集笺校［M］．上海：上海古籍出版社，1988：2273.

宗敷演弘扬的宗经，柳宗元称刘禹锡“通达释教”，谅非虚言。佛教对刘禹锡的影响首先表现在佛教教理为其提供了认识事相的新思路。对“维摩之默”否定名言之观念的吸收形成了刘禹锡的一种富于特色的审美术语。例如《袁州萍乡县杨岐山故广禅师碑》言禅之胜义乃在“至道不二，至言无辩”，《董氏〈武陵集〉纪》言诗之特质则是“义得而言丧，故微而难指”，《夔州始兴寺移铁像记》谓“大匠无言，尊容向明”，这都是在义理名义下而形成的艺术观念。佛教对刘禹锡的影响还表现在行为方式上。刘禹锡并未仅留恋于辨析名理的愉悦之中，而是吸取了《维摩诘经》等大乘佛经中一些积极的因素作为其生活指南，指导其人生践履。这些因素概而言之，就是《维摩诘经》诸品所强调的“虽行三界而不坏法性”“三界是道场”“知空不舍有”等直面现实、肯定人生的信念。这样的观念，与刘禹锡积极入世的传统意识极相调和。刘禹锡《牛头山第一祖融大师新塔记》（《刘禹锡集》卷四）说：“夫上士解空而离相，中士着空而嫉有。不因相何以示觉？不由有何以悟无？彼达真谛而得中道者，当知为而不有，贤乎以不修为无为也。”其意谓，人都是通过有相的世界而觉悟到空无，通达真谛而得其中道者，深知修有为法而又不执以为有的修持，比那些废舍有为、住于无为、执着空无的修持要明智。正是在维摩诘“同俗俯仰不失道仪”“处非而不失其本”教义的熏习浸染下，刘禹锡在尘俗世界一直顽强地坚守自己的信念和理想，时时表现出力求振拔的人生热情，“虽万受摈弃，不更乎其内”①。即使其晚年在《子刘子自传》中叙述自己与王叔文关系时仍能以“人不以为当非”来评价那代表其政治理想的永贞革新。这种“不毁正信”的理念映射到刘禹锡的诗文创作之中，就是我们常看到的在飕飕秋风中“我言秋日胜春朝”的乐观和“马思边草拳毛动，雕盼青云睡眼开”的回归本原的情结。在面对疾病和死亡时，刘亦能坚持观身无常而不厌离于身的菩萨法，处疾而心不乱，全然没有白居易“坐看老病逼，须得医王救”② 所引起的现实痛苦。当白居易初丧崔儿，发苦调作《府斋感怀酬梦得》，其中有句云：“不闻枯树再生枝。”刘禹锡则以诗相慰曰：“从此期君比琼树，一枝吹折一枝生。”作为同是《维摩诘经》的爱好者，岂能只因根性不同而对教义的吸收和理解有异，亦因个人生存方式之不同所致耳。

（作者单位：四川大学）

---

① 柳宗元．柳宗元集：第三册［M］．北京：中华书局，1979：841.

② 顾学颉．白居易集［M］．北京：中华书局，1979：215.

试论中唐雅俗衍化之际的刘禹锡诗歌创作

罗筱玉　张明明

在中唐这一雅俗衍化、诗风蜕嬗之际，诗坛呈现出极为复杂多元且创变频作的发展态势。其时盛唐诗歌所形成的审美经典与规范面临着发展上的新挑战，也就是诗歌内部对这种已然定型的典范与精致有着一种颠覆的内在冲动与必然，故求新求变成为中唐诗坛的共识，其结果便是“诗到元和体变新”①。李肇《唐国史补》云：

> 元和以后，为文笔则学奇诡于韩愈，学苦涩于樊宗师，歌行则学流荡于张籍，诗章则学矫激于孟郊，学浅切于白居易，学淫靡于元稹，俱名为“元和体”。②

据此，“元和体”的特征在于奇诡、苦涩、流荡、矫激、浅切乃至淫靡，对于盛唐诗歌所形成的经典，都是某种反动与颠覆，且在总体上呈现出一条由雅趋俗的发展趋势。就在韩孟、元白等人努力追求极奇极俗以求创变的同时，长久贬谪在外远离政治文化中心的刘禹锡与柳宗元等人却仍在努力维持经典的本色。正如管世铭在《读雪山房唐诗序例》中所指出的：“十子而降，多成一副面目，未免数见不鲜。至刘、柳出，乃复见诗人本色，观听为之一变。”③其中，刘禹锡诗歌中清新婉美、雄奇健举的风格追求尤可视为对盛唐诗学原则的努力维持。总体上看，刘诗既具“盛唐遗意”，又有其乐府诗化俗为雅的独具创新意义的新探。

---

① 朱金城．白居易集笺校［M］．上海：上海古籍出版社，1988：1532.

② 李肇．唐国史补外一种［M］．上海：古典文学出版社，1957：75.

③ 陶敏，等．刘禹锡全集编年校注［M］．长沙：岳麓书社，2003：1494.

一、“盛唐遗意”：高标远韵与清丽天然

刘禹锡在其《祭韩侍郎文》中宣称：“子（韩愈）长在笔，予长在论。”[①]其中“论”集中体现在其《天论》三篇中，即“天与人交相胜”[②]。由于重视相信人力，刘禹锡虽远贬僻郡长达二十三年，但他的诗中不仅有愤激，也有旷达，更有不向现实政治与生活苦难低头的倔强与孤傲。即便其晚年所作诗中仍有“在人虽晚达，于树似冬青”[③]，“莫道桑榆晚，为霞尚满天”[④]之句，“亦足见其精华老而不竭”[⑤]。与其人格相似，刘禹锡论诗亦重“意”。周履靖《骚坛秘语》指出其古体“以意为主，有气骨”[⑥]。其实不限于其古体诗，刘禹锡的诸多咏史诗和即景抒怀诗也充分显出其炼意的工夫和思深的特色，因而标格自高于同时代元白诸人。正是这种强烈的自强不息的人格力量与以意为主的诗论主张，使得刘禹锡诗歌能够步武盛唐，追求高标与远韵。

宋人蔡绦也认为刘诗“典则既高，滋味亦厚”[⑦]。清人许印芳在评论刘禹锡《金陵怀古》时认为：“文章一道，总不能离起承转合之法，用之无痕者，作用在内，……盛唐诗气格高浑，意味深厚，其妙在此。愚人但以形貌求盛唐，谓其无甚作用，谬矣。晚唐及宋人诗，作用在外，往往露骨，故少浑厚之作。惟中唐刘中山、刘随州，犹有盛唐遗意耳。”[⑧]可见蔡、许二人都觉察到了刘氏维护经典的努力与成就。明人胡应麟《诗薮》反复强调“梦得骨力豪劲”[⑨]，“梦得之雄奇”[⑩]，清人管世铭亦认为“刘宾客长篇，虽不逮韩之奇横，而健举略足相当”[⑪]，这些都是刘诗标格高远的表现与结果。宋末方回论诗以“格高”为重要标准，认为：“诗以格高为第一，……予于晋独推陶彭泽一人，格高足方稽阮，唐惟陈子昂、杜子美、元次山、韩退之、柳子厚、刘梦得、韦应物，宋惟欧梅、黄陈、苏长翁、张文潜。而于其中以四人为格之尤高者，鲁

---

① 陶敏，等. 刘禹锡全集编年校注［M］. 长沙：岳麓书社，2003：1084.
② 陶敏，等. 刘禹锡全集编年校注［M］. 长沙：岳麓书社，2003：988.
③ 陶敏，等. 刘禹锡全集编年校注［M］. 长沙：岳麓书社，2003：594.
④ 陶敏，等. 刘禹锡全集编年校注［M］. 长沙：岳麓书社，2003：683.
⑤ 吴文治. 宋诗话统编［M］. 南京：江苏古籍出版社，1998：8352.
⑥ 周履靖. 骚坛秘语［M］//丛书集成初编：2613 册. 北京：商务印书馆，1936：51.
⑦ 吴文治. 宋诗话统编［M］. 南京：江苏古籍出版社，1998：4208.
⑧ 李庆甲. 瀛奎律髓汇评［M］. 上海：上海古籍出版社，2005：80－81.
⑨ 胡应麟. 诗薮［M］. 上海：上海古籍出版社，1979：85.
⑩ 胡应麟. 诗薮［M］. 上海：上海古籍出版社，1979：187.
⑪ 陶敏，等. 刘禹锡全集编年校注［M］. 长沙：岳麓书社，2003：1494.

直、无己上配渊明、子美为四也。"[1] 方回所谓的"格高",是指抒发与时乖逢而清高孤傲的思想情感,追求瘦硬而劲健的诗体风格。在他眼中,"刘梦得诗格高,在元白之上,长庆以后诗人皆不能及",认为其《经伏波神祠》"高处不减少陵"[2]。至于其警句"万乘旌旗分一半,八方风雨会中央"[3],不徒对仗整齐、气象雄丽,且语远而体大,自可上继老杜。刘氏绝句中五言如《蜀先主庙》《八阵图》,七言如《洛中寺北楼》《西塞山怀古》《哭吕温》《金陵怀古》,刘克庄亦认为"皆雄浑老苍,沉着痛快,小家数不能及也。绝句尤工"[4]。故"禹锡有'诗豪'之目。其诗气该今古,词总华实,运用似无甚过人,却都惬人意,语语可歌,真才情之最豪者"[5]。这些都体现出刘诗维护盛唐经典的努力与成就。

另外,刘诗强调远韵的追求。刘禹锡对诗与文的不同本质特征有着较为深刻的体认:"心之精微,发而为文;文之神妙,咏而为诗。"[6] 认为诗作为一门独特的语言艺术,比散文更精妙玄微,这对宋人影响深远。如司马光从语言角度直契诗的艺术本质:"在心为志,发口为言,言之美者为文,文之美者为诗。"[7] 故而刘禹锡强调诗歌应是"片言可以明百意,坐驰可以役万里"[8],词约义丰且言言精确,"深意"寓于"片言中"。如《阿娇怨》诗中无一字及"怨"而怨恨已深入骨髓。细味诗意,其中不无诗人自己的身世之感,因此愈觉辞旨幽怨,寄托遥深。[9] 陆时雍《唐诗镜》认为"刘禹锡长于寄怨,七言绝其最优,可分昌龄半席"[10],确属的见。此外,刘禹锡可谓"吊古高手",观其怀古类诗虽大都不外乎"古今兴废,形胜盛衰",然有无限苍凉与沉着,而少见其感慨凭吊字面。其妙处固不在史识之卓著,而在于缘物寓意,意韵深远,令人于言外思而得之。刘氏怀古名篇如《西塞山怀古》《金陵怀古》等诗之"隽永有味"处正在于"似议非议,有论无论,笔著纸上,神来天际,气魄法律,无不精到……"[11] 与宋朝诸公喜于议论的怀古诗的差别优劣均在此等处。

---

① 方回.桐江续集[M]//四库全书:集1193册.上海:上海古籍出版社,2003:682.
② 李庆甲.瀛奎律髓汇评[M].上海:上海古籍出版社,2005:1224.
③ 陶敏,等.刘禹锡全集编年校注[M].长沙:岳麓书社,2003:621.
④ 吴文治.宋诗话统编[M].南京:江苏古籍出版社,1998:8363.
⑤ 胡震亨.唐音癸签[M].上海:古典文学出版社,1957:59-60.
⑥ 陶敏,等.刘禹锡全集编年校注[M].长沙:岳麓书社,2003:1244.
⑦ 司马光.传家集[M]//四库全书:集1094册.上海:上海古籍出版社,2003:637.
⑧ 陶敏,等.刘禹锡全集编年校注[M].长沙:岳麓书社,2003:916.
⑨ 吴汝煜.谈刘禹锡诗歌的艺术美[J].文学评论,1983(3):124-125.
⑩ 吴文治.明诗话全编[M].南京:江苏古籍出版社,1997:10757.
⑪ 何文焕,丁福保.历代诗话统编[M].北京:北京图书馆出版社,2003:207.

同时代元白一派的诗歌，多因过于追求浅露近俗而失去兴寄之美。对此陈寅恪先生曾有极为精当的论述："（乐天）二十年前所欲改进其诗之辞繁言激之病者，并世诗人，莫如从梦得求之。""盖乐天平日之所薪求改进其作品而未能达到者，梦得则已臻其理想之境界也。"① 白居易在《哭刘尚书梦得》一诗中云："文章微婉我知丘。"② 白氏用"微婉"来概括刘诗的主要艺术特征，无疑为真知梦得者。而韩孟诗派乃至北宋庆历诗坛上崇尚复古、强调美刺的一派诗人，却又有穿凿比兴的弊病。③ 与前代诗人相比，宋人作诗较少用比兴手法，故"命意曲折"成为宋诗学的重要论题之一，故吕本中《童蒙诗训》云苏辙"晚年多令人学刘禹锡诗，以为用意深远，有曲折处"。

与此同时，刘禹锡论诗特别强调心境的虚静。其《秋日过鸿举法师寺院便送归江陵引》④ 云：

> 能离欲则方寸地虚，虚而万景入，入必有所泄，乃形乎词。词妙而深者，必依于声律。……因定而得境，故翛然以清；由慧而遣词，故粹然以丽。

诗中认为只有心地虚静，摒除世俗欲念，才能体察万景，创造出清而美的诗境。与其诗境观相应，刘禹锡推崇脱去尘俗、意趣高远的诗境："如鹤雏褷褷而步舒视远，戛然一唳，乃非泥滓间物。"⑤ 更欣赏清美邃远而自然天成的诗风："唧唧而清，如虫吟秋；自然之响，无有假合。"⑥ 在韩、孟恣肆捭阖、惊心动魄的奇诡雄壮诗篇与"元轻白俗"的"淫靡""浅切"诗风之间，刘禹锡、柳宗元的清丽诗风往往使人联想起大历乃至六朝时代的情调。黄庭坚即指出，"刘宾客《杨柳枝》虽乏曹、刘、陆机、左思之豪壮，自为齐、梁乐府之将帅也"；"《淮阴行》情调殊丽，语意尤稳切，白乐天、元微之为之，皆不入此律也"。⑦ 刘禹锡在其《翰林白二十二学士见寄一百篇，因以答贶》一诗中，称赞白居易诗如"郢人斤斫无痕迹，仙人衣裳弃刀尺。世人方内欲相寻，

---

① 陈寅恪．元白诗笺证稿［M］．北京：中华书局，1959：342.

② 朱金城．白居易集笺校［M］．上海：上海古籍出版社，1988：2541.

③ 钱志熙．黄庭坚诗学体系研究［M］．北京：北京大学出版社，2003：112.

④ 陶敏，等．刘禹锡全集编年校注［M］．长沙：岳麓书社，2003：144.

⑤ 陶敏，等．刘禹锡全集编年校注［M］．长沙：岳麓书社，2003：311.

⑥ 陶敏，等．刘禹锡全集编年校注［M］．长沙：岳麓书社，2003：306.

⑦ 魏庆之．诗人玉屑［M］．上海：上海古籍出版社，1978：337.

行尽四维无处觅”①，此可视为刘禹锡借此提倡一种由雕琢而趋自然天成的风格论，也是他对自身诗风的期许与追求。其《秋日过鸿举法师寺院便送归江陵》中“小池兼鹤净，古木带蝉秋”② 一联，对刘诗时有苛评的纪昀也赞叹其“自然”，无名氏更称叹该诗“脱口无迹，不知其精研得此”③。刘禹锡这种风格论及其诗风，既是对盛唐浑然天成诗风的继承，同时对后代诗歌特别是宋诗以平淡清远为美的风格追求有很大的影响。

二、回归庙堂诗歌对于时调的亲近与疏离

在结束巴山楚水间长时间的辗转流徙后，刘禹锡终得“脱离谪籍”，返回朝廷。多年的贬谪和荒僻的州郡生涯已使刘禹锡与时代有几分隔膜和生疏了。其《酬乐天扬州初逢席上见赠》云：

> 巴山楚水凄凉地，二十三年弃置身。怀旧空吟闻笛赋，到乡翻似烂柯人。沉舟侧畔千帆过，病树前头万木春。今日听君歌一曲，暂凭杯酒长精神。④

这类诗中虽不乏一种向上的激情，但我们更多地感受到的是一种恍如隔世的慨叹。自永贞元年（805）直至宝历二年（826）秋诗人罢和州北归洛阳，才“朗吟孤愤平”⑤。自宝历二年至大和五年（831），是刘禹锡先后在东都洛阳和京城长安任主客郎中、集贤殿学士的重回庙堂时期。这一时期的诗歌创作，无论旨其创作态度、内容以及风格都在悄然发生变化。与那个颓废奢淫的中唐时代相应，都市文学作为一种新兴文学，成为那个时代的一种潮流。这体现在以白居易为中心，在不同时期与之唱和的元稹、刘禹锡以及此后的杜牧、温庭筠等一批中晚唐五代诗人创作了大量以世俗身心体验为内容的艳情诗与闲适诗等层面。在当时繁盛发展的俗文学的熏导下，他们不惮以“俗言俗事”入诗，创作了大量或浅切或轻艳的闲适诗、艳情诗。而刘禹锡华发衰颜重归繁华的都市之后，虽豪情犹存，但“更接东山文酒会，始知江左未风流”⑥，毕

---

① 陶敏，等. 刘禹锡全集编年校注［M］. 长沙：岳麓书社，2003：102.
② 陶敏，等. 刘禹锡全集编年校注［M］. 长沙：岳麓书社，2003：144.
③ 李庆甲. 瀛奎律髓汇评［M］. 上海：上海古籍出版社，2005：1641.
④ 陶敏，等. 刘禹锡全集编年校注［M］. 长沙：岳麓书社，2003：402.
⑤ 陶敏，等. 刘禹锡全集编年校注［M］. 长沙：岳麓书社，2003：398.
⑥ 陶敏，等. 刘禹锡全集编年校注［M］. 长沙：岳麓书社，2003：639.

竟青春的活力随着岁月而消失，“发少嫌梳利，颜衰恨镜明”①，使他对时代的感觉较他人显然要迟钝得多。他在后期所创作的不多的都市诗歌，内容比较狭窄，大多为酬宴咏妓之类，较元、白诸人的同类诗，多了一分苍凉与疏离感。其中有一首颇值得注意，这就是其《怀妓》其四：

三山不见海沉沉，岂有仙踪更可寻？青鸟去时云路断，姮娥归处月宫深。纱窗遥想春相忆，书幌谁怜夜独吟？料得夜来天上镜，只应偏照两人心。②

诗中笼罩着一种扑朔迷离的气氛和无可奈何的感伤，表现了对美好过去的无限留恋以及对人生的惆怅，开了李商隐“无题”诗与晚唐诗歌伤感情调的先河，体现出一种对于时调的亲近与下意识的疏离。

三、刘禹锡乐府类诗歌在雅俗衍化进程中的新创

与刘禹锡同时代的诗人受俗文学的影响，这一阶段所创作的诗歌不可避免地习染了俗文学中常见的程式化、写作过剩等特点。如中晚唐诗歌中大量的风俗长篇大都陷入一种程式化倾向，即“地域风俗—追忆前事—感慨议论”的套路，以致“虽百篇之意，只如一篇，故使人读而易厌也”（《临汉隐居诗话》卷三四）；而且过于频繁的写作和取材的无所限制也往往使此际诗歌显得庸常与琐屑，如白居易的《游悟真寺一百三十韵》，寸步不遗地记述游山所见，给人以写作过剩和饶舌的感觉。③ 这种“过剩和饶舌”还体现在白居易的新乐府诗中，即便前文已完全将诗旨叙述清楚，还非得篇末彰其志，与说话艺人讲唱之余总要发几句自以为高明的议论与感慨不无相近，故难免被后人视为格卑。

然亦有特例，长谪于巴山楚水的刘禹锡在浓厚的俗文化浸染下，能将浑朴的巴蜀民歌色彩与典雅的文人诗歌特质有机地结合起来，既保持了《竹枝词》原有的明转天然的意趣，又能巧妙地将民间曲辞的随情涉笔与文人诗歌的严谨布置结合起来，从而奠定了雅俗皆赏的“竹枝之体”。④ 对此，极为忌俗的宋人苏、黄赞叹不已：“刘梦得《竹枝》九章，词意高妙，元和间诚可以独步，

---

① 陶敏，等．刘禹锡全集编年校注［M］．长沙：岳麓书社，2003：567.

② 陶敏，等．刘禹锡全集编年校注［M］．长沙：岳麓书社，2003：807－808.

③ 参见刘维治．元白研究［M］．北京：人民教育出版社，1999.

④ 刘航．中唐诗歌嬗变的民俗观照［M］．北京：学苑出版社，2007：222－230.

道风俗而不俚，追古昔而不愧，比之杜子美《夔州歌》，所谓同工而异曲也。昔东坡尝闻余咏第一篇，叹曰：‘此奔逸绝尘，不可追也。’”（黄庭坚《跋刘梦得竹枝歌》语）清人方东树亦称：“以文语叙俗情入妙者，刘宾客也。”（《昭昧詹言》卷十八）可以说，刘禹锡对《竹枝词》这一诗体的成功改造与白居易的《长恨歌》等诗，在某个具体层面完美地实现了宋人以俗为雅、以大俗造大雅的理想。中唐诗歌也从最初的牵俗入雅成功地在某些层面实现并启迪宋人向化俗为雅过渡与转型。黄庭坚称：

> 刘梦得《竹枝》九章，词意高妙，元和间诚可以独步，道风俗而不俚，追古昔而不愧，比之杜子美夔州歌，所谓同工而异曲也。昔东坡尝闻余咏第一篇，叹曰："此奔逸绝尘，不可追也。"①

刘禹锡的这类乐府诗，往往能在将浑朴的民歌色彩与典雅的文人诗歌有机结合的同时，又能保持竹枝词原有的明转天然的意趣。② 在处理语言及风格的雅俗问题上，刘禹锡乐府诗树立了一成功典范，故能为新、俗能化雅的同时亦能复雅，即在逼真再现的同时能回归于诗歌的表现原则。故黄庭坚一眼觑定刘禹锡的《竹枝词》等乐府小章的创新意义，推许其“元和间诚可以独步”。

综上所述，在中唐诗风蜕嬗之际，当元白、韩孟两大诗派竭力要打破诗歌发展到盛唐所形成的审美经典与规范，追求极浅俗或极奇崛之时，独立于两大诗派之外的刘禹锡的诗歌创作仍在追求清新婉美、雄奇健举的传统美学风范；另外，刘禹锡毕竟隶属于中唐这一雅俗衍化的独特历史时期，其乐府类诗歌创作因久长的巴蜀贬谪经历成就了其超越同时代尚处于牵俗入雅的初级阶段，直接进化为化俗为雅的更高阶段，使宋人如黄苏辈亦极为叹异。综观刘禹锡诗歌，其中具高标远韵、清丽天然等盛唐遗意，这在某种程度上可视为对诗歌经典与规范的一力维持，与元白、韩孟诗派的开拓与创新同具诗学价值与意义；其诗中有乐府类化俗为雅的独创之处。它与元白、韩孟的开拓与创新同样具有诗学史上不可替代的意义。因为对于诗学经典来说，在它必然要被打破的同时，对它的努力维持也同样有其必要性。

（作者单位：温州大学）

---

① 黄庭坚．山谷题跋：上［M］．清同治壬申（1872）刊本：10－11.

② 刘航．中唐诗歌嬗变的民俗观照［M］．北京：学苑出版社，2007：222－230.

白居易、刘禹锡对韦应物“雅韵”的接受

——以白居易“警策”之评为线索

［日］土谷彰男

一、序言

宝历元年（825），时年五十四岁的白居易就任苏州刺史，同年秋，写下《吴郡诗石记》（卷六八，2916）一文。在文中，他直截了当地表达了自己对苏州风土与理想刺史的形象的向往，这一想法是与韦应物其人紧密相连的。在十五岁左右时，白居易曾一度造访苏州。其时，任苏州刺史的韦应物，正因“风流雅韵”而得盛名。白居易闻其风雅事迹，对韦应物敬慕日深，更暗自希望将来能成为此地的刺史。这一夙愿的达成，是在其后四十余年白居易赴任苏州之时。韦应物于贞元四年（788）就任苏州刺史，时年约五十四岁。在与这位昔日的高山仰止之人差不多同样的年纪，白居易同样就任苏州刺史。这一事实，使他得以将自己的人生轨迹、诗歌成就与韦应物相比对。正是如此，在《吴郡诗石记》一文中，白居易引用了韦应物《郡宴诗》中的文句，力赞其为“警策”的同时，又提及自己所作《旬宴诗》，即《郡斋旬假始命宴呈座客示郡寮》（卷五一，2194），表达了将两篇作品刻于石碑、传于后世的期望。

苏州刺史任中的白居易，对于韦应物其人的存在及其在苏州刺史时代所留下的“风流雅韵”的优秀诗作保有强烈的意识。本文即以此为着眼点，试对韦应物文学创作的接受作一考察，特别是韦应物《郡宴诗》，即《郡斋雨中与诸文士燕集》一诗的开头二句：“兵卫森画戟，宴寝凝清香。”白居易曾对此作出了“最为警策”的评价。这一点，更是本文论述的重中之重。为何白居易会认为，这一句凝聚了身为苏州刺史的韦应物即韦苏州的“雅韵”？这一点，不仅关系到韦应物文学创作的评价史，而且对于白居易诗歌观念的考察也是一个极其重要的论题。

此外，在白居易离任的五年后，即大和五年（831），他的诗友刘禹锡同样就任于苏州刺史。此一阶段中刘白二人的创作交流，盛于前后的任何一个时期。这与二人先后就任苏州刺史这一共通的体验，定然有着不小的关联。事实

上，苏州刺史的经历及来自白居易的启发，使得刘禹锡对韦应物也有了更深的体认。正是“苏州刺史”的经历、作为士大夫诗人的自觉，再加上白居易青年时所留有的深刻印象，使得韦应物与刘白二人结成了紧密的联系。这一联系中最为关键的，正是“苏州刺史”以及韦应物的“雅韵”。

二、《吴郡诗石记》中所见“警策”之评

首先，录白居易《吴郡诗石记》全文于下：

> 贞元初，韦应物为苏州牧，房孺复为杭州牧，皆豪人也。韦嗜诗，房嗜酒，每与宾友一醉一咏，其风流雅韵多播于吴中。或目韦房为诗酒仙。时予始年十四五旅二郡，以幼贱不得与游宴，尤觉其才调高而郡守尊。以当时心言异日苏杭苟获一郡足矣。及今自中书舍人，间领二州，去年脱杭印，今年佩苏印，既醉于彼，又吟于此，酣歌狂什亦往往在人口中，则苏杭之风景，韦房之诗酒，兼有之矣。岂始愿及此哉。然二郡之物状人情，与曩时不异。前后相去三十七年，江山是而齿发非，又可嗟矣。韦在此州歌诗甚多，有《郡宴诗》云，“兵卫森画戟，宴寝凝清香”，最为警策。今刻此篇于石，传贻将来，因以予《旬宴》一章亦附于后。虽雅俗不类，各咏一时之志，偶书石背，且偿其初心焉。宝历元年七月二十日，苏州刺史白居易题。

白居易对于韦应物文学创作的评价中，最知名的便是以其五言诗为“高雅闲淡，自成一家之体”。这段文字，见于元和十年（815）时年四十四岁的白居易所作《与元九书》（卷四五，1486）中。而根据上述《吴郡诗石记》的记载，在写下《与元九书》的三十余年前，白居易就对苏州时期韦应物的“雅韵”诗境有所接触，对于韦应物的文学创作有所体认。

《吴郡诗石记》中所见的“雅韵”诗境，是以韦应物为中心的苏州文坛形成之际所提出的重要的文学主张。当时身处苏州文坛的士大夫诗人，都以此作为共同的规范价值。根据“其风流雅韵，多播于吴中”可见，在白居易任苏州刺史期间，韦应物的“风流雅韵”仍在此地广为流传。这一事实表明，上述规范价值直至白居易的时代仍然具有一定的影响力。因此，白居易效仿韦应物《郡斋雨中与诸文士燕集》进行诗歌创作的这一行为，不仅因为其本人私淑于韦应物，同时也表明，当时的苏州存在一种以“雅韵”为价值取向的士大夫文学。

那么，“雅韵”这一提法中所表现出的规范意识，对于白居易而言又有着怎样的意义呢？问题的答案，正在“雅俗不类”这一段文字中清楚地表达出来。在这段文字中，白居易以对比的观察方式，以韦应物的诗目为“雅”，即典雅、正统；以自己的诗目为“俗”，即轻俗、支流。通过这样的对比，白居易所表达的文学观念，正与《与元九书》中对于韦应物的评价“高雅闲淡”相一致。也就是说，白居易对于韦应物的评价，是不得不承认自身所具有的不足，同时也是他为了提升诗艺而树立的理念性规范。因此，“雅俗不类”正反映了他对于获得韦应物的“雅”的诗境，即“雅韵”的迫切希求。在《吴郡诗石记》中，白居易评价韦应物的“兵卫森画戟，宴寝凝清香”句为“警策”，并以此为参照，加入了自己的创作。这些行为的背后，正蕴含着白居易对韦应物诗歌“雅韵”的认识、评价。

三、白居易对于“警策”一词的使用

“警策”一词，本用来指称一篇文章中最为紧要的语句或表达方式。其最早的用例，见于陆机《文赋》中：

> 或文繁理富，而意不指适。极无两致，尽不可益。立片言而居要，乃一篇之警策。虽众辞之有条，必待兹而效绩。

为了使得文意不至于散漫，优异的表达方式，即使只有片言只语，也应当置于文章的关键位置。这正如挥鞭那样，将一篇文章更好地立起来。所谓的“警策之篇”，可以说是在一篇作品中，包含如挥鞭一般效果的语句或表达方式。“策”的本义是鞭，在此基础上，李善又有如下的阐述：

> 以文喻马也。言马因警策而弥骏，以喻文资片言而益明也。夫驾之法，以策驾乘。今以一言之好，最于众辞，若策驱驰，故云警策。

正如挥鞭策马，马能疾趋一般，优异的语句，即使只出现在一处，也能显著提高文章的表现能力。因此，“警策”便被用来指称具有鞭子一般效果的表达方式。

作为评论用语的一种，“警策”一词常见于诗话之中。然而，通览诗话类著作，可以清楚地看到，这些评论或者仅仅指出引用的诗句是否为警策，或者仅仅罗列诗句中的类似之处，其判断多为主观、孤立的，很少提出具体的论据或理由。基于这一考虑，我们应当注意白居易是以何种根据来作出“警策”这一评价的。也就是说，通过“警策”的评价，或许可以反映白居易本人的文学理念。

检阅白居易诗文，可见“警策”一语的，除上述《吴郡诗石记》以外，还包括《赋赋》（卷三八，1422）、《与刘苏州书》（卷三八，2925）、《唐故虢州刺史赠礼部尚书崔公墓志铭》（卷七〇，2940）共四篇作品。其中，《赋赋》一文，旨在描述赋这一文体的发展历程。文中所提出的主张，反映了白居易对于赋的观念，即赋作为一种文体，必须用以发挥儒家的文学效用。不得不承认的是，此文的主旨仅仅在于赋这一文体，因而无法成为本文的探讨对象。这里，仅据上述《吴郡诗石记》的分析结果，对最后两例加以解读。

首先，探讨《唐故虢州刺史赠礼部尚书崔公墓志铭》一文。

崔公即崔玄亮（768—833），字晦叔，《旧唐书》卷一六五有本传。长庆二年（822），就任杭州刺史的白居易与时任湖州刺史崔玄亮、越州刺史兼浙东观察使元稹三人彼此作诗赠答。这些作品后被编集为《三州唱和集》一卷，现已散佚不传。

在《唐故虢州刺史赠礼部尚书崔公墓志铭》中，有如下的记载：“前后文集凡若干卷，尤工五言、七言诗。警策之篇，多在人口。”白居易对崔玄亮诗文成就的褒奖中，可见“警策”一词。现存崔玄亮所作皆为七言诗，且数量极少，长于五七言诗的记述，其真实情况难以窥测。同样，也无法得知白居易究竟对哪一句作出了“警策”的评价。值得注意的是“警策之篇，多在人口”这一事实表述。据此可以想见，崔玄亮所作在当时广为流传、脍炙人口。他的这些“警策之篇”，大概都收录于现已散佚的《三州唱和集》中。

作为这一论证的补充，不能不注意到《与刘苏州书》一文。正如下文所要提及的，此文对于白居易、刘禹锡的唱和诗如何编集为唱和集一事，有详尽的叙述。根据白居易的记述，“得隽之句，警策之篇，多因彼唱此和中得之”，可知唱和诗中往往多有警策之篇，因此，保存了崔玄亮与白居易、元稹间交游酬唱之作的《三州唱和集》中，应当也包含了他的警策之作。接下来，再探讨《与刘苏州书》。

根据《新唐书·艺文志》的记载，白居易、刘禹锡的唱和集中包括三卷本《刘白唱和集》等在内，目前以“刘白唱和集”为名复原的则有五卷。其中卷三的部分，名为“刘白吴洛寄和卷”。《与刘苏州书》一文，正是记载了这一卷的编纂始末。

根据文中记载，此卷收录的作品始于大和五年冬刘禹锡自吏部郎中兼集贤学士转任苏州刺史途中，暂住于洛阳白居易寓所时所作唱和诗，终于次年春

“吴苑”（苏州）刘禹锡与“洛城”（洛阳）白居易间的彼此酬赠之作。先行研究还表明，这一卷另外收录有直至大和八年（834）刘禹锡在苏州刺史任中的作品。

在《与刘苏州书》中，可见“警策”一语如下：

> 嗟乎！微之先我去矣，诗敌之劾者，非梦得而谁？前后相答，彼此非一，彼虽无虚可击，此亦非利不行。但止交绥，未尝失律。然得隽之句，警策之篇，多因彼唱此和中得之。他人未尝能发也，所以辄自爱重。

在刘禹锡以前，元微之即元稹与白居易间的唱和诗已被编为《元白唱和集》。在元稹过世后，刘禹锡则继任了其与白居易“文友诗敌”的唱和关系，并最终达到了“一往一来，忽又盈箧”这样密切的程度。需要注意的是，所谓“得隽之句，警策之篇”，正来自这部分唱和作品。

四、白居易所谓“警策”之含义

这一节主要探讨白居易所谓“警策”一词的含义。据上述陆机《文赋》可见，“警策”的原意是指一篇作品中具有关键作用的语句，通过这一语句，能够提升全诗的表达效果。就白居易而言，他在牢牢把握这一原意的基础上，进一步加强了作品的传播能力。也就是说，在他看来，为了使诗作能够更广泛地得到阅读，警策之句是不可欠缺的。除了《与刘苏州书》所提到的，在刘白二人的唱和之作中寻求刘禹锡的“警策之篇”外，白居易还在《吴郡诗石记》中，着力描绘了“酣歌狂什，亦往往在人口中”的情景。这两段文字，传达了富于警策的诗篇为苏州人士所广泛阅读这一事实。由此可见，即使是刘白二人的唱和之作，也不仅仅限于当事者之间，更在街头巷尾广为传播，其核心正是警策之作。同样的，这一情形在上述崔玄亮的事迹中也可以见到。正如“警策之篇，多在人口”所描述的，崔玄亮所作的警策诗篇脍炙人口这一事实，在考虑到其与《三州唱和集》的关联后，方能得到更好的解释。在刘白二人的唱和中，警策诗篇的流传，应当也有唱和集的媒介作用。

然而，在《与刘苏州书》中，并未点明“警策之篇”究竟是指怎样的作品。

关于《刘白唱和集》中白居易所谓“警策”的真正含义这一问题，已有一部分先行研究。斋藤茂氏《白居易与刘禹锡》（《白居易研究讲座第二卷——白居易的文学与人生Ⅱ》）一文，曾对此问题作出了推测。其研究表明，根据《刘白唱和集解》（卷六九，2930）中，刘禹锡的文学创作被视为“神妙”这一记载，可以认为“警策”一词与其存在着关联。也就是说，“警策”之评的根据中，包括“神妙”这一因素。然而，不同的唱和集，其编纂历程也有所不同。考虑到这一点，在通过《刘白唱和集解》的记述，探讨《与刘苏州书》中“警策”一语的解释时，有必要对二者分别进行考察。

首先，探讨白居易对刘禹锡所作的“神妙”评价。这一评语，见于大和三年（829）春白居易所作《刘白唱和集解》中对这一时期刘禹锡诗风的叙述部分。《刘白唱和集解》一文，记载了《刘白唱和集》一二卷部分，即最初的《刘白唱和集》上下卷的编纂始末，其写作时间早于上述《与刘苏州书》（大和六年）。其中，可见“神妙”一词如下：

> 梦得，梦得，文之神妙，莫先于诗。若妙与神，则吾岂敢。如梦得“雪里高山头白早，海中仙果子生迟”“沉舟侧畔千帆过，病树前头万木春”之句之类，真谓神妙。

针对刘禹锡的文学作品，白居易作出了“文之神妙，莫先于诗”的评价，并分别以《苏州白舍人寄新诗有叹早白无儿之句，因以赠之》（外集卷一）与《酬乐天扬州初逢席上见赠》（外集卷一）两首中的诗句为例。根据刘白唱和的先后顺序可见，《与刘苏州书》中所谓的“警策”之评，正是基于《刘白唱和集解》中的“神妙”而来的。斋藤氏评价这两首诗“初看措辞平淡，却是在把握事件背景后所作出的确切比喻”，称得上是“警策之篇”。

然而，就白居易所作的“警策”之评的用例来看，《与刘苏州书》中所见的“警策”之评中，可能包含“神妙”以外的价值判断。

正如上文所论证的，刘白唱和中所见“警策”之评，本是就刘禹锡在任苏州刺史、寓居此地时的诗作而言的。这一阶段的情况，在《与刘苏州书》一文中已经有详尽的叙述。而在此前的苏州刺史任中所作《吴郡诗石记》中，白居易就对韦应物文学创作中的“雅韵”作出了“警策”的评价。也就是说，以白居易、刘禹锡二人都曾担任苏州刺史这一经历为着眼点，不得不说，这一时期苏州出现的文学作品，是在“警策”之评这一背景下成立的。更进一步，崔玄亮的《三州唱和集》，是其与时任杭州刺史的白居易间的酬唱往还。考虑到在这本书中可能包含警策的诗篇，必须指出，白居易的“警策”之评，主要集中在以苏州为中心的江南地区中。

如果这一推测成立，刘白唱和中所见的“警策”之评，不仅仅要从刘白双方的唱和这一制作方法的层面加以考虑，同时，也必须像对《吴郡诗石记》

的探讨一样，对这一时期苏州地区的文学创作，特别是与此地的士大夫文学间的关联进行探讨。这一探讨的关键，就在于白居易对韦应物诗所做的“警策”之评的根据，也即“雅韵”。

五、刘白对韦应物“雅韵”的接受

如上所述，白居易在《吴郡诗石记》中，对韦应物的文学所具有的“雅韵”作出了“警策”的评价。这表明在当时的苏州，存在以“雅韵”为价值取向的士大夫文学。根据下述作品可见，这种基于“雅韵”的认识，不仅止于白居易一人，同时也为刘禹锡所具有。

苏州刺史例能诗，西掖今来替左司。（刘禹锡《白舍人曹长寄新诗有游宴之盛，因以戏酬》，外集卷一）

宣城独咏窗中岫，柳恽单题汀上苹。何似姑苏诗太守，吟诗相继有三人。（白居易《送刘郎中赴任苏州》，外集上，2787）

刘禹锡的这首作品，是为宝历元年（825）就任苏州刺史的白居易所作赠诗，收录于《刘白唱和集》卷一。诗中提到，苏州刺史历来被认为是长于诗歌创作的，这次就任苏州刺史的白居易，正是替代韦应物的合适人选。白居易又报以答诗《重答刘和州》（卷二四，2467），其中有“敢有文章替左司”的叙述。

而白居易的作品，则是为大和五年赴任苏州刺史的刘禹锡所作赠诗，收录于《刘白唱和集》卷三，即《刘白吴洛寄和卷》中。诗中提及了南朝梁宣城太守谢朓和他的《郡内高斋闲坐答吕方曹》诗，以及同为梁吴兴太守的柳恽和他的《江南曲》诗，认为二人的经历均及不上“姑苏（苏州）诗太守”。诗中还感叹，何以苏州一地会有三位诗文创作相继的士大夫，即韦应物、白居易以及刘禹锡。

通过这样的方式，白居易、刘禹锡在苏州的文学创作，以曾经的刺史韦应物的存在为前提成立。这一点，正是他们对于苏州士大夫文学谱系的认识。对照这一认识，可以清楚地看到，刘白唱和中白居易所作“警策”之评，特别是《与刘苏州书》中所见的“警策之篇”，其根本正在于韦应物的文学创作即“雅韵”的规范作用。

上述《吴郡诗石记》一文，详细描述了身为苏州刺史的白居易以这种

“雅韵”为基础，仿效韦应物而留下创作实践。因此，需要探讨的是，同为苏州刺史的刘禹锡，是否也有这样的作品。这里注意到的是《刘白唱和集》卷三，即《刘白吴洛寄和卷》中所收的《早夏郡中书事》（外集卷二）这篇作品。此作为刘禹锡在任苏州刺史的大和六年（832）初夏所作：

> 水禽渡残月，飞雨洒高城。华堂对嘉树，帘庑含晓清。拂镜整危冠，振衣步前楹。将吏俨成列，簿书纷来萦。言下辨曲直，笔端破交争。虚怀询病苦，怀律操剽轻。阍吏告无事，归来解簪缨。高帘覆朱阁，忽尔闻调笙。

这里，从此作的全篇中，整理出如下与本文论题有关的主要部分：

①站在苏州刺史的立场上，对职务中的繁忙与闲适的状态进行对比，表达诗人追求闲适的感怀。

②正如“华堂对嘉树，帘庑含晓清”（第三、四句）所述，诗中描绘了招徕文士、举办诗酒宴会的场景。

③采用了长篇五言古体诗的形式。

由①可知，这首诗中描写的日常生活与其感怀，是以刺史立场为主的。这也是韦应物《郡斋雨中与诸文士燕集》诗，以及模仿此作的白居易《郡斋旬假始命宴呈座客示郡寮》诗的主题。这正展示了此一时期苏州士大夫文学所具有的特长。《刘白吴洛寄和卷》中所收的诗作，多为二人以个人、个别的背景或感怀为基础所作，与上述作品呈现出很大不同。

此外，②中所提到的以刺史的身份召开诗酒宴会，这在韦应物以及白居易的诗中也同样可以看到。特别是就其表现手法而言，与韦应物诗中“烦痾近消散，嘉宾复满堂”句有近似的地方。只是，就文会描写所占比重（例如诗题中是否点明）而言，三者的程度是逐次降低的。这大概与这种文会的重要性自韦应物所在的贞元年间，到白居易、刘禹锡所在的元和、大和年间，性质逐渐改变有关。

关于此作，特别值得注意的是③。《刘白吴洛寄和卷》中大半为七言诗，几乎见不到达到长篇篇幅的五言古体诗。再有，这种对长篇五言古体诗的运用，是以韦应物为中心的苏州文坛形成中的重要因素，白居易的作品也正是模仿了这一诗型。同时，上述两个因素，也与五言古体诗这一形式有着不可分割的关联。因此，从刘禹锡的作品中，正可以看到受到了具有韦应物诗特点的苏州文坛的影响。

以《义门读书记》知名的清人何焯，对此诗开头的“水禽渡残月，飞雨洒高城”句，作出了“发端拟韦左司（韦应物）”的评价。也就是说，刘禹锡此诗的开头部分，是模仿被白居易称为“警策”的“兵卫森画戟，燕宴寝凝清香”而作的。只是，具体观察看来，这句诗与在韦应物的文会上唱和的顾况《酬本部韦左司》诗（《全唐诗》卷二六四）的开头二句“好鸟依佳树，飞雨洒高城”十分相似。顾况的这首诗毕竟是参加韦应物文会的产物，在对“雅韵”诗境的共同追求中，试图以五言古诗来表现这一诗境。因此可以认为，产生于韦应物文会中的这一诗境及其特征，其影响一直延续到刘禹锡的这篇作品中。又或者可以说，苏州的文学风土，并不仅仅局限于韦应物一人，而是由多名文人所共有的。也就是说，可以认为，这是论证苏州文坛形成过程的重要资料。何焯还说，“观刘白诗，其治苏之状可想见于千载之下，均为盛名不妄云也”。正如何焯所点明的那样，白居易、刘禹锡所继承的韦应物的“雅韵”，并不仅仅指开头两句，还在刘禹锡诗的全篇中有明显的表现，这正是其对于此一时期苏州士大夫文学的认识的反映。

六、结语

白居易的“警策”之评，集中在以江南之地为舞台，与崔玄亮、刘禹锡这些诗人大量的诗歌唱和中。这一事实，清楚地展示了白居易在“警策”这一评语中所蕴含的意图，即加强这一印象：在江南之地，想要作品得到广泛的阅读，警策之句是不可欠缺的。

通过“警策”之评来看，白居易在苏州刺史时代的韦应物的文学创作中发现了“雅韵”。所谓“雅韵”，不仅仅为韦应物本人，还为聚集在他周围的文人群体所共有；既是美的价值观的体现，又是理念的规范的表达。白居易对这些富于雅韵的优异文学表达，作出了“警策”的评价。

同时，白居易“警策”之评，又与他的文学理念密不可分。特别是对于刘禹锡的“警策”之评，虽然就刘白唱和的前后进程来分析，已得出其评价因素为“神妙”，但也不能忽视“雅韵”在白居易“警策”之评中所具有的核心地位。这正是因为，韦应物的“雅韵”是二人对当时苏州士大夫文学认识中的重要因素。作为这一论点的旁证，事实上，正如白居易仿效韦应物诗而留下创作实践一样，逗留苏州的刘禹锡，也同样留下了渗透有韦应物苏州文坛浓厚特点的《早夏郡中书事》诗。

综上所述，以白居易“警策”之评为线索进行考察，可以证明如下观点：在白居易、刘禹锡看来，韦应物的“雅韵”与苏州文坛的形成相伴随。他们还进一步认识到，韦应物的“雅韵”是当时的苏州士大夫文学中不可或缺的理念性规范。

注：

（1）白居易《郡斋旬假始命宴呈座客示郡寮》诗如下。以朱金城《白居易集校笺》（上海古籍出版社，1988 年）为底本，引用作品据花房英树《白氏文集的批判研究》（汇文堂书店，1960 年）之《综合作品表》附编号。

公门日两衙，公假月三旬。衙用决簿领，旬以会亲宾。公多及私少，劳逸常不均。况为剧郡长，安得闲宴频。下车已二月，开筵始今晨。初黔军厨突，一拂郡榻尘。既备献酬礼，亦具水陆珍。萍醅箬溪醑，水鲙松江鳞。侑食乐悬动，佐欢妓席陈。风流吴中客，佳丽江南人。歌节点随袂，舞香遗在茵。清奏凝未阕，酡颜气已春。众宾莫遽起，群寮且逡巡。无轻一日醉，用犒九日勤。微彼九日勤，何以治吾民？微此一日醉，何以乐吾身？

（2）韦应物《郡斋雨中与诸文士燕集》（《韦应物集校注》卷一《燕集》，上海古籍出版社，1998 年）如下。

兵卫森画戟，宴寝凝清香。海上风雨至，逍遥池阁凉。烦疴近消散，嘉宾复满堂。自惭居处崇，未睹斯民康。理会是非遣，性达形迹忘。鲜肥属时禁，蔬果幸见尝。俯饮一杯酒，仰聆金玉章。神欢体自轻，意欲凌风翔。吴中盛文史，群彦今汪洋。方知大藩地，岂曰财赋强。

（3）笔者对于以韦应物为中心的苏州文坛的形成，有过以下的考察。①《中唐初期苏州文坛形成考——文学理论的展开与五言古体诗》（《松浦友久博士追悼纪念中国古典文学论集》，研文出版，2006 年）；②《中唐苏州文坛的理论形成中的顾况文学及其文学观》（《早稻田大学文学研究科纪要》第五十二集第二分册，2007 年）。

（4）刘太真（725—792）、孟郊（751—814）等诗人，作为韦应物苏州文坛的参与者，对其诗中的“雅韵”有所评价。特别是孟郊《赠苏州韦郎中使君》（《全唐诗》卷三七七）一诗中，评价苏州时期韦应物的文学创作为“章句作雅正，江山益鲜明”。这是在探讨韦应物的“雅韵”时，所必须注意到的。关于这一内容，拟另作文论述。具体请参照注（3）中所录书目①。

（5）《与元九书》中所见对韦应物的评价如下。

如近岁韦苏州歌行，才丽之外，颇近兴讽。其五言诗，又高雅闲淡，自成一家之体，今之秉笔者谁能及之？……今仆之诗，人所爱者，悉不过杂律诗与《长恨歌》已下耳。时之所重，仆之所轻。

（6）对于韦应物诗，葛立方《韵语阳秋》卷一中有如下的叙述。

韦应物诗平平处甚多，至于五字句，则超然出于畦径之外。如《游溪诗》“野水烟鹤唳，楚天云雨空”，《南斋诗》“春水不生烟，荒岗筠翳石”，《咏声诗》“万物自生听，太空常寂寥”。如此等句，岂下于“兵卫森画戟，燕寝凝清香”哉。故白乐天云：“韦苏州五言诗，高雅闲淡，自成一家之体。”东坡亦云：“乐天长短三千首，却爱韦郎五字诗。”（《历代诗话》，中华书局，1981 年）。

这里，葛立方以被白居易评价为警策的“兵卫森画戟，燕（宴）寝凝清香”为评选基础，列举与之类似的诗句，认为这些诗句也可以被视为近于警策之作。只是，本论所论证的作为评选基础的诗句具有“雅韵”这一点，并未为其所提及。

（7）冈村繁《白居易的赋》（《白居易研究讲座第一卷——白居易的文学与人生》，勉诚社，1993 年）、波户冈旭《白居易的〈赋赋〉》（《国学院中国学会报》第四二集，1996 年）。

（8）《全唐诗》卷四六六可见诗二首及残句一篇。《全唐诗补编·续拾》卷二六，据白居易自注补残句二篇。

（9）花房英树《白氏文集的批判研究》第二部《文集再构成》“（一）唱和集复原”“（二）刘白唱和集”（汇文堂书店，1960 年）、橘英范《刘白唱和诗研究序说》（《广岛大学文学部纪要》第五五集特辑号Ⅰ，1995 年）、柴格朗《刘白唱和集（全）》（勉诚社，2007 年）。

（10）《刘白唱和诗研究序说》第 39－50 页，“三、《刘白唱和集》卷三《刘白吴洛寄和卷》”。据此，此卷中收诗五十五首，其中唱和诗二十四组五十首。本文对《刘白唱和集》的探讨，即以此为依据。

（11）宋阮阅《诗话总龟》“警句门”（后集卷二〇）所引葛立方《韵语阳秋》卷四：“唐朝人士，以诗名者甚众，往往因一篇之善，一句之工，名公先达为之游谈延誉，遂至声闻四驰。”（何文焕《历代诗话》下，中华书局，1981 年）开头部分虽然说是“唐朝人士”，但这段引文其后所举的诗文用例，有钱起、张祜、韦应物以及白居易诸诗人，可见其所指是中唐时期。“一篇之善，一句之工”，是与“警策”相类似的表达。“名公先达为之游谈延誉，遂至声闻四驰”的部分，则描述了具有警策的诗篇、诗句，在诗酒宴会中，通过自由的评论（游谈延誉）而传播到四方（四驰）。这段文字，指出了当时的警策之篇是如何广泛流传开的，值得研究者注意。

（12）有关这一时期唱和诗的传播，中纯子《诗在人口——白氏在地方的传播》（《兴善教授退官纪念中国文学论集》，汲古书院，2000 年）中，以元白唱和诗为例指出，“他们的诗歌交游，似乎是被半公开的，这或许进一步促进了元白诗在江南地区的流传”（第 441 页），“《三州唱和集》等唱和集的编纂理由，与其说是为了让唱和诗广泛流传，不如说反而是充分意识到了‘诗在人口’这一状态的严重性，为了保持自己作品的独立性而进行的”（第 442 页）。

（13）斋藤茂《白居易与刘禹锡》（《白居易研究讲座第二卷——白居易的文学与人生Ⅱ》，勉诚社，1993 年，第 64 - 65 页）。

（14）以瞿蜕园《刘禹锡集笺证》（上海古籍出版社，1989 年）为底本。

（15）具体请参照注（3）所列书目。

（16）“观刘白诗，其治苏之状可想见于千载之下，均为盛名不妄云也。”卞孝萱《刘禹锡诗何焯批语考校》（《唐研究》第二卷，北京大学出版社，1996 年，第 167 - 213 页）。

（17）有关顾况诗的分析，以及苏州文坛中的顾况文学创作，请参照注（3）所列书目②。

［本文是早稻田大学 2007 年度特定课题研究助成费《中唐时期文学活动的地域性与文学理论的展开》（课题编号二〇〇七 B—〇四四一）研究成果的一部分］

（作者单位：日本早稻田大学）

刘禹锡诗注释品评①

吴在庆

一

伤愚溪三首并引[1]

故人柳子厚之谪永州，得胜地，结茅树蔬[2]，为沼沚，为台榭，目曰愚溪。柳子没三年，有僧游零陵[3]，告余曰："愚溪无复曩时矣！"一闻僧言，悲不能自胜，遂以所闻为七言以寄恨。

（一）

溪水悠悠春自来，草堂无主燕飞回。
隔帘唯见中庭草，一树山榴依旧开[4]。

（二）

草圣数行留坏壁[5]，木奴千树属邻家[6]。
唯见里门通德榜[7]，残阳寂寞出樵车。

（三）

柳门竹巷依依在，野草青苔日日多。
纵有邻人解吹笛，山阳旧侣更谁过[8]。

注释：

[1] 此诗作于长庆二年，时任夔州刺史。愚溪：水名，乃柳宗元所命名，在今湖南零陵市西南。柳宗元《愚溪诗序》："灌水之阳有溪焉，东流入于潇水。或曰，冉氏尝居也，故姓是溪为冉溪。或曰，可以染也，故谓之染溪。余以愚触罪，谪潇水上，爱是溪，入二三里，得其尤绝者家焉。古有愚公谷，今予家是溪，……故更之为愚溪。"[2] 结茅树蔬：指构建茅舍、种植蔬菜花木等。《愚溪诗序》云："愚泉凡六穴……合流屈曲而南，为愚沟。遂负土累石，塞其隘，为愚池。愚池之东为愚堂，其南为愚亭，池之中为愚岛，嘉木异石错

---

① 本文乃从笔者出版于江苏古籍出版社的名家精注精评本《刘禹锡集》中选取若干诗文之简注简评而成，目的在于请学者们更关注文本的解读，以便更准确深入地研究刘禹锡及其作品。

置……”［3］零陵：郡名，即唐永州。［4］山榴：即海石榴，乃柳宗元所栽植。［5］草圣数行：指柳宗元所书墨迹。柳宗元擅章草，故以草圣称其墨迹。［6］木奴：指柑橘。《三国志·吴·三嗣主传》孙休注引《襄阳记》载，三国吴丹阳太守李衡于宅边种橘千株，临死谓其子曰：“汝母恶我治家，故穷如是。然吾州里有千头木奴，不责汝衣食，岁上一匹绢，亦可足用耳。”［7］通德榜：榜，通“牓”，木片，匾额。《后汉书·郑玄传》：“国相孔融深敬于玄，告高密县为玄特立一乡，曰：‘……今郑君乡宜曰郑公乡。昔东海于公仅有一节，犹或戒乡人侈其门闾，矧乃郑公之德，而无驷牡之路？可广开门衢，令容高车，号为通德门。’”［8］山阳旧侣：此处用以喻刘禹锡和柳宗元的知交关系。山阳，县名，西汉置，属河内郡，治所在今河南焦作市东十里墙南村北侧。《晋书·向秀传》载，向秀和嵇康、吕安为知交。向秀曾和吕安灌园于山阳。后来嵇康、吕安被杀，向秀入洛经山阳，作《思旧赋》以怀念故交。其《思旧赋序》云：“余与嵇康、吕安居止接近，其人并有不羁之才……其后并以事见法。……逝将西迈，经其旧庐。于时日薄虞渊，寒冰凄然。邻人有吹笛者，发音嘹亮。追想曩昔游宴之好，感音而叹。”

品评：

柳宗元在贬官永州时，曾喜欢愚溪，并在愚溪构建房舍，栽竹种花植树，留下了不少遗迹。随着时光的流逝，柳宗元去世，他所建置的愚溪景物已“无复曩时矣！”刘禹锡听到这消息，悲伤不已，遂写下三首绝句，借咏唱愚溪景物的寂寞无主，以寄托对友人的伤悼之情。这三首诗最明显的表现手法即是以景抒情，情从景出，而且风格显得极为蕴藉缠绵深厚。如第一首的“溪水悠悠春自来，草堂无主燕飞回”，第二首的“唯见里门通德榜，残阳寂寞出樵车”，以及第三首的一、二两句尤其具有这一特色。其所咏景物多是与柳宗元有关的旧物，如溪水、草堂、山榴、草圣、木奴、柳门竹巷等，这些景物经过诗人情感的熏染吟出，不唯特具荒芜、寂寞、感伤的怅惘情调，而且使人睹物思人，涌起物在人亡的伤悼之情，更令人低回婉转，潸然泪下。故吴子良颇称之云：“词人即事睹景，怀古思旧，感慨悲吟，情不能已。今举其最工者，如……刘禹锡《愚溪诗》：‘溪水悠悠春自来……’又：‘草圣数行留坏壁……’……盖人已逝而迹犹存，迹虽存而景随变。古今词云，语言百出，究其意趣，大概不越诸此。”（《吴氏诗话》卷下）清人贺裳《载酒园诗话》卷一也认为“《伤愚溪》诗‘溪水悠悠春自来……’，‘草圣数行留坏壁……’，摹写荒凉之慨，真觉言与泗俱。……此诗自因僧言零陵来，言零陵无曩时之观，而述所闻以寄恨耳”，所说诚是。

二

泰娘歌并引[1]

泰娘本韦尚书家主讴者[2]。初，尚书为吴郡[3]，得之，命乐工诲之琵琶，使之歌且舞。无几何，尽得其术。居一二岁，携之以归京师。京师多新声善工，于是又捐去故技，以新声度曲[4]。而泰娘名字往往见称于贵游之间[5]。元和初，尚书薨于东京，泰娘出居民间。久之，为蕲州刺史张遜所得[6]。其后遜坐事谪居武陵郡。遜卒，泰娘无所归，地荒且远，无有能知其容与艺者，故日抱乐器而哭，其音焦杀以悲[7]。雒客闻之[8]，为歌其事，以足于乐府云。

泰娘家本阊门西[9]，门前绿水环金堤[10]。
有时妆成好天气，走上皋桥折花戏[11]。
风流太守韦尚书，路傍忽见停隼旟[12]。
斗量明珠鸟传意[13]，绀幰迎入专城居[14]。
长鬟如云衣似雾，锦茵罗荐承轻步[15]。
舞学惊鸿水榭春[16]，歌传上客兰堂暮。
从郎西入帝城中，贵游簪组香帘栊[17]。
低鬟缓视抱明月[18]，纤指破拨生胡风[19]。
繁华一旦有消歇，题剑无光履声绝[20]。
洛阳旧宅生草莱，杜陵萧萧松柏哀[21]。
妆奁虫网厚如茧，博山炉侧倾寒灰[22]。
蕲州刺史张公子，白马新到铜驼里[23]。
自言买笑掷黄金，月堕云中从此始[24]。
安知鹏鸟座隅飞[25]，寂寞旅魂招不归。
秦嘉镜有前时结[26]，韩寿香销故箧衣[27]。
山城少人江水碧，断雁哀猿风雨夕。
朱弦已绝为知音[28]，云鬟未秋私自惜[29]。
举目风烟非旧时，梦寻归路多参差[30]。
如何将此千行泪，更洒湘江斑竹枝[31]。

注释：

[1] 此诗约元和八年在朗州作。泰娘：韦夏卿家琵琶伎名。[2] 韦尚书：韦夏卿，字云客，京兆万年人。累迁刑部员外郎，改长安令。历任吏部员外

郎、郎中、给事中。贞元八年贬常州刺史，改苏州刺史。贞元十六年入为吏部侍郎，改京兆尹、太子宾客、东都留守、太子少保。元和三年卒。讴者：歌者。［3］吴郡：即苏州。指韦夏卿任苏州刺史。［4］度曲：按曲谱歌唱。［5］贵游：无官职的王公贵族。［6］蕲州：唐州名，州治在今湖北蕲春。张愻：曾游关播门下的轻薄子，后于贞元中任昭州刺史。又任将作少监，元和五年贬朗州长史。［7］燋杀：即噍杀，声音急促。［8］雒客：刘禹锡自指。刘禹锡占籍洛阳，故称。［9］阊门：苏州城西门。象天门之有阊阖，故名。［10］金堤：如金坚固的堤。［11］皋桥：桥名，在苏州。《吴郡志》卷十七："皋桥，在吴县西北阊门内。"折花戏：采折花朵玩耍。［12］隼旟（yú）：绘隼的旌旗。后多用以指地方长官。［13］斗量明珠：《岭表录异》卷上云"绿珠井在白州双角山下。昔梁氏之女有容貌，石季伦为交趾采访使，以珍珠三斛买之"，诗即用此意。鸟传意：指使者传达爱慕之意。鸟，青鸟。［14］绀幰（xiǎn）：天青色车幔。此代指车子。专城：主宰一城的州牧、太守等地方长官。专城居：此指刺史的府第。［15］锦茵：锦席。罗荐：绫罗的地毯。轻步：轻盈的脚步。［16］惊鸿：比喻舞姿轻盈优美。曹植《洛神赋》："翩若惊鸿，蜿若游龙。"水榭：建在水边台上的高屋。［17］簪组；簪，冠簪；组，冠带；此指显贵。香帘栊：此指精美的房屋。［18］抱明月：指抱着琵琶。王融《咏琵琶》："抱月如可明。"［19］破拨：弦乐器的一种弹法。即剧弹。生胡风：指弹出胡地的声情风韵。［20］题剑：指工部尚书韦夏卿。《后汉书·韩棱传》："五迁为尚书令，与仆射郅寿、尚书陈宠同时，俱以才能称。肃宗尝赐诸尚书剑，惟此三人特以宝剑，自手署其名曰：'韩棱楚龙渊，郅寿蜀汉文，陈宠济南椎成。'"履声绝：指没人来往。［21］杜陵萧萧句：指韦夏卿葬于杜陵。［22］博山炉侧句：博山炉，一种熏香的香炉。此句指泰娘于韦夏卿死后的凄凉生活情景。［23］铜驼里：此指洛阳里巷。《晋书·索靖传》："靖有先识远量，知天下将乱，指洛阳宫门铜驼，叹曰：'会见汝在荆棘中耳！'"［24］月堕云中：谢灵运《东阳溪中赠答》云"可怜谁家郎，缘流乘素舸。若问情如何，月就云中堕"，此句指泰娘落入不好的命运中。［25］安知鹏鸟句：指张愻被贬死事。贾谊《鹏鸟赋》："谊为长沙王太傅三年，有鹏鸟飞入谊舍，止于座隅。鹏似鸮，不祥鸟也。"［26］秦嘉镜：《玉台新咏》卷一录有东汉秦嘉《赠妇诗序》："秦嘉字士会，陇西人也，为上郡掾。其妻徐淑，寝疾还家，不获面别，赠诗云尔。"其诗云："宝钗可耀首，明镜可鉴形。"又，吴兆宜注："《北堂书抄》：秦嘉与妇徐淑书曰：'顷得此镜，既明且好，世所稀有，意甚爱之，故以相与。'淑答书：'今君征未旋，镜将何施？明镜鉴形，当待君至。'"前时结：以前所打上的结子。意谓明镜包起未打开用。［27］韩寿：

《晋书·贾充传》：“韩寿……美姿貌，善容止，贾充辟为司空掾。充每宴宾僚，其女辄于青琐中窥之，见寿而悦焉……遂潜修音好，厚相赠结，呼寿夕入……时西域有贡奇香，一着人则经月不歇，帝甚贵之，惟以赐充及大司马陈骞。其女密盗以遗寿。充寮属与寿宴处，闻其芬馥，称之于充……充乃考问女之左右，具以状对。充秘之，遂以女妻寿。”［28］朱弦已绝：《吕氏春秋·本味》：“伯牙鼓琴，钟子期听之。方鼓琴而志在高山，钟子期曰：‘善哉乎鼓琴，巍巍乎若泰山。’少选之间而志在流水，钟子期又曰：‘善哉乎鼓琴，汤汤乎若流水。’钟子期死，伯牙破琴绝弦，终身不复鼓琴，以为世无足复为鼓琴者。”［29］未秋：指头发未衰。［30］梦寻归路句：《文选》沈约《别范安成》：“梦中不识路，何以慰相思？”李善注引《韩非子》：“六国时，张敏与高惠二人为友，生相思不能得见，敏便于梦中往寻，但行至半道，即迷不知路，遂回，如此者三。”［31］斑竹枝：《述异记》卷上：“湘水去岸三十里许有相思宫、望帝台。昔舜南巡而葬于苍梧之野，尧之二女娥皇、女英追之不及，相与恸哭，泪下沾竹，竹上文为之斑斑然。”

品评：

此诗记叙了歌伎泰娘先是受宠，“见称于贵游之间”，过着“长鬟如云衣似雾，锦茵罗荐承轻步。舞学惊鸿水榭春，歌传上客兰堂暮”的锦衣玉食的歌舞生活。但“繁华一旦有消歇，题剑无光履声绝”，后来由于韦尚书和张悉刺史的去世，以致“洛阳旧宅生草莱，杜陵萧萧松柏哀”，泰娘处身于“山城少人江水碧，断雁哀猿风雨夕”的凄哀境地，已是“举目风烟非旧时，梦寻归路多参差”了。她的一生经历了宠爱与繁华，最后一切烟消云散，繁华如梦，只余无限的感慨与凄凉。尽管此诗仅记叙泰娘自身经历，如宋长白《柳亭诗话》卷十八所说刘禹锡此诗“有感有讽，不似（白居易）《琵琶行》，搅入己身”，但诗人记叙歌伎泰娘的身世遭遇，其实正如何焯所云：“梦得《泰娘歌》，犹子厚《马淑志》，皆托以自伤也。”（卞孝萱《刘禹锡诗何焯批语考订》）只要联系诗人此前受到杜佑、王叔文等权贵的器重，而在永贞革新失败后被严厉地贬谪到荒僻的朗州的遭遇，他在诗中伤人自伤的意趣即可领味。此诗结尾对泰娘处境的描写，与刘禹锡在贬地朗州《上杜司徒书》中所写的自己的“湘、沅之滨，寒暑一候。阳雁才到，华言罕闻。猿鸟哀思，啁啾异响。暮夜之后，并来愁肠。怀乡倦越吟之苦，举目多似人之喜”又何其相似。此诗善于描写，刻画也是其一大长处。如“有时妆成好天气，走上皋桥折花戏”“低鬟缓视抱明月，纤指破拨生胡风”“妆奁虫网厚如茧，博山炉侧倾寒灰”等句均是工于写景表情之句。故贺裳评云：“梦得最长于刻划，如‘朱弦已绝为知音，云鬓未秋私自惜’，中如狭邪人矜能炫色、摇摇靡泊之怀。”（《载酒

园诗话又编》)

三

经伏波神祠[1]

蒙蒙篁竹下[2]，有路上壶头[3]。汉垒麏鼯斗[4]，蛮溪雾雨愁。
怀人敬遗像[5]，阅世指东流[6]。自负霸王略[7]，安知恩泽侯[8]。
乡园辞石柱[9]，筋力尽炎洲[10]。一以功名累，翻思马少游[11]。

注释：

［1］此诗元和中作于朗州。伏波神祠：祭祀东汉伏波将军马援的神庙。《大明一统志·常德府》："马伏波庙，在桃源县西五里，马援征五溪蛮有功，后人立庙祀之。"《后汉书·马援传》："武威将军刘尚击武陵五溪蛮夷，深入，军没，援因请复行……三月，进营壶头。……会暑甚，士卒多疫死，援亦中病，遂困。乃穿岸为室，以避炎气……病卒。"［2］蒙蒙：繁盛貌。［3］壶头：山名，在今湖南沅陵县东，传山头同东海方壶山相似，故名。马援南征，曾驻军于此。［4］汉垒：指汉代马援驻军地。麏：兽名，即獐。鼯（wú）：鼯鼠。［5］遗像：马援神像。［6］阅世句：阅世，经历时世。陆机《叹世赋》："川阅水以成川，水滔滔而日度；世阅人而为世，人冉冉而行暮。"［7］自负霸王略：《后汉书·马援传》："援年十二而孤，少有大志……常谓宾客曰：'丈夫为志，穷当益坚，老当益壮。'"又记马援语云："男儿要当死于边野，以马革裹尸还葬耳，何能卧床上在儿女子手中邪！"［8］恩泽侯：无功绩因帝王亲戚之故而封侯。《汉书》有《外戚恩泽侯表》，何焯曰："恩泽侯谓被谗收新息侯印，援子廖不得嗣爵，后别以外戚封顺阳侯也。"［9］乡园：此指马援家乡扶风平陵。石柱：桥名。《三辅黄图》卷六："《三辅旧事》云：秦造横桥，汉承秦制，广六丈，三百八十步，置都水令以掌之，号为石柱桥。"［10］筋力句：炎洲，传说为南海中的洲名，此泛指岭南州郡。《后汉书·马援传》："武威将军刘尚击武陵五溪蛮夷，深入，军没，援复请行。时年六十二，帝愍其老，未许之。援自请曰：'臣尚能披甲上马。'帝令试之。援据鞍顾眄，以示可用。"［11］翻思句：马少游为马援从弟。《后汉书·马援传》记马援语云："吾从弟少游常哀吾慷慨多大志，曰：'士生一世，但取衣食裁足，乘下泽车，御款段马，为郡掾史，守坟墓，乡里称善人，斯可矣。致求盈余，但自苦耳。'当吾在浪泊、西里间，虏未灭之时，下潦上雾，毒气重蒸，仰视飞鸢跕跕堕水中，卧念少游平生时语，何可得也？"

品评：

此诗乃诗人在贬地朗州经马援庙时所作，故诗中首咏伏波将军马援事，后即由马援生平而生发感慨。而其感慨乃此诗最精要处。马援尽管“自负霸王略”，“筋力尽炎洲”，建下功勋，但其子却不能因荫得爵，而只能因外戚之故而封侯；而马援也难免有“翻思马少游”的感叹。前人评此云：“刘禹锡《经伏波神祠》诗，有‘一以功名累，翻思马少游’之句，可谓名言矣。”（葛立方《韵语阳秋》卷八）方回也赞扬此语云“能道马伏波心事。此公笔端老辣，高处不减少陵”（《瀛奎律髓》卷二八）。其实，诗人此语，乃借马援感叹以自形。刘禹锡虽有济世匡时大志，也曾为此而奋身于永贞革新之中，却以此遭累，落得贬谪南方蛮夷之地的下场，此时欲过平常人的安宁生活而不可得，故借马少游的“士生一世，但取衣食裁足，乘下泽车，御款段马，为郡掾史，守坟墓，乡里称善人，斯可矣。致求盈余，但自苦耳”之语以自慨。从这一角度论，此诗实际上乃借咏马伏波以寄慨抒愤之作。从诗歌的内容结构上看，诗歌可分为前后两层，而诗人上下两层转折自然，用笔老到，诚如清人纪昀所分析：“五、六两句上下传阕，一句束住本题，一句开出议论。”（《瀛奎律髓汇评》卷二八）值得一提的是，此怀古排律之作，从咏唱内容乃至用史事、对仗、风格，颇具高古之风。

四

代靖安佳人怨二首并引[1]

靖安，丞相武公居里名也。元和十年六月，公将朝，夜漏未尽三刻，骑出里门，遇盗，薨于墙下。初，公为郎[2]，余为御史，繇是有旧故。今守于远服[3]，贱不可以诔[4]，又不得为歌诗声于楚挽，故代作《佳人怨》，以裨于乐府云。

（一）

宝马鸣珂踏晓尘[5]，鱼文匕首犯车茵[6]。
适来行哭里门外[7]，昨夜华堂歌舞人。

（二）

秉烛朝天遂不回，路人弹指望高台[8]。
墙东便是伤心地，夜夜流萤飞去来。

注释：

[1] 此诗元和十年作于连州。靖安：唐长安里坊名，武元衡有宅在此。

据《旧唐书·宪宗纪下》：元和十年六月“癸卯，阵州节度使王承宗遣盗夜伏于靖安坊，刺宰相武元衡，死之”。［2］公为郎：指贞元十九年闰十月，刘禹锡初任监察御史，时武元衡为左司郎中。［3］今守于远服：指刘禹锡在边远的连州任刺史。［4］贱不可以诔：诔，累述死者功德以示哀悼。《礼·曾子问》：“贱不诔贵，幼不诔长，礼也。”［5］珂：马笼头上的玉制装饰品。［6］鱼文句：鱼文，鱼形花纹。车茵，车上的座缛。据《旧唐书·武元衡传》载：“元衡宅在静安里，九（按，应为‘十’）年六月三日，将朝，出里东门，有暗中叱使灭烛者，导骑诃之，贼射之中肩。又有匿树阴突出者，以棓击元衡左股。其徒驭已为贼所格奔逸，贼乃持元衡马，东南行十余步害之，批其颅骨怀去。及众呼偕至，持火照之，见元衡已踣于血中，即元衡宅东北隅墙之外。”［7］行哭：《礼记·檀弓下》：“文伯之丧，敬姜据其床而不哭，曰：‘昔者吾有斯子也，吾将以为贤人也，吾未尝以就公室。今及其死也，朋友诸臣未有出涕者，而内人皆行哭失声！斯子也，必多旷于礼矣夫！’”［8］弹指：弹击手指。佛教仪，以手作拳，屈食指，以大拇指捻弹作声，表示许诺、愤怒、赞叹或告诫等意。此处当为表示愤怒。高台：桓谭《新论·琴道》：“雍门周以琴见孟尝君，曰：‘……千秋万岁之后，宗庙必不血食，高台既已倾，曲池又已平，坟墓生荆棘，狐狸穴其中。’”丘迟《与陈伯之书》：“高台未倾，爱妾尚在。”

品评：

刘禹锡这两首诗乃为武元衡被盗杀所作，然其主旨到底是伤武元衡之死或是快之，前人多有评说，然多以为乃快武元衡之被杀。宋人葛立方《韵语阳秋》卷三云：“刘梦得有《代靖安佳人怨》诗云……余考梦得为司马时，朝廷欲澡濯补郡，而元衡执政，乃格不行，梦得作诗伤之，而托于靖安佳人，其伤之也，乃所以快之欤！”刘克庄亦谓“子厚《古东门行》、梦得《靖安佳人怨》恐皆为武相元衡所作也。柳云‘当街一叱百吏走，冯敬胸中函匕首。凶徒侧耳潜惬心，悍臣破胆皆杜口’，犹有嫉恶悯忠之意。梦得‘昨夜画堂歌舞人’之句，似伤于薄。世言柳、刘为御史，元衡为中丞，待二人灭裂。果然，则柳贤于刘矣”（《后村先生大全集》卷一七六）。乔亿又云：“盗杀武元衡，与韩相侠累何异？非国家细故也。柳子厚《古东门行》，直指其事，其义正，其词危，可使当日君相动色。而刘梦得置国事勿论，乃为《靖安佳人怨》诗，观其小引，似与武不相能者。顾梦得左迁远服，当不以私废公，为国惜相臣，又况其死以国事，胡托为女子凄断之词，而犹以为‘禅于乐府’，过矣！”（《剑溪说诗又编》）如此等说尚多，皆以为刘禹锡乃快武元衡之死，以致朱熹不解而感叹云：“唐文人皆不可晓。如刘梦得作诗说张曲江无后，即武元衡被刺，亦作诗快之。”（《朱子语类》卷一四〇）然前人此说是否合乎刘禹锡诗本意，实在尚需斟酌。陶敏、陶红雨《刘禹锡全集编年校注》以为“盖诗不过如《伤庞京兆》‘今朝穗帐哭君处，前日见铺歌舞筵’，《再伤庞尹》‘可怜鸾镜下，哭杀画眉人’，借佳人怨寓伤悼之意，非必快其死也”。所说或得其实。

五

蜀先主庙 汉末谣，黄牛白腹，五铢当复[1]

天地英雄气[2]，千秋尚凛然。势分三足鼎[3]，业复五铢钱[4]。
得相能开国[5]，生儿不象贤[6]。凄凉蜀故妓[7]，来舞魏宫前。

注释：

[1] 此诗长庆中作于夔州。蜀先主庙：即夔州的刘备庙。《方舆胜览》卷五七《夔州路》：“蜀先主庙，去奉节县六里。”《汉书·五行志》：“世祖建武六年，蜀童谣曰：‘黄牛白腹，五铢当复。’是时公孙述僭号于蜀，时人窃言：‘王莽称黄，述欲继之，故称白；五铢，汉家货，明当复也。’述遂诛灭。”[2] 英雄：《三国志·蜀书·先主传》：“曹公从容谓先主曰：‘今天下英雄，惟使君与操耳。本初之徒，不足数也。’”[3] 三足鼎：指魏、蜀、吴三国鼎立。[4] 五铢钱：汉武帝元狩五年所铸的一种重五铢的钱。魏晋六朝也曾铸五铢钱。[5] 得相句：指刘备得到帮助他建立蜀汉政权的宰相诸葛亮。《三国志·蜀书·诸葛亮传》：“（刘备）与亮情好日密，关羽、张飞等不悦，先主解之曰：‘孤之孔明，犹鱼之有水也。’……先主于是即帝位，策亮为宰相。”[6] 生儿句：儿，指刘备儿子后主刘禅。象贤：《仪礼·士冠礼》：“继世以立诸侯，象贤也。”注：“贤者子孙，恒能法其父德行。”[7] 蜀故妓：蜀国原来的妓乐。《三国志·蜀书·后主传》注引《汉晋春秋》记刘禅降魏后，“司马文王与禅宴，为之作故蜀技，旁人皆为之感怆，而禅喜笑自若。王谓贾充曰：‘人之无情，乃可至于是乎！虽使诸葛亮在，不能辅之久全，而况姜维耶？’……他日，王问禅曰：‘颇思蜀否？’禅曰：‘此间乐，不思蜀。’”

品评：

诗题为咏刘备庙之作，实为咏怀蜀先主，故着重于与刘备有关的人与事的歌咏。既是如此，则诗中牵涉到对于人与事的事典。于此，前人对诗中的个别诗句有不同的理解。方回云：“梦得此诗用三足鼎、五铢钱，可谓精当。然末句非事实也。蜀固亡矣，魏亦岂为存哉？其业已属司马氏矣。诸葛公之子死于难，不为先主羞。而魏之群臣举国以授晋，则何灭蜀之有哉！”（《瀛奎律髓》

卷二八）对于这样的误解，清人冯舒批评曰："落句可伤。用刘禅事，何云'非事实'？方君不学乃至是！蜀亡时魏未禅位，何言之梦梦耶？'不象贤'，自谓后主，何言诸葛？方君不通如此。"（《瀛奎律髓汇评》卷二八）对于刘诗末两句的解读，宋人方岳以之与杜牧《赤壁》诗相比，云："（杜牧）'东风不与周郎便，铜雀春深锁二乔。'许彦周不谕此老以滑稽弄翰，每每反用其锋，辄雌黄之，谓孙氏霸业，系此一战，宗庙丘墟，皆置不问，乃独含情妓女，岂非与痴人言不应及于梦也！刘禹锡《题蜀主庙》诗云'凄凉蜀故妓，来舞魏宫前'亦是此意，惟增凄感，却不主于滑稽耳！本朝诸公，喜于议论，往往不深谕。唐人主于性情，便隽永有味，然后为胜。"（《深雪偶谈》）许印芳对于此诗以重笔咏人而稍扣"庙"字，亦颇为称赏，云："凡祠庙坟墓等题，总宜从人着笔，不可纠缠祠墓。盖祠墓是公共之物，略用关合足矣。人是本题正位，宜用重笔发挥，乃合体裁。如此诗全说先主，于'庙'字无一语道及，而起结皆扣住'庙'字。起语是从庙貌看出，结语则以魏宫对照蜀庙也。"（《瀛奎律髓汇评》卷二八）此诗乃刘禹锡咏史诗名篇，故其诗内容与艺术表达造诣多为人们所称道，兹引录若干，供参读赏析。余成教云："'得相能开国，生儿不象贤。'论断简切。"（《石园诗话》卷一）刘克庄谓："刘梦得五言如《蜀先主庙》……皆雄浑老苍，沉着痛快，小家数不能及也。"（《后村诗话》）何焯评云："通篇极着意'蜀'字，破题再涵盖'魏'字，非千钧笔力不能。二十字中，无字不典，无字不紧，老杜执笔，不过如此。"（卞孝萱《刘禹锡诗何焯批语考订》）黄周星说首句"五字有千钧之力"，末句"先主有知，亦当泪下"。（《唐诗快》）纪昀谓"句句精拔。起二句确是先主庙，妙似不用事者。后四句沉着之至，不病其直"。（《初白庵诗评》，下引同）查慎行评云："中两联字字确切。"

六

观八陈图[1]

轩皇传上略[2]，蜀相运神机[3]。水落龙蛇出[4]，沙平鹅鹳飞[5]。
波涛无动势，鳞介避余威[6]。会有知兵者，临流指是非[7]。

注释：

［1］此诗长庆中作于夔州。八陈图：即八阵图，陈字通阵。八阵图相传为诸葛亮所造，有多出处，此指夔州奉节县长江中者。《太平寰宇记》卷一四八《夔州奉节县》："八阵图在县西南七里。《荆州图记》云：'永安宫南一里

渚下平碛上，周回四百十八丈，中有诸葛孔明八阵图，聚细石为之。各高五尺，广十围，历然棋布，纵横相当。中间相去九尺，正中间南北巷广悉五尺，凡六十四聚。'”［2］轩皇句：轩皇，即轩辕氏黄帝。据说八阵形乃黄帝设计，《神机制敌太白阴经》卷六：“黄帝设八阵之形：车厢洞当，金也；车工中黄，土也……其后秦由余、诸葛亮并有阵图，以教人战。”［3］蜀相：三国时蜀国宰相诸葛亮。［4］龙蛇：战阵名称。［5］鹅鹳（guàn）：鹅、鹳皆为战阵名称。《左传·昭公二十一年》：“郑翩愿为鹅，其御愿为鹳。”注：“鹅、鹳皆阵名。”［6］鳞介：泛指有鳞和介甲的水生动物。［7］指是非：指东晋桓温识八阵图事。《太平寰宇记》卷一四八《夔州》：“八阵图……桓温伐蜀经之，以为常山蛇势。”

品评：

诸葛亮八阵图有在夔州者，刘禹锡任夔州刺史时经过此处，故有咏八阵图之作，以抒发对神机妙算富有谋略的诸葛孔明的敬仰之情。诗人对此八阵图曾观察了解得颇为细致。《刘宾客嘉话录》（《太平广记》卷三七四引）云：“夔州西市，俯临江岸，沙石下有诸葛亮八阵图，箕张翼舒，鹤形鹳势，象（聚）石分布，宛然尚存。峡水大时，三蜀雪消之际，澒涌滉漾，可胜道哉。大树十围，枯槎百丈，……及乎水落川平，万物皆失故态，唯诸葛阵图小石之堆，标聚行列依然。如是者仅已六七百年，年年淘洒推激，迨今不动。”又《唐语林》卷二亦记有刘禹锡推崇诸葛亮事，谓刘禹锡云：“诸葛公诚明，一心为先主效死。况此法出《六韬》，是太公上智之材所构，自有此法，惟孔明行之，所以神明扶持，一定而不可改也。”以此可见此诗也即是借咏八阵图而表达诗人对诸葛亮的崇敬之情，故诗有“蜀相运神机”和“鳞介避余威”之句。诗末的“会有知兵者，临流指是非”两句，乃应用桓温识八阵图的典故：“东晋桓温征蜀过此，曰：‘此常山蛇阵，击头则尾应，击其中则头尾皆应。’常山者，地名。其蛇两头，出于常山。其阵适类其蛇之两头，故名之也。温遂勒铭曰：‘望古识其真，临源爰往迹。恐君遗事节，聊下南山石。’”（《太平广记》卷三七四引）这一典故的运用，也是通过后人对八阵图的辨识，以表明诸葛亮乃能运神机的“知兵者”，以此赞颂他的军事才能。

七

金陵怀古

潮满冶城渚[1]，日斜征虏亭[2]。蔡洲新草绿[3]，幕府旧烟青[4]。

兴废由人事，山川空地形。后庭花一曲[5]，幽怨不堪听。

注释：

［1］冶城：城名，故址在南京市朝天宫附近，相传乃吴鼓铸之处。［2］征虏亭：亭名，故址在今南京方山南。《世说新语·雅量》注引《丹阳记》："太安中，征虏将军谢安立此亭，因以为名。"［3］蔡洲：又名蔡家泾、蔡家沙，故址在今江苏南京市西南。《元和郡县图志》卷二五《润州上元县》："蔡洲在县西十二里江中。晋卢循作乱，战士十余万，舟舰数百里，连旗而下。宋高祖登石头以望循军。初，循引向新亭，公顾左右，失色。既而回泊蔡洲，公曰：'此成擒耳。'俄而，循大败而走。"［4］幕府：山名，亦作莫府山，在今南京市北，长江南岸。《舆地纪胜》卷十七《建康府》："晋琅邪王初过江，宰相王导建幕府于其上，因以为名。"《宋书·礼志一》：元嘉二十五年，"设行宫殿便坐武帐于幕府山南冈"。［5］后庭花：唐教坊曲名，乃南朝陈叔宝与幸臣按曲造词，夸称宫女美色而成。《南史·帐贵妃传》："后主每引宾客，对贵妃等游宴，则使诸贵人及女学士与狎客共赋新诗，互相赠答，采其尤艳丽者以为曲调，被以新声。选宫女有容色者以千数，令习而歌之，分部迭进，持以相乐。其曲有《玉树后庭花》《临春乐》等。其略云：'璧月夜夜满，琼树朝朝新。'大抵所归皆美帐贵妃、空贵嫔之容色。"

品评：

此诗为刘禹锡怀古名作，除了其"兴废由人事，山川空地形"乃传诵人口的警策之句外，其诗前后各句之间的脉络关联、遣词用字均为评者所称。宋人方回云："每读刘宾客诗，似乎百十选一以传诸世者，言言精确。前四句用四地名，而以潮、日、草、烟附之。第五句乃一篇之断案也，然后应之曰'山川空地形'，而末句乃寓悲怆，其妙如此。"（《瀛奎律髓》卷三）何焯亦谓："此等诗何必老杜？才识俱空千古。'潮落''日斜''草绿''烟青'，画出'废'字。落日即陈亡，具亡国之意。第五起后二句，第六收前四句，变化不测。前四句借地形点化人事。"（《瀛奎律髓汇评》卷三）纪昀也分析各句意思作用："五六筋节，施于金陵尤宜，是龙盘虎踞，帝王之都。末《后庭》一曲，乃推江南亡国之由，申明五、六。……起四句似乎平平对，实则以三句'新草'剔出四句'旧烟'，即从四句转出下半首。运法最密，毫无起承转合之痕。"（《瀛奎律髓汇评》卷三）诗为怀古，其怀古之意蕴也颇浓郁，诗中所点出的冶城，即让人想到《世说新语》所记的"王右军与谢太傅共登冶城"等史事；而征虏亭、蔡洲、幕府、后庭花等也让人不禁起思古之幽情。而其景物也具有怀古之意蕴。故冯舒谓"'新草' '旧烟'，只四字逼出'怀古'……起结俱金陵。丝缕俨然，却自无缝"（《瀛奎律髓汇评》卷三）。叠用地名之妙也是此诗的特色，其妙在于"迭用四地名，妙在安于前四句，如四峰相直矗，特有奇气。若安于中四联，即重复碍格”（《瀛奎律髓汇评》卷三）。

八

题于家公主旧宅[1]

树绕荒台叶满池，箫声一绝草虫悲[2]。
邻家犹学宫人髻[3]，园客争偷御果枝。
马埒蓬蒿藏狡兔[4]，凤楼烟雨啸愁鸱[5]。
何郎独在无恩泽[6]，不似当初傅粉时[7]。

注释：

［1］此诗大和七年作于苏州。于家公主：指下嫁于季友的唐宪宗女永昌公主。《新唐书·诸帝公主传》：“宪宗十八女……梁国惠康公主，始封普宁，帝特爱之，下嫁于季友。元和中徙永昌，薨。”［2］箫声一绝：指永昌公主去世。此用萧史、弄玉故事。《列仙传》卷上：“萧史者，秦穆公时人也。善吹箫，能致孔雀白鹤于庭。穆公有女字弄玉，好之，公遂以女妻焉。日教弄玉作凤鸣，吹似凤声，凤凰来止其屋。公为作凤台，夫妻止其上不下数年，一旦皆随凤凰飞去。”［3］宫人髻：宫中女子的头发样式。《中华古今注》卷下：“隋大业中，令宫人梳朝云近香髻、归秦髻、奉仙髻、节晕妆。贞观中梳归顺髻，又太真偏梳朵子作啼妆。又有愁来髻、又飞髻、又合髻，作白妆黑眉。”［4］马埒（liè）：习射之驰道，两侧有矮墙，使不外骛。《晋书·王浑传》附《王济》：“时洛京地甚贵，济买地为马埒，编钱满之，时人谓为‘金沟’。”［5］凤楼：指公主所居楼。鸱（chī）：猫头鹰。［6］何郎句：何郎，原为三国时尚金乡公主的何晏，此指时任明州刺史的于季友。于季友一家元和中多有因罪被贬被诛者。长庆中，其兄于方又因以策划干宰相被杀，故谓无恩泽。［7］傅粉时：指年轻时为美貌而须特意打扮时。《世说新语·容止》：“何平叔美姿仪，面至白，魏明帝疑其傅粉。夏正月，与热汤面，既啖，大汗出，色转皎然。”

品评：

此诗乃作于唐宪宗永昌公主已逝，而驸马于季友外任明州刺史，其与公主所曾居的旧宅已荒芜时。故诗人题咏旧宅，颇为感伤，遂有“树绕荒台叶满池，箫声一绝草虫悲”等伤吊之句。金圣叹评析此诗颇为详悉，云：“前解悼公主，后解悲驸马。看他从‘叶满地’上追说仙台，从‘草虫悲’上追说‘箫声’，便自使人怅然心悲，并不用更多写荒凉败落也。三、四尤为最工，若不写得如此，便是平等人家，断钗零钿，不复成公主悼亡诗也。蓬蒿狡兔，烟雨愁鸥，此即‘无恩泽’之三字也。七句‘独’字、‘在’字，不许草草连续。盖‘在’而‘独’固是悲公主，乃‘独’而‘在’却是悲驸马。人只知‘独’字甚悲，即岂知‘在’字之尤悲耶？设使驸马早知如此，固真不如先一旦赴黄泉，借蝼蚁以陪公主于地下之为得算也。”（《贯华堂选批唐才子诗》甲集七言律卷五下）白居易也有《同诸客题于家公主旧宅》：“平阳旧宅少人游，应是游人到即愁。春谷鸟啼桃李院，络丝虫怨凤凰楼。台倾滑石犹残砌，帘断珍珠不满钩。闻道至今萧史在，髭须雪白向明州。”何焯将刘、白诗进行对比，谓“比乐天诗更曲折有味，三、四妙绝。冯已苍极称此诗，以为悲凉之中自饶才致，他人为此而定薄矣”（卞孝萱《刘禹锡诗何焯批语考订》）。清人冯舒亦称此诗云：“凄凄恻恻，易淡易狭。此偏有味，偏说得开。四灵、九僧不能及也。黄、陈欲以枯硬高之，弥见其丑。”（《瀛奎律髓汇评》卷三五）

九

郡内书情献裴侍中留守[1]

功成频献乞身章[2]，摆落襄阳镇洛阳[3]。
万乘旌旗分一半[4]，八方风雨会中央[5]。
兵符今奉黄公略[6]，书殿曾随翠凤翔[7]。
心寄华亭一双鹤[8]，日陪高步绕池塘。

注释：

［1］此诗大和八年作于汝州。裴侍中留守：即裴度。《旧唐书·文宗纪下》：大和八年三月，“以山南东道节度使裴度充东都留守，依前守司徒，兼侍中”。［2］乞身章：指裴度屡次上书求致仕。［3］摆落襄阳句：指裴度摆脱山南东道节度使任而任东都留守。襄阳，山南节度使治所。［4］万乘旌旗句：万乘，指古代帝王有兵车万乘。唐有西都长安和东都洛阳，裴度任东都留守，故谓其分万乘一半。［5］八方风雨句：洛阳处天下之中央，故谓。《文选》张衡《东京赋》：“总风雨之所交，然后以建王城。”薛综注：“王城，今河南也。《周礼》曰：土圭之法，测土深，正日景，以求地中。四时之所交，风雨之所会，阴阳之所和，乃建王国也。”《封氏闻见录》卷七：“夫九州岛之地，洛阳

为土中，风雨之所交也。”［6］黄公略：即黄石公的兵法。据《史记·留侯世家》载，黄公，指秦时隐士黄石公，他曾授张良《太公兵法》，谓“读此则为王者师矣！”［7］书殿：此指集贤殿书院。曾随翠凤翔：翠凤，指裴度。刘禹锡曾任集贤院学士，时裴度为集贤院大学士，故谓。［8］华亭一双鹤：白居易曾赠裴度华亭双鹤。

品评：

裴度是中唐时期的一位功勋卓著的名相，年老时退为东都留守。这一时期可谓功成名就，誉满天下。刘禹锡与白居易等人和裴度历来颇多交往，诗文唱和，关系十分密切。刘禹锡对裴度十分敬重，故献此诗以赞颂裴度的功业与高尚的人品。此诗最有分量、为人所称赞的是“万乘旌旗分一半，八方风雨会中央”这一赞颂裴度之句。贺裳即谓“梦得最长于刻划。……《郡内书情献裴侍中留守》，其警句云：‘万乘旌旗分一半，八方风雨会中州。’不徒对仗整齐，气象雄丽，且雒邑为天下之中，度以上相居守，字字关合，殆无虚设。顾有以‘旌旗’对‘风雨’不工为言者，岂非小儿强作解人乎？”（《载酒园诗话又编》）朱庭珍亦云：“纯用实字，杰句最少，不可多得。古今句可法者，如……刘中山‘天子旌旗分一半，八方风雨会中州’……高唱入云，气魄雄厚，亦名句之堪嗣响工部者。”（《筱园诗话》卷三）宋人叶梦得亦极为推赏这两句，甚至谓能继老杜而高出韩愈，谓：“七言难于气象雄伟，句中有力有纡余，不失言外之意。自老杜‘锦江春色来天地，玉垒浮云变古今’与‘五更鼓角声悲壮，三峡星河影动摇’等句之后，常恨无继者。韩退之笔力最为雄健，然每苦意与语俱尽，《和裴晋公破蔡州回》所谓‘将军旧压三司贵，相国新兼五等崇’，非不壮也，然意亦尽于此矣。不若刘禹锡《贺裴晋公留守东都》云‘天子旌旗分一半，八方风雨会中州’，语远而体大也。”（《石林诗话》卷上）确如诸家所评，刘禹锡此诗确实可谓宏伟尊壮，可称裴度之为人与功业。

（作者单位：厦门大学）

论刘禹锡的贬官诗歌

李 艳 温宇新

一、贬官文化与贬官诗歌

迁谪文学在中国古代文学中源远流长，在岭南地域文化中自有其特殊的地位和艺术魅力，在岭南某些区域，本土文化貌似荒瘠，贬官文化却有着丰富的积淀。由此，与贬官文化相连的历史遗产就成为该地域文化建构的重要起点和资源。

自商周时起，中国就存在着严密的官阶级别制度，春秋战国时更把官员分成不同的等级，同一级别的官员权力相当，但受到上级仕官与统治者的制约，“贬官”就是其维护利益的手段之一。把官员降职调任，或迁往边远地区，是贬官的常用方式，由此便产生了大量胸怀大志而怀才不遇的文人墨客。心怀天下，却遭君主质疑和贬谪，理想与现实的巨大差距，使文人知识分子逐渐形成一种在朝堂与江湖之间徘徊、追名与归隐之间徜徉的复杂心态，从而形成了带有浓郁悲怨色彩的贬官文化。被贬官员在贬谪期间游历山水，感怀时事，其间所作的文学著作，则被称为贬官文学。

贬官文学作为一种特殊的文学形式，在春秋战国时初现雏形，于唐宋发展至顶峰，其中柳宗元、范仲淹、苏轼等文坛巨匠更是将其融至臻境，极力地促进了贬官文化的发展。唐朝是贬官较多的朝代之一。唐代安史之乱后，宦官专权，藩镇割据严重，时政治家王叔文主张变革，发动了历史上著名的“永贞革新”，但这场变革不久就以失败告终，而变革核心的十位官员也相继被贬，史称“二王八司马”事件，“诗豪”刘禹锡便是这“八司马”之一。革新失败后，刘禹锡与柳宗元、韩泰等人开始了为时多年的贬官生涯，先后被贬至朗州、连州、夔州等蛮荒之地，并在贬谪时创作了大量的贬官诗歌，如流传千古的诗作《石头城》《竹枝词》等。刘禹锡的诗文，多针砭时政，讽刺权贵，体现对民生的关切，并表明自身的政治愿望，是贬官文学中的精华，其政治讽喻诗辛辣犀利，脍炙人口，展现了诗人不畏权势、铁骨铮铮的风貌；与政讽诗相对应的怀古诗，吊古怀今，苍凉沉郁，带有历史的厚重沧桑之感，发人深省，引人沉思，不愧于“诗豪”之称。然而在残酷的政坛斗争下，刘禹锡空有报国之志，而无报国之机，其诗歌带有传统贬官诗歌共有的悲怨特征，很好地继承了贬官文学的艺术手法和思想成就，同时也推动了贬官文学的发展。

二、刘禹锡贬官诗歌的美学风格

刘禹锡的贬官诗可分为三类，一是彰显贬官文人悲剧命运的诗歌，有着《离骚》般的怨愤和抑郁；二是表达被贬士子复杂心态之诗，对家国政要带有深刻的思考；三是山水地方诗，着力写出了属于文仕的独特情绪，多记叙贬谪期间的山水风光和民间风俗，有很强的艺术意义。这三类贬官诗，几乎伴随了刘禹锡二十三年的贬官生涯，是刘诗中的精华所在，如《酬乐天扬州初逢席上见赠》《赏牡丹》《石头城》等千古名篇，都是在其贬官期间所作，为我国贬官诗的创作做出了巨大的贡献，但正因为刘是贬谪文人，其诗歌在思想内涵上，始终走不出政治的影子，因而又比其他类型的诗歌多出一层对政治的忧虑之色，使得刘的贬官诗更好地传承了传统贬官文学的忧国忧民却怀才不遇的思想成就，带有苍凉豪劲之感，具有贬官文学的一般特性。《离骚》云："何桀纣之昌披兮，夫惟捷径以窘步。惟夫党人之偷乐兮，路幽昧以险隘。"以"桀纣"比作昏庸的君王，以"党人"比作结党营私的小人，感情惆怅激荡，溢于言表，而其中的"窘步""幽昧""险隘"，更是折射出政坛的黑暗与不可捉摸，增添了诗人的茫然情感，气氛沉顿悲郁。与屈原的《离骚》类似，刘禹锡的贬官诗有着浓郁的悲壮之情，如他的长诗《和董庶中〈古散调曲〉赠尹果毅》："贵臣上战功，名姓随意移。终岁肌骨苦，他人印累累。"① 形象而直观地描绘了贵族高官趋功近利的丑恶嘴脸，诗中主人公穷巷士虽奋勇杀敌，屡建奇功，却落得个穷困潦倒、无家可归的后果，"终岁肌骨苦"其实是诗人乃至众多爱国志士的真实写照，全诗风格豪迈，抑扬顿挫，深刻揭示了宦官专权、藩镇割据所造成的黑暗现象，抒发了诗人深沉悲愤的情感。刘禹锡的这首诗，在一定程度上继承了《离骚》的表现手法，诗人用"穷巷士"象征爱国仁士，从"穷巷士"壮志立功，奋勇抗战，到其流落江湖，孑无人知，期间过程转化，展示人物"美人迟暮"的命运悲剧，凝合了贬官诗歌中的悲怨之感，是古代贬官诗的典型之作。

贬官文学不仅带有沉重的悲剧感，更带有对人物命运的反思，这在刘禹锡的诗歌中有着非常明显的体现，如其寄喻诗："吟君叹逝双绝句，使我伤怀奏短歌。世上空惊故人少，集中唯觉祭文多。芳林新叶催陈叶，流水前波让后

① 刘禹锡．刘禹锡诗文选注［M］．南京：江苏人民出版社，1980：42.

波。万古到今同此恨，闻琴泪尽欲何如。”[①] 诗歌在“叹逝”“伤怀”之时，还从事物发展的角度去看待生死轮回的问题，“芳林新叶催陈叶，流水前波让后波”，林木的新叶会替代陈叶，流水的前波会被后波推动，事物总是在不断的轮回转换之中，新事物的产生必然会导致旧事物的消亡，图自哀伤并不能改变其中的规律，体现了诗人对命运人生的独特看法，具有朴素的辩证法思想。而尾联“万古到今同此恨”更是把新叶催陈叶、前波让后波的必然规律应用到世间万物、时代历史之上，加重了诗歌的宿命观。千万年来的哀愁绝怨都同如今的悲恨一样，人生也逃离不了轮回的宿命，只是想起来仍旧那么伤悲，“闻琴泪尽欲何如”，听闻到伤感的琴声眼泪流尽又有何用呢，进一步回应了对“故人少”“祭文多”所产生的沉痛之情，并借此来表示自己的感慨和对亡人的哀悼，诵读起来令人感怀至深，难以忘却。

然而与一般的贬官文学有所不同，刘诗在感慨命运的同时，还在一定程度上对命运进行了反抗，因此比其他悲怨悠长的贬官诗歌多了一层乐观之色，如其千古名诗《酬乐天扬州初逢席上见赠》：“沉舟侧畔千帆过，病树前头万木春。今日听君歌一曲，暂凭杯酒长精神。”[②] 以“沉舟”“病树”寓喻困难挫折，固深感惆怅，却仍用“千帆过”“万木春”提示世人不要因一时的困难险阻而忧郁绝望，要看到新旧事物的更替其实是常有之事，需乐观看待命运，而尾句中的“歌一曲”“长精神”，实是诗人在看破世事规律后表达出的洒脱情绪，与诗歌开头“巴山楚水凄凉地，二十三年弃置身”的不幸遭遇相照应，更激发出诗人乐观奋发的阔达精神。此外，刘的另一首诗《酬乐天咏老见示》也体现出了其乐观向上的思想。“人谁不顾老，老去有谁怜。身瘦带频减，发稀冠自偏”[③]，开首四句描绘了诗人年老体瘦、发冠偏斜的凄惨面貌，刻画了一个同衰老和疾病作斗争的病夫形象，招人同情，即使如此，诗人也没有表现得自暴自弃，反而透露出一种看透人世发展的老练和熟稔，“废书缘惜眼，多炙为随年。经事还谙事，阅人如阅川”便是诗人豁达生活的体现，而后二句“细思皆幸矣，下此便翛然”却道由于诗人青年时期有颇多阅历而感到幸运和悠然，因而“皆幸矣”，“便翛然”，展现了其潇洒自在的生活风气，毫无老态龙钟之色，诗的最后一句“莫道桑榆晚，为霞尚满天”其中的“桑榆”，即是日暮的意思，不要说日暮已是晚景，洒出的晚霞可以照得漫天通红，诗人用一个生动而深情的比喻，托出了一种自强不息、积极进取的人生态度，体现了其

① 刘禹锡. 刘禹锡诗文选注［M］. 南京：江苏人民出版社，1980：103.
② 马世一. 唐诗三百首译析［M］. 北京：北方妇女儿童出版社，1997：288.
③ 刘禹锡. 刘禹锡诗文选注［M］. 南京：江苏人民出版社，1980：57.

乐观向上的人生向往。全诗前两句咏老，后四句壮老，以老年之志来衬年老之身，更显出其中的豪迈之气、壮志之心，让人回味不已。

当然，刘禹锡的诗歌除了具有贬官文学沉重的命运悲剧感，还融入了被贬士人所共同拥有的矛盾之情。众所周知，中国古代的知识分子，受儒家入世观念的影响，修身齐家治国平天下的信仰深入骨髓，无论遭遇怎样的仕途打击，仍旧会在逍遥江湖的心态之中保留一份不甘心，一方面惧怕政坛无常之事，产生出对政治的失落和厌倦，甚至顿生隐入山林或遁入空门的想法，另一方面又盼望在朝野有所作为，这两种相互矛盾的心态交杂在一起，铸就了被贬士子复杂多变的性格特点，促使贬官诗人的诗歌多与时事政治联系起来。刘禹锡的诗歌无疑也体现出这样的特点，如其著名的怀古诗《金陵怀古》写道："潮满冶城渚，日斜征虏亭。蔡洲新草绿，幕府旧烟青。兴废由人事，山川空地形。后庭花一曲，幽怨不堪听。"① 金陵是六朝的故都，诗人畅游金陵，借六朝的名胜古迹，发出国破山亡的深沉感慨，"兴废由人事，山川空地形"，金陵一带山川险隘，易守难攻，却仍被敌军攻破，可见兴废皆由人事，山川地形不足为恃，体现了诗人反抗"天命"的唯物思想。尾联以一曲《后庭花》的历史教训，讽刺了唐王朝统治者沉溺于酒色之乐的现状，表达了诗人对统治者的失望和对国之将败的悲痛之情。而刘的另一首诗《平齐行二首》其一②却荡漾着平定叛乱之后的喜悦和欢乐，诗歌在开头四句，首先揭示了藩镇割据、穷兵黩武的格局，"地形十二虏意骄，恩泽含容历四朝"把割据者的横行霸道、骄横跋扈表现得淋漓尽致，后八句则描写了割据势力在平叛大军面前狼狈不堪、惊恐不已之相，极力渲染了平叛后的欢乐气氛，"驿骑函首过黄河，城中无贼天气和"，驿骑装着叛将首级急渡黄河，叛贼平定后天气爽朗温和，一片祥和喜悦的气氛，反映了人民群众拥护统一、热爱和平之情，同时也从侧面表达了诗人对朝廷平叛的支持。可见，刘的诗歌所表达的思想感情与朝野有着很大的关系，当政局稳定、国家上下一心时，诗人抒发的是浓烈的爱国之情，但当朝廷奸臣当道时，诗人表达的则是对奸臣小人的讽刺以及对统治者荒淫无道的痛心，于是与朝堂共起落、与祖国共存亡，便成为刘诗乃至整个贬官诗坛的一大特色。

由于刘禹锡的诗歌与政治联系紧密，所以不可避免地展现出了贬官诗歌中的复杂心态，这种心态是在对权贵的不屑与建功立业之下凸显的。如其政治讽喻诗《聚蚊谣》，便采用比喻手法，形象地刻画了官僚贵族阴险毒辣的丑态。

---

① 刘禹锡．刘禹锡诗文选注［M］．南京：江苏人民出版社，1980：83.

② 刘禹锡．刘禹锡诗文选注［M］．南京：江苏人民出版社，1980：67.

“喧腾鼓舞喜昏黑，昧者不分聪者惑”，是蚊子丑恶嘴脸的写照，“天生有时不可遏，为尔设幄潜匡床。清商一来秋日晓，羞尔微形饲丹鸟”①，表达了诗人不屑于与这些阴险小人同流合污，只能躲进“蚊帐”，并坚守“飞蚊”必然灭亡，“清秋”必将来临的信念。同样，刘的《百舌吟》也流露出对险恶官场的嘲弄和讽刺，全诗借百舌鸟能效百鸟之鸣，啼声善变，来讥讽那些八面玲珑、巧言善变之人，“花柳满空迷处所，摇动繁英坠红雨。笙簧百啭音韵多，黄鹂吞声燕无语”②，人与人之间虚伪多变的官场关系，使得看破这一切的诗人感到厌恶、迷茫和痛苦。

在政坛的风雨巨变之下，诗人的矛盾之情溢于言表，然而建功立业未果，朝堂之上已无容身之处，重重贬谪的折磨，也使许多文人的雄心被官场的无定消磨干净，顿生隐入山林或遁入空门的想法，词句之间透着一股佛道的随性，如柳宗元的《禅堂》：“万籁俱缘生，窅然喧中寂。心境本同如，鸟飞无遗迹。”③ 天地万籁都由缘而生，喧闹之中自有寂静，心境若能达到这种境界，白鸟飞过也不会留下遗迹，自有超脱尘世、超凡入圣之感，这是诗人被贬之后参禅所悟的收获。佛教“色即是空，空即是色”的思想，极大地消磨了诗人入仕为官的愿望。与柳宗元同行贬谪的刘禹锡也同样逃不出佛学的秉性，如刘的组诗《金陵五题·生公讲堂》：“生公说法鬼神听，身后空堂夜不扃。高坐寂寥尘漠漠，一方明月可中庭。”④ 诗歌的前两句赞扬了生公善于传授佛法思想，连鬼神也愿意倾听，后两句则由热变冷，转写生公过后，庙堂一片萧条，中庭之上只剩一方明月，哀叹佛学的衰落，从侧面上体现了诗人对佛法思想的重视。而其另一首诗《送僧仲剬东游兼寄呈灵澈上人》则更为直观地表现了诗人对佛学的热爱。“松间白月照宝书，竹下香泉洒瑶席”⑤，月光通过松林的间隙照在书本上，竹林下的香泉摆满了席位，展现了禅寺晚间的清寂景象，读起让人不觉已进入禅意；“前时学得经论成，奔驰象马开禅扃。高筵谈柄一麈拂，讲下门徒如醉醒”，“奔驰象马”突出了诗人谈论佛经的迫切情绪，而后两句中的“一麈拂”“如醉醒”更是表现出探讨佛法时的激烈情景，其对佛学的热爱之情跃然纸上；“讲罢同寻相鹤经，闲来共蜡登山屐。一旦扬眉望沃州，自言王谢许同游”，一场研论之后，诗人飘飘然如登谪仙，并与僧人同邀共登山屐，展现了诗人的不羁和随性，诗歌后两句中的“望沃州”“许同游”，

① 刘刚．刘禹锡诗文选注［M］．西安：三秦出版社，1987：111.
② 刘刚．刘禹锡诗文选注［M］．西安：三秦出版社，1987：113.
③ 柳宗元．柳宗元集［M］．北京：中华书局，1979：1235－1236.
④ 刘刚．刘禹锡诗文选注［M］．西安：三秦出版社，1987：217.
⑤ 刘宝才．刘禹锡与高僧的交往［J］．国学学刊，2010（1）.

在佛学的基础上融入了道家的风骨，其飘然如仙之感更为强烈，升华了全诗的禅悟意境，是诗人参禅觉悟后看破世间红尘，愿随意而去的体现。可见，刘禹锡的诗歌受佛学思想影响较大，其贬官诗在内容和情感上，无意地流露出一种禅意的韵味，让人回味无穷。

三、刘禹锡贬官诗歌中的连州诗歌

受多种因素的影响，贬官士人被贬江湖后，多对官场展现出一种失落和怨倦的情绪，加上远离政治中心，更产生刻意讽刺或疏忽政治，转而关注山水民生的乐趣，刘禹锡在贬官途中也与其他被贬士子一样，流连于山水，倾心于诗作，写下了不少脍炙人口的山水诗和地方民歌，这里举刘在任连州刺史时所作诗文为例，分析其在连州时的贬官诗歌所蕴含的特色。

连州地处南方，靠近大海，物产丰富，比起播州“西南极远，猿狄所居，人迹罕至”的情况要好得多，刘曾在《连州刺史厅壁记》中写道：“（连州）山秀而高，灵液渗漉，故石钟乳为天下甲，岁贡三百铢。”又道：“林富桂桧，土宜陶瓬，故侯居以壮闻。石侔琅玕，水孕金碧，故境物以丽闻。”① 这篇手记描绘了连州壮丽与清秀相生的山水风貌，语词优美，感情丰厚，体现了刘禹锡对连州山水的热爱之情。当然，刘在诗作上也刻画了连州的景色风貌，如其送别诗《送曹璩归越中旧隐》写道：“地远何当随计吏，策成终自诣公车。剡中若问连州事，唯有千山画不如。”② 一句“千山画不如”概括性地描绘了连州的山川景秀，让人联想出一幅连州山水的图画，具有丰富的画面感，升华了连州说不尽、道不出的美景；而“地远何当随计吏，策成终自诣公车”，地方偏远如何求得功名，学成之后自会被征召，这是一句委托之词，诗人自知极难被召回，于是便以“策成”作为借口，掩盖其中的无奈之情；而后一句“剡中若问连州事，”则是诗人对远离故乡的感叹，如果剡中故人问起连州之事，就说这里千山风景比画还美丽，表露出了诗人对故乡浓浓的思念，而这种思念又寄于如画山水之上，从侧面体现了诗人的乐观精神。可见，连州的如画美景在一定程度上治愈了诗人的郁结情绪，使其顿生出一种怡然之感。

刘禹锡对连州的热爱，常常夹杂着一种复杂的思绪，其诗歌在表达对祖国河山的喜爱的同时，也带上了属于贬官文人的沉郁顿挫，如刘的诗歌《吏隐

① 卞敏．刘禹锡评传［M］．南京：南京大学出版社，1996：76.

② 《刘禹锡：诗人情怀泽被连州》，http：//www. gdlzsc. com/tour/rwlzwsfz/8717A5IFF2KF4CI8FH6. htm。

亭》："结构得奇势，朱门交碧浔。外来始一望，写尽平生心。日轩漾波影，月砌镂松阴。几度欲归去，回眸情更深。"① 描写了吏隐亭独特的结构格局和楼亭周围的奇异景观，清丽却不失气势。"外来始一望，写尽平生心"，从外面观望吏隐亭的布局，不禁使诗人联想到自己的遭遇，一句"平生心"展现了诗人沉郁而无奈的心情，让人感到一股悲怆的气息；而"日轩漾波影，月砌镂松阴"，白日阳光在湖面波影上荡漾，夜晚月色通过松树的倒影漏下堆砌在台阶上，宁静而美丽，短短两句，刻画出吏隐亭超乎寻常楼亭的静谧如仙境之美；尾联"几度欲归去，回眸情更深"，诗人的回眸，是带有复杂感情的，一方面因为吏隐亭景色的秀美，另一方面又因为亭台所凝合的带有诗人生平遭遇的象征，让诗人不得不"情更深"，其中蕴含的复杂情绪溢于言表，只能用"回眸"表现出来，才能与"平生心"相呼唤，把自身的生平经历注入小小的吏隐亭之中，在表达对亭台风景的喜爱的同时，亦呼出其属于贬官士子的沉郁之情。

被贬于连州的刘禹锡，由于受到连州山水风光的影响，创作了大量带有连州地方特色的诗歌，如《插田歌》《竹枝词》《莫徭歌》等，并对当地人民的生产、生活情况和风土人情等做了一些生动的描绘，其中《插田歌》则被称为反映连州历史社会情况的经典之作。全诗分为两个部分，前半部分着重描绘农夫在春天插秧劳动的图景，表现了农民对劳动的热爱之情。"农妇白纻裙，农夫绿蓑衣。齐唱田中歌，嘤伫如竹枝。"农妇身穿白麻布裙，农夫身穿绿色蓑衣，一齐在田中歌唱，轻细的歌声好似拥簇的竹枝，诗中的明快节奏，让人不禁心生旋律，随同农妇和农夫劳动歌唱，欢快情绪袒露于外；而诗歌的后半部分，主要描写了农民与计吏在回村途中的问答情景，农民言："君家侬定谙。一来长安罢，眼大不相参。"② 计吏言："长安真大处。省门高轲峨，侬入无度数。昨来补卫士，唯用筒竹布。君看二三年，我作官人去。"从农夫与计吏的对话上看，农民淳朴真诚，而官吏自认高贵，虚荣浅薄，甚至为做官而不择手段，两种品行的差异，衬托出官民之间的巨大差距，表现出当时官贵民贱的社会风气。诚然，刘的诗歌，不仅反映连州的社会状况，也反映了连州人民细腻敏锐的情感，如其千古名诗《竹枝词二首》其一："杨柳青青江水平，闻郎江上唱歌声。东边日出西边雨，道是无晴却有晴。"③ 这首诗是一首情诗，

① 《刘禹锡：诗人情怀泽被连州》，http：//www.gdlzsc.com/tour/rwlzwsfz/8717A5IFF2KF4CI8FH6.htm。

② 周显才．檀山诗豪刘禹锡［M］．郑州：中州古籍出版社，2006：146.

③ 周显才．檀山诗豪刘禹锡［M］．郑州：中州古籍出版社，2006：102.

描写了初恋的少女在江边听到情郎歌声时的细腻情思，刻画了一个集忐忑、含羞和欢乐为一体的痴情少女形象，其中的一句“道是无晴却有晴”，则运用了巧妙的一语双关的手法，把“晴”与“情”结合起来，情郎的歌声看似无情，实则有情，然而少女在看破这种“双关”之后，并没有直接在诗中表现出欢乐之感，而是让读者去想象思考，突显出一种“犹抱琵琶半遮面”的意犹未尽之意，更添全诗的含蓄蕴意，从此，“东边日出西边雨，道是无晴却有晴”便成为传唱千古的名句。

四、结语

综上，刘禹锡的贬官诗是中国古代贬官文学的主要组成部分，可以说没有刘禹锡的贬官诗，贬官文学的发展就会产生一种空缺，而繁荣一时的贬官文化，也会由于刘诗的空缺而失去一份光辉，可见刘诗在贬官文化中的重要地位；但若没有传承千年的贬官文化的积淀，刘诗也融合不出这样浓烈的感情，表达不出如此深沉而复杂的思想，贬官文化与刘禹锡的贬官诗歌，其实是相合相依又相互发展的关系，它们都共同促进了中国文化的发展，是一定历史和社会结合的产物，是中国文化的瑰宝。

（作者单位：惠州学院）

从困在人间到哲理解脱
——漫谈刘禹锡迁谪诗的自我超越

杨子怡

刘禹锡生于“安史之乱”之后、黄巢起义之前，这是一个社会矛盾日趋激烈的时期。为了挽救唐王朝的危机，维护国家统一，一些有识之士力主革新。805年，王叔文在新即位的顺宗帝李诵的支持下举起了革新大旗，素怀大志的刘禹锡自然会参与其中。据史记载，刘禹锡由监察御史擢为屯田员外郎，判度支盐铁案，协助杜佑、王叔文管理财政。王叔文十分器重他与柳宗元，“引禹锡及柳宗元入禁中，与之图议，言无不从”（《顺宗实录》卷五）①。但不幸的是，这场变革只维持了一百四十六天，顺宗被迫退位，二王（王叔文、王伾）被贬，王叔文被赐死，其他主要成员如刘禹锡、柳宗元、韦执谊、韩泰、韩晔、陈谏、凌准、程异八人先被贬为远州刺史，继又贬为司马，且诏令“纵逢恩赦，不在量移之限”（《旧唐书·宪宗纪》），史称“二王八司马”事件。刘禹锡从此开始了他的悲剧人生：他先被贬连州刺史，行至荆南（湖北江陵），改贬朗州（湖南常德）司马，十年后奉诏回长安，因《戏赠看花诸君子》一诗“语涉讥刺，执政不悦”，复被外任为十年前被贬而未去的连州任刺史，此后又先后调任夔州（四川奉节）刺史、和州（安徽和县）刺史，一直到唐敬宗李湛宝历二年（826）才回洛阳，任主客郎中、分司东都。从三十四岁开始到五十七岁，他渡过了二十三年的贬谪生涯，正如他自己所言：“巴山楚水凄凉地，二十三年弃置身。”（《酬乐天扬州初逢席上见赠》）这是他人生最艰难的时期。贬谪尽管是当时正直文人之家常便饭，但人生有几个二十三年啊，因此，好友白居易不禁感叹说：“亦知合被才名折，二十三年折太多。”（《醉赠刘二十八使君》）刘禹锡一生困在人间，这也正造就了他的诗歌成就，他的名篇佳作大都写于贬谪期间。这个时期所写的诗，一言以譬之：真。即描写真，情感真，感悟真。南宋严羽曾在《沧浪诗话》中说：“唐人好诗，多是征戍、迁（谪）、行旅，离别之作，往往能感动激发人意。”因为迁谪时人生

---

① 刘禹锡．刘禹锡集［M］．北京：中华书局，1990：2.

处在最低潮时期，诗人对现实人生、对痛苦遭遇体验最切最深，无须矫饰作态，刘禹锡的诗充分说明了这一点。读刘禹锡的诗，笔者感到最摄人心魄的是其表达了各种不同的层次。我们至少可从两个层次来感悟刘禹锡的诗，一是用诗来观照他困在人间的所见所闻所感，写人生之苦，抒忧国之情，述报国之志，表达对社会人生之看法；一是从现实人生的困苦中超越出来，对人生痛苦、现实苦难进行深层次的哲理思考，以诗中之理来参悟现实之理，不仅仅满足于对现实人生苦难的客观描述，而是以一种理性的思维去反省超越，从而获得哲理的解脱。这两种情境一是表层的，一是深层的；一是凡间的，一是理想之中的。这两种情境的融合，构成了刘禹锡诗歌的丰富意蕴。

一、困在人间：昔贤多使气，忧国不谋身

刘禹锡是一个心怀大志、有一番作为的人。他曾自称“道未施于人，所蓄者志”（《献权舍人书》），其所蓄之志其实就是希望报效国家，《华山歌》就是其明志之作，华山的高大形象暗寓他的理想与抱负：“能令下国人，一见换神骨。高山固无限，如此方为岳。丈夫无特达，虽贵犹碌碌。”就是出于这种大志，他不满中唐时期的藩镇拥兵自重、尾大不掉的现实，勇于投身于永贞革新之中。他信念坚定，信心满满，不计较个人得失，只求“功利存乎人民”（《连州刺史厅壁记》），即使受到挫折，也不改其志。其《学阮公体三首》就可见其志：

一

少年负志气，信道不从时。只言绳自直，安知室可欺。
百胜难虑敌，三折乃良医。人生不失意，焉能慕知己。

二

朔风悲老骥，秋霜动鸷禽。出门有远道，平野多层阴。
灭没驰绝塞，振迅拂华林。不因感衰节，安能激壮心。

三

昔贤多使气，忧国不谋身。目览千载事，心交上古人。
侯门有仁义，灵台多苦辛。不学腰如磬，徒使甑生尘。

作者早已“少年负志气”，对人生的挫折与失意，他早有思想准备，“三折乃良医”，人生之“绝塞”、节令之“衰节”、旅次之“层阴”又何惧之有？为了“仁义”，应多交“昔贤”“侯门”与“上古人”。正是基于这种“忧国

不谋身”的个性，他一直不认为自己有什么过错，在其上书中多次称自己是“被冤”“遭谗”，坚信“日月至焉，是非乃辨”（《上杜司徒书》）。因此尽管自己处在“动必招悔”“如陷环泞，动而愈沉”的逆境中，仍不改初衷，对参与王叔文革新之事，至死不悔。直到临终，他在所写的自传里，还颂扬王叔文“自春至秋，其所施为，人不以为非”，甚至还揭露宦官炮制宫廷政变、扼杀革新的阴谋是“宫掖事秘，而建桓立顺，功归贵臣”（《子刘子自传》），其胆略与坚韧令人敬佩。

刘禹锡困在人间的作品主要表现在三大主题中。

（1）刘禹锡困在人间的诗最突出的是那些政治讽喻诗。在这些诗中他对社会的弊政进行了毫不留情的揭露，表现出一个封建知识分子悲天悯物之心。比如对中唐时期的宦官权臣，他进行了前所未有的尖锐的批判，王夫之称这类诗“深于影刺”（《唐诗评选》）。如其《飞鸢操》《聚蚊谣》《百舌吟》等诗借讽禽鸟讽刺现实，表达了诗人对他们的蔑视。如《聚蚊谣》：

沉沉夏夜闲堂开，飞蚊伺暗声如雷。嘈然数起初骇听，殷殷若自南山来。
喧腾鼓舞喜昏黑，昧者不分聪者惑。露花滴沥月上天，利嘴迎人看不得。
我躯七尺尔如芒，我孤尔众能我伤。天生有时不可遏，为尔设性潜匡床。
清商一来秋日晓，羞尔微形饲丹鸟。

诗中以“飞蚊伺暗声如雷”比喻宦官权臣们的嚣张气焰，他们“喧腾鼓舞”“利嘴迎人”，肆无忌惮，向人进攻，这哪里是飞蚊，分明是恶意中伤别人的政治丑类。尽管如此，但在诗人看来，他们不会有好结果：“清商一来秋日晓，羞尔微形饲丹鸟。”又如其《百舌吟》写道：

晓星寥落春云低，初闻百舌间关啼。花柳满空迷处所，摇动繁英坠红雨。
笙簧百啭音韵多，黄鹂吞声燕无语。东方朝日迟迟升，迎风弄景如自矜。
数声不尽又飞去，何许相逢绿杨路。绵蛮宛转似娱人，一心百舌何纷纷？
酡颜侠少停歌听，坠珥妖姬和睡闻。可怜光景何时尽，谁能低回避鹰隼？
廷尉张罗自不关，潘郎挟弹无情损。天生羽族尔何微，舌端万变乘春辉。
南方朱鸟一朝见，索寞无言蒿下飞。

诗首先写百舌鸟活动的季节和环境，生动地摹状了它们那种故意卖弄而得意鸣叫的声音和神态。它们巧舌如簧，连一向以鸣声动听的黄莺和燕子也自叹不如，不敢出声再叫。然后写百舌鸟的“舌端万变”不会有好下场，也绝不会长久。“可怜光景何时尽”一句，讽刺意味甚明，弦外之音是：看你得意到何时！接着诗人从两个方面，指出了百舌鸟不可避免的厄运。刘禹锡诗中的百舌鸟是有所指的，他参加了王叔文的革新运动，他亲身目睹了一些政治人物的见风使舵、巧言善变，以巧言令色取悦当权者，因此诗中的“舌端万变”的百舌鸟就是这类人物的写照，诗人在表达对他们的鄙薄之情的同时，也表示了劝诫，如“廷尉张罗自不关”，诗人以反语提醒他们政敌是十分狠毒的，要注意暗算，不要沾沾自喜。刘禹锡这类诗，“吐词多讽托幽远”（《全唐诗》），十分含蓄地表达了自己的感情。在这类诗中，他总是采用象征含蓄手法，借寓言自喻身世，寄托一种不便直接吐露的心情，含蓄而深刻地揭示出中唐社会的各种现实矛盾，如《行路难三首》，就是这样的作品。作者的悲愤之情、轻蔑之情流诸笔端，比喻象征手法的频繁采用，使得诗显得十分含蓄。

（2）刘禹锡困在人间的作品还表现在对农事的关注。长期的贬谪生涯，使得刘禹锡有机会接近民间，从朗州时期开始他就广泛地向民歌学习，深深感觉到“虽甿谣俚音，可骊风什”（《上淮南李相公启》），于是他放下士大夫身份“俯于逵，惟行旅讴吟是采；瞰于野，惟稼穑艰难是知”，“观民风与吟啸之际”（《武陵北亭记》），把目光投注民间。他的《蛮子歌》《竞渡曲》《采菱行》就是这个时期带有民歌风味的作品，故《旧唐书·本传》评他说：“故武陵洞间夷歌，率多禹锡之辞。”被贬连州之后，他深感连州亦善“讴谣”，当地人每于稼穑之际唱民歌的民风引起他强烈的兴趣，因此，他进一步关注民间，关心农事，写下了大量的农事诗，如其《插田歌》就是这样的作品：

冈头花草齐，燕子东西飞。田塍望如线，白水光参差。
农妇白纻裙，农父绿蓑衣。齐唱田中歌，嘤佇如竹枝。
但闻怨响音，不辨俚语词。时时一大笑，此必相嘲嗤。
水平苗漠漠，烟火生墟落。黄犬往复还，赤鸡鸣且啄。
路傍谁家郎，乌帽衫袖长。自言上计吏，年幼离帝乡。
田夫语计吏：“君家侬定谙。一来长安道，眼大不相参。”
计吏笑致辞：“长安真大处，省门高轲峨，侬入无度数。
昨来补卫士，唯用筒竹布。君看二三年，我作官人去。”

此诗歌咏了劳动者的生活与劳动场景，像是一幅五彩斑斓的充满浓郁异域风情的风俗画。他在该诗的引言中说：“连州城下，俯接村墟。偶登郡楼，适有所感。遂书其事为俚歌，以俟采诗者。”很显然，诗人写作该诗之目的，是仿效古之采风之传统做法，录下此民风民俗，俟将来有朝一日为采风者们提供资料与史实，可见诗人以诗存史的用意甚明。此外，这样的诗还很多，如《畬田行》，诗或写农村之美景，或写山民之勤劳和淳朴。叙事朴实生动，客观真实；语言质率无华，几近口语，把农民的劳动与风俗展现了出来。

（3）刘禹锡困在人间的作品也表现在其忧愤主题中。参加王叔文革新失败后，刘禹锡一生投荒在外，九死一生，饱受挫折。先是被贬朗州司马，十年后（按年头跨十一年），元和九年（814）奉召回京，再贬任连州、夔州、和州刺史，在外十余年，即诗人所谓“二十三年弃置身”。这些地方在当时来说，地处僻远，条件十分恶劣。就拿朗州来说，孤独的环境、蛮乡的炎天窳气、低下的司马地位及瘥瘵病患，使他饱尝了孤独凄苦，正如他在诗中所言“应怜一罢金闺籍，枉渚逢春十度伤”（《朗州窦员外寄刘二十八诗，见促行骑走笔酬谢》）。尽管他性情豪旷，但思乡之苦、忧愤之思常常流露在其诗作中。如“北渚不堪愁，南音谁复听……离忧若去水，浩漾无时停”（《送李策秀才还湖南因寄幕中亲故兼简衡州吕八郎中》），“孤臣本危涕，乔木在天涯”（《晚岁登武陵城顾望水陆，怅然有作》），“休公久别如相问，楚客逢秋心更悲”（《送慧则法师归上都因呈广宣上人》）……这一类诗读来让人感泣不已。这与那个一直有着“信道不从时”“忧国不谋身”（《学阮公体三首》）信念且倔强不服输个性的刘禹锡判若两人。即使是春暖花开的明媚之日，他也居然会有“兰蕊残妆含露泣，柳条长袖向风挥……佳人对镜容色改，楚客登临心事违”（《送春词》）之感伤；至若面对风萧萧的秋景诗人更感受到的孤独与伤感：“何处秋风至，萧萧送雁群。朝来入庭树，孤客最先闻。”（《秋风引》）特别是当他因水土不服而卧病在床的时候，这种伤感与孤独而带来的凄苦之情则是更深了，如《卧病闻常山旋师策勋宥过王泽大洽因寄李六侍御》就表达了这种因病而致的凄苦：

寂寂重寂寂，病夫卧秋斋。夜虫思幽壁，槁叶鸣空阶。
南国异气候，火旻尚昏霾。瘴烟跕飞羽，沴气伤百骸。

南方之瘴烟沴气使诗人极感不适应，只能卧病静养。夜虫引思，槁叶鸣阶，瘴烟飞羽，沴气伤骸，诗中的孤独凄苦之思不言而喻。长期漂泊之生涯、孤独之处境使他的诗中渗透了深深的乡思。如“举目风烟非旧时，梦寻归路多参差”（《泰娘歌》）、“却寻故乡路，孤影空相随”（《和董庶中古散调赠尹果毅》）、“殷勤望归路，无雨即登山”（《谪居悼往二首》）、“叫阍道非远，赐环期自赊”（《晚岁登武陵城顾望水陆怅然有作》），这类作品俯拾即是，在浓浓的乡思中表达了一种忧愤之情。诗人困在人间，诗也困在人间。

二、哲理超脱：自古逢秋悲寂寥，我言秋日胜春朝

吴乔《围炉诗话》卷三引贺裳语评论刘禹锡的诗时说：“梦得佳作，多在朗、连、夔、和时。”此言诚不虚也，他在二十余年的贬谪生涯中写作了大量好诗。上面所述他困在人间的诗即是贺裳所谓“佳作”。但笔者认为：真正体现其创作水平的“佳作”还不只这些困在人间的作品，而应该是那些带有哲理性超越的诗。写现实，写眼前景，尽管形象生动，能感人，但诗人因困在人间，故其眼光也困在人间，不能启人遐思，给人激情，启人哲思，引人超脱。而要达到此，必须在客观的写实中融入诗人的哲思。这就需要诗人带哲理的议论。唐人杜甫、韩愈开始在这方面做出了有益的探索。刘禹锡在这方面更是明显。长期的贬谪生涯使他常常进行反思和惮悟，故在他的一些诗中常有哲思，而正是这种哲思支撑起他对未来和生活的信念，使其虽处逆境但能解脱。笔者认为，刘禹锡这些用哲思来解脱的诗正是对自己困在人间的诗一种超越。刘禹锡诗好议论、好哲思，影响了与他同时代或稍后于他的作者，如晚唐杜枚受其影响就非常大，所以清管世铭《读雪山房唐诗凡例·七绝凡例》云：“杜紫微天才横溢，有太白之风，而时出入于梦得。”“刘宾客无体不备，蔚为大家，绝句中之山海也。始以议论入诗，下开杜紫微一派。”可见，他这些富有哲思超脱意义的诗比起他那些困在人间即写实的诗更具影响力。我们可以从如下三个方面理解刘禹锡诗的哲理超脱。

1. 哲学家的哲思使刘禹锡诗对宇宙人生常有一种独特的领悟

刘禹锡不但是文学家，也具有哲学家的哲思。其代表作《天论》正体现了他的朴素唯物主义思想。在该文中他对“天”进行了唯物的阐释：“天，有形之大者也；人，动物之尤者也。”他把荀子的“人定胜天”重新进行解释，提出了“天人交相胜”的观点，认为人与天都有自己特定的规律，二者之间既区别、矛盾又互相依存。这种“天人交相胜”的唯物主义辩证观是支撑他在逆境中始终不肯屈服、不肯悔改的思想源泉。也正是这种唯物史观使他对宇宙人生有了自己的独特领悟，如对大自然的新陈代谢的客观规律之认识，他就比同时代人认识得更清楚，这在他的许多诗中表现了出来。比如，从林叶的新旧相代、流波的前后相继，他领悟出大自然界及人类社会的新陈代谢、生命的生生不已：“芳林新叶催陈叶，流水前波让后波。”（《乐天见示，伤微之、敦诗、晦叔三君子，皆有深分，因成是诗以寄》）从眼前的千帆竞过及自己的病窘之境，他看到了希望和前景：“沉舟侧畔千帆过，病树前头万木春。”（《酬乐天扬州初逢席上见赠》）从新翻的杨柳枝他悟出了时代相替，奉劝世人莫沉

湎于过去，应着眼于现在与未来："请君莫奏前朝曲，听唱新翻杨柳枝。"（《杨柳枝词》）这些深含哲理的诗给人以启迪与振奋。正是这种独特的唯物观使他看问题总是具有辩证思维，能看到问题的两面。比如秋在中国文人的眼中，总是万物肃杀与生命微弱的代名词，"悲哉，秋之为气"，因此，悲秋常成中国文学的主题，但他看到了秋的另一面，有了自己独特的感受与领悟："自古逢秋悲寂寥，我言秋日胜春朝。晴空一鹤排云上，便引诗情到碧霄。"（《秋词二首》其一）传统文人的那种悲凉感伤荡然无存。

2. 刘禹锡诗常议论风发，气势雄直，在启人哲思的妙语中给人一种积极向上的正能量

如前所述，"人定胜天"及"天人交相胜"的哲学思想是支撑刘禹锡一生的精神力量，也正是有了这种精神力量，他才在备受打击之后能百折不挠，不向对手认输，始终对人生充满着积极进取的精神。大家所熟知的玄都观观桃花故事就说明了他的个性。朗州十年回长安后，他游玄都观写出了一首《戏赠看花诸君子》："紫陌红尘拂面来，无人不道看花回。玄都观里桃千树，尽是刘郎去后载。"很明显，诗中借"桃花"影射"二王八司马"事件后上台的满朝新贵，由于"语涉讥刺"又遭贬谪。十二年后，他再度被召回，在同样地点以同样的题材又写了第二首《重游玄都观》："百亩庭中半是苔，桃花净尽菜花开。种桃道士归何处，前度刘郎今又来。"诗人仍以桃为喻，嘲笑那些曾经迫害自己的人也不过是政治舞台上的匆匆过客而已。从这里可看出刘禹锡之为人和其坚韧之个性。这种不屈不挠的个性在他的许多诗中都得到了表现。比如他的一首《同乐天登栖灵寺塔》是这样写的：

步步相携不觉难，九层云外倚栏杆。
忽然语笑半天上，无限游人举眼看。

虽然是"步步相携"、高耸"九层"、举步维艰，但诗人"不觉难"，并可倚栏凭眺，半天一笑，游人举目而观，何其幸也，字里行间洋溢着一股高扬向上的力量。开阔疏朗的境界和高扬向上的情感，深蕴于含蓄深沉的内涵之中。读刘禹锡诗你看不到颓废，看不到沮丧，因为诗人总把一种哲人的睿智和诗人的挚情渗透其中，哲思使人开阔，情感使人振奋，故读其诗可感到极富艺术张力和雄直之气势。这样的例子俯拾即是，诸如"朔风悲老骥，秋霜动鸷禽。……不因感衰节，安能激壮心"（《学阮公体三首》其二）、"马思边草拳毛动，雕眄青云睡眼开。天地肃清堪四望，为君扶病上高台"（《始闻秋风》）之类诗句写得大气淋漓，情感激越，昂扬奋发，具有一种振衰起废、催人向上

的力量。又如其绝句名作《浪淘沙词九首》也是这样的作品，其八云：

莫道谗言如浪深，莫言迁客似沙沉。
千淘万漉虽辛苦，吹尽狂沙始到金。

刘禹锡在此诗中对自己和朋友的因“谗言”而“迁徙”的遭遇进行了哲思化的解析：“谗言深”奈我何，“迁客”身又何惧，沙不磨不成金，人不磨不成器。他以一种简练爽利、晓畅易解的诗化语言表达出一种强烈的自信，显示出诗人傲视忧患、独立不移的气概和迎接苦难、超越苦难的开阔胸襟与旷达情怀。刘禹锡诗中的这种议论风发、气势雄直的风格，蓄积一种正能量，催人奋发。怪不得他的好友白居易晚年曾这样评价他：“彭城刘梦得，诗豪者也，其锋森然，少敢当者。予不量力，往往犯之。”

3. 刘禹锡常借佛道哲思来调整心态，实现通融圆脱

刘禹锡从小受到佛教思想的影响，据有关资料记载，他从小住在嘉兴，而在距离此处百里之外的吴兴住有诗僧灵澈与皎然。在他十岁左右时，曾随父拜访过两位诗僧，并与两位诗僧一起吟咏唱和，赢得了两位的好评，“皆曰孺子可教”。这可从下面两则资料中得到印证。刘禹锡在《权舍人书》中说：“禹锡在儿童时已蒙见器，终荷荐宠，始见知名。”① 在《澈上人文集纪》中，刘禹锡说：“初，上人在吴兴，居何山，与昼公为侣皎然字昼，时以字行。时予方以两髦执笔砚，陪其吟咏，皆曰孺子可教。”② 可见两位诗僧对他的影响十分大。

刘禹锡接受两位诗僧的影响主要表现在以下几个方面。其一，刘禹锡推崇灵澈的，不是他境界清灵的一面，而是他含义深远、融汇典故的一面。如瞿蜕园先生就认为：“禹锡于文中自言幼时学诗之事，盖颇得其渊源，故特举‘经来白马寺，僧到赤乌年’及‘青蝇为吊客，黄耳寄家书’之句，以为入作者间域，此亦禹锡自道其诗法也。”③ 其诗作中经常出现一些佛典人物，比如，刘禹锡对皎然喜欢并常提到的历代高僧支道林、道生、慧林等也十分喜欢并对他们耳熟能详，他们的名字经常出现在其诗作中，如“生公说法鬼神听，身后空堂夜不扃”（《金陵五题·生公讲堂》），“借问至公谁印可？支郎天眼定中观”（《宣上人远寄和礼部王侍郎放榜后诗因而继和》），“休公久别如相问，

① 刘禹锡. 刘禹锡集：卷十［M］. 北京：中华书局，1990：121.
② 刘禹锡. 刘禹锡集：卷十九［M］. 北京：中华书局，1990：239.
③ 瞿蜕园. 刘禹锡集笺证［M］. 上海：上海古籍出版社，1989：521.

楚客逢秋心更悲”（《送慧则法师归上都因呈广宣上人》）等诗，就对晋高僧竺道生、支道林、慧林等表示了景仰之情。其二，写作与皎然等相同题材的诗。有人统计刘禹锡与皎然等写作题材相同的甚多，如皎然有《寓兴》《杂寓兴》《咏史》《偶然五首》诸作，刘禹锡亦有《寓兴二首》《咏史二首》《偶作二首》等作品；皎然有与道教相关的《步虚词》，刘禹锡也有《步虚词二首》；皎然有《长门怨》《铜雀妓》，刘禹锡亦有《阿娇怨》《魏宫词》；皎然曾以“寒竹”自况，其《南池杂咏五首》写“寒竹”云：“袅袅孤生竹，独立山中雪。苍翠摇动（一作劲）风，婵娟带寒月。狂花不相似，还共凌冬发。”刘禹锡则以“庭竹”自况，其《庭竹》诗云：“露涤铅粉节，风摇青玉枝。依依似君子，无地不相宜。”① 从这里可看出，刘禹锡受佛教特别是皎然等人影响是何其深！其三，以佛家的通脱圆通来调适自己。刘禹锡一向疾恶如仇，刚正不阿，个性犟直，不肯屈就他人。但佛家的思想渗透与影响，使他在心态上发生了一些变化，他开始用佛家的通脱圆通来调适自己。比如《再授连州至衡阳酬柳柳州赠别》一诗说：“去国十年同赴召，渡湘千里又分歧。重临事异黄丞相，三黜名惭柳士师。归目并随回雁尽，愁肠正遇断猿时。桂江东过连山下，相望长吟有所思。”虽然愁肠百折，但此时他开始“有所思”。这种思考与调适最明显始于连州。公元 815 年 3 月至 819 年底，他一直谪处连州，担任刺史。他虽然“谪在三湘最远州，边鸿不到水南流”（《赴连州途经洛阳诸公置酒相送张员外贾……率尔酬之》），但连州“山秀而高，灵液渗漉……石侔琅玕，水孕金碧……环峰密林，激清储阴”（《连州刺史厅壁记》）②，与播州的“西南极远，猿狄所居，人迹罕至”③ 和朗州的“气泄而雨淫，地慝而伤物（《砥石赋并序》）”④ 相比，还算风景宜人，正是美丽的风景加上佛家思想之影响，使他的心态发生了一些变化。比如在谪居连州的第三年，他写了《问大钧赋》一文，在文中他开始反思，认识到以往自己锋芒毕露、锐意激烈、犟直刚正有点过之，是刚健有余而柔婉不足，因而使自己屡处困蹇，潦倒一生，故而诗人要“今哀汝穷，将厚汝愚。剔去刚健，纳之柔濡”，要去刚存柔。这既是生活给他的教训，也是佛家的圆融无碍思想在他身上产生的影响。在居连州的五年中他进行了心态的调整和理性的重建，在“厚愚”“纳柔”“不息”“自新”的反复反思中实现通脱圆融，也体现生命的坚忍。中国文化

---

① 刘禹锡．刘禹锡集：卷二十五［M］．北京：中华书局，1990.

② 刘禹锡．刘禹锡集：卷九［M］．北京：中华书局，1990：108.

③ 刘昫，等．旧唐书．［M］．北京：中华书局，1975：4211.

④ 刘禹锡．刘禹锡集：卷一［M］．北京：中华书局，1990：4.

中蕴含着的儒道互补的精神力量给了他很大支持，支撑起他的信念与人格理想，使他失衡的生命得以平衡，从而减弱了政治的创伤带来的生命重压和精神负累，因此，在此期间他写了大量反映恬适的山水诗，完全解脱了自己，旷达疏豪。他的诗虽然因思乡念旧而不无伤感，但绝少中晚唐诗人普遍表现出的极深层的感伤情调，他总是给人以奋发向上的启示与鼓舞力量，其原因就在这里：诗人已在圆通无碍中调适了自己。

三、自我超越：从困在人间到勘破人天

上面论述了刘禹锡诗的两个方面：困在人间与哲理解脱。如何评价这些诗？从诗境来说，刘禹锡诗第二层面对第一层面是否有超越？这涉及诗论的一个大问题。饶宗颐先生曾提出一个有名的概念——“形上诗”，或可作为对这个问题的一个回答。饶先生认为，形而上是与形而下相对立的。中国文化认为形而下者则为器。“重视道，重视讲道理，这是形上诗的特征，也是形上词的特征。”① 很显然，饶先生把中国诗分为抒情写形的与说理的两个层面，即困在人间的与超越人间的两个方面。中国古代就有形上诗，但以情为主，说理的与议论的诗一直无地位，到了“以议论为诗，以才学为诗”的宋代才有了地位。饶先生认为：“中国诗歌中的形而上部分，实在太缺乏。不但言情的词如此，而且言志的诗亦如此。这是一个缺陷。”② 饶先生的说法大体合乎中国诗歌的实际。说理的形而上的诗在宋代才成为主流，但唐代的诗人们已经有了这方面的尝试。比如，说理议论的风气从杜甫开始已肇其端。杜甫的诗大多是困在人间的诗，这些诗虽表达了诗人忧国忧民的感情，但只是“属于社会性，只是表层意义，都是凡间的事”③。杜甫超越自己而使诗中有理学的作品是在夔州三年及以后的诗，而正是因杜甫自夔州后诗有理学，所以才被宋人黄山谷读懂并被接受。同时饶先生认为“杜甫夔州以后的诗，特别重要”④。饶先生认为，所谓形上诗，就是要将诗境与宇宙人生之境连接起来，把自己的性情学

① 施议对．为二十世纪开拓新词境，创造新词体——饶宗颐形上词访谈录［J］．文学遗产，1999（5）：106.

② 施议对．为二十世纪开拓新词境，创造新词体——饶宗颐形上词访谈录［J］．文学遗产，1999（5）：108.

③ 施议对．为二十世纪开拓新词境，创造新词体——饶宗颐形上词访谈录［J］．文学遗产，1999（5）：106.

④ 施议对．为二十世纪开拓新词境，创造新词体——饶宗颐形上词访谈录［J］．文学遗产，1999（5）：106.

问修养打拼入诗，这就规定了不论诗还是词必须说理，必须对道有所阐发，必须以道统气，必须勘破人天，不能只局限于人间，困在人间而无超越。他从这理念出发，把诗分为诗人之境、学人之境与真人之境。能勘破人天、提出对宇宙人生的看法，即具备了形上诗的条件的才是真人之境。饶公本着这种理念，对近现代词家如王国维、夏承焘、詹安泰、蒋春霖都表示了遗憾，认为他们都只停留在诗人层面，特别是对蒋春霖的“只是在第一境界纠缠不清，无病呻吟”[①] 表示了批评。所以他们都无法达到形上诗的层面。

饶先生之论确是有创意和独具慧眼的。因为，在传统思维中，人们对这种议论为主体的诗无一不采取批评的态度。比如后人评论宋代诗歌，大多诟病其以议论为诗，清代吴乔就说“古人咏史，但叙事而不出己意，则史也，非诗也。出己意、发议论而斧凿铮铮，又落宋人之病”，而“用意隐然，最为得体”[②]。宋人之所以大都走说理一途，大概是他们看到了其中诗境之审美价值。而开宋人之境的虽可溯至杜甫，但大开此境的无疑是中晚唐一批诗人。可以说，刘禹锡就是其中昭昭者。他的哲理诗及论史诗别开一面，表现了极高的价值，既是对此前以往诗人的超越，也是对自己创作的超越。他及同时代或稍后的诗人们的说理诗对宋人影响极大，明之胡应麟就清楚地看到了这一点，他认为中晚唐的咏史诗“皆宋人议论之祖”[③]，所论甚有眼光。

刘禹锡一部分诗之所以对自己有超越，就是因为他已不再把眼光局限于人间，他开始思考，特别是早期佛教对他身上的潜移默化的影响因子开始被激活，哲学家本能的说理气质也使得他不得不带着哲理的眼光看待苦难与人生，他知道必须超脱，不能只是专论人间、着眼人间，如果这样，只能困在人间，永远打不开心中的死结。如上所述他在连州开始的反思，对自己的“厚愚”及“纳柔”等行动，就清楚表明他开始进行了深层次的思考。刘禹锡把对宇宙人生与自己的灾难的思考对接起来，因而他的说理诗中表现出异于常人的豪气达气。他那些说理满满的诗非常具有理学成分，也具有形上诗的特质，其诗境明显超越了他的那些困在人间的诗作，受到人们的追捧与喜爱。如其《汉寿城春望》就写道：

汉寿城边野草春，荒祠古墓对荆榛。

① 施议对．为二十世纪开拓新词境，创造新词体——饶宗颐形上词访谈录［J］．文学遗产，1999（5）：106.

② 郭绍虞．清诗话续编［M］．上海：上海古籍出版社，1983：558.

③ 胡应麟．诗薮［M］．上海：上海古籍出版社，1979：39.

田中牧竖烧刍狗，陌上行人看石麟。
华表半空经霹雳，碑文才见满埃尘。
不知何日东瀛变，此地还成要路津。

这首诗意蕴十分丰富，至少有三层意蕴。其一，描绘出春望之景。虽是春望，但传达出的却是一片衰败之景：野草萋萋，荒祠古墓，荆棘丛生；牧竖烧刍，祭烟缕缕；墓前石麟，足供注目；华表半空，残碑断碣。如此之景，足令人生慨。其二，荒凉景色之后透露出诗人南贬时凄凉而又孤独的心态以及对国事的忧心忡忡。如果诗仅止于此，还不足以上升到形上诗的高度。这首诗让人动容与感慨的还有第三层意蕴，那就是诗人透过荒凉意象的外表，以哲学家的眼光从更深层次看到了人世间的沧桑变化。此时此刻他虽是贬谪之身，但体会到了人间的顺境、逆境也和世间万物的兴废一样不是永恒不变的。昔日的荒凉难道不可成为“要路津”！由于诗人站在哲学的高度，不但使自己得到解脱，也启人遐思。此外，他的《金陵怀古》也是这样的诗：

潮满冶城渚，日斜征虏亭。
蔡洲新草绿，幕府旧烟青。
兴废由人事，山川空地形。
后庭花一曲，幽怨不堪听。

这是诗人由和州返回洛阳，途经金陵所写。其中也有三层意蕴，一是写眼前所见之景：潮满冶城，日斜古亭，新草已绿，旧烟仍青。二是借眼前之景暗寓诗人对历史陈迹之凭吊，自然会联想起六朝旧事，会想到一代代人在此演绎着王朝的兴废。但更具深意的是诗人从六朝帝王凭恃天险、纵情享乐而致亡国，历史的教训却没有被后世记取这一事实出发，站在哲学家的高度，警策世人“兴废由人事，山川空地形”，意即兴废由人，据险无益。也就是提出了社稷之存“在德不在险”的卓越见解。后来王安石《金陵怀古四首》其二“天兵南下此桥江，敌国当时指顾降。山水雄豪空复在，君王神武自无双”也由此化出，足见议论之高，识见之卓。刘禹锡这类议论说理、警策世人的诗作还有很多，诸如“筑用金锤力，摧因石鼠窠”“万户千门成野草，只缘一曲后庭花”“莫言一片危基在，有过无穷来往人”“莫道桑榆晚，为霞尚满天”“人生不失意，焉能慕知己”之类诗句不胜枚举。这些诗句寓哲理于其中，能引发人们的思考。诗人的高明之处，不是游离形象的空泛议论，而是将思考寄寓在形象之中，寓于客观的叙述之中，从而显得含蓄而具深意。人们常说他这类诗集怀古与讽今为一体，熔咏史与示志于一炉，旨趣隽永，发人深省。细读刘禹锡诗，此言不虚也。

总之，刘禹锡这类以议论入诗、融入哲理的作品，已非他那些着眼于人间、困于人间的诗作可比，诗的内涵更趋丰富，诗的意境也得到了明显的提高。诗人把自己的学问、志趣、修养、性情融入诗中，把诗境与人生之境连接起来，常在洞烛社会现象与人生苦难之后，想常人之不敢想，发常人之不敢发，妙语连珠，奇思迭出，使自己的诗作有层次、有深度，为中唐以后诗坛之创作开了新诗境。严格地说，虽然他的诗还不能完全达到形上诗的高度，不完全具备形上诗的全部特质，但他在这方面所做的努力以及对同时代人与自己的超越，应该得到肯定。

（作者单位：惠州学院）

刘禹锡贬谪期间的送别诗探论

——兼论刘禹锡对僧人干谒的态度

张兴茂

在唐代众多逐臣中，论贬谪之地的远恶、谪居时间的长久，刘禹锡可谓是比较有代表性的一个。他的身上有着比较丰富的中唐时期政治文化投影、大起大落的政治遭际，他深邃的哲学思考、宗教情怀又使他对离别有着更深刻的体验，因而刘禹锡贬谪期间的送别诗也是独具个性的。

刘禹锡的一生大致可以分为四个阶段①。第一阶段，从代宗大历七年（772）出生到德宗贞元六年（790），共十九年，为刘禹锡的青年时期。第二阶段，从贞元七年（791）到宪宗永贞元年（805），共十五年，为刘禹锡步入仕途时期。刘禹锡于贞元九年（793）与柳宗元同榜登进士第，同年登博学鸿词科，两年后又登吏部取士科。步入仕途后，经历太子校书、徐泗濠节度使掌书记、淮南节度使掌书记、京兆府渭南县主簿等职。永贞元年，刘禹锡被任命为屯田员外郎、判度支盐铁案，协助杜佑、王叔文管理财政，成为永贞革新的重要成员，八月革新失败，被贬连州刺史，再贬朗州司马。第三阶段，从宪宗元和元年（806）到敬宗宝历二年（826），共二十一年，为贬谪时期，刘禹锡在朗州、连州、夔州、和州度过了漫长的贬谪生涯。第四阶段，从文宗大和元年（827）到会昌二年（842），共十六年，为刘禹锡重归朝廷时期。大和元年，刘禹锡回到洛阳，任东都尚书省主客郎中；次年，调长安任主客郎中兼集贤直学士；三年，转礼部郎中兼集贤学士。后又历任苏州刺史、汝州刺史、同州刺史。开成元年（836）秋，改任太子宾客分司东都，闲居洛阳。根据这样的分期，再按送别对象与送别事由分类，可统计出刘禹锡送别诗创作情况如下：其一，刘禹锡的送别诗集中创作于贬谪期间和重返朝廷两个时期；其二，贬谪期间刘禹锡最主要的送别对象是僧人，其诗集 20 首送僧人诗中，有 15 首作于此期；其三，刘禹锡重返朝廷后，主要为官员赴任创作送别诗，仅有 3 首

---

① 参见卞孝萱，吴汝煜．刘禹锡评传［J］．教学与进修，1983（1）：1－7．卞孝萱，吴汝煜．刘禹锡评传（续）［J］．教学与进修，1983（2）：6－11．

为僧人而作。那么，我们谈论刘禹锡在贬谪期间的送别诗时，关注缘何送僧诗大量出现于贬谪期间，这些诗有什么样的特点，刘禹锡与僧人是如何交往的，他又以何种态度对待僧人的干谒行为等问题，对于我们理解刘禹锡谪居状态、谪居心态以及其贬谪送别诗的特点都是有所助益的。

刘禹锡送别诗创作情况表

	第一阶段	第二阶段	第三阶段	第四阶段	未编年	总计
留别	0	1	1	5	0	7
送官员赴任	0	2	1	36	0	39
送僧人游历、归山	0	0	15	3	2	20
送士子赴举、游学	0	0	5	0	1	6
其他	0	4	10	10	1	25
总计	0	7	32①	54	4	97

注：(1) 这里统计的“送别诗”指广义的与送别事件相关的诗，包括留别诗、送别诗、酬别（赠）诗、寄别诗等。②

(2) 送官员赴任所、出使、归朝皆因公事，一并归为送官员赴任诗。

(3) “其他”包括酬别（赠）、觐省、辞官归隐等单类数量不足3首的送别诗类别。

(4) 本文只考察人与人之间的送别，人与某地告别的诗不在统计之列，如《别苏州二首》。

一、以僧人为主要对象的刘禹锡贬谪送别诗

送别诗是一种建立在交往基础上有特定赠送对象的诗，送别对象的选择受客观和主观两个方面原因的制约。刘禹锡贬谪期间的送别对象集中为僧人，从

① 据尚永亮统计，刘禹锡贬谪期间送别诗有17首。见尚永亮《唐五代逐臣与贬谪文学》（武汉大学出版社，2007年）第506页。本文统计以陶敏等《刘禹锡全集编年校注》（岳麓书社，2003年）的编年为准，统计时间起于永贞元年八月被贬，止于宝历二年北归洛阳。

② 吴承学将离别类诗歌归纳为“宴别”“赠别”“送别”“饯别”“寄别”“留别”等，以区别各种不同的离别形态。见吴承学. 唐诗中的“留别”与“赠别”［J］. 文学遗产，1996（4）：108－109.

客观原因来看，这是地域条件与政治因素共同制约的结果。就地域条件而言，朗州、连州等地区荒远偏僻，政治、经济、文化、交通落后，中原人士极少前往，加之当地人使用方言土语，刘禹锡的交游范围受到极大的限制。刘禹锡《上杜司徒书》云："阳雁虽到，华言罕闻。"[①]《武陵书怀五十韵》云："邻里皆迁客，儿童习左言。"[②] 故而《旧唐书·刘禹锡传》总结刘禹锡在朗州的生活云："禹锡贬朗州司马……地居西南夷，土风僻陋，举目殊俗，无可与言者。禹锡在朗州十年，唯以文章吟咏，陶冶情性。"[③] 在这种"左言"流行、"华言"罕闻的语言环境下，能与刘禹锡言语且能进行深入交流的人就多半是前来拜访他的有一定文化修养的僧人。中唐时期禅宗蔚然大兴，南宗禅最初便是在广东、湖南、江西一带流传，刘禹锡先后被贬的朗州、连州，正是僧人聚集之所。这些僧人或云游路经刘禹锡贬所，或特来探访旧交，或慕名前来谒见，如僧人元暠听闻刘禹锡"事佛而佞，亟来相从"（《送僧元暠南游并引》）[④]，便慕名而来，他们成为刘禹锡的主要送别对象。除了僧人，刘禹锡交接较多的一类人群还有士子，这些士子多为当地后生，刘禹锡《送曹璩归越中旧隐》云："余为连州，诸人以进士书刺者，浩不可纪。"[⑤] 他们一为问学而来，二为求荐而来。但他们多为当地人士，若非进京应举，则无送别之事，故而刘禹锡贬谪期间交接士子虽多，送士子诗却并不多。来访刘禹锡之人也不乏当地官员，只不过如刘禹锡所言，这些官员亦"多迁客"，《送周鲁儒赴举》序云："初，邑中人闻有生来而二千石客之，骈然来观。迁客裴御史遇生于坐……"[⑥] 又《喜康将军见访》云："谪居愁寂似幽栖，百草当门茅舍低。夜猎将军忽相访，鹧鸪惊起绕篱啼。"[⑦] 此诗提到的这位康将军夜猎当地，与刘禹锡不期而遇，当是谪居朗州者。[⑧] 这些迁客除非量移或得以被召回京，否则也没有与刘禹锡离别之因。

刘禹锡送别对象的局限还受政治因素的影响。在当时的局势看来，"二王八司马"所触犯之罪可谓深重，他们被贬后，"朝议谓王叔文之党或自员外郎出为刺史，贬之太轻"[⑨]，于是刘禹锡等再被贬到更远的地方，元和元年八月，

---

① 陶敏，等．刘禹锡全集编年校注［M］．长沙：岳麓书社，2003：896.
② 陶敏，等．刘禹锡全集编年校注［M］．长沙：岳麓书社，2003：70.
③ 刘昫，等．旧唐书：卷一百六十［M］．北京：中华书局，1975：4210.
④ 陶敏，等．刘禹锡全集编年校注［M］．长沙：岳麓书社，2003：120.
⑤ 陶敏，等．刘禹锡全集编年校注［M］．长沙：岳麓书社，2003：234.
⑥ 陶敏，等．刘禹锡全集编年校注［M］．长沙：岳麓书社，2003：268.
⑦ 陶敏，等．刘禹锡全集编年校注［M］．长沙：岳麓书社，2003：196.
⑧ 陶敏，等．刘禹锡全集编年校注［M］．长沙：岳麓书社，2003：196.
⑨ 司马光．资治通鉴：卷二百三十六［M］．北京：中华书局，1956：7623.

朝廷又追下敕文："左降官韦执谊、韩泰、陈谏、柳宗元、刘禹锡、韩晔、凌准、程异等八人，纵逢恩赦，不在量移之限。"① 此举无疑是欲置永贞党人于死地。刘禹锡等人处于政治的边缘，时人大都不敢与之交往或尽力躲避交往，此外，他们还备受歧视和冷落，柳宗元《同刘二十八院长述旧言怀，感时书事，奉寄澧州张员外使君五十二韵之作，其韵增至八十通，赠二君子》云："沉埋全死地，流落半生涯。入郡腰恒折，逢人手尽叉。敢辞亲耻污，唯恐长疵瘕。"②《答问》云："独被罪辜，废斥伏匿。交游解散，羞与为戚。生平向慕，毁书灭迹。他人有恶，指诱增益；身居下流，为谤薮泽。"③ 又《寄许京兆孟容》云："伏念得罪来五年，未尝有故旧大臣肯以书见及者。何则？罪谤交积，群疑当道，诚可怪而畏也。"④ 刘禹锡《上淮南李相公启》则云："骇机一发，浮谤如川，巧言奇中，别白无路。"刘禹锡与柳宗元在谪后的遭际应相差不大。一朝蒙难，即便是与刘柳友善的韩愈都曾怀疑自己被贬阳山与二人有关，他作诗攻击王叔文"小人乘时偷国柄……天位未许庸夫干"（《永贞行》）⑤，刘柳与王叔文为一党，很难说韩愈没有把刘柳包含在其批判中。朋友尚且要迫于局势撇清关系，何况他人。政治险恶如此，也只有方外僧人可以不避世俗利害，来访谒刘禹锡。

从主观因素来看，出于精神交流的需求，刘禹锡乐于与僧人相交并在临别时给他们创作送别之诗。中唐时期佛教世俗化，僧侣文人化已是普遍现象，佛教徒多在精通佛理的同时亦通儒学，且磨炼琴棋书画等才艺以交接文人士大夫。综观刘禹锡贬谪期间交往的僧人，均怀有一技之长，如儇师棋艺高妙，鸿举精于佛理，刘禹锡与惟良上人谈天人关系，直至"语到不言时，世间人尽睡"（《送惟良上人》）⑥。这些僧人又以诗僧为多，方及、景玄等嗜诗成性，刘禹锡与他们谈诗论道并常常得到启发。元和九年，刘禹锡在朗州作《秋日过鸿举法师寺院便送归江陵》，其序云："梵言沙门，犹华言去欲也。能离欲则方寸地虚，虚而万景入，入必有所泄，乃形乎词。词妙而深者，必依于声律。故自近古而降，释子以诗闻于世者相踵焉。因定而得境，故翛然以清；由慧而遣词，故粹然以丽。信禅林之花萼而诫河之珠玑耳。"⑦ 这段诗论涉及佛、

---

① 刘昫，等．旧唐书：卷十四［M］．北京：中华书局，1975：418.

② 柳宗元．柳河东集［M］．上海：上海古籍出版社，2008：677.

③ 柳宗元．柳河东集［M］．上海：上海古籍出版社，2008：279.

④ 柳宗元．柳河东集［M］．上海：上海古籍出版社，2008：480.

⑤ 彭定求．全唐诗：卷三百三十八［M］．北京：中华书局，1960：3790.

⑥ 陶敏，等．刘禹锡全集编年校注［M］．长沙：岳麓书社，2003：341.

⑦ 陶敏，等．刘禹锡全集编年校注［M］．长沙：岳麓书社，2003：144.

道思想，主张整合儒道释，形成自然空灵雄浑的诗风，极有见地。与僧人的交往，让刘禹锡在贬谪生涯有了很好的精神良友，也使他备受打击的心灵得到解脱，“予策名二十年，百虑而无一得，然后知世所谓道无非畏途。唯出世间法可尽心耳”（《送僧元暠南游》）①，正是刘禹锡贬谪后寄心佛教的表白。因此，刘禹锡贬谪期间送别对象集中于僧人，这是由于地域条件与政治因素的制约所致，也是刘禹锡主观选择的结果。

僧人这一独特的送别对象决定了刘禹锡谪中送别诗内容的独特性，即其贬谪送别诗中极少有哀辞怨语。通常而言，贬谪之人有被统治者遗弃的失落，有永无还期的绝望，有或将客死蛮荒的恐惧，他们面对送别情形时心境更为悲怆。尚永亮认为“逐臣别诗”因其特殊的政治处境与地域环境，在写作方式、写作内容、情感表达等方面均会显示出与普通别诗不同的特征，其与普通别诗的区别主要有四点：一，逐臣遭受到远超常人的政治打击和生活变故，其别诗具有更加丰富的社会政治内容，并直接、间接地表现了生命从高层级向低层级的沉沦和落差。二，逐臣别诗的感情强烈而复杂，展示了面对未知时空和人生威胁的巨大恐畏，具有远超普通别诗的爆发力、穿透力和悲剧感。三，逐臣别诗的中心线索是其强烈的回归情结。在渴盼回归朝廷以及借别诗以达圣听的传播目的上，也有别于普通别诗，而蕴含了逐臣独具的心理祈向。但与盛唐相比，中唐的逐臣别诗的回归心绪较少，这与中唐险恶政局对逐臣心理的影响有关。四，逐臣别诗在词语、意象等的选择和使用上，也有其不同于普通别诗的一些特点。② 刘禹锡从政治权力的巅峰跌入谷底，经受长达二十三年的贬谪岁月，不可谓不哀怨苦闷，他在《楚望赋》云：“眸子不运，坐陵虚无。岁更周流，时极惨舒。”③《谪居悼往二首》其一云：“悒悒何悒悒，长沙地卑湿。楼上见春多，花前恨风急。猿愁肠断叫，鹤病翘趾立。牛衣独自眠，谁哀仲卿泣。”其二云：“郁郁何郁郁，长安远于日。终日念乡关，燕来鸿复还。潘岳岁寒思，屈平憔悴颜。殷勤望归路，无雨即登山。”④ 这些诗歌都极写谪居抑郁愁苦与百无聊赖。他在《上杜司徒启》中说：“一自谪居，七悲秋气。越声长苦，听者谁哀？汤网虽疏，久而犹诖。失意多病，衰不待年。心如寒灰，头有白发。……自同类牵复，又已三年。”⑤ 凄楚苦闷的弃置感与荒芜感强烈如此。白居易《酬梦得贫居咏怀见赠》也描写了刘禹锡被弃置蛮乡时的艰苦寥

---

① 陶敏，等. 刘禹锡全集编年校注［M］. 长沙：岳麓书社，2003：120.

② 尚永亮. 唐五代逐臣与贬谪文学研究［M］. 武汉：武汉大学出版社，2007：498.

③ 陶敏，等. 刘禹锡全集编年校注［M］. 长沙：岳麓书社，2003：933.

④ 陶敏，等. 刘禹锡全集编年校注［M］. 长沙：岳麓书社，2003：119.

⑤ 陶敏，等. 刘禹锡全集编年校注［M］. 长沙：岳麓书社，2003：956.

落："岁阴生计两蹉跎，相顾悠悠醉且歌。厨冷难留乌止屋，门闲可与雀张罗。病添庄写吟声苦，贫欠韩康药债多。日望挥金贺新命，俸钱依旧又如何！"① 困顿如此，何以在"多情自古伤离别"的情境之下，刘禹锡竟几乎没有哀怨的表达？笔者认为这主要是由他的送别对象决定的。方外之僧人四海为家、性情豁达，不为凡世俗情所羁绊。刘禹锡在给他们的送别诗中并不表达自己谪居的苦恨牢骚，而是赞赏僧人超逸的德行，记述自己与僧侣交游的生活细节，或谈诗论道，或悠游对奕，或参悟佛理……刘禹锡的佛学修养和方外之交也使他对离别有了更通达的理解，《赠别君素上人》云："穷巷唯秋草，高僧独扣门。相欢如旧识，问法到无言。水为风生浪，珠非尘可昏。去来皆是道，此别不销魂。"② 在刘禹锡看来，与僧人的离别不仅没有悲伤，甚至还是快乐的，《砻溪诗话》云："梦得云：去来皆是道，此别不销魂。……此等诗皆通彻无碍，释氏所谓具眼也。"③ 正因为刘禹锡对离别的通达理解，他的谪中送别诗具有了与其他贬谪送别诗不一样的内容与风格。

二、僧人对刘禹锡贬谪送别诗的传播意义

古人被贬多半心怀冤屈，对传递心声的渴望和对被遗忘的恐惧往往占据着其内心。刘禹锡在贬谪期间心怀着重新被起用的愿望，在朗州、连州时一直没有停止过在政治上为自己辩解。他要将自己的心声传达出去，一方面通过《上杜司徒书》《上淮南李相公启》《上杜司徒启》等书启直接向京中官员求援，另一方面通过给过往友人写送别诗从而使自己作品得到传播以引起关注。戴伟华在《唐代使府与文学研究》中指出，送别诗不同于其他题材的诗歌正在于其传播过程，送别诗是为送别某人而作，其被送对象必然成为这首诗的第一位读者，实际的读者远不止一人，从唐诗送别题材的文化背景来考察，送别诗是具有实用功能的，那就是被送者会将这些送别诗带至目的地而呈送给当地的关系人，并希望得到关照。④ 尚永亮在《唐五代逐臣与贬谪文学研究》中认为，地处偏远的贬谪诗人，通常会抓住送别行人入京的机会，写送别诗让行人传播到京师，以达到向当权者陈情的目的，并希望得到谅解和起用。逐臣对送别诗的传播作用有着明确的意识，所以他们在创作时必然深思熟虑，精心结

① 顾学颉．白居易集［M］．北京：中华书局，1979：791.
② 陶敏，等．刘禹锡全集编年校注［M］．长沙：岳麓书社，2003：191.
③ 黄彻．砻溪诗话［M］．北京：人民文学出版社，1986：109.
④ 戴伟华．唐代使府与文学研究［M］．桂林：广西师范大学出版社，2007：133.

撰，以达到最佳的传播效果。他们必须创作能让君主和当权者同情甚至怜悯进而被感动的作品，以达到影响受传者的目的。[①] 对于刘禹锡而言，他所接触到的远行者多为僧人，他们理所当然是最佳的诗歌传播者。

中唐佛教逐渐世俗化之后，僧侣好风雅，多能诗，他们尚结交和干谒文人名士、达官贵人，又喜在临别时索要送别诗。这些云游四方、居无定所的僧人们对诗歌传播具有重要的作用。刘禹锡长庆中在夔州时作《送鸿举师游江西》，序云："始余谪朗州，尔时是师振麻衣，斐然而前，持文篇以为僧贽，唧唧而清，如虫吟秋，自然之响，无有假合，有足足佳者，故为赋二章以声之。距今年，遇于建平，赤髭益蕃，文思益深，而内外学益富。既讯矣，探裓中出前所与诗阅之，纸劳墨瘁，与我同来。"[②] "二章"指的是元和九年在朗州所作的《秋日过鸿举法师寺院便送归江陵》和《重送鸿举赴江陵谒马逢侍御》，经过了十余年，鸿举云游之处不可胜数，他一直把这些诗带在身上，作为自己与文人士大夫交往时的宣传之资，这对于刘禹锡诗歌传播无疑是功劳巨大的。

刘禹锡意识到僧人对诗歌传播的重要性，精心结撰送别诗。这体现在两方面：其一是对诗序的充分运用。刘禹锡贬谪期间的送僧诗，除了古体长诗《观棋歌送儇师西游》外皆有序，而观其非贬谪时期的送僧诗（包括送其他对象的诗歌）则无序且多为五七言短制，可见刘禹锡在贬谪期间的送别诗序是有意而为，这种有意是为传播的需要。"题序以较大的篇幅叙述了创作背景和旨意，即表明创作者对于读者的介入已由潜在的考虑转向直接的导读。"[③] 董乃斌认为，在社会生活中，人们有一种必须得到满足的叙事需求，便是在以抒情为主的诗歌中，也有这种叙事需求。比如"汉儒对于《诗经》本义本事的多方解说，历代诗人为自己诗作所写的长短不一的小序，《云溪友议》《本事诗》之类专门记述诗歌本事著作之出现，历代笺释家对于前人诗作本事的钩稽和揣测等等，则说明追索隐藏于含事与咏事之作背后的事实，实乃文学生活中普遍而顽强的需求。"[④] 吴承学认为，诗序产生的社会需要心理与此同理，诗人用诗题与诗序的制作来说明作诗的场合、目的、时间、地点、原因等，既是出于传播的目的，也是为了满足社会的需求心理。[⑤] 刘禹锡毫不吝惜笔墨地采用纪实性的序文直接反映自己谪居的生活片段，充分地反映诗歌的创作背

---

① 尚永亮．唐五代逐臣与贬谪文学研究［M］．武汉：武汉大学出版社，2007：550．

② 陶敏，等．刘禹锡全集编年校注［M］．长沙：岳麓书社，2003：306．

③ 黄小珠．论诗歌长题和题序在唐宋间的变化——以杜甫、白居易、苏轼为中心［J］．江海学刊，2014（6）：192－199．

④ 董乃斌．现代小说观念与中国古典小说［J］．文学遗产，1994（2）：100－107．

⑤ 吴承学．论古诗制题制序史［J］．文学遗产，1996（5）：10－20．

景、创作意图，并力图详细地反映交游的细节，包括时间、地点、人物、过程、事件、谈话，目的就是让诗歌接受者更加了解自己。《送周鲁儒赴举》云："古文人无避事，即有而书之，尚实也。"这正是他在贬谪时创作送别诗的心态。刘禹锡回归长安、洛阳之后，主要为官员赴任而创作送别诗，其诗形式整饬且模式化严重，徒有佳句，不见情思。贺裳云："梦得佳诗，多在朗、连、夔、和时作。主客以后，始事疏纵。"① 于送别诗的创作情况而言亦是如此。相比之下，可见出刘禹锡在贬谪时期创作送别诗的用心，其出发点也正是意识到僧人对其诗歌的传播作用。

其二是对诗歌技艺的重视。刘禹锡对送僧诗的创作是不遗余力的，《观棋歌送儇师西游》就是刘禹锡所作的一首很成功的观棋诗，历来为人们所称赞。其诗末句"蔼蔼京城在九天，贵游豪士足华筵。此时一行出人意，赌取声名不要钱"② 正点出儇师将到京城与棋坛们一争高下这一事实。那么儇师到京城，必将用此诗为自己造势，此诗也将在京城快速传播并赢得赞誉。吴迪华、戴伟华对此诗解读得贴切，刘禹锡"以千钧之力来书写这一场围棋的对弈，会为之倾注这么多的才气和笔墨，最主要的目的也不是展现儇师的棋艺，而是展现刘禹锡他自己的诗艺"③。

刘禹锡贬谪期间还有五首为士子而作的送别诗，这些诗或有序，或为古体长制，也可以认为是为传播而有意结撰的结果。与送僧诗不同的是，在送士子，尤其送进京赴举的士子所作诗中，刘禹锡比较含蓄地加入自己的人生遭际。元和三年，刘禹在朗州送别韦道冲秀才进京赴制举，他在《送韦秀才道冲赴制举》一诗中花了三分之一的篇幅句句用典，隐晦地倾诉自己谪居的苦愁："惊禽一辞巢，栖息无少安。秋扇一离手，流尘蔽霜纨。故侣不可追，凉风日已寒。远逢杜陵士，别尽平生欢。逐客无印绶，楚江多芷兰。因居暇时游，长铗不复弹。阅书南轩霁，绢瑟清夜阑。万境身外寂，一杯腹中宽。"④《新唐书·选举志上》："唐制：取士之科，多因隋旧，然其大要有三……其天子自诏者曰制举，所以待非常之才焉。"⑤ 应制举者直接面见皇上，他所携带的送别诗或有直达圣听的可能，刘禹锡通过这样的透露，以使当局者了解自己的境况与心声。

---

① 贺裳. 载酒园诗话又编［M］//郭绍虞. 清诗话续编. 上海：上海古籍出版社，1983.

② 陶敏，等. 刘禹锡全集编年校注［M］. 长沙：岳麓书社，2003：271.

③ 吴迪华，戴伟华. 强弱势文化视野观照下刘禹锡的连州文学创作［J］. 广州广播电视大学学报，2013（4）：61－65.

④ 陶敏，等. 刘禹锡全集编年校注［M］. 长沙：岳麓书社，2003：83.

⑤ 欧阳修，宋祁，等. 新唐书：卷四十四［M］. 北京：中华书局，1975：1159.

三、刘禹锡对僧人干谒的态度

通过上文的分析可见，贬谪期间的刘禹锡为前来拜访谒见的僧人写送别诗之态度可谓认真。然而，刘禹锡对待僧人干谒的态度究竟如何呢？

瞿蜕园认为刘禹锡“送僧诗以在朗州时所作为多……在朗州所作，虽聊以资应酬，然诗多工妙，盖迁谪中姑以自遣耳”，认为刘禹锡对僧人求送别诗是敷衍应酬的态度，而对游僧干谒之风常有批评之微词。试举例如下：

《海阳湖别浩初师》，瞿按：“禹锡之文似于浩初有微词。所谓‘亦自多其术，尤勇于近达者而归之’，又以诗棋二道为足以取幸于士大夫，盖明其人为江湖游客耳。”①

《送僧元暠南游并引》引元暠言：“今闻南诸侯雅多大士，思扣以苦调而希其末光，无容至前，有足悲者。”笺证：“宗元时在永州谪籍中，而禹锡谓此僧犹欲扣以苦调而希其末光，游僧乞食之无聊可以概见。”②

《送如智法师游辰州兼寄许评事》，瞿按：“此乃代如智向许评事作竿牍，词意浅率，其人盖不足道者，以下各篇亦多类此。”③

《秋日过鸿举法师寺院便送归江陵》，瞿按：“诗意专从游寺著笔，盖亦其人有所不足而勉强酬应者。”④

《重送鸿举赴江陵谒马逢侍御》，瞿按：“鸿举盖犹以前诗为未足，复乞一诗以为竿牍，游僧之习气如此。”⑤

《赠别约师》，瞿按：“韩愈集有《和归工部送僧约》诗云：‘早知皆是自拘囚，不学因循到白头。汝既出家还扰扰，何人更得死前休。’旧注云：‘工部，归登也。约，荆州人。详见刘梦得集。’此诗序云‘约市井生而云鹤性’，盖与韩皆不甚许之之词。其人既与柳宗元同居永州佛寺有年，今复往谒之于柳州，而柳集中未尝涉及。”⑥

《送景玄师东归并引》，瞿按：“此僧之诗固不足道者，而禹锡赠句乃隽逸乃丽，其人借此得传矣。引中云今无他请，唯文是求，可见当时游僧处处乞布

① 瞿蜕园．刘禹锡集笺证［M］．上海：上海古籍出版社，1989：968.
② 瞿蜕园．刘禹锡集笺证［M］．上海：上海古籍出版社，1989：953.
③ 瞿蜕园．刘禹锡集笺证［M］．上海：上海古籍出版社，1989：953.
④ 瞿蜕园．刘禹锡集笺证［M］．上海：上海古籍出版社，1989：958.
⑤ 瞿蜕园．刘禹锡集笺证［M］．上海：上海古籍出版社，1989：959.
⑥ 瞿蜕园．刘禹锡集笺证［M］．上海：上海古籍出版社，1989：971.

施，有应接不暇之苦。"①

陈尚君在《瞿蜕园解读刘禹锡的人际维度——瞿蜕园〈刘禹锡集笺证〉评述》一文中说："瞿蜕园早年即成长于同光余风的氛围内，于骈散文和古今体诗皆称擅场，特别善于体会微妙的人际应酬和复杂的政治角逐中的含蓄表达，何况他的先人曾深陷政争，他本人又曾长期周旋官场，这些独特的经历和学养使他的解诗能有许多切肤凿骨的揭发。"② 正如陈尚君所言，瞿蜕园先生才华横溢，在秦汉史料、历史掌故、社会风俗、方志编纂、职官制度、唐诗文笺证等方面造诣独到，其对刘禹锡作品中人际关系的深入解读也让后人对他的治学方法折服赞叹。然而在解释刘禹锡对僧人干谒的态度方面，笔者认为瞿蜕园先生有过度解读之嫌。

从刘禹锡个人经历而言，刘禹锡与僧人交往密切是从青少年时代就开始了，这种交游的热情一生未减。刘禹锡年少时代从皎然、灵澈等学诗。仕途失意后，刘禹锡与僧人的交往更为密切，《送僧元暠南游》序云："予策名二十年，百虑而无一得，然后知世所谓道无非畏途，唯出世间法可尽心耳。由是在席砚者多旁行四句之书，备将迎者皆赤髭白足之侣。"③ 可见在贬谪期间，刘禹锡喜书写佛教偈句经典，结交迎送多僧侣。他在与僧侣的交往间悟诗道、悟佛道，且援佛入儒。刘禹锡自谓："昔予习《礼》之《中庸》，至不勉而中，不思而得，惧然知圣人之德，学以至于无学。然而斯言也，犹示行者以室庐之奥耳。求其经术而布武未易得也。晚读佛书，见大雄念物之普，级宝山而梯之。高揭慧火，巧熔恶见，广疏便门，旁束邪径。其所证入如舟沿川，未始念于前而日远矣。夫何勉而思之邪？是余知突奥于《中庸》，启键关于内典。会而归之，犹初心也。"（《赠别君素上人并引》）④ 在与君素上人交往时，他解决了读《中庸》时没有解决的问题。《送义舟师还黔南》中的义舟，自称"蕃僧"，或为西域少数民族或外国僧人，他"能画地为山川，及条其风俗，纤悉可信"，刘禹锡欣赏其言可打破近人夸张地描述黔州之地的幽荒的妄语。刘禹锡的许多心得与见闻得之于与僧人的交往，反过来又提高了与僧人交往的热情。刘禹锡一生交结的僧人，借方外高士之名，投谒公侯权贵，博取名利者众多，皎然、灵澈以及精通棋艺的儇师皆不例外。如若刘禹锡对这一类僧人怀鄙弃之心，却与他们谈佛论道、游赏林泉、泛舟对弈，并且常常交谈到"世间

---

① 瞿蜕园．刘禹锡集笺证［M］．上海：上海古籍出版社，1989：977.

② 见2015年11月22日"纪念刘禹锡赴任连州1200周年暨刘禹锡学术研讨会"中陈尚君会议论文《瞿蜕园解读刘禹锡的人际维度——瞿蜕园〈刘禹锡集笺证〉评述》。

③ 陶敏，等．刘禹锡全集编年校注［M］．长沙：岳麓书社，2003：120.

④ 陶敏，等．刘禹锡全集编年校注［M］．长沙：岳麓书社，2003：191.

人尽睡”，临别又大费周章地作诗为序，不厌其烦地铺写彼此交往的细节，赞美他们的诗才与佛德，岂不矛盾?

从还原文本的角度而言，刘禹锡创作的送僧诗并序并非含沙射影、语出讥讽。针对上举第一例《海阳湖别浩初师》，将“亦自多其术，尤勇于近达者而归之”放回原文，可知在描述浩初时，刘禹锡对其人其事是颇为赞赏和鼓励的。其文曰：

潇湘间无土山，无浊水，民乘是气，往往清慧而文。长沙人浩初，生既因地而清矣，故去荤洗虑，剔颠毛而坏其衣。居一都之殷，易与士会，得执外教，尽捐苛礼。自公侯守相，必赐其清问，耳目灌注，习浮于性。而里中儿贤适与浩初比者，婴冠带，豢妻子，吏得以乘陵之，汩没天慧，不得自奋，莫可望浩初之清光于侯门上坐，第自吟羡而已。浩初亦自多其术，尤勇于近达者而归之。往年，之临贺，唁侍郎杨公，留岁余，公遗七言诗，手笔于素。前年，省柳仪曹于龙城，又为赋三篇，皆章书。今复来连山，以前所得双南金出于褫，亟请余赓之。按师为诗颇清，而弈棋至第三品，二道皆足以取幸于士大夫，宜薰余习以深入也。会吾郡以山水冠世，海阳又以奇甲一州，师慕道，于泉石宜笃，故携之以嬉。及言旋，复引与共载于湖上，奕于树石间，以植沃洲之因缘，且赋诗，具道其事。①

若果真如瞿先生所言，刘禹锡反对僧人事干谒，出语讥讽浩初“亦自多其术，尤勇于近达者而归之”且以诗棋“取幸于士大夫”，则后面他便不会鼓励浩初再深入地薰习佛教义理之外的余习，以有进一步的提高，也不会与浩初“携之以嬉”，又“复引与共载于湖上，奕于树石间，以植沃洲之因缘”，更不会相约“它年买山处，似此得隳官”了。以刘禹锡豪健的个性，若他嫌恶干谒之僧人，大可轻率打发，不必假意逢迎与之亲昵欢愉如此。

又第二例，瞿蜕园认为，柳宗元正在贬谪困顿中，元暠却“扣以苦调而希其末光”，刘禹锡对此表示不喜。事实上，僧人习尚如此，刘禹锡当不以之为“乞食之无聊”，反之，刘禹锡对元暠是抱有同情的。元暠不仅有很深的佛学修养，而且很有孝心，直至年老仍惦念为父母迁葬之事以至于“隳形”。刘禹锡听了他的事，“力不足而悲有余”，并在这种情况下把元暠引荐给柳宗元。若刘禹锡认为元暠其人索文乞诗“无聊”，元暠之事便不足以触动他的情愫了。

---

① 瞿蜕园．刘禹锡集笺证［M］．上海：上海古籍出版社，1989：965.

再如刘禹锡大和六年在苏州所作《送霄韵上人游天台》云:“曲江僧向松江见,又道天台看石桥。鹤恋故巢云恋岫,比君犹自不逍遥。”① 瞿按:“诗云:‘鹤恋故巢云恋岫,比君犹自不逍遥。’此反言以讥游僧。曲江之僧既往吴又往越,何云鹤可言?即韩愈所谓‘当既出家还扰扰’之意。”② 此诗含义是很明了的。古人喜将方外之人比作闲云野鹤,刘禹锡认为,闲云尚且恋岩岫,野鹤尚且恋故巢,而霄韵上人本是长安慈恩寺僧,此时在吴地之松江,听闻他又将去越地之天台山,霄韵上人无所依恋,闲云野鹤也没有霄韵上人逍遥自由呀。瞿先生之解以为刘禹锡诗意与韩愈同,却不分辨韩愈是主张排佛的。

从刘禹锡的送僧人诗序中,我们还可以看出诗人笔下的游僧都是个性鲜明、形象生动的,如《送景玄师东归并引》云:

> 庐山僧景玄袖诗一轴来谒,往往有句轻而遒。如鹤雏襬褷,未有六翮,而步舒视远,戛然一唳,乃非泥滓间物。献诗已,敛袂而辞,且曰:“其来也,与故山秋为期。夫丐者,僧事也。今无它请,唯文是求。”故赋一篇,以代璎珞耳。③

刘禹锡笔下,一个“心爱当时才子诗”的小和尚形象呼之欲出,他的诗虽然还只是像小鹤一样羽翼未丰,但已经具有了超凡的气概。对此,刘禹锡语句间充满了爱护和鼓励,想必并不如瞿先生所揣测,认为刘禹锡对景玄“唯文是求”处处乞布施的行为感到“应接不暇之苦”。其他例子,亦大概如此,不一一列举。

从还原历史的角度看,中唐时僧人干谒之风盛行,世人不以为怪。中唐的皇帝,除了武宗皆佞佛,朝野上下亦佞佛成风。在中唐佛教世俗化的过程中,僧人有意识地磨炼诗文以广交文人士大夫,更有以“外学”得以被召入宫廷,成为御用文人的僧人,如僧子兰、僧鸳、广宣、栖白、定法师、次融、玄观、鉴供奉、章供奉、节供奉、吴国西供奉、文秀。刘禹锡在《送慧则法师归上都因呈广宣上人》所问候的广宣便是在元和、长庆两朝为内廷供奉,并被赐居国安寺红楼院。《宋高僧传》云:“(皎然)凡所游历,京师则公相敦重,诸郡则邦伯所钦。”皎然死后,有集十卷,朝廷“敕写其文集入于秘阁,天下荣

---

① 瞿蜕园. 刘禹锡集笺证[M]. 上海:上海古籍出版社,1989:974.
② 瞿蜕园. 刘禹锡集笺证[M]. 上海:上海古籍出版社,1989:975.
③ 瞿蜕园. 刘禹锡集笺证[M]. 上海:上海古籍出版社,1989:976.

之”①。在统治者的鼓励和支持下，僧人更视诗文为求名索利的捷径。因此唐代僧人与士大夫交往，亦多以诗文相投，刘禹锡《送鸿举师游江西》序云：“始余谪朗州，尔时是师振麻衣，斐然而前，持文篇以为僧贽。”汤用彤云：

> 盖魏晋六朝，天下纷崩，学士文人，竞尚清谈，多趋遁世，崇尚释教，不为士人所鄙，而其与僧徒游者，虽不无因果福利之想，然究多以谈名理相过从。及至李唐奠定宇内，帝王名臣以治世为务，轻出世之法。而其取士，五经礼法为必修，文词诗章为要事。科举之制，遂养成天下重孔教文学，轻释氏名理之风，学者遂至不读非圣之文。故士大夫大变六朝习尚，与僧人游者，盖多交在诗文之相投，而非在玄理之契合。②

当时文人士大夫对于僧人与士大夫交游的目的，大多并不抱批评的态度。即使偶有责难，也并不是因为他们干谒权贵左右逢源，而是因为僧人以诗文著称，挑战了士大夫在诗文传承中的正统地位。唐代文士赵璘《因话录》云：

> 元和以来，京城诸僧及道士，尤多大德之号。偶因势进，则得补署，遂以为头衔。各因所业谈论，取本教所业，以符大德之目，此犹近于理。至有号文章大德者。夫文章之称，岂为缁徒设耶？讹亦甚矣！③

事实上，诗僧与文人的交游是一种互利的行为，“诗僧与文士的交往对于双方都有好处。就文士而言，结交诗僧一来可通禅悦，二来可长诗艺，三来可传清名。……反过来，诗僧从文士那里也所得甚丰。且不论‘宗风实处都成教，慧业通来不碍尘’三教都可以会通，结交尘俗当然也就有助于禅教慧业。仅仅就学诗而言，借助于文士的指点、引牵，诗僧便可以增进诗艺，获取功名”④。在这样一种风气氛围之中，刘禹锡并没有对僧人干谒、求文等行为表示不满的理由，在他的诗文中也没有找到相关证据。

综上所述，笔者认为刘禹锡对僧人索取送别诗并非持敷衍应酬的态度，他对游僧干谒之风也并无批评之意，这与他在贬谪期间大量创作送别僧人的序文与精心结撰送僧诗的行为是一致的。在文学作品传播接受的过程中，读者对作

---

① 赞宁撰，范祥雍点校．宋高僧传［M］．上海：上海古籍出版社，2014：666.

② 汤用彤．隋唐佛教史稿［M］．北京：北京大学出版社，2010：30.

③ 赵璘．因话录［M］．北京：中华书局，1985：25.

④ 覃召文．禅月诗魂——中国诗僧纵横谈［M］．北京：生活·读书·新知三联书店，1994：156.

者意图的理解会出现误差甚至背离，这种误差与背离通常是因为受到读者的时代背景、身世背景、学术背景、宗教信仰等因素的影响。从瞿蜕园对刘禹锡送僧诗的解读可看出，瞿蜕园先生本人对游僧并无好感，个中原因还有待相关材料论证。

（作者单位：华南师范大学）

论刘禹锡谪守连州期间的诗歌创作

肖瑞峰

继朗州（今湖南常德）十年之后，刘禹锡又在连州（今广东连州市）度过了五年的贬谪生活。这是刘禹锡诗歌创作的又一重要发展时期。然而，较之其朗州诗作备承关注的状况，连州诗作则鲜见论者寻绎。有鉴于此，本文拟对刘禹锡谪守连州期间的诗歌创作进行全面梳理和系统考察，以期弥补前贤语焉未详之缺憾。

一

把谪守连州时期与贬居朗州时期相比较，可以发现，刘禹锡不断将探求的触角伸向新的题材领域：如果说朗州十年，他用力最勤的是揭露政敌的讽刺寓言诗，而以《百舌吟》《聚蚊谣》等为代表的话，那么，连州五年，最具特色的则是歌颂平藩胜利的政治诗，而以《平蔡州三首》和《平齐行二首》为代表。

谪守连州期间，刘禹锡很少创作鞭挞邪恶、伸张正义的寓言诗，痛快淋漓地对政敌予以冷嘲热讽，以至于裂眦的嬉笑之怒，让他们感到胆战心惊。现在可以确认写于连州的诗作中，只有《飞鸢操》一首算得上是严格意义上的讽刺寓言诗。但这并不意味着在纷至沓来的打击下，刘禹锡已销铄了他的锋芒，而是因为形势发生了他意想不到的变化——就在诗人谪守连州的第三年，久未奏克获之功的平藩战争取得了重大胜利：裴度、李愬率军一举攻占蔡州，捣毁了淮西叛军的老巢，生擒了盘踞蔡、光、申三州达三十年之久的叛军头目吴元济。这一国家政治生活中值得庆贺的大事，使刘禹锡倍感欢欣鼓舞。时隔一年，又传来了平定淄青的消息。淄青节度使李师道割据淄（今山东淄川）、青（今山东益都）十二州之地，骄横跋扈，为所欲为，曾派人刺死力主削藩的宰相武元衡、刺伤朝廷重臣裴度。他被剿灭的消息传来后，刘禹锡自称“庆快之诚，倍万群品”①。在欢庆胜利之际，刘禹锡对朝廷的宿怨有所消解。为了

---

① 刘禹锡著，瞿蜕园笺证．刘禹锡全集［M］．上海：上海古籍出版社，1989：356.

祝贺淮西和淄青大捷，始终感应时代潮汐的刘禹锡泼墨如注，相继写成《平蔡州三首》《城西行》《平齐行二首》等一系列诗篇。这样，他的创作重点便很自然地由揭露政敌的讽刺寓言诗转移到歌颂平藩胜利的政治诗。这种转移既是为他的创造精神所驱使，多少带有开拓新的艺术领域的主观意图，更是由于风起云涌的国家形势的推动。时代给他提供了新的题材、新的驰骋才力的天地，于是他便暂时藏掖起那犀利的锋芒，用充满热情的歌喉，与时代精神取得和谐的共鸣。

刘禹锡自己对《平蔡州三首》等歌颂平藩胜利的政治诗是非常看重的。当时，几乎所有的文坛高手都曾试手这一题材。韩愈写有《平淮西碑》，柳宗元写有《平淮西雅》。刘禹锡认为，“韩碑”“柳雅”“刘诗”可以并传不朽。据王谠《唐语林》载，刘禹锡曾经说过：

> 韩碑柳雅，予诗云：“城中晨鸡喔喔鸣，城头鼓角声和平。”美李尚书愬之入蔡城也，须臾之间，贼都不觉。又诗落句言：“始知元和十二载，四海重见升平时。”所以言十二载者，因以记淮西平之年。[①]

唯恐别人不能领略其中的妙谛，竟至不避自诩之嫌，亲自出来指点一番，可知这是他的得意之作。

的确，刘禹锡歌颂平藩胜利的政治诗是独具匠心、耐人寻味的。诗人准确地把握住了“典型环境”和“典型人物”的关系，将淮西、淄青大捷放在广阔的时代背景上加以表现，巧妙运用以虚衬实、即小见大、化浓为淡等艺术辩证法，以夸张之笔渲染平藩将士的声威，以空灵之笔描绘叛区生民的欢欣，以精警之笔揭示平藩之捷的意义；既讴歌现实的胜利，又展示理想的画图，从而达到了现实主义史笔与浪漫主义诗笔的高度统一。

《平蔡州三首》其一云：

> 蔡州城中众心死，袄星夜落照河水。汉家飞将下天来，马棰一挥门洞开。贼徒崩腾望旗拜，有若群蛰惊春雷。狂童面缚登槛车，太白天矫垂捷书。相公从容来镇抚，常侍郊迎负文弩。四人归业闾里间，小儿跳浪健儿舞。[②]

---

① 王谠撰，周勋初校证．唐语林校证［M］．北京：中华书局，1987：318.

② 刘禹锡著，瞿蜕园笺证．刘禹锡全集［M］．上海：上海古籍出版社，1989：764.

这是写收复蔡州的经过，用笔生动、凝练而又略事夸饰。前六句写奇袭蔡州，以“贼徒”的惊惧反衬李愬的勇武。后六句写镇抚蔡州，以“四人”的怡悦烘托裴度的从容。所谓“两两相形，以整见劲”，或许正是指这种笔法。这里，写得最有气势的还是“汉家飞将”以下四句：马鞭挥时，高城崩缺；军旗指处，群贼乞降。这既暗示用兵的神速，又见出平藩将士的赫赫声威和正义力量的势不可挡。我们可将它与《平齐行二首》中的“春来群乌噪且惊，气如坏山堕其庭”①“帐中虏血流满地，门外三军舞连臂”② 加以比照并观。

《平蔡州三首》其二云：

汝南晨鸡喔喔鸣，城头鼓角音和平。路傍老人忆旧事，相与感激皆涕零。老人收泣前致辞，官军入城人不知。忽惊元和十二载，重见天宝承平时。③

“汝南”二句寓奇崛于平易：雄鸡啼鸣，象征着蔡州生民终于重见天日；鼓角平和，则昭示着蔡州城内的安宁，此为“兴而比”也。一场战事过后，不仅没有给蔡州带来任何破坏，反倒使它呈现出一派升平景象，这不能不归功于李愬的指挥得当，所以这两句也是“尽李愬之美”④。“路傍老人”以下则是从前一首结尾“四人归业闾里间，小儿跳浪健儿舞”的典型场面中推出的一个特写镜头。在欢庆胜利之际，路旁老人痛定思痛，竟情不自禁地哭泣。可见藩镇作乱给百姓带来的灾难有多深重，百姓要求平定叛乱的愿望有多强烈！吴氏父子割据蔡州期间，除巧取豪夺、敲骨吸髓外，还用各种苛酷法令来戕害百姓。《资治通鉴·唐纪五十六》说：

吴氏父子阻兵，禁人偶语于涂。夜不然烛，有以酒食相过从者罪死。⑤

蔡州人民长期生活在水深火热之中。如今，随着叛乱的平定、苛法的废除，苦难的岁月终已过去，饱经沧桑的“路傍老人”怎能不抚今思昔、泪飞如雨？又怎能不深深地感激使他们获得解放的“官军”？诗人通过这一细节，

---

① 刘禹锡著，瞿蜕园笺证．刘禹锡全集［M］．上海：上海古籍出版社，1989：768.
② 刘禹锡著，瞿蜕园笺证．刘禹锡全集［M］．上海：上海古籍出版社，1989：768.
③ 刘禹锡著，瞿蜕园笺证．刘禹锡全集［M］．上海：上海古籍出版社，1989：765
④ 胡仔纂集，廖德明校点．苕溪渔隐丛话：前集［M］．北京：人民文学出版社，1962：135.
⑤ 司马光．资治通鉴［M］．北京：中华书局，1956：7744.

生动地启示人们：削平藩镇，不仅有利于国家统一，而且能使百姓得以安居乐业，符合广大民众的根本利益。这正是诗人主张平藩的原因，也正是平藩之捷的意义。

《平蔡州三首》其三云：

> 九衢车马浑浑流，使臣来献淮西囚。四夷闻风失匕箸，天子受贺登高楼。妖童擢发不足数，血污城西一抔土。南风无火楚泽间，夜行不锁穆陵关。策勋礼毕天下泰，猛士按剑看常山。①

在这里，不仅时间已大大向前推移，地点也由蔡州转换为车水马龙的京城。那献囚阙下和妖童伏诛的盛大场面，虽然同样出于诗人的想象和虚拟，却有声有色，历历如见。但诗人的主要意图还不是表现这些，而在于由此引出淮西之捷的深远影响。"四夷闻风失匕箸"，仅此一笔，便将藩镇们的惊慌失措之态披露无遗；而由他们的惊慌失措，不难看出淮西之捷巨大的威慑力量。"南风无火"以下三句写淮西之捷初步奠定了全国一统、天下归安的局面，各路藩镇再也不敢据险作乱，轻启战衅。这仍然是从侧面揭示淮西之捷的影响，其中不无理想主义的成分。结句笔锋一转，又生发出新的意蕴。常山，即恒山。当时，只有驻兵恒山的承德军节度使王承忠企图负隅顽抗。诗人写平藩将士按剑怒视恒山之敌，期待着新的征伐命令，实际上是劝谏朝廷：应趁眼前的大好时机，一鼓作气，荡平藩镇。这样，全诗就不仅是胜利的颂歌，同时也成为催征的号角了。这正是它不同凡响的地方。所以，清人翁方纲《石洲诗话》认为"叙淮西事，当以梦得此诗为第一"②，并称赞它"以竹枝歌谣之调，而造老杜诗史之地位"③。

《平齐行二首》笔调相似，而篇幅略事增广，更见淋漓顿挫。《城西行》则聚焦于被押赴城西行刑的叛军将领，刻意渲染"中使提刀出禁来，九衢车马轰成雷"④ 的狂热场面和"守吏能然董卓脐，饥乌来觇桓玄目"⑤ 的惨厉细节，与韩愈的《元和圣德诗》有异曲同工之妙，且同样稍嫌血腥。

---

① 刘禹锡著，瞿蜕园笺证．刘禹锡全集［M］．上海：上海古籍出版社，1989：764.
② 翁方纲．石洲诗话［M］．北京：人民文学出版社，1981：55.
③ 翁方纲．石洲诗话［M］．北京：人民文学出版社，1981：55.
④ 刘禹锡著，瞿蜕园笺证．刘禹锡全集［M］．上海：上海古籍出版社，1989：770.
⑤ 刘禹锡著，瞿蜕园笺证．刘禹锡全集［M］．上海：上海古籍出版社，1989：770.

二

诸如此类的“颂诗”都创作于平藩告捷、举国欢腾之后。这之前，刘禹锡仍不免写作一些“怨诗”与“愤诗”，而其抱怨和泄愤的对象则是当朝宰相武元衡。

刘禹锡与武元衡的关系十分微妙。他们视彼此为政敌，必欲除之而后快，有机会下手时绝不留情。但从表面上看，却并不剑拔弩张，并没有撩开温情脉脉的面纱，因为他们既是传统意义上的文人，需要保持温良恭俭让的斯文，又是具有较为丰富的政治历练的官员，讲究斗争策略，擅长虚与周旋的官样文章。他们的政治主张并不完全一致，却也没有什么根本的分歧，至少在抑制藩镇势力、限制宦官权力等问题上，他们其实可以达成共识。然而，就像两颗在不同轨道上运行的星宿一样，他们属于不同的政治营垒、不同的思想体系，因而有着不同的政治利益的诉求。各自的沉浮，直接关系两股政治势力的此消彼长。所以，阻遏对方的政治前途，乃至剥夺对方的政治生命，就不仅仅是本乎个人之间的竞争，而且是出于对政治集团的根本利益的维护。同时，性格本身的差异，使他们不喜对方的行事风格和话语方式，讨厌与对方共处，但因为彼此都是一举一动都备受公众关注的政治人物，又必须进行礼节性的交往，包括诗歌酬唱。这就不能不克制从生理到心理本能的厌恶。这种厌恶积淀到一定程度，就会产生强烈的反弹，以一种近于极端的方式表现出来，即使不酿成公开的指斥，也会化为含蓄的讥刺。

此外，他们还都是驰骋于文坛的著名写手。元和十年前后，刘禹锡已因实际的创作成就而被视为文坛泰斗，而武元衡也因特殊的政治地位而被奉为文坛盟主。在文学圈里，都是振臂一呼应者云集的风云人物。平心而论，武元衡也有着很高的文学造诣，因此，晚唐张为的《诗人主客图》把他列为“瑰奇美丽主”[①]，刘禹锡反倒屈居为“上入室一人”[②]。这当然反映了张为一叶障目的偏见，却也表明在许多后代诗论家心目中，武元衡的地位也不低，只是政治上的志得意满和权高位重，在很大程度上影响了他的创作。当刘禹锡在沅湘之滨体验“穷愁著书”的创作快感时，他却碌碌于政务的处理，汲汲于权力的追逐，无暇亦无意把诗歌创作作为生活的主要内容，当然也就不可能用亲身经历

---

① 丁福保．历代诗话续编［M］．北京：中华书局，1983：98.

② 丁福保．历代诗话续编［M］．北京：中华书局，1983：98.

来验证诗“穷者而后工”① 的定律了。而且，他很快就遭遇不测，死于非命，过早地结束了政治生命和创作生命，其创作实绩自然就远逊于刘禹锡了。不过，既然都是受追捧的文坛领袖，凭借不同的砝码成为重量级人物（刘是“人以文贵”，武是“文以人贵”），难免濡染“文人相轻”的习气，在主观上不自觉地放大自身的优势，而睥睨对方的创作弱项，这也加深了他们之间的隔阂，终于势同水火，互不相容。

作为形式上的僚友与文友，刘禹锡和武元衡共同在朝为官时虽然算不上过从甚密，但也时有往还，维持着表面的热络。刘禹锡有《和武中丞秋日寄怀简诸僚故》一诗，即为当时的酬唱之作。诗中自抒抱负说：“感时江海思，报国松筠心。空愧寿陵步，芳尘何处寻?”② 贬居朗州期间，两人之间的文字联系依然没有中断。元和九年，刘禹锡写有《上门下武相公启》，自诉“某久罹宪网，兀若枯株。当万类咸说之辰，抱穷途终恸之苦”③，希望武元衡能对自己网开一面：“傥重言一发，清议攸同。使圣朝无锢人，大冶无废物。自新之路既广，好生之德远彰。群蛰应南山之雷，穷鳞得西江之水。”④ 再度被贬连州后，明知是武元衡从中作祟，刘禹锡却佯装不察，写下《谢门下武相公启》，先悲悯自身之不幸：“某一坐飞语，废锢十年。昨蒙征还，重罹不幸。诏命始下，周章失图。吞声咋舌，显白无路。”⑤ 然后感谢对方在关键时刻援手救助：“岂谓乌鸟微志，恻于深仁。恤然动拯溺之怀，煦然存道旧之旨。言念觳觫，慰安苍黄。推以恕心，期于造膝。重言一发，叡听克从。回阳曜于肃杀之辰，沃天波于蹭蹬之际。俾移善地，获奉安舆。”⑥ 这除了显示出政治斗争的复杂性和政治人物的多面性以外，还说明刘禹锡固然疾恶如仇，对敌对势力不肯稍屈，却同样长于斗争艺术和斗争策略，必要时也不惜韬光养晦。

刘禹锡在谪守连州期间创作的唯一的讽刺寓言诗《飞鸢操》，其指向便是武元衡：

> 鸢飞杳杳青云里，鸢鸣萧萧风四起。旗尾飘扬势渐高，箭头砉划声相似。长空悠悠霁日悬，六翮不动凝飞烟。游鸭翔雁出其下，庆云清景相回旋。忽闻饥乌一噪聚，瞥下云中争腐鼠。腾音砺吻相喧呼，仰天大吓疑鸳

① 欧阳修著，李逸安点校．欧阳修全集［M］．北京：中华书局，2001：612.
② 刘禹锡著，瞿蜕园笺证．刘禹锡全集［M］．上海：上海古籍出版社，1989：1283.
③ 刘禹锡著，瞿蜕园笺证．刘禹锡全集［M］．上海：上海古籍出版社，1989：455.
④ 刘禹锡著，瞿蜕园笺证．刘禹锡全集［M］．上海：上海古籍出版社，1989：456.
⑤ 刘禹锡著，瞿蜕园笺证．刘禹锡全集［M］．上海：上海古籍出版社，1989：462.
⑥ 刘禹锡著，瞿蜕园笺证．刘禹锡全集［M］．上海：上海古籍出版社，1989：462.

雏。畏人避犬投高处，俛啄无声犹屡顾。青鸟自爱玉山禾，仙禽徒贵华亭露。朴遬危巢向莫时，毰毸饱腹蹲枯枝。游童挟弹一麾肘，臆碎羽分人不悲。天生众禽各有类，威凤文章在仁义。鹰隼仪形蝼蚁心，虽能戾天何足贵?①

这首诗由《庄子·秋水》演绎生发而来。《庄子·秋水》中的记载为：

南方有鸟，其名为鹓雏，子知之乎？夫鹓雏，发于南海而飞于北海，非梧桐不止，非练实不食，非醴泉不饮。于是鸱得腐鼠，鹓雏过之，仰而视之曰："吓！"②

庄子以"鸱"影射位居梁国相位、唯恐他人取而代之的惠子。应该说，这本身就是一则讽刺寓言。然而，一经采纳到刘禹锡笔下，不仅情节更为生动曲折，"主角"也换成了"飞鸢"。这只"飞鸢"展翅于"杳杳青云里"，"旗尾飘扬势渐高，箭头砉划声相似"，"游鸭翔雁出其下，庆云清景相回旋"，是那样威风凛凛，目空一切。然而，遗憾的是，"忽闻饥乌一噪聚"，它便全然不顾自己的威仪，"瞥下云中争腐鼠"，不仅欣喜若狂地"腾音砺吻相喧呼"，而且虚张声势地"仰天大吓疑鸳雏"。刘禹锡将手中的诗笔锻炼为犀利的解剖刀，撕破了它的"鹰隼仪形"，使它竭力掩盖的"蝼蚁心"暴露于光天化日之下。显然，诗人正是着眼于飞鸢的"鹰隼仪形"，才选择它来担任自己导演的讽刺剧的主角。诗人所要讽刺的政敌，大多是表里不一、外强中干的伪君子，因而以飞鸢作为托讽材料较鸱鸮更为合适。这首诗写于元和十年武元衡遇刺身亡后，联系当时的政治背景，大致可以确认它是为讽刺武元衡而作。不过，如果将诗中的生动描写与武元衡的实事一一加以比附，却未免忘记了这是艺术创作而非生活实录。

与此诗约写于同时的《代靖安佳人怨二首并引》也暗寓对武元衡的讽刺之意：

靖安，丞相武公居里名也。元和十年六月，公将朝，夜漏未尽三刻，骑出里门，遇盗薨于墙下。初公为郎，余为御史，繇是有旧故。今守于远服，贱不可以诔，又不得为歌诗声于楚挽。故代作《佳人怨》以裨于乐府云。

---

① 刘禹锡著，瞿蜕园笺证．刘禹锡全集［M］．上海：上海古籍出版社，1989：582.

② 郭庆藩撰，王孝鱼点校．庄子集释［M］．北京：中华书局，1961：605.

其一

宝马鸣珂踏晓尘，鱼文匕首犯车茵。适来行哭里门外，昨夜华堂歌舞人。

其二

秉烛朝天遂不回，路人弹指望高台。墙东便是伤心地，夜夜秋萤飞去来。①

武元衡是一直反对永贞革新、敌视“二王刘柳”等革新志士的。因而，当“二王刘柳”主导的革新事业如火如荼时，他是受到排斥的。也正因为如此，视革新为洪水猛兽的宪宗对他青眼相加。革新失败后，他很快便入居相位，权倾朝野。此人心胸狭窄，岂能容得刘、柳等“天下奇才”？刘、柳等人再次被贬逐出京，与他挟嫌报复不无关系。现在他死于非命，对刘禹锡来说，未尝不是福音。这两首诗，哀悼是假，嘲讽是真，用笔比《飞鸢操》更为深曲。武元衡生前位极人臣，炙手可热，一旦亡命，却只赢得路人的窃窃私议，除了失去庇托的佳人偶尔一掬伤心之泪外，只有秋萤陪伴他的寂寞。这就揭示了他是如何不得人心。这里，诗人于冷嘲热讽的同时，多少流露出一丝幸灾乐祸的快意。如果用一句话来概括这两首诗的主题的话，那就是“臆碎羽分人不悲”②。外绝臧否而内藏锋芒，乃其高妙之处。对此，前人早已觉察。宋人葛立方《韵语阳秋》说：“余考梦得为司马时，朝廷欲澡濯补郡，而元衡执政，乃格不行。梦得作诗伤之而托于靖安佳人，其伤之也，乃所以快之与？”③意思是说“伤之”为表，而“快之”为里；“伤之”为虚，而“快之”为实。这是搔着了痒处的。明人胡震亨《唐音癸签》则说：“在风人忠厚之教，总不宜有诗。”④ 这是委婉地批评刘禹锡语含讥刺，有违温柔敦厚的传统诗教，却恰好说明胡氏同样认为，此诗的主旨与其说是“伤之”，不如说是“快之”。

刘禹锡另有一首《有感》诗，取材相同，而命意相近：

死且不自觉，其余安可论？昨宵凤池客，今日雀罗门。骑吏尘未息，铭旌风已翻。平生红粉爱，唯解哭黄昏。⑤

① 刘禹锡著，瞿蜕园笺证．刘禹锡全集［M］．上海：上海古籍出版社，1989：1008.

② 刘禹锡著，瞿蜕园笺证．刘禹锡全集［M］．上海：上海古籍出版社，1989：582.

③ 何文焕．历代诗话［M］．北京：中华书局，1981：505－506.

④ 胡震亨．唐音癸签［M］．上海：古典文学出版社，1957：224.

⑤ 刘禹锡著，瞿蜕园笺证．刘禹锡全集［M］．上海：上海古籍出版社，1989：1452.

事实上，对武元衡遇害这一在朝野掀起轩然大波的突发事件，刘禹锡的态度是复杂的。一方面，武元衡一直反对姑息养奸、养虎遗患，主张对藩镇采取强硬态度，必要时无妨兴师讨伐。刘禹锡在这一点上深契其意。如今，军阀李师道胆敢冒天下之大不韪，派刺客进京暗杀对其不利的当朝宰相，表明其气焰已嚣张到了极点。对此，刘禹锡在震惊之余，是切齿痛恨的。只是身在谪籍，动辄得咎，不便像白居易那样在事件发生后迅即“上疏论其冤，急请捕贼”①。另一方面，李师道所刺杀的武元衡毕竟又是永贞党人的宿敌，在弹压刘禹锡等革新志士时一向无所不用其极。他的遇刺身亡，在客观上不仅为刚刚在“玄都观诗案”中遭其暗算的刘禹锡报了一箭之仇，而且无异于为刘、柳等人日后的重出江湖扫除了一大政治障碍。从这一意义上说，又是值得庆幸的。处于矛盾中的刘禹锡在诗中没有正面表达自己对这一事件的看法，甚至没有一字一句涉及这一事件本身，他有意淡化作品的时代背景和政治色彩，而仅仅从侧面渲染武元衡的可悲下场，并对其予以不无辛辣的嘲讽。这是其特殊处境和特定性格使然。

三

刘禹锡谪守连州期间，身居海隅，而心系国事，情牵百姓。他多次聚焦于当地的风土人情和百姓的生产生活，为其传神写照。就题材领域而言，他所致力描写的农业劳动的场景是盛唐山水田园诗派几乎未曾涉笔的。也许可以说，在陶渊明之后，唯有他虽无“躬耕”的体验，却能将平凡的春种秋收劳动作为乐于驾驭的题材。如果说当年在朗州创作的《采菱行》尚属沿用乐府旧题，在前人已经拓荒的畛域中驰骋的话，那么，写于连州的《插田歌》则该属于他“开边拓土”的新尝试和新创获了：

冈头花草齐，燕子东西飞。田塍望如线，白水光参差。农妇白纻裙，农父绿蓑衣。齐唱田中歌，嘤伫如竹枝。但闻怨响音，不辨俚语词。时时一大笑，此必相嘲嗤。水平苗漠漠，烟火生墟落。黄犬往复还，赤鸡鸣且啄。路傍谁家郎？乌帽衫袖长。自言上计吏，年幼离帝乡。田夫诘计吏：“君家侬定谙。一来长安罢，眼大不相参。”计吏笑致辞：“长安真大处。省门高轲峨，侬入无度数。昨来补卫士，唯用筒竹布。君看二三年，我作

① 刘昫，等. 旧唐书［M］. 北京：中华书局，1975：4344.

官人去。”[①]

诗以花鸟起兴，寥寥几笔，便勾勒出一幅色彩绚丽、春意盎然的画面，并逐渐将它由远景推为中景、近景。活动在画面上的是正忙于插田的农家夫妇。他们时而齐声歌唱，时而互相嘲嗤。那动听的旋律和爽朗的笑声，犹如画外音一般缭绕在读者耳际。他们这种不畏困苦的乐观精神，无疑会使诗人受到感染。“水平”两句暗示天色向晚，插田已毕。于是，全诗过渡到诗人所精心设计的另一场面，引出收工之际农夫与计吏的对话。农夫的话中充满对计吏的鄙薄和揶揄，而计吏却全然不觉，依旧恬不知耻地吹嘘自己。这就更从反面衬出农夫的淳厚和质朴。从结构上看，前后这两个场面是紧相衔接、互为补充的。诗人试图以纳须弥于芥子的笔力，通过这“一斑”来传达连州的风土人情，凸显底层民众的淳朴品质和乐观精神。

把这首《插田歌》放到唐诗发展史上来考察，可以看到，它不是像盛唐的王维、孟浩然那样借描写田园生活和农村风光来抒发闲适情调和隐逸意趣，而是对插秧劳动的场景作近距离的审美观照，生动、活泼地展示了田家的劳动热情和生活态度。其中，农夫与计吏的对话，既缓解了紧张的劳动气氛，也给诗人精心绘就的插田图增添了诙谐、幽默之趣。全诗集写景、叙事、抒情于一体，可谓在田园诗的艺术园地里辟一新境。宋代杨万里的《插秧歌》对田家勤劳、艰辛的程度也许表现得更为真切，但就题材而言，却是承袭此诗；而运用人物对话来造成清新灵动、诙谐幽默之趣的笔法，也与刘禹锡此诗有着令人一目了然的渊源关系。

值得注意的是，诗前有引言说：“连州城下俯接村墟。偶登郡楼，适有所感，遂书其事为俚歌，以俟采诗者。”[②]“以俟采诗者”，说明刘禹锡希望此诗能够像汉乐府一样得到朝廷采风人员的吸纳，最终上达圣听，对朝政有所匡补。诗中通过计吏与田夫的对话，披露了计吏赴京行贿得逞的事实，而这恰好从一个小小的侧面反映了吏治的腐败。作者“遂书其事为俚歌”，正是为了引起朝廷的重视。这样，此诗的写作也就带有某种政治意图，而不仅仅是对眼前的劳动生活场景进行实录了。

刘禹锡还对岭南特有的少数民族莫徭族特别关注，将他们与众不同、此前也鲜为人知的生活状态和精神风貌再现在字里行间。《连州腊日观莫徭猎西山》一诗记录了当地莫徭族冬日集体狩猎之盛况：

---

① 刘禹锡著，瞿蜕园笺证．刘禹锡全集［M］．上海：上海古籍出版社，1989：838.

② 刘禹锡著，瞿蜕园笺证．刘禹锡全集［M］．上海：上海古籍出版社，1989：838.

海天杀气薄，蛮军部伍嚣。林红叶尽变，原黑草如烧。围合繁钲息，禽兴大旆摇。张罗依道口，嗾犬上山腰。猜鹰虑奋迅，惊麏时跼跳。瘴云四面起，腊雪半空消。箭头余鹄血，鞍傍见雉翘。日暮还城邑，金笳发丽谯。①

“莫徭”，即今天的瑶族。中唐时期，由于国力衰弱、国库空虚，朝廷诛求无度，各级地方官员更是竭泽而渔，乃至民不聊生，纷思揭竿而起。岭南少数民族亦多次群起反抗。据史书记载，广德年间，“溪洞夷”及“西南夷”曾攻陷与连州毗邻的道州。贞元年间，“黄洞蛮”的叛乱不仅延续多年，而且波及多州。元和三年，“溪洞夷”再度因不堪重压而啃聚山林，对抗官府。黔州观察使窦群镇压不力，遭到朝廷贬黜。这些惨痛的历史教训，成为刘禹锡治郡的重要鉴戒，促使他拟定了对莫徭族关爱有加的治郡方略，而他也受到了莫徭人的真诚拥戴。这首观猎诗以赞赏的笔调对莫徭人的一次大规模狩猎活动进行了全程追踪与摄录。虽然诗中也以“蛮军”来称呼莫徭人的狩猎队伍，却不带有任何轻蔑与歧视的意味，而只是采用当时的习惯称谓，反倒透出几分亲切感。诗开篇即着力渲染当地的风物特征和杀气弥漫海天的狩猎氛围，为下文描写莫徭猎民的骁勇彪悍张目。“原黑草如烧”并不是说莫徭人尚处在刀耕火种的原始蒙昧状态，而是交代他们正式狩猎前的一个重要步骤——烧掉荒原上高大茂密的野草，使猎物失去遮蔽之所，无从隐身或遁形。这正昭示了莫徭猎民丰富的狩猎经验。在刘禹锡笔下，他们不仅经验丰富，而且技巧娴熟，配合默契。不是吗？当合围完成后，他们便不再鸣金击鼓，改以摇动旌旗的方式来调度部伍，显示出桴鼓相应的协同能力。而他们使用的狩猎工具除了罗网、弓箭外，还有训练有素的猎犬猎鹰。于是，矫捷的飞禽走兽一一喋血猎场，成为莫徭人的囊中之物。整个狩猎过程，策划周密，步伐协调，井然有序，诗人不能不由衷地为之赞叹。

《莫徭歌》则落笔于莫徭人的生活习俗，包括起居、婚姻等：

莫徭自生长，名字无符籍。市易杂鲛人，婚姻通木客。星居占泉眼，火种开山脊。夜渡千仞溪，含沙不能射。②

与汉族相比，莫徭人的生活环境相对闭塞，生活条件也相对艰苦。长期以

---

① 刘禹锡著，瞿蜕园笺证．刘禹锡全集［M］．上海：上海古籍出版社，1989：751.

② 刘禹锡著，瞿蜕园笺证．刘禹锡全集［M］．上海：上海古籍出版社，1989：812.

来，“不占名籍”的他们在这块贫瘠的土地上繁衍生息，过着自生自长、自给自足的半农耕、半渔猎生活。闭塞却不失自由，艰苦却未绝欢乐。诗人用近距离的特写画面，为勤劳、朴素、勇敢的莫徭人作生活实录，每一笔画，都渗透着他对自己管辖下的这群特殊子民的关切之情。

四

贬居岭南期间，刘禹锡还创作了许多唱和赠答诗。虽本于应酬的目的，却亦有真情实感的抒写和真知灼见的表达，殆非率易之作。

“成谣独酌后，深意片言中。”[①] 除了柳宗元外，他唱和赠答的主要对象有时任岭南节度使的马总、时任郴州刺史的杨於陵、时任通州司马的元稹等朝廷命官以及作为方外之交的圆皎、贞璨、圆静、惠荣、明素、文约、浩初、儇师等僧侣。刘禹锡的这类唱和赠答诗往往寓“深意”于“片言”，或慷慨明志，或慰勉友人。如《南海马大夫见惠著述三通勒成四帙上自邃古达于国朝采其菁华至简而富钦受嘉贶诗以谢之》：

> 红旗阅五兵，绛帐领诸生。味道轻鼎食，退公犹笔耕。青箱传学远，金匮纳书成。一瞬见前事，九流当抗行。编蒲曾苦思，垂竹愧无名。今日承芳讯，谁言赠衰荣?[②]

马总，字会元，扶风（今属陕西）人，元和九年任岭南节度使兼广州刺史。他雅好诗文，且信奉佛教，曾上疏朝廷请赐六祖慧能谥号，敕谥大鉴禅师。刘禹锡谪守连州后，他不仅亲莅其地看望，还经常互惠诗章，遥相唱和。刘禹锡此诗即是在拜读其所惠“著述”后的酬答之作。诗的前六句对马总的文韬武略表示景仰，而特别强调他志在著书、笔耕不辍，足以垂范后学。这是酬答之作的习惯套路，除了对偶工切、措辞精当外，乏善可陈。但续以“一瞬见前事，九流当抗行”两句，顿使一篇生辉。它既是作者反思“前事”后决意抗衡浊流、我行我素的自誓，也未尝不包含着对马总砥柱中流、不苟流俗的期勉。又如《和郴州杨侍郎玩郡斋紫薇花十四韵》：

> 几年丹霄上，出入金华省。暂别万年枝，看花桂阳岭。南方足奇树，

① 刘禹锡著，瞿蜕园笺证．刘禹锡全集［M］．上海：上海古籍出版社，1989：1316.

② 刘禹锡著，瞿蜕园笺证．刘禹锡全集［M］．上海：上海古籍出版社，1989：1306.

公府成佳境。绿阴交广除，明艳透萧屏。雨余人吏散，燕语帘栊静。懿此含晓芳，翛然忘簿领。紫茸垂组绶，金缕钻锋颖。露溽暗传香，风轻徐就影。苒弱多意思，从容占光景。得地在侯家，移根近仙井。开樽好凝睇，倚瑟仍回颈。游蜂驻彩冠，舞鹤迷烟顶。兴生红药后，爱与甘棠并。不学夭桃姿，浮荣有俄顷。①

诗以大半篇幅描写紫薇花的形貌特征以及自己赏花的盎然兴致，发想新奇，属对精工，结构上亦移步换形，因难见巧，略无蹈袭前人创意的陈词滥调，显示出技巧的娴熟与高超。篇末"不学"二句为"一篇之警策"，使诗的立意得到了升华：这既是对紫薇花不慕浮荣、悄然绽放、经久飘香的个性特征的礼赞，也是对自己淡泊荣利、守正不阿、穷且益坚的高尚品质的写照。同时，还隐含了对"浮荣有俄顷"的"夭桃"极度鄙薄。其象征意味是非常明显的。与仅仅以应酬为目的的唱和赠答诗相比，刘禹锡的这类作品显得较有思想深度、情感浓度以及语言力度。类似的警句还有《和南海马大夫闻杨侍郎出守郴州因有寄上之作》中的"一咏琼瑶百忧散，何劳更树北堂萱"② 和《南海马大夫远示著述兼酬拙诗辄著微诚再有长句时蔡戎未弭故见于篇末》中的"闻道楚氛犹未灭，终须旌旆埽云雷"③ 等。刘禹锡以胸中的郁勃之气泄为章句，即便是容易流于俗套的"挽歌"也显得落笔不凡。如《故相国燕国公于司空挽歌二首》中的"一代英豪气，晓散白杨风"④ "前马悲无主，犹带朔风嘶"⑤，皆悲中有壮，思出常格，令人想见其雄伟气魄和阔大胸襟。与僧侣交往的情形和谪居朗州时相似，慕名从各地来连州拜谒刘禹锡的僧侣络绎不绝，栖心释梵的刘禹锡不仅与他们倾盖论交、促膝谈禅，而且频频赠之以诗、馈之以文。《海阳湖别浩初师》《观棋歌送儇师西游》《赠别约师》《有僧言罗浮事因为诗以写之》《赠日本僧智藏》《赠眼医婆罗门僧》等诗都创作于这一时期。其中，《观棋歌送儇师西游》较堪玩味：

长沙男子东林师，闲读艺经工弈棋。有时凝思如入定，暗覆一局谁能知？今年访予来小桂，方袍袖中贮新势。山城无事愁日长，白昼懵懵眠匡床。因君临局看斗智，不觉迟景沉西墙。自从山人遇樵子，直到开元王长

---

① 刘禹锡著，瞿蜕园笺证．刘禹锡全集［M］．上海：上海古籍出版社，1989：1310.
② 刘禹锡著，瞿蜕园笺证．刘禹锡全集［M］．上海：上海古籍出版社，1989：1311.
③ 刘禹锡著，瞿蜕园笺证．刘禹锡全集［M］．上海：上海古籍出版社，1989：1308.
④ 刘禹锡著，瞿蜕园笺证．刘禹锡全集［M］．上海：上海古籍出版社，1989：990.
⑤ 刘禹锡著，瞿蜕园笺证．刘禹锡全集［M］．上海：上海古籍出版社，1989：991.

史。前身后身付余习，百变千化无穷已。初疑磊落曙天星，次见搏击三秋兵。雁行布陈众未晓，虎穴得子人皆惊。行尽三湘不逢敌，终日饶人损机格。自言台阁有知音，悠然远起西游心。商山夏木阴寂寂，好处裴回驻飞锡。忽思争道画平沙，独笑无言心有适。蔼蔼京城在九天，贵游豪士足华筵。此时一行出人意，赌取声名不要钱。[1]

这首诗在《刘禹锡集》中被归类于“送僧二十四首”之一。但正如诗题标示的那样，它实际上是一首“观棋歌”，旨在揄扬儇师的高超棋艺和阐发章句的观棋心得，内容全然不涉佛教。“前身后身”以下八句为宋人胡仔所酷爱，认为它“能摸写弈棋之趣”[2]，并断言“梦得必高于手谈也”[3]。确实如此，刘禹锡本来就精通棋艺，当年赴京应举时曾技惊四座，一战成名。这里，他糅合章句的博弈心得，连用四个奇妙的比喻，淋漓尽致地表现了儇师弈棋时的神出鬼没。较之后来苏轼《观棋》一诗中的“胜固欣然，败亦可喜。优哉游哉，聊复尔耳”[4] 等语，这自然要有韵味、有情趣得多。

（作者单位：浙江工业大学）

① 刘禹锡著，瞿蜕园笺证．刘禹锡全集［M］．上海：上海古籍出版社，1989：969－970.
② 胡仔纂集，廖德明校点．苕溪渔隐丛话：后集［M］．北京：人民文学出版社，1962：91.
③ 胡仔纂集，廖德明校点．苕溪渔隐丛话：后集［M］．北京：人民文学出版社，1962：91.
④ 王文诰辑注，孔凡礼点校．苏轼诗集［M］．北京：中华书局，1982：2311.

刘禹锡连州时期诗风之转变

张海沙

刘禹锡，字梦得，唐代著名思想家、政治家、文学家。作为诗人与白居易齐名，世称“刘白”。据卞孝萱、吴汝煜《刘禹锡评传》①，刘禹锡生于唐代宗大历七年（772），死于唐武宗会昌二年（842）。“他的七代祖刘亮仕于北魏，随魏孝文帝拓跋宏迁都洛阳，始改汉姓，入河南洛阳籍。”（《刘禹锡评传》）贞元九年（793）擢进士第，又登宏辞科。刘禹锡精于古文，善五言诗，曾为淮南节度使杜佑赏识从佑入朝为监察御史。贞元末，参与王叔文集团政治改革，失败被贬连州刺史，在道贬朗州司马。元和十年（815）自武陵召还，复出为连州刺史。据卞孝萱先生《刘禹锡年谱》，刘禹锡于元和十年四月自京赴连州，至元和十四年（819）丁母忧回洛阳，在连州度过四年半时间。

刘禹锡祖父及父亲均以儒学称，刘禹锡尽管用世之心甚强，然而亦深受佛教思想影响。自 1978 年陈允吉《论刘禹锡及其文学成就》一文之后，20 世纪 80 年代以来，相继出现了多篇论文探讨刘禹锡思想及其所受佛学影响。② 这些成果从刘禹锡事佛的原因、过程、特点、典型意义及其对文学活动的影响等多方面展开论述，推进了对刘禹锡与佛教关系这一主题的研究。一般认为刘禹锡崇佛是受到了历史和时代风气的熏染及个人受挫的结果。③ 对于刘禹锡所受佛教思想影响的研究，人们注意到了时代风尚这一维度，但较少考虑南方禅宗思想的特征及南方地域文化影响这一空间的维度。刘禹锡在连州期间，撰写了几篇重要的与佛教有关的铭文。这些铭文的思想，既是刘禹锡受南宗禅影响之申述，又可见出刘禹锡对于岭南文化现象的思考，刘禹锡也将被视为蛮夷之地的文化写入诗歌，由此带来了诗歌新的质素。本文试析之。

---

① 《教学与进修》（语言文学版）1983 年第 1 期。

② 如肖瑞峰《论刘禹锡诗中的佛教烙印》（《贵州文史丛刊》1986 年第 3 期）、张碧波《论刘禹锡和佛教禅宗》（《学术交流》1988 年第 6 期）、杨鸿雁《刘禹锡与佛教》（《贵州大学学报》1992 年第 2 期）、龚玉兰《刘禹锡“事佛而佞”心态探析》（《内蒙古社会科学》2002 年第 1 期）、王树海《佛禅与刘禹锡的人情诗性》（《社会科学战线》2002 年第 6 期）等。

③ 高林广《佛禅美学与刘禹锡的诗学思想》（《内蒙古社会科学》2000 年第 5 期）、龚玉兰《刘禹锡的文学理论与禅之关系》（《广西社会科学》2001 年第 5 期）。

一、刘禹锡在连州所作有关佛学之文字

刘禹锡有《刘宾客集》三十卷、《外集》十卷，存诗八百余首。刘禹锡一生经历大致可以分为四个阶段。①

对于卞孝萱先生《刘禹锡年谱》② 中所记载的刘禹锡于元和十年四月自京赴连州，至元和十四年丁母忧回洛阳，在连州度过四年半时间，刘禹锡自己写为五年："元和乙未岁，与故人柳子厚临湘水为别。柳浮舟适柳州，余登陆赴连州。后五年，余从故道出桂岭。"③ 从元和元年（806）赴连州任路途创作开始（《赴连山途次德宗山陵寄张员外》《赴连州途经洛阳诸公置酒相送张员外贾以诗见赠率尔酬之》《再授连州至衡阳酬柳州》），至元和十四年从连州离开又回到衡阳写下《重至衡阳伤柳仪曹》，刘禹锡在连州大致作有文二十五篇，诗歌六十五首④。这些诗文从内容而言可分为四类：赠别酬答、风物民情、时事政治、佛教禅学。其中直接与佛教有关的文字有佛教碑铭及与僧人送别赠答之诗文。然而，刘禹锡的作品中，特别是其贬谪时期之作，贯穿了佛学思想的影响。在连州所作的诗文中，风物民情之类极具特色，为研究者所重视。这类诗歌，总的风格是俚直新奇、雄健俊俏。刘禹锡之所以将偏远地区的风土民情入诗，其哲学基础和创作指导思想，实际上就发源于岭南的南宗禅。

刘禹锡在连州所作有关佛教的两篇碑铭，不仅是研究刘禹锡佛教思想的重要材料，也是研究佛教禅学早期传播的重要历史资料。刘禹锡在连州期间的思想与创作，处于其成熟时期，甚至可以说处在刘禹锡对于自己的思想进行总结的时期，对这一时期的研究是远远不够的。⑤

连州因黄连岭为名，其东北至上都三千六百六十五里，即距离唐代首都长安路途遥远，然而其东至韶州陆路五百里，即距离南宗禅的发祥地距离较近。据唐李吉甫《元和郡县志》，秦时连州为长沙之南境，属江南道；汉至陈时属桂阳郡，桂阳郡治所在韶州，属岭南道。连州处在江南地区与岭南地区交界之

---

① 《教学与进修》（语言文学版）1983 年第 1 期。

② 卞孝萱．刘禹锡年谱［M］．北京：中华书局，1983.

③ 本文所引之刘禹锡诗文出自陶敏，等．刘禹锡全集编年校注［M］．长沙：岳麓书社，2003.

④ 本文刘禹锡诗文系年亦参考高志忠．刘禹锡诗文系年［M］．南宁：广西人民出版社，1983. 此数目并未确定，因为刘禹锡诗歌有未编年部分，已编入其他区域部分诗文，仍有可能为连州所作。

⑤ 苏荣滨．浅谈刘禹锡连州时期的诗文［J］．青年文学家，2009（11）．刘国华．刘禹锡任连州刺史对当今清远人的五点启示［J］．清远职业技术学院学报，2009（10）．李玉宏．刘禹锡贬连州所作部分诗文赏析［J］．韶关学院学报，1981（3）.

处。刘禹锡《连州刺史厅壁记》开篇就将连州的地理特点进行了阐释："此郡于天文与荆州同星分；田壤制与番禺相犬牙；观民风与长沙同祖习。故尝隶三府中而别，合乃今最久而安，得人统也。按宋高祖世始析郴之桂阳为小桂郡，后以州统县更名如今其制谊也。郡从岭，州从山，而县从其郡。"连州与荆州、番禺、长沙都有密切的关系。刘禹锡所处之中唐时期，是慧能再传弟子及其弟子传法时期。在"菏泽禅"（神会）之后，经过"牛头禅"（法融）、"石头禅"（希迁）、"洪州禅"（马祖道一），南宗禅呈天下流布之势，江南与岭南更是南宗禅传播重镇。自慧能在韶州传法四十年之后，韶州高僧代有人出。据《五灯会元》,《坛经》的编撰者之一法海即是曲江人。沩仰宗开山祖师仰山慧寂为韶州人，九岁于广州出家。云门宗祖师文偃禅师本为嘉兴人，曾参睦州及雪峰禅师，又至岭外"遍谒诸方，敷穷殊轨，锋辩险绝，世所盛闻"（《五灯会元》卷十五），并于现广东乳源县云门禅寺开创云门宗。《五灯会元》对于文偃禅师在岭南的记载可值得关注的有几点：岭南高僧辈出、智慧通达，影响遍及全国。乳源、灵树、义初、惠林、灵瑞、华严、龙光等都是韶州高僧,《五灯会元》所记载的韶州高僧即韶州籍或者于韶州传法高僧有四十三人，连州三人，分别为连州慈云山慧深普广禅师、连州慈云山深禅师及宝华和尚。

刘禹锡先是被贬朗州十年，这使得他有机会深入地接触以南岳为中心传播的南宗禅（《五灯会元》记载朗州高僧五人）。元和十年之后，他被贬来到连州，更有机会接触以曹溪为传播中心的慧能思想。刘禹锡在连州与僧人的赠别酬答诗及与佛教有关文章，据陶敏先生等《刘禹锡全集编年校注》各有三通（有可能不止这个数目）。

刘禹锡有《大唐曹溪第六祖大鉴禅师第二碑》①，碑文如下：

> 元和十一年某月日，诏书追褒曹溪第六祖能公，谥曰大鉴。实广州牧马总以疏闻，由是可其奏。尚道以尊名，同归善善，不隔异教。一字之褒，华夷孔怀，得其所故也。马公敬其事，且谨始以垂后，遂咨于文雄。今柳州刺史河东柳君为前碑，后三年有僧道琳，率以其徒由曹溪来，且曰愿立第二碑，学者志也。虽如来灭后，中五百岁而摩腾竺法兰以经来华，人始闻其言。犹夫重昏之见昒爽。后五百岁而达摩以法来华，人始传其心。犹夫昧旦之睹白日。自达摩六传至大鉴，如贯意珠，有先后而无同异。世之言真宗者，所谓顿门。初达摩与佛衣具来，得道传付，以为真

① 董诰，等．全唐文：卷六百一十［M］．上海：上海古籍出版社，1990：2730.

印。至大鉴置而不传，岂以是为筌蹄邪？刍狗邪？将人人之莫已若而不若置之邪？吾不得而知也。按大鉴生新州，三十出家，四十七年而没，百有六年而谥。始自蕲之东山，从第五师得授记以归。高宗使中贵人再征，不奉诏，第以言为贡。上敬行之。铭曰：

至人之生，无有种类。同人者形，出人者智。蠢蠢南裔，降生杰异。父乾母坤，独肖元气。一言顿悟，不践初地。五师相承，授以宝器。宴坐曹溪，世号南宗。学徒爰来，如水之东。饮以妙药，差其哑聋。诏不能致，许为法雄。去佛日远，群言积亿。著空执有，各走其域。我立真筌，揭起南国。无修而修，无得而得。能使学者，还其天识。如黑而迷，仰见斗极。得之自然，竟不可传。口传手付，则疑于有。留衣空堂，得者天授。

这篇碑文将佛教的传播比喻为使人重昏之见昒爽，将南宗禅推崇的菩提达摩祖师禅推崇为使人昧旦之睹白日，对于佛教作用强调到如此程度，只有在远离了政治中心并且又是在岭南禅学发源地才可以见之于文字。我们应该注意到铭文中人之出生本无种类的区分，只有智慧的差别这种认识，突破了儒家传统思想中人的等级观念。正是南裔、南国，生长出了超乎一般人智慧的法雄。刘禹锡能在此接触到这种思想，是他的幸事。

他在作了《大唐曹溪第六祖大鉴禅师第二碑》之后，又作《佛衣铭》①：

吾既为僧琳撰曹溪第二碑，且思所以辩六祖置衣不传之旨，作佛衣铭曰：佛言不行，佛衣乃争。忽近贵远，古今常情。尼父之生，土无一里。梦奠之后，履存千祀。惟昔有梁，如象之狂。达摩救世，来为医王。以言不痊，因物乃迁。如执符节，行乎复关。民不知官，望车而畏。俗不知佛，得衣为贵。坏色之衣，道不在兹。由之信道，所以为贵。六祖未彰，其出也微。既还狼荒，憬俗蚩蚩。不有信器，众生曷归。是开便门，非止传衣。初必有终，传岂无已。物必归尽，衣胡久恃。先终知终，用乃不穷。我道无朽，衣于何有。其用已陈，孰非刍狗。

所谓佛衣铭，实际上是不传佛衣、终止佛衣传承之铭。佛衣只是一种象征物，它会损毁腐朽，应该推崇的是它象征的大道，而不是迷恋佛衣本身。这是对执着于形式和仪式的突破。

① 董诰，等．全唐文：卷六百零八［M］．上海：上海古籍出版社，1990：2722.

这两篇碑文，均作于连州。文章不仅系统地阐述了慧能思想，同时也是刘禹锡自己所接受的佛教禅学思想的申述。这两篇碑文是研究佛教禅宗传播史和刘禹锡思想非常重要的资料。我们可以从中探求刘禹锡在南宗禅思想影响之下其诗文创作的特色。

二、突破地域局限，推崇南方文化

从刘禹锡的出身和经历而言，他属于统治阶层中传统文化修养很深的文人。长期生活在两京及中原地区的刘禹锡，尽管较早就接受了佛教禅学思想，但只有在连州的这片土地上，对于产生于岭南的南宗禅，他才表示出很深的感慨："蠢蠢南裔，降生杰异。"（《大唐曹溪第六祖大鉴禅师第二碑》）南宗禅竟然产生于"蠢蠢"的"南裔"，这真是"杰"而"异"。从这种感慨中，我们读到了刘禹锡在南宗禅学于自性高扬的思想影响下对南方文化的重新认识，我们也读到了在以连州为代表的岭南文化的影响下他对南宗禅的重新思考。

刘禹锡为六祖慧能所作的铭文中，强调了慧能的南方背景。在刘禹锡生活的时代，由于慧能创导的南宗禅的传播，南方被人们认作是南宗禅兴起和传播的重镇。刘禹锡在文章中明确地写出广州刺史上疏请求褒扬慧能，曹溪僧人来请为慧能作铭文，这是作铭文的缘起；慧能生于新州、晏坐曹溪，这是铭文写作的远因；南裔降生杰异，真筌揭起于南国，学徒如水之东，这是促使刘禹锡写作铭文的现实。在刘禹锡所处的中唐时期包括以后较长一段时期，对于南方文化，人们还抱有成见：蠢蠢、狼荒，这些字眼显示出当时人们对于南方所持的文化落后的定位。

在朗州十年期间，刘禹锡对于南方文化已经有了认识并且不带偏见地表示过欣赏。在外来宗教（佛教）思想的指引下，刘禹锡突破了固守中原文化的藩篱，认识到各地文化的差异性并且肯定差异性的各有其利。《唐故衡岳大师湘潭唐兴寺俨公碑》："佛法在九州岛间，随其方而化。中夏之人汩于荣，破荣莫若妙觉，故言禅寂者宗嵩山。北方之人锐以武，摄武莫若示现，故言神通者宗清凉山。南方之人剽而轻，制轻莫若威仪，故言律藏者宗衡山。"刘禹锡认识到各地文化的差异性，而且并没有厚此薄彼的文化偏见，在朗州时期和在夔州时期都有对当地民风民歌的歌赞与模仿。然而朗州和夔州，比较起岭南，毕竟在当时人的眼中，属于更为发达的地区。连州所属的岭南，长期被视为化外之地。

接触到岭南的曹溪禅法，刘禹锡在地域上将连州置于很高的文化地位，他对连州赞美有加。他所作的《连州刺史厅壁记》① 中，先是记述了连州的地理位置及其山水特征，接着，对连州风物大加赞美："山秀而高，灵液渗漉，故石钟乳为天下甲，岁贡三百铢。原鲜而肬，卉物柔泽，故纻蕉为三服贵，岁贡十笥。林富桂桧，土宜陶旊，故侯居以壮闻。石侔琅玕，水孕金碧，故境物以丽闻。环峰密林激清，储阴海风驱温，交战不胜，触石转柯，化为凉飔。城压赭冈，踞高负阳。土伯嘘湿，抵坚而散，袭山逗谷，化为鲜云，故罕罹呕泄之患，亟有华皓之齿。信荒服之善部，而炎裔之凉墟也。"贬谪到如此地区，他似乎心中暗喜："下车之日，私喑且笑。"他考虑的是，要将连州历史上有功绩于这片土地的人物记载下来，并将自己列位于其中："既视事得前二千石名姓于壁端。宰臣王晙、幸卿刘晃、儒官严士元、闻人韩泰佥拜焉。或久于其治功利存乎人民；或不之厥官翘颙载于歌谣。余不佞，从群公之后。肇武德距于今，凡五十有七人，所举者四君子，犹振裘之于领袖焉。元和十一年七月二十四日刺史中山刘某记。"刘禹锡将在连州有过政绩的前贤一一记载，在这片如此偏远的地段，他们的功绩与他们的姓名依然不朽。南方较之北方不仅没有文化上的低贱，更因为产生了当时已经影响全国的南宗禅，南方在文化上已经超越了北方。

作为思想家、哲学家的刘禹锡，对于岭南曹溪禅的思想价值有充分的认识："我立真筌，揭起南国。无修而修，无得而得。能使学者，还其天识。如黑而迷，仰见斗极。"南国所诞生的思想，能使天下学者得到真理，犹如迷黑之夜见到指明方向的北斗。正因如此，文化的中心也发生了转移，即由北向南："宴坐曹溪，世号南宗。学徒爰来，如水之东。"

刘禹锡多次在诗歌中标明自己作为北人的身份，也多次在诗歌中显示出他这位北人在南方有不同的感受。《踏歌词四首》其四（朗州作）："日莫江南闻竹枝，南人行乐北人悲。自从雪里唱新曲，直到三春花尽时。"《竹枝词》（夔州作）："白帝城头春草生，白盐山下蜀江清。南人上来歌一曲，北人莫上动乡情。"

作为北人的刘禹锡似乎在连州忘记了自己的这一身份，化解了在其他地区作为北人的不适甚至抑郁，他与当地的老百姓打成一片。《踏潮歌并引》："元和十年夏五月，终风驾涛，南海羡溢。南人曰：踏潮也。率三更，岁一有之。余为连州客，或为予言其状，因歌之附于《南越志》。屯门积日无回飙，沧波不归成踏潮。轰如鞭石矻且摇，亘空欲驾鼋鼍桥。惊湍蹙缩悍而骄，大陵高岸失岧峣。四边无阻音响调，背负元气掀重霄。介鲸得性方逍遥，仰鼻嘘吸扬朱

① 董诰，等. 全唐文：卷六百零六［M］. 上海：上海古籍出版社，1990：2711.

翘。海人狂顾迭相招，罽衣髽首声哓哓。征南将军登丽谯，赤旗指麾不敢嚣。翌日风回沴气消，归涛纳纳景昭昭。乌泥白沙复满海，海色不动如青瑶。”刘禹锡将南海沧波和与海人一起踏潮的过程写得荡气回肠，其中海人狂顾相招、高声大叫，以征南将军譬喻的刘禹锡自己登礁指挥、挥舞大旗，这里作者与海人、风物毫无隔阂。

刘禹锡在连州所作的诗歌中，特别值得注意的是风物民情这一类。刘禹锡有记载连州少数民族的诗歌。《莫徭歌》：“莫徭自生长，名字无符籍。市易杂鲛人，婚姻通木客。星居占泉眼，火种开山脊。夜渡千仞溪，含沙不能射。”在唐代的文人中，对于被称为徭的少数民族不是猎奇更不是歧视，而是对于他们无拘束的自然生长状态、与客观环境相融合的生存形式及惊人的生活技能由衷地赞美。他们从出生到婚姻以及生产生存方式都与封建文明和当时的礼教规定天差地别，但是，他们却生生不息，甚至百毒不侵。《蛮子歌》：“蛮语钩辀音，蛮衣斑斓布。熏狸掘沙鼠，时节祠盘瓠。忽逢乘马客，恍若惊麇顾。腰斧上高山，意行无旧路。”这是完全没有接受封建礼教教养熏陶的南方土著，其衣着、生活方式及接人待物，完全出自于天性。在传统的文人眼中，这当然是落后与野蛮。如同慧能第一次见到弘忍时的印象：“汝是岭南人，又是獦獠，若为堪作佛。”① 但是，若以崇尚天性与自然的眼光来看，这种生存方式实在值得歌赞。据《连州志》记载：“连之文物媲美中州，则禹锡振起之力居多。”刘禹锡对于连州地区风物人情的赞美，不仅是文人的猎奇，而是有其哲学与宗教思想基础。

刘禹锡在连州作有《有獭吟》：“有獭得嘉鱼，自谓天见怜。先祭不敢食，捧鳞望清玄。人立寒沙上，心专脰着肩。渔翁以为妖，举块投其前。呼儿贯鱼归，与獭同烹煎。关关黄金鹗，大翅摇江烟。下见盈寻鱼，投身擘洪涟。攫拏隐鳞去，哺雏林岳巅。鸱乌欲伺隙，遥噪莫敢前。长居青云路，弹射无由缘。何地无江湖，何水无鲔鳣。天意不宰割，菲祭徒虔虔。空余知礼重，载在淹中篇。”这首诗写獭祭，讽刺了祭獭无益有害之礼。

连州本地的天然风物、自然生存状态，与慧能南宗禅的推崇自性相符，而与礼教的精神相悖，刘禹锡在连州作出了自然的选择。

---

① 中华大藏经编辑局．中华大藏经（汉文部分）：第七十六册［M］．北京：中华书局，1994：833.

三、崇尚自然，标举自性智慧

刘禹锡在为慧能所作的碑文中，首先强调了佛教智慧对于人们思想指引的作用："如来火后，中五白岁而摩腾竺法兰以经来华，人始闻其言。犹夫重昏之见昒爽。后五百岁而达摩以法来华，人始传其心。犹夫昧旦之睹白日。自达摩六传至大鉴，如贯意珠，有先后而无同异。世之言真宗者，所谓顿门。"佛教思想对于人们思想的作用，刘禹锡以为犹如太阳驱散黑暗，联系前文曾以迷黑中的北斗比喻，我们可看到刘禹锡对于佛教思想的推崇。同是崇信佛教的柳宗元，同为六祖慧能作了碑文，尽管认识到佛教对于社会的作用，柳宗元的碑文中并没有如此推崇文字。

"自有生物，则好斗夺相贼杀，丧其本实，悖乖淫流，莫克返于初。孔子无大位，没以余言持世。更杨墨黄老益杂，其术分裂，而吾浮图说后出。推离还源，合所谓生而静者。梁氏好作有为，师达摩讥之，空术益显。六传至大鉴。大鉴始以能劳苦服役，一听其言，言希以究，师用感动，遂受信具。遁隐南海，上人无闻知。又十六年，度其可行，乃居曹溪，为人师。会学去来，尝数千人。其道以无为为有，以空洞为实，以广大不荡为归。其教人始以性善，终以性善，不假耘锄，本其静矣。"（《柳河东集》卷六《曹溪第六祖赐谥大鉴禅师碑》）柳宗元信崇佛教的基础，在于借助佛教解决当时中唐社会人们好斗夺贼杀的社会问题，他的起点立足于现实。刘禹锡之所以推崇佛教，尤其推崇慧能开创的南宗禅，是因为在思想体系上，刘禹锡全面地肯定慧能对于自性的强调、对于通过顿悟获得智慧的修行目的和方式。正是因为推崇自身的智慧，才会有如拨云见日之效。刘禹锡以为，达摩以至于慧能，所传为"心"："达摩以法来华，人始传其心。"此心即智慧，这是悟道与否之关楔。"至人之生，无有种类。同人者形，出人者智。"刘禹锡在这里将其哲学思想融入了宗教的文字之中。我们知道，韩愈、柳宗元都曾论天，韩愈以为天有意志可行赏罚，柳宗元以为，天人相分。刘禹锡以为，天人交相胜。"余作《天论》以极其辩云：大凡入形器者，皆有能有不能。天，有形之大者也；人，动物之尤者也。天之能，人固不能也。人之能，天亦有所不能也。故余曰：天与人交相胜耳。"① 人之所以能与天交相胜，是因为人具有智慧与意志。南宗禅对于自身智慧的高扬与刘禹锡重视与天相对的人类意志的能力相符合。如来说法，偏满大千。得胜义者，强名为禅。至道不二，至言无辩。心法东行，群迷丕变。

---

① 董诰，等. 全唐文：卷六百零七［M］. 上海：上海古籍出版社，1990：2714.

刘禹锡所获得的佛学智慧，有诗学表达。在连州期间，刘禹锡不仅创作了许多蕴含佛教智慧的诗歌，在佛教的智慧启示下进行诗歌创作，而且比较明确地阐述了佛教智慧与诗歌创作的关系。《秋日过鸿举法师寺院便送归江陵并引》云：

梵言沙门，犹华言去欲也。能离欲则方寸地虚，虚而万景入，入必有所泄，乃形乎词。词妙而深者，必依于声律。故自近古而降，释子以诗闻于世者相踵焉。因定而得境，故倏然以清；由慧而遣词，故粹然以丽。信禅林之花萼而诚河之珠玑耳。初鸿举学诗于荆郢间，私试窃咏发于余习，盖榛楛之翠羽，弋者未之眄焉。今年至武陵，二千石始奇之。有起予之叹。以方袍亲绛纱者十有余旬，繇是名稍闻而艺愈变。闰八月，余步出城东门谒仁祠，而鸿举在焉。与之言移时，因告以将去，且曰：贫道雅闻东诸侯之工为诗者莫若武陵，今幸承其话言，如得法印，宝山之下，宜有所持。岂徒衣裓之中，众花而已。余闻是说，乃叩商而吟成一章，章八句。郡守以坐啸余咏激清征而应之。师其行乎，足以资一时中之学矣。

看画长廊遍，寻僧一径幽。小池兼鹤净，古木带蝉秋。客至茶烟起，禽归讲席收。浮杯明日去，相望水悠悠。

佛教的智慧，使人们能脱离尘世欲望，具有审美的心态。刘禹锡表述为：离欲心地虚，心虚万景入。万景现乎词，意深而语妙。人们普遍引用苏轼《送参寥师》中的观点："欲令诗语妙，无厌空且静。静故了群动，空故纳万境。阅世走人间，观身卧云岭。醎酸杂众好，中有至味永。诗法不相妨，此语当更请。"刘禹锡的表述已经早了苏轼二百来年。

刘禹锡自己揭示出其诗文经连州之后风格与前面时期大为不同。《送鸿举游江西并引》云：

始余谪朗州，尔时是师振麻衣斐然而前，持文篇以为僧赞。唧唧而清，如虫吟秋。自然之响，无有假合。有足佳者。故为赋二章以声之。距今年，遇于建平赤髭益蕃，文思益深，而内外学益富。既讯已，探裓中出前所与诗阅之，纸劳墨瘁，与我同来。因思夫苒苒之光，浑浑之轮。时而言，有初中后之分；日而言，有今昨明之称；身而言，有幼壮艾之期。乃至一謦欬一弹指中际皆具，何必求三生以异身邪。然而视余之文，昔与今有莛楹之别。视余之书，昔与今有钧石之悬。视余之仕，昔与今乃唯阿之差耳。岂有工拙之数存乎其间哉。盖可勉而进者，与日月而至矣。彼傥来外物，虽日月无能至焉。是岁师告余游江西，复为赋七言以为游地耳。

禅客学禅兼学文，出山初似无心云。从风卷舒来何处，缭绕巴山不得去。山州古寺好闲居，读尽龙王宫里书。使君滩头拣石砚，白帝城边寻野蔬。忽然登高心瞥起，又欲浮杯信流水。烟波浩淼鱼鸟情，东去三千三百里。荆门峡断无盘涡，湘平汉阔清光多。庐山雾开见瀑布，江西月净闻渔歌。钟陵八郡多名守，半是西方社中友。与师相见便谈空，想得高斋狮子吼。

这首诗是刘禹锡从连州刚至夔州所作。随着时间的推移，地点的变换，刘禹锡的官职仕途并无变化，但是，他的诗歌和书法都已经大有长进，崇尚自然的连州生涯，使刘禹锡在各种艺术领域包括诗歌与书法都收益颇丰。

刘禹锡年轻时期在扬州作有《柳絮》："飘扬南陌起东邻，漠漠蒙蒙暗度春。花巷暖随轻舞蝶，玉楼晴拂艳妆人。萦回谢女题诗笔，点缀陶公漉酒巾。何处好风偏似雪，隋河堤上古江津。"（此诗据陶敏先生系于贞元十七年扬州作。此时刘禹锡三十岁）陶敏先生等在《刘禹锡全集编年校注》中汇集前人评语，其中有方回评："流丽可喜。"纪昀评："格意近俗，亦以流丽之故。后代相沿，遂开卑艳之调，而咏物诗入尘劫矣。"① 可见早期刘禹锡诗歌有流丽卑艳受人诟病之处。而这样的缺点，正是文人追求辞藻和典故的通病。

方及是一位九江僧，携诗来到连州拜访刘禹锡并留住一年。刘禹锡记载方及的创作情形，仿佛是他自己的写照。其依山而居，然其志冲然远游，神驰于形阂之外。因为是神驰于方外，所以无所局限。于是，诗歌之辞甚富。《送僧方及南谒柳员外并引》云：

九江僧方及既出家，依匡山，一时中颇属诗以摅思。古诗人暨今号为能赋，有辄求其词吟呻之，拳拳然多多益嗜，影不出山者十年。常登最高峰，四望天海，冲然有远游之志。顿锡而言曰：神驰而形阂者，方内之徒。及吾无方，阂于何者。繇是耳得必目探之，意行必身随之。云游鸟企，无迹而远。予为连州，居无何而方及至，出裓中诗一篇以贶予。其词甚富。留一岁，观其行，结矩如教，益多之。一旦以行日来告，且曰：雅闻鸟味之下有贤诸侯，愿跻其门，如蹈十地，敢乞词以抵之。予唯而赋，

① 陶敏，等. 刘禹锡全集编年校注［M］. 长沙：岳麓书社，2003：17.

顾其有重请之色起于颜间耳。

昔事庐山远，精舍虎溪东。朝阳照瀑水，楼阁虹霓中。骋望羡游云，振衣若秋蓬。旧房闭松月，远思吟江风。古寺历头陀，奇峰攀祝融。南登小桂岭，却望归塞鸿。衣裓贮文章，自言学雕虫。抢榆念陵厉，覆篑图穹崇。远郡多暇日，有诗访禅宫。石门耸峭绝，竹院含空蒙。幽响滴岩溜，晴芳飘野丛。海云悬飓母，山果属狙公。忽忆吴兴郡，白苹正葱茏。愿言挹风采，邈若窥华嵩。桂水夏澜急，火山宵焰红。三衣濡蔄露，一锡飞烟空。勿谓翻译徒，不为文雅雄。古来赏音者，樵爨得孤桐。

文章的表面功夫只是雕虫小技，在最深的层面，雄深雅健与禅道相通。文章通于禅道，亦通于天地之气。《海阳湖别浩初师并引》云：

潇湘间无土山，无浊水，民乘是气，往往清慧而文。长沙人浩初，生既因地而清矣，故去荤洗虑，剔颠毛而坏其衣。居一都之殷，易与士会，得执外教，尽捐苛礼。自公侯守相，必赐其清问，耳目灌注，习浮于性。而里中儿贤适与浩初比者，婴冠带，豢妻子，吏得以乘陵之，汩没天慧，不得自奋，莫可望浩初之清光于侯门上坐，第自吟羡而已。浩初亦自多其术，尤勇于近达者而归之。往年，之临贺，咭侍郎杨公，留岁余，公遗七言诗，手笔于素。前年，省柳仪曹于龙城，又为赋三篇，皆章书。今复来连山，以前所得双南金出于裓，亟请余赓之。按师为诗颇清，而弈棋至第三品，二道皆足以取幸于士大夫，宜熏余习以深入也。会吾郡以山水冠世，海阳又以奇甲一州，师慕道，于泉石宜笃，故携之以嬉。及言旋，复引与共载于湖上，奕于树石间，以植沃州之因缘，且赋诗，具道其事。

近郭有殊境，独游常鲜欢。逢君驻缁锡，观白称林峦。湖满景方霁，野香春未阑。爱泉移席近，闻石辍棋看。风止松犹韵，花繁露晚干。桥形出树曲，岩影落池寒。别路千嶂里，诗情莫云端。它年买山处，似此得隳官。

诗中还有一处小注："湘东架险凡四桥，山下出泉，逗嵁为池，泓澄可爱者不可遍举，故状其境以贻好事。"在这首诗中，连州地域景色清绝的特点与清慧的禅思及诗情的清奇结合，使得刘禹锡的诗作有一种清健之气。

刘禹锡在连州有插田歌与观猎歌，在唐代文人中第一次以细致、纪实的笔墨写生产劳作。《插田歌并序》云：

> 连州城下俯接村墟，偶登郡楼，适有所感。遂书其事为俚歌，以俟采诗者。

> 冈头花草齐，燕子东西飞。田塍望如线，白水光参差。农妇白纻裙，农夫绿蓑衣。齐唱田中歌，嘤伫如竹枝。但闻怨响音，不辨俚语词。时时一大笑，此必相嘲嗤。水平苗漠漠，烟火生墟落。黄犬往复还，赤鸡鸣且啄。路傍谁家郎，乌帽衫袖长。自言上计吏，年幼离帝乡。田夫语计吏："君家侬定谙。一来长安罢，眼大不相参。"计吏笑致辞："长安真大处。省门高轲峨，侬入无度数。昨来补卫士，唯用筒竹布。君看二三年，我作官人去。"①

陶敏等的《刘禹锡全集编年校注》中搜集有对于此诗的评论：变风变调、新声嘤伫、尖警俚直。实际上，刘禹锡之变化，不过是将连州的风土人情入诗，是题材和内容的变化才使得写法和风格变化。

刘禹锡集中还有《畬田行》,《诗话总归》及《赣溪诗话》都以为连州所作。"何处好畬田，团团缦山腹。钻龟得雨卦，上山烧卧木。惊麏走且顾，群雉声咿喔。红焰远成霞，轻煤飞入郭。风引上高岑，猎猎度青林。青林望靡靡，赤光低复起。照潭出老蛟，爆竹惊山鬼。夜色不见山，孤明星汉间。如星复如月，俱逐晓风灭。木从敲石光，遂至烘天热。下种暖灰中，乘阳拆牙孽。苍苍一雨后，苕颖如云发。巴人拱手吟，耕耨不关心。由来得地势，径寸有余金。"诗歌只是描写畬田的过程与心理，风格之尖新俚直却已经不在温柔敦厚的诗教之中。

《连州腊日观莫徭猎西山》："海天杀气薄，蛮军步伍嚣。林红叶尽变，原黑草初烧。围合繁钲息，禽兴大旆摇。张罗依道口，嗾犬上山腰。猜鹰虑奋迅，惊鹿时局跳。瘴云四面起，腊雪半空消。箭头余鹄血，鞍傍见雉翘。日暮还城邑，金笳发丽谯。"诗歌中尽管还有红叶与金笳，但是，海天杀气、蛮军叫嚣、箭头鹄血、鞍傍雉翘，这些意象都是触目惊心、骇人听闻的。

刘禹锡所推崇的智慧，不由阶级、不拘形式。他并不愿意与儒家传统产生对立，相反，他试图调和二者。《赠别君素上人并引》云：

---

① 陶敏，等. 刘禹锡全集编年校注［M］. 长沙：岳麓书社，2003：263.

昔予习《礼》之《中庸》，至不勉而中，不思而得，惧然知圣人之德，学以至于无学。然而斯言也，犹示行者以室庐之奥耳。求其经术以布武未易得也。晚读佛书，见大雄念物之普，级宝山而梯之。高揭慧火，巧熔恶见，广疏便门，旁束邪径。其所证入如舟沿川，未始念于前而日远矣。夫何勉而思之邪？是余知突奥于《中庸》，启键关于内典。会而归之，犹初心也。不知予者，诮予困而后援佛，谓道有二焉。夫悟不因人，在心而已。其证也，犹喑人之享太牢，信知其味而不能形于言，以闻于耳也。口耳之间兼寸耳，尚不可使闻，它人之不吾知，宜矣。开士君素，偶得余于所亲，一麻栖草，千里来访。素以道眼视予。予以所视视之，不由陛级，携手智地。居数日，告有得而行，乃为诗以见志云。

穷巷唯秋草，高僧独扣门。相欢如旧识，问法到无言。水为风生浪，珠非尘可昏。去来皆是道，此别不销魂。

刘禹锡在诗序中记述了他从儒家到佛教的求道过程，他以内心获得真正的感悟以抵御人们对于他因困而援佛并与儒家产生抵牾的讥刺。

崇尚自性以至于无经无我，这是大智大慧，得之者甚少。刘禹锡在写给日本僧人的诗歌中就有这种感叹。《赠日本僧智藏》："浮杯万里过沧溟，遍礼名山适性灵。深夜降龙潭水黑，新秋放鹤野田青。身无彼我那怀土，心会真如不读经。为问中华学道者，几人雄猛得宁馨。"（此诗瞿蜕园先生《刘禹锡集笺证》以为作于连州）佛教禅宗，发源于岭南。身无彼我、心会真如，既无故土亦无经典，大智大慧。欲得其道，对于传统文化熏陶下的中华学道者，需要勇猛精进。岭南人甚至日本人却可得之。

刘禹锡亦有诗歌记载他和他的伙伴们因为特别的人生遭际，诗歌创作发为新声的经历，诗曰："忆逐羊车凡几时，今来旧府统戎师。象筵照室会词客，铜鼓临轩舞海夷。百越酋豪称故吏，十洲风景助新诗。秣陵从事何年别，一见琼章如素期。"（《马大夫见示浙西王侍御赠答诗因命同作》，此诗小序："大夫荣践旧府，又历交趾、桂林，南人歌之，列在风什。王侍御公易一别岁除，寄末篇以代札。"）友人南到交趾桂林，刘禹锡亦到连州海夷，这样的经历更使他们的创作有新的风貌。当然，将新的风物入诗，需要新的思想指导。佛教禅宗之智慧，因连州之因缘，刘禹锡深得之；发而为诗，广为流传。其因缘风会之际，足令后人追仰。

（作者单位：暨南大学）

《海阳十咏》研究

方新蓉　杨林夕

《海阳十咏》引云："元次山始作海阳湖，后之人或立亭榭，率无指名，及余而大备。每疏凿构置，必揣称以标之，人咸曰有旨。异日，迁客裴侍御为十咏以示余，颇明丽而不虚美。因捃拾裴诗所未道者，从而和之。"① 小引表明了十咏景观的命名、来历。刘禹锡在元结开凿海阳湖的基础上，重新疏水凿山，修筑亭台楼榭。前人虽然在海阳湖园林有所增建，但未起名。于是刘禹锡对景点及亭榭进行了认真精心的揣摩以命名，人们都认为其命名旨意深远。裴侣作十咏给刘禹锡，② 刘禹锡认为虽然明丽没有溢美，但是有未写之景、未发之情，于是他再为景观赋诗十首。

一、刘禹锡《海阳十咏》命名及其意蕴剖析

刘禹锡的命名及其歌咏是对海阳湖园林景观的主观意蕴赋予，同时也是一个诗意提升的过程。

1.《吏隐亭》

吏隐亭之名取自文人对其生存状态的思索，言其在官隐逸即白居易所说的"中隐"。蒋寅先生说："'吏隐'一词究竟起于何时，已不能确考。从现有文献看，它在唐初已经开始使用。"③ 刘禹锡使用它，是把它当作人格化的象征，宣泄无限思想情意，没有丝毫遗留与勉强，《诗经·小雅·蓼萧》曰："既见君子，我心写兮。"刘禹锡是：既见吏隐亭，我心写兮。

---

① 陶敏，等．刘禹锡全集编年校注［M］．长沙：岳麓书社，2003：263．以下所引刘禹锡作品均出自此书，不再出注。

② 《古今图书集成·考工典·亭》："广州府湖上十亭，在连州海阳湖上，刺史刘禹锡建……唐元和间，裴侣以御史贬连州，尝与刘禹锡倡和其间，谓之海阳十咏。"《广东通志》卷二二五《古迹略》："湖上十亭在海阳湖上，唐刺史刘禹锡建曰'吏隐'，曰'切云'，曰'英云潭'，曰'元览'，曰'裴溪'，曰'飞练瀑'，曰'蒙池'，曰'棼丝瀑'，曰'双溪'，曰'月窟'。唐元和间裴侣以御史坐事贬连州，尝与禹锡唱和期间，谓之《海阳十咏》。"裴侣十咏已不存，因此无法作具体对比研究。

③ 蒋寅．古典诗歌中的"吏隐"［J］．苏州大学学报，2004（2）：52．宋之问《蓝田山庄》："官游非吏隐，心事好幽偏。"

研究者们已经谈到了吏隐亭的命名与两位刺史有关（一是纪念海阳湖的创建者元结；二是怀念同道好友吕温，取其诗“吏中习隐好跻攀，不扰疲人便自闲”）。[①] 其意，《辞海》解为：“不以利禄萦心，虽居官而与隐者同。”然而我们认为这只是外在表象，没有涉及深层意义，因为这种解释没有涉及刘禹锡本人。事实上，刘禹锡对吏隐非常重视，不仅写了《吏隐亭》，还写了《吏隐亭述》，吏隐二字成为此时其思想的核心关键。

《吏隐亭》五言八句可以变换顺序，即将三 、四句移到五、六句后，那么八句就可以拆分为二首。一首纯写吏隐亭，“结构得奇势，朱门交碧浔。日轩漾波影，月砌镂松阴”；另一首纯抒情，“外来始一望，写尽平生心。几度欲归去，回眸情更深”。虽然这样写景抒情更清晰，但是诗人并没有采用这样的叙述方式，而是将情插入其中，这表现诗人的情是随吏隐亭的游赏而逐步升起的。可关键就在于这种情一升起基调就很高，写尽平生心，不是亭子本身，而是吏隐二字写尽平生心。由此，诗人在诗里并没有太多涉及亭子本身，在篇幅上是情景参半。就具体写法而言，都是从整体着眼。整体包括两种，一是写亭子本身，描述亭子所在地势好，亭子修得好，亭子颜色好。因为与近前的湖水交相映衬，红色的亭子与绿色的湖水对比异常鲜明灿烂。红门是官场，绿色是山林。二是写亭子白天的景色和晚上的景色。白天，亭子里荡漾着波光水影，同时亭子还会荡漾在湖水的微波里，出现了两座亭子，一座静谧，一座动感。月夜，月亮透过疏疏的松针照在石阶上，镂刻着松树的阴影。白天是朝廷光辉的温暖，月夜是贬谪的孤寂。这四句一环扣一环，第一句的亭子引出第二句的水，第二句的水引出第三句的水中的亭子，第四句的水中的亭子引出岸上的亭子，最后形成一个环形结构。水中动荡的亭子，岸上静谧的亭子，朦胧的月光、松斑、湖光，让诗人想了许多，自己在仕途中动荡，几多辛酸，几多坎坷。想完全归隐却又做不到，于是坚持在仕途中做个吏隐。诗人明确标榜写尽平生心这点在《吏隐亭述》里得到了强化。《吏隐亭述》采用了四言雅正体，它不是即景而做的一般性的抒情散文，而是一篇借景抒情、托物言志的议论性散文。它告诉了我们关于吏隐亭的很多信息，而这些都在《吏隐亭》诗中简化了，没有了“前有四榭，隔水相鲜。凝霭苍苍，淙流布悬。架险通蹊，有梁如霓”，“溪山尤物，城池为伍。却倚佛寺，左联仙府。势拱台殿，光含厢

① 虽然我们没有在元结作品中找到“吏隐”一词，但有研究者从元结的行事中挖掘出“吏隐”来。唐诗人吕温《初发道州答崔三连州题海阳亭见寄绝句》“吏中习隐好跻攀，不扰疲人便自闲。闻说殷勤海阳事，令人转忆舜祠山”指明元结“吏中习隐”。参见周艳菊．宋人对“漫家”元结的精神体认与宋人的吏隐［J］．齐齐哈尔大学学报，2013（4）．

庑”等，只有“昏旦迭变”。因为刘禹锡重点要表现的不是亭子，而是一种“窈如壶中，别见天宇”的吏隐思想。

由此，我们认为刘禹锡的“吏隐”是在内心受到创伤后重新确立起来的理想，它与朱门、绿水、太阳、松树等意象相联系，与极具主观的平生心、归去、回眸相联系，所以有着对仕途官场的留恋和对闲适生活的向往，这种尖锐的心理冲突靠吏隐得以调和。对于刘禹锡来说，他更多的是隐中之吏而非吏中之隐，他有的不是一种远离政治、享受自然的心态，而是一种“山不在高，有仙则名；水不在深，有龙则灵”的《陋室铭》的味道。

2.《切云亭》

“切云亭”取自《楚辞·九章·涉江》之“带长铗之陆离兮，冠切云之崔嵬”，言其亭子高耸，融入始终不能忘怀世事之忧伤。

其在具体写法上虽然与《吏隐亭》片段相似，即先写景后抒情，但我们明显感到《吏隐亭》的四、四句平衡被打破，《切云亭》重在写景，只有最后二句抒情。由此无论在表象还是内在都呈现出与《吏隐亭》不一样的风貌，如果说《吏隐亭》表现了刘禹锡与自然的和谐，那么《切云亭》就表现了他与自然的对立。相对于《吏隐亭》，《切云亭》更是充满了主观的拟人化。它向上冲出林梢，直插云霄，好像要把天上的云彩切成二段，向下，俯视一切，不仅亭子前面的石潭空明、清澈，而且万物是空，都是虚幻。自己努力地追求最终化为水中的泡影。诗人接下来又用乐景写哀情。太阳照在杏木制的屋梁上，亭子倒映在石潭里，波光摇荡着屋梁。旁边有松树，松风吹入绿色的窗户。亭子不远处有一座小岛，岛与亭中有一个桥，犹如时断时续的彩虹。亮丽景色中带着几分落寞、失落。乐景再也无法掩饰内心伤感，最后诗人直接抒情，在亭子中眺望九疑山，想起舜帝往事，涌出无限伤感，想起自己曾经的仕途及经历，愁绪“才下眉头，却上心头”。

切云亭让刘禹锡心有所领悟，更加坚定了吏隐的思想，顶天立地，尽情观看美景，然而他始终不能忘怀，整首诗笼罩在一种浓浓的忧愁之中。

3.《云英潭》

云英潭之名取自其颜色形状，言其亮与深，融入灿烂最终归于平淡的哲学思考。

云英潭被竖立的岩石包围，石头被片片白云所围绕，就像云做的屏风，石屏风之上是丛生浓密的花帷帐。石屏随着白云消散，就像仙女的梳妆盒打开，现出碧绿的清潭，清澈见底，整个潭水的形象就像一枚精亮的云母，它是一个巨大的发光体，它的波光在阳光下形成无限的线条向四处飞散，然后悄无声息地消失。周围的石屏风挡住了潭水的去向，好似它是静止的，然而它又是运动的，因为耳边时时传来清晰的流水声。这种静中有动、动中有静，很像王维的“空山不见人，但闻人语响”呈现的禅味，静才是永恒，因为再灿烂的光线、动听的清音最终也会消失，眼睛与耳朵都是不可靠的，人生虚妄。也正由此，诗人才说看云英潭可以醒神，使其放下对官场仕途的执着，放下感伤，放下疲困。

4.《玄览亭》

玄览亭之名取自《老子》之“涤除玄览，能无疵”，河上公注曰：“心居玄冥之处，览知万事，故曰玄览。”言其希望自己也希望登上这座亭子的人都能够用佛道思想净化后的心与眼来看待人生万事万物，以达到“无疵”的境界。

诗人用玄览来时时提醒自己不要执着，所以他也不执着于亭子具相。诗八句，只有一句是关于亭子本身的，“无四壁”，一座没有四壁、视野开阔的亭子。亭子具体是什么样子，我们不知道。我们知道的是它周遭的景色及诗人潇洒的心态。亭子在青翠的林际中时隐时现，身边依偎着弯弯曲曲的碧潭。潭水从石下汩汩涌出，浪花及其荡出的圈圈波纹刚刚荡漾到台阶上马上又荡回去。空气中传来的香气逼着人去追寻其来处，原来潭水被无数静静绽放的香花所覆盖。夜晚，亭子沉浸在绿光、波光、花光、月光中。诗人带着轻松的心情，尽情观赏享受，包容一切，将视觉、触觉、嗅觉紧密相连，以“自然”之心获“自然”之境，与自然融为一体，与朝廷无任何相关。这就是禅宗所说的经过禅悟后，虽然“见山还是山，见水还是水”但不执着，山水都是佛性体现的真如境界。

5.《裴溪》

裴溪之名取自纪念裴佋遇新恩返朝，融入诗人无限愁苦。

《裴溪》的写法与《吏隐亭》在相似中相反。《吏隐亭》可拆分成先写景与后抒情二首，《裴溪》可拆分成先抒情与后写景二首。“楚客忆关中，疏溪想汾水。君今赐环归，何人承玉趾。”“萦纡非一曲，意态如千里。倒影罗文动，微波笑颜起。”《吏隐亭》的意象有亭、日、松、湖，而《裴溪》意象相对单一，通篇以溪为喻。《裴溪》的叙述方式使得我们感到诗人心情是多么沉重，一开篇就涌上无限愁苦。前二句对仗，楚客与疏溪相对合一，关中与汾水相对合一。前者指自己流落南方作客，像离开汾水的支流被疏远一样①，有着强烈的思乡怀归之情，后者更是明确点出具有长安首都政治中心意味的关中，有着对朝廷不尽的渴望。如果说这二句还是用典暗指，那么最后二句就是直白

① 陶敏等的《刘禹锡全集编年校注》解为：“疑为裴溪原名。”

抒情了。刘禹锡内心被贬的哀怨、心灵的创痛难以私状，一直无法淡退。裴侍御已调回朝，自己何时才能被调回是个永远的未知数。中间四句，看似写景，其实是分属上下二句的，打上了诗人的主观情感，情与景高度融合。因为诗人感到悲伤，所以眼里只有水的曲折缠绵延缓千里。因为裴侣回归，所以眼里有着溪水映衬的裴侣急切回长安的身影及其灿烂的笑颜。最后欢乐是别人的，伤悲是自己的，既是裴侣走后再也无人来此游赏溪水的伤悲，更是自己未来迷茫的沉重哀叹。这真是一条令人感伤的溪流。

6.《飞练瀑》

飞练瀑之名取自《水经注・庐江水》之“水导双石之中，悬流飞瀑，望之连山，若曳飞练于霄中矣”，言其动感和洁白，融入诗人坚贞不屈的性格。

诗人写了阳光下的瀑布和月光下的瀑布。阳光下的瀑布被诗人分成三段描写，先写源头，瀑布从岩端被高高四散抛掷下，晶莹剔透，闪出洁白光亮，扑向人前，伸手可握。“掷”字尤有分量、气势。然后写瀑流既像玉树枝冲向岩石被曲折却没有断绝继续向下，又像片片雪花在晴天里纷扬而下，当它们与岩石激撞时就像竖琴的琴弦被弹奏，发出清脆的声音。四散的水花溅在叶子上，激起叶子不断摇动。月光下的瀑布给诗人的是一种整体超然的感觉，最初它在明月里，照耀大地，最后终于似银河一泻千里，成为从明月中流下来的银河瀑布，虽然没有李白“飞流直下三千尺，疑是银河落九天”的雄伟气势，但给人以无限的遐想，似乎人可以顺着它去向月亮。

7.《蒙池》

蒙池之名取自《周易・蒙》之“象曰：山下出泉，蒙”，言其朦胧，融入远离俗世成仙的渴望。

蒙池与云英潭一样，都被岩石包围，然而云英潭是灿烂回归平静，像女子，蒙池却一直都是深静、无波无澜，像男子。蒙池由水聚积回旋在幽深的岩壁下形成，又深又净，好像没有任何力量。风吹来，也不会有任何波澜，它与月色完全融为一体。因为它离太阳太远，所以周边景色都是瘦削的草木，因为人离得太远，所以才觉得烟霞弥漫，在隐约朦胧中，好像列仙出现了，他们在蒙池边下棋。诗歌整体上从动写起，中于静，归于动。但静中有动，动中有静，潭水是动也是静，草木是静也是动，烟霞是静也是动，围棋是静也是动。整个画面有一种神话色彩。下围棋尤其在唐代士林中有一种恬淡高雅的意趣，是文人追求的诗意生活，也是对洞天福地里的神仙生活进行想象与设计的固定意象和必不可少的内容。

8.《棼丝瀑》

棼丝瀑之名取自《左传・隐公四年》之“臣闻以德和民，不闻以乱。以乱，犹治丝而棼之也”，言其瀑布与石相激而纷飞散布的飘逸状态，融入始乱最终归于有序的深远韵致。

与《飞练瀑》一样，诗人也是分三段写棼丝瀑。先写源头，因为瀑布从各种岩石的缝隙中渗透喷洒而出，所以形成许多分支，像丝一样纷乱，给岩石蒙上一层薄纱，给朝阳上了一圈日晕，给夕阳以反光使之更明亮。然后写诗人视野随着瀑布的余波绕石头而去，直到远方，耳边传来哗哗的水声。诗人并未结束，最后二句想象，如果站在很远很远的地方，回望瀑布，就会清楚看到许多曲折的水脉。瀑布喷洒而下，最终落为余波微荡，传达出诗人心境平静，回首再看，已经没有纷乱，只有有序。

9.《双溪》

双溪之名取自外在形态，言其因二岛（桂林洲与大云洲）被割成二条（星子河与淳溪水），也暗寓刘禹锡的二心。

双溪景色繁富，有流水、双岛、碧溪、浮花、远影、闲鹭、曝龟、苹风。情感也分为两种，前四句营造出幽静的气氛，后四句一变为伤感。鹭鸟长久孤独站立，浮出水面曝晒的乌龟受惊下沉，都是诗人自身的写照。被贬连州任刺史的刘禹锡心情极为复杂，他一方面想让连州优美的自然景色使心灵得到净化与洗涤，另一方面还对官场仕途朝廷充满了期望，希望传来好的消息，“满谷箫韶声”。古来迁客寄情于山川林壑，徜徉于大自然中，其实也是在伺机复出。同样，刘禹锡也是如此，他在不得意的政治生涯中，不得已把一颗炽热的心埋藏在山水风月里，但有时也会在有意无意中溜出一线掩埋不住的余光。这点还可从前面的写景“远影落中心”看出。“中心”既可以是方位名词，又可以指内心、心中；远影既是实在的景色，又可是朝廷的虚化。

10.《月窟》

月窟之名取自外在形状，言其潭池窟穴如月团圆且幽深，融入思归之情。

月窟是长年累月慢慢形成的，其形制就像一个圆圆的杯子，承接着夜晚的露水。弯弯曲曲的岩石倒映在月窟里，好像是月窟斜照在岩石上，这给春天晚上林子的清寒之气中注入了一丝温暖。然而这种温暖却无法让人触摸。诗人与像天上月亮的月窟的对话，实际上是在品味着思乡的艰辛。

综上，刘禹锡对以上十首诗命名的刻意追求，表现了他的理想志趣。命名总体上很质朴，没有宋人常用的华丽四字如山市晴岚、江天暮雪等，在字数上也为二字或三字的形式，其中前一字或二字为修饰词语，说明和渲染其状态，最后一字是主体。但无论是记事命名，形姿命名，抒发性情命名，经典命名，或静态，或动态，都对景观进行了完美表达，或充满了林泉之致，琴棋自娱，或充满了不甘、愁苦。景观既是刘禹锡排遣心中块垒的媒介，又是刘禹锡用圆通豁达去感悟净化心灵的工具，由此，刘禹锡是矛盾的，“我们没有必要为强调诗人的昂扬斗志和奋发精神而讳言这一事实。相反，我们认为，作为一个有着复杂情感的活生生的人，刘禹锡正是在战胜这种侵蚀自己意志的悲伤情绪的过程中，显示出了自己的不同凡响”①。

二、刘禹锡《海阳十咏》组诗分析

《海阳十咏》分开看，是分题赋咏，即一处一吟咏，描绘得细致入微。从整体上看，每一部分之间都相互映衬，彼此补充，构成对园林景观的总体性描述，给人一个对于园林景观的总体印象，同时又表达一定的意义，即诗人思想的复杂流变。

（一）组诗内在联系

虽叫《海阳十咏》，但它们并不是严格意义上的组诗，因此也就不具备常见组诗风格的重要特征，即语句的“重复”。然而这十首诗有着内在的节律，充分抒情，有序铺陈。我们将用以下两种方式对《海阳十咏》进行归类：

1. 从内容上分（分成四类）

第一类为《吏隐亭》《切云亭》《玄览亭》，它们既在内容上奠定了组诗的基调：有水，有亭，有月亮，有太阳，有松，有风，又有一种情感思想的发展：曾有过切云般的对立感伤，经过吏隐之后，心胸开阔，用心玄览。第二类为《飞练瀑》《棼丝瀑》，开始写水从何来，描写了两个瀑布。第三类为《双溪》《裴溪》，描写了溪水。第四类为《云英潭》《蒙池》《月窟》，描写了溪水形成的深水。

2. 从写法上分（分成五类）

第一类《吏隐亭》《裴溪》各八句都可以拆分为二首，都是一首抒情，一首写景。《吏隐亭》把三、四句与五、六句交换位置可得：“结构得奇势，朱门交碧浔。日轩漾波影，月砌镂松阴。”“外来始一望，写尽平生心。几度欲归去，回眸情更深。”《裴溪》把七、八句与三、四句交换位置可得：“楚客忆关中，疏溪想汾水。君今赐环归，何人承玉趾。”“萦纡非一曲，意态如千里。倒影罗文动，微波笑颜起。”但二者写作顺序不同，也就决定了情感的抒发不同。

第二类《蒙池》《飞练瀑》《月窟》都是以双音节联绵词“潆渟”“晶晶”“溅溅”开头，流水开篇，以想象夸张收束，“往往疑列仙，围棋在岩侧”，

① 肖瑞峰．刘禹锡诗论［M］．杭州：浙江大学出版社，2013：16.

“前时明月中，见是银河泻”，“游人不敢触，恐有蛟龙护”。

第三类《梦丝瀑》《双溪》以流水开篇，空旷整体收束，“却望琼沙际，逶迤见脉分”，“苹风有时起，满谷箫韶音”。

第四类《切云亭》《云英潭》都是开头六句写景，最后两句抒情。

第五类《玄览亭》六句写亭子周边景，两句写亭子本身的独特性。

总之，这十首作品，描写的虽然是一个个自然景象，但给人的感觉不是一个个片断的素描，其中景物呈现出一种生命状态、一种心灵境界，达到了心物交融、天衣无缝的艺术境界。

（二）组诗内容情感分析

唐代的士人在仕途中寻求自我人生价值的实现，但多数人却仕途偃蹇、人生坎坷。他们的心中，有着太多的失意、压抑和落寞，“时久落魄，郁郁不自抑。其吐辞多讽托远意，感权臣而憾不释”①，久久不能开释。

刘禹锡被贬荒僻的连州，仕途上不能有大作为，不仅日复一日生活在寂寞与悲观之中，而且拖累八旬老母，情更何以堪。面对连州的景色，由于要适应生命的闲置，要缓解内心的压抑与痛苦，他不能不游倘、想象山水景色。他带有主观色彩营造的景色有朦胧空灵的宁静致远，如“日轩漾波影，月砌镂松阴”“波摇杏梁日，松韵碧窗风”“芳幄覆云屏，石奁开碧镜”；有高出尘俗俯观一切的孤傲，如“迥破林烟出，俯窥石潭空”；有对不平的反抗，如“琼枝曲不折”；有身不由己的逼迫，如“人远烟霞逼”“香风逼人度”；有对现实无力的忧伤，如“潆渟幽壁下，深净如无力”“地灵草木瘦”；有被弃置的孤寂及对未来的恐惧，如“游人不敢触，恐有蛟龙护”“闲鹭久独立，曝龟惊复沉”。然而这些情感都复杂交织，使得其诗有着淡淡的愁绪。另外，刘禹锡又精心选择了意象，在季节上，刘禹锡在十咏中没有使用秋的意象，而是选择了暮春，淡化了“喜春”的情感，既没有大悲也没有大喜。在日月中，他更倾向于晚景、月亮，因为它们能够造成意象的朦胧化、伤感化。在山水中，他更倾向于水，因为它不仅“达于事理，而周流无滞”，还有澡身浴德的功用。《孟子·离娄上》：“有孺子歌曰：沧浪之水清兮，可以濯我缨；沧浪之水浊兮，可以濯我足。”这是一种恬然自适的心态。同时，刘禹锡弱化了水带来的时间急速流逝的迫切感和生命易逝的忧患意识。我们发现在十咏里没有单纯秀丽的山峰叠峦，它往往被以石头代替，因为石头是冰冷的、弯曲峻拔的。在花木中，花都是笼统的，是落花，是繁花，发出的是逼人的香，没有梅兰竹菊四君子，刘禹锡更倾向于松，因为青松具有抗压的品格。于是最终形成沉郁的诗

---

① 傅璇琮．唐才子传笺［M］．北京：中华书局，1989：490.

歌风貌。

刘禹锡是孤独的，在十咏中我们几乎看不到他与朋友一起游赏（虽说元和十年敕文规定，左降官与流人不得流连宴会，但更多的是诗人心理封闭。既无人可交流，只能纵情于山水，把与人交流的愿望转移到大自然上），所以他发出《裴溪》中“君今赐环归，何人承玉趾”的感叹。只有他一个人夜来酣饮买醉，山水是为了消除他的孤独感而存在的，如《云英潭》“潜去不见迹，清音常满听。有时病朝酲，来此心神醒”。正因为孤独，所以他敏感且倾听各种自然音响，如《棼丝瀑》“碎响隔溪闻”，《双溪》“满谷箫韶音”，《月窟》“溅溅漱幽石”，《飞练瀑》“晶晶掷岩端”“石坚激清响”，《切云亭》“松韵碧窗风”。山水成为其心，如《吏隐亭》“外来始一望，写尽平生心”。表面上看似他已经放开，如《玄览亭》“潇洒青林际”，然而，再好的山水风土也不能给谪宦以安慰。虽然会有短暂的美好感受，但是谪宦很快就会清醒地认识到自己客居他乡，如《裴溪》“楚客忆关中，疏溪想汾水”。他始终无法忘怀世事，如《切云亭》“九疑南面事，尽入寸眸中”，《吏隐亭》更是“几度欲归去，回眸情更深”。这二句是有歧义的，一种理解为体现了对山水眷恋不舍之情；另一种理解为他不愿寄情山水，更想回归朝廷中央，表达了对京城的怀恋。联系他在朗州所作的《闻道士弹思归引》：“仙公一奏《思归引》，逐客初闻自法然。”我们更倾向于第二种。

（三）组诗语言艺术分析

《海阳十咏》中，刘禹锡用典很少，诗句清新自然，直接、细致地描绘眼前的景象，并抒发内心感触，其风格不虚美。为了抒情达意，刘禹锡不拘格律，“《海阳十咏》中有四首是反五律”①。意象具有相似性，如碧窗、碧云、碧浔、碧溪、碧镜、碧潭；轻波、微波、摇波、余波；波影、倒影、松阴、罗文、远影；清夜、清音、清响；幽花、幽石、幽壁；浮花、芳幄；林烟、青林、烟霞等。这些意象的重复，对叙述对象起到强调作用，加深读者印象，积聚感情，使诗歌主题不断得到再现、深化、拓宽，使诗人的感情淋漓尽致地宣泄。“清”“幽”“覆”“逼”的出现也是其悲情意绪、悲寒心境的外化，营造出清冷无力的基调。在语言上多采用动词、数量词和叠词。动词或是动作性强的动词，如漾、镂、破、窥、摇、覆、洒、逼、掷、激、泻、绕、落、拥、透、喷、回等，或是瞬间性动词，如生、起、出、开、下、来等，用以精确表现画面的动态之势，突出了物象极富气势的生动一面。由于诗人长期遭贬，内心充斥着被抛弃的凄楚与对无常的世事变化的感慨，强化了诗人对时空感的强

① 刘佳龙．唐诗之“反五律体”论略［D］．乌鲁木齐：新疆师范大学，2009：32.

烈体验，因此，他在数量词上拉大了距离突出感伤，加强映衬、对仗之妙，如“外来始一望，写尽平生心”“九疑南面事，尽入寸眸中”“萦纡非一曲，意态如千里”。在叠词上，如“溅溅漱幽石，注入团圆处”“晶晶掷岩端，洁光如可把”，生动地表现诗人内心情感的波动，加强了语言的形象性、音乐性。

三、刘禹锡的造园艺术

造园艺术，作为一种在自然环境中进行创造的艺术，最能体现人工与天然的关系，最能反映创造者的审美观。以刘禹锡为代表的文人们在精心经营的山水亭台片断小景中自娱自得，创造出壶中天地，形成尘世间与出世间完全统一的“吏隐”。海阳十景，处处涉水涉石，“知者乐水，仁者乐山。知者动，仁者静”，交杂着色彩、动态和音响，使得自然景观清新幽静，人工景观布局精致。景观人工中见自然，自然中见人工，成为诗人怡情养性之物。一花一木、一水一石在诗人的观照下都别具深意。刘禹锡筑园林这一实践活动，体现了他亲近自然，并且向自然寻求精神慰藉、解脱的一种心理。因此，从某种程度上说，构筑园林的过程，也是其转移现实世界带来的精神痛苦，找到心灵栖居的幽僻之所的过程。《吏隐亭述》是个总纲，《海阳十咏》是分写，它们深深地反映了刘禹锡的造园艺术。

刘禹锡园林中有着完善的景观体系，百步之内，诸景毕集，溪、潭、池、瀑布、流水、草木、花、松、烟霞、石、鸟、鱼、龟、亭、桥、岛，营造出壶中天地的审美趣味，“窈如壶中，别见天宇”。

第一，叠置山石与引理泉水。叠置山石体现了人对自然的亲近感。园林中的山景分为自然山与人工叠山两种，自然山是自然已有之山，人工山是通过人工堆叠起来的假山。无论哪种，咫尺之间便自有一番天然的情趣。时光匆匆，我们已经不知道哪些山是刘禹锡借的或者造的，但从其《海阳十咏》中可以看到这些石头的身影。《切云亭》“俯窥石潭空”、《云英潭》“石夻开碧镜”、《蒙池》“潆渟幽壁下”、《月窟》“溅溅漱幽石，注入团圆处”都是通过石头堆砌，形成潭池。《棼丝瀑》“飞流透嵌隙”、《飞练瀑》“晶晶掷岩端”、《玄览亭》“淙流冒石下”都是通过山石，形成瀑布与流水。《棼丝瀑》“余波绕石去”、《双溪》“流水绕双岛，碧溪相并深”、《切云亭》“隔水生别岛”都是通过石头来分割水体。《飞练瀑》“石坚激清响”是通过石头来发出声响。《蒙池》“往往疑列仙，围棋在岩侧”是通过石头来想象。

山石因水而活，同样，嶙峋的山石也使得水体蜿蜒潺潺，增加了水景空间的深度和层次。同时，水体还有自身的功能，刘禹锡根据自然地势与不同需要，认真理水，构筑出不同的水体本身形态与水体景观。在他笔下，水体呈现出变化自如、异态纷呈的景象，如产生潭、溪、池、窟、瀑布、淙流等多种水体。它们或有动感，如《棼丝瀑》“飞流透嵌隙”，《云英潭》“支流日飞洒”，《月窟》“溅溅漱幽石”，《飞练瀑》“晶晶掷岩端”，《裴溪》“倒影罗文动”，《玄览亭》“淙流冒石下，轻波触砌回”；或有形态，如《棼丝瀑》“喷洒如丝棼”，《飞练瀑》“琼枝曲不折，云片晴犹下”，《月窟》“有如常满杯，承彼清夜露”，《裴溪》“萦纡非一曲，意态如千里”；或有光彩，如《云英潭》“深处自疑莹”，《飞练瀑》“洁光如可把”，《棼丝瀑》“含晕迎初旭，翻光破夕曛”，《蒙池》“月来同一色”；或有声音，如《云英潭》“清音常满听”，《棼丝瀑》“碎响隔溪闻”，《双溪》“苹风有时起，满谷箫韶音”，《飞练瀑》“石坚激清响”；或朦胧虚化，如《云英潭》“潜去不见迹”；或安静，如《蒙池》“深净如无力。风起不成文，月来同一色”。除此之外，刘禹锡还将水与周围众多景观因素相连，融为一体，创造出富有通脱自然的诗情画意和自然美的整体。或紧临池水，栽有花木，如《双溪》“浮花拥曲处”，《玄览亭》“香风逼人度，幽花覆水开”，《飞练瀑》“叶动承余洒”，《蒙池》“地灵草木瘦”；或养有鱼鸟，如《双溪》“闲鹭久独立，曝龟惊复沉”；或修有小巧的建筑，如《吏隐亭》“日轩漾波影”；或利用分散用水，使水陆萦回，岛屿间列，如《切云亭》“波摇杏梁日，松韵碧窗风。隔水生别岛，带桥如断虹”，把水面划分为既相对独立又互相连通的若干小区，让人产生曲折、变化、隐约迷离之感，避免了一览无余而生的单调感。这些水无论是静态、动态，还是形、声、色，都是自然的体现，让我们体会到自然界的无限生机与道理，摆脱社会现实中各种事务带来的羁绊，引发澄澈、宁静、自如的雅趣。

综上，山体与水体二者相映成趣，使园林充满了灵动的自然妙趣，创造出各种空间形态和意境。

第二，建立亭榭。亭子最大的功能是观景，因此它是整个园林的“园眼”，吏隐亭、切云亭、玄览亭的设置就是为了更好地使游者驻足登临远眺，起整体观赏作用，“九疑南面事，尽入寸眸中”。虽然它本身是园林一景，但是在园林中，山石、泉池、植物才是主导欣赏对象，亭榭这种纯粹的人工营造只是在山间、水边、花树之中灵活点缀。它需要与山水风格统一，融合成自然天成般的景观体系。刘禹锡采用了以下方法：

在选址上，刘禹锡把亭子筑在山间、水际等形胜之地，从地点上赋予了亭子虚空之美。《吏隐亭述》曰：“入自外间，不知藏山。历级东望，恍非人寰。”曲径通幽，别有洞天。林深路曲，拾级而上。在山间，选取地势高处，可以极目远眺，俯瞰山下景色，如《吏隐亭述》“负山而抃，摧其别岛，置此高岸”，《吏隐亭》“结构得奇势”，《切云亭》“迥破林烟出，俯窥石潭空”。或依傍佛寺、道观，如《吏隐亭述》“却倚佛寺，左联仙府”。或在水际，或距离水有一点距离，如《吏隐亭述》“隔水相鲜”，《吏隐亭》“朱门交碧浔”。或紧靠台阶触水，如《玄览亭》“寅缘碧潭隈”“轻波触砌回”。同时，还要选择交通便利之处，如《吏隐亭述》“地偏人远，空乐鱼鸟。谢公开山，……伊险且艰。溪山尤物，城池为伍”。

在亭子本身的造型上，刘禹锡既修了当时有四壁与门窗的普通亭子，因为开窗同样可以体现亭子的开敞性，如《吏隐亭》“日轩漾波影”，又修了只有屋顶的四敞亭子，如《玄览亭》“故令无四壁，晴夜月光来”，其目的就是全方位地赏月玄思。后来苏轼《涵虚亭》也曰：“惟有此亭无一物，坐观万景得天全。”

在亭子的周边布局上，更要精心。水不可少，如《吏隐亭述》“淙流布悬”，《吏隐亭》“日轩漾波影”，《切云亭》“波摇杏梁日”，《玄览亭》“寅缘碧潭隈”，亭子因水多灵动色彩。花木不可少，它们是构园中唯一生长变化的景观要素。刘禹锡的花木更多地渐染了坚韧的文人性格和情操。他选择了幽花，如《玄览亭》“幽花覆水开”。他选择了青林、青松，如《切云亭》“迥破林烟出”，且沐浴着松风，“松韵碧窗风”，《玄览亭》“潇洒青林际”，《吏隐亭》“月砌镂松阴”。另外，弯弯曲曲的小路、横跨水面的廊桥也不可少，如《吏隐亭述》“架险通蹊，有梁如霓”，小路、廊桥像一条灵动飘逸的纽带，成为自然过渡；如《切云亭》“带桥如断虹”，与切云亭遥相望的还有占水而行的岛屿，“隔水生别岛”。漫步廊桥与岛屿，顾视左右，视野更加开阔，同时，产生步移景异、变幻无穷的乐趣，从而避免了宽敞水面的单调。另外，还可在水里加设小船，如《吏隐亭述》“轻泳徐转，有舟如翰”，当然潭水、花木、廊桥与岛屿本身无论远观、近观、俯瞰，又成了极好的景点，丰富了自然景观环境。

吏隐亭如画、切云亭独立、玄览亭多思，展现了亭中远望三种不同的情态美。同时它们又小巧地点缀于池水边，既可驻足观赏水景，又点缀了水边环境，于是亭、水与山林浑然一体，在错落有致的空间层次中透出萧散闲逸的趣味，形成了纵横交错的素描结构美。同时山、水、花木、廊桥、岛屿的自然美依靠亭子的观景、组景与点景作用，又被强化和深化了。

刘禹锡的园林虽然没有热闹的文人雅集、曲水流觞、饮酒赋诗，但是它呈现出浓厚的文人色彩，富有诗情画意，气韵生动，最能体现刘禹锡高雅、独善的情怀。这里动静结合，在动感十足的瀑布、风声、泉声、下棋声、弹琴声中夹杂着似静非静的亭子和池潭（因为亭子也有俯窥，池潭里也有波纹链满、有交错光影)，一切都使得幽静的园林富有生机与变化。然而，一切动都将归于静，静才是永恒与主旨，这是禅的领悟。

综上所述，刘禹锡用心灵的眼睛来看空间万象和构建园林，“身所盘桓，目所绸缪。以形写形，以色貌色”，他的园林景观有一种虚实相生，一种物我相融，一种神韵意境，其精神简淡幽微，所表现的空间意识是俯仰自得的人生感。他亲自参与构园活动，推动了文人园林的发展，为后世园林的建构奠定了基础。

（作者单位：惠州学院）

文、赋研究

刘禹锡未列“唐宋八大家”缘由考论

马茂军　钟业尉

刘禹锡在中唐虽以诗闻名，但其古文于韩柳之外独具特色，亦取得了很高的艺术成就，可列于韩柳之后而称第三。《四库全书总目》称其文“于昌黎、柳州以外，自为轨辙”①。宋人王正德《余师录》卷三引李仆之言曰：“吾尝论唐人文章，下韩退之为柳子厚，下柳子厚为刘梦得，下刘梦得为杜牧，下杜牧为李翱、皇甫湜，最下者为元稹、白居易。”② 类似评论颇多，此不赘引。既然后代学者大都公认刘禹锡古文的文学成就，那么为何在“唐宋八大家”的形成过程中没有刘禹锡一席之地呢？这虽然仅是一个微小个案的研究，但是当我们深入这个看似简单的问题的背后时，其反映出文学接受的独特性和经典型规律。

在探讨这个问题的原因之前，我们需要对这个问题的大前提进行必要的探讨，即刘禹锡的古文成就如何，能否担起“八大家”之名？

一、刘禹锡的古文成就

1. 古文创作成绩

刘禹锡的古文创作比较均衡，散文、辞赋兼擅。刘禹锡古文创作中成就最高的是他的论说文。刘禹锡自己对此也颇为自负，其《祭韩吏部文》曰：“子长在笔，予长在论，持矛举盾，卒不能困。”③ 认为自己的论说文可以和韩愈一较高下。刘禹锡论说文的特色如何？《四库全书总目》评其文“恣肆博辨”④，可以看出这个评价主要针对刘禹锡的论说文而发，确为的评。清末平步青亦评刘禹锡古文“才辩纵横”⑤，可见刘文这特点得到后代学者的共识。

---

① 永瑢，等．四库全书总目：卷一五〇［M］．北京：中华书局，1965：1190.

② 王正德．余师录：卷三［M］．台湾商务印书馆《景印文渊阁四库全书》本第1480册：778.

③ 陶敏，等．刘禹锡全集编年校注［M］．长沙：岳麓书社，2003：1083.

④ 永瑢，等．四库全书总目：卷一五〇［M］．北京：中华书局，1965：1190.

⑤ 平步青．霞外攟屑：卷六［M］．《明清笔记丛刊》本．北京：中华书局，1959：430.

“态肆博辨”，这便是刘禹锡论说文的第一个特征。而这一点恰好和他的诗歌特色相通。白居易《刘白唱和集解》称：“彭城刘梦得，诗之豪者也。”① 诗之豪、文之肆，均源于刘禹锡豪放乐观的性格。如《天论》一文，上、中、下三篇，洋洋洒洒几千言，侧重点各不相同，但都统一服务于天“非有预乎治乱”这个总论点。同时，文章中篇、下篇借鉴汉赋“主客问答”的形式，采用问答结构全文，将其“态肆博辨”的文章风格表现得淋漓尽致。这种问答形式还见于其《辩迹论》《论书》等文，这种结构层层反驳，步步追问，辩意浓厚，气氛紧张热烈，使得论说过程跌宕起伏，抑扬顿挫，引人入胜。刘文从容和恣肆共存，这种对立风格的调教体现出刘禹锡高超的行文技艺。同时，这种形式上大开大合，而又能使论题中心论点不散，反映出刘文的另一个特点，那就是思想的深刻和主旨的明晰，这种深刻通豁来源于刘禹锡哲学思索的透彻和深厚的学养。

近代李慈铭《越缦堂读书记》评刘禹锡文曰：“中山叙记诸文，简洁刻炼，于韩柳外自成一子。”② 这里论的虽是刘禹锡的叙记诸文，但这个评价对刘禹锡大部分文章均适用，以“简洁刻炼”评价其论说文亦为精辟。刘文既有《天论》那样的鸿篇巨制，也有《华佗论》之类短小精悍的文字，行文的长短根据论题而定，辞达则止，这反映了作者的克制和丰厚涵养。不只是文之结构短长，“简洁刻炼”更表现在刘禹锡行文的语言风格上，以简练之言达丰腴之意，是刘文的普遍特色。如《与柳子厚书》，虽仅一百五十余字，但论文、评人、明心、达情，文章容量极大。刘禹锡文章的收放自如、简洁刻炼主要得益于两个方面：字句精炼和用典精善。《旧唐书》评其文：“巧丽渊博，属词比事，诚一代之宏才。”③ “巧丽渊博”名其语言修养，“属词比事”言其用典之精。对于这一点，苏文根的硕士学位论文《刘禹锡散文研究》里有详尽的论述，读者可以参看，此不赘述。④

就刘禹锡的古文创作，同时代人有很高的评价。刘禹锡《唐故中书侍郎平章事韦公集纪》引李翱语云：“翱昔与韩吏部退之为文章盟主，同时伦辈惟柳仪曹宗元、刘宾客梦得耳。”⑤ 李翱高度评价包含他自己在内的中唐古文四家，这大致反映了刘禹锡在当时文坛的地位，刘禹锡自己对此也颇为自豪。南宋晁公武《郡斋读书志》亦称：“禹锡早与柳宗元为文章之友，称‘刘柳’，

---

① 白居易．白居易全集［M］．上海：上海古籍出版社，1999：569.

② 李慈铭．越缦堂读书记［M］．上海：上海书店，2000：894.

③ 刘昫，等．旧唐书：卷一六〇［M］．北京：中华书局，1975：4215.

④ 苏文根．刘禹锡散文研究［D］．福州：福建师范大学，2010.

⑤ 陶敏，等．刘禹锡全集编年校注［M］．长沙：岳麓书社，2003：1225.

晚与居易为诗友，号‘刘白’，虽诗文似少不及，然能抗衡二人间，信天下之奇才也。”① 对刘亦甚为推崇。因此，刘禹锡在当代及后世均有重要地位。

通过前面的论述，笔者以为，刘文虽比不上韩柳欧苏，但和“唐宋八大家”后四家则有一比，刘禹锡足担得起八家之誉。

2.“事功”化的古文理论

刘禹锡的古文理论有自己鲜明的特色，呈现出高度的“事功”化倾向，这种倾向突出地表现在他的文道观上。韩愈主张“文以载道”，柳宗元提出“文以明道”。作为唐代古文运动的积极参与者，刘禹锡的文道观和韩柳有相似之处，他也将“道”置于“文”之上。刘禹锡也强调“道”对“文”的决定作用，他在《刘氏集略说》中说：“道不加益，焉用是空文为?”② 明确提出无益于道的进益的“空文”是不足取的。但是，刘禹锡所言的“道”和韩柳有一些区别，其“道”不是一味标榜尧舜文武孔孟之言，而更多的是立足于现实，尤其是现实政治，主张致君及物。因此其强调“文”的“济世教化”功用。

他在《唐故相国赠司空令狐公集纪》中说：“咫尺之管，文敏者执而运之，所知皆合。在藩耸万夫之观望，立朝贲群寮之颊舌，居内成大政之风霆。导畎浍于章奏，鼓洪澜于训诰。笔端肤寸，膏润天下。文章之用极其至矣。”③ 这里他将“文”作为辅政的工具，极言从政之“文”如章奏、训诰具有“膏润天下”之大用。他在《献权舍人书》中以“文”为“见志之具”：“今念道未施于人，所蓄者志。见志之具，匪文谓何？是用颛颛恳恳于其间，思有所寓。”④ 值得注意的是这里的“道”，所谓“未施于人”，很显然已经不是韩愈所尊的那个存于文献中的道统，而是落到了现实政治的诉求，是刘禹锡理想中的治国方案。故接前文又说：“非笃好其章句，泥溺于浮华。时态众尚，病未能也，故拙于用誉。直绳朗鉴，乐所趋也，故锐于求益。”⑤ 明确表达了自己希望在政治上有所作为的愿望，只是没有好的时机，“病未能也”，故托志于文。同时强调自己“非笃好其章句，泥溺于浮华”。这便引出刘禹锡古文理论的又一特点，即高度重视内容尤其是政治内容的表达，这一点是他强调文章实用功能的必然结果。这从他对文章的分类可以明显得到。他把文章按内容特点分为“立言”“体物”两类，见于《唐故衡州刺史吕君集纪》：“古之为书者，

① 晁公武撰，孙猛校证．郡斋读书志校证［M］．上海：上海古籍出版社，1990：882－883.

② 陶敏，等．刘禹锡全集编年校注［M］．长沙：岳麓书社，2003：1181.

③ 陶敏，等．刘禹锡全集编年校注［M］．长沙：岳麓书社，2003：1281.

④ 陶敏，等．刘禹锡全集编年校注［M］．长沙：岳麓书社，2003：816.

⑤ 陶敏，等．刘禹锡全集编年校注［M］．长沙：岳麓书社，2003：816.

先立言而后体物，贾生之书首《过秦》，而荀卿亦后其赋。和叔年少遇君，而卒以谪似贾生，能明王道似荀卿。故余所先后视二书，断自《人文化成论》至《诸葛武侯庙记》为上篇，其他咸有为而为之。”① 立言之文，即表达政治理想的教化之文，体物之文则铺陈抒情之类。刘禹锡明确立言之文高于体物之文，这也是他文章实用观念的真实反映。

同时，他还以此标准作为评价文学的尺度，更极端地认为身处高位者如宰相等人之文价值便高。如他在《唐故相国李公集纪》中说：“天以正气付伟人，必饰之使光耀于世。粹和絪缊积于中，铿锵发越形乎文。文之细大，视道之行止。故得其位者，文非空言，咸系于圩谟宥密，庸可不纪？……其在翰苑，及登台庭，亟言大事，诚贯理直，感通神祇，龙鳞收怒，天日回照。古所谓一言兴邦者，信哉。”② 与其说是评论文章，不如说是评论权位，某种程度上，这已经超越了文学的评价体系。其所谓“一言兴邦”者，并不是文的直接功用，而是由作文者所处之势决定的，文的实际作用实在有限。类似观点还见于《唐故相国赠司空令狐公集纪》和《唐故中书侍郎平章事韦公集纪》，所称颂者皆为宰相之文，这也充分体现了刘禹锡自己的政治理想。

和韩柳相比，刘禹锡的文章观念流露出更加浓厚的事功性，这主要基于他对现实政治的高度关注。刘主张文学为政治服务，强调立言，这种实用的态度和后世的八大家选本有某种契合。但是，这种过于现实的事功性或许会使其文论在宋代的传播遇到某种阻碍，尤其到了南宋理学家手中，他们讲究“义利之辨”，而刘禹锡恰恰对“义”的关注不够，缺乏事功背后形而上的思考，相比韩柳，其卫道之心便显弱化，因而缺乏典型性，这种古文激情和斗争性的缺乏对其文章在宋代的传播或许会产生不利的影响。

二、刘禹锡古文在宋代接受的沉寂

在论述完刘禹锡的古文成就之后，以下转入对其未列“唐宋八大家”原因的探讨。这个问题有两个宏观的思考维度，其一为刘禹锡古文在两宋，尤其是北宋的接受状况；其二是从“唐宋八大家”的成名源流寻绎，重点是南宋时期以吕祖谦《古文关键》为代表的唐宋古文名家选本的分析。

这部分笔者将对第一个维度进行考察，第二维度将在后文论述。笔者寻绎北宋现存史料，发现刘禹锡在北宋的接受相比韩柳整体而言比较沉寂，没有引

① 陶敏，等．刘禹锡全集编年校注［M］．长沙：岳麓书社，2003：1060.

② 陶敏，等．刘禹锡全集编年校注［M］．长沙：岳麓书社，2003：1184－1185.

起大的反应和接受高潮。同时，其诗与文在宋代的接受表现出极大的不均衡性，宋人于其诗论述颇多，而对其文的品评则相对少很多。笔者对其文在宋代不显的原因进行剖析，以为大致有以下数端：

在文学接受过程中，一位作家某一领域的突出表现可能会影响其另一领域成就的评价，这种长处掩盖短处是正常的现象。这种状况的出现既和作家个人领域创作的不均衡性相关，也与后代士人接受的选择性紧密相连。刘禹锡诗文在宋代的接受便呈现两极分化的态势，其诗名盛而文名微。就刘禹锡自身的创作而言，其诗的成就高于文，其诗在诗史上的独特性和贡献大于其文在文史上的影响，但是这种创作的相异并没有如杜甫之诗文般，至两极分化的地步。这是整体上的情况，但在后人接受的过程中，名篇传播的重要性优于整体传播的效果，名篇传播见效快，传播的条件要求亦较低。在这一点上，刘禹锡诗歌名篇的优势便展现出来了。这是从其创作分析，但这并不是主要的原因。那么，造成这种接受上的巨大差异的原因便落实到了宋代士人的接受选择上。

单个文人的接受选择比较分散，产生的影响力也较低，但是有一部分人的接受和传播却具有重大影响力，那便是当世名家，如欧阳修、苏轼等。他们在当代文坛为执牛耳者，具有巨大的号召力，同时门生众多，传播效果显著。刘禹锡的诗歌在宋代便得到欧阳修、苏轼、黄庭坚、王安石、刘克庄等著名作家的推崇，他们多学习过刘禹锡。其中尤其以苏轼和刘克庄为最。对于苏轼学习刘禹锡，宋人诗话、笔记中多有记载。如陈师道《后山诗话》：“苏诗始学刘禹锡，故多怨刺，学不可不慎也。”① 苏学刘之论亦见于张戒、刘克庄、王炎等人，此不赘述。因为有了文坛大家的推崇学习，其影响力便能迅速上升。和他的诗歌的待遇相比，其文则惨淡许多。目前所见材料，分散的零星评价亦少，没有系统的论述，其著名者如苏轼题跋“书子厚梦得造语”条曰：“梦得云：‘水禽嬉戏，引吭伸翮，纷惊鸣而决起，拾彩翠于沙砾。’亦妙语也。”② 这种点评并未引起当时大家的响应，影响有限。同时也无散文大家专习其文，目前史料所见明确者，北宋宋祁《宋景文笔记》卷上载：“李淑之文自高一代，然最爱刘禹锡文章，以为唐称‘柳刘’，刘宜在柳柳州之上。淑所著论多类之，末年尤奥涩，人读之至有不能晓者。”③ 李淑以为刘文在柳文之上，但其人名微，影响不足。没有大家的青睐，其文名不扬亦当然也。这一点将其文与韩柳文在宋代的待遇相比便一目了然。北宋所谓“新古文运动”借袭唐

---

① 何文焕．历代诗话［M］．北京：中华书局，2004：306.

② 苏轼．苏轼文集：卷六十七［M］．北京：中华书局，1986：2109.

③ 宋祁．宋景文笔记［M］．台湾商务印书馆《景印文渊阁四库全书》本第862册：538.

“古文运动”之名，抬出韩柳作为楷模。北宋古文诸家大多曾用心于韩柳古文，即使没有下苦功摹习其文，对韩柳的“文以明道”“文以载道”观念也大多推崇宣传，这对韩柳古文的传播和古文理论的传播都大有裨益。而刘禹锡则没有这样的学习接受高潮出现。

我们从中唐“古文运动”考察，刘禹锡也算是其中的一分子，甚至可以说是重要成员，为什么他们在宋代的遭遇会有这么大的差别呢？这个问题可以从两个方面进行解释。其一，刘禹锡虽是积极的参与者，但和韩柳相比，其地位则轻得多，这种轻表现在刘禹锡的古文创作成就赶不上韩柳，创作的数量也不多。同时，在古文理论上，和韩柳相比，刘禹锡没有鲜明的古文理论、激进的古文态度、响亮的古文口号，因此也就缺乏典型性和冲击力。在宣传上，理论的识别度高于创作的缓慢发酵。在这一点上，他和当时其他古文家，如李翱、皇甫湜等人的待遇是一样的。其二，便在于宋人的实际接受选择。由于刘禹锡创作和理论先天不足，典型性不如韩柳，于宣传效果无太多助益，同时也由于楷模的数量无须过多，刘禹锡便遭到放弃。这种选择反映出宋人于两百多年后接续中唐“古文运动”的初衷，他们的立足点还是在于解决当代的实际问题，所谓复古乃为当代文坛的革新，复古是策略，革新才是目的。当然，韩柳古文的技法，他们也有许多借鉴，但主要还是利用他们的影响力搞革新运动。同时这种革新运动的成功则进一步推高了韩柳的影响力，它们是相互激发的。而刘禹锡在这场运动“定楷模”的阶段没有进入宋人勾勒的古文谱系，刘禹锡古文的接受没有搭上这趟快车，没有进入北宋古文运动的大潮，此后便一直相对沉寂。

除了上述文学内部的考察，宋人对“王叔文改革”及刘禹锡本人的看法也一定程度上对刘禹锡古文的传播造成影响。宋人对“王叔文改革”大多持负面态度，以其为党争而止。如南宋吴愈在王阮《义丰集》序中说：“刘禹锡、柳宗元述作雄深，法度严密，发纤秾于简古，寄至味于淡泊，非余子所及。然坐王叔文党，君子惜之。士大夫欲为君子者，苟人不己知，世不吾以，则有致命遂志而已，穷居不损焉。乃若俛仰随时，侥幸得志，虽有才美，不足观也已。”[①] 这其中的君子还包括苏轼和苏洵等人，“虽有才美，不足观也”，这至少反映了当时一部分人的看法。而对刘禹锡其人，苏轼也有批判，以其

---

① 王阮．义丰集序［M］．台湾商务印书馆《景印文渊阁四库全书》本第1154册：538.

“文过不悛”，“小人为奸，虽已败犹不悛也”。[①] 至于目刘禹锡为小人，类似评论在宋代不少。这一定程度上对其文的传播造成了消极影响。

三、南宋古文选本的“厚今尊宋”倾向——以吕祖谦《古文关键》为中心

从吕祖谦《古文关键》到明代茅坤《唐宋八大家文钞》，宋几家的选择有变动，但唐二家则一直未变。从这一点我们可以推测，韩柳古文在南宋吕祖谦选文之前基本完成了其经典化过程。而由于北宋文坛尤其是北宋散文名家对韩柳古文的过度关注，导致唐代散文整体在宋代的接受呈现出极端的不完整性，某种程度上说，韩柳古文在宋代的强势接受占据唐文在宋代接受的大部分江山。韩柳古文接受的强势大大抢占了唐代其他作家散文在宋代的市场，使唐文在宋代的接受呈现出典型的“韩柳”属性。

因为唐二家的固定性，所以研究刘禹锡为何无缘“唐宋八大家”最好上溯到南宋这个“八大家”选本奠基时期的考察。而这其中又以吕祖谦的《古文关键》最为重要，主要因为南宋后续的几种选本大多渊源于此，如吕祖谦弟子楼昉所编的《崇文古诀》和谢枋得的《文章轨范》。

吕氏选本具有明显的“厚今尊宋”的倾向，这从所选唐宋古文家的数量对比上有明确的反映。这种倾向和《古文关键》的编选初衷有紧密的联系。目前学术界已经形成共识，即《古文关键》是为指导当时士子科举而编选的指导范文。这里不再展开论述，读者可以参看相关论文。因为是为科举服务，其所预设的读者对象为南宋当代士子，所以其选域立足宋代便成为一种必然。何以如此？笔者以为其原因有二。其一，其应对的是南宋的科举考试，针对的目标十分明确，即策论，因为策论在各科中是必考的，这一点从《古文关键》所选文体可以得知，其所选论说文占比百分之八十多。因此，和被选文家处于同一朝代，多选择宋代古文大家的文章在内容上更加符合科举考试的现实，具有更大的借鉴意义。同时，这种内容和习惯上的时代契合也更加有利于作文技法的学习。因此，从实用的角度出发，宋代大家的文章具有更好的现实操作

① 苏轼：苏轼文集：卷六十五［M］. 北京：中华书局，1986：2038. 原文为：“刘禹锡既败，为书自解，言：‘王叔文实工言治道，能以口辩移人，既得用，所施为，人不以为当。太上久疾，宰相及用事者不得对。宫掖事秘，建桓立顺，功归贵臣，由是及贬。’《后汉·宦者传·论》云：‘孙程定立顺之功，曹腾参建桓之策。’腾与梁冀比舍清河而立蠡吾，此汉之所以亡也，与广陵王监国事，岂可同日而语哉。禹锡乃敢以为比，以此知小人为奸，虽已败犹不悛也，其可复置之要地乎？因读《禹锡传》，有所感，书此。”

性，更加契合文选的现实诉求。其二，这也是从当时士人的接受角度考虑，符合当时士人的阅读范围和阅读习惯。这一点最好的证据就是所选苏文三家及其弟子之文和当时苏文在南宋的流行情况高度契合。因此，多选宋人之文也是从当时士人的阅读习惯出发，大家对这些作家的文章熟悉，接受便更加容易。而韩柳文在宋代一直昌盛，也符合时人的阅读状况。以韩柳为“源”，以宋诸家为“流”，这便是《古文关键》的思路，而相比而言其更重视“流”，主要因其年代更近，且充分尊重当时士子的阅读实情，实用的精神贯穿着始终。唐代只选韩柳主要考虑的是他们在宋代的影响力，立足点依然在宋代。同时从唐宋古文创作情况的比较而言，宋文相对发达，名家辈出，名作数量多，选文便于操作。在这种选文状况下，刘禹锡古文本身在宋代影响便微弱，不入选则在情理之中。而后代系列选本中唐只列二家则更多的是因为历史惯性，同时也有唐宋文成就和成果差异的因素。

（作者单位：华南师范大学）

论刘禹锡的诗序[①]

吴振华

序文是一种古老的文体，其最早的起源可以追溯到传说中孔子所作的《叙卦传》，最迟到司马迁的《太史公自序》已经完全成型，它是作者自序一部书的写作旨意及其相关情况的文字，由文集序逐渐演变出单篇作品序。序文在其流传过程中逐步向多种文体扩散，其包融众体的能力逐渐增强。尤其是诗序，它依托诗歌并体而生，随着诗歌的发展，诗序的内涵越来越丰富，艺术性也越来越强，而且形式也越来越多样化。就作者来说，有自序、他序；就体制来说，有大序、小序；就表达方式来看，有明序和暗序等。唐代是诗序发展的黄金时期，这一时期的诗序不仅体制大备，而且风格流派纷纭。特别是中唐时期，随着复古革新浪潮的高涨，古文运动迅猛发展，文体变革如火如荼，以韩柳为代表的古文派迅速崛起并占据文坛中心，骈文在逐渐退缩。诗序是反应非常敏感的文体，在中唐完全散文化，并由初唐时代的注重描写景物转向议论说理，成为表述诗歌理论或宣传道统的载体，以其强大的交际应酬功能，迅速将文人的文学思想、为官从政理念及为人处世原则等传播四方。中唐时代，由于安史之乱的影响，在南方远离朝廷的地区，以著名贬谪诗人柳宗元、刘禹锡为核心，文人们形成了南方文化圈，并引来大批学子及僧道之人，在迎来送往、宴集游历的背景下，相互酬赠或唱和之风兴盛，产生了大量的诗序。刘禹锡是当时创作诗序较多的诗人，他也首次将诗序改为“引”[②]。依据陶敏等的《刘禹锡全集编年校注》进行检索，并参照《全唐诗》，刘禹锡的诗歌有“并引”处共四十五篇，有短序或小序五十九篇，两者共计一百零四篇，这些诗序既反映出刘禹锡一生的经历，也表现出他丰富复杂的情感心态。尤其长期贬谪南方，与很多和尚交往，他常常在诗序里谈佛论道，因此这些诗便呈现出很浓厚的佛学意趣。

---

① 本文是国家社科基金后期资助项目“唐代诗序及其文化意蕴研究”（编号：12FZW009）的部分成果。

② 吴按：刘禹锡父亲名刘绪，因避父讳故其将诗之序称为“引”，将文集序称为“纪”。

一、刘禹锡诗序的基本类型及其内容

刘禹锡诗歌中含诗序的篇目及分类如下：

（1）寓言类：《昏镜词》《养鸷词》《武夫词》《贾客词》《调瑟词》五篇，多作于贞元十九年左右。

（2）唱和应酬类：《金陵五题》《伤秦姝行》《吐绶鸟词》《海阳十咏》《答东阳于令涵碧图诗》《马大夫见示浙西王侍御赠答诗因命同作》六篇。

（3）追忆感怀类：《再游玄都观绝句》《伤愚溪诗三首》《庙庭偃松诗》《重至衡阳伤柳仪曹》《遥伤丘中丞》《伤独孤舍人》《代靖安佳人怨》《读张曲江集作》《鹤叹》九篇。

（4）赠别类：《送张盥赴举》《送裴处士应制举》《送从弟郎中赴浙西》《赠别君素上人》《送僧元暠南游》《送慧则法师归上都因呈广宣上人》《秋日过鸿举法师寺院便送归江陵》《送僧方及南谒柳员外》《海阳湖别浩初师》《赠别约师》《送鸿举师游江南》《送义舟师欲还黔南》《送景玄师东归》《送惟良上人》《送周鲁儒赴举》《送曹璩归越中旧隐》十六篇。

（5）民歌采风类：《淮阴行五首》《泰娘歌》《插田歌》《竹枝词》《历阳书事七十韵》《采菱歌》六篇。

（6）情趣类：《武陵抒怀五十韵》《九华山歌》《踏潮歌》三篇。

下面分类介绍一些代表作，以见其特色。

（一）寓言篇序

《昏镜词》《养鸷词》《武夫词》《贾客词》《调瑟词》五篇诗序（《全唐诗》卷三五四）：

> 镜之工列十镜于贯奁，发奁而视，其一皎如，其九雾如。或曰："良苦之不侔甚矣！"工解颐谢曰："非不能尽良也。盖贾之意，唯售是念。今夫来市者，必历鉴周睐，求于己宜。彼皎者不能隐芒杪之瑕，非美容不合，是用什一其数也。"余感之，作《昏镜词》。

> 途逢少年，志在逐兽。方呼鹰隼，以袭飞走。因纵观之，卒无所获。行人有常从事于斯者曰："夫鸷禽，饥则为用，今哺之过笃，故然也。"予感之，作《养鸷词》。

> 有武夫过，诧余以从军之乐。翌日，质于通武之善经营者，则曰：

“果有乐也。夫威恣而赏劳则乐用，威雌而赏虤则乐横。顾其乐安出耳。”余惕然，作是词（《武夫词》）。

五方之贾，以财相雄，而盐贾尤炽。或曰：“贾雄则农伤。”予感之，作是词（《贾客词》）。

里有富豪翁，厚自奉养而严督臧获，力屈形削，犹役之无艺极。一旦不堪命，亡者过半，追亡者亦不来复。翁悴沮而追昨非之莫及也。予感之，作《调瑟词》。

这五首诗及序文，陶敏先生将其编为“未编年”部分，又认为诗意讥刺时事，似作于早年锐意进取时。① 五诗皆属寓言体，小序就是一篇篇充满感慨的寓言小品。《昏镜词》讽刺长相丑陋者喜欢镜面模糊的镜子，厌恶明镜洞然瑕疵毕现，揭露人们爱虚美忌直言的心理，暗喻直谏取祸；《养鸷词》寓驭臣之术；《武夫词》揭露当时武人骄恣横暴；《贾客词》则揭露盐商擅利伤农。刘禹锡是中唐寓言诗创作的代表人物之一，其寓言诗序以劝喻、讽刺和抒慨为中心，既注重形象性，又有很强的现实针对性，语言精练，将寓言与诗歌结合起来，创造了一种新的讽谏体制，这是当时新乐府创作的新收获，它提高了寓言诗的审美价值。

（二）唱和应酬诗序

中唐时期酬唱风气浓厚，著名的酬唱作品有元稹、白居易的唱和诗，作品多达数百篇，元稹去世后，刘禹锡与白居易唱和长达十年之久，篇什数量亦相当可观。刘禹锡还与牛李二党很多成员大量唱和，由于唱和诗有特定的对象，诗歌题目往往具有诗序的功能，所以元白诗歌中唱和诗序的数量并不多，而刘禹锡也仅有六篇。诗序给我们提供了一些重要的信息，可以看出当时是“和意而不和韵”，与宋代严格的次韵是不同的。诗序中还记载了一些诗人之间的轶事，具有一定的文学史价值。如《金陵五题》诗序（《全唐诗》卷三六五）：

余少为江南客，而未游秣陵，尝有遗恨。后为历阳守，跂而望之。适有客以《金陵五题》相示，逌尔生思，欻然有得。他日，友人白乐天掉头苦吟，叹赏良久。且曰：“《石头》诗云‘潮打空城寂寞回’，吾知后之

① 陶敏，等. 刘禹锡全集编年校注：下册［M］. 长沙：岳麓书社，2003：757.

诗人，不复措辞矣!”余四咏虽不及此，亦不孤乐天之言耳。

《金陵五题》作于和州，即今天的安徽和县。那里离秣陵很近，序中说未游秣陵而尝有遗恨，今有客以《金陵五题》相示，受到启发，于是欻然有得，这实际上是在诗序中介绍了创作构思的过程，与李白《梦游天姥吟留别》之创作相似，作者并未游历金陵，而是通过友人的歌咏触动发挥想象的结晶；并在诗序中借白居易的评价，从侧面突出这组诗的艺术价值，也可以看出诗序是后来所加，诗人的评论对这组诗歌的流传影响深远。又如《伤秦姝行》（《全唐诗》卷三五六）：“河南房开士，前为虞部郎中，为余语曰：‘我得善筝人于长安怀远里。’其后开士为赤县，牧容州，求国工而诲之，艺工而夭。今年开士遗余新诗，有悼佳人之句，顾予知所自也。惜其有良妓，获所从而不克久。乃为伤词以贻开士。”诗序叙述了一个才子佳人善始未能善终的悲伤故事，这位“敛蛾收袂凝清光，抽弦缓调怨且长”的秦姝，弹起筝来，真是“八鸾锵锵渡银汉，九雏威凤鸣朝阳。曲终韵尽意不足，余思悄绝愁空堂”，她跟随开士理曲潇湘，以至于“北池含烟瑶草短，万松亭下清风满。秦声一曲此时闻，岭泉呜咽南云断”。秦姝觅得知音却不料艺成夭亡，使诗人无限感慨：“从此东山非昔游，长嗟人与弦俱绝。”这首诗运用十次换韵的歌行体，哀伤秦姝慰藉友人当然是其主意，但也包含了自伤不遇知音，天涯沦落的怨悱，可以说与白居易创作的《琵琶行》同一旨趣。还有如《海阳十咏》（《全唐诗》卷三五五）：“元次山始作海阳湖，后之人或立亭榭，率无指名，及余而大备。每疏凿构置，必揣称以标之，人咸曰有旨。异日迁客裴侍御为十咏以示余，颇明丽而不虚美。因捃拾裴诗所未道者，从而和之。”序文指出元结最早修建连州海阳湖，后人多在湖上修建亭台楼阁，“及余而大备”，迁客裴侍御访元结之遗迹而观览胜地，遂作《海阳十咏》相示，刘禹锡因而和诗十首。其中反复出现的关键词是“迁客”。刘禹锡《吏隐亭述》中说：“海阳之名，自元先生。先生元结，有铭其碣。元维假符，余维左迁。其间相距，五十余年。”五十年风尘澒洞，人生感慨是很深的，从诗句“外来始一望，写尽平生心”（《吏隐亭》）、“波摇杏梁日，松韵碧窗风”（《切云亭》）、“潜去不见迹，清音常满听。有时病朝醒，来此心神醒”（《云英潭》）、“地灵草木瘦，人远烟霞逼”（《蒙池》）、“蘋风有时起，满谷箫韶音”（《双溪》）、“含晕迎初旭，翻光破夕曛。余波绕石去，碎响隔溪闻”（《棼丝瀑》）、“琼枝曲不折，雪片晴犹下。石坚激清响，叶动承余洒”（《飞练瀑》）等，可以看到海阳湖周围风景绝佳，山清水秀，飞瀑流泉，松风月韵，幽静雅洁，是迁客骚人慰藉心灵的美妙胜境，若是柳宗元来此也一定会徜徉盘桓不忍离去。与柳宗元《永州八记》所不同的是，刘禹锡心境已经趋向宁静，没有柳宗元式的苦闷忧郁，从中亦可看到刘禹锡通脱的胸襟。诗序中“颇明丽而不虚美”的诗风是刘禹锡诗歌新的风貌。这种描述风景的诗歌源自谢灵运的山水游记诗，后经谢朓的发展逐渐向短诗演进，唐代王维创立五绝组诗《辋川集》，继承者有韩愈《虢州三堂新题二十一咏》，到刘禹锡又创立五言律体组诗形式，与韦处厚《盛山十二咏》相类。

（三）追忆感怀诗序

人到中年，经历风雨，感慨遂深，亲朋故旧相继离去，世间万物白云苍狗，故多生追忆之思。整个中唐时代，追忆诗序的大量出现，是一个值得注意的现象。刘禹锡追忆感怀诗序有《再游玄都观绝句》《伤愚溪诗三首》《重至衡阳伤柳仪曹》《伤独孤舍人》《代靖安佳人怨》等。“永贞革新”后的二十三年贬谪生涯积累了许多可忆可感的事情，期间入京出京，起伏骤变的政治生活如棋局，胜负难以预料，与他的耿介孤直、坚持操守有很大关系。刘禹锡通脱豪爽的性格使他善于同各种人交往并相互唱和，正可谓“谈笑有鸿儒，往来无白丁”，当岁暮至交零落，顿生感怀之音。如《再游玄都观绝句》诗序（《全唐诗》卷三六五）：

> 余贞元二十一年为屯田员外郎，时此观中未有花木。是岁，出牧连州，寻贬朗州司马。居十年，诏至京师，人人皆言有道士手植仙桃，满观如烁晨霞，遂有前篇，以志一时之事。旋又出牧，于今十有四年，复为主客郎中，重游玄都，荡然无复一树，唯兔葵燕麦动摇于春风耳。因再题二十八字，以俟后游。时大和二年三月。

这是刘禹锡一生中最值得记忆的故事，也最彰显他倔强傲岸的性格。人们总说性格决定命运，但是在刘禹锡所处的那样的时代，只要能够经受住时间的考验，东山再起还是可以期待的，世事沧桑中唯有坚持才是最可贵的。这篇诗序浓缩了他一生最重要的经历，成为那个荒唐年代的历史记忆，早已超越诗歌本身，具有浑灏苍茫的感慨。又如《代靖安佳人怨》（《全唐诗》卷三六五）：“靖安，丞相武公居里名也。元和十年六月，公将朝，夜漏未尽三刻，骑出里门，遇盗，薨于墙下。初，公为郎，余为御史，繇是有旧故。今守远服，贱不可以诔，又不得为歌诗声于楚挽，故代作《佳人怨》以裨于乐府云。”[①] 当时武元衡身为宰相，是力主平定不臣藩镇的核心人物，因而遭到藩镇悍将的嫉恨，最终在上朝时被暗杀，朝野震惊，刘禹锡因为处于贬谪的地位不能作吊唁文章，只好借佳人之怨来伤感，体现了汉乐府的现实主义精神。诗云：“宝马鸣珂踏晓尘，鱼文匕首犯车茵。适来行哭里门外，昨夜华堂歌舞人。”“秉烛朝天遂不回，路人弹指望高台。墙东便是伤心地，夜夜秋萤飞去来。”序文与诗歌相互补充，感慨深沉，体制新颖。

此外，在《伤愚溪诗三首》《重至衡阳伤柳仪曹》《遥伤丘中丞》《伤独孤舍人》的诗序中，我们都可以看到一个性情真挚的刘禹锡。柳宗元去世后，刘禹锡将其遗稿整理编辑成《柳子厚文集》使之流传后世。“愚溪无复囊时矣”，一闻僧言，便悲不能自胜，刘柳交情深厚，又是同道战友，因此他的诗既真率复忱挚，刘禹锡的伤感是建立在对往昔政治革新经历上的。伤柳也是伤永贞革新，更是自我嗟叹。追忆感怀诗序展示了刘禹锡内心真实的情感，确实感人至深。

（四）赠别诗序

有唐一代，赠别诗特别流行，由于诗人们不断自四方云集京师，然后又使往四方，或求学，或为宦，或游历，或探亲访友，于是这变化万千的情境便都成了赠别诗产生的理由和背景。在中唐时期，由于刘禹锡等人远贬南方荒凉之地，而且长期蛰居于此，此地除了南来北往的官员、慕名而来的学子，还有大量僧道之人，刘禹锡此时也正需要佛教的一些思想慰藉心灵，因此刘禹锡与僧道之流交往非常频繁，他的这类赠别诗序也最多，这使他的诗歌充满浓厚的佛道意趣。如《赠别君素上人并引》（《全唐诗》卷三五七）：

> 昔予习《礼》之《中庸》，至“不勉而中，不思而得”，惧然知圣人之德，学以至于无学。然而斯言也，犹示行者以室庐之奥耳。求其经术而布武，未易得也。晚读佛书，见大雄念物之普，级宝山而梯之。高揭慧

---

① 二诗以拟代口吻来表示对武元衡暴死于刺客暗杀的深刻同情，被一些诗话笔记类著作大肆渲染，挖掘微言大义，说成是刘禹锡泄恨的讽刺之作。如葛立方《韵语阳秋》：“余考梦得为司马时，朝廷欲澡濯补郡，而元衡执政，乃格不行，梦得作诗伤之，而托靖安佳人，其伤之也，乃所以快之欤！”蔡居厚《蔡宽夫诗话》也说：“刘禹锡、刘子厚与武元衡素不叶。二人之贬，元衡为相时也。禹锡为《靖安佳人怨》以悼元衡之死，其实盖快之。”其后，朱熹、刘克庄、魏了翁、胡震亨、乔亿等人大都持此说，并以此为据，认为刘禹锡缺乏儒家忠厚之旨。按：当代陶敏先生经过细密考证，引用元和十年刘禹锡所作《谢门下武相公启》的材料否定了以上诸说，认为借佳人之怨寄寓伤悼之意。陶敏，等. 刘禹锡全集编年校注：上册［M］. 长沙：岳麓书社，2003：222.

火，巧熔恶见，广疏便门，旁束邪径。其所证入如舟沿川，未始念于前而日远矣。夫何勉而思之邪？是余知突奥于《中庸》，启键关于内典。会而归之，犹初心也。不知予者，诮予困而后援佛，谓道有二焉。夫悟不因人，在心而已。其证也，犹喑人之享太牢，信知其味而不能形于言，以闻于耳也。口耳之间兼寸耳，尚不可使闻，它人之不吾知，宜矣。开士君素，偶得余于所亲，一麻栖草，千里来访。素以道眼视予。予以所视视之，不由陛级，携手智地。居数日，告有得而行，乃为诗以见志云。

穷巷唯秋草，高僧独扣门。相欢如旧识，问法到无言。水为风生浪，珠非尘可昏。去来皆是道，此别不消魂。

刘禹锡贬官朗州，与浮屠交往的情况和韩愈、柳宗元等人不同：韩愈对浮屠充满排斥心理，与僧人交游是想用儒家纲教伦常来改造他们，达到“人其人”的目的；柳宗元是抱着佛道“有以佐世”的观念，有意识地融合儒道释三教，从而达到“归本大中”的境界；而刘禹锡则潜心释氏，钻研佛经，亦练习佛法，并找到了由佛法“无生”通向儒家中庸“至诚”的门户，以此来慰藉痛苦的心灵。这篇诗序将自己研习佛经的情形及重要收获表现得具体而深刻，而诗歌不仅运用佛语，还说“去来皆是道，此别不消魂”，可谓通彻无碍，得释氏所谓“具眼”。如果说王维诗歌受佛教观念的影响主要表现在诗歌具有佛家空寂的禅境的话，那么刘禹锡的这类诗歌则具有佛教的精义彻悟，呈现的是耐人咀嚼的佛理。

又如《送僧元暠南游》（《全唐诗》卷三五九）：

予策名二十年，百虑而无一得，然后知世所谓道，无非畏途，唯出世间法可尽心耳。由是在席砚者多旁行四句之书，备将迎者皆赤髭白足之侣。深入智地，静通还源，客尘观尽，妙气来宅，内视胸中，犹煎炼然。开士元暠，姓陶氏，本丹阳名家，世有人爵，不籍其资。于毗尼禅那极细密之义，于初中后日习总持之门，妙音奋迅，愿力昭答。雅闻予事佛而佞，亟来相从。或问师隳形之自，对曰：“小失怙恃，推棘心以求上乘，积四十年有赢，老将至而不懈。始悲浚泉之有冽，今痛防墓之未迁。涂刍莫备，薪火恐灭，诸相皆离，此心长悬。虽万姓归佛，尽为释种，如河入海，无复水名，然具一切智者岂惟遗百行？求无量义者宁容断思？今闻南诸侯雅多大士，思扣以苦调而希其末光，无容至前，有足悲者。”予闻是说已，力不足而悲有余，因为诗以送之，庶乎践霜露者聆之有恻。

宝书翻译学初成，振锡如飞白足轻。彭泽因家凡几世？灵山预会是前生。传灯已寤无为理，濡露犹怀罔极情。从此多逢大居士，何人不愿解珠璎？

这篇诗序是刘禹锡关于佛教观念的文字中最重要的一段，他从贞元九年进士及第到写此序的元和七年正好二十年，二十年的风雨颠沛使他认识到“世所谓道，无非畏途”，唯有佛法才能使人脱离火宅苦海，因此刘禹锡常读佛经，与僧侣交游，甚至到了佞佛的程度。他从元暠那里领悟到佛法的殊胜，并为元暠师四十年坚持弘扬佛法的精神所感动，元暠师虽为释氏，但不忘父母，很有人情味，“虽万姓归佛，尽为释种，如河入海，无复水名，然具一切智者岂惟遗百行？求无量义者宁容断思？”的超脱襟怀，使刘禹锡的思想得到升华，身心进入禅的新境界。这首赠别诗由于佛教词汇太多，类似偈语，因此反而不如前面赠君素上人诗歌更具佛教意味。由此可见，佛教对诗歌的影响并不表现在诗中对佛语的运用，而在于意境与佛家追求的空无之境的相通。

另外，《送慧则法师归上都因呈广宣上人》诗序说：“尽妙理者莫如法门，变凡夫者莫如佛土，悟无染者莫如散花，故业于《净名》，深达实相。”这都是刘禹锡对佛教的认识。他还谈到禅与诗的关系，在《秋日过鸿举法师寺院便送归江陵》诗序中说：“自近古而降，释子以诗名闻于世者相踵焉。因定而得境，故翛然以清；由慧而遣词，故粹然以丽。信禅林之花萼而诫河之珠玑耳。”这是他勤修戒定慧，熄灭贪嗔痴的心得。佛家认为，戒定慧三法相资，不可或缺，因戒生定，因定发慧，此三者次第相生，人道之关键也。刘禹锡说“定而得境”，即平静的时候心境就如湖水般澄明，这样诗人才能进入创作意境，并于开慧后遣词造句，最终得到精美的辞藻。这首诗云：“看画长廊遍，寻僧一径幽。小池兼鹤静，古木带蝉秋。客至茶烟起，禽归讲席收。浮杯明日去，相望水悠悠。”可以说是刘禹锡关于“诗禅借境”观念实践的结晶，在他的众多佛教诗中别具韵味。在政治失意的时候，他可以通过佛教思维自我调整心情，以抵抗仕途风浪。由于事佛信佛，精神有所寄托，从而使刘禹锡养成了遇事通脱豁达的心态。特别是他的白内障①被印度僧医治好后，其敬佛之心更加虔诚了，这是他在二十三年的贬谪生活中不灰心、不消沉的重要原因。

（五）民歌采风诗序

刘禹锡在长期贬谪远荒的期间，牢记“吾往是吾忧”的真偈，不把烦恼

① 刘禹锡患有白内障一类的眼病，其自述病情是“两目今先暗，中年似老翁”。其后，他被一个善治眼病的婆罗门僧人以金针拔障术治愈，有《赠婆门僧人》：“师有金篦术，如何为发蒙。”

安心头，心无挂碍，从容淡定。除了事佛，他还积极向民歌学习，力图吸取民歌内容与形式上的优点，翻作新曲，改变当地的文化风俗。如《竹枝词》诗序（《全唐文》卷三六五）：

> 四方之歌，异音而同乐。岁正月，余来建平，里中儿联歌《竹枝》，吹短笛击鼓以赴节。歌者扬袂睢舞，以曲多为贤。聆其音，中黄钟之羽。卒章激讦如吴声，虽伧佇不可分，而含思宛转，有《淇澳》之艳。昔屈原居沅湘间，其民迎神，词多鄙陋，乃为作《九歌》，到于今荆楚鼓舞之。故余亦作《竹枝词》九篇，俾善歌者扬之，附于末。后之聆巴歈，知变风之自焉。

“竹枝词”，是土家族巴人部落的民歌。巴人能歌善舞，每逢佳节喜庆，男女老少便欢聚一堂，击鼓踏歌，联唱“竹枝”。“竹枝”是一门综合的表演艺术，它集曲、乐、歌、舞于一体，中唐时期，在三峡一带相当流行，街头巷尾，随处可见。刘禹锡的这篇《竹枝词》序描述了其大致情形：乡中百姓联唱“竹枝”，有人唱歌，有人吹短笛应和，有人击鼓打节拍，歌者一边唱歌，一边飞目传情，一边举臂挥袖，一边翩翩起舞，场面热烈壮观，充满民间热辣辣的野性情调。“竹枝”的乐曲，大致符合黄钟宫的羽调，结尾部分乐音激切婉转好似吴地的民歌，虽然唱词杂乱鄙俗，音节难以分辨，但音乐跌宕宛转，犹如当年卫地民歌一样动听。刘禹锡显然为这纯朴而粗野的民歌所感染。作为一州刺史，他负有改变民情风俗的责任，因此，他学习屈原当年流放沅湘时期改造民歌粗鄙格调创作《九歌》的做法，将雅化的情感格调引入《竹枝词》，使歌词色泽清莹，音调和美。至此，《竹枝词》遂脱胎换骨，吐露芳华，在中唐诗坛上别开生面，也成为刘禹锡创作的一个重要标志性成果，对后世产生了深远的影响。刘禹锡《竹枝词》历代评价很高。白居易《忆梦得》云：“齿发各蹉跎，疏慵与病和。爱花心在否，见酒兴如何？年长风情少，官高俗虑多。几时红烛下，闻唱《竹枝歌》。”宋代黄庭坚对《竹枝词》也很赞赏，其《跋刘梦得〈竹枝歌〉》赞叹道：“词意高妙，元和间诚可以独步。道风俗而不俚，追古昔而不愧，比之杜子美《夔州歌》，所谓同工而异曲也。”（《山谷外集》卷十二）宋长白《柳亭诗话》卷三说：“退之《琴操》、梦得《竹枝》、仲初《宫词》、文昌乐府，皆以古调而运新声，脱尽寻常蹊径，……虽非堂堂正正之师，而偏锋取胜，亦足称一时之杰矣。”①

---

① 转引自陶敏，等．刘禹锡全集编年校注：上册［M］．长沙：岳麓书社，2003：322－324.

二、刘禹锡诗序的艺术成就

刘禹锡是中唐时期一位个性鲜明、成就突出的重要诗人，他在哲学方面持唯物史观但佞佛；在政治方面赞同改革，参加永贞革新；在诗歌创作上积极学习民歌，总结前人的创作经验。值得注意的是，他现存的全部文章中没有像韩愈、柳宗元那样独立成篇的赠别诗序，所有的诗序都与诗歌连体，从对序体发展的推进角度看，他的诗序显然没有取得韩柳那样的造诣，但是作为中唐时期写作诗序最多的诗人，他的诗序也取得了一定的艺术成就。

（一）寓言咏物，寄意深远

刘禹锡的咏物诗序突破传统，以小明大，寓意深远。如《昏镜词》指出买镜者“求于己宜”，故非美容者都喜欢镜面模糊的“昏镜”，揭示出当时大多数人都具有讳疾忌医的心理疾病，这对时世的讥讽是深刻的。又如《养鸷词》说“夫鸷禽，饥则为用，今哺之过笃，故然也”，指出对猛禽类的人物，使用时千万要让它们处于饥饿状态，它们才能很好地捕猎，与心理学上所说的人只有永远处于不满足的追求状态才能不断进步的道理相通。《武夫词》说“夫威恣而赏劳则乐用；威雌而赏虣则乐横”，指出武夫在威信高的将领麾下以被任用为乐，而在威信低的将领手下则以横暴为乐，揭示的是藩镇割据形势下武人的跋扈专横，令人惊悚。《调瑟词》写主人“严督臧获，力屈形削，犹役之无艺极”，导致仆人逃亡，在主人沮丧后悔的背后，暗示的是统治者应该恤惜民力。刘禹锡的这类寓言类小序与柳宗元的《三戒》《鞭贾》等单篇寓言相比，虽然深刻性上稍逊，但是刘禹锡诗与序相互映照，体制新颖，也很发人深省。

（二）冷静叙事，情感深厚

刘禹锡追忆类诗序，多在冷静叙事中寓含深厚情感。如《重至衡阳伤柳仪曹》：“元和乙未岁，与故人柳子厚临湘水为别，柳浮舟适柳州，余登陆赴连州。后五年，余从故道出桂岭，至前别处，而君没于南中。因赋诗以投吊。”元和十年春天，贬官十年的刘禹锡和柳宗元都被召回长安，但是很快得到新的任命，刘禹锡任连州刺史，柳宗元任柳州刺史，官职虽然提升了，但是离朝廷更远，这对他们来说是更加严厉的打击。所以刘柳湘水之别本身就感慨百端，谁知五年后，刘禹锡因丁母忧北返重过衡阳，而此时柳宗元已经星陨柳州了。因此刘禹锡赋诗道：“忆昨与故人，湘江岸头别。我马映林嘶，君帆转山灭。马嘶循故道，帆灭如流电。千里江蓠春，故人今不见。”一种深沉的今昔之感充盈在诗与序的字里行间，命运弄人之悲、痛悼挚友死于非命都含在冷静的叙述之中。两年后刘禹锡调任夔州刺史，一个僧人游零陵，说“愚溪无复囊时矣”，这充满沧桑变故的一句话，竟然触动刘禹锡内心深处最痛的一根弦，使他怀念起亡故的老朋友来，因此情不自禁而作了《伤愚溪诗三首》以“寄恨”：“溪水悠悠春自来，草堂无主燕飞回。隔帘惟见中庭草，一树山榴依旧开。草圣数行留坏壁，木奴千树属邻家。惟见里门通德榜，残阳寂寞出樵车。柳门竹巷依依在，野草青苔日日多。纵有邻人解吹笛，山阳旧侣更谁过？”诗歌充满物是人非的感慨，表现出诗人对同道战友无尽的缅怀与追思，第三首运用向秀作《思旧赋》怀念嵇康的典故，寄寓刘禹锡满腔的政治悲愤，并感慨如今至交零落的现实，所寄托的“恨”是非常深广的。其“寄恨”手法也十分高妙：将怀念亡友的缱绻深情都融化在精心描绘的景物中，渲染一种景物依然而斯人长逝的深沉憾恨。

（三）形象刻画，细致传神

刘禹锡诗序的形象描写细致传神，往往能以一两个动词，通过白描式的外貌描写或细节刻画他所表现的人物。例如：“公以遂物性为意，乃加怜焉。命畚土以壮其趾，使无单。索绹以牵其干，使不仆。盥漱之余以润之，顾眄之辉以照之。发于仁心，感召和气。无复夭阏，坐能敷舒。”（《庙庭偃松诗》）写裴度悉心照料阁前干枝偃侧的小松树，一连串精确的动作描写活突突将爱惜呵护人才的心理表现出来了。

刘禹锡赠僧人诗序最多，对僧人的描写也最精彩。如这样描写方及禅师：“尝登最高峰，四望天海，冲然有远游之志。顿锡而言曰：‘神驰而形阂者，方内之徒。及吾无方，阂于何者？’”（《送僧方及南谒柳员外》）活脱脱地写出了禅师远游的志向和通脱的人生态度，令人崇仰。又这样描写鸿举师：“师振麻衣，斐然而前……赤髭益蕃，文思益深，而内外学益富。”（《送鸿举师游江南》）“赤髭益蕃”四字使人物具有独特的精神面貌呼之欲出。还有像“曳裾秉笔，彬然与兔园同风”的蕃僧义舟（《送义舟师却还黔南》）、“凝神运指，绝机泯志，独以神会”的惟良上人（《送惟良上人》）、“如鹤雏褵褷，未有六翮，而步舒视远，戛然一唳，乃非泥滓间物”的景玄师（《送景玄师东归》）等，都风神散朗，给人深刻的印象。

刘禹锡确实精于刻画，他笔下的人物和景物无不生动传神，人物除了上面列举的之外，还有如“解颐谢曰，非不能尽良也，盖贾之意唯售是念”（《昏镜词》）的狡黠镜工、“愀然如悔，色见于眉睫”的曹璩（《送曹璩归越中旧隐》）、“危冠方袂，浅拱舒拜”持名片待立西阶的书生周鲁儒（《送周鲁儒赴举》）、“掉头苦吟，叹赏良久”的白居易（《金陵五题》）、“无所归，地荒且远，无有能如其容与艺者，故日抱乐器而哭，其音噍杀以悲”的泰娘（《泰娘歌》)，或者如“轩然来睨，如记相识，徘徊俯仰，似含情顾慕填膺而不能言者”的鹤(《鹤叹》)，乃至“荡然无复一树，唯兔葵燕麦动摇于春风耳”的玄都观(《再游玄都观绝句》)等，这些人物的刻画都精准传神，是中唐时代韩柳之外的其他作家的作品中所没有的。这种刻画形象的方式显然是吸收了小说中人物描写的技巧，从中可以看出诗序在中唐时期接受了传奇的影响。由此可见刘禹锡古文取得的成就。①

(四) 绘景开阔，远离尘嚣

景物描写是初唐时期诗序(尤其是赠别诗序)惨淡经营的内容，也是诗序诗化的标志。诗人们游历的地点一般为山水名胜、清静雅洁的佛道庙宇、达官贵人的官署或别墅，甚至宴会也都在美丽的景物陪衬下展开，因此触景生情、借境助兴或悬想一路烟景对离去者进行慰勉成为大家约定俗成的抒情手法，到中唐时期，诗序完成了散文化的进程，但是诗人们赋诗离别时还是努力经营景物，以诗境来拓展文境。刘禹锡诗序中的景色描写一般都很凝练，虽然缺乏柳宗元的精细刻画，也没有韩愈那样的恢宏铺张，但是简古的白描却常常具有开阔、远离尘嚣的境界。例如“连州城下，俯接村墟”(《插田歌》)与诗中描写的“水平苗漠漠，烟火生墟落。黄犬往复还，赤鸡鸣且啄”相呼应，顿成桃源胜境。又如“尝登最高峰，四望天海，冲然有远游之志……由是耳得必目探之，意行必身随之。云游鸟仙，无迹而远”(《送僧方及南谒柳员外》)将方及师远游的空旷无垠境界表现出来了。还有如“九峰竞秀，神采奇异”的九华山(《九华山歌》)、“终风驾涛，南海羡溢”的沓潮景象(《沓潮歌》)、“步舒视远，戛然一唳”的鸣鹤(《送景玄师东归》)、“植于高檐乔木间，上嵚旁轧，盘蹙倾亚”美如龙蛇的偃松(《庙庭偃松诗》)、“碧流贯于庭中，如青龙蜿蜒，冰彻射人。树石云霞列于前，昏旦万状”的涵碧图(《答东阳于令涵碧图诗》)、“无土山，无浊水”的潇湘景色(《海阳湖别浩初师》)等，都要言不烦，别开生面。

刘禹锡是中唐重要的贬谪诗人。他倍尝二十多年的磨难，但也正是这些忧患玉成了他的文学创作。不平则鸣、抒忧娱悲本是中国古代文人继承诗骚传统的结果，从屈原、贾谊到韩愈、柳宗元，这些文人均在遭贬期间创作了大量流芳百世的精品，抒发抑郁的愁思及对谗佞的愤恨。但刘禹锡似乎是一个例外，

---

① 按：刘禹锡不仅诗歌取得了较高的成就，其在古文上亦属名家。他在《唐故中书侍郎平章事韦公集纪》中记录李翱当年的一段评论：“翱昔与韩吏部退之为文章盟主，同时伦辈，惟柳仪曹宗元、刘宾客梦得耳。”可见刘禹锡古文在当时与韩愈、柳宗元并称。从描写的技巧来看，这一评价也有一定的道理。参陶敏，等. 刘禹锡全集编年校注：下册 [M]. 长沙：岳麓书社，2003：1225.

他能从苦难中走向生命的超越境界，突破了传统的怨愤格局，以豪迈乐观的精神创造了豪健雄奇、冷峻犀利、清丽明净的新风貌，开辟了贬谪文学的新路径。

（五）尊道向佛，寻求超越

刘禹锡诗序既有对人生的感叹，又有对佛教经义的理解，也有文学批评的观念，都具有说理深刻的特点。例如：

> 以貌窥天者曰：乾然而健，单于然而高。以数迎天者曰：其用四十有九。天果以有形而不能脱乎数，立象以推策，既成而遗之，古所谓神交造物者，非空言耳。轩皇受天命，其佐皆圣人，故得之。惟唐继天，德如黄帝，有外臣一行，亦人之徒与，刊历考元，书成化去。……数起于复之初九，音生于黄钟之宫。积微本隐，言与化合，夫天人之数，极而含变，变而靡不通。（《送惟良上人》）

如果说柳宗元融合儒释道只是在“有以佐世”这一点上求同存异因而肯定佛教中有积极内容的话，那么刘禹锡这篇诗序则通过具体的僧人循道诚佛却精通儒家《周易》精义的事实来肯定佛教的合理性。众所周知，《周易》为儒家精义所在，“天行健，君子以自强不息”正是儒家关于“天”的形象解释，天的这一特点主要来自于它的广大无边和应化无穷。天的另一个特点是可以用数学推算天体的运行，因而有“大衍之数五十，其用四十九”之说。① 值得注意的是，在唐代能够精通儒家精义并能“刊历考元”的竟然是僧一行！② 由此看来，僧人与儒家圣人是相通的，推论起来，儒家所谓的“道”与佛家所行的“道”也应该是相通的，这是刘禹锡儒释兼修的主要原因，正因为在最本

---

① 按：刘禹锡是唐代唯物主义思想家，他认为“天”属于人的主观意识之外的独立体，天存在于“数”之中。他的《天论》（中）曰：“天形恒圆而色恒青，周回可以度得，昼夜可以表候，非数之存乎？”又曰：“（天）所谓无形，盖无常形耳，必因物而后见耳，乌能逃乎数耶？”这与王弼解释的“易者，象也”相通，王弼说：“夫忘象者则无以制象，非遗数者无以极数。至精者，无筹策不可乱；至变者，体一而无不周；至神者，寂然无不应。斯盖功用之母，象数所由立。”参陶敏，等. 刘禹锡全集编年校注：下册［M］. 长沙：岳麓书社，2003：992.

② 《旧唐书·僧一行传》：“僧一行，俗姓张，名遂，魏州昌乐人，少聪敏，博览经史，尤精立象阴阳五行之学。……一行尤明著述，撰《大衍论》三卷，《摄调服藏》十卷，《天一太一经》《太一局遁甲经》及《释氏系录》各一卷。时《麟德历》推步渐疏，敕一行考前代诸家历法，改撰新历，又令率府长史梁令瓒等与工人创造黄道游仪，以考七曜行度，互相证明。于是一行推《周易》大衍之数，立衍以应之，改撰《开元大衍历经》。”后来，道士邢和璞称赞僧一行为“圣人”。刘昫，等. 旧唐书：卷一百四十一［M］. 北京：中华书局，1975：5112.

源的“道”上相通，所以佛教可以用来修炼儒者的心性，在哲学上也就找到了根据。

佛教不仅可以修心，而且还能够影响文学创作，唐代多诗僧就是明证，与刘禹锡交往甚密的僧人几乎都能作诗。更深的渊源是刘禹锡年轻时候曾得到诗僧皎然的指点，他的诗学观念深受皎然《诗式》的影响。尤其在诗歌意境方面，刘禹锡主张“因定得境”，继承了王昌龄的境界说，将佛教的空寂清静引入诗歌，使他的诗歌具有佛学意蕴。他曾说：“梵言沙门，犹华言去欲也。能离欲则方寸地虚，虚而万象入，入必有所泄，乃形乎词。词妙而深者，必依于声律。故自近古而降，释子以诗闻于世者相踵焉。因定而得境，故翛然以清；由慧而遣词，故粹然以丽。信禅林之花萼而诫河之珠玑耳！”（《秋日过鸿举法师寺院便送归江陵》）这与刘勰提出的“虚静”说、“澡雪精神”说一脉相通。这是刘禹锡长期钻研佛经、援佛入儒、儒释兼修的结晶，从中也可以看出他在苦痛煎熬中寻求精神境界的超越。

综上所述，我们认为：刘禹锡的诗序具有较高的艺术性和深刻的思想性，他从僧人精通易学与诗学的角度，为儒家学说与佛教的相融找到了一条路径，并通过儒释道兼修的方式，为士子进退出处找到了合理的依据，为士大夫调和兼济与独善的矛盾找到了一剂良方，也正是这样的良好心态使他能够超越一己之苦痛，乐观豁达地经受长期贬官的考验。他诗歌中的浓重佛学意趣，也使他在中唐时代独具个性与风采。至于他诗序描写人物的技巧，对以后的传奇小说创作也有一定的影响。他在诗序中说理论世，行文简古朴素，凝练生动，富于表现力，不缺乏气势，也可以说是中唐古文运动的重要成果。

（作者单位：安徽师范大学）

刘禹锡集纪文的史料价值

吴夏平

集纪实际上就是集序，刘禹锡父名绪，以避讳故名。刘禹锡所著以“集纪”为题的文章共八篇，分别为李绛、韦处厚、令狐楚、卢象、吕温、柳宗元、董侹、僧灵澈诸人所作。写作时间、地点和年龄分别为：董侹，元和三年（808）或四年（809）① 在朗州（今湖南常德）作，三十七或三十八岁；吕温，长庆元年（821）在洛阳作，五十岁；柳宗元，长庆元年在洛阳作，五十岁；李绛，大和七年（833）② 在苏州作，六十二岁；僧灵澈，大和七年在苏州作，六十二岁；韦处厚，开成二年（837）在洛阳作③，六十六岁；卢象，开成三年（838）在洛阳作，六十七岁；令狐楚，开成五年（840）在洛阳作，六十九岁。集纪文多为刘氏中晚年所作，集中反映了他的中晚期思想。对刘氏序文价值的发掘，多散见于文学理论的研究之中。④ 另外，曹之的《刘禹锡与图书编撰》主要从图书编撰角度讨论其编撰学成就。⑤ 刘所作序文史料价值是多方面的，如序文文体学、文学史观、文学批评、版本学、目录学等。

---

① 此文卞孝萱《刘禹锡年谱》（中华书局 1963 年版）系于元和六年（811）（第 58 页）。陶敏等《刘禹锡诗集编年校注》（岳麓书社 2003 年版）系于元和三年或四年。陶引《全唐文》卷六八四董侹《修阳山庙碑》及《舆地纪胜》卷六八常德府“碑记”，知董侹元和三、四年在朗州（第 916 页）。陶说是。

② 此文瞿蜕园系于大和六年（832），见《刘禹锡集笺证》上册（上海古籍出版社 1989 年版，第 483 页）。卞《谱》（第 180 页）及陶著（第 1185 页）均系于大和七年。据刘文“（李绛）大和三年，以司空镇南郑，居二岁，坐气刚玉折，……后三年，嗣子前京兆府尹户曹掾琢、次子前监察御史里行项等，泣持遗草，请编之”，当以大和七年为是。

③ 此文卞《谱》系于开成三年（第 213 页），陶著系于开成二年（第 1219 页）。二人所用系年证据相同，算法不同。陶说是。

④ 周祖譔《隋唐五代文论选》选刘禹锡文六篇，其中集纪文三篇：《唐故尚书礼部员外郎柳君集纪》《董氏〈武陵集〉纪》《澈上人文集纪》，见人民文学出版社 1999 年版，第 228 – 230 页。

⑤ 曹之．刘禹锡与图书编撰［J］．出版科学，2004（4）．

一、序文文体学价值

刘禹锡集纪文具有序文文体学价值。讨论此种价值，首当梳理唐代序文文体的演变过程。不妨先分析一下初唐序文的文体特征。卢照邻《南阳公集序》主要叙述文学史，对当代文学家如虞世南、李百药、岑文本、许敬宗、王珪、魏徵、来济、褚亮等人，围绕“以文章进”“以材术显”，逐一评点。其行文方式采用骈体。与后来序文相较，卢氏未涉及文集作者生平传记，对文集编撰过程也没有过多叙述，仅交代“凡所著述，千有余篇，今之刊写，成三十卷”[①] 数语。卢照邻《乐府杂诗序》大致同此。杨炯《王勃集序》加入关于王勃生平的叙述，初步形成了唐人序文模式。其结构大致可分三部分，首叙文学源流，次叙作者生平，末记文集编撰过程。卢藏用《右拾遗陈子昂文集序》亦采用此结构。不过，卢叙陈子昂生平比较简略，以评述其作品为主，他将陈文分为谏诤之辞、昭夷之碣、国殇之文、徐君之议、《感遇》之篇诸种。卢藏用特意交代不详叙生平之缘由：“王霸之才，卓荦之行，则存之别传，以继于终篇。”[②] 从这段叙述可以知道，卢藏用对集序文这种文体有清晰的认识，如果序文中过多叙述作者事迹，恐与该文体不合。这反映了初唐时期序文的文体观念。张说《洛州张司马集序》也特意交代作者生平“详诸别传，可略言焉”[③]。颜真卿《孙逖文集序》于文末云：“至若世系阀阅，盖存之别传，此不复云。”[④] 韩休《苏颋文集序》亦称其传“已勒于丰碑，纪在良史，此则略而不言”[⑤]。据此可知，初唐文集序不详叙作者生平的原因，主要还是基于对集序文文体的认识。当时情况应该是序文与别传并行。此点为中唐文集序作者所继承，如梁肃《独孤及集后序》：“若立身行道，始终出处，皆载易名之状，故不备之此篇。”[⑥] 所谓别传，正如韩休和梁肃所言，应是碑志行状之类。

盛唐时期集序文写作模式基本成型，以“序头（文学源流）+序腹（作者评议）+序尾（文集编撰过程）”为基本结构。这种结构属于集序文的正体，发端于卢藏用的《右拾遗陈子昂文集序》。卢序的示范意义，可举两例以

① 董诰，等．全唐文［M］．北京：中华书局，1983：1693.
② 董诰，等．全唐文［M］．北京：中华书局，1983：2403.
③ 董诰，等．全唐文［M］．北京：中华书局，1983：2276.
④ 董诰，等．全唐文［M］．北京：中华书局，1983：3416.
⑤ 董诰，等．全唐文［M］．北京：中华书局，1983：2987.
⑥ 董诰，等．全唐文［M］．北京：中华书局，1983：5261.

证。颜真卿序孙逖文集：“卢黄门之序陈拾遗也，而云道丧五百岁，而得陈君。”① 李阳冰《草堂集序》：“卢黄门云：陈拾遗横制颓波，天下质文，翕然一变。”② 颜真卿、孙逖、李白、李阳冰诸人，在当时都是名声显赫的人物，他们的文集和序文对后世均产生重要影响。

中唐以后，正体之外出现多种变体。一种省略序头，直接叙述作者事迹及文集编撰过程，如王士源《孟浩然集序》、李阳冰《草堂集序》、李华《崔沔集序》《萧颖士文集序》《杨骑曹集序》等。还有一种序腹部分对作者的评议发生了新变，将原本属于别传的内容加入到序文中来详叙作者生平。如崔祐甫《齐昭公崔府君集序》详述崔日用仕历，杜确《岑嘉州集序》详叙岑参生平。权德舆序陆贽《翰苑集》《杨凝集》《吴筠集》等均大篇幅详述作者经历。但权德舆在叙事中也夹杂对作品的评议。因此，中唐集序文出现三种模式：①序头（文学源流）+序腹（作品评议）+序尾（文集编撰过程）；②序腹+序尾；③序头（文学源流）+序腹（作者事迹+作品评价）+序尾。主要变化是序腹部分，或评作品，或序履历，或两者相兼。第三种已然取替第一种而成为主流模式。此为唐代集序文文体演变之大略。

综观今存刘禹锡八篇集纪文，个别篇章采用第一种模式，如《柳宗元集纪》不叙柳氏生平，文末云“凡子厚名氏与仕与年暨行己之大方，有退之之志若祭文在”③。主要采用上述第三种模式。刘禹锡在序文中详述作者生平，序文可以当做作者小传来看。但将刘序与作者本传相比较，不难发现其隐约其辞的叙事特点。隐约其辞的叙述手法早在初唐已出现，如杨炯《王勃集序》叙述王勃生平，与正传相较，已肇隐约其辞之传统。两《唐书》本传记载，王勃被逐出沛王府的原因是作《檄英王鸡》而为高宗所怒。杨炯序隐去此段史实，仅以“临秀不容，寻反初服”④ 一语概之。刘禹锡撰集纪文所用的隐约其辞笔法，见于以下诸例。

《唐故相国李公集纪》记李绛元和六年（811）出为户部侍郎一事，云：“（宪宗）一旦召至浴堂门，与语半日，曰：将移用于大位，宜稔熟民隐。遂出为户部侍郎。”⑤ 李绛由翰林学士知制诰出为户部侍郎的真实原因，《旧唐书》本传载：“六年，犹以中人之故，罢学士，守户部侍郎。”⑥ “中人之故”，

---

① 董诰，等. 全唐文［M］. 北京：中华书局，1983：3415.
② 董诰，等. 全唐文［M］. 北京：中华书局，1983：4460.
③ 瞿蜕园. 刘禹锡集笺证［M］. 上海：上海古籍出版社，1989：514.
④ 董诰，等. 全唐文［M］. 北京：中华书局，1983：1930.
⑤ 瞿蜕园. 刘禹锡集笺证［M］. 上海：上海古籍出版社，1989：480.
⑥ 刘昫，等. 旧唐书［M］. 北京：中华书局，1975：4287.

是指元和五年（810）李绛在浴堂北廊与宪宗论中官纵恣、方镇进献之事。此事触怒宪宗："宪宗怒，厉声曰：'卿所论奏，何太过耶?'"① 刘禹锡应该知道这件事的来龙去脉。但他在《唐故相国李公集纪》中不用直笔，而改称"将移用于大位，宜稔熟民隐"，可见这种隐约其辞的良苦用心。

又李绛的死因，《唐故相国李公集纪》说："大和三年，以司空镇南郑，居二岁，坐气刚玉折，海内冤惜之。"② 以"气刚玉折"的委婉语气来叙述。李绛死亡的真实原因，据本传所载，是因"募卒赏薄"为兵卒所害。原来大和二年（828）李绛出为山南西道节度使，镇南郑（今汉中）。大和三年(829)，西蜀有战事。李绛受诏驰援，于道中募兵千人，然未至西蜀而蛮军已退。兴元府兵向有定额，所募兵卒不得不解散。李绛虽分发募卒以粮食，但受监军杨叔元蛊惑，募卒趁府中不备群起攻入，李绛遂遇害。由此可见，集序文不等同于正史，有时不必直叙其事。

隐约其辞手法的另一种形式是对作者事迹有所择取，有时根据需要隐而不叙。如《唐故中书侍郎平章事韦公集纪》，对韦处厚与李绅、李逢吉之关系(《旧唐书》卷一五九本传、《新唐书》卷一四二均详载)，以及韦处厚上疏敬宗言裴度一事（《资治通鉴》卷二四三载），因事关党争，且此文作于开成二年党争方炽之时，故略而不书。前一种隐约其辞，可视为为尊者讳；后一种隐而不书，乃不得已也。但这两种方式都能反映出刘禹锡集纪文撰作的特点。从序文文体演进的角度看，刘氏集纪文不仅增入作者传记，而且呈现出两种隐约其辞的写作方式，这无疑是对序文文体的一种发展。

二、文学史观价值

文学史观是指对文学史发展演变规律的认识，既属于文学范畴也属于历史范畴。简言之，就是对文学史如何演进，以及何以如此演进的一种思考。刘禹锡所撰集纪文充分体现出他的文学史观。他认为文学史发展具有时代性，由时代性进而形成周期性。支配周期性的动力主要来自"天道"（自然之道）。同时，他也重视个人的力量，体现出一种英雄史观。当然，他所指的个人主要是帝王，而帝王是与"天"相配的。因此，刘禹锡的英雄史观实质上还是"天道"观的另一种表达，可被纳入"天道"观体系之内。

中唐之前文学史观主要有两种。一种是由刘勰总结出来的"时序"观念，

---

① 刘昫，等．旧唐书［M］．北京：中华书局，1975：4287.

② 瞿蜕园．刘禹锡集笺证［M］．上海：上海古籍出版社，1989：480.

另一种是唐初史官总结出来的文学地理观念。这两种观念对后世文人文学史观的形成都产生了重要影响。“时序”文学史观源于汉代《诗》学观念。《诗大序》云：“治世之音安以乐，其政和；乱世之音怨以怒，其政乖；亡国之音哀以思，其民困。”“王道衰，礼义废，政教失，国异政，家殊俗，而变风变雅作矣。”刘勰在《文心雕龙·时序》中总结为“时运交移，质文代变”，“文变染乎世情，兴废系乎时序”，文学史发展具有时代性，文学演进是“与世推移”的。文学演变的原因，主要包括政治教化的作用、学术风气的影响、文学作品的继承和发展、君主的提倡、时代风气的影响以及天才的杰出成就等。这对唐人文学史观的形成具有重要影响。唐人在肯定文学史不断运动变化的同时，对变化趋势有两种不同的看法。一种认为每况愈下。如杨炯认为：“历年兹久，递为文质，应运以发其明，因人以通其粹。”[①] 又说自孔子屈原之后，“斯文天丧”，“此道不还”，[②] 大有一代不如一代之叹。其后陈子昂、卢藏用、李白、杜甫诸人相沿此说。至中唐颜真卿、元结等人亦持此观点。颜真卿认为“历代相因，莫能适中”，特别是“汉魏以还，雅道微缺，梁陈斯降，宫体聿兴，既驰骋于末流，遂受嗤于后学”[③]。元结称“近世作者，更相沿袭，拘限声病，喜尚形似，且以流易为辞，不知丧于雅正”[④]。另一种观点认为质文代变，文学史发展具有周期性。如卢照邻说：“文质再而复，殷周之损益足征；骊翰三而改，虞夏之兴亡可及。”[⑤] 又说：“贞观年中，太宗外厌兵革，垂衣裳于万国，舞干戚于两阶，留思政途，内兴文事。虞、李、岑、许之俦，以文章进；王、魏、来、褚之辈，以材术显。”[⑥] 贾至一方面说“骚人怨靡”，“扬、马诡丽”，“宋齐梁隋荡而不返”；另一方面又说“皇唐绍周继汉，颂声大作，神龙中兴，朝称多士”。[⑦] 独孤及一方面说“世道陵夷，文亦下衰”[⑧]，同时又认为“帝唐以文德旉祐于下，民被王风，俗稍丕变”[⑨]。梁肃说：“文之兴废，视世之治乱；文之高下，视才之厚薄。”[⑩] 他又详细地分析了唐代文学发展的几个阶段，一是陈子昂“以风雅革浮侈”；一是张说“以宏茂广波澜”；一是

① 董诰，等. 全唐文［M］. 北京：中华书局，1983：1930.
② 董诰，等. 全唐文［M］. 北京：中华书局，1983：1930.
③ 董诰，等. 全唐文［M］. 北京：中华书局，1983：3415.
④ 董诰，等. 全唐文［M］. 北京：中华书局，1983：3873.
⑤ 董诰，等. 全唐文［M］. 北京：中华书局，1983：1692.
⑥ 董诰，等. 全唐文［M］. 北京：中华书局，1983：1692.
⑦ 董诰，等. 全唐文［M］. 北京：中华书局，1983：3736.
⑧ 董诰，等. 全唐文［M］. 北京：中华书局，1983：3945.
⑨ 董诰，等. 全唐文［M］. 北京：中华书局，1983：3946.
⑩ 董诰，等. 全唐文［M］. 北京：中华书局，1983：5260.

李华、萧颖士、贾至、独孤及诸人的文学革新。[①]

文学地理观念的主要代表是初唐史官。如魏徵《隋书文学传序》："江左宫商发越，贵于清绮，河朔词义贞刚，重乎气质。气质则理胜其词，清绮则文过其意。理深者便于时用，文华者宜于咏歌，此其南北词人得失之大较也。"[②]该文对南北文风异同作出辨析。其后卢照邻在《南阳公集序》中亦分南北："北方重浊，独卢黄门往往高飞；南国轻清，惟庾中丞时时不坠。"[③]但此后从地域来探讨文学演进者不多见。刘禹锡所撰集纪文对此略有涉及，其论僧灵澈诗文，称"世之言诗僧多出江左"[④]，从江左诗僧传统来评灵澈诗风，稍微提到地域与诗歌的关系，但并未展开深入论述，据此可略而不论。

刘禹锡文学史观的形成，有四点需注意。第一，刘氏对文学的认识。刘氏认为文学作品应包括"文士之词"与"经纶之词"两大类。如论韦处厚："公文未为近臣已前，所著词赋、赞论、记述、铭志，皆文士之词也，以才丽为主；自入为学士至宰相以往，所执笔皆经纶制置财成润色之词也，以识度为宗。"[⑤]论令狐楚文学成就："导畎浍于章奏，鼓洪澜于训诰。笔端肤寸，膏润天下。文章之用，极其至矣。而又余力工于篇什，古文士所难兼焉。"[⑥]章奏训诰亦即"经纶制置财成润色之词"，所谓篇什亦即"文士之词"。两类作品的性质和风格是不同的，前者要求庄重典雅，后者则需讲求境象，刘禹锡对此有清晰的认识。

第二，刘禹锡受传统"时序"观念影响，认为文学与时代环境具有密切关联。《唐故尚书礼部员外郎柳君集纪》："八音与政通，而文章与时高下。三代之文至战国而病，涉秦汉复起。汉之文至列国而病，唐兴复起。夫政庞而土裂，三光五岳之气分，太音不完，故必混一而后大振。"[⑦]此处"八音与政通""文章与时高下"，与传统"时序"观一脉相承。

第三，提出文学发展的周期性并解释此现象的成因。他将文学发展分成三代之文、战国之文、秦汉之文、列国（南北朝）之文、唐代之文五个阶段。由五个阶段形成两个周期，一是三代至秦汉，一是秦汉至唐代，组成两个循环圈。他在对文学周期现象的解释中提出"气"的概念，认为政务繁杂、土地

---

① 董诰，等. 全唐文［M］. 北京：中华书局，1983：5261.

② 魏徵，等. 隋书［M］. 北京：中华书局，1973：1730.

③ 董诰，等. 全唐文［M］. 北京：中华书局，1983：1692.

④ 瞿蜕园. 刘禹锡集笺证［M］. 上海：上海古籍出版社，1989：520.

⑤ 瞿蜕园. 刘禹锡集笺证［M］. 上海：上海古籍出版社，1989：487.

⑥ 瞿蜕园. 刘禹锡集笺证［M］. 上海：上海古籍出版社，1989：499

⑦ 瞿蜕园. 刘禹锡集笺证［M］. 上海：上海古籍出版社，1989：513.

分裂，“气”遭到破坏，“气”坏则文病，“气”完则文兴。向来以“气”论文者不少见。孟子首倡“气”说，提出要“养浩然之气”。曹丕提出“文以气为主”“齐气”诸说，主要论文章风格，以及地域风习与文风形成之关系。中唐以“气”论文者主要有柳冕、梁肃、韩愈等人。柳冕论“气”：“夫善为文章者，发而为声，鼓而为气。真则气雄，精则气生，使五彩并用，而气行于其中。故虎豹之文，蔚而腾光，气也；日月之文，丽而成章，精也。精与气，天地感而变化生焉，圣人感而仁义生焉。”① 梁肃论“气”：“文本于道，失道则博之以气，气不足则饰之以辞。盖道能兼气，气能兼辞，辞不当则文斯败矣。”② 韩愈论“气”：“气，水也；言，浮物也；水大而物之浮者大小毕浮。气之与言犹是也。气盛则言之长短与声之高下者毕宜。”③ 不难看出，柳、梁、韩三人对“气”的理解，主要着眼于文学创作。“气”的内涵，大致包括作者的才性、气质、器识、阅历等内容。显然，这与刘禹锡所言之“气”是不同的。“三光五岳之气”，是指天“气”、自然之“气”，用刘禹锡本人的话来说，是指“天律”④，这与刘氏的“天道”思想是相合的。刘禹锡认为天地运行自有其规律，亦即天道运周、否极泰来。“人道”和“文道”“天道”一样，也有其运行规律。“天道”与“人道”不是两条平行线，而是相互作用的。“人道”受“天道”支配，但“人道”也作用于“天道”。所以，刘禹锡说“人道”（政治、土地）破坏，“天道”（三光五岳、太音）也跟着遭受破坏，“天道”坏致使“文道”病；而三光五岳之气恢复完整时，“文道”也跟着兴盛。“文道”兴衰是“天道”否极泰来的表征。“文道”兴衰的周而复始，体现出文学史发展的周期性。

刘禹锡文学史观的另一个表现是重视个人的作用，它体现为一种英雄史观，认为推动文学发展的重要动力是帝王对文学的喜好。他将汉代文学之兴归功于汉武帝以对策选人，又把唐代文学之发达归因于唐太宗、武后、玄宗、德宗、宪宗的右文政策及其个人对文学的喜好。故其赞汉武帝：“汉庭以贤良文学征有道之士，公孙宏条对第一，席其势鼓行人间，取丞相且侯。使汉有得人之声，伊宏发也。”⑤ 唐汉同风，唐代文学兴盛的原因首推太宗：“唐以神武定

---

① 董诰，等．全唐文［M］．北京：中华书局，1983：5360

② 董诰，等．全唐文［M］．北京：中华书局，1983：5261．

③ 马其昶．韩昌黎文集校注［M］．上海：上海古籍出版社，1987：171．

④ 刘禹锡《唐故尚书主客员外郎卢公集纪》：“心之精微，发而为文；文之神妙，咏而为诗。犹夫孤桐朗玉，自有天律。”瞿蜕园．刘禹锡集笺证［M］．上海：上海古籍出版社，1989：505．

⑤ 瞿蜕园．刘禹锡集笺证［M］．上海：上海古籍出版社，1989：485．

天下，群慝既耆，骤示以文。韶英之音与钲鼓相袭。”① 其时以文章跃居重臣之位者有魏徵、马周、岑文本等人。刘禹锡感叹这些文人无汗马之劳，而位置反在功臣之上，可见“唐之贵文至矣哉”②。武则天和唐玄宗颇能继承和发扬右文之风，先后以对策得张说和张九龄。③ 宪宗自诩为中兴之主，亦能用文，元稹、韦淳、牛僧孺、李宗闵等人先后以对策第一而为宰相。④ 刘禹锡对德宗最为推崇，认为其与中唐文学之盛有直接关系。他说安史之乱后文学不振，原因是朝廷右武不尚文。⑤ 但这种现象到德宗时发生改变：“贞元中，天子之文章焕乎垂光，庆霄在上，万物五色。天下文人，为气所召，其生乃蕃。”⑥ 又说：“贞元中，上方向文章。昭回之光，下饰万物。天下文士，争执所长，与时而奋，粲焉如繁星丽天。”⑦ 其时以文跻身大位者有姜公辅、韦执谊、裴垍等人。⑧

以帝王喜好与否来论文学兴衰，是一个传统论调。刘勰《文心雕龙》论汉代文学，说汉惠帝、文帝、景帝以经书取人，辞人勿用，故贾谊、邹阳、枚乘等人沉沦不得志。又说汉武帝“润色鸿业，礼乐争辉，辞藻竞骛”，开一代文学之盛。唐初史官因沿此说。李百药论齐梁“变风”“变雅”，并为亡国之音，“盖随君上之情欲也”⑨。李延寿亦云：“时主儒雅，笃好文章，故才秀之士，焕乎俱集。”⑩ 可见刘禹锡所论渊源有自。但要注意，刘禹锡将唐文之兴归于诸帝，与刘勰、李百药、李延寿等人还是有本质的不同。刘禹锡文学演进的英雄史观，与其“天道”哲学思想是一致的，而统贯二者的还是“气”的概念。如论德宗朝文学之盛说“天下文人，为气所召，其生乃蕃”，又说“昭回之光，下饰万物”。其序李绛文集：“天以正气付伟人，必饰之使光耀于世。”⑪ 序吕温文集：“五行秀气得之居多者为俊人。”⑫ 在刘禹锡看来，“天”乃自然万物之主宰，帝王乃社会人类之主宰。帝王是“天”之子，两者是统

---

① 瞿蜕园．刘禹锡集笺证［M］．上海：上海古籍出版社，1989：479.

② 瞿蜕园．刘禹锡集笺证［M］．上海：上海古籍出版社，1989：479.

③ 瞿蜕园．刘禹锡集笺证［M］．上海：上海古籍出版社，1989：485.

④ 瞿蜕园．刘禹锡集笺证［M］．上海：上海古籍出版社，1989：485.

⑤ 刘禹锡《董氏〈武陵集〉纪》：“兵兴已还，右武尚功。公卿大夫以忧济为任，不暇器人于文什之间，故其风寖息。”瞿蜕园．刘禹锡集笺证［M］．上海：上海古籍出版社，1989：517.

⑥ 瞿蜕园．刘禹锡集笺证［M］．上海：上海古籍出版社，1989：508.

⑦ 瞿蜕园．刘禹锡集笺证［M］．上海：上海古籍出版社，1989：513.

⑧ 瞿蜕园．刘禹锡集笺证［M］．上海：上海古籍出版社，1989：1485.

⑨ 李百药．北齐书［M］．北京：中华书局，1972：602.

⑩ 李延寿．南史［M］．北京：中华书局，1975：1762.

⑪ 瞿蜕园．刘禹锡集笺证［M］．上海：上海古籍出版社，1989：479.

⑫ 瞿蜕园．刘禹锡集笺证［M］．上海：上海古籍出版社，1989：508.

一的。所以，帝王之“气”能蓄生感召万物。这当然不无颂圣之嫌，但与其论文学周期性发展的理论也是统一的。

第四，刘禹锡文学史观的形成，固然受传统“时序”观的影响，但更多的是受其哲学思想的支配，体现出他对文学史发展规律的一种理性思考。相较而言，初唐文人的文学史观多为感性的价值判断，较少理性的规律探索和逻辑推演。刘禹锡的理性推演，一方面是站在哲学家的高度来思考文学史发展规律，另一方面，细究之下不难发现其有不得已之苦衷。刘禹锡之前的文人对文学史的叙述，多做价值判断，以是否符合“雅正”作为“好”“坏”的评判标准。但自权德舆开始文学史叙述较少感性的价值判断，而纯然从“学理”角度来评述。权德舆的文论但议高下，不说是非，表现出文坛领袖的雍容智慧。与刘禹锡同时代的韩、柳诸人，也撰写了不少集序文，对文人作品少作是非判断。这种细微的变化，一方面反映出学风的新变，另一方面也可以看到“迁客”远祸心理。贞元、元和时期贬谪力度加大，文人动辄得咎，韩、柳、刘诸人均遭贬谪，畏言避祸乃不得已也。其心理形成的机制，柳冕说得很清楚：“古之作者，因治乱而感哀乐，因哀乐而为咏歌，因咏歌而成比兴。故《大雅》作，则王道盛矣；《小雅》作，则王道缺矣；雅变风，则王道衰矣；诗不作，则王泽竭矣。”① 可见文学实是政治的一种表征，评价文学就是间接评价政治。研究刘禹锡心态史者当留心于此。

三、文献学价值

刘禹锡所撰集纪文具有丰富的文献学价值，可从目录学和书籍编纂等方面来认识。

其一，目录学价值。唐人文集在后世流传情况较复杂，有的亡佚，通过刘禹锡集纪文可略知当时面目。有的虽存，但卷数和版本发生变化。欲溯其本来面目，亦可依靠刘氏集纪文。以下以撰文时间为序，逐一考述。

董侹：《新唐书·艺文志》载“《董侹武陵集》”，下注“卷亡，侹，字庶中，元和荆南从事”②。集虽亡，但据刘《纪》可略知其面目。该集系董侹生前自编，“凡五十篇”。编撰方法是“以地为目”，依照写作地点分类。

吕温：《新唐书·艺文志》载“《吕温集》十卷”③。刘《纪》但云“凡二

---

① 董诰，等. 全唐文［M］. 北京：中华书局，1983：5354.

② 欧阳修，宋祁，等. 新唐书［M］. 北京：中华书局，1975：1606.

③ 欧阳修，宋祁，等. 新唐书［M］. 北京：中华书局，1975：1605.

百篇”[①]，未记卷数。两者可互相补充。晁公武《郡斋读书志志》（以下简称晁《志》）载《吕温集》十卷，但又说：“刘禹锡为编次其文，序之云：‘古之为书，先立言而后体物。贾生之书首《过秦》，而荀卿亦后其赋，故断自《人文化成论》至《诸葛武侯庙记》为上篇。’今集先赋诗，后杂文，非禹锡本也。”[②] 由此可知南宋十卷本《吕温集》已非刘编本原貌。陈振孙等《直斋书录解题》（以下简称陈《录》）亦记为十卷，唯改题为“吕衡州集”。《四库全书》收录《吕衡州集》十卷，第六、第七两卷已残缺。孱守居士（常州冯舒）尝据《文苑英华》《唐文粹》以补，篇目数量以刘《纪》所载二百篇为依据。由此可见序文在保存文集篇目上的价值。

柳宗元：《新唐书·艺文志》载“《柳宗元集》三十卷”[③]。此与序文所言“编次为三十通”同。晁《志》著录三十卷，又“《集外文》一卷”[④]，陈《录》载“《柳柳州集》四十五卷，外集二卷”，并按：“刘禹锡作序，言编次其文为三十二通。”此“三十二通”与刘序不合，不知何据。又按：“今世所行本皆四十五卷，又不附志文，非当时本也。”[⑤] 柳集至宋传抄刊刻版本不一，刘禹锡所编三十卷者乃其祖本。

李绛：《新唐书·艺文志》载“《李绛集》二十卷”[⑥]，与刘《纪》同。晁《志》、陈《录》、《四库全书》均未收录。刘《纪》称：“肇自从试有司，至于宰天下，词赋、诏诰、封章、启事、歌诗、赠饯、金石、飏功，凡四百余篇，勒成二十卷。”[⑦] 据此可知二十卷本的大致内容。

僧灵澈：《新唐书·艺文志》、晁《志》均不载其集。《四库提要》云陈《录》载僧灵澈诗一卷，检今本亦不获。《四库全书》“总集类”收录“《唐四僧诗》六卷”，中有灵澈诗一卷，并按：“禹锡《序》其诗，凡十卷，兹仅一卷，则亦吉光片羽，非其完书矣。”[⑧] 按刘序，灵澈诗二千首，删取三百首勒为十卷。又有与词客闻人唱酬诗，别为十卷。据此，《僧灵澈集》当含《诗集》十卷、《别集》十卷，共二十卷。此可补目录书之未备。

韦处厚：《新唐书·艺文志》载“《韦处厚集》七十卷”[⑨]，此与刘《纪》

---

① 瞿蜕园. 刘禹锡集笺证［M］. 上海：上海古籍出版社，1989：508.
② 晁公武撰，孙猛校证. 郡斋读书志校证［M］. 上海：上海古籍出版社，2011：885.
③ 欧阳修，宋祁，等. 新唐书［M］. 北京：中华书局，1975：1606.
④ 晁公武撰，孙猛校证. 郡斋读书志校证［M］. 上海：上海古籍出版社，2011：880.
⑤ 陈振孙，徐小蛮，顾美华点校. 直斋书录解题［M］. 上海：上海古籍出版社，1987：476－477.
⑥ 欧阳修，宋祁，等. 新唐书［M］. 北京：中华书局，1975：1606.
⑦ 瞿蜕园. 刘禹锡集笺证［M］. 上海：上海古籍出版社，1989：480.
⑧ 永瑢，等. 四库全书总目［M］. 北京：中华书局，1965：1690.
⑨ 欧阳修，宋祁，等. 新唐书［M］. 北京：中华书局，1975：1607.

所称其子韦蕃“编次遗文七十通”合。晁《志》、陈《录》诸书均未著录。《四库全书》亦无。

卢象：《新唐书·艺文志》载“《卢象集》十二卷”①，与集纪同。晁《志》、陈《录》、《四库全书》均未收录，大概南宋已亡佚。赖刘禹锡所撰集纪及《新唐书》著录，知其原书卷数。

令狐楚：《新唐书·艺文志》载“令狐楚《漆奁集》一百三十卷”②，与集纪所云其子令狐绹“集公之文成一百三十卷”合。此书晁《志》、陈《录》、《四库提要》均未著录。

其二，图书编纂学价值。刘禹锡一生纂辑图书多种，于承继传外，亦自创新法。以类相从是唐人编纂文集的基本方法。所谓类，主要是指文体，各文体之下，又以写作时间先后为序，这是文集编纂的正体。刘禹锡在编令狐楚文集时，对此略加改变，以令狐楚所撰《宪宗圣神章武孝皇帝哀册文》置于卷首。此从王珣、崔融等文集之例。东晋王珣曾撰《孝武帝哀册文》，崔融撰《则天哀册文》。集纪云：“今考之而信，故以为首冠，尊重事也。”③ 刘编吕温集，以《人文化成论》至《诸葛武侯庙记》为上篇，并解释如此编排的原因为“古之为书者，先立言而后体物，贾生之书首《过秦》，而荀卿亦后其赋。和叔年少遇君而卒以谪似贾生，能明王道似荀卿”④，故以立言为首，体物之赋为末，援贾谊、荀子之例。

四、其他史料价值

刘禹锡所撰文集序具有多方面价值，本文仅从文体学、文学史观、文献学三个层面来论述，实质远不止于此。比如集纪文还可补正史人物传记、唐代官制等阙略。刘禹锡与文集作者多有交往，又深悉唐代典章制度，故序文所述作者生平事迹，于别传（碑志行状）之外当有所增补。这些材料，具有补充正史阙略的史料价值。如李绛事迹，集纪称其“五为尚书”⑤。检两《唐书》本传，李绛任礼部、吏部尚书各一次，兵部尚书两次。据集纪，本传当漏载。再如令狐楚长庆四年（824）秋授检校礼部尚书兼汴州刺史，充宣武军节度管内

① 欧阳修，宋祁，等．新唐书［M］．北京：中华书局，1975：1603.
② 欧阳修，宋祁，等．新唐书［M］．北京：中华书局，1975：1606.
③ 瞿蜕园．刘禹锡集笺证［M］．上海：上海古籍出版社，1989：500.
④ 瞿蜕园．刘禹锡集笺证［M］．上海：上海古籍出版社，1989：509.
⑤ 瞿蜕园．刘禹锡集笺证［M］．上海：上海古籍出版社，1989：480.

观察处置等使。集纪称“玺书劳之，就加大司马”①。两《唐书》令狐楚本传均无此记载，此亦可补正史之阙略。《唐故中书侍郎平章事韦公集纪》所载韦处厚任翰林承旨学士一段，可帮助研究者增进对唐代翰林学士制度的认识：“内署故事与外庭不同，凡言翰林学士必草诏书，有侍讲者专备顾问。虽官为中书舍人，或他官知制诰，第用其班次耳，不窜言于训词。至是上器公，且有以宠之，乃使内谒者申命，去侍讲之称。虑未谕于百执事，居数日，降命书重举旧官以明新意。寻真拜夏官贰卿，由是，内庭词臣无出其右者。凡密旨必承乎权舆，故号承旨学士。”② 此段重点是翰林学士与翰林侍讲学士的区别。韦处厚虽以经术任侍讲学士，但侍讲学士专司讲授经史，不预政事，不掌词命。故敬宗去其侍讲之名，改任翰林学士，始得参与朝政，专掌诰命。《六典》及两《唐书》职官、百官志于此均无详载，故可补唐代官制。

再如诗歌史方面，据集纪所载，包佶、李纾并称“包、李”，曾一度为中唐诗坛领袖。《澈上人文集纪》：“皎然以书荐于词人包侍郎佶，包得之大喜。又以书致于李侍郎纾。是时以文章风韵主盟于世者曰包、李。以是上人之名由二公而扬，如云得风，柯叶张王。”③《董氏〈武陵集〉纪》：“尝所与游者皆青云之士。闻名如卢、杜（原注：卢员外象，杜员外甫），高韵如包、李（原注：包祭酒佶，李侍郎纾）。”④ 对于此点，通行文学史教材都略而不叙，当据此补述。

复如由经学与文学之关系论文章风格。刘氏指出吕温文章“微而富艳”，认为与其“始学《左氏》书”⑤ 相关。吕温尝师事陆质，专研《左氏春秋》。范宁《谷梁传集解序》：“《左氏》艳而富，其失也巫。”韩愈《进学解》：“《左氏》浮夸。”吕温文章风格富艳，与其经学研究有关。刘禹锡似乎不大喜欢这种类似于纵横家的浮夸风格，故序文末云“余之素交不索于文章之内”⑥。由此亦可知刘氏的文学审美取向。

（作者单位：贵州师范大学）

---

① 瞿蜕园．刘禹锡集笺证［M］．上海：上海古籍出版社，1989：498.
② 瞿蜕园．刘禹锡集笺证［M］．上海：上海古籍出版社，1989：486.
③ 瞿蜕园．刘禹锡集笺证［M］．上海：上海古籍出版社，1989：519.
④ 瞿蜕园．刘禹锡集笺证［M］．上海：上海古籍出版社，1989：517.
⑤ 瞿蜕园．刘禹锡集笺证［M］．上海：上海古籍出版社，1989：509.
⑥ 瞿蜕园．刘禹锡集笺证［M］．上海：上海古籍出版社，1989：509.

社会有“法”，“天”“人”和谐

——刘禹锡《天论》思想意蕴再解读

吴金梅

刘禹锡的《天论》，提出了“天与人交相胜”的天人关系思想，历来被认为是具有辩证主义精神的思想观念之一，研究者多有论述，但《天论》作为长于言辞的刘禹锡的重要代表作之一，其思想内涵则要比“天与人交相胜”的思想观念更为丰富，如其中还提出了“人能胜乎天者，法也”，“万物之所以为无穷者，交相胜而已矣，还相用而已矣”，“天与人，万物之尤者耳”，“纪纲或坏，复归其始”等观点，表达了一种倡导“法”的观念、“天与人”之间“交相胜，还相用”等思想，并提出“数”与“势”的概念并对其关系加以论述，至今依然具有十分重要的意义。对于“天与人交相胜，还相用”的辩证主义思想，前人学者已经有很多论述，如刘顺从诗歌转型的角度，通过对比，对刘禹锡、韩愈、柳宗元等三人关于天人关系的观点加以讨论①；肖瑞峰从与唐代《天论》同时代的哲学论战的角度对《天论》加以分析②；陈维则在儒学的畛域下对《天论》加以探讨与观照③。以上学者对于刘禹锡《天论》中的这一观念进行了不同视角的分析，对其做出了谈论与阐释，但对于《天论》中运用大量文字对“法”进行论述这一现象的探讨文字并不多见，本文尝试对其进行具体分析，以初步发掘《天论》对于当下社会的思想文化资源意义与价值。

一、天与人“交相胜，还相用”的辩证关系

在《天论》中，刘禹锡将人们对于天的态度分为两类，即“拘于昭昭者”

---

① 刘顺．天人之际：中唐时期的“天论”与诗歌转型——以韩愈、柳宗元、刘禹锡为例［J］．文艺理论研究，2015（1）：130－138.

② 肖瑞峰．《天论》与唐代元和年间的哲学论战［J］．浙江工业大学学报（社会科学版），2013（3）：241－245.

③ 陈维．中唐儒学畛域下的天人观新论［J］．中州学刊，2014（2）：116－120.

与“泥于冥冥者”。针对以上两种观点，便有了“阴骘之说胜”与“自然之说胜”的不同结果。刘禹锡《天论》意在接续柳宗元《天说》，进一步对天人关系加以讨论，因为刘禹锡认为柳宗元的《天说》“文信美矣，盖有激而云，非所以尽天人之际”。文章虽好，却多有激慨之情，并没有深刻地讨论出天人之间的深层关系，而自己做《天论》则是要来透彻讨论这个问题的。

首先，刘禹锡指出，“大凡入形器者，皆有能有不能”。“皆”囊括一切，体现了刘禹锡将一切纳入视域的开阔视野，而“有能有不能”，则辩证地指出世间并非为一物所支配与主宰，尺有所长寸有所短，体现出一种辩证统一的观点。在这一前提下，进一步提炼出两种独特的事物，即“天”与“人”，并将其分列于不同的范畴进行观照，一个属于“有形之大者”，一个是“动物之尤者”，同时再一次指出“天”与“人”也都“有所不能”。在逐层推理后，最终得出自己的观点：“故余曰：天与人交相胜耳。”

为了进一步阐明“天与人交相胜”的观念，刘禹锡对此进行了举例说明。

首先是通过“旅者”的经历对其加以论述。“群适乎莽苍，求休乎茂木，饮乎水泉，必强有力者先焉，否则虽圣且贤莫能竞也。”“群次乎邑郛，求荫于华榱，饱于饩牢，必圣且贤者先焉，否则强有力莫能竞也。”“苟道乎虞、芮，虽莽苍犹郛邑然；苟由乎匡、宋，虽郛邑犹莽苍然。是一日之途，天与人交相胜矣。”在刘禹锡所举的事例中，“强有力者”与“圣且贤者”的优劣，“莽苍”与“郛邑”的好坏等，造成的结果并非是一定的，在不同的环境与条件下，不同的对象会有不同的结果，关键在于“是非”的“存”与“亡”，决定着“人理胜”与“天理胜”。但接下来，刘禹锡进一步指出，“然则天非务胜乎人者也。何哉？人不幸则归乎天也，人诚务胜乎天者也。何哉？天无私，故人可务乎胜也”。然而，“天”并不是一定会胜于“人”的，只是因为人们把不幸归于“天意”，“人”实际上是可以胜于天的，因为“天”是无私的。刘禹锡实际是指出，“天”是遵循客观规律的，因此不会徇私舞弊。刘禹锡此处借此来作譬喻，说明“天”“人”之间的关系，实际是不同的环境决定了当事者的具体遭遇与解决问题所需的条件会不同，表达了一种具体情况具体分析的矛盾普遍原理的思想。

接下来，刘禹锡进一步设问：“若是，则天之不相预乎人也信矣，古之人曷引天为？”并进一步列举“舟行”的“有沉有不沉”道理加以说明。以船行驶在“潍、淄、伊、洛者”与“江、河、淮、海者”为例。“疾徐”“次舍”“风”“流”是不一样的，所以一个常常说“天”有作用，一个则相反，是因为在二者的条件下人对“舟行”的“理”的把握是不一样的，一个是“理明”，一个是“理昧”的原因，也就是人们对二者间“舟行”的具体规律掌握的程度不同。这是对上文所述矛盾普遍性的进一步讨论与说明。

针对问者的继续发难，对于“风水等耳。而有沉有不沉”的问题，刘禹锡则提出了自己的另外一对概念，即“数”与“势”，并对二者的关系做出具体的论述。如其所言：“水与舟，二物也。夫物之合并，必有数存乎其间焉。数存，然后势形乎其间焉。一以沉，一以济，适当其数乘其势耳。彼势之附乎物而生，犹影响也。”水与舟是两个事物，合并在一起时，就一定会有“数”存在其间，既然有了“数”，那么“势”就会形成在其间，而沉与济，则是“数乘其势”的结果。因为“徐者”与“疾者”之“势”的“缓”与“遽”不同，所以人们或“得以晓”或“难得以晓”，而“难得以晓”时，有的人便会以“天意”来解释舟“沉”。

而针对“天果狭于势邪”的问题，刘禹锡分析具体事例之后，最终指出，“万物之所以为无穷者，交相胜而已矣，还相用而已矣。天与人，万物之尤者耳”。万物之间都是“交相胜”，“还相用”的，而“天与人”作为万物之尤者，同样也不能例外。问者抓住刘禹锡“有形”的概念发问“彼无形者，子安所寓其数邪?”刘禹锡则指出“若所谓无形者”，“必依于物而后形焉”。而“非空之数欤?”“古所谓无形，盖无常形耳。”即古人所谓的“无形”，实际是没有“常形”的，因此所有的事物都不能“逃乎数”。

这就是刘禹锡的“数”“势”观。“数存而势生”，“适当其数乘其势耳”。且作为万物之间的规律性存在，万物均非例外于“数”的。不仅作为万物之尤者的“天与人”是“交相胜”，“还相用”的，万物之间同样也是“交相胜”，“还相用”的。这一思想体现了刘禹锡将天地万物纳于观照视野的胸襟，且注重事物间的联系与规律的辩证主义思想，

二、“人能胜乎天者，法也”的重“法”观念

对于“天”“人”何谓“交相胜”？或者说，“天”与“人”怎样做到“交相胜”呢？刘禹锡接下来讨论“天之道在生植，其用在强弱；人之道在法制，其用在是非”。这就是“天”与“人”如何做到“交相胜”的根本所在，也是“天”与“人”各自的职责与特质所在。刘禹锡指出，“天”与“人”要各行其道，在接下来的一系列举例中，论述“天”与“人”的各自所能，并将其归置于阴阳、水火、气力、义礼等不同的界域中加以审察。而决定“人”终能够胜于“天”的，是“法”，所谓“人能胜乎天者，法也”。“天”与“人”之间的“交相胜”由第三者“法”在起着决定性的因素。由此可知，“法”在刘禹锡的“天”“人”观中，占有重要地位。

那么，在“天”与“人”之间，“法”究竟如何起决定性作用的呢？刘禹锡对“天”“法”“人”的关系从三个方面做了非常详尽的论述，探讨“法”在“天”与“人”关系之间的意义。

《天论》中，刘禹锡将“法”分为“法大行”“法小弛”和“法大弛”的不同状态加以讨论。在三种不同的状态下，“天”与“人”之间便呈现出不同关系。同时，刘禹锡将“法”置于左右“天”与“人”相胜因素的关键位置上，可见“法”在刘禹锡心目中的重要性。那么，“法”如何实现“天”与“人”的“交相胜”呢？刘禹锡通过“法大行”“法小弛”与“法大弛”三种状态加以讨论：

“法大行”时，“是为公是，非为公非，天下之人蹈道必赏，违之必罚”。此时，在是非确定、赏罚分明的环境条件中，“天何预乃事耶？唯告虔报本，肆类授时之礼，曰天而已矣”。此时“天”在人们的心目中显得并不十分重要，只有在“告虔报本，肆类授”时，“天”才会被人提起，“福兮可以善取，祸兮可以恶召，奚预乎天邪”。善有福报，恶有恶报的时候，可谓是“人”胜于“天”的时候，是“人”之道的取胜。

“法小弛”时，“则是非驳，赏不必尽善，罚不必尽恶”。赏罚不能分明，有“不肖”与“不辜”相参，这时，“天命”的说法就有机会占上风。“诈取”可以得“福”，而“祸”可以“苟免”，“人道驳”的环境条件下，“天命之说亦驳焉”。

而当“法大弛”时，“则是非易位，赏恒在佞，而罚恒在直，义不足以制其强，刑不足以胜其非”。“法大弛”时，是非颠倒，赏罚不公，“义”与“刑”即道德和刑法都不能起到很好的作用，这种状态下，“人之能胜天之具尽丧矣”。此时，当然一切不公平的事情只能归之于天意的安排了，即所谓的“天”胜“人”。

刘禹锡总结如下：“天之所能者，生万物也；人之所能者，治万物也。”法大行，人会说：“我蹈道而已。”法大弛，人会说：“任人而已。”如此可见，遵循“道”还是任“人”，是“法”在社会环境中地位不同的结果。在刘禹锡看来，“天”是“生”万物的，“人”是“治”万物的，“生”是滋养使之得以发展，“治”是管理使之能够遵循一定的规则，有条不紊地发展。“生乎治者人道明，咸知其所自，故德与怨不归乎天；生乎乱者人道昧，不可知，故由人者举归乎天，非天预乎人尔。”“治”与“乱”的不同，“人道明”与“人道昧”的不同，产生“知”与“不知”的结果，导致“人”对于“天”的不同感受与态度。

在《天论》中，刘禹锡虽然讨论的是“天”与“人”之间的关系，但他引入了“法”的概念，并表明“法”是决定“天”与“人”谁更胜一筹的决定性因素，并分列详尽的具体情况加以说明，这充分体现出刘禹锡重“法”的思想观念。“法”大行时，并不是“人”胜“天”，而是当人遇到灾难与不公时，不必以毫无作为的“天”来解释所遭遇的一切，而是通过行之有效的“法”就可以解决问题。而所谓的“天”胜，并不是天真正的胜利了，而是“法”大弛时，人们面对灾难与不公平的待遇不得不以“天意”来解释自己所遭遇的一切，只是“天”常常被人们提起而已，并不是“天”可以解决现实的问题。

通过以上分析我们可知，刘禹锡认为，“人”只有以行之有效的“法”来进行自我治理，才能够成为天地万物之间的主宰，才能够摆脱对“天意”的迷信而实现“人”对“天”的“相胜”。刘禹锡的“法”可以理解为严密、严谨的“法制”，某种程度上也可以理解为普遍性的规律，而其“天”与“人”的“交相胜”实则蕴含着一种人与人之间及天与人之间和谐相处之意。只有“天”与“人”之间依照“法”有条不紊地运行，才能够使世间万物各得其所，相得益彰，相生相长，交相辉映。

三、社会有“法”，“天”“人”和谐思想的当代意义

刘禹锡《天论》不拘泥于先人成说，对当时韩愈、柳宗元等的天人观做出了进一步的辩驳与分析，发而为文，详尽阐释自己的思想观点。刘禹锡认为凡对于“人乎数”的，“由小而推大”，“由人而推天”，都是合乎其学说的，且按照这个常理去推测，天地间的万物也都是符合这一规律的。这是刘禹锡对自己《天论》观点的综合概括，并用具体的事例来予以说明。如人的外部器官“颜、目、耳、鼻”之姣好的根本在于“肾、肠、心、腹”等内部器官的健康，“天之有三光悬寓，万象之神明者也”的自然界奇异现象的根本在于自然有“山川五行”。刘禹锡指出，在自然界万物中，最有智慧的人是“倮虫之长，为智最大，能执人理，与天交胜，用天之利，立人之纪。纪纲或坏，复归其始”。人“与天交胜”，建立了各种纲纪，如果纲纪被破坏，那么人们就要重新制定。

综观《天论》，刘禹锡不仅提出了“天与人交相胜”的辩证主义天人观，还表达了一种高度重视“法”的思想观念，以及对“法”与“天”及“人”的辩证关系的论述，还提出了“数”与“势”的概念，及将“天”“人”与

万物皆纳入观照视域的思想，表现出这位唐代著名文学家、哲学家的开阔胸襟，表达了一种追求世间万物和谐，社会在有效的法制治理下公正运行的思想观点，并体现出刘禹锡及重要政治改革积极参与者的责任情怀，这对于当下的社会文化建设具有十分有效的资源意义。

（作者单位：大连大学）

如何正视唐赋的文学价值
——以刘禹锡、柳宗元的赋为例

孙琴安

一、大陆对唐赋的忽略

赋本是中国古代一种重要的文学体裁，它不仅种类繁多，而且在汉代臻于兴盛，成为“一代之文学”，汉赋之名也由此得来。即使在魏晋南北朝演变为骈赋或俳赋，赋仍是人们心目中表情达意、抒发情怀的重要文学体裁。汉代出现了许多写赋高手。人们习惯上也往往把赋与诗并视，并称为诗赋或辞赋。昭明太子编《文选》，赋是其中一个重要的组成部分。我们甚至可以这样说：从战国到汉魏六朝近千年间，赋一直是与诗并驾齐驱的最为重要的文学体裁。

即使在唐代诗繁盛，散文再度崛起，小说与词闪亮登场、并峙新起之际，源远流长的赋没有式微或消失，相反，在唐代宽松开放的文学环境中，它仍在生存发展，涌现了一大批赋家，从初唐四杰到燕许大手笔，从陈子昂到李华、萧颖士，从李白、杜甫到韩愈、柳宗元，乃至张九龄、王昌龄、高适、岑参、元结、刘禹锡、杜牧、李商隐等一批著名诗人，无不作赋。他们不仅是唐代著名的诗人和散文家，同时也是唐代著名的赋家。

然而，自 1949 年以后，中国大陆对于赋始终存在着偏见。在极“左”思潮的影响下，各种文学史除了对屈原和楚辞有些客观的评价以外，一直都把赋作为批判的对象，认为赋是一种形式主义的文体，只讲漂亮的辞藻而无现实的内容，徒有形式而内容贫乏。马积高 1987 年在《赋史》的第一章《导言》中也说：“近五十余年来，我们的古典文学研究工作却很少注意它。在近三十年来出版的文学史中，仅刘大杰的《中国文学发展史》（1963 年版）对它的流变略有叙述，其他此类著作则仅注意屈原及楚辞，并以批判的态度讲到司马相如等汉赋作家，略及东汉抒情小赋。对魏以后的赋，大体上只在一些著名作家的章节中，稍稍论及其赋作的名篇。而对这种体裁的流变，已不注意；对其在我国古代文学发展中的地位、作用和影响，自然更少涉及。”

这种状况与赋本身所取得的文学成就和历史地位，与王国维把汉赋、六朝之骈文视为一代之文学，并与唐诗、宋词元曲和明清小说相提并论的高度评价，实在是大相径庭。

特别是唐代，1949年以来大陆出版的各种文学史，对唐诗和李白、杜甫以及韩、柳的古文成就，都以极大的篇幅进行了论述并作出了极高的评价，而对于唐代的赋却总是轻描淡写。有时为了突出韩、柳提倡古文的积极意义，甚至把骈赋等文体作为古文的对立面而加以批判贬抑。所以，在许多大陆的大学中文专业毕业的学生，或是许多中国文学史的读者和爱好者，对于赋，特别是唐代的赋，并没有一个真实客观的了解，甚至可说仅有一种片面狭隘的认识。这种现象甚至蔓延了半个多世纪，至今仍未得到有效的纠正和更新。

为了使广大读者对赋特别是唐代的赋有一个重新认识，这里拟以刘禹锡、柳宗元二家创作的赋为例，对其略加评论，以便使人们对唐赋的文学价值和地位，有更为客观的认识与公正的评价。

二、刘、柳的文学环境与人生经历

如果从诗文并重的角度来考察，唐代有两个高峰，一个是以开元、天宝为标志的盛唐时期，一个是以贞元、元和为标志的中唐时期。

盛唐时期的诗人代表如李白、杜甫、王维、孟浩然、高适、岑参、王之涣、王昌龄、李颀等，均如日中天，气盖古今，名重一时，流芳百世；文章代表则有张说、苏颋并称的“燕许大手笔”，其次则有张九龄、萧颖士、李华、元结等，然他们的文不皆如诗。

以贞元、元和年号为标志的中唐时期，诗人代表如元稹、白居易、刘禹锡、柳宗元、韩愈、孟郊、贾岛、张籍、王建、李绅等，均意气豪迈，另辟蹊径，如繁星丽天，重映河汉，而几欲与盛唐诗人相颉颃；文章代表则有韩愈、柳宗元、梁肃、陆贽、刘禹锡、白居易、元稹、李翱、樊宗师、皇甫湜等，其成就与同代之诗并驾齐驱，而胜盛唐之文。

也就是说，中唐之诗难逾盛唐，然中唐之文，却已超越盛唐。

其实，如果我们再从赋的角度来进行检视就会发现，刘、柳不仅是当时的著名诗人与散文家，而且是当时堪称一流的辞赋家。他们不仅在辞赋创作的数量上多于同时代的韩愈、李翱、皇甫湜、沈亚之、何讽等文学家，而且在创作质量上也代表着那个时代的最高成就。也就是说，刘、柳在诗歌、散文、辞赋三个文学领域中，在唐代都有极为重要的地位和成就。难怪刘昫在《旧唐书·柳宗元传》的结尾写道：

史臣曰：贞元、大和之间，以文学耸动缙绅之伍者，宗元、禹锡而已。其巧丽渊博，属辞比事，诚一代之宏才。如俾之咏歌帝载，黼藻王言，足以平揖古贤，气吞时辈。

史臣评议中所说的“以文学耸动”，或谓“诚一代之宏才”“平揖古贤，气吞时辈”云云，不仅包括了刘禹锡与柳宗元二人的诗歌与散文成就，而且包括了他们二人在辞赋上的创作成就。下面我们就专门论述一下刘、柳的辞赋。

刘禹锡与柳宗元主要生活于贞元、元和年间。两人在贞元九年（793）同登进士第。十年后两人又同在监察部门任职，为监察御史，后又都参加王叔文、王伾、韦执谊等人进行的永贞革新，为其中的重要成员，人称“二王、刘柳”。革新失败，二王身亡，刘、柳则贬谪南方，刘被贬朗州司马，柳被贬永州司马。元和九年（814）又同被召赴京城。次年刘被贬连州刺史，柳被贬柳州刺史，故柳宗元赠诗刘禹锡《重别梦得》诗中有“二十年来万事同”之慨，并在末句说：“皇恩若许归田去，晚岁当为邻舍翁。”可见二人交谊之深。

后柳宗元因忧愤而病逝于柳州刺史任上，刘禹锡不久调任夔州刺史，后又任和州、同州、汝州、苏州刺史与太子宾客等职，与白居易唱和，人称“刘白”。临终前，刘禹锡写《子刘子自传》，回顾了他的人生道路以及与柳宗元的深厚友谊，最后自铭云：“天与所长不使施兮，人或加讪心无疵兮。”肯定了自己一生的所作所为。

刘、柳都是中唐时期著名的诗人，同时又是当时著名的散文家。韩愈的友人李翱曾说：“翱昔与韩吏部退之为文章盟主，同时伦辈，惟柳仪曹宗元、刘宾客梦得耳。”① 也就是说，当时写文章的人很多，但在李翱的眼里，除了他和韩愈，当时真正能上档次的，只有柳宗元与刘禹锡。刘柳在当时文坛地位之高，于此可见一斑。

三、刘、柳的辞赋

刘禹锡有《刘宾客文集》四十卷传世，首卷即为“赋”，凡九篇，依次为：《问大钧赋》《砥石赋》《楚望赋》《伤往赋》《何卜赋》《谪九年赋》《望赋》《山阳城赋》《秋声赋》。马积高以为“今传《刘梦得集》中有赋十篇，

---

① 刘禹锡. 刘禹锡集［M］. 上海：上海人民出版社，1975：166.

又《文苑英华》收其《平权衡赋》一篇，为律体，当是应试之作”①。

柳宗元有《柳河东集》四十五卷附外集二卷，其中卷二即为“赋”，凡九篇，依次为：《佩韦赋》《瓶赋》《牛赋》《解祟赋》《惩咎赋》《闵生赋》《梦归赋》《囚山赋》《愈膏肓疾赋》。又外集卷上内有赋三篇，依次为：《披沙拣金赋》《迎长日赋》《记里鼓赋》。

而马积高《赋史》第八章《唐五代赋（下）》中论及柳宗元的辞赋时，把一些有韵的杂文也划入赋的范围，因此，《柳河东集》卷十八的“骚”中之文，几乎全被囊括，再加卷十九的“吊赞箴戒”中的《吊苌弘文》《吊屈原文》《吊乐毅文》等、卷十四“对”中的《愚溪对》、卷十五“问答”中的《答问》《起废答》，也都被马积高划入赋中，这样，他认为柳宗元有“近三十篇赋”。

然而，不管马积高的划分是否会引来争议，作为一位赋学专家，他对唐赋的认识和界定总有一定的理由和依据。再说，对柳宗元赋的划分即使再有分歧，他与刘禹锡仍同是当时作赋最多的作家，同时也都是当时最有代表性的唐赋高手。现分解如下：

先看刘禹锡的赋。

《刘宾客文集》卷一当头第一篇便是《问大钧赋》。卞孝萱《刘禹锡年谱》以为此赋作于连州刺史任；瞿蜕园《刘禹锡集笺证》则以为此赋当作于“元和十三年（八一八）之春，殆无可疑者”。亦即在连州刺史任上。故刘禹锡此赋作于贬谪期间则无疑。

《砥石赋》，刘禹锡在题下自注“时在朗州”，应无误。此外，据卞孝萱《刘禹锡年谱》考订，刘禹锡的《望赋》《谪九年赋》《何卜赋》《楚望赋》等均作于贬谪朗州期间。

也就是说，在刘禹锡今存的九篇赋中，除了《伤往赋》《山阳城赋》和《秋声赋》，有六篇亦即三分之二的赋都写于其贬谪期间。其《伤往赋》《山阳城赋》二篇的创作时间，至今难考，至于《秋声赋》一篇，卞孝萱《刘禹锡年谱》认为刘禹锡作于武宗会昌元年（841），此时刘已七十岁。而瞿蜕园《刘禹锡集笺证》则认为“当作于大和七、八年（八三三、八三四年）……至于禹锡，此时方六十二三岁，在苏州刺史任”。二说各执一词，暂按下不表。

再看柳宗元的赋。

与刘禹锡一样，柳宗元的赋也多作于贬谪期间，即以卷二中的九篇古赋而论，除了《佩韦赋》《愈膏肓疾赋》两篇作于贬谪之前，其余的《瓶赋》《牛

① 马积高．赋史［M］．上海：上海古籍出版社，1987：323.

赋》《解祟赋》《惩咎赋》《闵生赋》《梦归赋》《囚山赋》等篇，几乎全都作于贬谪永州期间。其他各篇，如卷十四的《愚溪对》、卷十五中之《答问》《起废答》、卷十九中之《吊苌弘文》《吊屈原文》《吊乐毅文》等，也都作于永州期间。只有外集搜罗到的《披沙拣金赋》《迎长日赋》《记里鼓赋》三篇，似为其贬谪之前所作。

由此可见，柳宗元绝大多数的赋也都作于被贬期间。这就是说，中唐时期两位最有代表性的辞赋家——刘、柳二人的赋大多都作于贬谪期间。厘清这一点十分重要，因为自汉赋兴盛以来，赋具备了两个最重要的基本功能：其一为抒发情怀，抒发胸中的忧郁抑闷之气；其二为劝谏讽喻，即班固在《两都赋序》中所说的："或以抒下情而通讽喻，或以宣上德而尽忠孝。"故汉魏六朝以来的辞赋名篇，大多都集中在这两大类别上。从以抒发情怀为主的辞赋名篇来说，便有贾谊的《吊屈原赋》、王粲的《登楼赋》、曹植的《洛神赋》、向秀的《思旧赋》、陶渊明的《感士不遇赋》、鲍照的《芜城赋》、庾信的《哀江南赋》等，几乎都是以抒发其失意愁苦或相思哀怨情怀为主的。

以此反观刘、柳的辞赋，无论是刘禹锡的《谪九年赋》《问大钧赋》《望赋》《楚望赋》等，还是柳宗元的《闵生赋》《梦归赋》《囚山赋》等，几乎都是抒发他们被谪期间压抑愁苦、寂寞思归的悲愤情怀的。如刘禹锡在《谪九年赋》中写道：

> 古称思归，已历九秋。未必有是，举为深愁。莫高者天，莫濬者泉。推以为极数，无逾九焉。伊我之谪，至于数极。长沙之悲，三倍其时。廷尉不调，行当跂而。……顾尧之明兮，亦昏垫而有叹。叹息兮徜徉，登高高兮望苍苍。

欧阳修、宋祁《新唐书·刘禹锡传》云："禹锡久落魄，郁郁不自聊，其吐辞多讽托幽远，作《问大钧》《谪九年》等赋数篇。"正可与此相印证，说明刘禹锡在贬谪中所作《谪九年赋》等赋，都是为了宣泄倾诉其心中的忧郁压抑不快之情的。

同样的，柳宗元的许多赋也都状其被贬后的潦倒失意之情，如其所作《梦归赋》，宋人晁补之便以为："宗元既贬，悔其年少气锐，不识几微，久幽不还，故作《梦归赋》。"[①]《新唐书·柳宗元传》亦载"宗元不得召，内闵悼，悔愈往吝，作赋自儆"云云。其在《闵生赋》中写道：

---

① 柳宗元．柳河东集［M］．上海：上海人民出版社，1974：37.

闵吾生之险厄兮，纷丧志以逢尤。气沉郁以杳渺兮，涕浪浪而常流。膏液竭而枯居兮，魄离散而远游。言不信而莫余白兮，虽遑遑欲焉求。合喙而隐志兮，幽默以待尽。为与世而斥谬兮，固离披以颠陨。……心沉抑以不舒兮，形低摧而自愍。肆余目于湘流兮，望九嶷之垠垠。波淫溢以不返兮，苍梧郁其蜚云。重华幽而野死兮，世莫得其伪真。屈子之悄微兮，抗危辞以赴渊。古固有此极愤兮，矧吾生之藐艰。

在赋中，柳宗元反复抒写了自己被贬后的压抑心情，不仅运用了“气沉郁”“心沉抑”“涕浪浪”“形低摧”“枯居”“不舒”等许多直表愁闷的词汇，而且从内心写到山川环境，从山川环境写到屈原，又从屈原写到自身，可谓情景交融、淋漓尽致。

这充分说明了，刘、柳当年被贬谪南方荒蛮之地，不仅通过写诗来抒发心中的抑郁苦闷之情，而且通过作赋来倾吐心声。在这一点上，两人很有相似之处。而这种相似之处又恰恰向我们提示了：中唐辞赋与汉魏六朝，乃至初盛唐的辞赋一样，都是以抒发情怀为主，是抒情表意的重要形式。

此外，赋有寓意讽喻的功能，在这方面，刘柳之赋也有所体现。刘有《问大钧赋》等，中有质问讽喻之微词，柳赋则更多，如《骂尸虫文》《辨伏神文》《斩曲几文》《哀溺文》等，或托物咏志，或寓意讽喻，都含有一定的讽刺或批判的意味。

刘勰《文心雕龙·诠赋》说：“赋者，铺也；铺采摛文，体物写志也。”实际上，赋自宋玉以后，特别是到了司马相如、班固等人的手中，更是铺张扬厉，绘形绘色，也更讲究文采，极尽描写状物之能事。以后陈陈相因，“铺采摛文”也就成了赋的另一个重大特点。即使到了王勃的《滕王阁序》、杜牧的《阿房宫赋》等唐赋，亦复如此。

以此反观刘、柳二家之赋，无论是刘禹锡的《望赋》或《伤往赋》，还是柳宗元的《解祟赋》或《梦归赋》，都是反复形容，引喻类比，极尽描写状物之能事，具有强烈浓厚的文学色彩。此类甚多，此处不再赘举援引。

如就刘、柳二家言，柳之赋似又在刘之上。清代平步青曾说：“柳州初工骈体，后乃笃志古文。其才气陵厉，足以抗韩。……同时若刘宾客才辩纵横，间以古藻，亦柳之亚。”[①] 此虽一家之言，却有中肯之处。马积高甚至认为柳宗元“在辞赋方面的成就更是有唐三百年间首屈一指的”，其次则为韩愈与刘禹锡。

---

① 平步青．霞外捃屑［M］．上海：上海古籍出版社，1982：430.

四、应有的文学价值

抒情是文学的最基本的功能，因此，在一切文字中，文学是最具有丰富感情色彩的，这也是文学的特性之一。《尚书》所谓“诗言志”，意即诗是抒发人的思想感情的。而赋这一文体在中国历史上刚一出现，便与抒发情感紧密联系。如班固《汉书·艺文志》说：“传曰‘不歌而诵谓之赋。登高能赋，可以为大夫’。”其意思是说：一个人如果登高即能抒发情感，成赋一篇，便可以为大夫。章学诚在《校雠通义·汉志诗赋》中更是明确认为：“古之赋家者流，原本《诗》《骚》，出入战国诸子。”意为赋就是从《诗经》《离骚》发展而来的，来源于诗歌。因此，秦汉至魏晋南北朝，诗与赋经常被并称为诗赋，一直是这一时期中国文学最主要的形式，也是中国文学最重要的代表。

此外，语言叙述上的富于文采，也是文学的重要特性之一。而在中国所有的文学体裁中，从诗、文、词、曲到戏剧、小说，赋可以说是最讲究辞藻修饰的文体。虽然陆机《文赋》中曾提出过“诗缘情而绮靡，赋体物而浏亮”，六朝之诗也曾一度绮靡艳丽，但随着诗风的不断发展改变，也出现了像陶渊明式的不事雕饰、清淡朴素的诗。而赋在两汉以后虽然也有所发展变化，但描摹铺陈和讲究藻饰的特点一直留存，仅从这一点上来说，赋也是最具文学特性的，至少文学性要比判、表、奏、议等文体要强得多。

而就刘、柳二家的赋来说，其中的抒情色彩和语言的文学色彩都相当浓厚，至少其抒情性和文学性，即蕴含的文学价值，要远高于他们所写的表、状、碑、论。因为在古代，大量的散文，如表、奏、碑、铭、诔、启等，仍属于应用文的范围，特别是表、奏、启等，有类于我们今天所说的公文，根本就谈不上什么抒情性，也不以文学性为胜，文学价值并不高。所以，在刘柳二人的文集中，真正的文学作品，或真正代表他们具有文学价值的抒情文字，仍应集中在他们二人所写的诗与赋上。即使从以上我们对刘、柳二家辞赋的简述中，也可以清楚地看到这一点。

遗憾的是，在批判“形式主义”等极“左”思潮的影响下，长期以来中国大陆的中国古代文学研究或文学史研究，却常常本末倒置，把那些文学意味不足、以功用为主的文体，如表、议、诔、启等都纳入文学的领域，详加评析，而对于真正的文学作品——赋，却往往扔弃一边。对于唐赋，更是不屑一顾，极少有人问津。在这种普遍存在的偏见之下，刘禹锡、柳宗元二家的辞赋，也就很少受到应有的重视和关注。

当然，由于刘、柳都被中国大陆推为唯物主义哲学家，而且参加过所谓

“代表中小地主阶级利益”的永贞革新，因此，从总体上来说，刘、柳二人在大陆的古代文学研究中还是比较受关注的。在“文革”的“评法批儒”中，他们被列为“法家”，备受青睐。然而，半个多世纪以来，大陆对刘、柳二家的研究，几乎都集中在他们的诗歌和散文领域之中。或者是研究研究他们的哲学思想和文学思想，或者是研究他们的政治革新和历史观，或者是研究刘禹锡与民歌、柳宗元与古文运动，诸如此类，不一而足。刘、柳的表、状、碑、志、论、议等文章也被反复研究、反复评议，而他们二家更具文学价值的赋，反而被长期忽视了。不仅仅是刘、柳，韩愈、张说、苏颋、张九龄、李华、萧颖士等著名散文家的赋，也多不受重视。也就是说，对于整个唐赋，都存在忽略和冷遇问题，与唐诗、唐文、唐词的研究比起来差距极大。

本文通过以刘、柳二家辞赋为例，略作简述，有抛砖引玉之想，以期引起人们特别是大陆学界对唐赋的重视、对唐赋文学价值的正视与重新认识。近些年来，香港与台湾两地学者对赋的关注与重视，正是对大陆中国文学史研究的一个补充。相信在中国学人的共同努力下，对唐赋，特别是唐赋的文学价值，必定会有一个全方位的正视和更合理的评定。

（作者单位：上海社会科学院文学所）

论刘禹锡接受屈赋之表现及其因缘

郑真先　戴伟华

中唐文人有意学习屈赋者不少，刘禹锡是颇为出色的一位。他自觉接受屈原之精神，学习屈赋之写法，如他在《竹枝词》小引中有云，“昔屈原居沅湘间，其民迎神词多鄙陋，乃为作《九歌》，到于今荆楚鼓舞之。故余亦作《竹枝词》九篇，俾善歌者扬之”①，直接道出对屈原《九歌》的有意学习。又在《问大钧赋》有云，“楚臣《天问》不酬，今臣过幸，一献三售”，亦可见其对屈赋的接受。宋代严羽《沧浪诗话·诗评》有云，“唐人惟柳子厚深得骚学”，对此郭绍虞先生解释道，“案《旧唐书·柳宗元传》称其‘既罹窜逐，涉履蛮瘴，崎岖堙厄，蕴骚人之郁悼，写情叙事，动必以文。为骚文十数篇；览之者为之悽恻’，沧浪所谓深得骚学者殆本此”②。从这一点上来说，刘禹锡丝毫不逊于柳宗元，二人在政治上有相似的遭遇，在文学上均自觉受到了屈赋的影响。清代章学诚认为，这是后屈原时代的文人遭遇逆境时排解郁结的共性，“遇有升沉，时有得失，畸才汇于末世，利禄萃其性灵，廊庙山林，江湖魏阙，旷世而相感，不知悲喜之何从，文人情深于《诗》《骚》，古今一也”③。胡可先先生进一步指出，“中唐南贬诗人诗作均有屈原情结”，并划分出刘禹锡与柳宗元、元稹与白居易、韩愈与李绅三种类型的贬谪诗人，而且指出刘、柳“在贬谪过程中，特殊的遭遇使他们与屈原发生了共鸣，特别是受屈原《离骚》《九歌》等作品的影响，怨愤精神突出”④。由此，刘禹锡接受屈赋的事实可以确定。值得注意的是，刘禹锡在贬谪期间赋的创作量显著增加，尤其是谪居朗州之时。瞿蜕园《刘禹锡集笺证》收录刘禹锡赋为九篇，即《问大钧赋》《砥石赋》《楚望赋》《伤往赋》《何卜赋》《谪九年赋》《望赋》《山阳城赋》《秋声赋》，而据陶敏、陶红雨《刘禹锡全集编年校注》，则为十一篇，多出了两篇，即《平权衡赋》《三良冢赋》，前者亦可见于《文苑

---

① 瞿蜕园．刘禹锡集笺证［M］．上海：上海古籍出版社，1989：852.

② 严羽著，郭绍虞校释．沧浪诗话校释［M］．北京：人民文学出版社，1961：186.

③ 章学诚撰，叶瑛校注．文史通义校注［M］．北京：中华书局，2014：73.

④ 胡可先．论中唐南贬诗人的屈原情结［J］．陕西师范大学学报（哲学社会科学版），2008（2）.

英华》卷一百四、《历代赋汇》卷八十五、《全唐文》卷五百九十九，后者见于《全唐文》卷五百九十九、《历代赋汇》卷一百十一，只不过《历代赋汇》作者为“阙名”，不见于《文苑英华》。十一篇赋，与贬谪相关的至少八篇，而谪于朗州所作的约有六篇。鉴于此，本文主要从刘禹锡的赋入手，旁涉其诗文，探讨其接受屈赋的表现与因缘。

一、接受屈赋之表现

刘禹锡在《刘氏集略说》一文中谈到，“及谪于沅、湘间，为江山风物之所荡，往往指事成歌诗，或读书有所感，辄立评议”，又云，“穷愁著书，古儒者之大同”。[①]《新唐书》进一步指出，“禹锡久落魄，郁郁不自聊，其吐辞多讽托幽远，作《问大钧》《谪九年》等赋数篇”[②]。以上表明刘禹锡具备深入了解屈原的条件，无论是在主观上的心理层面，或是客观上的环境因素，都真正达到了感同身受的地步，如此一来，刘禹锡对屈赋的接受才能更加准确到位。

（一）对骚怨精神的接受

1. 系心政治，忧国盼归

刘禹锡和屈原一样，穷尽一生关心国家政治，可谓忠君爱国矢志不渝，当他们遭遇疏离不被重用之时，依然呼喊着、期盼着自己可以被重新起用，尽己之才来为国为君效力。即便是遭遇了重大的政治挫折，他们依旧怀着希望揣着热情，没有选择归隐山林从此不问朝廷之事，这可以说是中国古代绝大多数知识分子共同的追求，如屈原道“虽九死其犹未悔”、杜甫云“致君尧舜上，再使风俗淳”、刘禹锡言“久居远服，恋阙常深”，莫不如是。据司马迁《史记》所载，“屈平既嫉之，虽放流，眷顾楚国，系心怀王，不忘欲反，冀幸君之一悟，俗之一改也”[③]，屈原忠君爱国之心可见一斑。这是史家对屈原一生行事的记录和评价，而在屈原的作品中，我们更能真切地感受到他对于国家政治的关心。如其在《离骚》中所言，“岂余身之惮殃兮，恐皇舆之败绩”，“余固知謇謇之为患兮，忍而不能舍也。指九天以为正兮，夫唯灵修之故也”，十分清楚坚定地表达了自己的态度。屈原的一生，最令人扼腕叹息的，莫过于其忠而被谤的政治遭遇，在这一点上，与刘禹锡同时的一批文士可谓深有同感，因而

---

① 瞿蜕园．刘禹锡集笺证［M］．上海：上海古籍出版社，1989：540.

② 欧阳修，宋祁，等．新唐书［M］．北京：中华书局，1975：5129.

③ 司马迁．史记［M］．北京：线装书局，2006：362.

他们对屈原给予了较多的同情和肯定。如白居易《湖上闲望》云，“闲弄水芳生楚思，时时合眼咏《离骚》”①，表达了对屈赋的热爱；柳宗元《吊屈原文》云，“先生之貌不可得兮，犹仿佛其文章。托遗编而喟叹兮，涣余涕之盈眶”②，对屈原其人其文都有着心灵的共鸣。刘禹锡在其赋中亦显示出他对于国事的关心，如《望赋》云，“望如何其望最乐，睎庆霄兮遡阿阁。如云兮天颜咫尺，如草兮臣心踊跃”，“望如何其望最伤，俟环玦兮思帝乡。龙门不见兮，云雾苍苍”，表达了强烈的忧国思归的愿望，如其所言最快乐的是常伴君侧，最悲伤的是相隔千山。所谓一念君喜，再念君悲，喜也好悲也罢，都体现了刘禹锡对于政治的关心，以及忧国盼归的心理。他在被贬朗州期间写了《砥石赋》，在赋序中，他借“客”之口谈道，“爵禄者，天下之砥石也”，而在赋中又写道，“安有执砺世之具而患乎无贤欤”，表达了自己的政治见解，实际上也是希望当朝天子可以再度起用自己。刘禹锡于元和元年（806）所作《上杜司徒书》和长庆二年的《夔州谢上表》，在不同时期表达了始终如一的关心国政的态度。《上杜司徒书》有言，“常恐恩义两乖，家国同负”；《夔州谢上表》亦云，“峡水千里，巴山万重。空怀向日之心，未有朝天之路”。

2. 忠于善道，不改所操

在自我修养方面，刘禹锡和屈原一样地自觉，且二人均是忠于善道，不改所操。他们身为谪臣而汲汲于政治，或许会有人揣测其用心，或是简单地认为是出于其对名利场的留恋。然而他们对自身品格的执着坚守，实在是令人肃然起敬，由此可以明白他们心系君王，乃是出于匡补时政的目的。屈原一生行事，于史书可知大略，对于屈原的人格修养，太史公评论道，“其志洁，故其称物芳。其行廉，故死而不容。自疏濯淖污泥之中，蝉蜕于浊秽，以浮游尘埃之外，不获世之滋垢，皭然泥而不滓者也。推此志也，虽与日月争光可也”，实在是中肯之论。而屈原之作《离骚》，更可见其对自身修养的重视。此文开篇道其出身、生辰、名字俱佳，此乃先天美德；接着道其后天的自觉，“纷吾既有此内美兮，又重之以修能。扈江离与辟芷兮，纫秋兰以为佩”。《涉江》同样表达了屈原对自身品格的执着坚守，“苟余心其端直兮，虽僻远之何伤”，“吾不能变心而从俗兮，固将愁苦而终穷”。而《渔父》则更为显明直观地表现了屈原不与世俗同流合污的高洁品格。屈原自道，“举世皆浊我独清，众人皆醉我独醒”，渔父劝其“与世推移”，屈原回道，“安能以身之察察，受物之汶汶者乎？宁赴湘流，葬于江鱼之腹中。安能以皓皓之白，而蒙世俗之尘埃

① 白居易著，顾学颉校点．白居易集［M］．北京：中华书局，1979：349.

② 柳宗元著，尹占华，韩文奇校注．柳宗元校注［M］．北京：中华书局，2013：1301.

乎”，态度十分坚决。最后屈原自沉汨罗，又可证其“宁赴湘流”之语并非虚言。刘禹锡在赋中表达了同样的志向。如《何卜赋》，虽然有一时“身久放而愈疑”之感，但最终还是忠于善道、不改所操，赋中有云，“蹈道之心一，而俟时之志坚”；《秋声赋》有云，自己虽如老骥伏枥、苍鹰在韝，“力将痑兮足受绁”，却依然“聆朔风而心动，盼天籁而神惊”，“犹奋迅于秋声”。在放逐的天地间，刘禹锡渴望被召回，一如屈原；在被贬谪的日子里，刘禹锡有过怀疑抱怨，一如屈原；在孤守荒地的日日夜夜，刘禹锡不改初衷，一如屈原。又如《砥石赋》，该篇以宝刀喻贤才，砥石比爵禄。刀虽一时失其恒性、“涩不可拔”，而砺以砥石，又使其“故态复还，宝心再起”。对照自己被贬“气泄而雨淫”的南方，可同此理，于是又坚定了信念，“感利钝之有时兮，寄雄心于瞪视”。我们可以看到，刘禹锡和屈原二人在面对人生的挫折时，表现出十分相似的应对方式，因此有理由相信，屈原的处世方法为刘禹锡树立了很好的榜样。

3. 刺世疾邪，不懈斗争

对于当朝的不合理现象，屈刘二人都表现出积极的批判精神。正是出于对国事的关心，又由于自身良好的品格修养，屈原和刘禹锡都表现出对昏乱时局的匡正救扶之心。刘禹锡《望赋》有云，“永望如何，伤怀孔多”，遭受贬谪的政治经历，其在心理上是比较难接受的，但或许正是这次经历，给了他一个旁观者的视角，让他能够比较冷静地审视君臣关系。在这一点上，屈原已经做了很好的示范，虽遭受君主疏离，但他没有因此而献谄媚之语，而是保持臣子的“下以风刺上”的本分。在《离骚》中，屈原毫不掩饰地表达了对昏君谗臣的不满。对君主的埋怨，如“荃不察余之中情兮，反信谗而齌怒”“怨灵修之浩荡兮，终不察夫民心”；对谗臣的讥讽，如“众皆竞进以贪婪兮，凭不厌乎求索。羌内恕己以量人兮，各兴心而嫉妒”“众女嫉余之蛾眉兮，谣诼谓余以善淫”；由此产生对整个朝政时局的失望，且反复言之，“世溷浊而不分兮，好蔽美而嫉妒”“世溷浊而嫉贤兮，好蔽美而称恶”。这也可以理解屈原发“举世皆浊我独清，众人皆醉我独醒”之叹，何等痛心疾首！刘禹锡在其创作中很好地汲取了这一点，如谪居朗州所作的《砥石赋》，委婉地表达了对当朝天子的不满，有点类似屈原的香草美人笔法。此赋以宝刀生锈起笔，后以砥石磨之复其锋利收束，既表达了自己被贬的愤懑之情，又讥讽了君王不识贤人的昏庸，赋中有云，“利物蒙蔽，材人惆怅”，“岂害气之独然兮，将久不试而然”，最后又写道，“天为物天，君为人天。安有执砺世之具而患乎无贤欤”，对于“砥石”的比兴之义，此赋之序已然揭露，“爵禄者，天下之砥石也。高皇帝所以砺世磨钝”，因而这绝非简单的咏物之赋，实是借物说理之作。《山阳城赋》虽云“闵汉”，实即讽今，《三良冢赋》与之相类；《谪九年赋》云，“何吾道之一穷兮，贯九年而犹尔”，心里的不痛快溢于言表；至于《问大钧赋》，瞿蜕园先生认为，“此赋以问大钧为名，实即质问秉政之宰相”。赋中写其于某日梦游之时，有“大化之一工”劝导他“剔去刚健，纳之柔濡”，“去敌气与矜色兮，噤危言以端诚”，这从侧面反映出，他原本的行事风格应该是比较刚直的。至于刘禹锡的诗，虽不在本文的论述范围之内，但若必须与赋相较，似有过之而无不及，如《昏镜词》云，“陋容多自欺，谓若他镜明。瑕疵既不见，妍态随意生”，对此瞿蜕园先生认为，“此首自是愤世之词，谓人不自知其丑，反惮明镜之洞照。然则怀才待沽者无宁自溷于庸流，以期易售耳”；《贾客词》抨击了盐商的唯利是图；《调瑟词》控诉了豪门虐待奴仆的恶行。由此我们可以看到，刘禹锡对社会的不合理现象丝毫不吝批判的笔墨，而且在批判面上较屈原有过之而无不及。

（二）对骚赋形式的接受

刘禹锡赋的骚体特征还是比较明显的，如骚体显著的“兮”字句的用法，刘禹锡现存的十一首赋可谓篇篇皆有。最早的《平权衡赋》全篇“兮”字句总共六句，如“事垂文兮风传乎千古，道如砥兮日用于兆人”，此赋为贞元九年（793）进士科试赋①，李宗和、陈佑二人有同题同韵的作品，但二人之赋全篇无“兮”字句。最晚的《秋声赋》全篇用“兮”字句十一句，如“送将归兮临水，非吾土兮登楼”。更遑论他在贬谪期间的赋作，“兮”字句的运用更加频繁，如《望赋》多达四十句。对于屈原作《离骚》的缘起，司马迁认为，“屈平之作《离骚》，盖自怨生也”，“忧愁幽思而作《离骚》”，后世学骚者因此也往往借之以抒悲情，间有怨刺之意。刘禹锡学骚体之“悲”，最值得一提的是《伤往赋》。这是一篇悼亡之作，赋中所抒写的丧偶之痛，虽隔千载犹能惹人潸然泪落，其悲痛哀伤处较屈赋似有过之。其赋有云，“叹独处之悒悒兮，愤伊人之我遗。情可杀而犹毒，境当欢而复悲”，开篇已是愁云密布，而心中之抑郁又不知向谁语，只好睹物思人，然人已去物也非，“痛人亡兮物改其容”，一切的想象皆无力挽回，唯有默默忍受心中悲哀，“还抱影以独出，纷百哀而攻中”。

刘禹锡的赋有直接学习屈赋谋篇立意的迹象，如《问大钧赋》来自《天问》，《何卜赋》来自《卜居》，《秋声赋》来自《湘夫人》。《问大钧赋》篇

---

① 《平权衡赋》，据徐松《登科记考》卷十三贞元九年“进士三十二人”条下注：“是年试《平权衡赋》，以‘昼夜平分，铢钧取则’为韵。”又《旧唐书》卷一百六十《刘禹锡传》：“禹锡贞元九年擢进士第，又登宏词科。”可知《平权衡赋》为贞元九年进士科试赋。

末有云，“楚臣《天问》不酬，今臣过幸，一献三售”，由此可见刘禹锡此赋实源于屈赋。至于《天问》的创作缘起，王逸云，“屈原放逐，忧心愁悴……以渫愤懑，舒泻愁思”；洪兴祖云，“国无人，莫我知也。知我者其天乎？此《天问》所为作也”，刘赋之因与之相似，其赋自序云，“前一日致斋，孤居虑静，滞念欻起。伊人理之不可以晓也，将质诸神乎”。在句式上，两赋均以四言句为主。然而刘赋又非雷同屈赋之作，屈作是一问到底：“遂古之初，谁传道之？上下未形，何由考之？……何试上自予，忠名弥彰？”刘作则采用问答式结构，其赋开篇有云，“圆方相函兮，浩其无垠。窅冥翕辟兮，走三辰以腾振。孰主张是兮，有工其神。迎随不见兮，强名之曰大钧”，这一部分尚且与《天问》相仿，其后的“荐诚上问”—“大化之一工”答—“受教而回”则是另一番面貌。《何卜赋》很明显借鉴了《卜居》的写法，二赋的行文结构以及卜之因果均是相似的。二赋均为问答式结构，而卜之因皆为久见放不知所从，望有人可解心中疑窦，如《卜居》云，“屈原既放，三年不得复见……心烦虑乱，不知所从……余有所疑，愿因先生决之”；《何卜赋》云，“余既幻惑力命之说兮，身久放而愈疑。心回穴其莫晓兮，将取质夫东龟”。至于卜之果几近，卜者的回答如出一辙，如《卜居》云，“用君之心，行君之意，龟策诚不能知事”；《何卜赋》云，“姑蹈常而俟之，夫何卜为”。若论不同，则二者之疑惑有所差别：屈之惑为“何去何从”，刘之惑为“何时而通”。且屈之惑似未解，而刘之惑“犹冰释然”。至于《秋声赋》，可视为“悲秋”主题的延续。赋中“悲秋”主题或以为始自宋玉《九辩》，“悲哉秋之为气也！萧瑟兮草木摇落而变衰……皇天平分四时兮，窃独悲此禀秋”，实际上屈原《湘夫人》已导其源，“帝子降兮北渚，目眇眇兮愁予。袅袅兮秋风，洞庭波兮木叶下”。据刘禹锡自言，其《秋声赋》与前人“悲秋”之赋已是不同，“异宋玉之悲伤，觉潘郎之幺幺”，但不可否认此赋的确汲取了前人的创作经验。

二、接受屈赋之因缘

《新唐书》记载了一段史料：贞观二年（628），交州都督因为贿赂之罪被罢免。唐太宗征求大臣们的意见之后，决定任命卢祖尚为新任交州都督。卢祖尚先是奉了太宗之诏，可不多久却称病不愿前往。太宗于是派遣杜如晦质问卢祖尚为何出尔反尔，并且许下承诺任职三年即召回。然而卢祖尚坚决请辞，理由是“岭南瘴疠，而臣不能饮，当无还理”，太宗一怒之下，“命斩朝堂”①。

① 欧阳修，宋祁，等．新唐书［M］．北京：中华书局，1975：3834.

这则材料告诉我们，对于唐人而言，到南方任职是一件大苦差。唐太宗任命卢祖尚为交州都督，并非贬谪，而卢的表现已是如此，至于那些被贬谪到南方的士人，心情自然更为复杂。这也难怪韩愈被贬潮州时会在诗中写道，“知汝远来应有意，好收吾骨瘴江边”，在仕途上的被贬已是一重打击，而谪地的恶劣环境无疑更是雪上加霜。人的生存环境发生变化，会影响人的心理状态，这是很自然的事情。刘禹锡接受骚赋的因子加入自己的创作中，就其因由，首先我们不能忽视贬谪经历对他的影响，其次随贬谪而来的疾病困扰，以及强弱势文化的激烈碰撞，也会进一步影响刘禹锡自觉地接受屈赋。

（一）“同是天涯沦落人”——贬谪

贬谪对于刘禹锡作赋的影响是显而易见的，除《平权衡赋》为应试之作外，其余十首均是有感而发之作，其中谪居朗州所作的就有《砥石赋》《楚望赋》《伤往赋》《何卜赋》《谪九年赋》《望赋》等六首，谪居连州有《问大钧赋》，而《秋声赋》是经历过贬谪生活后创作出的作品，其中必然包含着贬谪期间的体悟。有学者指出，“刘禹锡贬谪朗州之前，看不出任何有意学屈的迹象。永贞元年（805）谪武陵后，始在诗赋中大量表现出‘骚派’倾向。这不能不说他对屈赋的接受是与他的赃谪（笔者按：当作贬谪）之事、贬谪之地有关的”①。何以谪居朗州期间赋的产量如此之高？笔者认为，原因有三：一是刘禹锡虽初贬连州刺史，但不多久再贬朗州司马，因此朗州可被视为刘禹锡贬谪生涯的开始，心中自然郁结难解；二是谪居朗州的时间最长，一待就是十年，漫长的时间为创作提供了更多的条件；三是朗州即古楚地之所在，刘禹锡自然容易与屈原产生心灵共鸣，激发创作欲望。

相似的政治遭遇，以及楚地的自然风物，让刘禹锡在心理上接受了屈原。据司马迁《史记》所载，屈原“信而见疑，忠而被谤，能无怨乎？屈平之作《离骚》，盖自怨生也”，从甚受重用跌落渐遭疏离的境地，心中的不痛快可想而知。刘禹锡也有相似的政治经历，据《新唐书》所载，“时王叔文得幸太子，禹锡以名重一时，与之交，叔文每称有宰相器。太子即位，朝廷大议秘策多出叔文，引禹锡及柳宗元与议禁中，所言必从”②，可见刘禹锡被贬之前还是颇为风光的，一旦遭遇政治上的挫折，一时之间自然较难承受。再加上南方自然条件恶劣，北人大多不适应，即便是身处21世纪，对于南方的潮湿气候，北方人依旧是叫苦不迭。谪居朗州，一方面让刘禹锡走进了屈原的天地，他以自己的眼和心去观看、感受着这片土地的自然风光；另一方面也让他感到极大

---

① 刘梦初．刘禹锡对屈赋的接受［J］．唐都学刊，2004（1）：28－32.

② 欧阳修，宋祁，等．新唐书［M］．北京：中华书局，1975：5128.

的痛苦，政治上的失意已经颇难承受，却还要面对恶劣的环境。种种因素都在拉近刘禹锡与屈原的距离。《楚望赋》《砥石赋》可以说是这两个因素影响下的产物，前者详述朗州所见之物色，如江水，“支流合输，泄入云梦”；春时，“土膏如濡，言鸟嘤嘤”；夏时，“土山焦熬，止水瀵沸”；秋时，“夕月既望，曜于丹泉”；冬时，“时时北风，振槁扬埃”；民间祠祀，“招三闾以成谣，德伏波而构祠”；渔业，“罟张饵啖，不可遁伏”；畬田，“巢山之徒，捽木开田”；淘金，“求金渚涘，淘汰瀺灂”。如此种种，尽于一赋。后者则因恶劣的自然条件催生了创作的灵感，作者在赋中自序道，“南方气泄而雨淫，地慝而伤物。媪神噫湿，渝色坏味。虽金之坚，亦失恒性”，潮湿的气候让原本锋利的佩刀锈迹斑斑“涩不可拔”，后得砥石“沃之草腴，杂以鸟膏”磨之，才使刀“真质焯见”，这样的经历让他联想到自己的遭遇，自己如佩刀，贬谪就像这恶劣的环境，刀锈了可借砥石复其锋芒，而身为谪臣的自己，唯有等待当朝天子的恩赐了。由此可见，贬谪促成了刘禹锡对屈赋的接受。

（二）“病树前头万木春”——疾病

贬谪不仅是政治上的职位变动，随之而来的是对士人身心的极大考验，换言之，可谓对被贬之人身心的双重摧残。被贬的心理摧残或许还可以承受，而身体上的折磨似乎恐怖得多，据瞿蜕园先生所言，“唐时士大夫迁谪南方者，皆以不服水土为惧，多躬自究心医药。故陆贽在忠州，唯集医方；李德裕在崖州，以无医药为苦”①，可见疾病对南贬士人而言是多么大的困扰。对刘禹锡来说，这同样是极苦极难之事，因为他从小就体弱多病。他在《答道州薛侍郎论方书书》一文自叙道，“愚少多病，犹省为童儿时，夙具襦袴，保姆抱之，以如医巫家”，甚至还因此产生了自卑的心理，“及壮，见里中儿年齿比者，必睨然武健可爱，羞己之不如”，从此他立志潜心医术以自救，“遂从世医号富于术者借其书，伏读之”，研习多年不仅可医己，还能医人，“其术足以自卫。或行乎门内，疾辄良已。家之婴儿未尝诣医门求治者”②。这样的人生经历对刘禹锡来说，可以说是十分宝贵的精神财富，如果说年少多病是挫折，那么潜心医术就是克服挫折的方法，这样的经历想来对他以后的生活是有较大影响的。刘禹锡于其文中多次提到患病之事，如《说骥》云，“予方病且窭，求沽于肆”；《述病》云，“刘子尝涉暑而征，热攻于膝以致病”，此为其贬谪之前所作。而在贬谪时期，刘禹锡将患病的痛感融入他的赋作中，如《楚望赋》云，“气罕淑清兮，淫氛曀曀。中人支体兮，为瘥为瘵”，由此可见

---

① 瞿蜕园．刘禹锡集笺证［M］．上海：上海古籍出版社，1989：273.

② 瞿蜕园．刘禹锡集笺证［M］．上海：上海古籍出版社，1989：271.

他对当地气候不适应，且颇受疾病的困扰，实在是痛苦不堪；《何卜赋》云，“人莫不塞，有时而通，伊我兮久而愈穷。人莫不病，有时而间，伊我兮久而滋曼”，这里将政治挫折与疾病缠身并举，由此我们可以想见，疾病和刘禹锡的生活、创作是息息相关的。一方面疾病缠身往往会让人更容易陷入低落的情绪中，产生较多感性的想法，也易于和自己遭遇相似的人起同病相怜之感；另一方面与病魔对抗的经历，实际上也给人以面对人生挫折的启示，刘禹锡在他的赋中往往会留下一个光明的尾巴，或许与此有些关系，长期与病痛做斗争也是对心理的一种磨炼。德国哲学家尼采类似的经历，在此可以引为旁证，有学者指出正是疾病锻炼了尼采敏锐的洞察力，进而创造了一种肯定生命的哲学，“尼采小时候患有眼疾和头痛的疾病……这种从病痛到康复又从康复到病痛的周期性的发作和重演，锻炼出了尼采对事物的敏锐洞察力”，“在病痛的折磨中，尼采渴望健康，并把这种渴望变成一种哲学创造”。[①] 由此我们可以相信，疾病同样锻炼了刘禹锡的心理承受力，进而对其文学创作产生一定的影响，因此刘禹锡借骚赋宣泄心中郁闷之后，往往还能保持一种乐观豁达的心态，如《砥石赋》云，“感利钝之有时兮，寄雄心于瞪视”；《何卜赋》云，“于是蹈道之心一，而俟时之志坚”；《秋声赋》云，“力将瘥兮足受绁，犹奋迅于秋声”。

（三）强弱势文化的较量

文学创作不是一种孤立的行为，而是处在一定的文化语境中的，因此我们在对某一种文学现象进行研究时，应该将其尽量还原到当时的文化生态中，“我们不能说没有纯文学的存在形态，但文学形态多与文化生态存在着千丝万缕的联系。文化生态置于文学之上，使文学的本质得到更适当的表述和阐释”[②]。戴伟华先生进一步指出，“文化生态既然可以理解为文化生成形式、存在形式和发展态势等，那么在文化生态中必然会存在文化不平衡的对立关系，通常表现为强势文化和弱势文化的对立关系”，而“代表强势文化的真理意志或真理话语，必须依赖制度而固定，使权力话语成为合法，其价值被社会所认同”。[③] 自汉代确立儒家思想的尊崇地位以来，儒家经典成了后世统治者王道政治的理论渊薮，延及唐代，儒家文化依旧属于强势文化的行列。唐代自开国以来，大兴儒学，高祖李渊于武德二年（619）下诏兴学崇儒，立周公、孔子庙于国子监。太宗李世民广征天下儒士以为学官，又诏颜师古考定《五经》，

① 朱彦明．尼采：疾病、健康与哲学创造［N］．中国社会科学报，2015－08－25（2）．

② 戴伟华．文化生态与中国文学研究［J］．华南师范大学学报（社会科学版），2011（2）．

③ 戴伟华．强、弱势文化形态与唐代文学研究［J］．中山大学学报（社会科学版），2013（6）．

孔颖达等撰定《五经正义》，令天下传习。另外，唐太宗曾道，“朕今所好，惟在尧舜之道，周孔之教，以为如鸟有翼，如鱼依水，失之必死，不可暂无耳”①，可见唐代统治者在治国方面对儒道的重视。王士祥先生认为，“尽管李唐王朝奉道家创始人老子为祖，但作为一个王朝的统治思想，自汉朝武帝时期以来被奉为独尊的儒家思想依旧处于不可动摇的地位”②。据王先生统计，唐代进士科试赋所限题目，出自儒家经典者 29 例，出自史书者 8 例，出自道家经典者 7 例。而刘禹锡于贞元九年所试《平权衡赋》，出自《礼记·月令》，“日夜分，则同度量、平权衡、正钧石、角斗甬”③。他也曾在《夔州谢上表》中自言，“臣家本儒素，业在艺文”；《名子说》中有言，“夫忠孝之于人，如食与衣，不可斯须离也”；在《伤我马词》中道求善马之法又云，“法求于力，或逸而善骇。法求于和，或乾而易仆”，“由德称者鲜焉”，由此可见儒家文化对刘禹锡影响之深。当其被贬朗州，即从京城的强势文化区移入南方弱势文化区时，刘禹锡的文化自尊心自然深受打击，一来儒家的入世精神遭受阻滞压抑，二来弱势文化区无法满足他的文化需求。南方的一切对他来说似乎都是噩梦折磨，远离政治中心已经很难接受，还须面对恶劣的自然环境和承受身体上的病痛，以及心灵上的空虚寂寞。另外在文化上，身居京城的文士交流，与远谪荒地接触到的“伧音俚态”，可谓有阳春白雪与下里巴人之别。不过，弱势文化区也给刘禹锡带来新的视觉体验，从最初的强弱势文化激烈较量，到后来开始去认识了解弱势文化区的一切，还寻找到了与自己心灵契合的本土文化，即以屈原为代表的文化传统。不过值得注意的是，原本诞生于弱势文化区的屈赋，到了刘禹锡的时代已经不能称为弱势文化了，早在汉代，屈赋已成为一种强势文化，影响了一代文化之传承。究其原因，正如前引戴先生之言，“依赖制度而固定”，汉代统治者是从楚国文化圈脱颖而出的，汉高祖刘邦唱《大风歌》，“大风起兮云飞扬，威加海内兮归故乡，安得猛士兮守四方”，明显脱胎于屈赋，而后上行下效之，是很自然的事情。因此我们也可以将刘禹锡对屈赋的接受理解成是两种强势文化的对接，只不过这一对接是在弱势文化区完成的。相似的论述戴伟华先生早已述及，如其在《汉大赋与经学：强势文化的互动》一文中谈到，“汉代的经学、政学、大赋都是强势文化的产物，它们之间有相通之处，三者关系可以表述为经学影响政论，政论又影响了汉大赋……

---

① 吴兢著，谢保成集校．贞观政要集校［M］．北京：中华书局，2003：331.

② 王士祥．唐代试赋研究［M］．上海：上海古籍出版社，2012：367.

③ 朱彬撰，饶钦农点校．礼记训纂［M］．北京：中华书局，1996：265.

经学、议论文、大赋又时常表现为互动关系”①，这一论述颇具启发性，因此笔者亦试图循此途探索刘禹锡接受屈赋的因缘。贬谪让刘禹锡从强势文化区移入弱势文化区，一方面让他感到失落又耳目一新，进而刺激了创作欲望，另一方面因为其本身受过强势文化的浸染，因而能对弱势文化表现出极大的包容。

综上所述，笔者认为政治贬谪，以及随之而来的疾病困扰，和强弱势文化的碰撞，驱使刘禹锡主动接受了屈赋的文化基因，进而让自己的创作进入新的阶段。

（作者单位：华南师范大学）

① 戴伟华．汉大赋与经学：强势文化的互动［J］．求是学刊，2013（6）．

史实考述

瞿蜕园解读刘禹锡的人际维度

——瞿蜕园《刘禹锡集笺证》评述

陈尚君

瞿蜕园先生去世于1973年，遗稿有《刘禹锡集笺证》，定稿稍残，整理者据其初稿补足，由上海古籍出版社于1989年出版。笔者第一时间购置了该书，原书没有自序，仅有简单的整理说明，因此没有特别地阅读，对其成就也一直缺乏深入的理解。2001年为傅璇琮、蒋寅主编的《中国古代文学通论·隋唐五代卷》（辽宁人民出版社2005年版）撰写《隋唐五代文学的基本文献》一文时，介绍此书“为刘集第一个全注本，着重于名物典章和史实人事的诠证，引征丰富，精要不烦，颇具功力”，只是浮泛的肯定。近年因全面校订唐诗，方得缘仔细阅读此书，很惊讶于此书达到的成就。虽然书出版至今已经二十八年，但我仍感到有必要介绍此书之成就，以及瞿氏独到的治学方法。

一、瞿蜕园的人生经历与《刘禹锡集笺证》之成书

瞿之生平，复旦大学2012年田吉博士学位论文《瞿宣颖年谱》有详尽考定。述其大略，则可概括如下：瞿宣颖（1894—1973），初字锐之，后改兑之，晚号蜕园，湖南善化人，是清末重臣瞿鸿禨幼子。一生涉足政、学两界，往来南北各地，交游和治学的兴趣都极其广泛。更具体地说，他出生在甲午战败那年，在他少年时期，其父瞿鸿禨历任署吏部尚书，充中日议约全权大臣，授协办大学士、军机大臣、外务部尚书，充核定官制大臣，地位接近宰相，欲引岑春煊与袁世凯相抗，反为袁所噬而出缺回乡。瞿蜕园因为父亲的缘故得以广交天下名士，也深切体会官场之波惊云诡，瞬息万变。他在清季民初有深厚的旧学积累，但进入大学接受的则是现代教育。他进入圣约翰大学后是学生团体的骨干，转学复旦大学后更遭逢五四学运席卷全国，他是上海成立的全国学生联合会主席，并充满激情地亲自起草《学生联合会宣言》，引一节如下：“期合全国青年学生之能力，唤起国民之爱国心，用切实方法，挽救危亡。远近各地，请即日响应，互通声援，以为全国学生自动的卫国之永久组合。自由与公理，为吾人同赴之目标，死生以之，谊无返顾。”但毕业要谋职养家，他只能在父亲熟悉的人事环境中谋发展，到北京政府任职，曾任国务院秘书、司

法部秘书、国史编纂处处长、署印铸局局长、国务院秘书长等。国府南迁后，他以文教活动为主。1937 年后留滞北京，曾担任诸多伪职，还曾短暂署理过伪北大校长，虽无大恶，但毕竟不甚光彩。1949 年后一直没有固定职位和生活来源，冒广生曾欲推荐他进上海文史馆而不果，他只能靠为报社写稿、为出版社写书来谋生，后者较重要的有：科学出版社约请整理之清末王先谦遗著《新旧唐书合注》，为中华书局上海编辑所（今上海古籍出版社前身）撰写之《李白集校注》（与朱金城合作）及《刘禹锡集笺证》。他努力适应新社会，但身份只是社会闲杂，要交代历史问题还是靠自己努力投递上去，1955 年得到“不予追究刑事责任”的决定。但 1968 年仍因私下议论惹祸，以七十五岁高龄获刑十年，八十岁瘐死狱中。

周劭《瞿兑之与陈寅恪》：“中国学术界自王海宁（国维）、梁新会（启超）之后，够称得上‘大师’的，陈、瞿两先生可谓当之无愧。但陈先生‘史学大师’的称号久已著称，瞿先生则尚未有人这样称呼过，其实两位是一时瑜亮、铢两悉称的。”这一说法可以从陈三立、陈寅恪父子的文字中得到佐证。陈三立 1936 年为瞿《丙子诗存》题词：“抒情赋物，悱恻芬芳，而雅韵苍格，阶苏窥杜，无愧健者。”认为得窥杜甫、苏轼之门阃。次年陈三立去世，瞿作挽诗五首，《吴宓诗话》云：“寅恪言，散原丈挽诗，以瞿兑之宣颖所作为最工，惜宓未得见。”足见评价之高。其后瞿、陈二人的交谊唱和一直维持到“文革”前夕。

从目前看到的上海古籍出版社存档来说，瞿蜕园在 1961 年 12 月 26 日致函称“《刘禹锡集校注》工作亦望酌量提出”，但版本及其他资料请提供利用便利。到 1963 年 9 月 16 日告该集笺校已毕，称“逐细考订，大致无遗，字数在 30 万以上”，请预支稿费。到 1964 年 7 月 16 日再告“现已接近最后阶段。除已交之部分外，增加注文及补充笺证，约计为十万字”。1965 年 1 月 11 日告“此稿阅时三年有余，几经修订，合计全稿约五十二万言”，前交稿外又“钩考群书，补撰《刘禹锡集传》一卷、《刘禹锡交游录》一卷、《永贞至开成时政记》一卷”，请求结清稿酬。同年 11 月 8 日寄去最后修改稿，总计约六十万字。巧合的是，恰是在这前后一二天，姚文元批判《海瑞罢官》之文发表，“文革”开演，瞿不幸遭劫，这部书稿因已交出版社而得保存。

陈寅恪《元白诗笺证稿》出版后，瞿蜕园特作长庆体诗《陈六兄寅恪自广州寄诗见怀杂述答之》相赠，诗末云：“料君养目垂帘坐，听我翻诗转轴成。格律香山元不似，或应偷得句中声。”自注：“君近著《元白诗笺证》，持论精绝，故拟其格以博一笑。”在笺校刘集时，他还通过吴宓“有二三诗史上问题请于寅恪”（《吴宓日记续编》1964 年 5 月 13 日）。陈寅恪同年作《赠瞿兑之四首》有云："三世交亲并幸存，海天愁思各销魂。开元全盛谁还忆，便忆贞元满泪痕。"表达关切思念，以及共同的借开元、贞元历史研究寄寓家世、时代沧桑之感的志趣。

二、《刘禹锡集笺证》之学术追求

一定程度上可以认为，《刘禹锡集笺证》是瞿蜕园晚年卖文为生的一部书稿，在基本交稿后，他即提出"已陆续借支部分稿酬。兹值写定成书，可否惠予结清，藉以应付个人生活所需，实深感盼"，其困顿可想而知。但同时他又说："关于刘集之资料，仍在继续搜集研究中，今后如有所得，尚拟补入稿中，以期尽量充实。必要时仍当分批取回该稿一用，用毕即归还。"已交稿仍未必满意，希望不断充实提高，绝不因卖文谋生而应付了事。

从表层来说，《刘禹锡集笺证》是一部符合古籍整理基本规范的著作。刘集唐时凡四十卷，到北宋已缺十卷，宋敏求另采《刘白唱和集》《彭阳唱和集》《汝洛集》《名公唱和集》《吴蜀集》等书所存刘诗 407 篇，另得杂文 22 篇，被编为外集十卷，成为后世刘集的通行文本。瞿氏以日本崇兰馆藏宋蜀刻本为底本，参校绍兴间董棻刻本以及明清几种刊本。两种宋本虽珍贵，但前者为董康于 1913 年影印，后《四部丛刊》收入，后者则 1923 年徐森玉曾影印，皆易见。瞿氏复参校《文苑英华》《唐文粹》《乐府诗集》《万首唐人绝句》等书，校勘认真，这在今日一般古籍整理者都能做到。全书没有辑佚，是志不在此，因此缺收可靠文章如《文苑英华》存拟翰林制诰，存疑作品如《陋室铭》与"司空见惯"的那首诗，稍存遗憾。值得称道的是涉及文本异文时，瞿氏每能追踪经史文本加以定夺，显示熟稔旧籍的深厚功力。如《哭王仆射相公》诗首句，诸本多作"于侯一日病"，瞿校以为崇兰馆本作"子侯"为是，盖用《史记·封禅书》载霍去病子子侯暴病一日死之事，切王播之暴卒。再如《再经故元九相公宅池上作》，《全唐诗》所录有句作"蛙螟衣已生"，瞿认为宋本"螟"作"蠙"，是用《庄子·至乐》"得水土之际，则为鼃蠙之衣"，是宋本不误。又如《咏古有所寄二首》之二"遗基古南阳"，一本作"南方"，瞿认为咏东汉阴丽华事，必不作南方。《金陵五题引》"逌尔生思"，朱氏结一庐本作"逌尔"，瞿谓"逌尔"用班固《答宾戏》语，"逌尔"为误解。《征还京师见旧番官冯叔达》，宋蜀本作旧曹官，瞿谓当依《文苑英华》卷二一八、《万首唐人绝句》卷五、《全唐诗》卷三六五作番官是，并引《唐六典》为证，知其人为刘官屯田时的掾吏。再如《元和甲午岁诏书尽征江湘逐客》首句，宋本作"云雨江湘起卧龙"，似乎可通，瞿认为此处用《易解卦》，当依朱氏结一庐本和《全唐诗》作“云雷”。再如刘禹锡为何字梦得，他认为取名是据《禹贡》“禹锡玄圭”，而梦得则可能据纬书《孝经钩命诀》“命星贯昴，修纪梦接生禹”。凡此之类，非熟谙旧籍、典实、制度、地理等，难以臻此。

就全书构成来说，主体为刘集所有诗文的校订解读，每篇下分诸栏，一为“校”，乃求文本之真，操作规范，如前所述；二为“笺证”，非一般之注释文义，而是各就人事、事件、地望、制度等展开讨论，部分篇章称“注”，体例未及划一，亦有“注”与“笺证”兼有者，“注”明细节，“笺证”则发挥该篇写成时间、背景及所涉寓意之讨论。各篇详略各异，详者或至数千言，可作一篇论文看。全书之末，则有四项附录，一为《刘禹锡集传》，以刘氏自撰《子刘子自传》为本，据本集钩稽事迹以成新传，总二万余言，类年谱而将传主一生大节揭出。二为《刘禹锡交游录》，凡收五十五人，总约九万言，以刘之作品解读为依凭，稽考诸人之生平出处，重点交代与刘之交往始末及恩怨情隙，仔细阅读，方知此为全书最精彩之部分。三为《永贞至开成时政记》，首末三十八年（叙至刘卒），为刘禹锡一生与朝廷政治最密切的时期，似为他考查刘诗文人事交集与政治纠葛之长编大纲。四为《余录》，为治刘集之随感而各篇难以归属者。估计以上部分皆最后完成，是总结笺证心得而尤望加以发挥者。

刘禹锡存诗约八百首，存文约二百二十篇，颇为可观。因他学问浩博，为人强项，交游至广，大多为特殊原因或人际交往而作，寄意深远，解读不易。瞿蜕园早年即成长于同光余风的氛围内，于骈散文和古今各体诗皆称擅场，特别善于体会微妙的人际应酬和复杂的政治角逐中的含蓄表达，何况他的先人曾深陷政争，他本人又曾长期周旋官场，这些独特的经历和学养使他的解诗能有许多切肤凿骨的对现实的披露和揭发。

以对一首诗之解读为例。刘禹锡《代靖安佳人怨二首》有引：“靖安，丞相武公居里名也。元和十年六月，公将朝，夜漏未尽三刻，骑出里门，遇盗，薨于墙下。初，公为郎，余为御史，繇是有旧故。今守于远服，贱不可以诔，又不得为歌诗，声于楚挽，故代作《佳人怨》，以裨于乐府云。”诗云：“宝马鸣珂踏晓尘，鱼文匕首犯车茵。适来行哭里门外，昨夜华堂歌舞人。”“秉烛朝天遂不回，路人弹指望高台。墙东便是伤心地，夜夜秋萤飞去来。”诗引（刘禹锡父名绪，故序皆作引）已经说明，丞相武元衡因主张平叛，为方镇遣刺客杀于上朝途中。刘禹锡与武元衡有宿怨，此时恰在南赴连州的路上，得讯而作此二语，托武姬人口气表达哀悼。前人对此诗之评论，如宋葛立方《韵语阳秋》卷三即认为“其伤之也，乃所以快之欤”；刘克庄《后村诗话续集》

则比较柳宗元同时所作《古东门行》，认为二人虽皆与武有隙，柳“犹有嫉恶悯忠之意”，刘则“似伤于薄”。然则恩怨是个人间的事，武之平叛是为国家，牺牲更属壮烈，借此泄愤，更属不堪。瞿蜕园则认为刘之怨怼仅在诗引中“公为郎，余为御史，繇是有旧故”，谓二人名位本相埒也，“今守于远服，贱不可以诔”，明己之贬斥由于武也。不作挽诗而托于乐府，“虽不为快意语，亦固不许其为人矣”，这样的解读显然比宋人更为精当，更为刘诗之“微而婉”提供具体的注脚。附录柳《古东门行》，认为柳“不以元衡为力主讨淮西者”，诗意但“慨唐室之无能”，“与禹锡之制题隐约略同”。

文章即便明白，其本事如何，也很难得到确解。如刘禹锡祭柳宗元文有“近遇国士，方申眉头”，当然是说柳在病亡之际，得到有力者之赏识，可望起用。但国士为谁呢，瞿蜕园排比元和十三、十四年（818、819）之秉政者，只能举出令狐楚、李夷简二人，但柳与令狐无交往之迹，李居相短暂也未见推挽之事，因而竟难以究明。

三、人际维度解读一：杜佑

读其诗须知其人，知其人需明其世，知人论世尤要辨其人之识见作为及奉公或谋私。瞿蜕园对刘禹锡进入仕途后国家大势的认识是：“自贞元政主姑息，唐之衰亡分裂已肇其端。德宗既卒，继事者不得不思矫其弊。王叔文辅顺宗，首折韦皋、刘辟割据之谋，移宦官典兵之权。及宪宗嗣位，杜黄裳始谋伐蜀，李吉甫继谋经画两河，吉甫殁而裴度继之。（李）德裕秉其父训，始终以富强为务，观其会昌中措施，皆叔文、黄裳、吉甫与度一脉相承之旨趣也。至于主安静，戒生事，汲汲以容身保位为务，因而忌功害能，党同伐异，则又张弘靖、韦贯之、令狐楚、钱徽、萧俛以及李逢吉、牛僧孺、李宗闵、杨嗣复诸人夙所主张者也。”（《刘禹锡交游录·李德裕》）这是一段讲述刘禹锡从入仕到去世的四十多年间政局总体走向的提纲挈领的文字，一方面是他在宦官、节帅和朝臣交互影响下，经历了七位皇帝的权力更迭，另一方面是大臣与文士因为家族、科第、仕宦、婚姻、师友等原因形成各种犬牙交错的利益集团，展开此起彼伏的政争和纠缠。政治斗争的起因经常并不是双方施政方针或原则有什么不同，焦点经常只是由谁来做，通过什么途径和方式来做。这是读这段政治史所必须了解的，刘禹锡的仕宦和文学就是在此大背景下展开的。请先从他早年与府主杜佑的关系说起。

杜佑是德宗朝的名臣，从贞元五年（789）起任淮南节度使，镇守扬州十五年，保证唐东南财赋之运达。刘禹锡从贞元十五年（799）始，入其幕府为掌书记，极受信任，且私人关系也甚密切。《上杜司徒书》曾自述："小人自居门下，仅踰十年，未尝信宿而不侍坐，率性所履，固无遁逃，言行之间，足见真态。"今存刘为杜起草的表奏尚多达 29 篇。贞元末杜入朝为相，直到元和七年（812）去世，其间刘亦入为监察御史，并因卷入永贞党人而长期被贬。用现在的话来说，刘是杜的部属，因杜之入朝而授京职，但在刘遭遇政治挫折长期被贬过程中，杜虽高居相位但从来没有发声，这当然是很特殊的情况。

瞿蜕园钩稽文献揭示，杜佑早年从事浙西，与刘禹锡父刘绪为同事。当杜以善理财而得擅东南财赋时，更乐于以世善财计的故人之子为掌书记。刘禹锡自述与杜之相得无间，正因此特殊原因。当王叔文用事时，杜已入朝为同平章事，充度支盐铁等使，刘禹锡以屯田员外郎判度支盐铁案，即仍为杜之助手，且充当杜佑与王叔文之间的联络人。杜佑兼山陵使，刘禹锡亦为其判官。瞿蜕园认为："佑与禹锡，恩谊之深应非寻常可比。""不意此时佑忽为流言所中，使禹锡陷于王叔文、韦执谊之狱，不加营救。"换句话说，新政期间，刘禹锡仍一直是杜佑的助手，杜佑以位高德重，在永贞内禅以后到去世的六七年间，一直居相位而未曾改移，但刘禹锡深陷党案，遭到长期贬黜的处分，杜佑对他没有任何援接，反而几乎一言不发。

解开二人隐情的关键是刘禹锡到朗州贬所后给杜佑所上长信，其中有"飞语一发，胪言四驰，萌芽始奋，枝叶俄茂，方谓语怪，终成祸梯"。瞿蜕园认为飞语发自何人，语为何语，皆难以究明，但绝非王、韦之狱，而应该是起于私嫌，甚至可能借王、韦之狱为报复之举。他再参以刘禹锡给武元衡之启有"本使有内嬖之吏"，直指谗谤始于杜佑之左右。瞿蜕园怀疑此人或即杜自淮南升为正室的嬖妾李氏，即闺门中人干预公事，认为杜本为"位重而务自全者"，"尤易入肤受之言"，以至刘禹锡虽百般解释终难获谅解。

近年由于杜佑撰李氏墓志的发现（详《文史》一百期拙文《杜佑以妾为妻之真相》），瞿氏所疑仍可再检讨，一是永贞间李氏随杜已经三十多年，刘禹锡既经常出入其府第，自属旧所熟悉之人；二是其人时年已逾五十，且元和二年（807）即去世，而杜佑直到六年后致仕，方驰函于刘稍有见谅之意。虽事实仍多不明，但杜在关键时期对自己的薄情是让刘深感失望的。瞿蜕园从刘禹锡所述杜佑一段自污的佚事中，读出刘对杜之为官，仅为容身之计的鄙夷，也是一种理解的角度。

四、人际维度解读二：二王八司马

今人所言永贞革新，是指顺宗即位后，他所倚信的以王叔文、王伾为首的文人集团试图改变德宗末年的慵堕朝风，改良政治的一系列举措。但因德宗逝世于贞元二十一年（805）年初，顺宗即位后当年未改元原，待禅位宪宗后方改元永贞，故史称永贞内禅。王叔文等用事时并无永贞年号。顺宗退位后，他所信任诸人或被杀，或长期贬窜，史称二王八司马，刘禹锡、柳宗元皆在其内。其实二王八司马只是一个松散的文人集团，其形成经历了很长的一个过程，彼此之间也不免有许多分歧，在失败后各人之命运更有很大不同，唯刘、柳始终如一，友情不变。瞿蜕园对诸人关系有许多精彩揭示。

王叔文集团之形成，瞿蜕园所考虽承旧说，但精细过之。他指出王叔文侍太子即唐顺宗逾十八年，柳宗元与王叔文相交亦逾十年，刘禹锡因柳宗元而得识王叔文，相识虽晚而相知甚切，故虽王叔文败亡，仍在《自传》中给王以积极评价。瞿蜕园认为顺宗之立，宦官间已存异议，而其得权之方式，则因顺宗即位时已得风疾不能视事，由牛美人侍病，美人受旨于帝，复宣于亲信宦官李忠言，李授王，王与亲信文士图议后再下中书，交韦执谊施行。所恃为病入膏肓之顺宗，且又采取如此特殊之方式，虽施行之策颇有特见，一时权倾天下，内外则不免树敌太多。至其欲谋夺宦官兵权，必召致宦官群起反对。瞿蜕园云："永贞之变，肇于宦官之分党，而成于藩镇之固位。"诚为卓识。台湾学者王怡辰认为，在顺宗继位前，宦官中已有拥立舒王李谊之一派在。而德宗后期怠于政事，方镇节帅或至二十年未迁改者。在新皇布新之际，各有利益必须维持，王叔文等峻急行新政，不遑顾及各方实力和利益，其覆亡自是不旋踵即可逆料者。瞿蜕园的这些分析，很好地解释了何以宪宗朝之举与顺宗朝并无大的不同，而于王、韦诸人则严谴如此，盖历来政治之是非重点不是做什么，而是由谁及采取何种次序来做。

韦执谊为王叔文集团外朝宰相，地位重要，但刘、柳文集中皆很少提到他，其人面貌颇显模糊。瞿蜕园据各种点滴记载力图追踪其人之真相，知道他出身世家，进士登科，人物俊美，但其早年官微时即因缘得在德宗前论朝士之是非，二十多岁即任翰林学士而得宠任，瞿认为德宗性本猜忌，他的这些所为必然遭致朝士之"妒宠播谗"，无端敛怨，为后来的永贞事变埋下祸根。再者在顺宗居位时，韦执谊"既为叔文引用，不敢负情，然迫于公议，时时立异"，导致与王叔文渐成仇怨。特别在永贞内禅之重大分歧点上，韦执谊首鼠两端，直接导致王叔文之败。瞿蜕园分析说："盖叔文孤寒新进，故专倚顺宗，自谓能行其志。执谊甲族进士出身，熟于宫府党援之习，不肯为直情径行之举。”是从出身背景判断两人行事风格之差异。韦执谊不反对太子继位，但宪宗掌政后，则仍不能谅其所为，虽最晚贬出，但所至也为最荒僻之地。瞿推测“刘、柳亦恶执谊之持两端而有以致叔文之败”，虽还难断言，但韦执谊子韦绚长期得到刘禹锡、李德裕的如子弟般的关照，刘之“笃念故交盖未尝稍懈”，尤属可贵。韦绚记录二人所谈之《刘宾客嘉话录》和《戎幕闲谈》二书存世，为古代较少见的私谈记录。

柳宗元为刘挚友，我们将他放在后文叙述。

二王集团其他人，王伾刘几未提及，原因不明。韩晔为旧相韩滉族子，虽参与较深，以累叶卿相，及祸稍轻。凌准在贬后三年即去世，最为不幸，瞿蜕园认为就所见文献考察，其人决非禄禄者，特别是在贞元末为翰林学士，与闻德宗遗诏之草定，并进而分析同时诸人皆出生南方，“南人联袂而居禁密之地，宜为当时士论所骇”，“愈足见南北地域之见亦有以召永贞之变也”。韩泰，瞿蜕园认为其是八司马中最具干才之人物，最善筹划，能决阴事，故王叔文派其为神策行营节度司马，是二王谋夺宦官军权的关键人物。其虽被贬，但从韩愈元和末在袁州敢举其自代，似被谤不及刘、柳为深。其与刘交谊保持到大和间身故，更属难得。程异是八司马中最早起复者，大约在元和四年（829）即因李吉甫保荐而起为扬子留后，当时给刘、柳看到重出的希望。更特别的是，他在元和十三年（818）意外入相，是八司马中历官最高者，但仅半年多即卒于任。瞿蜕园分析他虽居高位，但因本属党籍，畏祸谨慎而不敢援引朋侪，大约其人之所长在输纳理财，得有力者推挽而得大用。陈谏之名不见于刘集，瞿蜕园认为其人为八司马中最少表见者。可以补充的是，他早年为刘晏属吏，著《彭城公故事》推许刘为管仲、萧何一类人物，永贞间以仓部郎中领度支，盖亦善财税者。

五、人际维度解读三：元和诸相

刘禹锡因永贞政败而贬朗州司马，元和十年（815）曾短暂归京，旋再出守连州。从表面看，他远离京城，闲居外郡，无所事事，其实他一直在观察人事变化，寻找机会，希望得到有力者的汲引，虽没有大的突破，但他也一直在努力。瞿蜕园通过对大量作品的解读，揭示了他的种种作为，以及最终未能成功的深层原因。

权德舆于元和五年（810）至元和八年（813）间为相，时刘禹锡贬朗州，无一语相交。瞿蜕园考出权早年曾为扬子盐官，与刘禹锡父刘绪同官，刘禹锡当视其为父执。刘禹锡初登第，权作《送刘秀才登科后侍从赴东京觐省序》，刘禹锡亦有诗赠权。刘禹锡晚年与权德舆子权璩唱和，璩诗已佚，从刘和诗分析，有念旧之意，而刘和诗仅述与璩之交集，不涉先世旧谊。瞿蜕园引《旧唐书》权德舆传“循默罢相”之评价，认为他“庸谨而已”，“庸庸自保”，“非能深知禹锡”，更难为其争一头地。

李吉甫元和前期曾两度入相，且其进入中枢在宪宗即位以后，与永贞党争无涉。虽然八司马被贬时受到“纵逢恩赦，不在量移之限”的严厉处分，但当八司马之一的程异被李吉甫召为扬子留后时，柳宗元、刘禹锡都看到了希望，分别致书启于李吉甫，请其代为缓颊进言。瞿蜕园从文本中读出以上史实，更进一步探究为何都难以实现。他从点滴记载中读出刘早年或曾识李，李首唱讨叛，看其政治主张与王叔文等并不扞格，又从李之为人与行事作风判读，他未必不肯援手，但最后办不成，瞿的判断是“非得解于（武）元衡不可”，即要为刘、柳解套仍要当年关键人物武元衡表态。

武元衡，可能是与刘禹锡中年经历最具关系，而事实真相最不显朗的一位。瞿蜕园在《交游录》中没有为他列出专节，但各诗文释读时则议论较多，但仍多难解处。武年长于刘十四岁，贞元十九年（803），武为左司郎中，刘为监察御史，地位相当，但次年武任御史中丞，则为刘之主官。史云德宗死后，杜佑为山陵使，武为其副即仪仗使，刘求为仪仗判官，以助王叔文等拉拢武，为武拒绝，因此挟嫌罢武为右庶子。对此瞿蜕园有所质疑，即刘于杜佑人事为亲，且山陵使地位为高，何以弃亲重而求疏轻，认为史载不足信。瞿蜕园另注意到李吉甫指点刘仍须有求于武，并亲自抄示与武唱和诗，由刘继和。刘于是再走武的门路，有《上门下武相公启》，瞿蜕园特别注意到启中有“山园事繁，孱懦力竭，本使有内嬖之吏，供司有恃宠之臣”，本使必指杜佑，其时已死，刘为自明，不惜揭其短以自解。刘、柳诸人元和九年（814）得召至京，瞿认为非经武同意不办，但入京后二月，关系则再度恶化，以至于宰相票拟新任地方，要让刘去最偏远的播州。原因何在，瞿以为难有确解，肯定其间有不可解之事发生。旧传刘此年春初游玄都观看桃花赋诗“玄都观里桃千树，尽是刘郎去后栽”，为人诬其有怨愤，白于执政，因致嫌隙。瞿蜕园认为此诗本只是一般咏怀，因一时传诵，“恶之者从而加谤，谅亦事实”，但真相必不如此简单。

还要说到裴度。执政者既要刘禹锡去播州，母老难于行，柳宗元便提议以自己的柳州对换，自是朋友相助的无奈之举。出来仗义执言者为裴度，乃至冲撞宪宗亦在所不惜，终为刘改至连州。瞿蜕园详考二人行迹，有同时在朝之经历，但不见交往之记录，若然则尤见裴度秉公处事之可贵。其后裴度入相后出征，平定淮西，建不朽之殊勋，功绩震于朝野，刘禹锡既贺其功业，亦申述旧恩，希望得到他的提携。柳宗元作《平淮西雅》等，亦怀同样目的，但都没有盼到，两年后柳捐馆柳州，刘丁忧去职。瞿蜕园对此分析朝中权力变化，认为裴度在中书职主军事，未必有余暇顾及人事，而与同时诸相各不相得，终于难有作为。他还指出刘禹锡在南方所得传闻是裴度得到宪宗的倚重，但没有可能理解裴立朝期间的杌陧不安。此类分析，诚非老于官场者不办。

瞿对文宗时裴度因迎立之功而得掌朝事，对刘禹锡的几次照拂也都有揭示。对二人退居洛阳时虽唱和频繁，鲜及时事，认为“经甘露之变，亦必相戒以多言贾祸”而使然。

最后要说李绛。他进士比刘禹锡早一年，贞元末任监察御史与刘禹锡同官，前此则先后任渭南尉，颇存交谊。元和间为宪宗所信任，以直言敢谏著名，自翰林学士入相，前后多历年所。刘禹锡对他寄予厚望，曾上书叙及李绛在私下说到对自己的哀悯，但李绛也始终没有给以援手。晚年彼此有唱和，但似已颇生分。后李绛因兴元兵变遇害，可说是以身殉国，刘禹锡既为祭文述哀恸之情，又为其文集作《集纪》，即序，尽到自己的责任。瞿蜕园从祭文历述二人之交际始末，读出离合始终之感喟，更从“虽翔泳势异，而不以名数革初心”，读出“不足之意”。

六、人际维度解读四：韩柳元白

中唐文学，韩愈、柳宗元、元稹、白居易最称大家，诸人间卓然自立而可与抗衡者，亦仅刘禹锡一人，即称并世五家亦可。刘与四人均有极密切之交往，虽早晚、亲疏、事功及文学建树各有不同，但他们构成了中唐最可称道的文学风景。瞿蜕园对此解读至为精彩，不能不为之分疏一二。

柳宗元为刘禹锡一生最心会之朋友，其为人心气极高，亦最为耿介重义。瞿蜕园特别注意到柳在长期流贬中，对王叔文始终推重，未尝有异辞，并认为其《寄许京兆孟容书》称与王叔文等“共立仁义，裨教化”，“懃懃勉励，唯以中正信义为志，以兴尧舜孔子之道、利安元元为务”，是他们共同的目标和理想，但王叔文失败的原因在于：“加以素卑贱，暴起领事，人所不信，射利求进者填门排户，百不一得，一旦快意，更造怨讟，以此大罪之外，诋诃万端，旁午构扇，尽为敌雠，协心同攻，外连强暴失职者以致其事。”相信这是他外贬多年冷静思考后总结的结论，瞿蜕园认为“此数十语于永贞政变内幕揭发无遗”，可以揭示许多隐情。至于柳宗元于韩愈、刘禹锡之关系，瞿蜕园认为“韩非真知柳者”，“柳于韩殆亦非心服”。对刘在柳去世后的一系列文章中，不道其性行，评价文章亦仅借他人之言，瞿认为“盖禹锡知宗元深，决其志事必不湮没，故不为赘词，且哀之极亦不暇文也”。

对于韩愈与刘、柳关系的解读，大约是瞿著中最精彩的文字。众所周知，韩与刘、柳在贞元后期已有深交，但因言得罪而贬阳山，于路有“同官尽才俊，偏善柳与刘。或虑语言泄，传之落冤仇。二子不宜尔，将疑断还不”的猜疑。永贞党败，韩则作《永贞行》丑诋之，今论者或谓韩与刘、柳政治立场迥异，并进而斥其人品。瞿蜕园则认为贞元末同官中，刘所最亲者即为柳、韩，待其结交王叔文、韦执谊时，则韩已南贬，因此而廓清韩之贬因得罪王之曲解。并梳理韩遇贬之缘由，一为言天旱人饥而指斥京兆尹李实，二或为言宫市，皆与永贞诸人所见相同，王叔文等无论成党与否，皆不至排韩。至永贞败后韩所作诸诗，瞿认为确有许多“无以自解”处，若比王、韦为共工、驩兜，瞿认为是因颂圣而“运用故实不无过甚”。对《永贞行》则认为一为“宦官之拥兵者张目”，二则述“求官不得者忿嫉之词”，三则将王、韦等比为董贤、侯景，有“天位未许庸夫奸”，“谓王、韦将谋篡，其谁信之”。这些过分甚至诬枉之词，瞿的解读是韩既要颂圣以让“君、相见此诗必深许其忠”，又要尽量撇清关系，“汲汲以不与刘、柳同党自明”，同时也留有与刘、柳今后相见之余地。对韩之诸诗，刘、柳皆未曾以为忤，也无怨韩之辞，瞿认为乃二人与韩在政治取径上虽不同调，“乃更望愈之仕途亨遂，早据要津，始有弹冠相庆之可冀”。这样解读虽似有些俗见，但可能正是对元和间三人升沉各异，始终没有“损及私交”的合理解答。柳宗元殁于贬所，韩愈为其撰墓志、祭文及《罗池庙碑》，尽了朋友之责任。刘禹锡先后有祭文悼念柳、韩，都反复述及三人之交谊。在政治风潮中人生命运会有起伏荣黜，三人虽曾稍有龃龉，而最终能友道始终，诚为不易。瞿之设身处地为古人着想，不掩恶，不苛求，极具学人之识见。

元稹为中唐大家，其出身、仕历及交往，当时与后世皆有较多争议，瞿蜕园则广征文献，为其辩白。一是《旧唐书》本传云元和初元稹针对王叔文等故事，奏请东宫官宜选正人，瞿则引元稹原奏，所针对者为以沉滞僻老及疏弃斥逐之人，并非针对二王而发。二是他的进用因得宦官崔潭峻推荐之力，朝论鄙之，因此而为武孺衡于朝官聚食时侮之。瞿以为虽然元谄事潭峻为事实，不必曲护，但其时显宦而得交宦官者并非仅此特例，个人之间的交往有和有不和，任何时代都一样。崔奏进元诗，瞿认为元之新艳诗体为当时广传，“中官进以为娱”，皇帝也未必理解其中谏诤之意。他认为朝官对元之不屑，并非因缘宦官，而是出身明经，进身太速所致。并举出元和十年刘、柳等被召入京，元亦被召者之一，认为事出李吉甫，不能以召永贞党人为名，故一并召及，但诸人到京而李吉甫已亡，秉政者武元衡不赞成诸人起复，因而有再贬远州之处置，元亦再贬通州司马。武儒衡为元衡从父弟，有仇隙借机发挥也很正常。三是裴度对元的极度反感。瞿分析说："至于稹与度似已至不可调和之程度。盖度腾章诋稹，非有深憾不至于此。以常理而论，度在平淮西以后，被推为元老重臣，似不应有轻率忿激之章奏，殆必有交扇其间者也。"原因难以究竟。瞿的这些分析，对理解中唐政事也很重要。至于元、刘间的交往，瞿认为二人在贞元末即可能结识，对顺宗时变政的举措，元亦应可赞成。其后元之贬官，刘颇表同情，元贬江陵，与朗州不远，来往更显密切。到长庆间元稹与李绅、李德裕同在翰林，因各自友人之关系，交往更深，刘除夔州，也可能得三人之助。其后十年，刘与元稹、李德裕关系密切的程度，几近无话不谈，且多有心曲之交流与时政之感慨，可另详下节。唯元死得突然，殊为可惜。此外，元、白齐名且交谊密切数十年，但刘与元、李走近以后，元似无意牵扯白入局，也是有趣的事情。

白居易与刘禹锡同年出生，但登进士第则晚了七年，但贞元、元和间文学声名鹊起，他亦勇于言事，但大多泛言时政得失，偶及中贵，因不似刘禹锡之结党抱团，多数情况下并无大碍。至元和十年（815）因越职言事得罪宰执，贬居江州，用世之心发生根本转折。瞿蜕园追踪刘、白二人之家世渊源与早年轨迹，认为结交于弱冠应属可能。元和、长庆间二人诗名各得擅场，有文字交往之痕迹，但绝无彼此私谊可言，是甚为可怪者。白居易云二人初逢在宝历二年（826）秋，时白自苏州因病去职，刘则和州任满，不期而遇于扬州，时二人皆已五十四岁。瞿蜕园虽认为"初见""初逢"都是泛言，但也找不出二人前此同游之确证。不可思议的是，此后十六年，二人似乎一下子都认可了对方的价值，成为最好的诗友。特别是大和五年（831）元稹去世以后，白与刘唱和更频繁。《淳熙秘阁续帖》在白与刘书云："微（元稹）既往矣，知音兼勍敌者非梦（禹锡字梦得）而谁。"

瞿蜕园认为白、刘二人志趣颇有不同，刘禹锡始终未忘用世，而白居易中年后敛尽锋芒；在人事上，白居易因婚杨氏，与杨汝士兄弟亲好，而诸杨则属李宗闵、牛僧孺一党，刘禹锡则与李德裕为莫逆之交。虽然有这些不同，但瞿蜕园认为元、白、刘三人同为开元和新派之人物，为诗各成壁垒，白居易尤能知人，能服善，特别称赏刘禹锡"雪里高山头白早，海中仙果子生迟""沉舟侧畔千帆过，病树前头万木春"二联，得其神妙。挽刘诗"杯酒英雄君与操，文章微婉我知丘"二句，"概括刘禹锡一生遭际，与二人之契合，其旨甚深"。也就是说二人唱和诗虽很少涉及时政，但"感往伤今，惊心触目，殆只相遇于无言"。二人之友谊，与刘、柳之深交，虽在不同的层面，但都到了特别的境界。可以说是脱尽铅华，勘破事功，在风花雪月中悟出人生的真谛，在心照不宣间彼此惺惺相惜。

七、人际维度解读五：牛李诸人

长庆以后，牛李党争激烈，此升彼降，势如水火，士人各有取舍，趋避为难。如白居易即因此自称朝隐，尽量规避。刘禹锡个性强烈，好恶分明，但此时既与李党之李德裕、李绅、元稹等交往密切，曾编与李德裕唱和诗为《吴蜀集》一卷，与牛党之牛僧孺、令狐楚交谊亦密，与令狐唱和十九年，往返七十九次，有《彭阳唱和集》三卷，此外与李逢吉、杨嗣复、杨虞卿等也有过往。怎么解释这一独特的文学现象呢？瞿蜕园对此各有很具体的解说。

李党的几位关键人物，如李德裕、李绅、元稹等，与刘禹锡都堪称挚友。

李德裕是晚唐最有作为，也最多争议之政治家，其一生亦关涉唐后期之诸多重大事件。瞿蜕园特别关注李德裕二事，一为以门荫出身，为进士出身之清流所不喜，二是欲成就事业而不能不笼络宦官，甚至平定泽潞后追戮甘露蒙难诸人之遗族，以求欢于宦者。但引拔寒素，平定叛藩，经略边事，振刷有为，也确无他人可比。刘禹锡与他的交往大约始于长庆至大和初，结识虽晚，很快就结为莫逆，颇为知遇。瞿蜕园读出李德裕初镇浙西，有《霜夜对月听小童薛阳陶吹觱篥歌》，述听乐后之沦落之感，时白居易、刘禹锡、元稹皆在东南，各和此诗，元诗已佚，白诗专就听乐铺写，不涉李德裕之心事，刘禹锡和诗则直接李德裕心境，乃至为唐末罗隐所激赏。李德裕随即作《述梦四十韵》，叙述担任翰林学士承旨，接近权力中心的感受，并及外守后的凄凉抑塞，仅寄翰林同官元稹，元稹唱和后，李再示刘禹锡，刘禹锡虽未曾入翰林，但被二人视为知己，亦步韵相和。李德裕后来将此组诗收入其本人文集。此组诗显示三人间亲密无间的友谊，且因涉及翰林院景致与制度，四十韵皆次韵，也在史实与文学层面上有重要价值。接着李再作《晚下北固山喜径松成阴怅然怀古偶题临江亭》长诗分寄二人应和，但三人诗仅刘诗完整保存，李、元诗皆仅存残句。仅就刘诗看，李因凭吊六朝故地而述强烈的用世之心，刘则感同身受，以“用材当构厦，知道宁窥牖？谁为青云高，鹏飞终背负”为结，对李寄托希望。那年李三十六岁，比刘年轻十五岁。其后二人唱和不绝，李改镇滑州，作《吐绶鸟词》示刘，刘和诗借鸟之遭遇喻李之屡为异党排斥。李入镇四川，游房琯故地，诗再示刘，刘和诗有“目极想前事，神交如共游”，瞿蜕园认为刘“洞悉其心事”，即感慨李与房命运相似，难展长才。大和七年（833）李德裕入相，赋《秋声赋》以结好令狐楚，刘和此赋，瞿蜕园认为，他虽不肯作衰瑟语，但亦自知难有机会行其志。果然仅一年有余，李即为李训、郑注等所挤，罢相再度出镇浙西。刘禹锡方守汝州，乃出州境为其送行。李虽再度蹉跌，但因此躲过甘露之难，乃不幸中之大幸。李、刘后来的命运是大家熟悉的。瞿蜕园说：刘禹锡虽一直“望德裕之相汲引，不谓德裕得势于会昌初，禹锡已老病且死矣”。

李绅早年与元、白因首倡新乐府诗而得名，长庆初与李德裕、元稹同为翰林学士，因声气相类，结为党援，此后其历官大起大落，皆与党争有关。他与刘禹锡年岁相同，于会昌二年（842）入相，即李德裕所引，若刘禹锡时方健朗，未始没有机会。刘禹锡与李绅元和中相识，大和末一镇越州，一守苏州，因有唱和。瞿蜕园推测“必常有书问往来”，惜并无明证。

李逢吉登第较刘禹锡晚一年，但元和后期入相，与裴度为敌，长庆间再入相，则与李德裕等为敌。瞿蜕园认为刘禹锡周旋其间，因身不与政局，得虚与委蛇，交情不深。从唐末开始，有李逢吉夺刘禹锡家妓之说，始则《本事诗》载之，继则《南楚新闻》演之，瞿蜕园认为二人其间仅一度相见，李逢吉虽凶暴，必不致如此无礼。我赞同其说，且以为瞿考尚未尽言，当别文详辨之。

牛党另一要人杨嗣复，其父杨於陵与刘禹锡元和间颇多往还，故刘与杨嗣复亦有唱和。瞿蜕园认为其所作“语皆谀颂，非有深意”，并进而认为“禹锡此时年老，怵于朝端南北司及党祸之烈，必亦无意于进取”，故与党争诸人“无不虚与委蛇”。这是较妥当的解释。类似的情况在李珏、杨虞卿等人身上亦是如此。其中杨虞卿与白居易为姻亲，与刘也为旧识，大和年间因有私人来往，比较奇特的是杨之小姬英英亡故，刘、白乃至从未谋面的姚合一起唱和哀伤，展示其时士人私生活的情景。

但牛党中令狐楚、牛僧孺二人，刘禹锡是真心相交的，他们的情况比较特殊。

今人多视令狐楚为牛党人物，瞿蜕园从科第和宦迹分析，他因河东兵变后助严绶继任而得揄扬，与李宗闵、李逢吉、杨嗣复相交尤彰，奇特的是他之所敌皆刘禹锡所厚者，他与刘禹锡虽订交甚晚，但两人交谊甚笃，至死不改。瞿蜕园分析，他与刘禹锡初见并订交在元和十五年（820），时令狐遭遇重大挫折，自宣歙观察使再贬衡州，与刘禹锡经历相似，故有同病相怜之感。对二人之交谊，瞿认为二人“似止于文章，而不及政事”，令狐对刘的前途虽颇关切，也曾数度相约欢聚，但并没有实质的援借。结论是：“楚之为人，小有文名，而务营党结私，所昵近多非端士，即与禹锡气类不同有明征。而私交顾始终无间。”虽感对令狐贬斥稍过，但气类不同自亦可成为笃友，人之交往本可以有多种类型。

牛僧孺于刘、白皆为后辈，元和初急切言事虽起波澜，但仕途则颇亨畅，方过四十即入相，为牛党魁首人物。据《云溪友议》卷中《中山诲》所载，牛登第前投卷于刘，刘率性褒贬，因此有隙。直到大和、开成间得缘相见，彼此赠诗述及往事，时牛已两度入相，刘则以幕府署郎职，至此居然相隔近四十年，仍为郎官，彼此地位相差悬殊，牛赠诗有“莫嫌恃酒轻言语，曾把文章谒后尘”句，虽略憾于往节，但对先进仍存礼数，刘则以“追思往事咨嗟久”表达歉意，以“待公三日拂埃尘”请牛见谅，终能尽释前嫌。瞿蜕园对牛之为人为政皆颇多批评，但也认为待诸人退居洛阳时，皆以年高无复宦情，牛亦不忌二人，“聊为游伴，只谈风月”而已。且在唱和中，白因曾为牛座主，有恃旧之意，“刘则词句多含谀颂，自处亦极谦抑，足征其惩前车之覆，力求解释旧嫌也”。

八、人际维度解读六：其他诸人

永贞至会昌初三十八年，曾居相位者约四十六人，与刘禹锡有个人交往者多达二十五人，这数量实在很可观。其他仆尚丞郎、方镇大员、文臣名士来往者更不可胜数。瞿蜕园的解读，对刘禹锡与诸人之交往始末及其人之为政大节及人品末行，颇为关切。略举数人如下。

王播，中唐时长期镇淮南，领盐铁，长于理财，但为政名声不佳。刘禹锡与他谈不上私交，但在他去世后有三篇哀挽随感之诗文。瞿蜕园认为祭文为代诸郎中作，照顾场面时偶存调侃。而挽诗则自抒己意，既以霍子侯为比，以及“歌堂忽暮哭，贺雀尽惊飞”句，见其平日声势之烜赫，以及暴卒后之门庭冷落。另认为《有感》：“死且不自觉，其余安可论？昨宵凤池客，今日雀罗门。骑吏尘未息，铭旌风已翻。平生红粉爱，惟解哭黄昏。”为感王播暴卒作，讥其“不存士行，奸邪并进”，仅知留连红粉，“不务荐达士类”。

王彦威，为中唐后少数不以进士出身而致身通显者之一。瞿蜕园分析其为元和相李鄘之内姻，或因此致身通显。又分析其政治立场，为依附李宗闵一党者。禹锡既为其父撰碑，又与其有诗歌唱和，瞿蜕园认为：“禹锡于宗闵之党方得势时，不显与立异，亦不绝往还，要之胸中非不辨泾渭者。”

甘露四相中王涯年辈最长，历官亦久，与刘禹锡亦最为旧交。甘露之祸无辜蒙难，如白居易早已淡忘世情，所作《九年十一月二十一日感事而作》中有“当君白首同归日，是我青山独往时”，用潘岳事，哀王涯之不幸。但刘禹锡全无述及。瞿蜕园认为：“及涯被祸，禹锡甫到同州刺史人，于甘露事变之始末，仅能得之官报，故默无一言矣。”又说：“要之禹锡与涯相交岁久，甘露之祸，人所同愤，虽无一言，亦不能不隐为之悲也。”稍有些强作解释。

李程，宗室，贞元末任监察御史时与刘禹锡有过一段同事经历，二人友谊似乎一直保持始终。柳宗元亡于柳州，韩、刘各在南方，李程适为鄂岳观察使，居南北通衢，故刘托其料理柳之后事。李程成名早，历居要职，敬宗时短暂为相。刘禹锡可能有两次到他任所探访。瞿蜕园对此都有具体的解读，比较有趣的是他还从韩愈诗中发现一段露骨地对李程表达不满的话：“我昔实愚蠢，不能降色辞……公其务贯过，我亦请改事。”（《除官赴阙至江州寄鄂岳李大夫》）虽寄了诗仍绕过武昌，取道安陆归京。虽事实不明，但韩之为人木强，于此可知。

瞿蜕园也承认，有些人事解读由于文献欠缺，仍多有不可解处。如刘禹锡贞元末任屯田员外郎时举柳公绰自代，这虽是贞元初确定的官场惯例，但推荐者必须对被推荐者有为人为政方面的认可，误举将遭连坐。瞿推测可能是因柳宗元的缘故，但柳公绰与柳宗元并非同一房支，而其后柳公绰致位显达，与刘禹锡并无过从。瞿蜕园认为此事“不可解”，是合适的。

九、结语

《孟子·万章》云：“颂其诗，读其书，不知其人，可乎？是以论其世也，是尚友也。”知人论世成为后世评论文学的重要原则。唐宋以后，诗文在人际交往中发挥了越来越重要的作用，在中唐时期的风气转变越来越明显，诗文写到的内容越来越广阔，涉及的人事越来越具体，制题、加注等方面所作交代也越来越详密，而诗歌本身在语词方面的凝练、雅洁，特别是古典和今典的大量运用，使要表达的意见除当事人以外，越来越不易为一般读者所理解。一个人一生要结交无数特定的人物，诗人与各种人等因家族、科第、仕宦、师友、恩怨情仇等各种原因，形成错综复杂的人际关系网。梳理人事，解读作品中渗透出来的或显或隐的交际维度，是准确而深入地解读作品的关键。臻于此，学者不仅要将诗文读通读懂，更要将之读穿读透，即以娴熟的古典诗歌驾驭能力、深厚的人生阅历特别是官场体悟，体会作品表达的表层意思和深层蕴含，并广参史籍，在准确定时定地定人的基础上，还原历史原貌，给作品以深度阐释。瞿蜕园大概是古典诗歌最后的娴熟掌握者，加上他的家世渊源、仕宦经历，以及历尽沧桑后的人生参悟，发为学术，因而能大大超越前人的研究。他的好友陈寅恪治元白诗而得享誉学林，瞿蜕园治刘禹锡，是不是有与好友一较高下的想法呢，目前看不到具体的记录。但可以判断的是，他在六十六岁高龄，且生计窘迫，只能卖文为生的情况下，坚持数年，完成如此高水平的学术专著，实在应该令我们肃然起敬。

与瞿蜕园同时，卞孝萱著《刘禹锡年谱》，1963 年出版，瞿应能得见，但未见引用。80 年代后则蒋维崧等有《刘禹锡诗集编年笺注》（山东大学出版社 1997 年版），陶敏、陶红雨有《刘禹锡全集编年校注》（岳麓书社 2003 年版），细节比瞿书肯定有所超越。瞿为当时条件所限，文本未及校，辨订未精密，不免有错漏之处，但瞿当年达到的深度和高度，似也很难为后人所超越，无愧经典，令人景仰。

瞿蜕园出身名门，熟谙文史，擅各体诗词，兼习水墨丹青。其治学博洽多通，长于治史，于秦汉史料、历代掌故、社会风俗、职官制度、方志编纂及唐诗文笺证，均造诣独到，各有专著。才情学养，为近代所罕见。其亲历近现代诸多历史事件，交游者亦皆一时贤杰。然以文人从政，不免蹉跌，回归学术，又遭逢坎坷，晚年卖文为生，不能尽展平生所学，这是他个人之不幸，也是一个时代的不幸。即便如此，他仍留下了极其丰厚的学术遗著，值得后人对其作全面系统的整理研究。

（作者单位：复旦大学）

新出土刘禹锡书《崔迢墓志》考论[①]

胡可先

《崔迢墓志》是近年出土的重要墓志之一，不仅可以补充郭行馀的佚文，而且可以考察刘禹锡与郭行馀作为地方官吏兼文学家的交谊，更为珍贵的是留下了刘禹锡的书法珍品。刘禹锡为唐书法名家，宋时郑樵《通志·金石略》即有记载。从新出土的《崔迢墓志》看，刘禹锡书法的特点近于欧阳询和虞世南，在当时也是有一定地位的。这篇墓志题署郭行馀撰，然行文语气却完全是崔迢之子的口吻，这对我们研究唐代墓志由志主亲属到墓志撰者之间的关系以及墓志的形成过程提供了一个绝好的例证。本文所探讨的议题中，有关刘禹锡事迹部分，笔者曾在以往的论文中因论证需要提出过，因考虑到本文构架的完整和连贯，也重新对其加以修订录入，特予以说明。

一、《崔迢墓志》释录

大唐故朝议郎试和州司马飞骑尉崔府君墓志铭并序

前乡贡进士、楚州刺史郭行馀撰　和州刺史刘禹锡书

府君讳迢，字涧，博陵安平人也。府君九代祖座右彰闻，清德流庆，则备详于史谍，以至于六代哉！北齐散骑常侍、魏鸿胪光禄等卿、度支尚书，兼左右仆射、华阳公、食济北郡、赠太尉昂。昂学行忠信，垂裕后昆，为仕林之领袖、山东之仪表，齐朝盛德，首出当时，今古共仕，十载称美也。太尉生五代祖君洽，为随水部、司门二侍郎，左散骑常侍，聘陈仕，弈世光赫，家声克著，齐随令誉，具史官纪德于本传焉。常侍生高祖昙首，随朝文异词科，授莱州掖县令。掖县生曾王父绍，唐初进士擢第，授冀州武邑县令。武邑生王公迁，授同州白水县尉。白水生王考譮，授苏州司马参军。自掖县至司法，官乐大安乎卑位，人物礼乐，萃于一门。司马娶荥阳郑夫人，有子五人，府君居其长。亲承严训，不坠箕裘，伏膺坟典，留意翰墨，尤精草隶，深得右军之妙。

---

① 基金项目：国家社会科学基金重大项目“考古发现与中古文学研究”（项目批准号：14ZDB065）。

神游不杂，容止可观。不毁方以兀合，不求名以干进。贞元初，为东都留守哥舒公知遇，辟为从事，后又为郑滑节度使相国贾公耽邀署节度巡官，佐理有谋，语言道合，累陈章表，请酬官秩，属府君伯仲安平穆公践履台衡，出纳喉舌，止绝止外，推荐是私。当此之时，无所成名，岂非命欤？遂退居休闲，安亲色养，常勖仲季以诚孝，诫妻孥以食贫，躯俭节用，以供甘膳。府君其性刚毅，慈爱自然，不陨获于乐穷，不充诎于富贵，逍遥乐道，不朽沽名。虽爵禄不及中庸，行谓齐于颜闵。贞元岁次，府君再罹内忧，哀毁过礼，殆将灭性。扶羸瘠营奉，仁孝因心，追远慎终，然尝无阙。春秋祭祀，非手不经则不荐，见慈父尽孝，道之至也。不幸府君寝疾弥留，以丙午岁秋七月十有二日，弃背于履信里，寿享七十八。呜呼！小子不孝，安祷无感，天降殃祸，不自灭身，孤心失怙，哀号罔极。小子先妣陇西李夫人，朗陵郡王玮之曾孙，杭州临安县令荣宗之季女。贤淑正室，著事姑之劳；玉挈兰薰，有孟光之节。元和三祀四月二日因暴疾即世，仪范贞列，具前志云，此不复佢书。以旧域中梁，今择合祔，龟筮卜吉，日月有时。卜其年冬十月三日也归葬于龙门山先茔，从西礼也。长男恭伯，言诚行修，信近于义，宰邑畿甸，表正家风。季曰正伯，孑然孤立，居惕俟命。有女一人，早适河间刑楚。次曰小子，尪痊残形，人理顿尽，尽王未泯，岂保余生。是以泣血推心，叙述先志。铭曰：

南山之寿兮，如松柏之贞。严霜肃杀兮，枝叶凋零。府君福寿兮，与松柏齐平。生贵有道兮，没而无恨。光音彷佛兮，杳杳冥冥。孤嗣号叫兮苍旻，泣血莫展兮哀情。长夜兮茫茫，向日兮茕茕。卜兆兮故里，合祔兮旧茔。陵谷兮迁变，不朽兮斯铭。

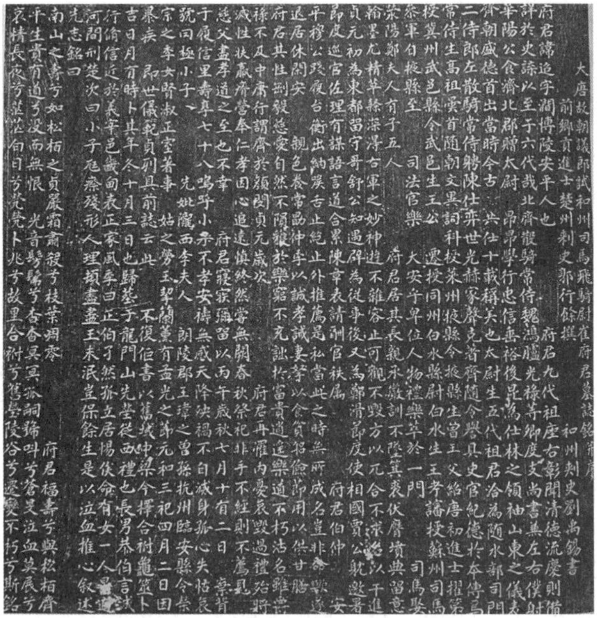

刘禹锡书《崔迢墓志》①

二、《崔迢墓志》与刘禹锡事迹

《崔迢墓志》题署："前乡贡进士、楚州刺史郭行馀撰，和州刺史刘禹锡书。"志云："府君寝疾弥留，以丙午岁秋七月十有二日，弃背于履信里，寿享七十八。……卜其年冬十月三日也归葬于龙门山先茔，从西礼也。""丙午岁"是宝历二年（826），这篇墓志书于宝历二年七月十二日崔迢卒后，十月三日归葬之前，其时刘禹锡尚在和州刺史任。有关刘禹锡为和州刺史，诸书记载不同。《旧唐书·刘禹锡传》："大和二年，自和州刺史征还，拜主客郎中。"② 陈振孙《白氏文公年谱·宝历二年》："梦得时在和州。岁暮，罢归

---

① 《崔迢墓志》拓片，53 厘米 ×52.5 厘米。墓志近年出土于洛阳龙门西山，载于张乃翥《龙门区系石刻文萃》，国家图书馆出版社 2011 年版，第 320 页。又载于《中原文物》2008 年第 5 期第 89 页张乃翥《洛阳新辑石刻所见唐代中原之佛教》一文。参考 2002 年出土的崔迢之弟崔遂之《崔遂墓志》，称葬于"河南县伊汭乡中梁村告都里"，与《崔迢墓志》称"以旧域中梁，今择合祔，龟筮卜吉，日月有时。卜其年冬十月三日也归葬于龙门山先茔"，应出土于同一茔域。

② 刘昫，等．旧唐书［M］．北京：中华书局，1975：4211.

洛，与公遇于扬楚间。……公（指白居易）之去苏盖在秋冬之交。”[①] 汪立名《白香山年谱·宝历二年》：“梦得时在和州，岁暮罢归洛，与公相遇于杨梦间。”[②] 卞孝萱《刘禹锡年谱》、朱金城《白居易年谱》皆因之。吴汝煜为《唐才子传·刘禹锡传》作笺证云：“禹锡《罢和州游建康》诗：‘秋水清无力，寒山暮多思。’知在秋天。白居易《宝历二年八月三十日夜梦后作》：‘尘缨忽解诚堪喜，世网重来未可知。’是岁白居易罢苏州刺史任，‘尘缨忽解’即指此。刘白曾在扬州相逢。刘有《酬乐天扬州初逢席上见赠》。时间约在宝历二年九月。”[③] 吴汝煜先生考证刘禹锡罢和州刺史的时间在宝历二年秋天，是正确的，但由此墓志证之，刘白在扬州相逢，应该已进入冬季。考刘禹锡有《罢郡归洛途次山阳留辞郭中丞使君》诗，白居易有《除日答梦得同发楚州》诗，是知刘禹锡与白居易离开楚州是宝历二年除夕，逆推其在扬州一定也是在冬日。《崔迢墓志》是宝历二年秋天刘禹锡在和州刺史任上所书，而志中言“十月三日”是预定归葬的日期，不是撰书墓志的确切日期。又《旧唐书·郭行馀传》：“大和初累官至楚州刺史。”[④] 而据《崔迢墓志》题署，郭行馀宝历二年十月前已在楚州刺史任，可以订正《旧唐书》的错误。

三、《崔迢墓志》与刘禹锡书法

唐代有些大诗人也是书法家，不少书法家也是著名诗人，如贺知章、张旭等，他们的书法论及颇多，不繁详述。而诸如刘禹锡，典籍记载其亦擅书法，而传世书迹未见，近年出土《崔迢墓志》为刘禹锡书丹，此乃难得之珍宝。唐代诗人亦有不少擅书法者，但有真迹传世者仅李白、韦应物、白居易、杜牧等寥寥数人而已，刘禹锡则是其中重要的一位。

刘禹锡为唐书法名家，宋时郑樵《通志》卷七三《金石略·唐名家·刘禹锡》记载其撰书碑志云：“《宣歙观察使王质碑》（西京）、《唐塔记》（西京）、《东都留守令狐楚先庙记》（西京）、《邠州节度使赠右仆射史公碑》（西京）、《丞相检校左仆射兼吏部尚书赠司空崔群碑》（西京）、《乘广禅师碑》

---

① 陈振孙．白氏文公年谱［M］//北京图书馆藏珍本年谱丛刊：第 11 册．北京：北京图书馆出版社，1999：409.

② 汪立名．白香山年谱［M］//北京图书馆藏珍本年谱丛刊：第 11 册．北京：北京图书馆出版社，1999：501.

③ 傅璇琮．唐才子传校笺：第二册［M］．北京：中华书局，1989：495.

④ 刘昫，等．旧唐书［M］．北京：中华书局，1975：4409.

（袁州）、《何文悊碑》（未详）、《阳山祠神二碑》（鼎州）。”[①] 又《宝刻类编》卷五“刘禹锡”条记载了九项刘禹锡所书的石刻：

> 《杨岐山乘广禅师碑》，撰并书。刘申锡篆额。元和二年五月立。
>
> 《修阳山神祠碑》，董挺撰，刘申锡篆额。元和四年十月立。鼎。
>
> 《令狐楚先庙碑》，撰并书。太和三年立。京兆。
>
> 《赠太子少保何文悊碑》，王源中撰，陈修古篆额。太和四年八月立。同上。
>
> 《游元都观诗》，撰并书。太和十年。同上。
>
> 《宣歙观察使王质碑》，撰并书。郑模篆额。开成四年十一月立。洛。
>
> 《照公塔铭》，白居易撰。开成五年立。同上。
>
> 《邠州节度使赠右仆射史公碑》，撰并书。开成五年立。同上。
>
> 《检校左仆射崔群碑》，裴休文，丁居晦篆额。同上。[②]

对于书法，刘禹锡专门有《论书》一文，将其作为六艺之一加以提倡：

> 《礼》曰：“士依于德，游于艺。”德者何？曰至、曰敏、曰孝之谓。艺者何？礼、乐、射、御、书、数之谓。是则艺居三德之后，而士必游之也；书居数之上，而六艺之一也。语曰：饱食终日，无所用心，难矣哉！不有博弈者乎？为之犹贤乎已。……所谓中道而言书者何？处之文学之下，六博之上。[③]

他将书法的地位置于“文学之下，六博之上”，作为“六艺之一”加以对待，说明对其重视的程度，也表现出他心目中文学与书法的联系和区别。他和柳宗元更常常有书法往来，柳宗元《殷贤戏批书后寄刘连州并示孟、仑二童》诗云：“书成欲寄庾安西，纸背应劳手自题。闻道近来诸子弟，临池寻已厌家鸡。”庾安西为晋代安西将军庾翼，精通文墨，擅长书法，家藏有王羲之书帖。柳宗元诗自注：“家有右军书，每纸背庾翼题云：‘王会稽六纸，二月三十日尝观。’”柳集旧注引孙曰：“王僧虔论书云：‘庾征西翼书，少时与右军齐名，右军后进，庾犹不分，在荆州与都下人书曰：小儿辈贱家鸡，皆学右军

---

① 郑樵．通志：卷七三［M］．北京：中华书局，1987：848.

② 佚名．宝刻类编：卷五［M］．景印文渊阁四库全书本第682册：651.

③ 刘禹锡．刘禹锡集［M］．北京：中华书局，1990.

书，须吾还叱之。'"① 此即"家鸡"之由来。此用庾翼典故以称赞刘禹锡的书法。刘禹锡不久就以诗答复柳宗元，其《酬柳柳州家鸡之赠》云："日日临池弄小雏，还思写论付官奴。柳家新样元和脚，且尽姜牙敛手徒。"② "官奴"指书圣王羲之女儿玉润。王羲之所书《乐毅论》注有"付官奴收执"语，刘禹锡即以王羲之称誉柳宗元，以玉润比喻柳宗元的女儿。随后柳宗元又写下《重赠二首》："闻道将雏向墨池，刘家还有异同词。如今试遣隈墙问，已道世人那得知。" "世上悠悠不识真，姜芽尽是捧心人。若道柳家无子弟，往年何事乞西宾?"③ 刘禹锡也回赠两首，其《答前篇》言："小儿弄笔不能嗔，涴壁书窗且当勤。闻彼梦熊犹未兆，女中谁是卫夫人?"《答后篇》言："昔日慵工记姓名，远劳辛苦写西京。近来渐有临池兴，为报元常欲抗行。"④ 柳宗元再答以二诗，其《叠前》云："小学新翻墨沼波，羡君琼树散枝柯。左家弄玉唯娇女，空觉庭前鸟迹多。"《叠后》云："事业无成耻艺成，南宫起草旧连名。劝君火急添功用，趁取当时二妙声。"⑤ 这样有关书法的诗歌唱和来往反复，说明刘禹锡和柳宗元二人对于书法的热衷，二人相互激励，使得二人的家庭也洋溢着浓厚的书法气氛。

刘禹锡书《乘广禅师碑》局部

但是，刘禹锡的书法作品很多在流传中散佚，我们阅读刘禹锡的《书论》以及他与柳宗元的往还诗，却很少见到刘禹锡的书法作品，非常遗憾。新出土《崔迢墓志》题署"前乡贡进士、楚州刺史郭行馀撰，和州刺史刘禹锡书"正好可以弥补这一缺憾。从《崔迢墓志》可以看出，刘禹锡书法的特点近于欧阳询和虞世南，在当时亦有一定的地位。

值得注意的是，《崔迢墓志》还称道崔迢："伏膺坟典，留意翰墨，尤精草隶，深得右军之妙。神游不杂，容止可观。"刘禹锡能为这位擅长书法的崔

---

① 柳宗元．柳宗元集：卷四二［M］．北京：中华书局，1979：1175.
② 刘禹锡．刘禹锡集：卷三七［M］．北京：中华书局，1990：552.
③ 柳宗元．柳宗元集：卷四二［M］．北京：中华书局，1979：1177－1178.
④ 刘禹锡．刘禹锡集：卷三七［M］．北京：中华书局，1990：553.
⑤ 柳宗元．柳宗元集：卷四二［M］．北京：中华书局，1979：179－1180.

迢撰写墓志，也算是书法上的一种缘分吧。

刘禹锡另一件传世的书法作品是《乘广禅师碑》，为唐元和二年（807）五月二十七日刻。碑在江西萍乡县杨岐山，拓片藏国家图书馆。拓片高179厘米，宽88厘米。刘禹锡撰并正书，刘申锡篆额。傅增湘刘集校本录黄丕烈校语云："赵氏《金石录》云：《唐乘广禅师碑》，刘禹锡撰并正书，元和二年五月。右《唐乘广禅师碑》，刘禹锡撰，余为《金石录》，颇采唐贤所为碑版正文集之误。禹锡之文，所录才数篇，最后得此碑，以板是正者凡数十字。以此知典籍藏久，转写脱误，可胜数哉！乾隆癸丑十二月，得此碑拓本校之甚有益。刘宾客书法从欧、虞两家得来，体密而神和，想在当时亦一书家，《金石录》中载有数碑也。"[①] 与《崔迢墓志》比照，《乘广禅师碑》的书法与之风神一致，只是更加瘦劲一些。黄丕烈称刘禹锡书法从欧、虞两家得来，确为知言。

四、《崔迢墓志》撰者

《崔迢墓志》是一篇非常特别的墓志，墓志题署郭行馀撰，然行文语气却完全是崔迢之子的口吻，这对我们研究唐代墓志的撰写和形成过程提供了一个重要的个案实例。

《崔迢墓志》题署："前乡贡进士、楚州刺史郭行馀撰。"但墓志行文及叙述语气与撰者郭行馀殊为不合。志云："呜呼！小子不孝，安祷无感，天降殃祸，不自灭身，孤心失怙，哀号罔极。小子先妣陇西李夫人，朗陵郡王玮之曾孙，杭州临安县令荣宗之季女。贤淑正室，著事姑之劳；玉挈兰薰，有孟光之节。"又云："次曰小子，尪痊残形，人理顿尽，尽王未泯，岂保余生。是以泣血推心，叙述先志。"据墓志所述，崔迢之子长曰恭伯，季曰正伯，次称小子。是墓志实为崔迢第二子所作，而署郭行馀为撰者。

这里涉及唐代墓志的来源问题。唐代墓志很多为墓主家人提供行状等材料，再请当时文士撰著，这篇墓志，则是由崔迢次子撰写好墓志的初稿，然后请郭行馀撰文，刘禹锡书丹。但对于崔迢次子已经提供的初稿，郭行馀并没有加以改动，就署上撰著者姓名和官职，致使出现墓志行文语气与撰文者身份完全不相合的现象。而刘禹锡又完全按照原文书写，随后由主家上石。

值得注意的还有这篇墓志的题署"前乡贡进士、楚州刺史郭行馀撰"。考《旧唐书·郭行馀传》："郭行馀者，亦登进士第。大和初，累官至楚州刺史。

---

① 瞿蜕园．刘禹锡集笺证［M］．上海：上海古籍出版社，1989：122.

五年，移刺汝州，兼御史中丞。九月，入为大理卿。”① 郭行馀登进士第距其为楚州刺史已有很长的时间距离，这样的题署并不符合唐代墓志撰写的常例。因为唐朝进士及第后皆称“新进士”，及吏部给春关牒便称“前乡贡进士”或“前进士”。故“前乡贡进士”应为进士及第后未入官时之称，而郭行馀已为楚州刺史，又署“前乡贡进士”，殊为不类。

此外，新出土郭行馀所撰的墓志还有一通，即《唐故宋州刺史汤府君夫人荥阳郡君河南侯莫陈氏（约）归祔志》，题署：“朝散大夫守京兆尹少尹骁骑尉郭行馀纂。”墓志对于郭行馀的出处及撰写墓志缘由叙述得很清楚：“女为范阳县君，即朝散大夫京兆少尹郭行馀之妻也。呜呼！咸建名秩，奉修志养，俱怀风树，仰报劬劳，奉礼以小生为至亲，县君于鄙夫为齐体，衔哀茹毒，有意无言，敢因将葬之时，辄叙合神之日。其汤氏族系，中丞出处，俱详吏部奚侍郎陟神道碑云。”② 墓志又有“戊寅岁，以元女归于不肖”，“以小生贰尹京邑，爱女幼孙在焉。夫人不远千里，抱疾省视”等语，则以女婿身份为岳母撰写墓志，故将行藏出处交代清楚，这与其所撰《崔迢墓志》颇不相同。

五、崔迢家世

崔迢属于山东士族，具有显耀的家世，故墓志对此具有详细记载，可以与典籍相互参证。墓志云：“府君九代祖座右彰闻，清德流庆，则备详于史谍，以至于六代哉！北齐散骑常侍、魏鸿胪光禄等卿、度支尚书，兼左右仆射、华阳公、食济北郡、赠太尉昂。昂学行忠信，垂裕后昆，为仕林之领袖、山东之仪表，齐朝盛德，首出当时，今古共仕，十载称美也。太尉生五代祖君洽，为随水部、司门二侍郎，左散骑常侍，聘陈仕，弈世光赫，家声克著，齐随令誉，具史官纪德于本传焉。常侍生高祖昙首，随朝文异词科，授莱州掖县令。掖县生曾王父绍，唐初进士擢第，授冀州武邑县令。武邑生王公迁，授同州白水县尉。白水生王考譿，授苏州司马参军。自掖县至司法，官乐大安乎卑位，人物礼乐，萃于一门。司马娶荥阳郑夫人，有子五人，府君居其长。”

崔迢家族新出土墓志多方，为了便于对其族系进行梳理，我们先将搜集到的新出土墓志列表展示如下：

① 刘昫，等．旧唐书［M］．北京：中华书局，1975：4409.

② 郭茂育，赵水森．洛阳出土鸳鸯志辑录［M］．北京：国家图书馆出版社，2012：149.

新出土墓志列表

序号	志主	题名	卒年	撰者	出处
1	崔昂	齐故祠部尚书赵州刺史崔公墓志之铭	天统元年		《书法丛刊》2001年第2期，第14页
2	卢修娥	崔昂前妻卢修娥墓志	天保二年		《书法丛刊》2001年第2期，第21页
3	郑仲华	崔昂夫人郑仲华墓志	开皇七年		《隋代墓志铭汇考》，第248页
4	崔杲之	唐故寿州霍丘且和簿崔府君墓志铭并序	贞元三年	万俟署	《全唐文补遗・千唐志斋新藏专辑》，第270页
5	崔譓	故苏州司法参军崔君墓志铭并序	建中二年	赵匡	《洛阳新获墓志续编》，第181页
6	崔迢	大唐故朝议郎试和州司马飞骑尉崔府君墓志铭并序	宝历二年	郭行馀	《龙门区系石刻文萃》，第320页
7	崔逄	唐故昭义支度巡官知湖南盐铁院朝议郎试大理评事飞骑尉崔府君墓志铭并序	长庆三年	权璩	《洛阳新获墓志续编》，第211页
8	崔遂	唐故秘书省秘书郎博陵崔公墓志铭并序	元和六年	李仍叔	《洛阳新出土墓志释录》，第145页
9	崔恭伯	崔府君墓志铭并序	开成三年	王玄质	《新中国出土墓志》河南叁，第224页

根据上表所列新出土墓志①以及《新唐书・宰相世系表》等文献参证，我们将崔迢世系列成如下示意图：

---

① 按，《崔譓墓志》载其子有迢、道、远、遂、逊五人，而《崔逄墓志》称其父为譓，《崔譓墓志》中不载"崔逄"。今考崔迢卒于宝历二年，享年七十八岁，是其生于天宝八年（749）；崔逄卒于长庆三年（823），享年七十四岁，是其生于天宝九年（750）；崔遂卒于元和六年（811），享年应是五十七岁，是其生于天宝十四年（755）。综上推测，崔逄应为崔譓第二子，或为"崔道"之改名，或《崔譓墓志》误刻为"道"。

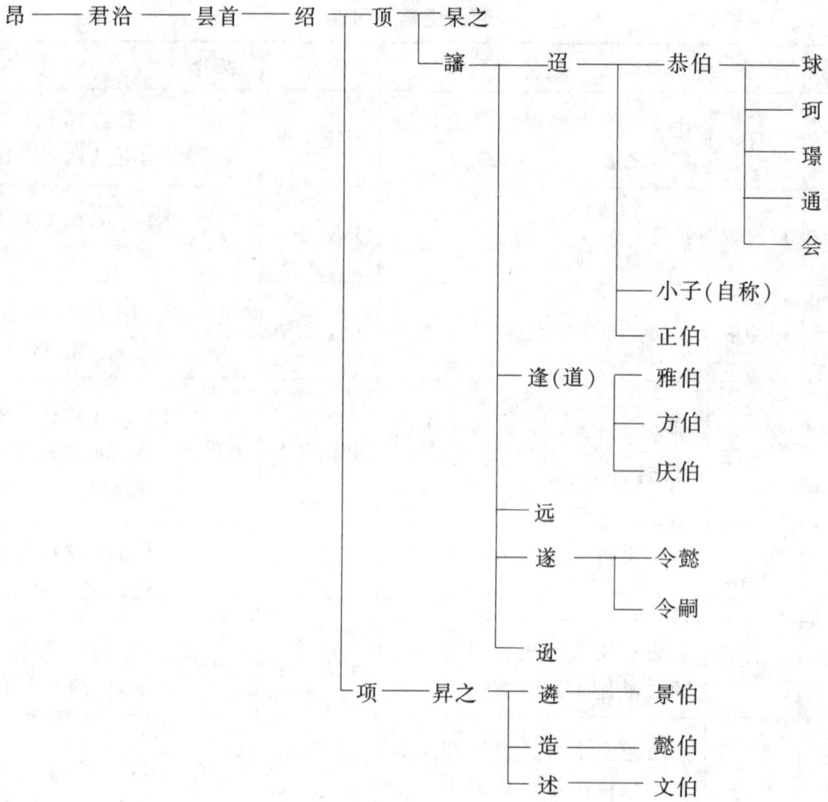

根据世系线索，我们参证史籍，钩稽出诸人事迹如下：

崔昂，崔迢六代祖。《北史》《北齐书》均有传。新出土《崔昂墓志》："君讳昂，字怀远，博陵安平人也。""太宰元天穆闻而嘉尚，辟为行参军，后加伏波将军，仍除给事中，加中坚之号，授奉车都尉。""转司徒右长史，拜尚书右丞。""皇齐纳禅，除散骑常侍兼大司农卿，以参禅代典礼，封华阳县开国男，食二百户。……入为度支尚书，转都官，迁七兵，仍摄都官。迁中书令。犹摄都官，带广武太守，徙食济北郡干，兼尚书右仆射，仍便即正。俄还兼焉，未几转光禄勋，寻徙太常卿假仪同三司，复除仪同三司，又兼御史中丞，以公事除名。迳年，授五兵尚书，复转祠部。"《北齐书》本传称："昂有风调才识，旧立坚正刚直之名。然好探揣上意，感激时主或列阴私罪失，深为显祖所知赏，发言奖护，人莫之能毁。议曹律令，京畿密狱，及朝廷之大事多委之。尚严猛，好行鞭挞，虽苦楚万端，对之自若。”① 可以与墓志相参证。《新唐书·宰相世系表》：“昂字怀远，北齐祠部尚书。”②《崔杲之墓志》：“自元魏列第氏姓，崇其名家。则公五代祖，时为大鸿胪，雅多公望。历仕北齐，七为尚书，更左右仆射，爵华阳公。”《崔謩墓志》：“五代祖昂，北齐尚书左仆射、华阳国公。”《崔逢墓志》：“六代祖昂，以直方博大，于礼乐刑政无不达，为北齐右仆射。”《崔恭伯墓志》：“七代祖昂，仕北齐为尚书左仆射，封华□□□。”

崔君洽，崔迢五代祖，为著名文士。《崔昂墓志》：“第三子液字君洽。”《崔杲之墓志》：“华阳生旧德传家，令名在躬，仕隋朝，再为侍郎，终散骑常侍。”《崔謩墓志》：“高祖君洽，隋水部司门二侍郎、聘陈使。”《崔逢墓志》：“仆射生洽，器度弘远，为隋水产司门二侍郎。”《崔恭伯墓志》：“华阳公生君洽，仕隋为水部、司门二侍郎及散骑常侍。”《北史·崔挺传》：子昂，昂“有五子。第三子液，字君洽，颇习文藻，有学涉，风仪器乙为时论所许。以奉朝请待诏文林馆。隋开皇中，为中书侍郎”③。《北齐书·卢潜传》载：“正山子公顺，早以文学见知，武平中符玺郎，待诏文林馆，与博陵崔君洽、陇西李君上同志友善，从驾晋阳，寓居僧寺，朝士谓‘康寺三少’，为物论推许。”《新唐书·宰相世系表》：“液字君洽，隋中书侍郎。”④

崔昙首，崔迢四代祖。《崔杲之墓志》：“常侍首随朝，初由文行升，终莱州掖县令。”《崔謩墓志》：“曾祖昙首，以学究天人举登甲科，终莱州掖县令。……嘻！自掖县君以及于君四世矣，咸以才显行彰，取重士林。清风素操，弗替其旧。而名位之列，莫济于高显。”《崔恭伯墓志》：“常侍府君生昙首，任莱州掖县令。”

崔绍，崔迢曾祖。《崔杲之墓志》：“掖县生国朝冀放上武邑县令。”《崔謩墓志》：“祖绍，终冀州武邑令。”《崔遂墓志》：“曾祖绍，冀州武邑令。”《崔逢墓志》：“至公曾祖绍，冀州武邑令。”《崔恭伯墓志》：“掖县府君生绍，任朝议大夫、冀州武邑县令。”《新唐书·宰相世系表》：“绍睿，武邑令。”⑤ 与崔迢、崔遂墓志均不合，盖误。

崔顶，崔迢祖父。《崔杲之墓志》：“武邑生同州白水令。”《崔謩墓志》：“父顶，终同州白水尉。”《崔遂墓志》：“祖顶，同州白水令。”《崔逢墓志》：

① 李百药．北齐书：卷三〇［M］．北京：中华书局，1972：412.

② 欧阳修，宋祁，等．新唐书：卷七二下［M］．北京：中华书局，1975：2808.

③ 李延寿．北史：卷三二［M］．北京：中华书局，1974：1182.

④ 欧阳修，宋祁，等．新唐书：卷七二下［M］．北京：中华书局，1975：2809.

⑤ 欧阳修，宋祁，等．新唐书：卷七二下［M］．北京：中华书局，1975：2809.

"祖顶，同州白水令。"《崔恭伯墓志》："武邑府君生顶，任同州白水县尉。"《崔迢墓志》其祖可补之为"崔顶"。《新唐书·宰相世系表》："顶，白水尉。"①

崔譓，崔迢之父。《崔譓墓志》："君讳譓，字子尚，博陵人也。……君解褐琅耶郡沂水县尉，次授幽州苏（按，应为蓟）县、魏州昌乐主簿。以避凶寇，两任不之。皇家克复，调选亳州司法参军。秩满，改光禄寺主簿，终于苏州司法。……有子五人：曰迢、曰道、曰远、曰遂、曰逊。"《崔遂墓志》："父譓，苏州司法参军。"《崔逢墓志》："父譓，苏州司法参军。"《崔恭伯墓志》："白水府君生譓，任苏州司法。"

崔恭伯，崔迢之子。《崔恭伯墓志》："□□□伯，字敬本博陵安平人也。……司法府君生和州司马讳迢，公则司马府君之长子也。始以门荫补弘文生，解褐为门下省典仪。由典仪为河南府参军。由参军为河南县尉，由尉为丞，由丞为士曹。……由士曹又为河阴令。未及任，丁和州府君丧。丧既侃，诏拜京兆府咸阳令。考满，迁昭令。……诏以公为泉州刺史。开成三年夏四月始至于郡。……秋八月二十日遘疾，后月十六日，薨于正寝，享年六十七。……公实生十子四女，其存者曰球、珂、璟、通、会。"按，《崔恭伯墓志》缺右上角，志文首行始"伯字敬本"。据志文云"公则司马府君之长子也"，参之《崔迢墓志》所载"长男恭伯，言诚行修，信近于义，宰邑畿甸，表正家风"，可证此即为崔迢长子崔恭伯墓志。

六、崔迢经历

博陵崔氏是自汉到唐的著名士族，唐代属于山东士族中"五姓七家"之一。然而因为身世的因缘际会，崔迢的身世和他的家世还是具有较大反差的。墓志所载其个人经历也可以看出他的一生也是悲剧的一生。这与当时的时事、所入仕的途径以及其家族变迁密切相关。根据墓志，我们对其一生经历的四个节度加以考察。

1. 东都留守哥舒曜从事

《崔迢墓志》："贞元初，为东都留守哥舒公知遇，辟为从事。"按，"哥舒公"为哥舒曜，《资治通鉴·建中四年正月》："戊戌，以左龙武大将军哥舒曜为东都、汝州节度使。"②《新唐书·哥舒曜传》："李希烈陷汝州……诏拜曜

① 欧阳修，宋祁，等．新唐书：卷七二下［M］．北京：中华书局，1975：2809.

② 司马光．资治通鉴：卷二二八［M］．北京：中华书局，1956：7341.

东都、汝州行营节度使……京师乱，帝幸奉天，襄城陷，曜走洛阳。会母丧，夺为东都畿、汝节度使。迁河南尹。……贞元元年，部将叛。”① 是知崔迢建中四年（783）至贞元元年（785）虽然受到哥舒曜知遇，然身逢乱世，颇难得志。

2. 郑滑节度使贾耽判官

《崔迢墓志》：“后又为郑滑节度使相国贾公耽邀署节度巡官，佐理有谋，语言道合，累陈章表，请酬官秩，属府君伯仲安平穆公践履台衡，出纳喉舌，止绝止外，推荐是私。”按，贾耽为郑滑节度使在贞元二年（786）至九年（793）。《旧唐书·德宗纪上》：贞元二年九月丁酉，“以东都畿唐邓汝等防御观察使贾耽检校尚书右仆射，兼滑州刺史、义成军节度、郑滑等州观察使”②。同书《德宗纪下》：贞元九年五月，“甲辰，以义成军节度、检校右仆射贾耽为左仆射、同中书门下平章事”③。崔迢为贾耽节度巡官在贞元二年，不久其伯仲崔造入相，崔迢则退居安养。

3. 因伯兄崔造入相而退居安养

《崔迢墓志》：“属府君伯仲安平穆公践履台衡，出纳喉舌，止绝止外，推荐是私。当时之时，无所成名，岂非命欤?”这里的“伯仲安平穆公”为崔造，据《旧唐书·崔造传》记载，崔造字玄宰，博陵安平人。永泰中，与韩会、卢东美、张正则为友，皆侨居上元，好谈经济之略，当以王佐自许，时人号为“四夔”。拜吏部郎中、给事中，贞元二年正月，守本官同平章事。德宗以崔造敢言，为能立事，故不次登用。后因元琇事罢知政事，守太子右庶子。贞元三年（787）卒。墓志所谓“出纳喉舌”是指崔造“奏天下两税钱物，委本道观察使、本州刺史选官典部送上都；诸道水陆运使及度支、巡院、江淮转运使等并停”④ 等事。崔造为相，崔迢因避嫌而闲居，崔造罢免及卒，崔迢仍然仕途不顺。自贞元三年至宝历二年（826），由于四十年无所成名，遂成人生悲剧。

4. 试和州司马

《崔迢墓志》题为“大唐故朝议郎试和州司马飞骑尉崔府君墓志铭并序”，然墓志的序文和铭文中都没有直接涉及其为和州司马事，当是崔迢所任为“试”官，并非和州司马的实职。中唐时陆贽称“今之员外、试官，颇同勋散

---

① 欧阳修，宋祁，等．新唐书：卷一三五［M］．北京：中华书局，1975：4575－4576.

② 刘昫，等．旧唐书：卷一二［M］．北京：中华书局，1975：354.

③ 刘昫，等．旧唐书：卷一三［M］．北京：中华书局，1975：376.

④ 刘昫，等．旧唐书：卷一三〇［M］．北京：中华书局，1975：3626.

爵号，虽则授无费禄，受不占员，然而突铦锋、排患难者则以是赏之，竭筋力、展勤效者又以是酬之，其为用也，可谓重矣”①。其特点是“授无费禄，受不占员”，但也起到激励作用。但是到了唐代后期，试官非常冗滥，已是徒有虚名了。有关这方面，历史学者已经做了较为深透的研究②，可以参考。因此，崔迢的卒葬，与和州似乎没有关系，因为他卒于洛阳的履信里，葬于龙门山的崔氏先茔，而且按照西礼的习俗营葬，这还体现出浓厚的宗教色彩。然而，他虽然是没有实职的试官，但毕竟有“和州司马”之名义，因而作为和州刺史的刘禹锡为其墓志书丹，大概也就是二人的和州渊源了。

（作者单位：浙江大学）

① 陆贽．陆贽集：卷一四［M］．北京：中华书局，2006：450－451．

② 如杜文玉有《论唐代员外官与试官》，《陕西师范大学学报》1993 年第 3 期；李锦绣有《唐代“散试官”考》，载《唐代制度史略论稿》，北京：中国政法大学出版社，1998 年；陈志坚有《唐代散试官再探》，《北大史学》2001 年第 0 号。可以参考。

《刘禹锡选集》导读[①]

阎　琦

刘禹锡（772—842），字梦得，洛阳人，中唐著名诗人、文学家。诗文初与柳宗元齐名，并称“刘柳”，晚年与白居易唱和，并称“刘白”。新、旧《唐书》有传。其文集今传者有《刘宾客文集》三十卷，为刘禹锡自编订者。又有外集十卷，应是刘禹锡去世后由其后人补入者。其中诗约八百题，文（包括赋）约二百二十余篇。

刘禹锡的生平及仕宦经历，其线索大体清晰，斑斑可考。研究界对刘禹锡的籍贯（或族望）、民族、出生地等有些争议，可参看大陆已出版的相关传记、评传等，此处不赘。

刘禹锡一生可分为三个阶段：德宗贞元二十一年（805，其年八月顺宗内禅，宪宗即位，改元永贞）刘禹锡三十四岁以前是第一阶段。这一阶段是刘禹锡成长、读书、习为诗文及进入科场、初入官场阶段。第二阶段自宪宗元和元年（806）至敬宗宝历二年（826），刘禹锡三十五岁至五十五岁，因结交王韦（王叔文、韦执谊）而长期被贬在外。第三阶段自文宗大和元年（827）至会昌二年（842），刘禹锡五十六岁至七十一岁病逝于洛阳。晚年的刘禹锡仕途虽不尽如其意，但不再流离坎坷，虽曾短期外放为苏州、汝州、同州刺史，但皆是上州，且职衔显赫。其余时间多在两京间任职：虽然多是分司闲散之职，然职位不可谓不高。与白居易一样，刘禹锡也享高寿。

刘禹锡进入科场非常顺利：贞元八年（792），二十一岁的刘禹锡赴京应进士举，次年与柳宗元同登进士科，其年再登吏部博学宏词科，授太子校书。他后来颇为得意地说自己“是时年少，名浮于实，士林荣之”（《子刘子自传》）。相对于唐代久困科场的多数举子，相对于“四举于礼部乃一得，三选于吏部卒无成”（韩愈《上宰相书》）的韩愈，初入科场的刘禹锡堪称一路顺风。贞元末，即德宗薨、顺宗即位、王韦执掌朝政的短短半年之间，初入官场的刘禹锡更进入了一个短暂的“春风得意”期，他的职位攀升得很快。贞元十九年（803）登朝为御史台监察御史，二十一年正月，顺宗即位，王叔文擢

---

① 编者按：本文是阎琦先生《刘禹锡选集》的导读，全文32 000余字，本书节选其中一部分。

禹锡为屯田员外郎、判度支盐铁案。唐代文武散官品阶分二十九等，监察御史正八品上，员外郎从六品上。中间越过了从七品上、下，正七品上、下，从六品下，共五级。一般官员可能要经过十数年的攀登才能达到的高度，刘禹锡一日之间就达到了，故称得上是“越级超拔”（与刘禹锡待遇相同的还有柳宗元）。然而，福祸伏倚，贞元末刘柳与时为吏部郎中的韦执谊、翰林院以棋待诏侍奉太子的王叔文的相善，埋下了此后数十年坎坷际遇的种子，这颗种子造成的直接后果就是刘禹锡长达二十三年的被“弃置”在外（柳宗元因病早卒）。贞元末仕途的骤升、再远窜，严重挫伤了刘禹锡的政治锐气，不但阻碍了刘禹锡入仕道路攀升的步伐，而且使他长期积郁于胸，直到晚年即使看起来似乎已居于高位，但仍然不能化解。

本篇“导读”，欲谈两个问题：一是关于王韦集团及“王韦新政”与刘禹锡（还有柳宗元）的关系；二是关于刘禹锡的诗文。

自二十世纪六七十年代以来，论及王韦新政的著作、论文及相关哲学史、文学史教科书，可谓“汗牛充栋”，众口一词，誉为“革新”。偶尔有不同的声音，称为空谷足音亦不为过。故此，对刘禹锡作品的解读，极有必要反观发生在贞元末德、顺、宪三帝“接替”之际的王韦集团及王韦新政。王韦集团，旧史学家有称他们为“党人”的，当代史学家及相关教科书多将他们六个月的执政美化为“永贞革新”，并因“革新”的失败将他们当成中国历史上带有“悲剧”色彩的改革家。近年才有学者略觉“革新”不妥，改称“王韦新政”。“革新”也罢，“新政”也罢，说法略有不同，实质一样。我们将要花较多的笔墨，回顾发生在德宗贞元末的这一场“革新”或“新政”，看一看影响刘柳大半生的王韦集团如何形成及执政的本事究竟怎样，以及刘柳与王韦的关系究竟怎样。只有明晰了这些，我们才可以大致了解久久郁结在刘禹锡胸中的心结是如何形成的，也就会对他一生的心态、诗文创作增进了解，从而在对他抱一腔同情之心的同时，又对他充满无限痛惜惋慨之情。

德宗在位合计二十七年。当其晚年，弊政迭出（如五坊小儿、宫市等），不任宰相而亲信佞臣。两《唐书·德宗纪》史臣的“赞曰”都毫不客气地批评他晚年的执政，句句皆是诛心之论。如《新唐书》史臣“赞曰”：“德宗（晚年）猜忌刻薄，以强明自任，耻见屈于正论，而忘受欺于奸谀。故其疑萧复之轻己，谓姜公辅为卖直，而不能容；用卢杞、赵赞，则至于败乱，而终不悔。及奉天之难，深自惩艾，遂行姑息之政。由是朝廷益弱，而方镇愈强，至于唐亡，其患以此。”萧复、姜公辅皆德宗时有名的直臣，官至平章事，被罢后不复起用；卢杞、赵赞皆受德宗宠信的奸谀之臣。如果加上《旧唐书·德宗纪》、韩愈《顺宗实录》中所列出的忠臣，则还要补入李晟、陆贽等，奸佞之臣还要补入裴延龄、李齐运、韦渠牟等。韦执谊、李实二位也可以补入奸佞之臣之列。“韦执谊，京兆旧族也……年踰冠，入翰林为学士，便敏侧媚，得幸于德宗”（《新唐书·韦执谊传》）；李实为唐宗室，“贞元十九年，为京兆尹，（司农）卿……恃宠强愎，不顾文法，人皆侧目”（《旧唐书·李实传》）。德宗晚年的这些弊政，被立为太子已近二十年、“每以天下为忧”（《顺宗实录》卷一）的李诵（即位后为顺宗）看在眼里，有时也规劝父皇一二。《顺宗实录》卷一载：

德宗在位久，稍不假宰相权，而左右得因缘用事。外则裴延龄李齐运韦渠牟等以奸佞相次进用。延龄尤狡险，判度支，务刻剥聚敛以自为功，天下皆怨怒。上（按指顺宗）每进见，候颜色，辄言其不可。至陆贽张滂李充等以毁谴，朝臣惧惧，谏议大夫阳城等伏阁极论，德宗怒甚，将加城等罪，内外无敢救者，上独开解之，城等赖以免。德宗卒不相延龄渠牟，上有力焉。

至贞元十九年，即刘禹锡、柳宗元、韩愈进入御史台为监察御史时，德宗六十二岁，年寿已高，病入膏肓，朝夕不能保，于是在太子周围很自然形成了一个官僚集团。这个集团的核心人物就是王叔文、王伾和韦执谊。王叔文、王伾俱待诏翰林，王伾以书侍太子，王叔文以棋侍太子，颇有宠。翰林待诏或称翰林供奉，延文章之士入翰林院，随时听候皇帝传唤。技艺之士（如书、画、琴、棋、术数、医官、占星），入翰林院待诏，与可以参与国家机密、处分朝廷大政的翰林学士不同。王叔文的实际职事为苏州司功参军，因围棋技艺被召至宫中为翰林待诏，并借此接近太子，有时也与太子议论时政。《顺宗实录》同卷有一段文字，最能说明以棋待诏的王叔文的“深沉多计”：

上在东宫，尝与诸侍读并叔文论政。至宫市事，上曰：“寡人方欲极言之。”众皆称赞，独叔文无言。既退，上独留叔文，谓曰：“向者君奚独无言，岂有意邪?”叔文曰：“叔文蒙幸太子，有所见，敢不以闻。太子职当侍膳问安，不宜言外事。陛下在位久，如疑太子收人心，何以自解?”上大惊，因泣曰：“非先生，寡人无以知此。”遂大爱幸。

刘禹锡《子刘子自传》谓“时有寒隽王叔文以善弈棋得通籍博望”，“叔文北海人，自言（王）猛之后，有远祖风”。北海王猛为东晋时人，博学，识度深远，秦苻坚尝引为股肱，秦赖以强大。刘禹锡说叔文“自言猛之后”，语气上多少有些保留，但又说他“有远祖风”，则仍旧肯定他有政治家遗传并确实具政治家作风。柳宗元有为王叔文母写的《河间刘氏志文》（《柳河东集》卷一三），称王叔文“贞元中待诏禁中，以道合于储君，凡十有八载”。柳文作于贞元二十一年，依此上推十八年，则王叔文入东宫与太子相伴在贞元四年(788)。最初自然是商量棋艺，相处一长，渐渐地由棋而转入政治，“以道（朝政）合于储君”。但是，当贞元四五年之际，德宗尚富于春秋，王叔文没有条件萌生将来执掌朝廷大权的幻想。王叔文后来萌生了执政的幻想，由以下几个原因导致：一是太子对自己的信任，二是与王伾、韦执谊的结识、合流。王伾与王叔文同为翰林待诏，不消说结识很早，而王叔文与韦执谊的结识则是“因缘凑巧”。《旧唐书·韦执谊传》：

> 德宗载诞日，皇太子献佛像，德宗命执谊为画像赞，上令太子赐执谊缣帛以酬之。执谊至东宫谢太子，卒然无以藉言，太子因曰：“学士知叔文乎？彼伟才也。”执谊因是与叔文交甚密。俄丁母忧，服阕，起为南宫郎（吏部郎中）。

韦执谊入翰林为学士在贞元二年（786），“年逾冠，召入翰林学士”(《旧唐书》本传)；如此年轻即入为翰林学士，这在唐代士人中少见。所说德宗“载诞日”，指贞元十二年（796）四月德宗御麟德殿召官员与道士、沙门讲论儒、道、释三教（见《旧唐书·韦渠牟传》)，此时韦执谊在东宫与王叔文初逢；韦“丁母忧”在贞元十六七年，服阕后为吏部郎中，应在贞元十九年，王韦的“交甚密”应该在此一段时间。王韦集团最后形成的基础是王韦与刘柳等新锐之士的密结。《顺宗实录》卷五：

> 叔文说中上意，遂有宠，因为上言：“某可为将，某可为相，幸异日用之。”密结韦执谊，并有当时名欲侥幸而速进者：陆质、吕温、李景俭、韩晔、韩泰、陈谏、刘禹锡、柳宗元等十数人，定为死交，而凌准、程异等又因其党而进。交游踪迹诡秘，莫有知其端者。

王叔文确有鉴识眼光。刘柳才高当世不必说，即韩晔、韩泰、陈谏、凌准、程异、李景俭等，皆当世之才。韩晔、陈谏、凌准、韩泰《旧唐书》有传附王叔文传后，称：晔“有俊才”，谏“警敏”，准“有史学”，泰“有筹划，能决大事”。程异、陆质、李景俭、吕温《旧唐书》各有传，称：异“精吏治”，质“明《春秋》”，俭“性俊朗，博闻强记，颇阅前史，详其成败”，温“天才俊拔，文才赡逸”。其中，王韦最器重者，一为李景俭，“待以管、葛之才”，一为刘禹锡，“每称有宰相器”。王韦败时，刘柳韩陈等皆连坐，而陆质先已死，李景俭居母丧，吕温奉使入吐蕃未归，此三人不及从坐。

刘禹锡《子刘子自传》：“叔文……自言猛之后，有远祖风；惟东平吕温、陇西李景俭、河东柳宗元以为信然。三子者皆与予厚善，日夕过言其能。”东宫与台、省官员十数人“密交”往来，“踪迹诡秘，莫有知其端者”，这是很反常的。唐代官员休沐日诗酒聚会酬答，原很平常；然以上诸人，除刘、柳、吕外，其他诸人可以说皆不具备“诗人面目”（《全唐诗》今存李景俭参与的联句诗一首，存韩泰残句二。陈谏、陆质、二王、韦等俱无诗），从贞元十九年王韦集团形成到贞元二十一年正月顺宗即位，一年有余，他们频繁的诡秘交游都议论些什么？当然就是有朝一日太子即位应实行的所谓“新政”。奇怪的是韩愈倡古文，亦有名于时，贞元十九年自四门博士迁监察御史，与刘柳为同僚，却不在王韦罗致的范围之内。韩与刘柳既为同僚，且为文章密友，很可能觉察到了刘柳私下的一些活动，而二王及韦最顾忌的就是有人议论他们交密的事，于是有贞元十九年王韦联手打击张正买之事。《顺宗实录》卷五：

> 贞元十九年，左补阙张正买（《资治通鉴》卷二三六作张正一）疏谏他事，得召见。正买与王仲舒、韦成季、刘伯刍、裴茝、常仲孺、吕洞相善，数游止。正买得召见，诸往来者皆往贺之。有与之不善者，告叔文、执谊云：“正买疏似论君朋党事，宜少诫！”执谊、叔文信之。执谊……因言成季等朋燕聚游无度，皆谴斥之，人莫知其由。

“朋党”是王韦等忌讳的词语，此时先用来诬陷、打击并非政敌的对手。这可以视作王叔文、韦执谊在正式执掌政权之前的一次“预演”，一次“牛刀小试”。贞元十九年冬，京师大旱，韩愈与御史台同僚张署上疏请缓征今年赋税，疏上，韩贬阳山令，张贬临武令。鉴于张正买无故被贬，韩愈颇疑心是刘柳“语言泄”而致使王韦出手打击了他。韩愈的推论是：他对王韦们的结党有所议论，但没有回避刘柳，于是刘柳泄其“语言”予王韦，王韦借上疏远贬韩愈。韩愈的阳山之贬造成了韩与刘柳之间长期的误会，直到元和十四年（819）柳宗元去世，长庆四年（824）韩愈去世，韩愈与刘、柳之间的误会似乎也未彻底消除。关于韩与刘柳之间的这一桩“公案”，学术界至今未能有结论。这多少有些题外话。读者可参看本选集刘禹锡贞元末五言长诗《韩十八侍御见示岳阳楼别窦司直因令属和重以自述故足成六十二韵》题解及相关评析。总之，当贞元末，已经形成了以东宫二王、尚书省韦执谊为首，王韦罗致的一批急于进取的年轻新锐结合成的朝廷以外的政治小集团，或太子身边的私党。这个政治小集团甚至还在朝廷内外造成人人自危的“恐怖”气氛。其时在长安的白居易后来回忆说：“臣观贞元之末，时政严急，人家不敢欢宴，朝士不敢过从，众心无憀，以为不可。”（《白居易集》卷六〇《论左降独孤朗等状》）当王韦实际掌握了朝政大权的时候，志得意满的王叔文动辄就要取某人的性命。《顺宗实录》卷四：

> （贞元二十一年）六月乙亥，贬宣州巡官羊士谔为汀州宁化县尉。士谔性倾躁，时以公事至京，遇叔文用事，朋党相煽，颇不能平，公言其非。叔文闻之，怒，欲下诏斩之，执谊不可；则令杖杀之，执谊又以为不可，遂贬焉。

羊士谔为贞元、元和间著名诗人，元和十四年仕至户部郎中。若依王叔文脾气，贞元末羊士谔就成刀下之鬼了。所谓“性倾躁”，就是心直口快，敢说敢道。

贞元二十一年正月癸巳，德宗崩，丙申，太子即位，是为顺宗。顺宗即位，即以韦执谊为尚书左丞、同平章事（不久改中书侍郎、平章事），以王伾为左散骑常侍、依前待诏翰林（不久为翰林学士），以王叔文为起居舍人、翰林学士（不久改盐铁副使，再改户部侍郎，仍兼盐铁副使，但去学士之职）。凡王韦集团中人，职位皆有大幅度升迁。并大力实施他们所谓的“改革”或“新政”。据《顺宗实录》《旧唐书·顺宗纪》《通鉴》，可以统计出自贞元二十一年正月顺宗即位至八月退位为太上皇，所施行的新政，约有六事：

一是二月六日，罢翰林阴阳星卜医相覆棋诸待诏三十二人（一说四十二人）。二是二月二十一日，谴责京兆尹李实“残暴掊敛之罪”，远贬为通州长史。三是二月二十四日，罢宫市、罢五坊小儿。四是二月二十五日，罢盐铁使额外进献。五是三月一日，出宫女三百人，又出掖庭教坊女乐六百人，召其亲属归之。六是三月二日，下诏追还德宗时被贬的名臣忠州别驾陆贽、郴州别驾郑余庆、道州刺史阳城等，然陆贽、阳城未及闻诏已卒于贬所。

以上，除第一项是王叔文“以棋待诏，既用事，恶其与己侪类相乱，罢之”（《顺宗实录》卷一）外，其他各项还是大得人心的，故《顺宗实录》在如实记载这些措施后数用“人情大悦”称赞之。京兆尹李实强征暴敛，贬通州长史时，《顺宗实录》曰：“市里欢呼，皆袖瓦砾遮道伺之，实由间道获免。”

真正称得上是王韦“新政”的，是王叔文尝欲夺宦者兵权，即神策军权力，而以右金吾大将军范希朝兼之，以韩泰为行军司马。王叔文的计划被宦者俱文珍识破，未能得志。宦官执掌神策军，为中唐以后军政大弊端，王叔文谋夺宦者兵，为力主王叔文永贞实行“革新”的史学家们最欣赏的证据。但也另有识见卓异的史学家指出：“神策军则系中央拥有的强大野战部队，为唐室所依仗的可靠武力，此所以不敢轻易交付职业军人而必由天子的代理人宦官来统率。”笔者甚表同意。可详参黄永年先生《文史探微》（中华书局2000年版）有关篇章。德宗朝，节镇兵数次哗变，闹得天翻地覆，唐室几乎崩溃：建中四年，泾原兵哗变，拥立原幽州节度使朱泚叛唐、称帝，德宗弃宗庙，亡奉天；次年（兴元元年），河中尹李怀光又叛，德宗走梁州。职业军人之不可靠，可见一斑。范希朝将军或可称忠心，范之后的继任者呢？宦者掌兵权，在宫中甚至可以随意拥、废皇帝，但宦者无论怎样绝对不可以自立为帝。这一点，中唐以后的皇帝都是明白的。神策军大权，宁可付与家奴，也不可交付军人。

封建社会，新皇帝初即位，大率都有几项新措施以安天下。姑以德宗即位之初颁行的命令为例：一是，罢山南枇杷、江南柑橘岁贡，罢剑南岁贡春酒十斛；二是，停梨园使及伶官之冗食者三百人；三是，五坊鹰犬皆放之；四是，出宫女百余人；五是，兵部侍郎黎干害若豺狼，特进刘忠翼掩义隐贼，并除名长流，俱赐死；六是，天下进献并停。乙未，扬州每年贡端午日江心所铸镜，幽州贡麝香，皆罢之。以上，皆发生在德宗大历十四年（779）五月即位至六月间，可也算得“新政”或“革新”？前所称黄永年先生《文史探微》中一篇《所谓“永贞革新”》中有一段云：“放宫女的事情，除众所周知的唐太宗曾把‘怨女三千放出宫’外，打开《册府元龟》可看到‘帝王部·仁慈’里还记载了不少。在唐朝高宗、睿宗、宪宗、穆宗、敬宗、文宗都放出过，其中收拾王叔文集团的宪宗在元和八年就‘出宫人二百车，许人得娶以为妻’，这在人数上也未必少于顺宗。至于赋税，在封建社会里本是经常减免的，查一下《册府元龟》‘邦计部·蠲复’，就知道在唐代几乎所有的皇帝都下诏减免过，光宪宗一朝就有二十二次之多。如果这都算‘革新’，那历史上的革新人物也就未免太多了。”读罢这一段文字，曾经喧嚣一时，至今仍不时出现在刊物、教科书上的所谓“永贞革新”，不就像肥皂泡一样轻轻一戳就破碎了吗？

施行“新政”的几个头面人物，包括他们罗致的几个新锐，人品上也多有可指责之处。《资治通鉴》卷二三六“顺宗永贞元年（805）”：

> 伾寝陋，吴语，上所亵狎；而叔文颇任事自许，微知文义，好言事，上以故稍敬之，不得如伾出入无阻。叔文入至翰林，而伾入至柿林院，见

李忠言、牛昭容计事。大抵叔文依伾，伾依忠言，忠言依牛昭容，转相交结。每事先下翰林，使叔文可否，然后宣于中书，韦执谊承而行之。外党则韩泰、柳宗元、刘禹锡等主采听外事，谋议唱和，日夜汲汲如狂，互相推奖，曰伊，曰周，曰管，曰葛，僩然自得，谓天下无人，荣辱进退，生于造次，惟其所欲，不拘程式，士大夫畏之，道路以目。素与往还者，相次拔擢，至一日除数人。其党或言曰，“某可为某官”，不过一二日，辄已得之。于是叔文及其党十余家之门，昼夜车马如市。客候见叔文、伾者，至宿其坊中饼肆、酒楼下……伾尤阘茸，专以纳贿为事，作大柜贮金币，夫妇寝其上。

《顺宗实录》卷二还记载了王叔文初得志骄横跋扈的一段“细事”：

（三月）丁酉，吏部尚书平章事郑珣瑜称疾去位。其日，珣瑜方与诸相会食中书。故事，宰相方食，百僚无敢谒见者。叔文是日至中书，欲与执谊计事，令直省通执谊。直省以旧事告，叔文叱直省，直省惧，入白执谊。执谊逡巡惭赧，竟起迎叔文，就其阁语良久。宰相杜佑、高郢、珣瑜皆停箸以待。有报者云：“叔文索饭，韦相公已与之同餐阁中矣。”佑、郢等心知其不可，畏惧叔文、执谊，莫敢出言。珣瑜独叹曰：“吾岂可复居此位!”顾左右，取马径归，遂不起。

杜佑、高郢、郑珣瑜与韦执谊同为宰相，而王叔文并不将他们放在眼里。以上两段记载或有夸大之处，但绝不至完全失实。按，韩愈《顺宗实录》每被袒护王韦的学者指为“褊私”“偏见”。其见未必公正。韩愈为国史馆修撰在元和八年（813），距王韦执政不过八九年，韩不但是当事人，其所据者为国史馆文献资料，并非出于个人私见。两《唐书》相关纪、传与《资治通鉴》多采用《顺宗实录》的材料，说明《顺宗实录》足以作为信史。指责《顺宗实录》材料不实，或韩愈态度“褊私”“偏见”，那就得列举另外的文献来加以证明。动辄说《顺宗实录》不实，又无新文献佐证，往往就夹杂了个人的好恶，甚至为时代的政治思潮所左右①。宪宗即位，贬王叔文及八司马等，其《贬韦执谊崖州司马制》曰："韦执谊……早居禁署，谬列鼎台，直谅无闻，奸回有素，负恩弃德，毁信废忠，言必矫诬，动皆蒙蔽，官由党进，政以贿成……"《贬王伾开州司马王叔文渝州司户参军制》曰："王伾……王叔文等……骤居左掖之秩，超赞中邦之赋，曾不自厉，以效其诚，而乃漏泄密令，张惶威福，畜奸冒进，黩货彰闻，迹其败类，载深惊叹……""制书"既是皇帝的旨意，也代表了宪宗朝对王韦等的公论，作为国史馆修撰的韩愈不可能超越朝廷公论而另立他论。何况韩愈《顺宗实录》对王韦执政期间一切善政非但毫无隐瞒，还大书特书，《顺宗实录》卷二还全文录用了顺宗极尽褒美之辞的《授王叔文盐铁副使制》②。韩愈的身份有两个：一个是史官身份，一个是（刘柳）朋友身份。当他撰写《顺宗实录》时，是第一个身份，只能据史直书；当他为柳宗元撰写《墓志》《祭文》以及《柳州罗池庙碑》时，则是第二个身份，感情充沛，激荡低回，义形于色。在《柳子厚墓志铭》中，韩愈说到柳宗元参加王叔文集团，很谨慎地用"不自贵重顾藉，谓功业可立就，故坐废退"数语来为柳宗元掩饰，不失为友人之道。元和十四年，韩愈自潮州量移袁州，举王韦党人、时为漳州刺史的韩泰自代，《自代状》云："前件官（按指韩泰）词学优长，才器端实；早登科第，亦更台省；往因过犯，贬黜至今，十五余年。自领漳州，悉心为治，官吏惩惧，不敢为非；百姓安泰，并得其所。"从中看到的只是韩愈的一片公心，并无"褊私""偏见"可言。

贞元二十一年四月，册广陵王纯为皇太子；七月乙未，权勾当军国政事（监国）；八月丁酉，顺宗内禅，宪宗即皇帝位；壬寅，下诏贬王伾开州司马，贬王叔文渝州司户（明年赐叔文死）；九月己卯，贬韩泰、韩晔、柳宗元、刘禹锡为远州刺史，柳得邵州，刘得连州；十一月壬申，贬韦执谊为崖州司马。朝议谓王叔文之党贬之太轻，韩泰、韩晔及刘柳再贬为远州司马，当时不在朝

① 韩愈《顺宗实录》至文宗朝，的确有指责其不实的舆论。《旧唐书·路随传》："韩愈撰《顺宗实录》，说禁中事颇切直，内官恶之，往往于上前言其不实，累朝有诏改修……文宗复令改正永贞时事。"路随时以宰相兼修国史，上奏称不宜修改，若要修改，请文宗明确"条示旧记最错误者，宜付史官，委之修定"。文宗后来果然"条示"了《顺宗实录》几处"书德宗、顺宗朝禁中事"，着史官"详正刊去，其他不要更修"。可见，指责《顺宗实录》"不实"者是内官，所谓"不实"处，是指令宦者不悦的"说禁中事颇切直"者。后世史家随宦者之后指责《顺宗实录》"不实"或存"褊私""偏见"，识见何其陋哉。

② 《授王叔文盐铁副使制》："朕新委元臣……起居舍人王叔文，精识瑰材，寡徒少欲，质言无隐，沉深有谋。其忠也，尽致君之大方；其言也，达为政之要道；凡所询访，皆合大猷。宜继前劳，伫光新命。"见《顺宗实录》卷二。制书的文辞或者就是王韦党中人起草的，但也大体符合王叔文初执政时情况。

中的陈谏、凌准、程异亦贬远州司马。其中，柳得永州，刘得朗州，时号为“八司马”。对八司马，“宪宗欲终斥不复，乃诏虽后更赦令不得原”（《旧唐书·刘禹锡传》）。王叔文赐死贬所，王伾、韦执谊不久病死。总之，以二王、韦执谊为首的顺宗东宫一党，无论在政治上、精神上还是肉体上，都算是彻底垮了。

王韦一党，如果从王叔文因母丧归家算起，掌朝政不过六个月；从宪宗八月即位开始清算王韦党人算起，亦不过八个月。仔细考察王韦一党之作为，其迅速垮掉原不在意料之外：第一，将执政寄托在一位病入膏肓的皇帝身上即大错。顺宗即位前（贞元二十年九月）即“风病，不能言”（《旧唐书·顺宗纪》），亦即通常说的脑意外、中风不语。《实录》卷四：“上自初即位，则患疾不能言。至四月，益甚，时扶坐殿，群臣望拜而已，未尝有进见者。”王韦集团决事的方式是：“叔文入至翰林，而伾入至柿林院，见李忠言、牛昭容计事。大抵叔文依伾，伾依忠言，忠言依牛昭容，转相交结。每事先下翰林，使叔文可否，然后宣于中书，韦执谊承而行之。”（《资治通鉴》卷二三六）顺宗的失言表示封建国家的中枢停滞，也使王叔文、韦执谊企图长期执行“新政”失去依赖的可能性。第二，反对立太子、太子监国，将自己置于与新帝对立面地位，更是大错特错。因为顺宗病风不能语，立太子、使太子监国即成为迫在眉睫的大事，也是维持封建国家基本秩序的必然之举。不能因为首先上表请皇太子监国的是几个方镇①，不能因为最先提出立广陵王纯为太子的是几个宦官②，就否定在当时情况下立太子、太子监国的重要性。广陵王纯（即位后为宪宗）为嫡为长，立为太子既符合舆情，亦合封建伦常。纯当时二十八岁，政治上业已成熟，有作为，即位后以“刚明果断”称，在位十五年，“慨然发奋，能用忠谋，不惑群议”（《新唐书·宪宗纪》），号为“元和中兴”。宪宗的英明有为是让后来的刘柳感到难堪的事，让他们晓得自己当年合力拥戴病体沉绵的顺宗是多么的不值得；而王韦在立太子、太子监国等重大举措中，皆另有别图，站在宪宗的对立面。后来铸成王叔文杀身之祸，刘柳等“八司马”

① 《顺宗实录》卷四：“癸丑，韦皋上表请皇太子监国，又上皇太子笺。寻而裴均、严绶表继至，悉与皋同。”韦皋为剑南西川节度使，裴均为荆南节度使，严绶为河东节度使。

② 《顺宗实录》卷四：“乙未，诏：‘军国政事，宜权令皇太子某勾当。百辟群后，中外庶僚，悉心辅翼，以底于理。宣布朕意，咸使知闻。’上自初即位，则疾患不能言，至四月，益甚……天下事皆专断于叔文，而李忠言、王伾为之内主，执谊行之于外。（叔文等）朋党喧哗，荣辱进退，生于造次，惟其所欲，不拘程度。既知内外厌毒，虑见摧败，即谋兵权，欲以自固，而人情益疑惧，不测其所为，朝夕伺候。会其与执谊交恶，心腹内离，外有韦皋、裴均、严绶等笺表，而中官刘光琦、俱文珍、薛盈珍、尚演、解玉等皆先朝任使旧人，同心怨猜，屡以启上。”

远贬、纵逢恩赦亦不得复用的原因，皆缘于此。《唐会要》卷八〇《朝臣复谥》载李巽（时任兵部侍郎）之言曰：“当先朝之日，上体不平，奸臣王叔文擅权作朋，将害于国。”李肇（贞元进士，长庆时为左司郎中）《唐国史补》卷中云：“顺宗风噤不言，太子未立，牛美人有异志。”朝政安危，到了千钧一发之际。《新唐书·郑絪传》：“顺宗病，不得语。王叔文与牛美人用事，权震中外，惮广陵王雄睿，欲危之。帝召絪草立太子诏，絪不请辄书曰：‘立嫡以长。’跪白之，帝颔乃定。”自是唐王室始获安定。所以宪宗一即位，即着手处分王韦等：“八司马”相继被贬，且制书有“逢恩不原”之令；王叔文被贬并被赐死。他们的获罪应皆与反对宪宗有关。在唐代律令中，这是可以以“谋逆”论处的。第三，王韦集团势单力薄，在朝廷远没有形成坚实力量，亦缺乏舆论支持，与多数朝官形成脱离、对立局面。据《新唐书·宰相年表》，顺宗时期的宰相有杜佑、高郢、郑珣瑜、郑余庆、韦执谊、袁滋等，在同列中，韦执谊不但孤立无援，且树敌甚多。韦执谊为杜黄裳子婿，翁婿同朝，但杜黄裳在立太子、太子监国的立场上，即与韦执谊不同[①]。翰林学士郑絪、卫次公、王涯等亦不与王韦等同心。朝官中，除宰相、翰林学士外，尚书省六部尚书、侍郎，御史台御史大夫、中丞，以及卿监百司的长官，皆是大员，而未闻何人与王韦为政治同盟。王韦此前罗致了一批新锐，但当王韦掌朝政时，李景俭在洛阳居丧，陆质已卒，吕温使吐蕃未归，陈谏为河中少尹，不在京，程异为盐铁扬子院留后，不在京。在京者，唯柳宗元、刘禹锡、韩泰与韩晔。其位仅为郎中、员外郎，属中下层官员，虽皆称干才，骤参国事，却易引起百僚非议，适得其反。第四，王韦由合而分，最后彻底决裂。王叔文一意孤行，迫公议，韦执谊或已预见到一切顺从王叔文，自己将陷于覆亡之路，故在诸多施政问题上与王叔文有意异同，表示与王叔文切割，保持距离，终成仇怨。王叔文母死，“伾日诣中人并杜佑请起叔文为相，且总北军（即神策军）。既不得，请以威远军（亦禁军）使平章事，又不得。其党皆忧悸不自保”（《顺宗实录》卷四）。至山穷水尽地步，王叔文还欲总揽军、财、政大权以自保，其自不量力与权力欲望，都达到顶点。事终不成，王叔文归第，王伾无所作为，遂佯狂称中风，舆归，不出。王韦党人自王叔文居丧（贞元二十一年六月），可以说已经垮了。第五，如上所说，王韦党核心人物（二王、韦）的个人品行都谈不上高尚，甚至可以说相当低下。王伾、韦执谊不必说了，即如刘柳特加

① 《旧唐书·杜黄裳传》：“杜黄裳……为裴延龄所恶，十年不迁。贞元末，为太常卿。黄裳终不造其门。尝语其子婿韦执谊，令率百官请皇太子监国，执谊遽曰：‘丈人才得一官，可复开口议禁中事耶？’黄裳勃然曰：‘黄裳受恩三朝，岂可以一官见买！’即拂衣而出。”

赞赏的王叔文，时有深谋，亦时有跋扈之气，然一旦临小利害，即卑卑无足道。两《唐书·王叔文传》俱载其母死前一日，王叔文以五十人担酒馔入翰林宴宦官李忠言、刘光琦、俱文珍及诸学士等请谅解；母已死，王叔文匿而不报，托王伾代谋起复。这在封建社会皆属为人不齿、大逆不道之事。如此“革新派”，如此“新政”集团，焉有不败之理？

《新唐书》在王叔文、韦执谊等传后有史臣赞曰：“叔文沾沾小人，窃天下柄，与阳虎取大弓，《春秋》书为盗无以异。”“沾沾小人”即小人得志貌；阳虎即《论语》中的阳货，名虎，字货，春秋时鲁国大夫季氏家臣。季氏掌鲁国朝政，而阳货又掌季氏家政。“大弓”喻国之重宝。史臣以阳虎拟叔文，还是很恰当的。

至此乃可以论刘禹锡（也包括柳宗元）与王韦集团及王韦“新政”的关系。

王韦，尤其是王叔文，对刘柳特别赏识，刘柳对王叔文的才能也有很高评价。这是双方关系的第一层。《旧唐书·刘禹锡传》：“王叔文于东宫用事，后辈务进，多附丽之。禹锡尤为叔文知奖，以宰相器待之。顺宗即位……叔文引禹锡及柳宗元入禁中，与之图议，言无不从。”《柳宗元传》：“顺宗即位，王叔文、韦执谊用事，尤奇待宗元。与监察御史吕温密引禁中，与之图事……叔文欲大用之。”刘禹锡《子刘子自传》对叔文有赞誉之词，前已引过①；柳宗元《河间刘氏志文》：“叔文坚明直谅，有文武之用……嗣皇承大位，公居禁中，吁谟定命，有扶翼经纬之绩。”王叔文对刘柳的才干极表欣赏，执政之初，即“超拔”刘柳，引入枢密重用，刘柳因对王叔文的超拔心存感激而奋力前行，竭其所能协助王韦执政，并表现得相当强势，这是双方关系的第二层。《旧唐书·刘禹锡传》：“（禹锡）颇怙威权，中伤端士。宗元素不悦武元衡，时武元衡为御史中丞，乃左授右庶子。侍御史窦群奏参禹锡挟邪乱政，不宜在朝，群即日罢官……既任喜怒凌人，京师人士不敢指名，道路以目，时号二王、刘柳。”当王韦执政之初，刘柳的奋力而行，原因在于自信是忠君为国的正义事业，个人事功寄托于此，自然也兼有报答王韦“知遇”之恩的意思。刘禹锡《上杜司徒书》云：“小人受性颛蒙，涉道未至，末学见浅，少年气粗，常谓尽诚可以绝嫌猜，徇公可以弭谗诉，谓慎独防微为近隘，谓艰贞用晦

① 《旧唐书·刘禹锡传》又称禹锡为监察御史时“与吏部郎中韦执谊相善”。柳文中未尝提及执谊，刘仅在《子刘子自传》中说到叔文“后命终死”后补了一句“宰相贬崖州”。究其原因，或与执谊在执政后期有意与叔文“异同”、以示切割，引起宗元与禹锡的不满。然禹锡长庆间为夔州刺史时，执谊子韦绚以故人之子的身份由襄阳往夔州访禹锡，问前朝故事，成《刘公嘉话录》一书。刘禹锡与韦执谊关系，颇堪耐人寻味。

为废忠。”与柳宗元《寄许京兆孟容书》所说“宗元早岁，与负罪者亲善。始奇其能，谓可以共立仁义，裨教化”（《柳河东集》卷三〇）同义。但当是时，刘柳难免有少年得志、浮躁轻狂之处，得罪同列甚至引起他人嫉恨亦在所难免。柳宗元在《寄许京兆孟容书》说自己“素贫贱，暴起领事”，在《与萧翰林俛书》（《柳河东集》卷三〇）中说“仆当时年三十三，甚少，自御史里行得礼部员外郎，超取显美”，即是此意，都可以见出柳（也包括刘）在王韦执政之初年少气盛、踔厉风发情状。刘禹锡贬后有致昔日上司杜佑书，倾诉委曲，求杜佑施援，然刘禹锡似乎一直未得到杜佑谅解。刘柳在贬远州司马之后，对待与王韦的关系有所不同：柳宗元对自己贞元末的政治作为有较为深刻的反省，而刘禹锡则坚持立场到底。这是刘柳与王韦双方关系的第三层。柳宗元初抵贬地永州，有《寄许京兆》《与萧翰林》二书，在《寄许京兆》书中承认自己“年少气锐，不识几微，不知当否，但欲一心直遂，果陷刑法，皆自所求取得之”。“不识几微，不知当否”，其意就是未能及时判断出顺、宪二帝朝代换易之际政治暗流的方向，也未能就朝廷官员的舆论倒向大势做出判断，从而对自己的政治前途做出正确抉择，只是一味地跟随王韦一路走下去。柳宗元同时还有《答问》（《柳河东集》卷一五）一篇，借答客人问对自己贞元末的作为有类似表白：“仆少尝学问，不根师说，心信古书，以为凡事皆易，不折之以当世急务，徒知开口而言，闭目而息，挺而行，踬而伏……冲罗陷阱，不知颠踣，愚蠢狂悖。”柳宗元又有《惩咎赋》，云：“惩咎愆以本始兮，孰非余心之所求……苟余齿之有惩兮，蹈前烈而不颇。”《新唐书》本传录此赋，评云：“宗元不得召，内悯悼，悔念往昔，作赋自儆。”大凡人对自己昔日的立场、行为总有一个最合适的理由。被贬永州后，柳宗元于冷静中乃有深刻反省，从早年的立场退后一步，负疚、自责，每以“负罪人”自居，这对他来说极不容易。刘禹锡则与柳宗元不同。《子刘子自传》作于会昌二年（842）刘禹锡七十一岁时，几乎是绝笔，刘禹锡仍旧固守早年的立场，毫不退让，这符合他的性格。这很容易使人联想到他元和、大和间两为玄都观看花诗讥刺朝廷权贵。元和十年（815）刘禹锡初返长安，是裴度等为其“争取”来的一个机会，当时朝廷重要大臣如韦贯之、裴度、李绛、权德舆、崔群等皆杰出人才，且都与刘禹锡保持良好关系。刘禹锡写玄都观看花诗，不过在情绪上完成了泄愤的需要而已，书生意气太重而政治家涵养不足，结果不但丧失了自己梦寐以求的从政机会，且连累了柳宗元、韩晔、韩泰等挚友。十三年之后，即大和二年（828），刘禹锡入长安为主客郎中，再赋玄都观看花诗。今之人对刘禹锡两赋玄都观看花诗，如桴鼓之相应，甚为津津乐道，其实就刘禹锡政治前途讲，实无此必要。《旧唐书·刘禹锡传》：“元和十年，自武陵召还，宰相复欲置之郎署。时刘禹锡作《游玄都观咏看花君子诗》，语涉讥刺，执政不悦，复出为播州刺史……大和二年，自和州刺史征还，拜主客郎中。刘禹锡衔前事未已，复作《游玄都观诗》，序曰……其前篇有‘玄都观里桃千树，总是刘郎去后栽’之句，后篇有‘种桃道士今何在，前度刘郎又到来’之句，人嘉其才而薄其行。刘禹锡甚怒武元衡、李逢吉，而裴度稍知之。大和中，度在中书，欲令知制诰，执政又闻诗序，滋不悦……终以恃才褊心，不得久处朝列。”裴度为刘禹锡安排的知制诰距中书舍人一步之遥，是天下文士最向往的职位；至中书舍人，再进一步至侍郎、尚书甚至更高，也就不远了。故再赋看花诗，又断送了刘禹锡难得的仕进机会。

《旧传》云：“虽名位不达，公卿大僚多与之交。”自开成元年（836）刘禹锡以太子宾客分司东都后，他除与白居易、元稹诗歌酬唱不止外，与裴度、令狐楚、牛僧孺、李德裕之间的诗歌唱和亦甚多。其他诗歌往还者，几乎遍及朝廷大僚。其中裴度为三朝元老，牛僧孺、李德裕为“牛李党”双方的核心人物，令狐楚、白居易也属牛党，而刘禹锡与他们皆能保持“等距离”交往，说明晚年的刘禹锡已与昔日“书生意气”甚浓的自己大有不同。这就有一个问题：既然玄都观看花诗已经成为过去，刘禹锡与朝中大僚业已普遍建立了密切关系，所谓“终以恃才褊心”，使刘禹锡“不得久处朝列”的“执政者”是谁呢？难道裴度、牛僧孺、令狐楚、李德裕还算不得朝廷首辅吗？很令人费解。不外乎一种解释：尽管裴、牛、李、令狐辈与刘禹锡诗歌酬唱的态度皆很诚恳，但他们未始不怀着对刘禹锡昔日两赋玄都观看花诗的忌惮，而不能倾力向皇帝推举。宪宗已故去，宪宗子穆宗继为皇帝，嗣后的敬宗、文宗、武宗皆穆宗子。当顺宗疾病、禁中议立太子时，宦官李忠言、牛昭容与王叔文等另有他图。所谓“另有他图”，就是不立宪宗而另立宪宗异母弟如郯王经、宋王结、郇王综、衡王绚等，他们的年龄与宪宗相差无几。储君之争非常激烈。最终李忠言的对立面俱文珍、刘光琦等与朝官郑絪等连手，挫败了李忠言与王叔文的联合，立宪宗为太子并最终即位为皇帝。宪宗及穆宗之后的几任皇帝自然不会忘记昔日曾反对过宪宗的王韦集团及其余党。

贞元末，二王、韦政治集团迅速集结，又转瞬败亡，原不足惜，可惜的是集团中如刘柳那样的才干杰出的新锐之士，因陷于王韦一党而酿成终生之恨。刘柳等一辈人俱成长于动乱中，有抱负，有志向，有才学，因急于追求个人事功、不识几微而导致个人仕途严重受挫。《新唐书》史臣在讥讽王叔文为“沾沾小人”后，继而针对刘柳发感叹道：“宗元等桡节从之，侥幸一时，……彼若不傅匪人，自励材猷，不失为名卿才大夫，惜哉！”北宋王安石《读柳宗元传》（《唐宋八大家文钞·临川集》卷九）亦云：“余观八司马，皆天下之奇才也，一为叔文所诱，遂陷入于不义。”苏轼《续欧阳子〈朋党论〉》有云：“唐刘禹锡、柳宗元，使不陷于叔文之党，其高才绝学，亦足以为唐名臣矣！”（《文钞·东坡文钞》卷一六）与《新传》史臣的言论同。韩愈在《柳子厚墓志铭》最后婉曲地对柳宗元遭遇的不幸，以及不幸中的大幸，即成就了他文学上的巨大成就，表示了他一贯的“文穷而后工”的看法：“然子厚斥不久，穷不极，虽有出于人，其文学辞章必不能自力，以致必传于后如今无疑也。虽使子厚得所愿，为将相于一时，以彼易此，孰得孰失，必有能辨之者。”拿来概括刘禹锡的一生，大体亦是如此。所不同者，是柳宗元被贬永州后即健康急剧恶化，终于没能熬出头，元和十四年卒，年仅四十七岁。刘禹锡不但熬过了宪宗，还熬过了穆宗、敬宗、文宗，一直熬到武宗会昌。会昌元年（841），刘禹锡七十岁，有《岁夜咏怀》诗，云：“弥年不得意，新岁又如何？念昔同游者，而今有几多？以闲为自在，将寿补蹉跎。春色无情故，幽居亦见过。”“将寿补蹉跎”是刘禹锡面对现实极无奈又自我慰藉的话。大和七年（833），刘禹锡六十二岁，在苏州刺史任，朝廷赐紫金鱼带。这是对州刺史一级官员极高的待遇。开成五年（840），刘禹锡六十九岁，任秘书监，从三品，虽然分司东都，职位却不低；次年，即会昌元年，加检校礼部尚书，兼太子宾客。刘禹锡的职衔不可谓不显赫，但他的生命也走到尽头了。他终于没能在自己年富力强时建大功业，没能抵达王叔文“以宰相待之”的预期。大和以后，刘禹锡与令狐楚、裴度、牛僧孺、李德裕等大僚们诗歌往还很多，几乎每一首诗里都潜藏着他殷殷的期盼。如他写给裴度的诗：“谢公莫道东山去，待取阴成满风池。”（《庙庭偃松诗》）写给令狐楚的诗：“边庭自此无烽火，拥节还来坐紫微。”（《送令狐相公镇太原》）写给牛僧孺的诗：“犹有登朝旧冠冕，待公三入拂尘埃。”（《酬淮南牛相公》）写给李德裕的诗：“自古相门还出相，如今人望在岩廊。”（《送李尚书镇滑州》）句句都有个人的诉求。文学与事功，是古代士人人生追求的两个方面，然有时这两方面不可兼得。孰为轻，孰为重，韩愈说“必有能辨之者”，后世读者或者能辨，而对刘柳来说，则未必能辨。尤其刘禹锡，在他人生价值的衡器上，事功或者占的分量要更重一些。会昌元年，刘禹锡七十岁，朝廷在秘书监头衔之上再加检校礼部尚书。检校礼部尚书是虚衔，与死后赠官无异，对刘禹锡来说恐怕连心理安慰也谈不上。读其诗文，原其情怀，良可哀也矣！

（作者单位：西北大学）

宋代对刘禹锡政治评价的变化及其思想文化史意义

杨碧海　杨国安

刘禹锡参与了中唐德宗、顺宗、宪宗朝的重要政治事件，这一事件被现代一些史家定义为“永贞革新”，但唐代、宋代及其以后的历史书写与学术讨论对此事件的认识是有很大差异的。唐、宋两代一些重要的政治家和学者对此都有所评论，其立场与态度也有明显不同。对宋代刘禹锡政治活动的评价与接受进行研究，既可以看出宋代学术发展的明显态势，也隐隐可以见到宋代政治斗争的风声光影。

中唐时期韩愈所作的《顺宗实录》是较早记载永贞事件的官方文献，他的部分诗文也涉及对刘、柳的政治评价，而且影响深远。韩愈、刘禹锡、柳宗元三人在贞元十九年（803）前后曾经同为监察御史，因此三人得以结交并进行哲学、政治、文学探讨。刘禹锡《祭韩吏部文》中写道“昔遇夫子，聪明勇奋。常操利刃，开我混沌。子长在笔，予长在论。持矛举盾，卒不能困”①，确实反映了当初同台为官时与韩愈、柳宗元互相交流切磋的情景。但不久刘禹锡、柳宗元等人就参与了“永贞革新”，三人在政治上逐渐有所分歧。韩愈为史官时曾主修《顺宗实录》，一方面如实地记载了永贞年间的政治与行政革新，另一方面在对王叔文集团政治活动的叙写中又带有明显的贬斥色彩和负面评价，指其为“群小用事”“朋党相煽”等，对这一集团中如王伾、韦执谊的私德问题颇多载录。应该说，韩愈作为一个史官，对当朝历史的书写自然深受政治局势的限制，也一定程度上有其自己的认识和评价在内。但对于刘禹锡和柳宗元，特别是柳宗元，韩愈保持了深厚的情谊，虽对其政治倾向鲜明反对，却对其身世颇为同情，对其文学才能高度赞赏。这在很大程度上成为后来对刘、柳评价的基点。在此问题上，《旧唐书》的记载与其包含的价值判断与韩愈的态度颇为相似，一方面称赞刘禹锡文采“巧丽渊博，属辞比事，诚一代之宏才”；另一方面又批评其“蹈道不谨，昵比小人，自致流离，遂隳素

① 陶敏，等. 刘禹锡全集编年校注［M］. 长沙：岳麓书社，2003：1083.

业”[①]，对其政治取向予以否定评价。

与唐代相比，宋代的思想、政治、文化、学术都有巨大的变化，这些变化从不同方面影响到对刘禹锡政治活动的评价。宋代对永贞事件的评价大致可以分为两个大的方面，一是沿袭唐代以来正史系统的认识和评价，对此事件持否定态度，但对事件参与者刘禹锡、柳宗元等的评价则又有具体的不同。另一方面则对此事件或对其中的主要人物给予了积极评价，但认识的角度、评价的程度也有差异。这是本文的一个重点部分，故分为三个大的方面予以梳理、讨论。

一、沿袭旧史、偏于负面的评价

《新唐书》《旧唐书》对刘禹锡的政治评价差别不大，值得注意的是其传记位置的变化。《旧唐书》中将刘禹锡与韩愈、张籍、孟郊、唐衢、李翱、宇文籍、柳宗元、韦辞合传，这种编排的考虑实际上较多地考虑了这些人共同的文学背景和成就，虽然最后的史臣论赞对韩、李与刘、柳进行了区分和褒贬。《新唐书》则将刘禹锡与韦执谊、王叔文、王伾、韩晔、陈谏、凌准、韩泰、陆质、柳宗元、程异等合传，很显然是基于诸人共同的政治态度。这种变化和《新唐书》编纂者更加重视价值判断的思想是相关的。

《新唐书》编修的年代，宋代新儒学正在逐步形成，在对历史人物的评价中特别重视对其进行君子小人的性质判断，对于“君子”之行大加褒扬，对小人则予以严厉诛伐。这在该卷最后的史臣论赞中也有所体现，史臣明确将王叔文指为“沾沾小人，窃天下柄，与阳虎取大弓《春秋》书为盗无以异”[②]。虽然仍保持了对刘、柳的惋惜态度，但指责他们“挠节从之，徼幸一时”[③]，批评的语气较《旧唐书》严厉。

《新唐书》本传保持了对刘禹锡等人的批评态度，这一方面与新儒学趋于形成的学术背景有关系，另一方面也多少受到当时尊韩之风的影响。钱锺书先生说：“韩退之之在宋代，可谓千秋万代，名不寂寞矣。”[④] 此言得之。由于对宋代新儒学有开创之功，韩愈是《新唐书》中备受推崇的人物。宋人在评价同韩愈联系紧密的人与事时，往往带有鲜明的倾向性。刘禹锡与韩愈曾经同朝

① 刘昫，等．旧唐书［M］．北京：中华书局，1975：4215.

② 欧阳修，宋祁，等．新唐书［M］．北京：中华书局，1975：5143.

③ 欧阳修，宋祁，等．新唐书［M］．北京：中华书局，1975：5143.

④ 钱锺书．谈艺录：补订本［M］．北京：中华书局，1984：62.

为官并且有一定交往，然而很快就因为政治取向不同而不合，韩愈还一度怀疑自己在德宗贞元末年的遭贬与刘禹锡有关。韩愈对于永贞事件的态度、与刘禹锡之间的复杂关系，使得多数宋人在评价永贞事件和刘禹锡本人时更容易接受传统的认识和评价。

沿袭唐代以来正史系统的负面评价，在宋代的刘禹锡政治评价中仍有相当的影响，以晁补之、洪迈、胡寅等为代表。

《旧唐书》载："刘禹锡积岁在湘澧间，因读张九龄文集，乃叙其意曰：'世称曲江为相，建言放臣不宜与善地……议者以曲江为良臣，识胡雏有反相，羞与凡器同列……而燕翼无似，终为馁魂，岂忮心失恕，阴谪最大，虽二美莫赎耶？'"① 谓刘禹锡被贬后对提出将贬谪之臣放逐蛮荒之地的张九龄心怀愤恨，对此，晁补之《唐旧书杂论》中写道：

> 禹锡若守正比义而以获罪，如是言之可也。既不自爱，朋邪近利，以得谴逐，流离远徙，不安于穷，又不悔咎己失，而以私意不使抵曲江当国嫉恶之言。盗憎主人，物之常态，谁为'忮心失恕'耶？故凡小人诋君子，不足瑕疵，适增其美。孟子所谓诐辞知其所蔽，淫辞知其所陷者，要以观照如是等辈。穷本见情，使善者伸尔。②

这段话针对刘禹锡贬谪后的言论而发，实际上也涉及对刘禹锡永贞年间的政治评价，认为他是由于"既不自爱，朋邪近利"而得到应有的惩罚，在被贬之后，既不安于穷，又不追悔自己的过失，反而以私意诋毁贤者，可见其为小人。他的《续楚辞序》中在论及历代续楚辞作者之品行时，也以为"柳宗元、刘禹锡皆善属文，而朋邪得废，韩愈薄之"，对其政治评价也很低。

晁补之作为苏门四学士之一，其思想、文学很大程度上受到苏轼的影响。苏轼本人又是受到极度推崇韩愈的欧阳修举荐而成为一代文豪的。苏轼本人对韩愈也十分推崇，他曾经称世人无论贤不肖都称赞欧阳修为"今之韩愈"，由此可见一斑。晁补之受这一脉思想影响，也十分尊崇韩愈。他在《北京国子监丰诏封孟、荀、扬、韩告先圣文》中称赞韩愈"猗欤韩愈，始以文显。厦屋将覆，勇于敢扶。唐三百年，斯人惟伟"，尽管是奉诏书写的公文，但对韩愈无以复加的赞誉依然溢于言表。晁补之作为欧阳修与苏轼的后学，再加上他本人对韩愈如此推崇，他对于同韩愈曾经反目的刘禹锡予以否定自然不足为奇。

---

① 刘昫，等. 旧唐书［M］. 北京：中华书局，1975：4211.

② 刘昫，等. 旧唐书［M］. 北京：中华书局，1975：4211.

刘、柳二人出处相同，志同道合，且友谊深厚，故历代的评论者刘、柳并称者多。但洪迈《容斋续笔》中“柳子厚党叔文”条却辨析说，刘、柳被贬后追思往事时，态度是有所不同的。柳宗元坚持初衷，对王叔文仍颇多赞词，其为王叔文母亲所作的《尚书户部侍郎王君先太夫人河间刘氏志文》中称赞王叔文“坚明直亮，有文武之用”“待诏禁中，道合储后”“献可替否，有康弼调护之勤”“讦谟定命，有扶翼经纬之绩”“将明出纳，有弥纶通变之劳”“内赞谟画，不废其位”“利安之道，将施于人，而夫人终于堂”“知道之士为苍生惜焉”。而刘禹锡在谈到当年情形时，则“颇饰非解谤”，其《子刘子自传》对王叔文颇多贬损，又言自己与王叔文的交往则由于吕温、李景俭、柳宗元三人，“三子皆与予厚善，日夕过言其能”，诿过于人，而自我洗脱，与柳宗元相比，其人品高下、厚薄可知。

北宋中期以来，气节与人品，成为士大夫的普遍追求，正如苏轼所说的“自欧阳子出，天下争自濯磨，以通经学古为高，以救时行道为贤，以犯颜纳谏为忠”①，这成为宋代文化的一个显著特点。出处大致相同的刘、柳被洪迈从细节处加以比较，正体现了这种新的文化背景对于人物评价的影响。应该说，洪迈的这种认识有其独到之处，但脱离两篇文章的写作目的、流传范围等具体情境，脱离两个人的出处大节，仅凭片段的叙述和表达做出的判断也未必完全可靠。

二、惜其才而责其交的复杂态度

自韩愈以来，包括两《唐书》在内的史传论赞，在对刘禹锡、柳宗元的政治与人格评价中都包含着一种内在的纠结，一方面认为刘、柳参与永贞事件是依附或错交小人，一方面又怜惜刘、柳之才，认为二人本有成为著名文人甚至是“名臣”的潜质。值得注意的是，宋人多以此事为例来说明立身修行的重要性，其中仍透露出时代思想文化转移的消息。这方面的评论以苏轼、胡寅、刘克庄等为代表。

苏轼《续欧阳子朋党论》主要讨论如何对待君子、小人之党的问题，但也涉及了对刘禹锡、柳宗元等人的评价。在他看来，“君子者，世无若是之多也；小人者，亦无若是之众也”，大量的才智之士在于怎样引导利用。于此他举例说：“唐柳宗元、刘禹锡使不陷叔文之党，其高才绝学，亦足以为唐名臣

① 苏轼．苏轼文集：第一册［M］．北京：中华书局，1986：316.

矣。”在他看来，刘、柳等人的才情与学识在唐代是高出一时的，如果能得到正确的引导，使其各尽其才，那么他们完全能够建立功业，成为一代名臣。刘、柳的问题就在于“锐于功名而嗜于进取”，为了快速取得成功而不择道路，令人惋惜。这里他对刘、柳的评价总体上沿袭了主流史学的意见，认为他们才华杰出但所附非人。在这种评论中也包含了当时思想文化的新动向，重视君子小人之辩，重视个体的道德提升。

南宋的胡寅更明确地表达了这种思想，在其《致堂读史管见》中，他以永贞事件为例，讨论了怎样明辨君子小人：

> 小人之有才者，岂无一言之当，一行之美？顾大本不正，故终归于邪耳。君子之非成德者，岂能言皆中伦，行皆中虑，顾其志在于善，故终归于不为恶耳。王叔文止太子勿预外事是也，以此一言兼收其余，此尧舜所难而孔子所改也。《易》曰：“进以正可以正邦。”叔文诚知读书知治道，岂不知进身之礼？士之仕也，犹女之嫁也。故列子书言御寇嫁于卫，嫁者俟礼备然后行，不则野合，与钻穴逾墙相去几何矣。叔文诚读书知治道，乃以奕秋小数待诏供奉，杂于伎艺卜祝之间，是所谓不由其道者也。柳宗元、刘禹锡以是观之，则岂至迷于所从陷身不义哉！①

胡寅是南宋初年名臣，为人颇有气节，当金人入侵东京，企图另立异姓为宋君时，“寅与张浚赵鼎逃太学中，不书议状。张邦昌伪立，寅弃官归”（《宋史本传》）。当金人再度南下侵略，许多官员在讨论如何逃跑时，唯独他上书：“……二圣既迁，则当纠合义师，北向迎请……移跸建康，不为久图，一向畏缩远避。此皆失人心之大者也。”此后又因为主张抗金同张浚、秦桧等人交恶。他也是著名的理学家，魏了翁为其文集《斐然集》作序称：“盖自公游庠序已深诋王氏，专尚关、洛诸儒之学。”其侄为《致堂读史管见》作序，也称“伯父用春秋经首尚论评，是是，非非，治乱善恶如白黑之可辨矣”。《郡斋读书志》称其所著《致堂读史管见》“至于五代司马文正所述《资治通鉴》事虽备而立义少，遂用春秋经旨尚论详评。晦庵《纲目》中多取之”。可见在宋代他的学术思想是颇为人许可的。但清代的《四库总目》对《致堂读史管见》却不无微词：“寅作是书，因其父说，弥用严苛。大抵其论人也，人人责以孔、颜、思、孟；其论事也，事事绳以虞、夏、商、周。名为存天理，遏人

① 胡寅．致堂读史管见［M］．宋嘉定十一年刻本，卷二三．

欲，崇王道，贱霸功，而不近人情，不揆事势，卒至于窒碍而难行。”① 在对永贞事件的认识中，也可看出其窒碍不通之处。在他看来，王叔文以一棋待诏之身份参与朝廷政治，这就像没有明媒正娶的婚姻，“钻穴逾墙”与人私通一样，仅此即可见其为小人。柳宗元、刘禹锡若能从此小事见其大节，就不至于被其言行迷惑，误入歧途。值得注意的是，胡寅虽以“严苛”著称，但对刘、柳的批评仅止于缺乏鉴别力，没能看穿王叔文“小人”的本质。

直到南宋中后期，依然有文人持这种观点，例如理宗朝时刘克庄《缴龚基先淮东运判行奏状》中写道“昔柳宗元、刘禹锡皆唐材臣，一附非人，终身不能自拔于八司马之列”。可见这种看法在宋代的刘禹锡评价中影响之深远。

三、宋代刘禹锡政治评价的新变化及其原因

与唐代和宋初的刘禹锡政治评价相比，北宋中期的刘禹锡评价出现了新的转机。一些学者开始对刘禹锡参与的王叔文集团予以肯定，对永贞政治的改革予以认可，对刘禹锡等人的肯定也超出了惋惜其才华的范围。这方面比较有代表性的人物有范仲淹、王安石和陈善等。

范仲淹在其《述梦诗序》中对永贞变革和刘禹锡、柳宗元给予了全新的评价，这在整个刘禹锡的政治评价史上是引人瞩目的大事：

> 惜哉！刘与柳宗元、吕温数人，坐王叔文党，贬废不用。览数君子之述，而礼意精密，涉道非浅。如叔文狂甚，义必不交。叔文以艺进东宫，人望素轻，然传称知书、好论理道，为太子所信。顺宗即位，遂见用，引禹锡等决事禁中。及议罢中人兵权，牾俱文珍辈，又绝韦皋私请，欲斩刘辟，其意非忠乎？皋衔之。会顺宗病笃，皋揣太子意，请监国而诛叔文。宪宗纳皋之谋而行内禅，故当朝左右谓之党人者，岂复见雪！《唐书》芜驳，因其成败而书之，无所裁正。孟子曰：“尽信书不如无书。”吾闻夫子褒贬，不以一疵而废人之业也，因刻三君子之诗而伤焉。至于柳、吕文章，皆非常之士，亦不幸之甚也。韩退之欲作唐之一经，诛奸谀于既死，发潜德之幽光，岂有意于诸君子乎！故书之。②

① 纪昀．钦定四库全书总目［M］．北京：中华书局，1997：1173.

② 范仲淹．范文正公集［M］．四库丛刊本，卷六．

在这段话里，范仲淹对以《旧唐书》为代表的历史著作芜杂无识、以成败论英雄的浅陋进行了批评，对历史记载的事实加以排比分析，一扫陈见，对刘禹锡、柳宗元等予以高度评价，认为他们“礼意精密，涉道非浅”，即在思想学术上有深厚造诣，因而在政治上能奋发有所作为。由肯定刘、柳之为人，进而对王叔文及其政治作为进行重新审视，肯定了以刘禹锡、柳宗元为骨干的王叔文集团在永贞年间的政治作为。

在此全新的政治评价中，实际上有当时深刻的思想、学术、政治的背景。从仁宗初年开始，以范仲淹为代表，包括欧阳修、尹洙、余靖等在内的新型知识群体逐步形成，他们试图改良政治，实现国家繁荣，因此与守旧的官僚和政治现实形成矛盾。他们的改革措施在庆历年间得以实施，但很快也因守旧派的反扑而失败。范仲淹此文作于景祐五年（1038），此前曾因“废后”与上《百官图》两次遭受打击，刚刚从饶州转为润州知州。追忆前朝李德裕、元稹、刘禹锡等之往事，颇有今昔相似之认同感，因为此文，其中实际上包含了其政治思想和政治感慨。另外，范仲淹认为“尽信书不如无书”，他以事实和理性为依据，从芜杂的历史记载中寻求真相，自出新见，也初步显示出宋代学术的特色。

范仲淹对永贞政事和刘禹锡等人持全面肯定的态度，这在当时的历史条件下是极其罕见、振聋发聩的。在范仲淹之后，王安石和陈善也从不同方面对传统的看法提出了质疑。王安石侧重对刘、柳等人的政治才华和其奋发有为的态度予以肯定，陈善则对永贞政治大加认可，并对刘、柳等人改良政治的初心予以了赞赏。

和范仲淹的政治思想、政治遭际相似，无独有偶，对“八司马”政治才华颇为欣赏的王安石也是以变法、改革著称的。在《读柳宗元传》中，王安石说：

> 余观八司马，皆天下之奇材也，一为叔文所诱，遂陷于不义，至今士大夫欲为君子者，皆羞道而喜攻之。然此八人者，既困矣，无所用于世，往往能自强以求列于后世，而其名卒不废焉。而所谓欲为君子者，吾多见其初而已，要其终，能无与世俯仰，以自别于小人者，少耳！复何议彼哉？①

在王安石的《临川先生文集》中，这篇读后感紧接在《读孟尝君传》之

① 王安石．临川先生文集［M］．北京：中华书局，1959：756.

后，其写法也有异曲同工之妙，文章所传达出的超越流俗的识见其实正表现了王安石的认识高度和独特视角。在这段话里，王安石对当今那些以君子自期的士大夫对于八司马“羞道而喜攻之”的俗见颇不以为然，在他看来，八司马“皆天下之奇材也”，其杰出的政治才华是极为难得的。此八人虽“误入歧途”，但仍能在逆境中自强不息，在思想、政治、文学各方面取得成绩，从而名不磨灭。而那些以君子自期的士人却往往是“靡不有初，鲜克有终”，与世俯仰，一事无成，超出他们所鄙视的“小人”并不多，这些人有何德能指议八司马呢？可谓一篇之中，反复致意，表达了对八司马才华的怜惜与其进取精神的赞赏。

这里王安石沿袭了史书对王叔文的政治评价，但对八司马与王叔文进行了区分，认为前者不过是为后者“所诱”而“陷于不义”的，这和范仲淹全面为永贞革新辩护的认识有所不同。但其对八司马政治才华的怜惜、进取精神的赞赏中也同样折射着他自己的人生态度和政治理想，与他积极有为的变法精神有深刻关联。

南宋的陈善对王伾、王叔文为人的评价虽仍受到主流史学的影响，称其为“小人”，但他对永贞政事颇为肯定，由此出发，进一步揭示出了柳宗元、刘禹锡等人欲寻求机会改良政治的理想和初心：

> 予读柳子厚《伊尹五就桀赞》，未尝不怜其志也。伾、叔文虽小人，而子厚欲因以行道，故以就桀自比。然学者至今罪之。按《顺宗实录》，帝自初即位，则疾患不能言，天下事皆专断于叔文。而李忠言、王伾为之内主，韦执谊行之于外。又云：伾主往来传授，刘禹锡、陈谏、韩晔、韩泰、柳宗元、房启、凌准等主谋议唱和，采听外事，此其朋党之迹也。其专权窃柄，诚为可罪。然予观顺宗即位未几，而首贬李实，次罢宫市，次禁毋令寺观选买乳母，次禁五方小儿张捕鸟雀，横暴闾里，次停盐铁使进献，次出后宫三百人，次用姜公辅、苏弁为刺史，进陆箕、郑余庆、韩皋、阳城赴京师，次出后宫并教坊女妓六百人，继罢关中万安监。不数月间，行此数事，人情大悦。虽王政何以加此。岂非子厚等为之欤？而世不知察，徒罪其朋党，则亦见其不恕矣。《春秋》之法，不以功掩过，亦不以罪废德。责备而言，则子厚之罪，在于附小人以求进，若察其用心，则尚在可恕之域，况一时之善有不可掩者乎？①

① 吴文治．柳宗元资料汇编：上［M］．北京：中华书局，1964：82.

这里虽主要谈的是柳宗元，实际上也可以把它推广至整个“八司马”群体。在这段话里，陈善一方面仍指王伾、王叔文为小人，对正史中指其“朋党之迹”“专权窃柄”予以承认，另一方面则对永贞年间的具体政治措施颇多肯定，认为顺宗即位后不数月间就采取了几十项改良政治的措施，使民心大悦，“虽王政何以加此”。而这些改革措施，必出于柳宗元、刘禹锡等人，可见其政治才能与改革初心，而世俗之人仅以其所附非人就对他们全盘否定，对他们的用心和采取的善政完全忽略，“亦见其不恕矣”，从而对柳宗元、刘禹锡等人有志于改善政治的初心表示了深切的同情。

陈善《宋史》无传，静嘉堂文库藏明刊本《扪虱新话》卷首序中称“绍兴间为太学生，所与游者，天下名士。时秦桧当国，子兼慷慨言论，慕何蕃、陈东之为人，尝力诋和议为非是，不徇俗俯仰浮湛。有司心雅子兼，畏权臣，卒不敢取，以是不屑效一官。子兼亦不以得丧喜戚动其心，拂衣竟归，杜门读书。自孔孟氏至子史百家、佛老、阴阳、卜筮、农圃之说，无不精诣。或焚香默坐，日不出户，无几微见于颜面，宦情事故淡如也”[①]。于此可见陈善的坚持道义、独立不移，也可见其精读深思，故能超出陈见。《钦定四库总目提要》则称“其书颠倒是非，毫无忌惮，必绍述余党之子孙，不得志而著书者也”[②]，并且指出宋代欧阳修、苏洵、苏轼、苏辙，唐代韩愈乃至孟子、《论语》都被其批驳。其对陈善“绍述余党之子孙”身份的推测，正来自陈善在其著作中对政治变革的较多肯定和他对主流学术思想所表现出来的独立判断。

通过梳理宋代对刘禹锡政治评价的两种不同倾向，我们可以看出，对历史人物的评价实际上与宋代学术与政治有着若明若暗的关联。从学术发展而言，宋学颇重个体的道德，注重君子小人之辨，从这个角度出发，相当多的学者并未去深究历史事实，而是依据正史的记载和评价，对永贞变法的主要人物王伾、王叔文等颇为鄙视，对永贞革新基本持否定态度，从而对刘禹锡等参与者有不同程度的批评意见，甚至对其为人加以贬斥。而宋代一系列的政治变革中，不少杰出的知识分子参与其中，力倡变法革新，共同的政治遭际使他们对二王刘柳的政治立场颇能理解，对其政治措施予以不同程度的肯定，或对其改良政治、挽回颓势的初心表示同情。从这样一个具体的个案，亦可窥见宋代政治文化演进的情形。

（作者单位：复旦大学　河南大学）

---

① 傅璇琮，蒋寅．中国古代文学通论［M］．沈阳：辽宁人民出版社，2005：547.

② 纪昀．钦定四库全书总目［M］．北京：中华书局，1997：1692.

连州首位进士刘景非本地乡贡

——由刘禹锡《赠刘景擢第》而来的一个小问题

李 菁

刘禹锡刺连期间，曾作《赠刘景擢第》一诗，对新及第进士、连州邑人刘景盛赞不已。诗曰：“湘中才子是刘郎，望在长沙住桂阳。昨日鸿都新上第，五陵年少让清光。”① 由此，我们知道刘景是刘禹锡刺连后的第一位进士，并且通常认为他的成功及第与后者在连州大力推行中原文教有关，甚至直接将刘景视作刘禹锡在连州的追随者，然而实际情形也许并非如此，刘景并非连州乡贡。

《新唐书·宰相世系表》“彭城刘氏”载：“（刘）瞻父景，字司光，鄜坊从事。”② 可知刘景及第后未及显宦，因此两《唐书》只在为其子、连州的第二位进士刘瞻作传时将他一语带过。关于他的唯一的文字记载只有一则笔记，这则笔记至少分见于三处，所记还不完全相同。此三处分别是唐佚名《玉泉子》、唐丁用晦《芝田录》以及五代孙光宪《北梦琐言》。先看《玉泉子》：“刘瞻之先，寒士也，十岁许在郑絪左右主笔砚。至十八九，絪为御史，西巡荆部商山，歇马亭，俯瞻山水。时雨新霁，岩岚奇秀，泉石甚佳。絪坐久，起行五六里，曰：‘此胜概，不能吟咏，必晚何妨？’即停于亭，欲题诗，顾见一绝，染翰尚湿，絪大讶其佳绝。时南北无行人，顾左右，但向来刘景在后三二里。公戏之曰：‘莫是尔否？’景拜曰：‘实见侍御吟赏起予，辄有寓题。’引咎又拜。公咨嗟，久之而去。比回京阙，戒子弟涵、瀚已下曰：‘刘景他日有奇才，文学必超异，自此可令与汝共处于学，寝馔一切，无异尔辈，吾亦不复指使。’至三数年，所成文章皆词理优壮，凡再举成名，公召辟法寺，（历）学省清级。及生瞻，及第。”《芝田录》所记与《玉泉子》几乎一致，后为《太平广记》卷一七〇“知人二·郑絪”条所摘录，以为郑絪识人之例，不复举出。当这一故事出现在《北梦琐言》卷三“河中饯刘相瞻”条时，“伯乐”已悄然转换，而刘景被识为“千里马”的主题未变，其应举的情况则更加详细：“唐相国刘公瞻，其先人讳景，本连州人，少为汉南郑司徒掌笺札，因题

---

① 陶敏，等．刘禹锡全集编年校注［M］．长沙：岳麓书社，2003：239.

② 欧阳修，宋祁，等．新唐书：卷七十一上［M］．北京：中华书局，1975：2252.

商山驿侧泉石，荥阳奇之，勉以进修，俾前驿换麻衣，执贽之后致解荐，擢进士第，历台省。”这条记载后来成为宋王谠《唐语林》卷三“赏誉”门中“相国刘公瞻”条的直接来源。

这三处引文清楚地表明：刘景并非以连州乡贡的身份应举，而是在异地他乡因郑司徒的赏识而蒙解荐。麻衣是应试举子身份的象征，举子们被州府举荐给解后，即在所服衣袍外面罩上一件麻衣，唐人诗文中所见“郡国所送群众千万，孟冬之月，集于京师，麻衣如雪，纷然满于九衢”①，“二十年前此夜中，一般灯烛一般风。不知岁月能多少，犹著麻衣待至公”② 者，即是。而所谓“执贽之后致解荐”，依《唐语林》的记载——“执贽见之礼，后解荐”，则更确切地点明刘景在郑司徒面前执贽为弟子的身份。由此，刘景非连州乡贡的结论已可得出。至于笔记所云郑司徒为谁，学人一般据《玉泉子》和《芝田录》将其定为德宪两朝宰相郑絪，但笔记与史实有不少出入。郑絪似无监察御史一职，文宗大和二年（828），他由河中节度使入为御史大夫时，已近致仕，不当有西巡一事③；笔记称郑絪有子弟涵、瀚，然据《旧唐书》本传及《新表》④，郑絪之子实名祇德，与涵或瀚相去甚远。再参以《北梦琐言》，郑絪曾出为岭南节度观察等使，而无汉南一职；大和三年（829），郑絪辞世，赠司空而非司徒。又或以为此郑司徒乃宪宗元和十一年（816）出任襄州刺史、充山南东道节度使的郑权⑤，但郑权无加司徒事，其他信息也多有不符。故颇疑举荐刘景的是与郑絪同时代的德宪两朝的另一位宰相郑余庆，据《旧唐书》本传：“郑余庆字居业，荥阳人……（元和）九年，拜检校右仆射，兼兴元尹，充山南西道节度观察使，三岁受代……及穆宗登极，以师傅之旧，进位检校司徒，优礼甚至，……余庆砥石砺行，不失儒者之道，清俭率素，终始不渝，……专欲振起儒教，后生谒见者率以经学讽之，而周其所急，……又创立儒宫，以来学者。……余庆子澣。澣（按‘瀚’‘澣’形近易淆）本名涵，以文宗藩邸时名同，改名澣。”⑥ 与上引笔记对照可知，以刘景为笔砚随从、因商山一絪绝而识其文才、为其执贽所师并荐其应举的“郑司徒”者究竟为

① 牛希济．荐士论［M］//董诰，等．全唐文：卷八四六．北京：中华书局，1983：8890.

② 刘虚白．献主文［M］//曹寅，等．全唐诗：卷四九五．北京：中华书局，1960：5613.

③ 刘昫，等．旧唐书：卷一五九［M］．北京：中华书局，1975：4180－4181.

④ 欧阳修，宋祁，等．新唐书：卷七五上［M］．北京：中华书局，1975：3346.

⑤ 陶敏，等．刘禹锡全集编年校注［M］．长沙：岳麓书社，2003：239.

⑥ 刘昫，等．旧唐书：卷一五八［M］．北京：中华书局，1975：4163－4167．按：与刘景“共处於学（院）”的并非郑澣，澣早于德宗贞元十年（794）进士及第，共学者当为郑氏其他子侄，即《玉泉子》等所谓“涵、瀚已下”者。

何人，就郑絪与郑余庆而言，后者的可能性更大。

刘禹锡《赠刘景擢第》一诗作于他任连州刺史的时期，因此，刘景再举及第的时间应当在元和十年（815）六月后至元和十四年（819）之间，光绪《湖南通志》载："刘景，桂阳人，元和间及第。"① 可为证。刘景虽非连州贡士，但当他及第的消息传至乡里后，刘禹锡依然兴奋地提笔作诗为他庆贺，这跟他在元和十二年（817）冬闻得朝廷平淮西之后激情满怀挥毫而就《平蔡州三首》祝捷诗的创作情形完全是一样的。连州第一位进士刘景不是刘禹锡在连州的追随者，他在修业期间没有得到刘禹锡的指点，他再举成名跟刘禹锡在连州的文教建设也无直接关联，但刘禹锡对连州的文化贡献和深远影响并不因此而减少。关于这一点，同治《连州志》早有定论："禹锡负才偃蹇，既废，以文章自适。其刺连在元和之末。……自是连之文物媲美中州，则禹锡振起之力居多。"② 本文无须赘言。

顺便提一下，刘景及第之后仕历不详，《玉泉子》等所谓"公召辟法寺，（历）学省清级"以及《北梦琐言》所谓"历台省"云云，恐非事实。据《北梦琐言》同条下文"瞻相孤贫有艺，……任大理评事日，馇粥不给。尝于安国寺相识僧处谒餐，留所业文数轴，留在僧几。致仕刘军容玄翼游寺，见此文卷，甚奇之，怜其贫窭，厚有济恤。又知其连州人，朝无强援……"来看，刘景及第后未能在朝为官，否则其子刘瞻不至于贫困若此，《新唐书·宰相世系表》所记"瞻父景，字司光，鄜坊从事"似更为可信。

（作者单位：厦门大学）

① 李瀚章．湖南通志：卷一三四［M］．光绪十一年刻本．

② 袁泳锡．连州志：卷三［M］．同治九年刻本．

试论刘禹锡在被贬朗州司马之逆境中的抗争

应国斌

一

永贞革新虽然被继位的宪宗皇帝否认，参与者受到惩处，但在刘禹锡的心里，“自春至秋，其所施为，人不当为非”。这话引自《子刘子传》，是他一直想说，到死的时候才说出口的话。刘禹锡被贬来朗州时，正遇上大水灾，生活艰难，不仅仅是环境恶劣，精神上的折磨更加厉害，想为国家做点事却突然不让你做事，本来自认为有功但结果反倒有罪，各种流言蜚语不断中伤。刘禹锡在朗州十年，没有停止在政治上辩诬，“不忘初心”，并且与命运抗争，希望执政者理解起用。

元和元年（806），宪宗改元，“自正月二日昧爽已前，大辟罪已下，常赦不原者，咸赦除之”。刘禹锡在朗州阅读赦文后，觉得量移有望，马上给他的老上司杜佑写信，这就是收入他的全集中的《上杜司徒书》。杜司徒，即杜佑（735—812），字君卿，唐德宗贞元十九年（803）拜相，历顺宗、宪宗二朝。不仅是历史上的名相，而且是大学者，著有《通典》一书。刘禹锡说他与杜佑交往很深，“昔年忝岐公门下生，四参公府”。“四参公府”指：贞元十六年（800），杜佑兼徐泗濠节度使，辟刘禹锡掌书记；后杜佑专任淮南节度使，刘禹锡改为扬州掌书记，因为节度使治在扬州，两人仍是上下级；贞元二十一年（805），也就是永贞元年，杜佑兼山陵使，以刘禹锡为崇陵使判官。山陵使就是负责皇家陵园的，而崇陵使专门负责修建刚去世的德宗的陵园；杜佑兼度支、诸道盐铁转运使，刘禹锡判度支、盐铁等按。

刘禹锡这封给老领导的信写得比较长。下笔较远，一开始似乎和老领导谈文学鉴赏：过去人们称道韩非子著书，《说难》《孤愤》尤为激切。司马迁为韩非囚秦遭遇深感悲愤，为他写了传记。韩非的文章，可以说是善于表达内心激愤的了，但那些逢时遇合的人看了并不觉得与其他书有什么区别。唯独司马迁看了特别悲愤，如果不是由于自己遭受不幸，是难以体会文章的深刻处的。刘禹锡借此说自己被贬半年时间了，对自己蒙受的不公平遭遇以及诋毁，原来想的“尽诚可以绝嫌猜，循公可以弭谗诉”，现在做不到了，就像司马迁一样，读了韩非的文章，“虽欲勿悲，可乎”，想不悲愤，可能吗！

接着，刘禹锡隐晦地述说永贞革新失败给自己带来的悲痛，“君子之悲，悲其不幸，既得而丧，故其感也深”。有人为了保护自己，把革新者推向危险，“飞谤生衅”，这大概就是《旧唐书·刘禹锡传》说的“颇怙威权，中伤端士”，“挟邪乱政，不宜在朝”，这些诽谤不仅成为“公议”，而且成为罪状，“旬朔之间，再投裔土”，使刘禹锡被贬到荒凉的地方。刘禹锡感到，自己对外滥用了杜佑对他的知遇之恩，对内给亲人带来不是疾病的痛苦，“恩义两乖，家国同负”。本只想“以内咎为弥谤之具，以吞声为窒隙之媒，庶乎日月至焉而是非乃辨”，即忍气吞声，等待时间磨平一切。刘禹锡说，路经江陵，韩愈的一席话让我有所触动。

韩愈说了些什么？他首先说，刘禹锡和杜佑关系之亲密，不仅我知道，几乎天下人都知道。永贞革新这件事，杜佑始终关照刘禹锡，开始是谣言中伤，相国心里明白；相国不得已而退，“流涕以诀”；刘禹锡遭贬，为之择地以居。韩愈还提到杜佑为山陵使的事，崇陵工程完成了，葬礼完毕后朝廷会奖励有功人员，刘禹锡曾经负责，不说晋级，至少可以减罪。韩愈鼓励刘禹锡要起来申诉，如果不申诉、不辨诬，就是“畏与怨”，这是君子所不为的。刘禹锡听后的感觉是，“始赧然以愧，又缺然以栗，终悄然以悲”，是说开始自己羞涩惭愧，接着颤栗害怕，最后悄然悲伤。

刘禹锡于是由悲而叹，由叹而愤，由愤怒而发泄，向老领导倾诉自己心迹难辨以及遭受谣言中伤的苦恼。他说了一段很有影响力的话：

> 人之至信者心目也，天性者父子也，不惑者圣贤也。然而于窃铁而知心目之可乱，于掇蜂而知父子之可间，于拾煤而知圣贤之可疑。

在这里刘禹锡用了三个典故。第一个典故就是家喻户晓的“偷斧子的人”，出自《列子·说符》，有一个人丢了斧子，怀疑是他的邻居偷了。他看邻居走路，像偷斧子的；看邻居脸色，像偷斧子的；听邻居说话，也像偷斧子的，总之邻居一举一动，都像是偷斧子的。他偶然在谷堆里找到斧子了，第二天再看这个邻居，同样的相貌举止，但都不像偷斧子的了。第二个“掇蜂”的故事，出自《太平御览·引操》，故事说尹吉甫的儿子伯奇非常孝顺，伯奇的母亲早故，吉甫娶了后妻，后妻容不了伯奇，在丈夫面前说伯奇坏话：“伯奇贪恋我的美色，心术不正。”吉甫不相信：“儿子慈仁，不会有这样的事。”后妻说：“我到空房里，你站在楼上察看。”后妻捉一只毒蜂缀在衣领上，要伯奇帮她抓走。伯奇抓毒蜂，被在楼上察看的父亲看见了，以为是非礼，大怒，把伯奇赶出家门，伯奇羞愧自杀。第三个故事出自《吕氏春秋·任数》，孔子被困在陈、蔡之间，七天没有吃饭。颜回讨到一点米，回来做饭给老师吃。饭快熟时，孔子看到颜回揭开甑盖在锅里抓饭吃。孔子佯装不知道。过一会儿饭熟了，颜回请孔子进食。孔子起身说："我今天梦见先君，说清洁的食物才送给人吃啊！"颜回回答道："刚才是有煤灰掉进锅里了，把饭扔了可惜，我抓起来吃了。"孔子叹息："人所相信的是自己的眼睛，现在看来眼睛也不可信；人所依赖的是心，现在看来心也不足以依赖啊！"

刘禹锡上述文章影响后人，苏东坡《辩试馆职策问札子二首》的第二首基本上是由此演变发挥而来。刘禹锡想说明，政治上的事更加复杂，人与人之间，道不及孔、颜，恩有别于父子，"动罹险中，皆出意表；虽欲周防，亦难曲施。加以吠声者多，辨实者寡，飞语一发，胪言四驰"，一举一动都潜伏危机，想做得周全，很不容易。更何况谣言传播就像一犬吠形，百犬吠声，想堵也堵不住。刘禹锡寄希望于杜佑，认为真正了解自己的是他，因为他在杜佑手下做事差不多有十年时间了。他说自己这半年来"当食而叹，闻弦而惊，不以众人之善为是非，而以相公之意为衡准"。

最后，刘禹锡提出，请求杜佑做工作"许移近郊"，最好是回祖籍荥阳，这里有祖墓，有田可耕，老房子没毁，也方便奉养年迈的母亲。刘禹锡也有坏的方面的思想准备，如果谣言的影响还在，还要对他进行惩罚，将他贬谪荒远之地，他希望能移至北距澧朗的荆门，因为裴均在这里任节度使，有旧交，可以照顾。但万万没有想到八月，朝廷下诏书："左降官韦执谊、韩泰、陈谏、柳宗元、刘禹锡、韩晔、凌准、程异等八人，纵逢恩赦，不在量移之限。"这对刘禹锡的打击可想而知。

二

元和四年（809），盐铁使李巽举荐程异善理财税，"请弃瑕录用，擢为侍御史，复为扬子留后，累检校兵部郎中、淮南等五道两税使"（《旧唐书·程异传》）。程异（？—819），字师举，京兆长安（今西安市）人。德宗贞元初举明经及第，授扬州海陵县主簿。再应"开元礼"举，授华州郑县（今陕西华县）尉。后转河中节度府幕僚。顺宗李诵即位后，成为革新集团的主要成员。程异长于理财，擢为虞部员外郎，充盐铁转运、扬子院留后。革新派改革盐税，降低盐价，打击了宦官和藩镇将帅抬高盐价盘剥人民的行径，在一定程度上减轻了人民的负担。革新失败后程异被贬为郴州（今湖南郴州）司马。

程异被启用，朝廷把改革派排除在"量移"之外的成命有了突破口，这又燃起了刘禹锡的希望之火。他写了《上淮南李相公启》。李相公，即李吉甫(758—814)，字弘宪，赵郡人，出身官宦世家。李吉甫的父亲李栖筠，代宗时曾任御史大夫；儿子李德裕，武宗时的宰相。李吉甫元和二年（807）出为宰相，次年九月辞相，为淮南节度使。刘禹锡此时给他写信，因为“永贞革新”时，李吉甫不在朝廷任职，与王叔文等人未发生过利害冲突。元和初李吉甫为中书舍人时，中书小吏滑涣与知枢密中使刘光琦勾结弄权，李上奏宪宗，将其斥逐。在元和二、三年李吉甫任宰相时曾经说过宽宥和启用革新派的好话，从刘禹锡的信中可以看出：“岂意天未剿绝，仁人登庸，施一阳于剥极之际，媛众溺于坎深之下。”剥、坎，《周易》卦名；剥极、坎深，言困厄到了极点。意思是，谁会想到，李吉甫登相位了，向我们这些倒霉到极点的人伸出了援手！程异供职的杨子留院在淮南节度使治下，程异成为李吉甫的下级。信中刘禹锡没有明说要李吉甫为自己帮忙，仅以诗言志，他献诗二首，称虽然是“甿谣俚音”，但可以“导下情”“通比兴”。见《刘禹锡全集》，诗为《咏史二首》：

骠骑非无势，少卿终不去。世道剧颓波，我心如砥柱。

贾生明王道，卫绾工车戏。同遇汉文时，何人居贵位？

另外，刘禹锡也给赴任履新的程异赋《咏古二首有所寄》：

车音想辚辚，不见綦下尘。可怜平阳第，歌舞娇青春。
金屋容色在，文园词赋新。一朝复得幸，应知失意人。

寂寥照镜台，遗基古南阳。真人昔来游，翠凤相随翔。
目成在桑野，志遂贮椒房。岂无三千女，初心不可忘。

第一首诗“一朝复得幸，应知失意人”，提醒程异不要忘记了当时一同被贬的朋友们；第二首诗“岂无三千女，初心不可忘”，勖勉他不要改变志节。

李吉甫知道与他同时登上相位的武元衡对永贞革新抱有成见，他的思想问题不解决，刘禹锡等人的起用便会有困难，因此李吉甫又牵线，把自己和武元衡唱和诗“诗本”寄给刘禹锡，要刘禹锡和武元衡进行诗文唱和。刘禹锡照办了，就在他写《上淮南李相公启》后不久，写了《奉和淮南李相公早秋即事寄成都武相公》诗：

八柱共承天，东西别隐然。远夷争慕化，真相故临边。
并进夔龙位，仍齐龟鹤年。同心舟已济，造膝璧常联。
对领专征寄，遥持造物权。斗牛添气色，井络静氛烟。
献可通三略，分甘出万钱。汉南趋节制，赵北赐山川。
玉帐观渝舞，虹旌猎楚田。步嫌双绶重，梦入九城偏。
秋雨离情动，新诗乐府传。聆音还窃抃，不觉抚么弦。

这首诗歌颂李吉甫、武元衡二人同年出生，同时拜相，同为国家的栋梁之材，并且现在又同时以宰相的身份做一方的节度使，为一方百姓造福。两人唱和的诗也写得不错，自己私下高兴，为之鼓掌。自己和诗，是“抚么弦”，相比之下差得远！李吉甫的诗失传了，武元衡的诗还在，两个人是大诗人，李吉甫还是大学者，诗也写得不错。然而，李吉甫的和好工作并没有改变武元衡的政治态度。

三

元和七年（812）秋天，刘禹锡又写了《上杜司徒启》。这是一封回信，在这以前刘禹锡信任的朗州刺史徐缜从长安来，带来了杜佑写给他的亲笔信。刘禹锡说老上级的信“称谓不移，闻讯加剧，重复点窜，一无客言”。他阅读以后，竟然怀疑自己是不是就在杜佑的门下，“收纸长想，欣然感生”！杜佑的信给刘禹锡带来好消息，“伏蒙远示，且曰浮谤渐消，况承庆宥，期以振刷”，就是说对刘禹锡一干人的评价有改变，准备起用他。杜佑的消息有依据，《旧唐书·宪宗纪下》：“（元和七年六月）乙亥，制立遂王宥为皇太子，改名恒。”又崔群《元和七年册皇太子敕》：“自元和七年十月十七日昧爽已前，天下应犯死罪非杀人者递减一等，左降官、流人并与量移。”遇上测力皇太子，朝廷义到宽免刘禹锡等人的事，杜佑吐露给刘禹锡了。刘禹锡有保留地高兴，他认为，现在全国的人都蒙受皇恩的雨露，他们就像异类、像道旁野草，被润泽也是应该的。程异被起用也过去三年了，我仍然是不变的“寒谷”，等不到邹子的鸣律。最后刘禹锡还是要感谢杜佑，不是因为“旧恩”谁还记得他，并且表示，自己虽然是受伤的鸿鹄，也想“扶摇”；虽然是烧焦的桐木，也希望能派上用途。

但是，刘禹锡又一次失望了。因有人反对，刘禹锡等人仍然不在量移之列。这年的十一月，杜佑去世了，他是否看到刘禹锡的回信，我们不得而知。有人把量移受阻的账记在武元衡的头上，可能有误，因为武元衡此时不在长安。刘禹锡在李吉甫的说合下，不仅把他和李吉甫的和诗寄给武元衡，等武元衡二月从西川调长安拜相后，还直接写信给他，这就是现在收入《刘禹锡全集》中的《上门下武相公启》。武元衡虽然与刘禹锡在政治上对立，但在个人私交上至少面子上还过得去。《上门下武相公启》中提到，元和七年朗州有官吏从西川回来，武元衡不仅请吏代他向刘禹锡问候，还赠送了许多贵重礼物，“云水路遥，缄滕贶厚”，很不容易。有书信给刘禹锡，“苦心多感，危涕自零”，应该是旧情不忘。信用很大的篇幅诉说自己“久罹宪网”即受到惩处的情况，在如此清明的时代，自己“不遇”，那只能怪“命”了。他提到和武元衡同在御史台以及和杜佑管“山陵”事的情况，表白自己没有错。信说到现在执政的三个人，“永贞之际”李吉甫和李绛“皆在外方”，不在朝廷，能为自己说话的只有武相公了。刘禹锡在信中也谈到元和七年的事，“振淹”被“命行中止”，无疑对自己是严重打击。但是现在又“相公秉钧”，即武元衡当政，自己觉得有希望了。他说如果能给他们这些人一条自新之路，对于武元衡可能只是“一瞬之念”，而对于他们确实是“再造之恩”。

与此同时，刘禹锡还写了《上中书李相公启》。李相公，即李绛（764—830），字深之，唐赞皇人，元和二年（807）授翰林学士，六年（811）入阁拜相。刘禹锡和李绛交情深挚。信中提到元和七年，李绛曾经为“振淹”“废锢”即“量移”说过话，尽管没能如愿，他还是很感激。他向老友表示“虽然身居废地，而心侍至公”。并且相信有“仁人持衡”，相信会有好运的。元和九年（814）腊月，朝廷下诏，“尽征江湘逐客”，结束这些人的贬谪生活，到京城听候安排。李绛本来想把他们安排在朝廷有关部门的，可武元衡还是反对，改派到边远地区当刺史，刘禹锡开始被安排在播州，后面裴度说情，改在连州。

世事难料，就在元和十年（815）六月，武元衡因为力主削藩，被李师道派人刺杀。这时已经在连州刺史任上的刘禹锡闻讯，写了《代靖安佳人怨二首》，其引言曰：“靖安，丞相武公居里名也。元和十年六月，公将朝，夜漏未尽三刻，骑出里门，遇盗，薨于墙下。初，公为郎，余为御史，繇是旧故。今守于远服，贱不可以诔，又不得为歌诗声于楚挽，故代作《佳人怨》，以裨于乐府云。”诗云：

宝马鸣珂踏晓尘，鱼文匕首犯车茵。
适来行哭里门外，昨夜华堂歌舞人。

秉烛朝天遂不回，路人弹指望高台。

墙东便是伤心地，夜夜流萤飞去来。

刘禹锡还写了一首诗《有感》，从内容看也是咏武元衡被刺事的：

死且不自觉，其余安可论？昨宵凤池客，今日雀罗门。
骑吏尘未息，铭旌风已翻。平生红粉爱，惟解哭黄昏。

从这三首诗来看，刘禹锡对武元衡遇难的悼念，怀有复杂的心情。一方面，诗中表现出来的感情相当沉痛和悲哀，因武元衡力主削藩，这与刘禹锡的政治主张是一致的，叛镇头子王承宗、李师道对武元衡恨之入骨，竟派刺客暗杀；另一方面，悼念之中寓有微词，《代靖安佳人怨二首》的引言流露，刘禹锡等人召而复出，主要是宰相武元衡在其中作梗。同时，武元衡平生爱好伎乐，他的《赠佳人》《赠歌人》《代佳人赠张郎中》等诗反映了这方面的生活情趣，刘禹锡在诗中隐约流露出对武元衡厚于妾妇而薄于贤才的不满之意，也是很自然的。

（作者单位：湖南常德刘禹锡学术研究会）

刘禹锡之子咸允府试事发微

徐乐军

刘禹锡一生坎坷，宁折不屈，然在其子咸允科试事上，却也不得不乞求他人，护犊之心，一览无遗。《太平广记》引《续定命录》云：

> 秘书监刘禹锡，其子咸允，久在举场无成。禹锡愤惋宦途，又爱咸允甚切，比归阙。以情诉于朝贤。大和四年，故吏部崔群与禹锡深于素分，见禹锡蹭蹬如此，尤欲推挽咸允。其秋，群门生张正谟充京兆府试官，群特为禹锡召正谟，面以咸允托之，觊首选焉。及榜出，咸允名甚居下。群怒之，戒门人曰："张正谟来，更不要通。"正谟兄正矩，前河中参军，应书判拔萃。其时群总科目人，考官糊名考讫，群读正矩判，心窃推许。又谓是故工部尚书正甫之弟，断意便与奏。及敕下，正矩与科目人谢主司。独正矩启叙，前致词曰："某杀身无地以报相公深恩。一门之内，兄弟二人，俱受科名拔擢。粉骨腐肉，无以上答。"方泣下。语未终，群忽悟是正谟之兄弟。勃然曰："公是张正谟之兄，尔贤弟大无良，把群贩名，岂有如此事，与贼何异？公之登科命也，非某本意，更谢何为。"①

此段材料，颇堪玩味。一是崔群对门生张正谟的要求，有无过分之处？二是刘咸允排名靠后，意味着什么？三是张正谟违背座主所托，出于何种原因？本文拟于此三方面入手，一探其中因由，同时从一全新角度，管窥刘禹锡当时处境。

一

刘禹锡有两子，为咸允、同廙。对于二人名字的由来，刘禹锡还专门写有《名子说》："今余名尔：长子曰咸允，字信臣；次曰同廙，字敬臣。欲尔于人

---

① 李昉．太平广记［M］．北京：中华书局，1961：1120.

无贤愚，于事无小大，咸推以信，同施以敬，俾物从而众说，其庶几乎！”① 希望儿子们能够诚信做人，拥有良好的品行修养。只是未料长子咸允成年后，于科第之事却一直不顺，足伤其老怀，无奈之下，只好委屈身段，向老友崔群求告。崔群为人如何呢？

崔群素重清名，洁身自好。《太平广记》之《贡举四》载：

> （崔群）元和中自中书舍人知贡举。夫人李氏因暇，尝劝树庄田，以为子孙之业。笑曰：“予有三十所美庄良田，遍在天下，夫人何忧？”夫人曰：“不闻君有此业。”群曰：“吾前岁放春榜三十人，岂非良田耶？”夫人曰：“若然者，君非陆贽相门生乎？”曰：“然。”夫人曰：“往年君掌文柄，使人约其子简礼，不令就试。如君以为良田，即陆氏一庄荒矣。”群惭而退，累日不食。②

元和中，崔群正当仕途上升之际，当然注重形象，请托关节等有损声名之事，便刻意避之。所以当其知贡举时，为了避嫌，竟不让座主陆贽之子陆简礼就试，可见他做得多么冠冕堂皇。然多年过去，其仕宦已成，名位已固，便也就不再注重什么个人形象，直接要求门生为老友刘禹锡之子帮忙。其中有无过分之处，座主门生之间微妙关系不可不察。

唐开元以降，座主与门生关系日渐胶固，互相提携报恩之事已是司空见惯。③ 如中唐名臣裴度对座主刘太真极其尊重。刘太真曾因滥举被贬官，裴度、杜羔等门生却并未因此疏远他。刘死后，裴度《刘府君神道碑铭并序》云：“公之徽烈，将示于来裔，而高碑未刻，良允继没，于是门生之在朝廷者，谏议大夫杜羔、中书舍人裴度……等，咸怀赏鉴；……如羔辈，被蒙简拔，附丽墙字，树之贞石，贲此元扃，匪报也，永以为泣拜之所焉尔。”④ 其对座主的赏拔之恩，溢于言表。裴度与崔群、刘禹锡、白居易等人交好，位又最高，俨然众人领袖，他的尊师品德，不可能不对崔群等人产生示范效应。据情理推测，刘禹锡一定是得知京兆府试官张正谟为崔群门生后，才有目的地为子向崔群求援，并推己及人，想来门生无论如何也会卖座主一个大大的面子的。

---

① 陶敏，等．刘禹锡全集编年校注［M］．长沙：岳麓书社，2003：1311.

② 李昉．太平广记［M］．北京：中华书局，1961：1346.

③ 吴宗国．唐代科举制度研究［M］．沈阳：辽宁大学出版社，1997：211.

④ 董诰，等．全唐文：卷五三八［M］．北京：中华书局，1983：5468.

平心而论，学生对老师表达一定的感激之情，本无可厚非。但座主不是真正意义上的老师，因为考生的知识，并不是从座主处学来的。然而座主却是最终的验收者。考生一生的富贵荣宠，全在座主的一念之间。从这个意义上来讲，座主虽是考生一日之师，却又是一生中最为关键之师。门生将来仕宦通显后，回报座主也就成了自然之义，至少在唐代是这样。当其时，人们并未觉得将朝廷授予的公权力化作私人利益有什么不妥，反倒觉得回报座主是天经地义之事。如柳宗元说："凡号门生而不知恩之所自者，非人也。"① 虽是在被贬的背景下有所希求座主时所说，但同样能反映当时情形。

正因为座主对门生有再造之恩，门生与座主的关系便颇多微妙之处。就崔群来说，他对待自己的座主，报恩的前提是不能影响自己的名位和仕途，因此才让座主陆贽之子在其知贡举时避嫌不试，以免落人口实。或许以后他会寻求机会为座主之子谋求科第，但那毕竟要另求他人，哪有自己知贡举来得方便？从夫妻二人对话可见，崔群后来并未报恩，不过好在还有些愧疚。当轮到自己当座主时，他便似乎全然忘记了作为门生的他当年所为，将自己的门生看作可供收割的"庄田"，对他们提出任何要求都变得心安理得，也就有了他为刘咸允向张正谟要求"首选"事。不管别人如何看，至少他自己并无觉得有什么过分之处，也基本符合当时世道人情。

二

崔群提出的要求，可不是容易办到的，特别是对试官张正谟来说，哪怕他是崔群之门生，存在对崔群有报恩的"义务"，也是有难度的。当然，这一难度大小要看张正谟这个试官手中到底有多大权限。这里我们分两方面来看，一是京兆府解送之重要程度，二是试官手中握有多大权限。

关于京兆府解送事，《唐摭言》卷二有数条材料述及，此处选二。《京兆府解送》："神州解送，自开元、天宝之际，率以在上十人，谓之等第，必求名实相副，以滋教化之源。小宗伯倚而选之，或至浑化，不然，十得其七八。苟异于是，则往往牒贡院请落由。"《元和元年登科记京兆等第榜叙》："天府之盛，神州之雄，选才以百数为名，等列以十人为首，起自开元、天宝之世，大历、建中之年，得之者拷跃云衢，阶梯兰省，即六月冲霄之渐也。"② 可见，京兆府解送不同他处在于：名额多，有上百人；特权大，前十名如果没考上，

---

① 柳宗元．柳宗元集：卷三十［M］．北京：中华书局，1979：804.

② 唐五代笔记小说大观［M］．上海：上海古籍出版社，2000：1585.

可以向礼部贡院主考官发函，要求给予解释。名额多，当然不仅是给京兆籍的考生，而是面向全国，这样竞争比他州更大，获得解送已属难得，如果还跨入前十名，更为不易。函询特权则在于独占近水楼台之利，他州文书往来耗费时日，当然难以比肩。

再看刘咸允府试问题。崔群希望当了试官的门生张正谟以刘咸允为"首选"，即十等第之首，俗称解头，这可是个竞争最为激烈的名次。据《唐摭言》卷二《府元落》载，自元和元年（806）迄唐亡（907），百年之中，只有九位解头被落下，其他全部登第。所以说，如果刘咸允能够得以"首选"，登第基本已成定局。这样，试官张正谟不仅报了座主崔群的"恩"，崔群也得以安慰刘禹锡这位老友，让其老怀释然。可问题是，张正谟有没有这么大的权限，即便有，他又愿不愿意帮忙?

京兆府试官，人选由京兆府尹决定，既可以是府内属官，如司功参军等人，也可从属下各县属吏中选拔文学品行皆佳者充任。如公乘亿为万年县尉时，就被京兆尹崔淯差遣为府试官。① 担任试官对官员来说，既是信任，更是荣誉，还是提升个人名望的好机会，所以长官的意志非常重要。配合得好，听话，好处自然会有；配合不好，不听话，不仅权限被剥夺，自己还会倒霉。《云溪友议》卷下《去山泰》："宋言端公，近十举，而名未播。……及就府试，冯涯侍郎作掾而为试官，以解首送言也。时京兆尹张大夫毅夫，以冯参军解送举人有私，奏谴澧州司户。再试，退解头宋言为第六十五人。"② 所以说，试官有多大权限，府尹有最终决策权。刘咸允未能首选，试官张正谟起了多大作用，还真不好说。不过从崔群事后要与其断交来看，张正谟既不能满足"首选"要求，连"十等第"也未放入，同时又未提前与座主讲清难处，最后只把这样一个冷冰冰的结果亮出来，明显是在虚与委蛇，崔群之怒，也就再正常不过了。

三

正常情况下，门生卖个面子给座主，帮个忙，只要办得到，应该不在话下。否则，社会舆论的谴责也会让门生声名受损。张正谟敢公然违背崔群之托，其直接原因可能难以明了。但据当时情势作一推测，亦可看个大概。

从上文引述可知，刘咸允应京兆府试在大和四年（830）秋。举子只有通

---

① 唐五代笔记小说大观［M］. 上海：上海古籍出版社，2000：1586.

② 唐五代笔记小说大观［M］. 上海：上海古籍出版社，2000：1302.

过了州府试，方可取得资格参加全国性的尚书礼部省试。刘咸允是刘禹锡长子，在当时科考情形下，他能否登第，其父刘禹锡的社会关系和活动能力可以说起着决定性作用。众所周知，刘禹锡是永贞革新中“二王八司马”事件主角之一，政治上一直饱受打压，但朝廷中亦不乏同情和暗中支持者，宰相裴度便是其中最重要的一位。早在大和三年（829），李宗闵入相，为夺取首席宰相裴度之权，遂联络宦官势力，排挤忠直之士，并急欲引同党牛僧孺入相。与此同时，裴度亦引李德裕入朝，意欲入相牵制李宗闵权势，但李德裕很快被李宗闵排挤出朝。与裴度交好的崔群亦出为江陵尹、荆南节度使。大和四年，牛僧孺入相，裴度失势。

裴度较为赏识刘禹锡。宝历二年（826），久谪在外的刘禹锡终于结束和州任回到洛阳待命，此时他心中对前程还是颇有期待的。但随着时局变迁，第二年，即大和元年（827），他只得到了一个分司东都主客郎中的闲职，心中充满失望和苦楚。好在裴度虽不得掌权宦官所喜，仍于大和二年（828）春冲破阻力调刘禹锡回京实任主客郎中，并有推荐其担任知制诰之意，与权力中心已在咫尺之间。但多年的挫折仍未能折杀刘禹锡半分傲气，继“玄都观里桃千树，总是刘郎去后栽”句后，又作《游玄都观诗序》，并有“种桃道士今何在，前度刘郎又到来”句，惹得宰相武元衡、李逢吉不高兴。当其时，“度在中书，欲令知制诰。执政又闻《诗序》，滋不悦。累转礼部郎中、集贤院学士。度罢知政事，禹锡求分司东都”①。知制诰的美差自然落空。可见，刘禹锡此时的仕途，一直是与裴度共进退的。

刘禹锡不仅在政治上与裴度保持高度一致，在诗文唱和方面也与裴度有交集。大和二年春一回到京城，他立即加入了以裴度为首的“杏园联句”活动当中，参加者还有崔群、白居易、李绛、杨嗣复等人。这是一群政治上虽暂处高位，但正在遭受当权者排挤之人。《杏园联句》中，如崔群有“杏园千树欲随风，一醉同人此暂同”，表明大家志同道合之意；刘禹锡有“二十四年流落者，故人相引到花丛”②，表明自己对往事的感慨和对老友们不弃之感激，并有重致青云之意。而这正说明崔群对刘禹锡之子咸允的帮助，纯粹出自友情深重而无任何利益交换掺杂其中，哪怕后来事与愿违，但起码能说明刘禹锡多年的道德文章还是得到大家认可的。

大和三年，裴度在宦官和李宗闵等人的排挤下出任山南东道节度使，离开权力中心。这对于功成名就的裴度或许是一种解脱，但对于对仕途尚抱有一丝

① 刘昫，等. 旧唐书：卷一六〇［M］. 北京：中华书局，1975：4212.

② 陶敏，等. 刘禹锡全集编年校注［M］. 长沙：岳麓书社，2003：1442.

期待的刘禹锡来说，如果也像裴度一样被再度外放，当然是心有不甘的，何况爱子咸允科场无成之时，更需要慈父的帮助。但何去何从，一时真难决定。特别在当时党同伐异之际，刘禹锡理所当然地被看作裴度一派，如果不作追随出京而另谋高枝，那将成为众人眼中的“背叛”者，政治品行一旦授人口实，局面将会彻底难以挽回。因此，万般无奈之际，刘禹锡不得不自请再次分司东都。而咸允府试事，正是在这样的背景下进行的，可以想见刘禹锡内心的挣扎和痛苦。一生不愿求人的他，也不得不“以情诉于朝贤”，可以看出，他应该不只向崔群一人求告。

大致厘清刘禹锡于爱子咸允府试年稍前的政治处境，当然有利于我们认清咸允府试不利背后的政治因素，但其作用还不仅于此。咸允府试年，正是牛党李宗闵、牛僧孺把持朝政之年，而刘禹锡与牛僧孺不仅政治立场上处于敌对政营，个人关系上亦存有过节。《云溪友议》卷中《中山诲》云：

> 襄阳牛相公赴举之秋，每为同袍见忽。及至升超，诸公悉不如也。尝投贽于刘补阙禹锡，对客展卷，飞笔涂窜其文，且曰：“必先辈未期至矣！”然拜谢砻砺，终为怏怏。历廿余岁，刘转汝州，陇西公镇汉南，枉道驻旌旄。信宿，酒酣，直笔以诗喻之。刘公承诗意，方悟往年改张牛公文卷，……《席上赠汝州刘中丞》，襄州节度牛僧孺诗曰：“粉署为郎四十春，今来名辈更无人。休论世上升沉事，且斗樽前见在身。珠玉会应成咳唾，山川犹觉露精神。莫嫌恃酒轻言语，曾把文章谒后尘。”《奉和刘尚书》，汝州刺史刘禹锡：“昔年曾忝汉朝臣，晚岁空余老病身。初见相如成赋日，后为丞相扫门人。追思往事咨嗟久，幸喜清光语笑频。犹有当时旧冠剑，待公三日拂埃尘。”①

刘禹锡曾当着还是举子的牛僧孺之面，改其干谒文章，“必先辈未期至矣”，语意不明，似是在说“一定是你意料不到的效果”，有轻视意，自此牛衔恨于心。后来牛飞黄腾达，官位远在刘之上，才有“曾把文章谒后尘”句。刘也很配合地表明自己当年有眼不识泰山，这才嫌意稍解，但这已是刘咸允府试事之后。

再来看大和四年秋刘咸允参加京兆府试时，正是崔群失势之时。据《旧唐书》本传载，“久之，改检校吏部尚书、江陵尹、荆南节度观察使。逾岁，改检校右仆射，兼太常卿。大和五年，拜检校左仆射，兼吏部尚书。六年八月

① 唐五代笔记小说大观［M］. 上海：上海古籍出版社，2000：1296－1297.

卒，年六十一，册赠司空”[①]。检校右仆射兼太常卿，是以虚衔任冷曹，实权大大降低，在见风使舵的官场，自然不大受人待见。中晚唐时，京兆府试历年颇受关注，达官权要操弄其中。试官张正谟哪怕是崔群的门生，但上有府尹的管辖，又需看当权者的眼色，想报座主之恩，估计很难；再加上刘禹锡与其并无交情，还与当权的牛僧孺有过不快，在复杂而又微妙的官场，他自然知道该怎么做，甚至都不用当权者特意提醒。刘咸允府试排名靠后也就注定了。

从后来事态发展来看，刘咸允果然落第。张正谟如此选择，既没有完全违逆座主之意，又没有与当权者意志相左，自以为得计。不料官场老手崔群一眼看穿其心思，这才有与其断交之怒。但人算不如天算，第二年他未想到崔群又实授吏部尚书，主持吏部科目选试，其兄张正矩正好落入其手。好在封建科场也有底线存在之时，试卷糊名的做法使得崔群未能逞其心中怒火。随着崔群一年后的离世，这一场由刘禹锡之子咸允府试事引起的小风波，也就消弭在历史的长河之中。

（作者单位：广东农工商职业技术学院）

① 刘昫，等．旧唐书：卷一五九［M］．北京：中华书局，1975：4190.

文集研究

日本国会图书馆藏朝鲜刊《刘宾客诗集》考述

——兼论刘禹锡诗集单行之事

查屏球

对于刘禹锡研究来说，日本所藏汉籍中有不可忽视的文献资源，如收入四部丛刊中的《刘梦得文集》，即是宋时传入日本的刊本（详见下文）；又如，日本平安时期大江维时约在968年前编秀句集《千载佳句》，收有十八联刘禹锡诗句，其中颇有异文；又，刘禹锡所作《传信方》，是医学史上一部重要的著作，宋后多编入后出医书中，本书反而无传。日本平安时代医官丹波康赖（912—995）于984年撰成《医心方》三十卷，其中摘录《传信方》部分内容，应保留了《传信方》的部分原貌，对于了解本书的原初状态极有意义；另外，日本国会图书馆藏有一朝鲜刊本《刘宾客诗集》，此书较少被人提及。香港大学刘卫林先生曾作过调查，惜难了解详情。笔者最近经过比勘，发现本书之底本应为宋初流行之刘禹锡诗集，对于认识刘诗流传意义甚大，现分述如下：

一、朝鲜刊《刘宾客诗集》叙录

日本《国立国会图书馆汉籍目录/集部/别集类/唐五代之属》著录本书为：

刘宾客诗集十卷，唐　刘禹锡撰，朝鲜刊，二册，线装，33cm

本书装帧具备朝鲜刊本的典型特征，五针线，大开本，分天、地二册。细测书页长宽为：32.2cm×21cm，内框：24.4cm×18.4cm，黑口，双线，四点花鱼尾，十行，行十八字。书有残损，封面是后加的，其中有四页为后人抄补。全书没有目录，各卷也无卷目。藤本幸夫《日本现存朝鲜本研究》记一藏于蓬佐文库朝鲜刊本《刘隋州集》十一卷外卷二册，书名、行格、板框与此书多相似[①]，估计是同时期的产物。《刘随州集》于1573年由全罗道潭阳府刊，本书大约也是在这段时间刊成的。朝鲜鱼叔权《考事撮要》中记录了潭阳府刊本，其中有《刘宾客集》一书，书名与现存《刘宾客集》稍异[②]，但现存本重新装订过，封面是后加的，或许原初就是如《刘隋州集》一样即为《刘宾客集》。朝鲜版《刘隋州集》以明弘治十一年（1498）韩明跋本为底本，而这个明本又是以南宋书棚本为底本，故其源出于宋本。[③] 这部《刘宾客诗集》或许也是如此，可能也是书棚本在异国的再传。

本书最后一页有藏家南村居士朱笔所写跋记：

> 右朝鲜版《刘宾客集》十卷，用茧纸刷印，边幅长阔，字有颜法，盖从宗椠翻刻者，系养安院曲直濑正琳旧藏。正琳精医术，后阳成帝不豫，令正琳治，即有殊效，赐号养安院，又浮田秀家，夫人有寄疾，医莫能治，正琳为除之，秀家大喜，举征韩之役所获图书数千卷为赠，是本即其一也。后人不能守，异帙珍编，丛落人间，余尝购得之于古画市，以为希见，但恨第六卷首页第十卷俱属欠失矣。偶捡乾隆《四库书目》载江苏巡抚采进本《刘宾客文集》三十卷，外集十卷，云：唐刘禹锡撰，唐书禹锡本传称为彭城人，盖举郡望，实则中山无极人。是编亦名中山集，盖为是也。禹锡在元和初以附王叔文被贬为八司之一，召还之后，又以咏元都观桃花触忤执政，颇有轻薄之讥，然韩愈颇与之友善，盖其人品与柳宗元同，其古文恣肆辨于昌黎柳州之外，自为轨辙，其诗则含蓄之足而粗

---

① 藤本幸夫《日本现存朝鲜本研究·集部》（京都大学学术出版会2006年版，第1156页）：番号 2739/书名 刘隋州文十一卷集外集一卷两册/刊年 明宗宣祖初叶年间刊/刊地 全罗道/寸法 33.5cm×22.7cm/纸质 楮纸/版式 四周单边，内框23cm×17.1cm，十行行十八，注双行字数同/版心 上下中黑口，上下内向黑鱼尾，鱼尾间“几（上）几”/构成 （1）刘隋州诗序［弘治十三年（1500）庚申年夏四月二日宗彝撰］，（2）后跋（同年仲冬沈宝文），（3）刘隋州诗集目录，（4）刘隋州文集卷第一（至十一），（5）“刘隋州外集”/注记 内框22.8～24.2cm混用/研核 本书与韩国奎章阁所藏一书同版，但奎章阁本卷有宗彝序，卷末有韩明跋（弘治十一年）、沈宝文跋，本书已失韩明跋。《考事撮要》记万历元年（1573）潭阳府所刊一佛经与本书是同一刻工。朝鲜版《刘宾客诗集》为藤本幸夫书失收。

② 《考事撮要》经多人增补，这条内容是许葑（1551—1588）增补的。转引自金斗钟《韩国古印刷技术史》，探求堂1974年版，第217页。另，李德懋《青庄馆全书》卷二十四《诗观小传》（壬子夏，命阁臣，选诸体诗，自古逸以及汉魏六朝、唐、宋、元、明诸家，命曰诗观，仍分撰诗人小传，以唐、宋、明三代属之）：“刘禹锡有集十八卷。”这是将正集中十卷诗与外集中八卷诗合编为一集了。这一诗集是否有存，待考。

③ 傅增湘《藏园群书题记》卷六补遗（上海古籍出版社1989年版）：“此本为弘治戊午临洮太守李纪刻于郡斋，后有余姚韩明跋。谓得善本于杨邃庵提学应宁，同时行者尚有孟、韦诸集，今刘集尚有传者，而韦、孟则不易见矣。此本行格为十行十八字，其出于书棚本无疑。”

锐有余，气骨亦在元白上，均可与杜牧相颉而诗尤矫出，陈师道称苏轼诗初学禹锡，吕本中亦谓苏辙晚年令人学禹锡诗，以为有用意深远，有曲折处，其杂文二十卷，明时曾有刊版，独外集世罕流传，藏书家珍为秘籍，今扬州所进钞本乃毛晋汲古阁所藏，纸墨精好，犹从宋影写，谨合为一编，着之于录用，还其旧焉。《提要》所论如此，余近又得一古钞本，因把韩本校雠补写，遂成完璧，乃手亲糊修表面，重加钉装，并述其来由，《书目》所云“杂文三十卷外集十卷”，余未见之，为可恨耳。时戊子夏初黄村居士跋于宕阴太古斋中。①

黄村居士，就是向山南村（1826—1897），是日本幕末与明治初有名的汉学家、诗人，原是一色仁左卫门真净的三男，年幼聪明，被幕臣向山源太夫（笃，诚齐）收为继子，随一千坡廉齐（古贺精里的门人）在昌平坂学问所学习，安政三年（1856），接替了养父的工作。文久元年（1861）参与外交事务，庆应二年（1866）随德川昭武远渡巴黎，晋谒了拿破仑三世。明治维新后追随旧主人德川家去了静冈，以骏府“静冈”黄村为名号，任静冈学问所行长，后到东京，与杉浦梅渊、稻津南洋一起创立翠诗社，以写汉诗度过余生。《冰川清话》记：胜海舟对黄村为人有很高的评价，与岛田翰、杨守敬有交往，著作有《景苏屋檐诗钲》《游晃小草》。② 戊子年，应是指1888年。

黄村居士叙述了本书的来历。本书原为日本文禄征韩的战利品，本为养安院曲直濑正琳的旧藏物。曲直濑正琳是16世纪末17世纪初的名医，他先后服务于丰臣家、德川家，字养庵，号玉翁，院号养安院，他原出生于一柳家，随中世纪的著名医学者曲直濑道三（1507—1594）学习，获得了曲直濑的姓，并娶道三的孙女为妻。在天正十二年（1584）时谒见丰臣秀吉，以后服侍其子秀次，同年，为天皇治过病。在文禄四年（1595）时治愈了宇喜多秀的妻子的奇病，便获得在朝鲜所得的数千卷书作为谢礼。在庆长五年（1600）时因给阳成天皇献药并治愈其病，被赐予“养安院”的封号。在庆长十年（1605）时作为德川家康的主治医生陪侍，也曾获优遇。后追随服侍秀次。藏书印是根据正琳赐予的院号而制，一直为后代所延用，养安院藏书也因有大量的朝鲜刊本而知名。③ 跋言丰臣秀吉赐书之事发生在文禄四年（1595），其时丰臣秀吉刚刚结束第一次征韩之役。宇喜多秀是丰臣秀吉的养子，也是秀吉的

① 《刘宾客诗集》，日本国会图书馆藏，索书号217/58。

② 江户文人辞典．东京：东京堂，1996：129.

③ 见日本《国立国会图书馆重要文化财“姓解”》，http：//www. ndl. go. jp/zoshoin/zousyo/27_manase. html。

女婿，是其身边重臣，在征韩之役中曾任本部总大将，掠得大量朝鲜书籍，故能赠人几千卷书。

这则记录为判断本书产生的时间提供了参照点，文禄征韩之役是在1592—1598年，《刘宾客诗集》在朝鲜的刊印也应在此之前。黄村居士认为刊版字体为颜体，应是误判，本书字体呈现出明显的赵松雪体的风格，这正是朝鲜朝刊版特色。这种字体的刊版主要流行朝鲜前期与中期，这与本书形成的时间也是相合的。跋言其从宋版翻刻，并无实据，仅是推断，由其字体看，朝鲜版应是对原版的重刻，不是影刻，所以使用了当时流行的字体。

二、《刘宾客诗集》与《刘宾客文集》《刘梦得文集》

比较这部《刘宾客诗集》的内容，不难看出，它是取刘禹锡全集中的诗歌部分单独成书。通行刘禹锡集由三部分构成：文（二十卷）、诗（十卷）、外集（十卷，含诗八卷，文二卷），本书似取本集中的十卷诗单印。现存刘禹锡集宋本有三种：一是日本平安福井氏崇兰馆所藏宋刊本《刘梦得文集》三十卷，外集十卷；一是故宫藏宋绍兴八年（1138）刻本《刘宾客文集》三十卷，外集十卷：一是北京图书馆所藏宋刊残本《刘梦得文集》，存一至四卷（与第一种属同一系统），除外集外，各本卷次排序不同，具体情况见下：

表1　《刘宾客诗集》与《刘宾客文集》《刘梦得文集》对照

卷次	类目			
	《刘宾客文集》	《刘梦得文集》	《刘梦得文集》残本	《刘宾客诗集》
一	无类目，属赋类	古诗	赋	
二	碑上	古诗	碑	
三	碑中	律诗	碑	
四	碑下	律诗	碑	
五	论上	杂体诗		
六	论中	送别诗		
七	论下	送僧诗		
八	记上	乐府		
九	记下	乐府		

（续上表）

卷次	类目			
	《刘宾客文集》	《刘梦得文集》	《刘梦得文集》残本	《刘宾客诗集》
十	书	哀挽		
十一	表章一	赋		
十二	表章二	论		
十三	表章三	易论		
十四	表章四	书		
十五	表章五	表		
十六	表章六	表		
十七	状	表		
十八	启	表		
十九	集纪	表		
二十	无类目，属杂说	表		
二十一	杂兴三十一首	启	*古诗*①	卷一 【杂兴】②
二十二	五言今体三十首	状	*古诗*	卷二 五言今体
二十三	古调十六首	集纪	*律诗*	卷三 【古调】
二十四	七言五十六首	杂着	*律诗*	卷四 七言
二十五	杂体三十九首	杂说	*杂体*	卷五 杂体
二十六	乐府上	记	*送别*	卷六 乐府上
二十七	乐府下	记	*送僧*	卷七 （乐府下）
二十八	送别四十六首	碑	*乐府*	卷八 （送别）
二十九	送僧二十四首	碑	*乐府*	卷九 （送僧）
三十	哀挽悲伤三十八首	碑	*哀挽*	卷十 （哀挽）
行格	12×22	10×18	12×21	10×18

① 为方便比较，将《刘梦得文集》一至十卷诗目暂列表内，并以斜体加以以区别。

② 【】者表示卷目出现于卷标之下，（）者表示卷目仅出现于此卷第一首，余下为笔者依类暂设，本身并无。

(续上表)

卷次	类目			
	《刘宾客文集》	《刘梦得文集》	《刘梦得文集》残本	《刘宾客诗集》
内框	4. 8cm×3. 4cm	8. 6cm×6. 4cm		9. 6cm×6. 4cm, 7. 4cm×5. 6cm
初刊时间	绍兴八年	北宋末或 绍兴初	宋光宗①	
地点	严州	蜀中	建州	

与上述三书比较,《刘宾客诗集》在内容上与《刘宾客文集》更接近,其行格又与《刘梦得文集》相同。朝鲜刊本多是仿照原版式制版,比照上述几种宋本,这部活字本诗集的底本应是一部单行的《刘宾客诗集》,它应是将《刘宾客文集》中二十一卷至三十卷这一部分抽出单独编集。但由行格看,这部《刘禹锡诗集》又与《刘梦得文集》相同,因此,它与现存两部宋刊刘禹锡集都有关系,因此,有必要从刘禹锡集在宋的刊印历史中,确定本书的原初底本的年代,同时,研究此事也有益于了解刘禹锡集在宋的流传情况。

《新唐书·艺文志》著录《刘禹锡集》四十卷,未必是据原书所录,《崇文总目》中未列此书正集,仅言"《刘宾客集外诗》三卷",《文苑英华》录刘禹锡诗文一百多首,有诗有文,说明其时宋廷有完整的刘集,《崇文总目》不录,可能是因为在《文苑英华》编定之后,这部刘集毁于火灾了。尤袤《遂初堂书目》记:"刘禹锡内外集"所录也不一定是原书名,明确记录刘集的还是晁公武、陈振孙两书。

《郡斋读书志》卷十七记:

> 《刘禹锡集》三十卷、外集十卷
>
> 右唐刘禹锡,梦得也,中山人,贞元九年进士,登博学宏词科,贬朗州司马,元和十年召还,欲任以南省郎,作玄都观看花诗,讥忿当路,出为播州刺史,裴度以母老为请,得易连州,入为主客郎中,复作游玄都诗以诋权近,俄分司东都,迁宾客,会昌时加检校礼部尚书,卒。禹锡少工文章,恃才而废,老年寡所合,乃以文章自适,素善诗,晚节尤精,白居

① 不避北宋仁宗以下帝王名讳,不避南宋高宗之名讳,但避南宋光宗名讳,应该是以北宋仁宗之前版本为底本,在南宋光宗时刊刻。

易推为诗豪，尝言其诗在处应有神物护持，禹锡早与柳宗元为文章之友，称刘柳，晚与居易为诗友，号刘白，虽诗文似少不及，然能抗衡二人间，信天下之奇才也。①

《直斋书录解题》卷十六记：

《刘宾客集》三十卷、外集十卷

唐检校礼部尚书兼太子宾客中山刘禹锡梦得撰，集本四十卷，逸其十卷，常山宋次道裒辑其遗文，得诗四百七篇，杂文二十二篇，为外集，然未必皆十卷所逸也。②

现存的《刘梦得文集》与《刘宾客文集》与以上两书的记载是对应的，晁氏、陈氏所记书名不同，当缘于所见底本不同。由两目录志所记的时间看，当是《刘梦得文集》在前，《刘宾客文集》一书后出。

日藏《刘梦得文集》于1913年由董康复印，有董康、内藤湖南跋文，介绍了本书的流传与价值：

宋椠唐集惟书棚本，偶一见之，若卷第稍繁即风行，如李杜韩柳已如星凤，遑论其他。光绪丙午奉牒游日本，道出西京，因阅访古志，慕崇兰馆藏书之富，访之于北野别业，主人福井翁汉医也，清芬世绍，抱独乐天，出示宋元及古刻，且言凡经森氏簿录者惨罹秦厄，此皆劫余所续得者也。缥帙井然，如登宛委，内宋大字本《刘梦得集》每半叶十行，行十八字，中缝有刻工姓名，书体遒丽，纯仿开成石经，纸墨并妙，窃谓此书与东京图书寮之《太平寰宇记》，宋景文、王文公、杨诚斋等集及吾国京师图书馆之残《文苑英华》、昭文瞿氏之《白氏文集》、宣府之《徐公文集》（此书后归余，今入大仓），可称海内奇本，归国恒与朋辈诵述之，昨年避嚣东航，侨居星地，复过崇兰馆，翁犹强健，罄阅所藏，始知是集首尾完善，并附外集，尤所心醉，适小林忠治业珂罗制版，艺精为全国冠，曩为罗君叔言影印宋拓碑志，浓淡丰纤，犹形鉴影，乃介内藤炳卿博士假归，属小林氏用佳纸精制百部，昔士礼居仅藏是书残宋刻（四卷，半叶十二，行廿一字，今归昭文瞿氏铁琴铜剑）题跋每以钞本不足处为

① 晁公武．郡斋读书志［M］．江苏古籍出版社1988年影印宛委别藏版：575.

② 陈振孙．直斋书录题解［M］．商务印书馆丛书集成本：453.

憾，深冀得一宋刻之全者以正误，设荛翁生于今世，其快愉更当为何。噫，际此流离转徙，牵于结癖，投掷锭资以印此书，殊不自量，然获此百部行世，不啻贻传百部真本，举凡旧钞明刻讹谬相绳，艺林向奉为珍秘者，可概供覆瓿，于中山是编功匪鲜浅，后之览者当亦悯余今日之苦衷也。癸丑夏日毗陵董康识于东山寄庐。山口藤田采子录。

平安福井氏崇兰馆以多藏宋元古书闻于海内，安政中罹灾，故物荡然，迨其后嗣克绍先志，两世搜购，收储之富不减曩日，中有宋槧《刘梦得集》卅卷外集十卷，盖为东山建仁寺旧藏，相傅千光国师入宋时所赍归，近年寺主僧天章以方外之身勤劳王事，兼能词翰，名著士林，明治初退居西崦妙光寺，因带此书而去，既为凶奴所殪，藏书散佚，此书遂归崇兰馆，每半叶界长八寸六分（28.38cm），广六寸四分（21.12cm），十行，行十八字，字大栏豁，疏朗悦目，按陈振孙《书录解题》：《刘宾客集》原本卌卷，宋佚其十卷，宋次道裒其遗诗四百七篇杂文廿二首为外集，卷数篇目与此本吻合，今通行本杂文廿卷诗十卷，出于明刻，卷第既已不同，所录诗文并有佚夺，又表笺各篇有通行本存年月，而此本失录，此本有年月而通行本刊落者，其余异文多不胜举，且此本先文后笔，仍是六朝以来集部体制，若通行本先文后诗，经明刻恣改耳。外集十卷，《天禄琳琅前编》录，汲古阁影抄宋本后编又录元刻本，并称希见，此本则正外两集完好无缺，宋氏所裒，直斋所录，忽获目睹于数百载后，可称艺林奇宝已。清国董授经京卿雅善鉴藏，又喜刻书，顷避地东渡侨寓平安，既尽阅崇兰之藏，深爱此书，借览不足，竟谋景刻，乃用玻璃版法精印百部，以贻于世，虽纸幅稍蹙原本，而精采焕然，不爽豪发，自兹东瀛秘籍复广流传，中山精华顿还旧观，是则授经之有功此集不在次道下矣。大正二年八月内藤虎。①

日本平安福井氏崇兰馆所藏《刘梦得文集》，约在1168—1187年间，由千光荣西带回日本，其形成时间更早，两跋皆认定本书即是晁氏所见之物，内藤认为《刘梦得文集》先文后笔的编排更存古意，应在《刘宾客文集》之前，本书有蜀刻大字本的特点，屈守元先生从书之避讳看，避宋帝讳缺笔止于高宗赵构之名，卷六第8页上孝宗之名“慎”字、卷三第6页下光宗之名“淳”

① 刘禹锡．刘梦得集［M］．上海商务印书馆四部丛刊本（上海涵芬楼景印董氏景宋本）．

字都不缺笔画，应为绍兴时代刻版。[1] 晁公武《郡斋读书志》写于绍兴二十一年（1151），本书当刊于此前。又由书名看，以职官称本集，可能是北宋之后事，且《新唐书·艺文志》亦称《刘梦得文集》应早于《刘宾客文集》，《刘宾客文集》初刊是在绍兴八年，《刘梦得文集》流行可能要早于此。然而，最近研究者发现：陆游曾在严州任上刊刻了《世说新语》《剑南诗稿》和《刘宾客文集》，三种刻本行格、版式、刻工名与此本有共同之处，据此判定现存本即为陆游在严州任上的刻本。[2] 其说有一定的合理性，但陆游知严州是在淳熙十三年（1186），远晚于晁公武作《郡斋读书志》的时间，现存严州刻本应不是晁氏所见本，其先诗后文的编纂体例确实存有唐集旧貌的特点，书名、卷数与《郡斋读书志》所著所录相同。晁氏所录本可能为蜀刻本，形成的时间可能更早。现存《刘梦得文集》诗歌部分，古诗、律诗、乐府各两卷，杂体、送别、送僧、哀挽各一卷，分类方式与类目较简明，或存原貌。

现存的《刘宾客文集》上存有最初整理者宋敏求与刊印者董弅的旧跋：

> 世有《梦得集》四十卷，中逸其十，凡诗三百九十二篇，所遗盖称是，然未尝纂著，今裒之，得《刘白唱和集》一百七、联句八，《杭越寄和集》二，《彭阳唱和集》五十二，《汝洛集》二十七、联句三，《洛中集》三十、联句五，《名公唱和集》八十六，《吴蜀集》十七，《柳柳州集》六，《道途杂咏》一，《南楚新闻》四九，《江新旧录》一，登科文选一，《送毛仙翁集》一，自《寄杨毗陵》而下皆沿旧，《会粹》莫详其出，或见之石本者，无虑四百七篇，又得杂文二十二，合为十卷，曰《刘宾客外集》，庶永其传云。常山宋敏求题。

> 《梦得集》中所逸盖自二十一卷至三十卷，后人因以三十一卷至四十卷相续，通为三十卷。宋次道纂著《外集》，虽裒类略尽，然未必尽其所遗者，今不可考也。世传韩柳文多善本，又比岁诸郡竞以刻印，独此书旧传于世者率皆脱略谬误，殆无全篇。余家所藏，固非尽善，既为刻印，因话于郡居士大夫家，复远假于亲旧，凡得十余本，躬为校雠是正，确可读。而外集独余家有之，更无他本可校。第证其字画之讹误，其脱逸及可

---

① 屈守元. 谈刘禹锡集的两个影宋本［J］. 四川师范大学学报，1977（7）. 晁氏录书多据所获井度赠书，屈文由井度任职蜀中的时间推论本书或刊于绍兴十年前，并认为是《直斋书录解题 王右丞集跋》所言“蜀刻唐六十家集”中的一种。宋敏求后序言：“世有《梦得集》四十卷。”又曰：“合为十卷，曰《刘宾客外集》。”前后矛盾，屈文认为是董弅在刊印《刘宾客文集》时对宋序有改动。

② 李明霞. 刘禹锡集宋本三种刊刻地及版本源流关系考［J］. 图书馆理论与实践，2012（4）.

疑者，存之以遗博洽多闻取正焉。绍兴八年秋九月壬寅广川董弅题。①

陆游《世说新语》董氏刊本跋（四部丛刊《世说新语》后）言：

> 郡中旧有《南史》《刘宾客集》版，皆废于火，《世说》亦不复在，游到官始重刻之，以存故事，《世说》是最后成，并识于卷末，淳熙戊申重五日新字郡守笠泽陆游书。②

屈先生认为现存《刘宾客文集》即是陆游所刊本，底本为董弅绍兴八年刊本。然跋中所云《刘宾客集》与《刘宾客文集》并不完全相同，前面已说过陆游在严州所刊《世说新语》《剑南诗稿》的行格与《刘梦得文集》相同，陆游所刊与董弅编刊相隔六十余年，陆游新刊未必以董弅刊本为底本。现存的《刘宾客文集》本不一定是绍兴八年的原刊，但也很难证明它一定就是陆游在严州所刊本。从避讳字看，它严格地避了北宋诸帝王名讳，又避南宋高宗之名讳，高宗以下帝王名讳不避。因此，可以推测此本为南宋高宗时刻本，而陆游刊书是在宋孝宗时。

现存的宋刊本《刘宾客文集》卷二十一至卷三十为正集之诗，这一部分与《刘宾客诗集》在分卷、类目与卷次上是相同的，文字细节上有出入，但大体可归为同类。董弅后序记录了一种情况，即本书当时的传本并无卷二十一至卷三十部分，这一部分恰是正集中的诗，这一情况的出现，应是因为诗的部分已经被单独印行了。关于这一点，我们由现存的《刘宾客文集》编排体例中就可看出，现存四十卷，除了后十卷外集之外，正集卷一至卷二十文，外集卷三十一至卷四十，各卷皆有总目，但正集卷二十一至卷三十诗的部分，各卷皆无卷目。据此可推断在当时刘禹锡文集、诗集、外集是各自单行的，文集曾与外集合印，诗集不在其列。《刘宾客诗集》可能就是其中一种。董弅编刊时，是将已流行的《刘宾客诗集》再合编到《刘宾客文集》中。因此，这部《刘宾客诗集》可为研究刘禹锡文集的流传史提供新的线索。

---

① 刘禹锡．刘宾客文集［M］．大安株式会社景印宋本，1967.

② 刘义庆．世说新语：十卷末［M］．上海商务印书馆四部丛刊本（上海涵芬楼景印明嘉靖袁氏嘉趣堂刊本）．

三、《刘宾客诗集》与刘禹锡诗集之流传

朝鲜版《刘宾客诗集》不是绍兴版《刘宾客文集》的诗集部分的原样翻刻，两者在版本形式上区别明显。首先，字体不同，《刘宾客文集》是欧体字，《刘宾客诗集》为赵体；其次，版式不同，《刘宾客文集》十二行，行二十一字，《刘宾客诗集》十行，行十八字。除此之外，文字细节上也有区别，如《刘宾客文集》卷标后单列一行标明卷类名称与本类诗数，如“杂兴三十一首”“五言今体三十首”“七言五十六首”一类；《刘宾客诗集》不单列卷目名与卷内诗数，卷目有的标于卷标之下，如杂兴、古调，有的只在第一首诗题后注明，有的则无类目名称，都不标明卷内诗数，其处理方式显然比《刘宾客文集》简化。但有些方面又比《刘宾客文集》繁细，如《学阮公体三首》一类组诗，《刘宾客文集》只在诗题上标明三首，其下将三首诗连续录入，而《刘宾客诗集》则将“三首”以小字标明，又在第二首后多单行标明“其二”“其三”。这些方面表明两者不是底本与翻本的关系。《刘宾客诗集》对卷目从简的做法以及对组诗分题单独标行的方式，既欲省工，又欲多占篇幅，这是一种明显的商贾倾向，表明《刘宾客诗集》原初可能是一坊刻本。前文已言本书与《刘隋州集》属一个版本系统，行格与棚本唐诗相同，棚本唐诗小集今存甚少，也无完整目录，从这一点上看，日藏朝鲜刊本《刘宾客诗集》可为恢复棚本唐诗书目增添一条有价值的线索。

从刘禹锡集的流传看，刘集四十卷，文多于诗，对其文，唐宋文人都较少提及，宋初《文苑英华》对刘之诗文兼收，姚铉编《唐文粹》唯收入刘文不收其诗。但柳韩成古文正宗之后，刘文地位自然下降，宋人多论其诗少言及文，如苏轼曾批评过刘禹锡文①，又自言早年学过刘禹锡诗，苏辙晚年劝人学刘禹诗②，足见，苏门一家也仅重其诗。这一情况的出现，固然是由于其文开

① 《东坡全集》卷九十二：“刘禹锡文过不悛，刘禹锡既败，为书自解言：‘王叔文实工言治道，能以口辩移人，既得用所施为，人不以为当，太上久疾，宰相及用事者不得对，宫掖事秘，建桓立顺功归贵臣，由是及贬。’《后汉宦者传》论云：‘孙程定立顺之功，曹腾参建桓之，腾与梁冀比，舍清河而立蠡吾，此汉之所以亡也，与广陵王监国事岂可同日而语哉？’禹锡乃敢以为比，如小人为奸，虽已败犹不悛也。其可覆置之要地乎？因读禹锡传有所感书此。”

② 《后山集》卷二十三：“苏诗始学刘禹锡，故多怨刺，学不可不慎也。晚学太白，至其得意则似之矣。然失于粗，以其得之易也。”《岁寒堂诗话》卷上：“苏子瞻学刘梦得，学白乐天、太白，晚而学渊明。”《渔隐丛话》前集卷二十：“《吕氏童·训》云：‘苏子由晚年多令人学刘禹锡诗，以为用意深远，有曲折处。后因见梦得历阳诗云：一夕为湖地，千年列郡名。霸王迷路处，亚父所封城。皆历阳事，语意雄健，后殆难继也。’”

创性确实不及韩柳，韩柳之文更为宋代文章家所推重，同时，应该又与完整的刘集甚少流传有关。在读书人中，流行较多的可能是其诗集，故《崇文总目》中所存的也仅是《刘禹锡集外诗》三卷。南宋中期，陈起遍刊唐人诗集，其时周瑞臣于《挽芸居二首》中即言其“诗刊欲遍唐”，《刘宾客诗集》可能就是其中的一种。朝鲜刊本《刘宾客诗集》改变了《刘宾客文集》排版，多有坊刻特色，有理由推论其底本来源或许与陈起父子的棚本唐诗小集有一定的关系。

刘禹锡诗在朝鲜有很长的流传历史，早在高丽时代他就为人所提及，李奎报（1169—1241）《东国李相国全集》卷十一《李清卿见访小酌，用刘禹锡诗韵同赋》：“诗格高于柳柳州，青衫曾见幕中牧。官班犹阻陪龙尾，檄手徒劳守鹿头。三载别来头半白，一樽相对泪空流。凭君且莫惺惺去，幸是黄花泛酒秋。”本诗所用的韵就是刘禹锡的《西塞山怀古》（王濬楼船下益州，金陵王气黯然收。千寻铁锁沉江底，一片降幡出石头。人世几回伤往事，山形依旧枕寒流。今逢四海为家日，故垒萧萧芦荻秋）。又其书同卷之《尹同年仪，陈同年湜，陈澕见访用刘宾客诗韵各赋》：“二年蓬转久离根，邂逅寒暄只一言。邀醉散仙天是幕，锁留归客雪为门。数篇诗句闲中迫，一局碁声静里喧。到处逢场即仙境，九霞觞满草轻翻。”本诗用刘禹锡《送宗密上人归南山草堂寺因诣河南尹白侍郎》（宿习修来得慧根，多闻第一却忘言。自从七祖传心印，不要三乘入便门。东泛沧江寻古迹，西归紫阁出尘喧。河南白尹大檀越，好把真经相对翻）。后一首并不见于当时的唐诗选本，李奎报等人以此诗为韵，说明他们对刘禹锡诗集是很熟悉的。高丽时期李齐贤（1287—1367）也曾仿写过刘禹锡的诗，如《益斋乱稿》卷四《昨见郭翀龙言及庵欲和小乐府》，以其事一而语重，故未也。仆谓刘宾客作《竹枝歌》，皆夔峡间男女相悦之辞，东坡则用二妃、屈子、怀王、项羽事，缀为长歌，夫岂袭前人乎。及庵取别曲之感于意者，翻为新词可也，作二篇挑之：“都近川颓制水坊，水精寺里亦沧浪。上房此夜藏仙子，社主还为黄帽郎。”（近者有达官戏老妓凤池莲者曰：“尔曹惟富沙门是从，士大夫召之，何来之迟也。”答曰：“今之士大夫，取富商之如为二家，否则妾其婢子，我辈苟择缁素，何以度朝夕。”座者有愧色。鲜于枢《西湖曲》云：“西湖画舫谁家女。贪得缠头强歌舞。”又曰：“安得壮士掷千金，坐令桑濮歌行露。”宋亡士族有以此自养者，故伤之也）由李齐贤所叙看，他对刘禹锡《竹枝词》之类的创作精神有整体性了解，似有读过刘禹锡全集或《刘宾客诗集》的可能。由这些情况看，《刘宾客诗集》在刊印之后即传到了当时的高丽。又，朝鲜早期重臣金时习（1435—1493）《梅月堂诗集》

卷七《山居集句百首》（其七十四）：“参礼名山适性灵（刘禹锡），故乡七十二长亭（杜牧）。如今年老无筋力（令孤楚），筇杖斜斜倚素屏（放翁）。”所集之句为刘禹锡的《赠日本僧智藏》（浮杯万里过沧溟，遍礼名山适性灵。深夜降龙潭水黑，新秋放鹤野田青。身无彼我那怀土，心会真如不读经。为问中华学道者，几人雄猛得宁馨）。其跋曰：“成化戊子冬，居金鳌山，雪夜拥炉，寂无跫音，风竹萧骚。有起予之趣。因与山童，拨灰书字，集古人句有当于山居之味，摘成一律，仍集百咏，与好事者共之。丙申夏碧山清隐志。”对他来说，刘禹锡诗当是熟读之书，故能凭记忆则写出。又，申光汉（1484—1555）《东槎录·次刘禹锡送春词韵》：“相随千里不相离，君欲归时我未归。苏句岂曾留作绊，鲁戈何得更能挥。萧骚鬓与流芳改，游赏心兼乐事违。从此年光成强有，杜公真解惜天机。”所用诗韵是刘禹锡《送春词》（昨来楼上迎春处，今日登楼又送归。兰蕊残妆含露泣，柳条长袖向风挥。佳人对镜容色改，楚客临江心事违。万古至今同此恨，无如一醉尽忘机）。最值得一提的是朝鲜朝文人金义贞（1495—1547）曾拟写柳宗元诗，表现柳宗元送别刘禹锡来连州的景象，见《潜庵先生逸稿》卷二《柳子厚送刘禹锡赴连州》：

哲人随时贵行藏，独愧吾徒任沈浮。愚心不足宁蘧道，直道何同士师优。
君我慷慨忧天下，怪底今昔相异谋。欲回羲轩尧舜道，还补明时焕皇猷。
独醒固排群醉里，一齐那容众楚咻。朝辞玉笋清班下，夕向南荒万里州。
生涯孑孑投岭峤，世业空将陷边陬。永诀高堂年喜惧，相思亲戚隔明幽。
幸逢圣朝新孝理，更许连州奉君侯。得罪雷霆虽惨烈，全生天地德难酬。
湘江今日分岐别，落木萧萧洞庭秋。桂岭瘴云飞墨色，深谷青枫叫钩辀。
连州穷邑是蛮俗，鸟语夷面如猿猴。江氛岭祲昏若凝，一蛇伺人有两头。
怪鸟鸣唤蛊虫飞，食中置药如戈矛。湖波蒸天俗生梗，吏民忿恨言嘲哳。
嗟君既往宜为戒，酸寒随事生疮疣。楚水凄凉青苹怨，秦台惆怅白首囚。
青山难掩数行泪，沧海穷鳞独含钩。放逐远弃伧人国，梁狱书疏上无由。
可怜甲子泥涂混，岂独家人几杖忧。鸩鹭竞与蛟螭杂，燕雀宁无舌啾啾。
未必造物穷吾辈，才名虚动结冤雠。天讨鬼责昭罗列，莫将蛮荒振琅璆。
残阳欲落烟水暮，尽是人间古今愁。岐路西东信马行，双垂别泪两不收。
犹喜柳州连州隔，两地相望缣缯修。①

① 金义贞．潜庵先生逸稿［M］．首尔：景仁文化社，1990：368.

诗多采用柳宗元、刘禹锡诗中所叙场景，形象生动，表明作者对刘柳之事与诗都相当熟悉。又如，柳成龙（1542—1607）《西厓先生文集》卷十五："大槩诗当以清远冲澹，寄意于言外为贵，不然则只是陈腐语耳。古今绝句中，如李白'洞庭西望楚江分，水尽南天不见云。日落长沙秋色远，不知何处吊湘君'真有千万里不尽之意，卓乎不可及。其次如刘禹锡诗：'春江月出大堤平，堤上女郎连袂行。唱尽新词欢不见，红霞映树鹧鸪鸣。'亦绝唱，读之令人神气叙畅，而大堤风景若在眼前。"又，申钦（1566—1628）《象村稿》卷五十《晴窗软谈》上："选唐诗者，有《品汇》，有唐音，有《全唐诗选》，有《万首选》，有《百家诗》，而《品汇》《唐音》最精。……竹枝歌，代有作者，而刘禹锡、李涉两人之作最佳。……刘禹锡之诗曰：'江上朱楼新雨晴，瀼西春水縠纹生。桥东桥西好杨柳，人来人去唱歌行。''巫峡苍苍烟雨时，清猿啼在最高枝。个里愁人肠自断，由来不是此声悲。''城西门前滟滪堆，年年波浪不能摧。懊恼人心不如石，少时东去复西来。'刘禹锡诗才冠一时，论者言其诗为才所累者多，后来坡公少时业禹锡云。"他对刘禹锡评价也甚高。事在16世纪初，也许正是有了这些受众者，所以，南宋棚本唐人小集中的《刘禹锡诗集》有可能在高丽或朝鲜流传，到了16世纪后期也才有了刊印《刘宾客诗集》之事。向山南村言朝鲜版《刘宾客诗集》所据为宋椠似乎有一定的道理。

这种朝鲜版《刘宾客诗集》还为我们了解刘禹锡诗集的流传提供了新线索，现存的二种刘禹锡诗集都较晚出，一是明万历三十七年（1609）间朱之蕃所编刊的《中唐十二家诗集》之中的《刘禹锡诗集》二卷，一是清雍正赵鸿烈所编刊的《刘宾客诗集》九卷，二本与《刘宾客文集》或《刘宾客诗集》都有关系，《中唐十二家诗集》是朱之蕃[①]《全唐名家诗集》中的一个部分，共分十一卷，九行，行十九字，收录情况如下：

储光羲（卷一）、独孤及（卷二）、孙逖（卷二）、崔峒（卷二）、钱起（卷三）、刘长卿（卷四）、刘禹锡（卷五、六）、卢纶（卷七）、张籍（卷八）、王建（卷九）、贾岛（卷十）、李商隐（卷十一）[②]

① 朱之蕃（？—1624），字符升，号兰隅，明万历二十三年（1595）科举状元，官终礼部右侍郎，曾奉命出使朝鲜。

② 朱之蕃．中唐十二家诗集·刘宾客诗集［M］．明万历四十年（1612）刊本，日本内阁文库藏（索书号：3809）．

所录刘禹锡二卷诗，就是《刘宾客文集》中的正集与外集诗的部分，前有朱之蕃《刻中唐十二家诗小序》：

> 是集刻本传世甚少，且以储、孙生盛唐而误入中唐亦未之求厘正，近又见刘宾客别有外集，当时采庶亦属未备。予妄谓前人苦心搜辑颇艰，今当仍其旧贯加以补苴，便可更传百年，因先授梓人，庶不没前人之善。而次第旁及诸家，先以公之海内具眼者，信为艺林一快事云耳。金陵朱之蕃书。①

朱氏又于所列中唐人名后说明："以上系中唐十二家，旧板久毁，内刘禹锡别有外集十卷，今并增入。"本书第五卷的卷首标目为"刘宾客诗集"，内容为《刘宾客文集》的卷二十一至卷三十，第六卷的标目为"刘宾客外集"，内容为《刘宾客外集》中的卷三十一至卷三十八的诗歌部分，但是，两卷在分类排序上又有所调整，如其第五卷分类为：五言古诗、七言古诗、五言律诗、五言排律、七言律诗、五言绝句、七言绝句，其编辑方法是将古、律按五、七言细化归类，把乐府诗并入古诗中，再分出五、七绝二类，再将依题材分出的送别、送僧、哀挽类，分归到各类诗体中；第六卷对《刘宾客外集》中的诗排序也作了类似的调整，外集中的诗分成三部分：诗（四卷）、杂诗（一卷）、律诗（三卷），应为宋敏求所定，前四卷诗多是由唱和集中录出，故不分体。本书则将之混编为五言古诗、七言古诗、五言律诗、七言律诗、六言律诗、五言排律、五言绝句、六言绝句、七言绝句，全依诗体归类。朱之蕃言仍其旧贯，则这一编辑在其前已是如此，大抵是嘉靖、万历书贾之所为，其下卷目录与卷首目仍存有《刘宾客外集》原书名，可见编刊也非精审，已基本失去了宋版《刘宾客诗集》的原貌了。赵鸿烈所编《刘宾客诗集》形成于雍正元年（1723），其序言："旧有《刘宾客全集》若干卷，余特取其诗分体录之为九卷，以便诵习，一二同志见之谓刊布以公未见者，遂付诸梓。"他的编辑方法比朱之蕃更进了一步，他将《刘宾客外集》中的诗与正集各卷合并，并重新调整编次，卷一即为正集诗集的乐府二卷，卷二即为外集的卷一、卷二，卷三即为外集的卷三、卷四，卷四即为外集的卷五、卷六，卷五即为外集的卷七、卷八，卷六是将正集中的杂兴与五言今体合并一卷，卷七是将古调与七律合并为一卷，卷八是将杂体与送别合为一卷，卷九是将送僧与哀挽合并为

---

① 朱之蕃．中唐十二家诗集·刘宾客诗集［M］．明万历四十年（1612）刊本，日本内阁文库藏（索书号：3809）．

一卷。现存本书为铜活字本，印刷、用纸、装帧都很精良，但毕竟是晚出重编之书，已无古本之旧面貌了。

现存的《刘梦得文集》与《刘宾客文集》在诗的部分编卷与排序有所不同，但所选诗目是相同的，这一选目可能保持了刘禹锡亲手订的原貌。正集所收诗与外集所收诗在时间上有重合，显然，正集中的诗是刘禹锡自己选录出来的，其中不录入正集的，多是与他人的唱和之作，这些唱和之作多已单独编集，如《彭阳唱和集》《吴蜀集》《汝洛集》等，所以不被编入本集之中。但是也有一些诗如外集卷七、卷八二卷律诗则不属于这种情况，它们未编入正集，刘禹锡应有自己的考虑。这一选择的本身，亦可见出刘禹锡的诗学追求。他或许认为这些诗与他的诗学旨趣不合，故不将其列入。

宋敏求序文中既称《刘梦得集》，又称《刘宾客集》，行文不一致，或许就是因为所见之刻本本身就存有两种情况。这说明两种编排体例，很早就存在了，时间上看，《刘梦得文集》早于《刘宾客文集》，《刘梦得文集》可能由刘禹锡自己所订，《刘宾客文集》应是后人重新编辑的结果，这种重编或许就是由《刘宾客诗集》开始的，《刘宾客诗集》可能很早就由文集中分离出来单独流行，至宋敏求时再将之合编，统一为《刘宾客文集》。重编的《刘宾客诗集》只是调整卷次，对选目并没有调整，今人以为《刘宾客诗集》弄乱以前的编次，似非确论。《刘梦得文集》十卷诗类次也未必整齐，前五卷依诗体，分古诗、律诗、杂体三类，后五卷似依内容，但又夹有乐府二卷；《刘宾客诗集》类目更细，以“杂兴”居首，有尊古意思，非仅强调其古诗形式，再接“五言今体”，既因此体在当时最为流行，又因同属五言，其与五古有承转关系。古调、七言律诗、杂体之后接乐府，更能体现唐人诗体观念。这之后，再列依内容分出的送别、送僧、哀挽三类，也有其合理性。如“杂兴”“古调”“杂体”这些类目不似宋人所创，可能在唐时即有了，这些分类更能见出刘诗的特色与成就，也更方便读者习读，可以推想刘禹锡之后，其诗集可能就是依这一面貌流行于世的。

将二集中的诗与朝鲜本《刘宾客诗集》对校，异文甚多：

表 2　朝鲜本《刘宾客诗集》与绍兴本《刘宾客文集》对校

卷数	诗题	朝鲜本《刘宾客诗集》	绍兴本《刘宾客文集》
卷一	学阮公体其三	目览千载体，神交上古人	心交
	偶作其一	终日偶众人，纵言非纵谈	不纵谈
		寄谢嵇中散，予无七不堪	甚不堪　《与山巨源绝交书》有“七不堪”之说
	偶作其二	芜石何须辨，逢时即至珍	燕石　阚子曰：宋之愚人得燕石于梧台之东，归而藏之以为宝，周客闻而观焉，主人斋七日，端冕玄服以发宝，革匮十重，缇巾十袭，客见之掩口而笑曰：此特燕石也，其与瓦甓不殊
	讽诗二首		题为“古调二首”，题下注一作“讽古”

以上前二例，虽无关语意，但是，神交应比“心交”更合古意，“纵言非纵谈”之“非”是与上联“嗜兴非嗜甘”对应，改为“不”则少此趣。至于“七不堪”更是嵇康《与山巨源绝交书》中的原语，出典有自，“甚不堪”当误。而“燕石”为成语，此为“芜石”，这应是《刘宾客诗集》之误，其在传抄转录流传中也有不可避免的失误，我们在利用这一文献时还需参校他本。但从总体上看，本书既具有较高的校勘价值，也多存古本之貌。

（作者单位：复旦大学）

刘禹锡集三宋本刊刻时地献疑

曹丽芳

目前，存世宋本刘禹锡集有三种。关于这三种宋刻本的刊刻时地，学界已经有了初步的研究，取得了一些成果，但是，仔细比勘之后，我们却发现有些结论之间互相矛盾，不能趋同，致使问题未能得以解决。

一种刻本题为“刘宾客文集”，半叶十三行，行二十二字。傅增湘《藏园群书经眼录》卷十二记云：“宋绍兴八年严州刻本，半叶十三行，每行二十二字。……有宋时修补之叶。外集末有后序，为宋敏求辑后集序，及绍兴八年严州太守广川董弅校雠刻印识语。其刊工有与《世说新语》及余藏新刊《剑南诗稿》同者。”又按：“此故宫藏书，自承德避暑山庄移来者，徐君森玉主馆事时曾影印行世。此即放翁跋《世说》中之严州旧版废于火者。余尝以校朱氏结一庐新刊本，是正良多，传世刘集最善之本也。”① 李明霞《〈刘禹锡集〉宋本三种刊刻地及版本源流关系考》说此本一般认为是浙刻本，“十三行本保存有前后序言，其后序明确著录为绍兴八年（1138）董弅刊刻，此当无异议”②。

但这个十三行本《刘宾客文集》真的是董弅绍兴八年的初刻本吗？潘建国《日本尊经阁文库藏宋本〈世说新语〉考辨》根据周叔弢《宋刻工姓名录》等书得出，与尊本刻工重复最多者，乃南宋刻本《刘宾客文集》及《国语解》两书。较早看到此书的傅增湘、李盛铎、周一良等人，均据书末跋语，定为董弅严州刻本。1969 年，昌彼得发表《跋宋刻本〈刘宾客文集〉》，认为此本“不可能为绍兴八年董弅氏所原刻”，理由是该书所载刻工，有数名又见于光宗（1190—1194）刊本，“自高宗绍兴八年下至光宗绍熙元年，凡五十三年。如以十八岁始习其业，年逾七十高龄犹未退休，一工匠似不可能从业如此之久。由此推之，则此本殆为绍兴末年浙中从董本翻刻，或距事实不远也”。然昌氏未区分书叶之原刻与补刻，其推论难称严密。2008 年，刘卫林发表

---

① 傅增湘．藏园群书经眼录［M］．北京：中华书局，1983：1066.

② 李明霞．《刘禹锡集》宋本三种刊刻地及版本源流关系考［J］．图书馆理论与实践，2015（8）：53.

《“国立故宫博物院”所藏宋刊本〈刘宾客文集〉版本考略》认为：《刘宾客文集》刻工多为杭州良工，且有孝宗至光宗时期的补版刻工，则书版迟至光宗朝尚存于世。据陆游跋，此本非董弅刻，亦非陆游刻。此外，《刘宾客文集》的刻工名单，与陆游淳熙十四年（1187）严州刻本《新刊剑南诗稿》所见，大相径庭，则此本也不是陆游淳熙翻刻本。合此数端，刘文推断其为“杭州据严州旧本翻刻之刊本”[①]。如此则此十三行本究竟为董弅严州刻本，还是杭州的翻刻本则尚需进一步证实。

一种刻本题为“刘梦得文集”，半叶十行，行十八字，现藏日本京都崇兰馆。民国初年，董康影印回来，《四部丛刊》据此本影印，卷末有大正二年（1913）内藤虎跋，称其“字大栏豁，疏朗悦目”，又云：“宋刊《刘梦得集》三十卷，《外集》十卷，盖为东山建仁寺旧藏。相传千光国师入宋时所赍归。”王国维在《两浙古刊本考》卷下也曾较详细地介绍了这个影印版本，他说：“大字本……每半叶十行，行十八字。”并推测这是陆游在1188年（即淳熙戊申）守严州时刊行的一个本子，但李明霞认为证据不足。傅增湘云：“审其刀工，似是吾蜀所梓。暇日尝以校朱氏结一庐新刊本，乃殊少佳胜，颇有讹失，不如绍兴董弅刊本远甚，然后叹物之不可以皮相也。”[②] 上海古籍出版社影印《宋蜀刻本唐人集丛刊》也将之归为蜀刻。夏其峰《蜀本古籍遗存书录》也归为蜀刻。李明霞认为黄丕烈是依据刀工、纸墨和字体来判断的，但此本字体是欧体，不是蜀刻常见的以颜体为主、渗入柳体成分的字体。屈守元先生认为此本是蜀本，李明霞同样认为证据不足。李明霞认为此为浙刻本，主要证据是其典型的欧体字，行款格式与陆游刻《世说新语》《剑南诗稿》同，且刻工姓名有重复。但十行本与十三行本虽文字内容基本一致，但卷帙分布不同，大概一本是据另一本刊刻。而陆游在《世说新语》中有跋说是根据董弅的旧版而刻。陆游刻《世说新语》已佚，而此处所谓行款格式同者，即为一直被认为是董弅严州刻本的杭本《世说新语》，如真是这样，既然上述已定《世说新语》为杭州刻本，则此结论也不可靠。《四部丛刊》影印的明代袁褧嘉趣堂三卷本《世说新语》，据袁褧序说是据家藏陆游旧本翻刻的，行款格式同，字体貌似同《剑南诗稿》，与《刘梦得文集》有微小差别。那么，此《刘梦得文集》究竟是蜀刻本还是浙刻本？如果是浙刻本，它与现存十三行本又是什么关系？刊刻的时间、地点又如何呢？

一种刻本题为“刘梦得文集”，半叶十二行，行二十一字，存卷一至卷

① 潘建国．日本尊经阁文库藏宋本《世说新语》考辨［J］．中国典籍与文化，2012（1）．
② 傅增湘．藏园群书经眼录［M］．北京：中华书局，1983：1066.

四，现藏国家图书馆，上海古籍出版社收入《宋蜀刻本唐人集丛刊》，简称十二行本。此本据李明霞文说学界一般认为是蜀刻本。清人黄丕烈《士礼居藏书题跋记》在《刘梦得文集》条下记云："是集余有残宋刻一至四卷，取对旧抄多合。"① 此处所记或即为十二行本？现存蜀刻本为残卷，存卷一至卷四，此本上避讳至南宋光宗赵惇。因此其刊刻年代可以大致判断在南宋中期光宗以后，刊刻时间晚于两种浙刻本，有可能是根据浙本刊刻的。通过蜀本残存四卷与两种浙本的校勘发现，蜀本与浙刻十三行本的关系更为密切。此十二行本上古《影印说明》中认为是南宋中期刻本，则此本的具体刊刻时间及其与十三行本的关系也还有探讨的巨大空间。

综上所述，现存刘禹锡集三个宋刻本的刊刻时地以及相互关系都尚存许多不明朗之处，还需要学界深入研究以还原相关史实的本来面目。

（作者单位：辽宁师范大学）

---

① 黄丕烈．士礼居藏书题跋记［M］．北京：书目文献出版社，1989：194.

典范与校勘

——再读《刘禹锡全集编年校注》

戴伟华　秦丽纱

继2001年与易淑琼合作出版《沈佺期宋之问集校注》之后，致力于唐代文学与文献研究的陶敏先生与陶红雨出版了《刘禹锡全集编年校注》①，这又是一部古籍整理的力作。此书耗费作者二十年心力，收录了刘禹锡全部诗文，附有嘉话录、传信方、传记、著录序跋等。其因资料收集之广、文献校对之详、参考史料之多、辨析真伪之精、分析问题之深，得到学术界好评。作为"首届向全国推荐优秀古籍整理图书目录"之一种②，它是具有典范价值的古籍整理精品，集中体现了我国古籍整理出版的最高水平。此书特色可简单归纳为"全""细""准"三字，但其含量非同一般。

一、"全"

首先表现在资料整理齐全。在吴广平《钩沉提玄　探骊得珠——陶敏教授访谈录》③ 中，陶敏先生回忆整理刘禹锡全集的过程，称当时收集了湘潭师专图书馆中排印的《刘禹锡集》、影印的明刻刘禹锡《中山集》，以及《四部丛刊》影印的宋刻《刘梦得文集》。而在"前言"自叙时称"此次整理还参考了《嘉业堂丛刊》本《刘宾客文集》，《全唐文》《全唐诗》《文苑英华》《唐文萃》等书"，旁征博引，史料丰富。此外，他还吸收了《刘禹锡诗文选注》④《刘禹锡集笺证》⑤ 的工作经验，力求有所提高。这些资料使得校注更加准确翔实，也减少了某种观点的片面性，便于研读者深入了解刘禹锡文集。

其次表现为校注工作齐全。前人研究刘禹锡的作品时，有的只作选注，如

---

① 陶敏，等．刘禹锡全集编年校注［M］．长沙：岳麓书社，2003.

② 国家新闻出版广电总局、全国古籍整理出版规划领导小组2013年8月29日首次向全国推荐优秀古籍整理图书目录，共计91种。专家认为，此次全面梳理了新中国成立以来，我国出版的2.5万种古籍图书，入选图书均为具有典范价值的古籍整理精品，集中体现了我国古籍整理出版的最高水平。

③ 吴广平．钩沉提玄　探骊得珠——陶敏教授访谈录［J］．云梦学刊，2009（1）．

④ 刘禹锡诗文选注组．刘禹锡诗文选注［M］．南京：江苏人民出版社，1980.

⑤ 瞿蜕园．刘禹锡集笺证［M］．上海：上海古籍出版社，1989.

《刘禹锡诗文选注》① 只选录了80首诗、6篇文，而且未编年；有的只专注于古籍整理的部分工作，如《刘禹锡集》② 除诗文外，只有校勘记，再如瞿蜕园的《刘禹锡集笺证》专注于笺证工作；有的书并未将诗文分类整理，如《刘禹锡诗文系年》③ 将刘禹锡创作活动按上、中、下三卷展开，侧重系年。高志忠《刘禹锡诗编年校注》④ 是对诗歌的校注。然而《刘禹锡全集编年校注》可谓是集大成的扛鼎之作，它集点校、笺注、辨伪、系年、集评等为一体，全书二十卷，分上、下两册，记载了自贞元、永贞年间到开成、会昌年间的全部诗文。凡有本可依，有据可考的诗文都在注释中一一交代，引用如《新唐书》《旧唐书》《资治通鉴》《汉书》等史料上的相关事实加以解释和互证，来龙去脉，一目了然。未能考证的诗文则集中在一起，条理清晰，供后来者研究。各篇诗文注释后，还有"集评""附录"二目，分别收录前人评论及同时唱和的诗文，方便读者了解史实及相关缘由。这种整理方式明白晓畅，便于阅读研究，在现有条件下最为审慎合理。⑤

最后表现为辨伪存真、思虑周全。如为了考证卷七诗（大和上）《秋日书怀寄河南王尹》⑥ 中的王尹是否是王播，陶敏先生利用《旧唐书》在《敬宗纪》和《文宗纪》中自相矛盾的说法判断出《旧唐书·敬宗纪》中宝历二年（826）八月任河南尹之王播，乃王璠之误，论证充分，辨析缜密，令人信服。再如《马嵬行》⑦ 中一句"贵人饮金屑"是否为真。陶敏先生引陈寅恪《元白诗笺证稿》附《校补记》和沈涛《瑟榭丛谈》说明杨贵妃缢死马嵬早已经史书验证，独刘梦得诗中云"贵人饮金屑"，其中《瑟榭丛谈》说刘禹锡用《晋书·贾后传》赵王伦遣刘弘等赍金屑酒赐后死的故事来比喻当日杨贵妃刺死情事，陈寅恪认为这种说法虽然行得通，但是古代显贵的人死法很多，未必是吞金而死，也许是诗中"里中儿"的传言也未可知，以此说明诗歌并非都引经据典。

前人研究刘禹锡的作品中，有失误之处，陶先生也会提出来，以正史实。如卷一《发华州留别张侍御贾》，陶敏先生借《唐诗纪事》《子刘子自传》论

---

① 吴汝煜，李颖生．刘禹锡诗文选注［M］．上海：上海古籍出版社，1987.

② 刘禹锡．刘禹锡集［M］．北京：中华书局，1990.

③ 高志忠．刘禹锡诗文系年［M］．南宁：广西人民出版社，1988.

④ 刘禹锡撰，高志忠校注．刘禹锡诗编年校注［M］．哈尔滨：黑龙江人民出版社，2004.

⑤ 见李德辉《刘禹锡诗文研究的集成之作——评陶敏、陶红雨〈刘禹锡全集编年校注〉》（《云梦学刊》2005年第1期）、陈铁民《广搜博采　考订精审——评〈刘禹锡全集编年校注〉》（中国文学网"论著评介"，http：//www. literature. org. cn/article. aspx？id＝10297）。本文写作参照了他们的评论。

⑥ 陶敏，等．刘禹锡全集编年校注［M］．长沙：岳麓书社，2003：462.

⑦ 陶敏，等．刘禹锡全集编年校注［M］．长沙：岳麓书社，2003：4.

证此诗作于贞元十一年（795）之后，又在末尾加上“瞿蜕园的《刘禹锡集笺证》谓此诗大和五年末赴任苏州刺史作，误”①。

二、“细”

本书最重要的“细”体现在注释上。陶敏先生对刘禹锡的研究和整理可谓不遗余力，对刘禹锡的每一首诗文进行认真考证，本事、释词、句解、故实、出处等称引有据、辨析详明。如卷六《历阳书事七十四韵》中“鸡笼为石颗，龟眼入泥坑”② 一句，刘禹锡借用了两个典故，一个是《淮南子》中记载的“麻湖初陷时，老母提鸡笼登山，乃化为石”的故事；另一个则是《述异记》中“和州历阳沦为湖”的异闻。两则故事的原文经校注整理者完整摘下，汇编于此，诗人个中真意，清晰明辨。又，卷一《省试风光草际浮》，陶敏先生不仅给“省试”作注解，连同《新唐书》《唐会要》《中山诗话》中所有关于省试的内容都一一指出，包括省试的起源、考题及其书写格式，如《唐会要》卷七六：“进士举人，自国初以来，试诗、赋，帖经，时务策五道。中间或暂改更，旋即仍旧。”而且考证出“唐代省试诗通常是五言六韵，限以题中字为韵，且多以《文选》中句为题”③。此外，“风光草际浮”的出处以及做出同题诗作的文人也被悉数搜罗出来，按《登科记考》卷十三载，“风光草际浮”应是贞元九年（793）年试的题目，考证《全唐诗》卷七七九，得知陈璀、裴杞、陈祜、吴秘、张复元均有同题诗作，这五人当为刘禹锡同年进士。陶敏先生仅对本诗题目的注解就达九行文字之多，其注释工作之精细、资料之详备，如同百科全书。

本书校注引用文献尽量细致全面完整，仅卷一 49 首诗就引用了 109 本文献（不包含引用的诗文）。除大部分《旧唐书》《资治通鉴》类史料外，还有文人作品集如：《韩昌黎集》《柳河东集》；志怪、传奇小说集如：《青琐高议》《搜神记》；有关典章制度的文献如：《礼记》《登科记考》；其他领域文献如：《本草纲目》《禽记》；综合各类的百科全书如：《湖南通志》《博物志》等。全书引用文献种类之多，数不胜数。其中很多字词追根溯源至《说文解字》。如卷一《监祠夕月坛书事》④ 中有“羲和亭午太阴生”，“太阴”指

---

① 陶敏，等．刘禹锡全集编年校注［M］．长沙：岳麓书社，2003：8.
② 陶敏，等．刘禹锡全集编年校注［M］．长沙：岳麓书社，2003：351.
③ 陶敏，等．刘禹锡全集编年校注［M］．长沙：岳麓书社，2003：3.
④ 陶敏，等．刘禹锡全集编年校注［M］．长沙：岳麓书社，2003：29.

“月”，《说文解字》卷七载“月，太阴之精”。诠释词意，究明出典，准确详明。本书前言部分陶敏先生称“诗歌部分曾六易其稿”，其工作之辛苦由此可见。

其次便是“集评”和“附录”之“细”。每篇诗文之后的集评辑录其他文人对本诗的点评，或点评某一字，或赏析整首诗的风格，或把刘禹锡同其他文人相比较，为研究者提供了丰富而又全面的材料。仇兆鳌注杜诗，凡“与杜为敌”者，“概削不存”，本编则无论其为毁为誉，概予收录，是非得失，读者自可辨之。而附录大多用于刘禹锡与他人的酬唱诗，如卷七《同乐天和微之深春二十首》[①] 之后，附有白居易的《和春深二十首》，两位诗人的诗歌放于一处，既免了读者再次翻阅之烦琐，也为比较、研究二人诗歌风格特色提供了极大的便利。

三、“准”

注释是否详明准确，是衡量一部校注优劣与否的重要尺度。选用资料，必须真实可靠，一字不真，满篇皆疑。本编注释言之綦详，信而有征，难能可贵。其中所引文献，几乎都能精确到某卷某年某月某日，如卷七（大和上）《春池泛舟联句》一诗，解释“贾阁长：贾竦，时为太常少卿”[②] 并且引用《旧唐书·文宗纪上》：“大和二年三月辛巳，上御宣政殿亲试制策举人，以左散骑常侍冯宿、太常少卿贾竦、库部郎中庞严为考制策官。”引文年、月、日具体详明，更具说服力。

诗文无论地名、人名、官职名，皆有确切的注解。如卷五（长庆）《登清辉楼》[③]，除了解释“彭蠡”即鄱阳湖之外，还考证《史记·夏本纪》正义引《括地志》：“彭蠡湖在江州浔阳县东南五十二里。”介绍地理学知识，并且借王勃《滕王阁序》“渔舟唱晚，响穷彭蠡之滨；雁阵惊寒，声断衡阳之浦”这一名句，让读者深入了解。再如卷十七（大和上）《彭阳侯令狐氏先庙碑》[④] 一文出现了诸如“彭阳侯、银青光禄大夫、上柱国、元侯、纳言”等17个官职名的注释，陶敏先生不仅对官职的来源做注释，如“纳言：即侍中，门下省长官，隋文帝避其父杨忠讳改纳言”，还引申出唐代官场品级制度，如“彭

---

① 陶敏，等. 刘禹锡全集编年校注［M］. 长沙：岳麓书社，2003：477.
② 陶敏，等. 刘禹锡全集编年校注［M］. 长沙：岳麓书社，2003：449.
③ 陶敏，等. 刘禹锡全集编年校注［M］. 长沙：岳麓书社，2003：335.
④ 陶敏，等. 刘禹锡全集编年校注［M］. 长沙：岳麓书社，2003：1110.

阳县开国伯：唐代九等封爵中的第七等，食邑七百户，正四品上”。此虽为极具体之小问题，却反映出整理者宽广的学术视野和严谨的治学理念。

本校注的另一“准”体现在它的系年。凡年代可考的诗文，都编年整理，且在原文后的注释中记载此诗文的创作背景。陶敏先生尽可能根据现有研究成果和诗文本身的思想内容还原创作的准确时间和地点，如卷十五《谢上连州刺史表》注“表元和十年六月初至连州作”①；有些诗作，即使考证不到具体的日期，也会考证出大致的时间，如卷六《白太守行》注“诗宝历二年秋末冬初作”②、卷八《送陆侍御归淮南使府五韵》注“诗大和二或三年冬在长安作”③；某些诗文虽为作者代笔之作，仍被陶敏先生细致地整理出来，如卷十四《为容州窦中丞谢上表》注“元和八年在朗州代窦群作”④。这些信息都为还原刘禹锡的创作背景、理解其诗文，颇有益处。

此外，本校注在校勘方面力求精准而全面。与其他校本相比，有其特殊原则：“底本与他本异文可以两通的，则两存；一些形近易讹字（如己已巳等）则径改，不出校；通假字一般不改，于注释中说明；个别繁体字如‘徵’‘馀’等，为避免产生歧义，予以保留。”⑤ 这些原则既保证了校注的校勘质量，又实事求是地展示给读者这些异文情况，更具有参考价值。精耕细作之下，必然硕果累累。傅璇琮先生在《唐代科举与文学》中说：“在研究工作中，我们不能忘记恩格斯的话，科学研究必须‘从最顽强的事实出发’。”⑥ 正因如此，陶敏先生为学界提供了一个文本可靠、准确翔实、具有古籍整理典范和较高学术价值的刘禹锡集校注。

本编力尽搜索到最为全面、准确的信息，这些都在注释中得以展现，然而却也能做到详略得当。引文里重要信息，一字不漏，无用材料，只字不提，这反映出校注工作者的严谨作风和明于判断的学识。此外，刘禹锡诗文用典丰富，其遣词造句多效法古人，给校勘注释工作加大了难度，本编却能一一注解并且精益求精，令人钦佩。

陶敏先生广泛搜求刘禹锡的全部诗文，经过精心整理、严格甄别和细致考索，并详加校勘和注释，著成《刘禹锡全集编年校注》一书，解决了许多遗留问题，对刘禹锡的研究起到极大推动作用。然而，也正如陶敏先生所说，

① 陶敏，等. 刘禹锡全集编年校注［M］. 长沙：岳麓书社，2003：1001.
② 陶敏，等. 刘禹锡全集编年校注［M］. 长沙：岳麓书社，2003：401.
③ 陶敏，等. 刘禹锡全集编年校注［M］. 长沙：岳麓书社，2003：510.
④ 陶敏，等. 刘禹锡全集编年校注［M］. 长沙：岳麓书社，2003：969.
⑤ 陶敏，等. 刘禹锡全集编年校注［M］. 长沙：岳麓书社，2003：5.
⑥ 傅璇琮. 唐代科举与文学［M］. 西安：陕西人民出版社，1986：7.

"难以做到'的当而暗尽'"，这样一部六十多万字的巨作，几经删改、刻印，难免会有纰漏之处。这里就该书引文做一校勘，为以后再版提供参考。因该书引用文献太多，无法一一核对，故只是对《刘禹锡全集编年校注》所引用的《资治通鉴》文献与《旧唐书》之"纪"部分作了核查。以表列之：

表1　《刘禹锡全集编年校注》所引《旧唐书》"纪"之异文考订

《校注》卷数	《校注》篇目	《校注》文字	《旧唐书》文字
卷一诗（贞元、永贞）	《送工部张侍郎入蕃吊祭》	"乙亥，以史馆修撰、秘书监张荐为工部侍郎，兼御史大夫，充入蕃吊祭使"（第28页）	"乙亥，以史馆修撰、秘书监张荐为工部侍郎，兼御史大夫，充入吐蕃吊祭使"（第399页）
卷二诗（元和上）	《奉和淮南李相公早秋即事寄成都武相公》	"（元和二年二月）己卯，以户部侍郎、赐粥鱼袋武元衡为门下侍郎、同平章事，赐紫金鱼袋"（第88页）	"（元和二年正月）己卯，以户部侍郎、赐绯鱼袋武元衡为门下侍郎、同平章事，赐紫金鱼袋"（第420页）
卷二诗（元和上）	《伤秦姝行》	"房启元和八年四月自容管迁邕管，十年卒，故其寄诗刘禹锡当在元和七年或稍前"（第124页）	"房启元和八年四月自邕管迁桂管，十年卒，故其寄诗刘禹锡当在元和七年或稍前"（第445页）
卷二诗（元和上）	《送襄阳熊判官孺登府罢归钟陵因寄呈江西裴中丞二十三兄》	参考文献《旧唐书·宪宗纪下》："（元和六年五月）丙午，前山南东道节度使、检校左仆射、同平章事裴均卒。"（第130页）	参考文献《旧唐书·宪宗纪上》："（元和六年五月）丙午，前山南东道节度使、检校左仆射、同平章事裴均卒。"（第435页）
卷二诗（元和上）	《和窦中丞晚入容江作》	"（元和八年四月）乙丑，以邕管经略使房启为桂管观察使"（第136页）	"（元和八年四月）乙酉，以邕管经略使房启为桂管观察使"（第445页）

（续上表）

《校注》卷数	《校注》篇目	《校注》文字	《旧唐书》文字
卷四诗（元和下）	《南海马大夫远示著述兼酬拙诗辄著微诚再有长句时蔡戎未殄故见于篇末》	“九月，以山南东道节度使严绶兼充申光蔡等州招抚使”（第226页）	“十月，以山南东道节度使严绶兼充申光蔡等州招抚使”（第451页）
卷四诗（元和下）	《和杨侍郎初至郴州纪事书情题郡斋八韵》	“（元和十一年四月）庚戌，贬户部侍郎、判度支杨於陵为郴州刺史，以供军有阙也”（第229页）	“（元和十一年四月）庚戌，贬户部侍郎、判度支杨於陵为郴州刺史，坐供军有阙也”（第456页）
卷四诗（元和下）	《平蔡州三首》	“丙辰，制以中书侍郎、平章事裴度守门下侍郎、同平章事、使持节蔡州诸军事、蔡州刺史、彰义军节度使”（第243页）	“丙辰，制以中书侍郎、平章事裴度守门下侍郎、同平章事、使持节蔡州诸军事、蔡州刺史、充彰义军节度使”（第460页）
卷四诗（元和下）	《城西行》	“十月，斩刘辟并子超郎等九人于独柳树下”（第248页）	“九月，斩刘辟并子超郎等九人于独柳树下”（第419页）
卷五诗（长庆）	《宣上人远寄贺礼部王侍郎放榜后诗因而继和》	“当司所试贡举人，试讫送中书，候覆讫下当司”（第289页）	“当司所试贡举人，试讫申送中书，候覆讫下当司”（第502页）
卷六诗（宝历）	《历阳书事七十四韵》	“（长庆二年闰十月）诏：江淮诸州，旱损颇多，米价不免踊贵”（第352页）	“（长庆二年闰十月）诏：江淮诸州，旱损颇多，所在米价不免踊贵”（第500页）

（续上表）

《校注》卷数	《校注》篇目	《校注》文字	《旧唐书》文字
卷六诗（宝历）	《浙西李大夫示述梦四十韵并浙东元相公酬和斐然继声》	“长庆元年二月，幽州节度使刘总请削发为僧，又请分割幽州郡县为二道”（第369页）	“长庆元年二月，幽州节度使刘总请削发为僧，又请分割幽州郡县为三道”（第486页）
卷七诗（大和上）	《杏园联句》	“（大和元年二月）以太子少师、分司东都李绛检校司空，兼太常卿”（第441页）	“（大和元年正月）以太子少师、分司东都李绛检校司空，兼太常卿”（第525页）
卷七诗（大和上）	《花下醉中联句》	“（大和元年二月）以前广州节度使崔植为户部尚书”（第442页）	“（大和元年正月）以前广州节度使崔植为户部尚书”（第525页）
卷七诗（大和上）	《早秋集贤院即事》	“（开元十四年）夏四月丁巳，改集仙殿为集贤殿，丽正殿书院改集贤殿书院”（第458页）	“（开元十三年）夏四月丁巳，改集仙殿为集贤殿，丽正殿书院改集贤殿书院”（第188页）
卷八诗（大和中）	《美温尚书镇定兴元以诗寄贺》	“大和二年二月，戊午，兴元军乱，节度使李绛举家被害，判官薛齐、赵存约死之”（第519页）	“大和四年二月，戊午，兴元军乱，节度使李绛举家被害，判官薛齐、赵存约死之”（第536页）
卷八诗（大和中）	《奉和裴侍中将赴汉南留别坐上诸公》	“（大和四年九月）壬午，以守司徒、平章军国重事、晋国公裴度守司徒兼会中，充山南东道节度使”（第524页）	“（大和四年九月）壬午，以守司徒、平章军国重事、晋国公裴度守司徒兼侍中，充山南东道节度使”（第538页）
卷九诗（大和下）	《酬喜相遇同州与乐天替代》	“十月，乙未，以新授同州刺史白居易为太子宾客分司，以汝州刺史刘禹锡为同州刺史”（第620页）	“十月，乙未，以新授同州刺史白居易为太子少傅分司，以汝州刺史刘禹锡为同州刺史”（第562页）

（续上表）

《校注》卷数	《校注》篇目	《校注》文字	《旧唐书》文字
卷十诗（开成上）	《和河南裴尹侍郎宿斋太平寺诣九龙祠祈雨二十韵》	“（开成三年二月）以兵部侍郎裴潾为河南尹”（第675页）	“（开成二年三月）以兵部侍郎裴潾为河南尹”（第569页）
卷十三文（贞元、永贞）	《请朝觐表》	“杜佑贞元六年自陕虢观察使迁淮南节度使”（第848页）	“杜佑贞元五年十二月自陕虢观察使迁淮南节度使”（第368页）
卷十四文（元和上）	《上杜司徒书》	（元和元年四月）丁未，引文出自“《宪宗纪下》”（第886页）	（元和元年四月）丁未，引文出自“《宪宗纪上》”（第416页）
卷十四文（元和上）	《上杜司徒书》	“元和元年春正月丙寅朔，皇帝率群臣于兴庆宫奉上太上皇尊号曰应乾寿太上皇”（第895页）	“元和元年春正月丙寅朔，皇帝率群臣于兴庆宫奉上太上皇尊号曰应乾圣寿太上皇”（第414页）
卷十四文（元和上）	《上淮南李相公启》	“元和元年正月改元、元和二年二月郊天、元和三年正月上尊号均曾大赦天下”（第929页）	“元和元年正月改元、元和二年正月郊天、元和三年正月上尊号均曾大赦天下”（第420页）
卷十四文（元和上）	《上杜司徒启》	“十一月辛巳，太保致仕杜佑卒”（第957页）	“十一月辛未，太保致仕杜佑卒”（第444页）
卷十六文（长庆、宝历）	《贺册太皇太后表》	“（长庆四年三月）己亥，册大行皇帝皇太后为太皇太后”（第1077页）	“（长庆四年二月）己亥，册大行皇帝皇太后为太皇太后”（第508页）
卷十六文（长庆、宝历）	《和州谢上表》	“（长庆二年闰十月）甲寅，据时估减半价出粜，以惠平民”（第1083页）	“（长庆二年闰十月）甲寅，据时估减半价出粜，以惠贫民”（第500页）

（续上表）

《校注》卷数	《校注》篇目	《校注》文字	《旧唐书》文字
卷十七文（大和上）	《天平军节度使厅壁记》	“以淄青四面行营供军使王遂为沂州刺史，充兖海沂密等都团练观察等使”（第1153页）	“以淄青四面行营供军使王遂为沂州刺史，充沂海兖密等都团练观察等使”（第467页）
卷十八文（大和下）	《汝州举裴大夫自代状》	“（大和五年二月）辛丑，以黔中观察使裴弘泰为桂管经略使。十二月，甲辰，贬新除桂管观察使裴弘泰为饶州刺史”（第1202页）	“（大和五年二月）辛酉，以黔中观察使裴弘泰为桂管经略使。十二月，甲申，贬新除桂管观察使裴弘泰为饶州刺史”（第541、543页）
卷十八文（大和下）	《贺德音表》	“（大和九年十二月）庚辰，上御紫宸，召宰相曰：坊市之间，人渐安未？”（第1207页）	“（大和九年十二月）庚辰，上御紫宸，谓宰相曰：坊市之间，人渐安未？”（第563页）
卷十九文（开成、会昌）	《山南西道节度使厅壁记》	“壬申，至奉天……乱兵既剽京城，屯于百华，乃于晋昌里迎朱泚为帅，称太尉，居含元殿”（第1227页）	“戊申，至奉天……乱兵既剽京城，屯于百华，乃于晋昌里迎朱泚为帅，称太尉，居含元殿”（第337页）
卷十九文（开成、会昌）	《唐故监察御史赠尚书右仆射王公神道碑》	“己巳，帝升山行封禅之礼。壬申，改麟德元年为乾封元年”（第1268页）	“己巳，帝升山行封禅之礼。壬申，改麟德三年为乾封元年”（第89页）
卷十九文（开成、会昌）	《唐故相国赠司空令狐公集纪》	“（大和九年十一月）壬戌，中尉仇士良率兵诛宰相王涯、贾餗、李训”（第1278页）	“（大和九年十一月）壬戌，中尉仇士良率兵诛宰相王涯、贾餗、舒元舆、李训”（第562页）
卷十九文（开成、会昌）	《唐故相国赠司空令狐公集纪》	“时张昌宗与弟易之潜图逆乱，神龙元年正月，凤阁侍郎张柬之、鸾台侍郎崔玄暐”（第1279页）	“时张易之与弟昌宗潜图逆乱，神龙元年正月，凤阁侍郎张柬之、鸾台侍郎崔玄暐”（第135页）

（续上表）

《校注》卷数	《校注》篇目	《校注》文字	《旧唐书》文字
卷十九文（开成、会昌）	《子刘子自传》	“庚寅，诏：天佑不降，疾恙无瘳。宜令皇太子即皇帝位，朕称太上皇，居兴庆宫，制称诰”（第1293页）	“庚子，诏：天佑不降，疾恙无瘳。宜令皇太子即皇帝位，朕称太上皇，居兴庆宫，制称诰”（第409页）
附录一	《常愿本色语》	“贼自丁未攻城，至己巳三十馀日”（第1366页）	“贼自丁未攻城，至己巳二十馀日”（第337页）
附录二	《疗暴中风方》	“以蕲州刺史郑伸为鄂州刺史”（第1428页）	“以蕲州刺史郑绅为鄂州刺史”（第396页）

表2 《刘禹锡全集编年校注》所引《资治通鉴》之异文考订

《校注》卷数	《校注》篇目	《校注》文字	《资治通鉴》文字
卷二诗（元和上）	《元和癸巳岁仲秋诏发江陵偏师问罪蛮徼后命宣慰释兵归降凯旋之辰率尔成咏寄荆南严司空》	“（元和八年九月）丁未，辰、溆贼帅张伯靖请降。辛亥，以伯靖为归州司马，委荆南军前驱使”（第135页）	“（元和八年七月）丁未，辰、溆贼帅张伯靖请降。辛亥，以伯靖为归州司马，委荆南军前驱使”（第2955页）
卷五诗（长庆）	《寄杨八寿州》	“（吴）少阳多抄掠寿州茶山，以实其军”（第294页）	“（吴）少阳时抄掠寿州茶山，以实其军”（第2957页）
卷六诗（宝历）	《浙西李大夫示述梦四十韵并浙东元相公酬和斐然继声》	“长庆元年十月，命宰相与大臣等十七人与论讷罗盟于城西；又遣刘元鼎入吐蕃，亦与其宰相以下盟”（第369页）	“长庆元年十月，命宰相与大臣等十七人与吐蕃论讷罗盟于城西；又遣刘元鼎与讷罗入吐蕃，亦与其宰相以下盟”（第2994页）
卷七诗（大和上）	《酬令狐相公赠别》	“《文宗纪》上好文”（第410页）	“《文宗纪》上好诗”（第3048页）

（续上表）

《校注》卷数	《校注》篇目	《校注》文字	《资治通鉴》文字
卷七诗（大和上）	《敬宗睿武昭愍孝皇帝挽歌三首》	“会朱克融、王庭凑皆请以兵助修东都，罢之”（第414页）	“会朱克融、王庭凑皆请以兵匠助修东都，三月丁亥，敕以修东都烦扰，罢之”（第3012页）
卷七诗（大和上）	《敬宗睿武昭愍孝皇帝挽歌三首》	“（宝历元年七月）诏王播造竞渡船三十艘，运材于京师造之，计用转运半年之费”（第414页）	“（宝历元年七月）诏王播造竞渡船二十艘，运材于京师造之，计用转运半年之费”（第3011页）
卷十诗（开成上）	《和令狐仆射相公题龙回寺》	“至德元载六月安史叛军攻陷潼关，玄宗幸蜀，将发马嵬驿，父老皆遮道请留”（第637页）	“至德元载六月安史叛军攻陷潼关，玄宗幸蜀，将发扶风，父老皆遮道请留”（第2686页）
卷十一诗（开成下、会昌）	《奉和吏部杨尚书太常李卿二相公策免后即事述怀赠答十韵》	“（八月）庚午，门下侍郎、同平章事李珏坐为山陵龙輴陷，罢为太常卿”（第733页）	“（八月）庚午，门下侍郎、同平章事李珏坐为山陵使龙輴陷，罢为太常卿”（第3051页）
卷十三文（贞元、永贞）	《谢赐门戟表》	“（元和五年八月），上罢承璀中尉，降为军器使”（第856页）	“（元和五年九月），上罢承璀中尉，降为军器使”（第2946页）
卷十四文（元和上）	《伤我马词》	“（天宝三载十二月）癸卯，以宗女为义和公主，嫁宁远奉化王阿悉烂达干”（第999页）	“（天宝三载十二月）癸卯，以宗女为和义公主，嫁宁远奉化王阿悉烂达干”（第2647页）
卷十五文（元和下）	《贺收蔡州表》	“《资治通鉴》卷二二三（贞元二年）七月，淮西兵马使吴少诚杀（节度使）陈仙奇，自为留后”（第1026页）	“《资治通鉴》卷二三二（贞元二年）七月，淮西兵马使吴少诚杀（节度使）陈仙奇，自为留后”（第2865页）

（续上表）

《校注》卷数	《校注》篇目	《校注》文字	《资治通鉴》文字
卷十六文（长庆、宝历）	《和州刺史厅壁记》	“（绍圣元年正月）辛丑，齐立贞阳侯渊明为梁主”（第1088页）	“（绍泰元年正月）辛丑，齐立贞阳侯渊明为梁主”（第1980页）
卷十七文（大和上）	《代郡开国公王氏先庙碑》	“（垂拱四年）十二月辛亥，明堂成，高二百九十四丈，方三百尺，凡三层……号曰万象神宫”（第1106页）	“（垂拱四年）十二月辛亥，明堂成，高二百九十四尺，方三百尺，凡三层……号曰万象神宫”（第2492页）
卷十九文（开成、会昌）	《唐故宣歙池等州都团练观察处置使宣州刺史兼御史中丞赠左散骑常侍王公神道碑》	“（大和五年三月）午际，左常侍崔玄亮、给事中李固言、谏议大夫王质、补阙卢钧、舒元褒、蒋系、裴休、韦温等复请对于延英，乞以狱事付外覆按。上曰：‘吾已为大臣议之矣。’”（第1234页）	“（大和五年三月）午际，左常侍崔玄亮、给事中李固言、谏议大夫王质、补阙卢钧、舒元褒、蒋系、裴休、韦温等复请对于延英，乞以狱事付外覆按。上曰：‘吾已与大臣议之矣。’”（第3025页）

优秀的古籍整理著作离不开不断地完善，引文校勘的正确与否是非常重要的。陶敏先生的古籍整理工作为唐代文学研究作出贡献，他的成果不断为人们所利用和引用。戴伟华《开元及天宝初诗坛的主流诗歌创作》① 一文就充分利用了陶先生的成果，并对陶先生的研究表示崇高敬意。此文注释中特别提到：“以下均引自陶敏、傅璇琮《唐五代文学编年史》‘初盛唐卷’。有疑处，则订补之。吾友陶先生2013年1月去世，其于唐代文学文献资料整理考订贡献巨大，本文多采用其成果。并以此文纪念陶先生。”

（作者单位：华南师范大学）

① 戴伟华．开元及天宝初诗坛的主流诗歌创作［J］．华南师范大学学报，2013（5）：178.

域外研究

日本中唐文学会刘禹锡读书会简介

[日] 长谷川真史

中唐文学会从 1994 年开始，每年 10 月在日本举行中国学会大会前后召开。该文学会由年轻的研究者独立自主地运作，成为他们交换信息、报告研究成果的一个学术交流会，开始活动当初，也含有“同好会”这样的性质，然而崭露头角的研究者热烈的讨论，使其研究标准越来越高。由于这样的文学会的性质，稍上年纪的研究者不能参加，或者因被逐渐谢绝而淡出。文学会成员大多已经成为主导日本的中国学的研究者。现在该学会渐渐进行世代交替，吹入了新鲜的讨论之风气，仍然是年轻研究者进行学术交流的宝贵场所。

中唐文学会的人员计划了各种各样的读书会。其中刘禹锡读书会是年轻研究者计划的读书会之一，又称为“刘梦得之会”。“刘梦得之会”从 1996 年开始活动，志同道合的研究者们集合在日本西部中国、四国、九州地区中的一个地方，为选读刘禹锡的作品而共同寄宿。开始活动时的人员有浅见洋二、加藤国安、川口秀树、静永健、富永一登、古川末喜、柳川顺子等七位研究者，他们都是现在日本第一流的中国学学者。第一回刘禹锡读书会在日本山口县召开，选读刘禹锡的七言绝句名作。第二回在爱媛县召开，在选读刘禹锡的诗歌之外，还邀请了蒋寅老师同时举办特别讲演会。此后，读书会参加人员经常不下十名，讨论更加兴盛。

2002 年第七回以后，读书会以刊行《刘禹锡集》日语译注版为目标进行选读，从这年的《中唐文学会报》开始报告在读书会选读的作品的译注稿。同时，在日本东部，以日本大学丸山茂老师、石村贵博先生为中心，“刘禹锡散文研究会”也开始活动，每月一次会读刘禹锡的散文作品，为刊行《刘禹锡集》全译注版于日本东部与西部分别进行会读。

遗憾的是，2007 年第十二回休会以后，读书会参加人员渐少，2011、2012 年中断以后规模比较小，当初进行活动的气势渐减了。但是，我相信通过继续开会并且努力地进行研究，必定能恢复日本学界刘禹锡研究的热情。

从第一回到最近的第十八回的开会地点、参加人员、选读作品、选择基准如下：

第一回（1996 年 3 月 29—31 日）

开会地点	山口县（汤田温泉）
参加人员	浅见洋二、加藤国安、川口秀树、静永健、富永一登、古川末喜、柳川顺子（七名）
选读作品	《西塞山怀古》《再游玄都观》《元和十二年自朗州》《金陵怀古/石头城》《乌衣巷》《始闻秋风》《平蔡州三首》《与歌者何戡》《堤上行二首》（十二首）
选择基准	七言绝句

第二回（1997 年 3 月 28—30 日）

开会地点	爱媛县（爱媛大学、道后温泉）
参加人员	加藤国安、静永健、詹满江、橘英范、古川末喜、富永一登、柳川顺子、乾源俊、永和里佳子（九名）
选读作品	《壮士行》《哭吕衡州（时余方谪居）》《秋词二首》《学阮公体三首（其一）》《聚蚊谣》《咏史二首》《飞鸢操》《白鹰》《庭梅咏寄人》（十一首）
特别讲演	蒋寅《八十年代以来大陆的唐代文学研究状况简介》

第三回（1998 年 3 月 27—29 日）

开会地点	福冈县志贺岛（国民休假村）
参加人员	正木佐枝子、畑村学、下定雅弘、橘英范、柳川顺子、加藤国安、诸田龙美、富永一登、斋藤茂、古川末喜、詹满江、静永健（十二名）
选读作品	《再授连州至衡阳酬柳柳州赠别》（元和十年） 《与柳子厚书》（元和十二年） 《同乐天和微之深春二十首（其一至其三）》/白居易《和春深二十首（其一至其三）》（元和十二年） 《平齐州二首》（元和十四年） 《莫徭歌》《插田歌并引》（元和十年至十四年） （十二首）
选择基准	连州左迁期（元和十年至十四年）的作品

第四回（1999 年 3 月 26—28 日）

开会地点	广岛县竹原市
参加人员	野口瑞惠、永和里佳子、加藤国安、静永健、下定雅弘、橘英范、富永一登、稀代麻也子、斋藤茂、古川末喜、畑村学 （十一名）
选读作品	《伤愚溪三首并引》《唐故衡州刺史吕君集纪》（长庆元年） 《蜀先主庙》《观八阵图》《畬田作》（长庆二年至四年） （七首）
选择基准	夔州刺史时代（长庆元年至四年）的作品

第五回（2000 年 3 月 29—31 日）

开会地点	广岛县（宫滨温泉）
参加人员	泽柳久和、静永健、梅田雅子、大角哲也、大仓裕美、角田美和、加藤国安、佐藤大志、柴格朗、下定雅弘、橘英范、富永一登、野田雄史、畑村学、古川末喜、诸田龙美、柳川顺子 （森冈缘、景献力） （十九名）
选读作品	《送春曲三首》《潇湘神二首》《抛球乐二首》《竹枝词九首并引》 （十六首）
选择基准	在夔州、朗州的作品

第六回（2001 年 3 月 27—29 日）

开会地点	广岛县尾道市（千光寺山庄）
参加人员	静永健、梅田雅子、角田美和、古川末喜、佐藤大志、柴格朗、橘英范、谷口匡、富永一登、畑村学、野田雄史、诸田龙美、下定雅弘 （十三名）
选读作品	《望洞庭》《晚泊牛渚》《金陵怀古》《望夫石》《经檀道济古垒》《韩信庙》《祭韩吏部文》 （七首）
选择基准	在夔州、和州的作品

第七回（2002 年 3 月 27—29 日）

开会地点	爱媛县松山市（爱媛大学职员会馆）
参加人员	静永健、西田真理子、畑村学、诸田龙美、石村贵博、梅田雅子、角田美和、高倩艺、橘英范、斋藤茂、佐藤大志、柴格朗、高西成介、富永一登、野田雄史、中尾健一郎 （铃木咏子） （十七名）
选读作品	《罢郡归洛阳闲居》《城东闲游》《为郎分司寄上都同舍》《洛中逢韩七中丞之吴兴口号五首》《美温尚书镇定兴元以诗寄贺》《与歌者米嘉荣》《听旧宫中乐人穆氏唱歌》《与歌者何戡》《与歌童田顺郎》《田顺郎歌》《曹刚》《闻道士弹思归引》 （十六首）
选择基准	和州刺史以后，在洛阳、长安的作品，以关于乐人的作品为主

第八回（2003 年 3 月 27—29 日）

开会地点	福冈县柳川市
参加人员	野田雄史、畑村学、阵内孝文、角田美和、橘英范、梅田雅子、石村贵博、富永一登、高倩艺、铃木咏子、中尾健一郎、西田真理子、诸田龙美 （静永健、有木大辅） （十五名）
选读作品	《澈上人文集纪》《刘氏集略说》《答杨八敬之绝句》《馆娃宫在郡西南砚石山上，前瞰姑苏台，傍有采香径，梁天监中置佛寺曰灵岩，即故宫也。信为绝境，因赋二章（馆娃宫/姑苏台）》《八月十五日夜玩月》《三乡驿楼伏睹玄宗望女几山诗小臣斐然有感》 （七首）
选择基准	苏州刺史、汝州刺史、同州刺史时期

第九回（2004年3月26—28日）

开会地点	山口县下关市
参加人员	石村贵博、丸山茂、静永健、有木大辅、角田美和、中尾健一郎、坂井多穗子、阵内孝文、高芝麻子、铃木咏子、畑村学、野田雄史 （武井满干、增子和男） （十四名）
选读作品	《彭阳唱和集后引》 《令狐仆射与余投分素深，纵山川阻修，然音问相继。今年十一月仆射疾不起，闻予。已承讣书，寝门长恸。后日有使者两辈持书并诗。计其日时，已是卧疾。手笔盈幅，翰墨尚新。律词一篇，音韵弥切。收泪握管，以成报章。虽广陵之弦于今绝矣，而盖泉之感犹庶闻焉。焚之穗帐之前，附于旧编之末》 《酬令狐相公赠别》 《途次华州陪钱大夫登城北楼春望因睹李崔令狐三相国唱和之什翰林旧侣继踵华城山水清高鸾凤翔集皆忝宿眷遂题此诗》 《和宣武令狐相公郡斋对新竹》 《和令狐相公寻白阁老见留小饮因赠》 《西池送白二十二东归兼寄令狐相公联句》 《和令狐相公言怀寄河中杨少尹》 《令狐相公自天平移镇太原以诗申贺》 《酬令狐相公亲仁郭家花下即事见寄》 《酬令狐相公首夏间居书怀见寄》 《酬令狐相公见寄》 （十二首）
选择基准	刘禹锡与令狐楚

第十回（2005年3月26—28日）

开会地点	冈山县综社市
参加人员	丸山茂、野田雄史、畑村学、中尾建一郎、山田和大、渡边志津夫、橘英范、坂井多穗子、陈翀、下定雅弘、有木大辅、石村贵博 （白石尚史、柴格朗） （十四名）
选读作品	刘禹锡《阙下口号呈柳仪曹》 《题淳于髡墓》 柳宗元《善谑驿和刘梦得酹淳于先生》 刘禹锡《哭吕衡州时余方谪居》 柳宗元《同刘二十八哭吕衡州兼寄江陵李元二侍御》 《朗州窦常员外寄刘二十八诗见促行骑走笔酬赠》 《登柳州城楼寄漳汀封连四州》 《答刘连州邦字》 刘禹锡《赠别约师并引》 柳宗元《衡阳与梦得分路赠别》 刘禹锡《再授连州至衡阳酬柳柳州赠别》 《重至衡阳伤刘仪曹并引》 （十二首）
选择基准	刘禹锡与柳宗元

第十一回（2006年3月28—30日）

开会地点	福冈县太宰府市
参加人员	大渕贵之、阵内孝文、陈翀、野田雄史、高芝麻子、重松咏子、中尾健一郎、白石尚史、有木大辅、静永健 （甲斐雄一、原田爱、奥野新太郎） （十三名）
选读作品	许浑《及第后春情》《夜归丁卯桥村舍》《献白尹》《题韦长史山居》 《咸阳城东楼晚眺》《姑苏怀古》 《和祠部杨员外以仆射杨公拜官致仕旧府宾僚及礼部杨侍郎同年门生先辈合宴申贺座中饮后书事》《宿开元寺楼》 《酬杜补阙初春雨中舟次横江喜裴郎中相迎兼见寄之什》 《卜居招书侣》 （十首）
选择基准	许浑诗

（2007 年第十二回休会）

第十三回（2008 年 3 月 27—29 日）

开会地点	福冈县小仓市
参加人员	阵内孝文、栗山雅央、高芝麻子、野田雄史、长谷川真史、中木爱、石村贵博、甲斐雄一、白石尚史、有木大辅 （原田爱、马场由贵子、土谷彰男） （十三名）
选读作品	牛僧孺《席上赠刘梦得》 刘禹锡《酬淮南牛相公述旧见贻》 《酬思黯代书见戏》 《和牛相公雨后寓怀见示》 《和仆射牛相公，追感韦裴六相登庸，皆四十余，未五十薨殁，岂早荣早枯之义，今成年将六十，犹粗强健，因亲故劝酒，率然成篇，并见寄之作》 白居易《戏赠梦得兼呈思黯》 刘禹锡《和仆射牛相公见示长句》 《牛相公林亭雨后偶成》 《岁夜咏怀》 《和仆射牛相公春日闲座见怀》 （十首）
选择基准	刘禹锡与牛僧孺

第十四回（2009 年 3 月 27—29 日）

开会地点	山口县荻市（荻本阵）
参加人员	野田雄史、种村由季子、石村贵博、长谷川真史、有木大辅、白石尚史、畑村学、武井满干、中木爱 （市村里美） （十名）
选读作品	《赠别君素上人》《广宣则法师归上都因呈广宣上人》《秋日过鸿举法师寺员便送归江陵》《赠别约师》《送义舟师却还黔南》《送景玄师东归》《送惟良上人》 （七首）
选择基准	送僧诗

第十五回（2010 年 3 月 26—28 日）

开会地点	大分县别府市
参加人员	长谷川真史、高芝麻子、畑村学、中木爱、石村贵博、市原里美、野田雄史、白石尚史、栗山雅央、甲斐雄一 （东美绪、岸田健也） （十二名）
选读作品	《贺门下裴相公启》 《上门下裴相公启》 《谢裴相公启》 《和乐天送鹤上裴相公别鹤之作》 《代裴相祭李司空文》 《两如何诗谢裴令公赠别二首》 《自左冯归洛下酬乐天呈裴令公》 《答裴令公雪中讶白二十二与诸公不相访之什》 《城内花园颇曾游玩，令公居守亦有素期。适春霜一夕委谢，书实以答令狐相公见谑》 《裴令公见示酬乐天寄奴买马绝句，裴言仰和且戏乐天》 （十一首）
选择基准	刘禹锡与裴度

（2011、2012 年不开会）

第十六回（2013 年 3 月 28—30 日）

开会地点	高知县（高知县立大学）
参加人员	畑村学、高芝麻子、佐伯雅宣、高西成介、白石尚史 （五名）
选读作品	《登司马错故城》《卧病闻常山旋师策勋宥过王泽大洽因寄李六侍御》《善卷坛下作》《途中早发》《望衡山》 （五首）
选择基准	《刘禹锡集》卷二十三古调十六首

第十七回（2014 年 3 月 23—24 日）

开会地点	德岛县（四国大学）
参加人员	佐伯雅宣、高芝麻子、白石尚史、中木爱 （畑村学） （五名）
选读作品	《秋江晚泊》《咏树红柿子》《庭竹》《翠微寺有感》《与歌者米嘉荣》《与歌者何戡》 （六首）
选择基准	《刘禹锡集》卷二十五杂体三十九首

第十八回（2015 年 3 月 20—22 日）

开会地点	熊本县（熊本大学）
参加人员	荒川悠、长谷川真史、甲斐雄一、栗山雅央、白石尚史、佐伯雅宣 （屋敷信晴） （七名）
选读作品	《经檀道济古垒》《题欹器图》《庭梅咏寄人》《寓兴二首》《苦雨行》《古调二首》 （八首）
选择基准	《刘禹锡集》卷二十一杂兴三十一首

中唐文学会以及刘禹锡读书会会员资格并不仅限于日本研究者。我们欢迎更多中国研究者参加，希望中日学者聚在一起热烈地讨论，共同努力提高刘禹锡研究。如果各位要参加刘禹锡读书会的话，请随时与我们联系。

附录：刘禹锡研究文献目录（日文）

【著书】

［单著］

柴格朗訳注『劉白唱和集（全）』（勉誠出版 2004）

［共著］

1. 阿部兼也「劉禹錫の文章に見える士人像」

（金谷治編『中国における人間性の探究』創文社 1983）

2. 黒川洋一「柳・劉の論書贈答詩について」
（『東洋芸林論叢　中田勇次郎先生頌寿記念論集』平凡社 1985）
3. 沢崎久和「劉禹錫『送春曲』三首をめぐって」
（『中国中世文学研究　四十周年記念論文集』白帝社 2001）
4. 松本肇著「劉禹錫の寓言詩」
（『中国読書人の政治と文学　林田愼之助博士古稀記念論集』創文社 2002）
5. 梅田雅子「劉禹錫『竹枝詞』の特徴——杜甫『夔州歌十絶句』との比較から」
（『中国古典文学論集　松浦友久博士追悼記念』研文出版 2006）

【论文】

1. 金谷治「劉禹錫の『天論』」,『日本中国学会報』（21）1969
2. 金井徳幸「唐代順宗朝と南宗禅——劉禹錫の周辺」,『社会文化史学』（6）1970
3. 河内昭円「劉禹錫の『遊桃源』詩」,『東方宗教』（36）1970
4. 河内昭円「劉禹錫の送僧詩考」,『印度学仏教学研究』（19）1971
5. 河内昭円「劉禹錫の仏教受容」,『大谷学報』（50）1971
6. 西脇常記「劉禹錫小論」,『文明』（18）1976
7. 阿部兼也「劉禹錫の思考様式の一特徴」,『集刊東洋学』（35）1976
8. 西脇常記「劉禹錫と自伝」,『社会文化史学』（14）1977
9. 西脇常記「劉禹錫小論（承前）」,『文明』（21）1977
10. 斎藤茂「劉禹錫『金陵五題』詩について——懷古の詩としての位置づけを中心に」,『東方学』（59）1980
11. 阿部兼也「柳宗元の思考様式と佛教・合理主義・山水——劉禹錫との比較を考慮して」,『集刊東洋学』（54）1985
12. 許曼麗「楊柳続考——信仰から別離の象徴へ」,『芸文研究』（53）1988
13. 赤井益久「劉禹錫の謫遷と文学——朗州司馬期の寓言文学を中心に」,『漢文学会会報』（33）1988
14. 斎藤茂「劉禹錫の楽府詩について」,『中国詩文論叢』（7）1988
15. 橘英範「劉白唱和詩復原の問題点」,『中国中世文学研究』（21）1991
16. 田口暢穂「劉禹錫の『和楽天春詞』をめぐって——蜻蜓飛上玉搔頭」,『新しい漢文教育』（12）1991
17. 橘英範「劉白唱和詩中の次韻詩の連作について（上）」,『広島大学

文学部紀要』（51）1992

18. 橘英範「劉白唱和詩中の次韻詩の連作について（下）」，『広島大学文学部紀要』（52）1992

19. 植木久行「唐代作家新疑年録（5）魏徴・虞世南・上官昭容・鄭良士・白居易・白行簡・鮑防・羅隠・李季蘭・陸贄・劉禹錫」，『文経論叢』（27）1992

20. 赤井益久「劉禹錫の賦について」，『国学院中国学会報』（38）1992

21. 宮内克浩「劉禹錫『問大鈞賦』について」，『国学院雑誌』（94）1993

22. 島一「劉禹錫の『天論』とその周辺」，『学林』（20）1994

23. 宮内克浩「劉禹錫の『論』小考」，『国学院雑誌』（95）1994

24. 宮内克浩「劉禹錫『唐故衡州刺史呂君集紀』について」，『国学院雑誌』（96）1995

25. 橘英範「『楊柳枝詞』について」，『中国中世文学研究』（28）1995

26. 橘英範「劉白唱和詩研究序説」，『広島大学文学部紀要』（55）1995

27. 山寺三知「『竹枝詞』の起源」，『国学院中国学会報』（42）1996

28. 橘英範「劉白の聯句について」，『中国中世文学研究』（31）1997

29. 柴格朗「劉禹錫と白居易の唱和の詩——発想の逆転」，『大阪学院大学人文自然論叢』（37）1998

30. 柴格朗「令狐楚と劉禹錫と白居易の唱和の詩」，『大阪学院大学人文自然論叢』（39・40）1999

31. 柴格朗「劉禹錫と白居易の鶴を題材とした詩」，『大阪学院大学人文自然論叢』（38）1999

32. 後藤英明「劉禹錫の人間観」，『筑波中国文化論叢』（18）1999

33. 梅田雅子「劉禹錫『竹枝詞』朗州製作説」発生の背景——読者が期待する物語性を中心に」，『中国詩文論叢』（18）1999

34. 山寺三知「唐代踏歌小考」，『国学院大学大学院紀要　文学研究科』（32）2000

35. 後藤英明「劉禹錫の『庁壁記』について」，『筑波中国文化論叢』（19）2000

36. 梅田雅子「劉禹錫における白居易との交流——劉禹錫の不遇に對する悲哀の言葉から」，『早稲田大学大学院文学研究科紀要』（46）2000

37. 戸田哲彦「唐代文学の地——連州を訪れて」，『東方』（230）2000

38. 三木雅博「平安朝における『劉白唱和集解』の享受をめぐっ

て——文人たちの作品と『仲文章』」,『白居易研究年報』(2) 2001

39. 柴格朗「『劉白呉洛寄和巻』にみられる劉禹錫の政界への執着」,『中唐文学会報』(8) 2001

40. 石村貴博「劉禹錫研究文献目録(2001. 4 現在)」,『中唐文学会報』(8) 2001

41. 梅田雅子「劉禹錫における『望洞庭』詩制作の契作について」,『中国文学研究』(27) 2001

42. 田口暢穂「石頭城によせる潮——劉禹錫『石頭城』詩の解をめぐって」,『早稲田大学国語教育研究』(22) 2002

43. 白石尚史「劉禹錫『秋風引』の一考察——秋風と孤客と」,『長野県国語国文学会研究紀要』(5) 2002

44. 丸山茂「白氏交遊録——元稹・劉禹錫(上)」,『日本大学文理学部研究紀要』(65) 2003

45. 丸山茂「白氏交遊録——元稹・劉禹錫(中)」,『日本大学文理学部研究紀要』(67) 2004

46. 馬場英雄「劉禹錫の『天論』と『時』の問題について」,『国学院雑誌』(105) 2004

47. 馬場英雄「劉禹錫『問大鈞賦』の成立年の問題とその意味について」,『国学院中国学会報』(50) 2004

48. 高芝麻子「柳宗元・劉禹錫の贈答詩六首における作者問題について」,『中唐文学会報』(12) 2005

49. 宮坂健介「劉禹錫にとっての連州」,『異文化　論文編』(6) 2005

50. 白石尚史「劉禹錫の茶——詩情と飲茶」,『長野県国語国文学会研究紀要』(6) 2005

51. 梅田雅子「劉禹錫・柳宗元の左遷に對する悲哀——客観的状況と主観的判断」,『中国詩文論叢』(24) 2005

52. 石村貴博「劉禹錫・令狐楚交遊新考」,『中国古典研究』(51) 2006

53. 丸山茂「白氏交遊録——元稹・劉禹錫(下)」,『日本大学文理学部研究紀要』(74) 2007

54. 橘英範「白居易と劉禹錫の聯句」,『アジア遊学』(95) 2007

55. 後藤秋正「劉禹錫『傷往賦』について」,　『立命館文学』(598) 2007

56. 下定雅弘「劉禹錫における『独善』——『海陽十詠』をめぐって」,『中国文史論叢』(3) 2007

57. 土谷彰男「白居易・劉禹錫における韋應物の『雅韻』の受容につ

いて——白居易『警策』評を手がかりとして」，『中国文学研究』（33）2007

58. 石村貴博「四部叢刊本『劉夢得文集』の作品配列をめぐって」，『中唐文学会報』（4）2007

59. 新間一美「源氏物語の春秋争いと元白・劉白詩」，『国語と国文学』（84）2007

60. 橘英範「中唐唱和文學の展開——『劉白唱和集』への道」，『日本中国学会報』（60）2008

61. 山本敏雄「劉禹錫『泰娘歌』をめぐって（上）」，『愛知教育大学研究報告　人文・社会科学』（57）2008

62. 植田渥雄「中唐詩に見る民衆像——白居易と劉禹錫を中心に」，『櫻美林世界文学』（4）2008

63. 白石尚史「劉禹錫詩の『菊』について」，『中国文史論叢』（4）2008

64. 白石尚史「劉禹錫詩の『橘』・『柚』について」，『長野県国語国文学会研究紀要』（7）2008

65. 山本敏雄「劉禹錫『泰娘歌』をめぐって（下）」，『愛知教育大学研究報告　人文・社会科学』（58）2009

66. 石村貴博「朗州司馬期の劉禹錫」，『中国語中国文化』（6）2009

67. 下定雅弘「柳宗元と劉禹錫の『論書絶句』八首」，『書法漢学研究』（5）2009

68. 好川聰「劉禹錫の異文化認識」，『日本中国学会報』（62）2010

69. 山本敏雄「朗州と劉禹錫——『遊桃源一百韻』をめぐって」，『未名』（28）2010

70. 白石尚史「劉禹錫詩における『蘭』・『蕙』について——『楚辞』との関連をめぐって（朗州初期まで）」，『中国文史論叢（下定雅弘教授退休記念号）』（8）2012

71. 白石尚史「劉禹錫・房琯の関連小考」，『長野県国語国文学会研究紀要（創刊第十号記念）』（10）2013

72. 河野哲宏「劉白連句に見える『竹林七賢』観」，『中央大学大学院研究年報』（44）2014

73. 橘英範「天空（そら）への想い——劉禹錫詩の一特質」，『中国文史論叢』（11）2015

（作者单位：日本九州大学）

从两篇拟作看朝鲜士人眼中的贬谪诗人刘禹锡

陈彝秋

刘禹锡诗名早著，其诗歌作品不仅脍炙人口，而且身后不久就流传到了域外。日本大江维时（887—963）所编《千载佳句》中，即摘录刘禹锡秀句十九联，在所涉一百五十三位作者中居第六位，仅次于白居易、元稹、许浑、章孝标、杜荀鹤。① 高丽初期出现的一部唐人七律选本《十抄诗》中，刘禹锡则居同书所录三十位诗人之首。② 这两部年代较早的域外汉籍对刘禹锡诗歌的重视，多少出于编者比较专注中晚唐诗风的原因。就作家作品的传播接受而言，选本、秀句集与诗话、诗格、文集等著作一样，都是非常有效的途径，特别是晚唐以来，“选本成为中国文学批评中包容性最广，因而也最便于扩大影响的批评方式。如果我们把眼光扩大到整个汉语文学世界，就不难发现，在域外汉文学圈中，影响最大的也是选本”③。借助宋以来出现的诸如《注解章泉涧泉二先生选唐诗》《唐诗鼓吹》《三体唐诗》《唐音》《瀛奎律髓》《唐诗品汇》等诗歌选本，以及《诗人玉屑》《诗林广记》《唐宋千家联珠诗格》等诗话、诗格在域外的刊刻流传，刘禹锡诗作及相关本事也为域外文人所熟知。

刘禹锡在东国文坛的影响力虽然无法媲美陶渊明、杜甫、苏轼等大家，但一直以来，他也颇受东国文人的关注。高丽、朝鲜两朝的文人不仅对刘禹锡的经典作品比较精熟，还留下了不少模拟学习之作。具体而言，有仿刘禹锡《竹枝词》者，有效刘禹锡咏史怀古诗者，有次韵刘禹锡《秋声赋》者，而追和刘禹锡诗韵、取用刘禹锡诗文之意，以及集句时使用刘禹锡诗句者更是代不乏人，至于东国的诗话、笔记等著作，亦可时见对刘禹锡作品的评点、对刘诗名物的考释、对刘禹锡其人其文的品评等内容。而因为刘禹锡两首“看花”诗的深入人心，亦有朝鲜文人如李晋汝者，将一己久沉下僚之境遇与刘禹锡久遭贬谪的经历合观，取“玄都”二字为贬所馆名，冀以忘情自勉，则又可以

---

① 此统计结果，据大江维时编纂，宋红校订．千载佳句［M］．上海：上海古籍出版社，2003.

② 韩国学者扈承喜《〈十抄诗〉一考——〈全唐诗〉失收诗补》一文中，将《十抄诗》的成书年代断为高丽前期，即公元1000年左右。转引自释子山夹注，查屏球整理．夹注名贤十抄诗［M］．上海：上海古籍出版社，2005：2.

③ 张伯伟．中国古代文学批评方法研究［M］．北京：中华书局，2002：313.

视为人格心性的异域相通了。[①] 众所周知，在文学批评与文化交流的场域中，这种因情境的相似而促成的异代乃至异域的受容并不鲜见。本文试以刘禹锡再授连州事相关的两篇朝鲜拟作为例，做出简单阐述，以就正于各位方家。

一、金义贞《柳子厚送刘禹锡赴连州》小议

《柳子厚送刘禹锡赴连州》是一首拟效诗，是朝鲜文人金义贞（1495—1547）模仿柳宗元的身份与口吻，送别刘禹锡的诗歌。为叙述之便，我们将全诗移录如下：

> 哲人随时贵行藏，独愧吾徒任浮沉。愚心不足宁蘧道，直道何同士师优。
> 君我慷慨忧天下，怪底今昔相异谋。欲回羲轩尧舜道，还补明时焕皇猷。
> 独醒固排群醉里，一齐那容众楚咻。朝辞玉笋清班下，夕向南荒万里州。
> 生涯孑孑投岭峤，世业空将陷边陬。永诀高堂年喜惧，相思亲戚隔明幽。
> 幸逢圣朝新孝理，更许连州奉君侯。得罪雷霆虽惨烈，全生天地德难酬。
> 湘江今日分歧别，落木萧萧洞庭秋。桂岭瘴云飞墨色，深谷青枫叫钩辀。
> 连州穷邑是蛮俗，鸟语夷面如猿猴。江氛岭祲昏若凝，一蛇伺人有两头。
> 怪鸟鸣唤蛊虫飞，食中置药如戈矛。湖波蒸天俗生梗，吏民忿恨言嘲啁。
> 嗟君既往宜为戒，酸寒随事生疮疣。楚水凄凉青蘋怨，秦台惆怅白首囚。
> 青山难掩数行泪，沧海穷鳞独含钩。放逐远弃伧人国，梁狱书疏上无由。
> 可怜甲子泥涂混，岂独家人兀杖忧。鸡鹭竟与蛟螭杂，燕雀宁无舌啾啾。
> 未必造物穷吾辈，才名虚动结冤雠。天讨鬼责昭罗列，莫将蛮荒振琅璆。
> 残阳欲落烟水暮，尽是人间古今愁。岐路西东信马行，双垂别泪两不收。
> 犹喜柳州连州隔，两地相望继缯修。[②]

刘禹锡、柳宗元二人于元和十年（815）再贬远州刺史，行至衡阳，临歧分路，赋诗相别。从诗题及诗意可知，金义贞这首拟作即因此情境而发。此诗尤值得注意者，略有以下数端。

---

① 参赵宗著（1631—1690）《玄都馆记》："（李晋汝）自殿中出为金郊督邮，……历职中外，浮沉十年，终不徙一秩，而又除金郊。则便夷然之官，创数椽而茅之，取刘梦得诗'前度''又来'之意，扁之曰'玄都'，日啸咏其中，乐而忘忧。"文载《南岳集》卷三，《韩国文集丛刊续编》第三十九册，第557－558页。

② 潜庵先生逸稿：卷二［M］//韩国文集丛刊：第二十六册．首尔：景仁文化社，1996：386.

（一）与刘、柳遭忌而贬的相似命运是金义贞拟效行为最重要的心理动因

曹虹认为拟效既是一种创作行为，也是一种批评与传播活动。她将汉文化圈内的拟效行为简括为三种情形："一是因技法、文风层面的倾慕赞赏而带来模仿比试的激励"；"二是因人格、心志方面的沟通共鸣而产生比附祖述的动力"；"三是因文学传承系谱意识的作用，主动表现个人与既往经典的呼应关系"。[①] 第二种情形较之于另外两种，突出表现为原作者与拟作者情志心性上的相通相惜，并不十分讲究对原作形式上的遵从与模仿。刘禹锡、柳宗元"渡湘千里又分歧"（《再授连州至衡阳酬柳柳州赠别》），"柳浮舟适柳州"，刘则"登陆赴连州"（刘禹锡《重至衡阳伤柳仪曹并引》）[②]，临别依依，往事悠悠，前路晦暗难明，双方唱和往复，三致情怀：柳宗元首唱七律《衡阳与梦得分路赠别》，刘禹锡酬之以七律《再授连州至衡阳酬柳柳州赠别》；柳宗元再作七绝《重别梦得》，刘禹锡复赠以七绝《重答柳柳州》；第三次是五绝的唱和，柳宗元有《三赠刘员外》，刘禹锡有《答柳子厚》。[③] 金义贞《柳子厚送刘禹锡赴连州》选择以七言古诗的形式进行拟效，情感充沛，蕴含丰富，比古志以明今情，其情味已不限于对前人经典亦步亦趋的相习相竞。

金义贞的人生际遇使他特别容易理解刘、柳的送别情境及人生浮沉，易于生发出心灵的共鸣。首先，刘、柳与金义贞都有因言获罪、横遭贬黜的人生际遇。刘、柳十年去国，一朝召还，旋而远贬，论者多以为是因刘禹锡作《元和十年自朗州承召至京戏赠看花诸君子》，语涉讥刺，"有素嫉其名者，白于执政，又诬其有怨愤"[④]，终于贻人口实，"竞生口语，广肆加诬"[⑤]，致使包括刘禹锡在内的永贞革新派再次远斥荒州。与刘、柳一样，金义贞也被认为有超群拔俗之才华，一时之名公巨卿"莫不许之以廊庙黼黻之器"[⑥]。他三十二岁登第，以弘文馆正字（正九品）入仕，三十六岁拜弘文馆修撰（正六品）兼世子侍讲院司书，因为昵近君王，在朝鲜官制中，经筵官兼带书筵，历来都是一时极选，"然华闻之下，嫉之者多，众谤为薮，殆无以立身于朝矣"，投闲置散后，同僚朴洪鳞又以往日嫌隙，攻之于权臣金安老（1481—1537）前，

---

① 曹虹．德不孤，必有邻——谈谈域外文人对中国原作的拟效［J］．学习与探索，2006（2）：164－165.

② 陶敏，等．刘禹锡全集编年校注［M］．长沙：岳麓书社，2003：216，274.

③ 陶敏，等．刘禹锡全集编年校注［M］．长沙：岳麓书社，2003：216－219.

④ 丁福保．历代诗话续编［M］．北京：中华书局，1983：12.

⑤ 陶敏，等．刘禹锡全集编年校注［M］．长沙：岳麓书社，2003：1001.

⑥ 柳台佐．（金义贞）行状［M］//韩国文集丛刊：第二十六册．首尔：景仁文化社，1996：409.

以致金义贞被安上面欺天颜的罪名，“落职居乡者，六阅寒暑也”①。金义贞对刘、柳赠别的拟效或者就作于这段黜落时期，其诗中所言之“未必造物穷吾辈，才名虚动结冤雠”，应当不仅是对柳宗元《衡阳与梦得分路赠别》“直以慵疏遭物议，休将文字占时名”的呼应，实在也是他自己的心声。其次，与刘、柳一样，金义贞的长期黜落也离不开党争的背景。金义贞仕宦的朝鲜中宗（1506—1544）时代，可称得上是党祸频仍，士林蒙难。先是中宗十四年（明正德十四年，1519）的“己卯士祸”、中宗十六年（明正德十六年，1521）的“辛巳诬狱”，赵光祖（1482—1519）等士林派中坚、安瑭（1461—1521）等声援士林派的朝中重臣陆续被勋旧派清除出朝堂。之后，中宗朝的党争主要围绕世子问题展开，又发生大尹派与小尹派之争，士林派儒生被迫卷入者甚众。在此过程中，金义贞先是被指有为己卯、辛巳被祸者鸣冤之心，后又为大尹派之金安老所忌，已经闲居在乡，也险被罗织冤狱，幸得“宰相张顺孙（1453—1534）力止，获免于祸”②。金义贞浮沉于党争的仕宦经历与刘、柳二人，尤其是刘禹锡颇有类似之处，曾经自许甚高的金义贞，借此首拟作发出“哲人随时贵行藏，独愧吾徒任浮沉”的喟叹，正是其自身现实境遇无奈与难堪的写照。

（二）金义贞的拟效，既注意强化角色意识，又表现出对所拟效角色的疏离

拟效之作“除了风格意义上的模仿性质外，角色意识也是其主要特征，即承袭前人作品抒情主体的身份进行创作，因此其视角是被限定的”③，既然是以柳宗元的身份、立场相送刘禹锡，对柳宗元抒情主体角色意识的强化自是《柳子厚送刘禹锡赴连州》诗中应有之义，这一角色意识的核心内容就是作品中要表现出南贬作家的骚怨。戴师伟华认为，楚骚情味主要包含对南地山川自然、风俗人情的着意描绘，楚骚比兴表现手法的使用，作品中要蕴含有浓重的哀愁等多方面的内涵。④ 我们可以看到，这些意涵在金义贞的拟作中均有淋漓尽致的展现：“湘江今日分歧别”至“酸寒随事生疮疣”，从眼前分离之景，遥想至刘禹锡此去连州风物人情的荒瘠，极尽铺陈之后，“嗟君既往宜为戒”的叮咛，饱含着对友人的深情劝勉；至于鵜鹭与蛟螭杂处，燕雀之鼓舌不休，

---

① 金农．家状［M］//韩国文集丛刊：第二十六册．首尔：景仁文化社，1996：406.

② 金农．家状［M］//韩国文集丛刊：第二十六册．首尔：景仁文化社，1996：406.

③ 蒋寅．角色诗综论——对一种文化心理的探讨［J］．文学遗产，1992（3）：10－18.

④ 戴伟华．柳宗元贬谪期创作的“骚怨”精神——兼论南贬作家的创作倾向及其特点［J］．文学遗产，1994（4）：44－52.

个中深意，自可称得上是“托讽禽鸟，寄词草树，郁然与骚人同风”①；而因现实境遇郁结于诗人内心的牢骚怨愤，在知己面前根本就无须隐藏，“君我慷慨忧天下，怪底今昔相异谋”的质问，“哲人随时贵行藏，独愧吾徒任浮沉”的自嘲，绾合的是柳宗元、刘禹锡这对志同道合好友共同的悲愤，“十年憔悴到秦京，谁料翻为岭外行”，十年前，刘禹锡“少年负志气，信道不从时”，柳宗元“少时陈力希公侯，许国不复为身谋”②，但终遭远斥，而十年后的今天，二人刚刚奉诏入京，旋即再次远贬荒邑，“愚心不足宁蘧道，直道何同士师优”，自我反省的表层意蕴下，寄托的是刘、柳二人不可遏制的愤怒与不堪承受的悲哀。此外，金义贞诗中咏及之“幸逢圣朝新孝理，更许连州奉君侯”“可怜甲子泥涂混，岂独家人兀杖忧”的劝慰、体贴之语，皆是对柳宗元声情口吻的照应，强化的是柳宗元作为抒情主体的身份，以及他与刘禹锡的知己之情。

我们也注意到，金义贞的这首拟效之作在成功强化柳宗元作为抒情主体的同时，也表现出一定程度的疏离。因为，稍加留意我们就可以发现，金义贞此诗更直接的取法对象是刘长卿的五言排律《负谪后登干越亭作》。此将刘长卿诗全文引录，以利比对：

天南愁望绝，亭上柳条新。落日独归鸟，孤舟何处人。
生涯投岭徼，世业陷胡尘。杳杳钟陵暮，悠悠鄱水春。
秦台悲白首，楚泽怨青蘋。草色迷征路，莺声伤逐臣。
独醒空取笑，直道不容身。得罪风霜苦，全生天地仁。
青山数行泪，沧海一穷鳞。牢落机心尽，惟怜鸥鸟亲。③

金义贞之作，在用意、诗语、修辞等方面袭用刘长卿诗作之印迹历历可见。“生涯、世业”的感喟良深、“得罪、全生”的伤而不怨、“秦台、楚泽”“青山、沧海”的自喻自伤，固然是直接的偷语袭意，而“独醒、直道”之语，亦本于刘诗，但我们并不能将之简单视为金义贞囿于才力而做出的模仿呻吟，因为在对刘诗语意的袭用中，也暗蕴了金义贞与刘长卿的情感共鸣。刘长卿此作写于贬官后旅居余干期间，受诬被贬的真正原因是独醒、直道，这与金义贞的心性经历很是相似。金义贞不仅以直道立身，且性格也十分刚直，以致

① 陶敏，等．刘禹锡全集编年校注［M］．长沙：岳麓书社，2003：153.
② 柳宗元．柳宗元集［M］．北京：中华书局，1979：1221.
③ 储仲君．刘长卿诗编年笺注［M］．北京：中华书局，1996：192.

他的妹婿李东皋特地贻书告诫他要“慎默韬晦”，其子金农所作《家状》对金义贞的刚直性情多有描述：“府君天性刚直，不于富贵势力所挠，苟合于义，勇往力行，事有不是，虽王公大人，藐之不屑也。”“其于朋友也，虽露尽心曲，继之以直。或见其非，责之不饶，改则依旧。其不可责者，则绝不往来。”而前文提及之金义贞、朴洪鳞的交恶，就是因为二人为弘文馆同僚时，朴洪鳞论文伦理无稽，金义贞“戏而面讥之”，朴乃深衔愤恨在心，排击起来不遗余力。相似的性格与经历，让金义贞在刘、柳二人之外，自然而然也对刘长卿的这首贬谪之作心生戚戚，以致拟效时几乎全篇袭用，呈现出浓厚的自述意味。有虑于此，我们可以认为，金义贞在拟《柳子厚送刘禹锡赴连州》的过程中，对刘长卿贬谪诗作语意皆袭的行为，一定程度上弱化了柳宗元作为抒情主体相送刘禹锡的角色意识。

刘长卿的《负谪后登干越亭作》，并无直接的对话者，诗人意在借此诗直抒一己感伤落寞之情，金义贞承袭了此诗的情感意蕴，其拟效之作亦兼带自伤自明的表白性质。其实，无论是柳宗元、刘禹锡再贬荒邑的不幸，还是刘长卿以直致诬的贬谪，对金义贞而言，更为直接的意义在于他们的符号色彩是一致的，他们都是贬谪文人的具象化。所以，就此层面而言，金义贞将刘长卿偏于自述的情志宣言，附着在柳宗元赠别刘禹锡的对话情境中，就并无太多的违和之感，因为就实际表达效果而言，《柳子厚送刘禹锡赴连州》中这些化用而来的语意情境，重新建构起的也是金义贞的情志世界，可以视为金义贞“骚怨”情感的自我宣泄，刘长卿、柳宗元、刘禹锡这些以隐性、显性形式存在于诗中的角色，在某种程度上，都可看作是贬黜时期的金义贞的化身。

二、金玲《拟唐御史中丞裴度请勿授刘禹锡播州刺史表》发微

在很多情况下，刘禹锡是作为一个贬谪诗人的典型形象存在于朝鲜文人的认知中，上文所述金义贞《柳子厚送刘禹锡赴连州》即为此种情形的具体而微者。拟效行为既是文学批评与审美的评价，也体现为一种文化心理的认同与取则。相较于金义贞偏于私人情感抒发的拟效诗作，金玲（1577—1641）的《拟唐御史中丞裴度请勿授刘禹锡播州刺史表》因刘禹锡原初远谪播州的本事而作，反映的却是朝鲜文人对刘禹锡改谪事件带有群体化色彩的态度。表云：

> 南荒毒雾再迁逐，王章纵严于罪人，西山落日能几何？宸心宜愍乎穷老，惨见母子之死别，敢乞君父之生全。钦惟仁覆旻天，孝理寰宇，发政先斯四者，惟鳏寡孤独之涵恩。尊亲日朝三焉，尽怡愉承颜以养志。黎民

兴锡类之化，匹妇有获尽之欢。窃惟禹锡等谪遐，夙自永贞末更始。患得患失而奔走，自作孽之谁尤？忧生忧死而流移，已往愆之应悔。十二年星霜屡变，六千里瘴疠孤囚。楚水枫林，忽遇金鸡之放赦；蛮江桂岭，更佩铜鱼而左迁。才闻长乐之钟声，旋别龙池之柳色。顾此播州之为郡，实非华人之所居。地接牂牁，在不毛而尤甚；官虽刺史，视司马而愈穷。人生祸福，自己致之，纵渠身之当窜，天下父母，无不是底，伊老娘之何辜？恶地偕往之诚难，远离重见之焉必。三迁教训而成就，信有愧孟母之贤；一生希冀于立扬，初岂欲其子为恶？晚来而门闾犹倚，固知舐犊之私情。此去后骸骨谁收？争耐峡猿之哀叫。千行泪密密缝线，数茎发皤皤素丝。日惨无光，观者亦为之掩涕；天高听下，岂不恻然乎宸衷？宜行不忍人之深仁，以之勿惮改于他邑。黜有罪而惩其咎，虽曰再斯，可乎？矜垂死而施特恩，惟是足以王矣。矧惟皇上之至性，恪奉兴庆之慈颜。自天子至于庶民，皆以孝顺为乐。原人情各有钟爱，则无贵贱之殊。玉殿称觞，嘉兴万邦，同其盛事；萱堂掺袖，哀彼一老，独别孤儿。言之可伤，在所宜恤。伏望体孔圣安老之志，推孟氏及人之心，毋曰业已授之，聿寝夜郎之远谪，及今犹可改也，特下朝命而移除，则善地偕行，仁天罔极，母子更相为保，遂菽水甘旨之便，死生应不睽离，免晨昏思恋之苦。虽云谪去，犹被优恩。臣谨当殚尽愚忠，奉扬圣德。振纲纪于庶位，纵未效风生之严，为尧舜于吾君，庶赞率天下以孝。①

据《旧唐书·刘禹锡传》的记载，刘禹锡作看花诗，“语涉讥刺，执政不悦，复出为播州刺史。诏下，御史中丞裴度曰：‘刘禹锡有母，年八十余。今播州西南极远，猿狖所居，人迹罕至。禹锡诚合得罪，然其老母必去不得，则与此子为死别，臣恐伤陛下孝理之风。伏请屈法，稍移近处。’宪宗曰：‘夫为人子，每事尤须谨慎，常恐贻亲之忧。今禹锡所坐，更合重于他人，卿岂可以此论之？’度无以对。良久，帝改容而言曰：‘朕所言，是责人子之事。然终不欲伤其所亲之心。’乃改授连州刺史”②。从表文的字里行间，我们不难看出，此篇拟表不仅严格遵照史书故实而作，而且对刘禹锡相关诗作非常熟悉，借刘禹锡改授连州事中裴度与唐宪宗的行为选择，阐扬儒家伦理中非常重视的孝道。此篇表文语言平实，情理并茂，堪称词理醇正，有补治教的佳制。

就现有文献以观，东国文学中有不少类似金玲这篇拟作的表文流传下来，

---

① 溪岩集：卷五［M］//韩国文集丛刊：第八十四册．首尔：景仁文化社，1996：265.

② 刘昫，等．旧唐书：卷一六〇［M］．北京：中华书局，1975：4211.

这些拟表基本上都是科举程文。朝鲜朝的科举承袭元朝气习，初场讲经，中场试表章古赋，终场试策。在朝鲜文科试的式年试与别试中，表、笺、赋、策等一直占据非常重要的地位，即便是面向成均馆儒生的谒圣试、庭试，也是在“表、赋、策、箴、颂、铭、诏中任选一种进行考试，要求作文必须是合乎一定格式的骈俪文”[①]。除了朝鲜文人的文集中保存有这类程文之外，《朝鲜王朝实录》中亦明确记载有多道科举试以表、笺的试题题目，史籍俱在，可以覆按。从现存的拟表、笺来看，这些拟作的题目、内容大多与中国历史上一些名臣的言行有关，偶尔也会涉及东国历史上可资弘扬的盛事，之所以如此，主要还是为了方便朝鲜的文臣士子据题对儒家伦理、圣人教化进行阐发。而《拟唐御史中丞裴度请勿授刘禹锡播州刺史表》的程文性质，多少能够说明此一题材的拟作并非仅限于金玲这一篇作品，也就是说，因科举之故，金玲之拟作应当从属于一次群体性质的表文制述。虽然其他的同题拟表并未保存下来，但这种很大程度上出于官方意旨的表题选择，其意义已经越过表题所涉的事件本身，可以视之为一种文化层面的判断与受容了。

原本要被远斥蛮荒绝域的刘禹锡，因母老而被特许量移至稍近州郡这件史实，以及事件背后可以用来类比的文化意蕴，在朝鲜士人那里被多次消费，此处略举数例。仁祖三年（明天启五年，1625），罗万甲（1592—1642）受金鎏的排挤，以弘文馆校理被外放为江东县监后，金鎏故意为之说情：“罗万甲有偏母，年老，目不见物，惟万甲是依，而以其邑逼近西塞之故，不得将母云。此亦有欠于孝理之日也。昔刘禹锡、柳子厚坐于伾、文之党，子厚则除柳州，禹锡则除播州，而子厚以禹锡有老母，柳州胜播州，上疏乞换，而宪宗竟移连州。万甲之补外，足征其罪，换差便邑，使之将母如何?”朝鲜史臣对金鎏貌似劝解、实则暗算的行为颇为不屑，评价以“外示解救之色，而隐然比三臣（指同时外放的朴炡、俞伯曾、罗万甲）于伾、文之党，吁！其甚矣!”[②] 又，孝宗四年（清顺治十年，1653），右承旨朴长远（？—1671）君前奏对失旨，被远窜三水，一时为其说情者甚众。因朴长远早年月课时所作《反哺鸟诗》[③]之孝情感动人心，得到过仁祖的赞赏，且朴长远为人质醇，事母以恭以孝，所以郑太和（1602—1673）、金堉（1580—1658）、李景奭（1595—1671）等重臣无一例外地从孝母的角度请孝宗恩用宽典，今存几篇议事疏、札如李景奭的

① 李成茂. 高丽朝鲜两朝的科举制度［M］. 张琏瑰译. 北京：北京大学出版社，1993：74.

② 《仁祖实录》三年七月辛亥条［M］//朝鲜王朝实录：第三十四册. 首尔：景仁文化社，1993：17.

③ 《反哺鸟诗》云：“士有亲在堂，贫无甘旨具。微禽亦动人，泪落林鸟哺。”载《仁祖实录》十八年十月乙亥条［M］//朝鲜王朝实录：第三十五册. 首尔：景仁文化社，1993：101.

《请释朴长远札》、洪柱元（1606—1672）的《赵乐静朴承旨事陈疏》等，皆使用了裴度以孝义说动唐宪宗，终于让刘禹锡得以奉母改授连州的故实。其他如孝宗八年（清顺治十四年，1657）的申濡之贬、显宗八年（清康熙六年，1667）的七谏臣之窜、英祖即位年（清雍正二年，1724）柳时模的量移等诸多事件中，刘禹锡改授连州事成为朝鲜文人引用的常例。这一史实的屡次被选择，说到底是因为朝鲜文士在其中找到了能引起他们共鸣称赏的孝道与友道。

但是，当我们再次回归到金玲拟表所涉及的唐宪宗之仁孝宽容、裴度之笃于友道，并品味历代朝鲜士人举此故实以议事议政的言外之意，不难看出，虽然作为贬谪诗人的刘禹锡有让人同情之处，但他在此过程中依然被有意识地形塑为一个党附奸佞为君上难容、持身不谨贻高堂之忧、恃才逞气累朋友远谪的负面形象。当然，这并不是朝鲜文士的独有之见，事实上，此种认识正是受到了唐宋以来中国文人及史家的影响。中晚唐以来的论者，对刘禹锡、柳宗元的文学成就虽持肯定态度，但对其参与永贞革新却颇多微词。如韩愈对柳宗元不能谨持己身多有批评；《旧唐书》也评论柳宗元以“蹈道不谨，昵比小人，自致流离，前隳素业”[①]，至于刘禹锡党附二王，喜怒凌人，“恃才褊心”，“人嘉其才而薄其行”[②]，更是人品有失。此种论调经韩愈、《旧唐书》等的发扬，至宋以后便渐成深入人心之势，虽有同具改革精神的范仲淹、王安石等人为之辩白，但终究欧阳修、苏轼等人承韩愈、《旧唐书》而来的观点成为主流。欧、苏肯定刘、柳的文学才华、政治才华，但一致认定他们依附二王，是文人失节，小人为奸。欧阳修认为“彼若不傅匪人，自励材猷，不失为名卿才大夫”[③]，苏轼亦云：“唐柳宗元、刘禹锡使不陷叔文之党，其高才绝学，亦足以为唐名臣矣。”[④] 受宋人，尤其是受苏轼影响极深的朝鲜士人，对刘禹锡、柳宗元的认识终于也不免因此奠定了既同情其遭遇，又鄙薄其为人的基本格局。李文载（1615—1689）《谩记》中的一段言论可为代表：“朱子曰：‘文士巧于言语，为人所说，易入邪径。’按：班固于窦宪，扬雄于贼莽，蔡邕于董卓，二陆于成都王颖，李白于永王璘，柳子厚、刘禹锡于伾、叔文，皆是类也。其弊不但文肆而质□。可不戒哉？”[⑤] 在这样的文化语境与受容背景中，出现如金玲《拟唐御史中丞裴度请勿授刘禹锡播州刺史表》这类嘉许宪宗、裴度，

---

① 刘昫，等．旧唐书：卷一六〇［M］．北京：中华书局，1975：4215.

② 刘昫，等．旧唐书：卷一六〇［M］．北京：中华书局，1975：4212.

③ 刘昫，等．旧唐书：卷一六八［M］．北京：中华书局，1975：5143.

④ 苏轼．续欧阳子朋党论［M］//苏轼撰，孔凡礼点校．苏轼文集．北京：中华书局，1986：129.

⑤ 石洞遗稿：卷五［M］//韩国文集丛刊续编：第三十三册：312.

同时有憾于刘禹锡政品人品的文字和议论就再正常不过了。

本文论及的两篇与刘禹锡再授连州事相关的拟作，是朝鲜文人接受刘禹锡其人、其文比较特殊的方式。相较于更为习见的次韵、集句以及句法、文风的模仿，拟效行为因为角色代入意识的存在，往往能够有效牵合起拟效对象、拟效者的双重身份与情感，所以也能更加鲜明地表现出拟效者的态度。现存的这两篇拟作，都与刘禹锡的遭贬有关，这其中既有偶然的巧合，也带有某种必然性。实际上，相较于其他才华横溢、成就卓显的中国诗人，刘禹锡的久谪毕竟太过于典型，这就多少导致了朝鲜文人虽然也十分精熟其部分诗作，但还是会更多关注他的远谪及相关轶事。与此相比，他的诗文稍显寂寞，他的委屈少人问津，在朝鲜士人心目中，刘禹锡更多的是作为一个诗才颇高的贬谪文人形象存在着。并且，配合着文学接受的既有规律，诉诸个体行为的拟效表现出对刘禹锡才华人品的认同，而那些带有群体色彩的关注，对刘禹锡的态度体现的则是主流化的认知。

（作者单位：南京晓庄学院）

学术史研究

刘禹锡研究回顾与展望

吴夏平

刘禹锡研究的相关成果，初步统计已有专著近40部，论文近1 000篇，涌现出卞孝萱、屈守元、吴汝煜、瞿蜕园、蒋维崧、陶敏、高志忠、吴在庆、肖瑞峰等研究大家。刘禹锡的研究史，已为学界所关注，如傅明善《十年来刘禹锡研究综述》①，对20世纪90年代刘禹锡研究成果进行了总结。洪迎华、尚永亮《20世纪以来刘禹锡研究综述——以生平、作品及文集的文献学考索为中心》② 和《20世纪以来刘禹锡思想、文学研究述论》③，对刘禹锡生平、文集、思想、文学等方面研究成果进行了评述。本文拟从刘禹锡生平、年谱及传记，文集整理与诗文选注，文学研究，哲学思想研究等层面进行回顾，并在此基础上提出对于今后研究的一些设想。

一、生平、年谱及传记

两《唐书》载刘禹锡本传、刘禹锡自作《子刘子自传》、唐宋人笔记以及刘氏文集等，是研究刘禹锡生平的重要资料。但刘禹锡并未如韩愈、柳宗元等人，宋元明清人不曾为他编年谱。直至20世纪30年代，学界才开始对刘禹锡生平进行研究。1931年子葵发表《刘禹锡》（《南风》1931.1）一文，首次对刘氏生平进行系年。1960年敬堂发表《关于刘禹锡生平的一些问题》（《山西师范学院学报》1960.4），不久又有《刘禹锡年谱（简编）》（《扬州师院学报》1963.17）问世，开始进行对史传中一些遗留问题的关注及年谱的整理工作。对刘禹锡生平研究用功最深的是卞孝萱。卞先生曾出版《刘禹锡年谱》（中华书局，1963，以下简称卞《谱》），发表《刘禹锡年谱（增订本）》（《扬州师院学报》1978.2）。后又将所发表对刘氏父系、母系、交游考证的论文结

---

① 傅明善. 十年来刘禹锡研究综述［J］. 湖州师范学院学报，2001（2）.

② 洪迎华，尚永亮. 20世纪以来刘禹锡研究综述［J］. 文献，2009（2）.

③ 洪迎华，尚永亮. 20世纪以来刘禹锡思想、文学研究述论［J］. 广东技术师范学院学报（社会科学），2010（8）.

集为《刘禹锡丛考》出版（巴蜀书社，1988）。先后与吴汝煜合作出版“中国古典文学基本知识丛书”之《刘禹锡》（上海古籍出版社，1980）、《中国历代著名文学家评传》之“刘禹锡”一章（山东教育出版社，1983），与卞敏合作出版《刘禹锡评传》（南京大学出版社，1996）。

卞氏之外的其他传记，主要有张达人《唐刘梦得先生禹锡年谱》（台湾商务印书馆，1982），卢荻、朱帆《刘禹锡及其作品》（时代文艺出版社，1985），吴汝煜《刘禹锡传论》（陕西人民出版社，1988），朱炯远《刘禹锡传》（辽海出版社，1998、2009），张家鹏《刘禹锡》（春风文艺出版社，1999），《唐代大诗人故事集》编委会《诗豪·刘禹锡》（武汉大学出版社，2012），卞敏、卞宁《刘禹锡》（江苏人民出版社，2013），肖瑞峰《刘禹锡诗传》（浙江大学出版社，2014）等著作。

由于史料记载的相互抵牾，以及对史料理解的互异，研究者对刘禹锡生平中的一些问题也有不同看法，这些分歧主要集中于生卒年、出生地、氏族、亲故、交游等方面。

刘禹锡的卒年，两《唐书》记载互歧。《新唐书》本传：“卒年七十二。”《旧唐书》本传：“会昌二年七月卒，时年七十一。”这成为后来学者争论的源头。刘禹锡年龄，据其自说与白居易、崔群同岁。白居易、崔群都生于代宗大历七年壬子（772），这点成为学者共识。刘禹锡卒年，《子刘子自传》云“行年七十有一”，与《旧唐书》合。有些学者根据此记载，推算其卒于会昌三年（843），如子葵的《刘禹锡》。后来传记则普遍采用“会昌二年”说。

对于刘禹锡的出生地，卞《谱》认为是苏州嘉兴。但郭广伟《刘禹锡生地考辨》（《徐州师范学院学报》1982. 4）对此提出质疑，认为应是徐州埇桥（今安徽宿县）。卞孝萱《〈刘禹锡生地考辨〉质疑》（《徐州师范学院学报》1986. 4）对此回应，认为刘禹锡籍贯是洛阳，出生并生长于苏州。卞说在当时得到学界支持，但此问题尚有待进一步讨论。韩愈《柳宗元墓志铭》及韦绚《刘宾客嘉话录》均称“中山刘禹锡”，同时代权德舆、白居易则称“彭城刘禹锡”，《旧唐书》本传亦称彭城。中山固然是就郡望而言。而彭城，卞《谱》据刘知几《史通》内篇卷五“自重高门，人轻寒族，……姓卯金者咸曰彭城”，解释为权、白二人误记。何以权、白不径称“中山刘禹锡”？似可深入考证。刘禹锡出生于大历七年是确定的，如能考出其父刘绪本年确切所在地点，或许能解决出生地问题。

刘禹锡的氏族，卞《谱》认为是出自匈奴后裔，而非其自说汉中山王刘胜之后。郭广伟《刘禹锡氏族考辨》（《郑州大学学报》1983. 2）提出不同看法，认为刘禹锡并未伪造冒充自己的出身。但卞说似更可信，相关传记亦多采此说。郭广伟又撰《刘禹锡“亲故”考辨》（《徐州师范学院学报》1986.4）对卞《谱》及相关论文中提出的刘禹锡“无兄弟”“十岁见器于权德舆”“湖南幕中亲故是指卢璠”“刘禹锡的儿子刘承雍是杨发的女婿”“李元淳是刘禹锡的父执”等观点提出不同看法。

对于刘禹锡的交游，卞《谱》、瞿蜕园《刘禹锡集笺证》附录《刘禹锡交游录》等，都有深入研究。学界争论的焦点，一是刘禹锡与白居易初次会面的时间。卞孝萱、吴汝煜根据刘禹锡《酬乐天扬州初逢席上见赠》认为，刘、白初次相逢是在宝历二年两人同回洛阳途经扬州时。[①] 有学者认为二人初次会面时间应更早，如顾学颉[②]、高志忠[③]、熊飞[④]、孟二冬[⑤]等人经过考辨，虽然具体时间不一，但皆认为宝历二年冬刘禹锡诗中所说“初逢”不是第一次。争论之二是刘禹锡、柳宗元与韩愈的关系。前人多认为韩愈阳山之贬与刘、柳泄密有关。卞孝萱[⑥]、陈克明[⑦]、刘国盈[⑧]等人通过细致梳理，认为刘、柳、韩三人既有分歧也有友谊共存，较符合史实。争论之三是刘禹锡、柳宗元与武元衡的关系。前人多认为刘、柳于武元衡有宿怨，并于武死后作诗泄愤。卢苇菁[⑨]、蒋凡[⑩]、余才林[⑪]等通过对史料的考辨，认为事实并非如此，刘、柳、武之间的争斗，主要不是个人恩怨，而是出于政治立场和施政主张的分歧，这种看法较为客观。争论之四是刘禹锡与令狐楚的交往。卞孝萱认为两人有四次会面[⑫]，尹楚彬对此提出商榷和补正[⑬]。

刘禹锡生平中的其他方面，如妻室、任职主客郎中分司东都的时间、南贬行经路线、洛阳住宅具体位置等，也有学者进行了认真梳理和细致考辨，这些均有助于加深对刘禹锡生平的认识。

---

① 卞孝萱，吴汝煜．刘禹锡［M］．上海：上海古籍出版社，1980.
② 顾学颉．顾学颉文学论集［M］．北京：中国社会科学出版社，1987.
③ 高志忠．刘、白初逢之年考辨［J］．牡丹江师范学院学报，1983（1）．
④ 熊飞．刘禹锡、白居易唱和诗简论［J］．湖北大学学报（哲社版），1990（2）．
⑤ 孟二冬．中唐诗歌之开拓与新变［M］．北京：北京大学出版社，1998.
⑥ 卞孝萱．刘禹锡与韩愈［J］．四川师范学院学报，1983（1）．
⑦ 陈克明．略论韩愈、柳宗元、刘禹锡的友谊和分歧［J］．辽宁大学学报，1984（5）．
⑧ 刘国盈．唐贞元、元和年间韩愈刘禹锡关系考辨［J］．学习与探索，1993（3）．
⑨ 卢苇菁．刘禹锡《戏赠看花诸君子》诗与其再贬连州问题［J］．复旦学报，1993（4）．
⑩ 蒋凡．为刘柳白诗辨诬一则［J］．文学遗产，1994（2）．
⑪ 余才林．刘禹锡柳宗元与武元衡关系论略［J］．唐都学刊，1999（2）．
⑫ 卞孝萱．刘禹锡与令狐楚［J］．中华文史论丛，1980（1）.
⑬ 尹楚彬．刘禹锡交游辨正二题［J］．齐齐哈尔师范学院学报（哲学社会科学版），1997（6）.

二、文集整理与诗文选注

刘禹锡比较注意保存个人文集，生前曾将自己的文集整理为四十卷，又于唐大和七年（833）删取为《刘氏集略》十卷。这两种今已不传。《新唐书》卷六十《艺文志四》著录“《刘禹锡集》四十卷”，已非刘氏自编原集。[①] 大概北宋时期刘集散佚十卷，存三十卷。宋敏求据《刘白唱和集》等书裒辑诗歌 407 首，杂文 22 篇，编为十卷，是为《外集》，与所存三十卷仍合为四十卷。但宋敏求搜集的篇数要比散佚的多出数十篇，并非刘集原貌。南宋绍兴八年（1138），董弅于浙江严州刊刻，是为浙刻本第一种。南宋淳熙十五年（1188），陆游在严州以董刻本为底本重新刊刻，是为浙刻本第二种。南宋光宗前后，蜀地以董刻本为底本重刻，是为蜀刻本。[②] 董弅刻本版式为半页十三行，行二十二字，现藏于台北故宫博物院。1923 年徐森玉（鸿宝）曾借出影印。陆游刻本版式为半页十行，行十八字。该书发现于日本平安福井氏崇兰馆，1913 年董康以珂罗版影印 100 部回国，《四部丛刊》据以影印。蜀刻本半页十二行，行二十一字，仅存一至四卷，今藏于国家图书馆。以上三种为宋本，属于四十卷本系统。明清刻本和抄本较多，主要有明万历二年（1574）黎民表刊刻《中山集》三十卷，今藏于国家图书馆，《丛书集成》本即此本。清光绪三十一年（1905）朱澂结一庐剩余丛书据明抄本刊刻《刘宾客文集》正集三十卷，外集十卷，《四部备要》即据此排印，刘承干《嘉业堂丛书》亦收此本。

刘集版本及相关问题的研究，始于 20 世纪初。傅增湘《藏园群书经眼录》曾比较日本崇兰馆本、结一庐本、绍兴董刊本之优劣，指出绍兴本最佳。[③] 王国维《两浙古刊本考》指出日本崇兰馆本当为陆游守严州时重刻。[④] 70 年代后期，屈守元连续发表三篇讨论刘集版本的论文。《谈刘禹锡诗文集的两个影宋本》（《四川师范学院学报》1977.3）对“董影本”（日本崇兰馆本）及“徐影本”（南宋绍兴本）的校勘价值进行了系统研究。《记残宋本〈刘梦得文集〉》（《四川师范学院学报》1977.4）对残宋本的收藏经过、刊刻时间、校勘价值进行了论述。《记明范氏卧云山房抄本刘禹锡诗文集》（《四川师范学

---

① 此据陶敏说。见陶敏，等．刘禹锡全集编年校注［M］．长沙：岳麓书社，2003：2.

② 李明霞．《刘禹锡集》宋本三种刊刻地及版本源流关系考［J］．图书馆理论与实践，2015（8）．

③ 傅增湘．藏园群书经眼录［M］．北京：中华书局，2009：888.

④ 谢维扬，房鑫亮．王国维全集［M］．杭州：浙江教育出版社，2009：156.

院学报》1978.3）对明代范大澈所抄《刘宾客文集》三十卷、《刘梦得外集》十卷的渊源进行了梳理，认为“范抄本”所据底本当为南宋董弅浙刻本。陶敏《〈全唐诗〉刘禹锡集误收宋人诗》（《文学遗产》1990.3）指出《全唐诗》中刘禹锡《楼上》一诗系北宋人所作，因刘宾客、刘宾相混而误入刘集。孙琴安《〈刘禹锡集〉的版刻和流传》（《古典文学知识》2004.3）梳理了刘集版本源流和流传经过。李明霞《〈刘禹锡集〉宋本三种刊刻地及版本源流关系考》（《图书馆理论与实践》2015.8）以文献校勘为基础，结合历代目录题跋文献著录，考证三种宋本的刊刻地点，并对其源流关系进行论证。

刘禹锡文集的整理，始于20世纪70年代。1974年陕西人民出版社影印出版明刻本《刘宾客文集》。1975年上海人民出版社出版《刘禹锡集》，以结一庐本为底本，参照宋绍兴本及《全唐文》《全唐诗》《文苑英华》等选本，作了个别文字校改。1989年上海古籍出版社出版瞿蜕园《刘禹锡集笺证》。瞿先生早在20世纪50年代末开始从事笺证工作，至1965年已完成全稿和四个附录。是书亦以结一庐本为底本，特点是对名物典章的诠解与史实人事的考订较为详备。1990年中华书局出版由卞孝萱校订的《刘禹锡集》。该集以徐森玉影印南宋浙刻本为底本，校以日本崇兰馆本、宋刻残本、明刻本、赵骏烈序刻本、结一庐本五种，参校其他本子二十种，是一部较全面可靠的整理本。1999年山东大学出版社出版蒋维崧、赵蔚芝等《刘禹锡诗集编年笺注》。2003年岳麓书社出版陶敏、陶红雨的《刘禹锡全集编年校注》，以徐森玉影宋本为底本，校以明刻本、《四部丛刊》本（即日本崇兰馆本）、《嘉业堂丛书》本（即朱氏结一庐本）等本子，以《四部丛刊》本补足徐本原缺第十三卷三、六两页；又以唐兰《〈刘宾客嘉话录〉的校辑与辨伪》（《文史》第四辑，中华书局，1965）、罗联添《〈刘宾客嘉话录〉校补及考证》（《幼狮学志》1963.1、2）为基础，对《刘宾客嘉话录》进行全面整理；并以冯汉镛《传信方集释》（上海科技出版社，1959）为基础，对《传信方》重加辑录考订。是故谓之“全集”不谬。附录的历代评论、传记资料、著录序跋等方便学者利用。2005年黑龙江人民出版社出版高志忠《刘禹锡诗编年校注》，亦以徐森玉影宋本为底本，全书4册，180多万字。

刘集整理成绩不少，但也要客观看待其中的问题。卞孝萱曾撰文对上海人民出版社《刘禹锡集》、瞿笺本、中华书局点校本等进行总结和反思，指出文集整理应注意的问题：一是佚诗应考，二是伪文应辨，三是校本应广，四是笺证应全，五是序跋应辑。[①] 其中提出的文集整理规范，值得后人借鉴。

---

① 卞孝萱．刘禹锡集整理工作综论［J］．山西大学师范学院学报（哲学社会科学版），1996（2）．

刘禹锡诗文的编年和注释，在上述瞿氏、蒋氏、陶氏、高氏著作之外，还有不少。70 年代中期，刘禹锡诗文的选编注释之风盛行。1975 年湖南省刘禹锡诗文选注组选编《刘禹锡诗文选注（送审本）》，该选本 1978 年由湖南人民出版社正式出版。此外还有陕西省《刘禹锡诗文选注》编辑组《刘禹锡诗文选注》（陕西人民出版社，1975），四川师范学院中文系《刘禹锡诗选》（1975），牡丹江师范学院中文系七三级工农兵学员《刘禹锡诗选注》（黑龙江人民出版社，1976），黄雨《刘禹锡诗选评注》（上海书局，1979）等。80 年代选本主要有江苏省刘禹锡诗文选注组《刘禹锡诗文选注》（江苏人民出版社，1980），陕西省《刘禹锡诗文选注》编辑组《刘禹锡诗文选注（修订本）》（陕西人民出版社，1982），高志忠《刘禹锡诗词译释》（黑龙江人民出版社，1982），卢荻、朱帆《刘禹锡及其作品》（时代文艺出版社，1985），刘逸生《刘禹锡诗选》（三联书店香港分店，1986），吴钢《刘禹锡诗文选注（增订本）》（三秦出版社，1987），高志忠《刘禹锡诗文系年》（广西人民出版社，1988），吴汝煜《刘禹锡选集》（齐鲁书社，1989），王元明《刘禹锡诗文赏析集》（巴蜀书社，1989）等。90 年代选本主要有梁守中译注、倪其心审阅《刘禹锡诗文选译》（巴蜀书社，1990）。21 世纪选本主要有迟乃鹏《李贺刘禹锡诗选》（巴蜀书社，2001），肖瑞峰、彭万隆《刘禹锡白居易诗选评》（上海古籍出版社，2002），赵娟、姜剑云《刘禹锡集》（山西古籍出版社，2004），姜晓东《中国古典诗词精品赏读：刘禹锡》（五洲传播出版社，2006），吴在庆《刘禹锡集》（凤凰出版社，2007）等。

从数量上来说，刘禹锡诗文选本不可谓不多，这对其作品普及和传播具有重要作用，但其注释水平的参差不齐也是事实。由于特殊原因，70 年代各种注本问题较多。1981 至 1982 年，陶敏连续发表《读刘禹锡诗杂记》（《湘潭师范学院学报》1981. 3、4，1982. 1、2、3），对刘禹锡 29 首诗歌中涉及的名物、典故、作年等进行考辨，纠正了 70 年代选本注释的一些偏失。毛西旁《刘禹锡诗注释中的一些年代错误》（《四川师院学报》1980. 1）指出中国科学院文学所《唐诗选注》（北京出版社，1978）所选《再游玄都观绝句》《酬乐天扬州初逢席上见赠》，以及刘开扬《诗词若干首》（四川人民出版社，1979）所选《酬乐天扬州初逢席上见赠》的系年错误。80 年代以后选注本中的问题应该也不少，需要学界持续不断地予以纠谬救失。

三、文学研究

刘禹锡今存诗歌 800 余首，文 200 多篇。以下从诗歌、散文、辞赋等方面评述刘禹锡文学研究史。

刘禹锡的诗歌，从题材上来说，有咏史、咏物、写景、政治、讽刺、贬谪等不同类型；从体裁上来说，又可分为近体、古体、乐府、民歌、词等不同种类。刘诗的专门研究始于60年代。萧学鹏《诗人刘禹锡》（《中山大学学报》1963.1）采用历史叙述方式对刘禹锡不同时期的诗歌创作进行述评，特别强调刘学习民歌的价值和意义。由于历史原因，刘禹锡研究曾一度中断，又由于特殊原因，70年代中期研究突然爆发，关注刘禹锡的政治诗及其历史作用。萧涤非《唐代法家诗人刘禹锡》（《文史哲》1975.1）从刘禹锡作为一个法家诗人出发，通过对其思想和诗歌的辨释，指出其以儒家面目行尊法反儒的事实。宁秀育认为《西塞山怀古》含有深刻内容："统一是历史发展的趋势，也是经过长期斗争的结果。所以，于最后谆谆告诫人们，'从今四海为家日，故垒萧萧芦荻秋'，就是万万不能掉以轻心。其实，这正是历史上阶级斗争的经验总结。"① 常文《略论刘禹锡的革新文艺观》（《湖南师院学报》1975.4）指出："刘禹锡的革新文艺观，是他的革新的政治观的反映，是当时儒法两条路线斗争的产物。但是他的文艺观也同他的政治观一样，没有也不可能摆脱剥削阶级的立场和唯心史观的束缚。"② 王向东《刘禹锡〈竹枝词〉与民歌》认为"刘禹锡的《竹枝词》是在民歌的基础上产生的。但刘禹锡毕竟是封建文人，有着不可避免的时代局限和阶级局限。他认为民歌'词多鄙陋'，就是地主阶级偏见的反映之一"③。80年代以后，学界开始摆脱阶级斗争思想影响，刘禹锡诗歌研究也逐渐走上理性化道路。

1.《竹枝词》

刘集卷二七载《竹枝词九首》和《竹枝词二首》，共11首。对《竹枝词》的研究，集中于作年、作地之考辨，以及情感内容、艺术特征之分析等方面。瞿蜕园指出《新唐书》刘禹锡本传、郭茂倩《乐府诗集》、高步瀛《唐宋诗举要》将《竹枝词九首》系于朗州之误，认为当作于长庆二年（822）刘始到夔州时。对于《竹枝词二首》，瞿蜕园《刘禹锡集笺证》云："此二首不在前九首之内者，盖与下《纥那曲》词同时所作，《乐府诗集》则并作十一首矣。"④《纥那曲词二首》原注："右，已上词先不入集，伏缘播在乐章，今附于卷

---

① 宁秀育．"故垒尚存，战则不已"——读刘禹锡诗《西塞山怀古》［J］．广西师范大学学报，1975（5）．

② 常文．略论刘禹锡的革新文艺观［J］．湖南师院学报（社会科学版），1975（4）．

③ 王向东．刘禹锡《竹枝词》与民歌［J］．语文学习，1979（1）．

④ 瞿蜕园．刘禹锡集笺证［M］．上海：上海古籍出版社，1989：868.

末。”① 瞿校：“似此数语为唐人编集时所记，而宋时刊本以语气不类而删之。”② 据此，《竹枝词九首》与《竹枝词二首》原非同时所作，宋人编《刘禹锡文集》并作11首。陶敏、陶红雨《刘禹锡全集编年校注》将《竹枝词九首》系于长庆二年夔州时。《竹枝词二首》置于《竹枝词九首》之后，虽无作年考证，但从本卷（卷五）系年为长庆来看，《竹枝词二首》亦当作于长庆年间。由于受《乐府诗集》影响，研究者多将11首合论。如陈建中《刘禹锡竹枝词写作地点考辨》（《上海师范大学学报》1988.3）利用方言和地望等资料，论证《竹枝词》作于夔州而非朗州。卢燕平《论刘禹锡〈竹枝词〉》（《绍兴文理学院学报》2003.6）亦从整体上考证其创作时间在穆宗长庆二年以后。张效民《刘禹锡〈竹枝词〉创作时地研究综述》（《深圳职业技术学院学报》2011.6）梳理从宋至今朗州说、夔州说之源流，结论是夔州说较可信据。郄普《刘禹锡〈竹枝词〉及其政治品格》（重庆师范大学，2010）将《竹枝词二首》与《竹枝词九首》分开论述，从地理、音律、情感内容等方面考证《竹枝词二首》作于朗州，而《竹枝词九首》则作于夔州。这个看法有一定道理，应较符合事实。

《竹枝词》的情感内容和艺术特色研究，比较有代表性的论文有陈思和《试论刘禹锡的〈竹枝词〉》（《复旦学报》1981.2）。该文指出刘禹锡《竹枝词》的特点：一是唱巴人之声，二是咏巴人之事。邓小军《刘禹锡〈竹枝词〉〈踏歌词〉研究》（《安徽师大学报》1983.4）从角色化、意象结构、情意结构、“蒙太奇”手法等方面揭示《竹枝词》的艺术特点。其他论《竹枝词》起源和发展、骚怨特征、与三峡文化之关系、艺术特色等的文章，数量虽不少，但相因成分较多，原创性不足。

2. 风俗诗

刘禹锡一生多次遭贬，历任地方官员，对各地民情风俗多有体察，写作了大量民风民俗诗歌。风俗诗研究，多从民族学、民俗学、历史学、艺术学等角度展开。赵家旺《古代瑶族风情画——浅谈刘禹锡〈连州腊日观莫瑶猎西山〉》（《中南民族学院学报》1984.3）指出全诗描绘了一幅壮观的古代瑶族围猎图，诗歌紧扣“观”字，把莫瑶人的围猎活动描绘得有声有色。刘欢《论刘禹锡的民风民俗诗》（《西北大学学报》1997.2）把风俗诗分成歌行体和律绝体两大类，认为前者以“以俟采诗者”为创作目的，拘泥于现实，诗歌意境缺少一点灵空高妙的韵致，后者则为传唱、表演而写，不拘于现实，富有清

① 瞿蜕园．刘禹锡集笺证［M］．上海：上海古籍出版社，1989：869.
② 瞿蜕园．刘禹锡集笺证［M］．上海：上海古籍出版社，1989：869.

雅婉丽的艺术品位。吴在庆《略谈刘禹锡笔下的土风民俗》（《东北师大学报》1997.3）指出刘禹锡擅长于描述土风民俗，乃在于他注重土风民俗与采风传统，以之察世讽时，同时又与他长期贬谪，多得江山之助有关。李彤等《刘禹锡诗的风物民俗钩沉》（《重庆大学学报》2005.1）、韦燕宁《略论刘禹锡的经济生产民俗诗》（《怀化学院学报》2007.7）等，也分别从不同角度对民风民俗诗进行了论述。

3. 咏史怀古诗

刘禹锡咏史怀古诗数量较多，在内容和艺术上都具有开创意义。此类诗歌的研究，主要从思想意涵、艺术创新、类型特点、前后比较、文学影响等方面展开。肖瑞峰《论刘禹锡的咏史诗》（《贵州文史丛刊》1984.1）指出咏史诗包含针砭时疾、仰慕前哲等四方面内容，艺术上呈现出笔力雄健、移情入景等特点。袁宗一《论刘禹锡的咏史诗》（《宁夏大学学报》1986.2）主要分析诗歌蕴含的思想内容。尚永亮《刘禹锡咏史怀古诗的类型和特点》（《东南大学学报》2000.3）将咏史和怀古合论，认为其诗可分侧重表现主观情感与侧重观照历史兴衰两种类型。江枰《论刘禹锡咏史诗前后期内容上的差异及成因》（《兰州学刊》2004.4）把咏史诗分为前后两期，并指出两个阶段的内容有明显不同，认为这与刘氏本人前后期境遇和心态的变化有关，也是前后时政局势不同在其咏史诗中的反映。沈文凡等《重估刘禹锡咏史诗的新拓意义》（《西华大学学报》2009.6）指出刘禹锡的咏史诗可视为“情”与“理”之间的一道分水岭，在某种意义上对中国诗歌史的演进具有承上启下的重要意义，已开宋诗之先河。王丽芳《刘禹锡咏史诗的生成及影响》（东北师范大学，2006）从金陵怀古系列、评论体式、七言绝句形式等方面分析咏史诗的文学影响。

4. 贬谪诗

贬谪生活是刘禹锡诗歌创作的一个巨大动力。肖瑞峰《论刘禹锡的讽刺诗》（《杭州大学学报》1985.4）对刘禹锡贬谪期间所作两首《玄都观》诗作了细致分析。他此后发表一系列论文，对刘在朗州、连州、和州不同谪居地的作品作了具体考察，如《饱霜孤竹声偏切　带火焦桐韵本悲——论刘禹锡贬居朗州期间的诗作》（《扬州师院学报》1987.1），指出朗州时期诗歌特点是“切”和“悲”矛盾统一；《论刘禹锡谪守连州期间的诗歌创作》（《浙江师范大学学报》2013.5）认为连州阶段创作重点由讽刺寓言诗转移到歌颂平藩胜利的政治诗；《论刘禹锡谪守和州期间的诗歌创作》（《浙江社会科学》2013.10）指出和州期间的诗歌以咏史怀古、抒情言志、唱和赠答为重点。尚永亮《雄直劲健：刘禹锡贬谪诗文的风格主调》（《中州学刊》1991.4），认为雄直劲健风格明显地表现在诗人对待忧患的态度，以及对生命意志的自觉磨砺、对自我人格的顽强坚持上。后其出版博士论文《元和五大诗人与贬谪文学考论》（台北文津出版社，1993），对元和贬谪文学进行综合研究。董正宇《论刘禹锡的贬谪诗》（《衡阳师专学报》1997.2）分析刘禹锡贬谪诗中的自我超越精神。其实，人生难免有困境，如何面对，每个人都有自己的处理方式。刘禹锡的可贵之处就在于能够直面困境，善于自我调适，通过阅读历史、思考哲学、走近民众，从狭小空间走向广阔世界。他的两首《玄都观》诗既讽人也自讽，两首《秋词》则透露出一股豪气，成就其"诗豪"品格，这些都成为研究者津津乐道的话题。刘梦初《论刘禹锡贬谪中的"诗豪"品格》（《常德师范学院学报》2000.1）、来梅《豪迈、昂扬赞南荒——论刘禹锡贬谪四州时的诗歌创作》（《河南科技大学学报》2014.1）等文章，都探讨刘禹锡贬谪时期超迈可爱的一面。若将刘禹锡与柳宗元进行比较，这一面就更加突出。孙妮妮《柳宗元刘禹锡贬谪作品的对比研究》（安徽大学，2001）、王建梅《旷达与抑郁——刘禹锡、柳宗元贬谪心态比较》（贵阳学院学报 2009.1）即采用比较法来研究。但是，在长达二十余年的贬谪过程中，刘禹锡心灵道路是曲折变化的，豪迈与哀怨并行。屈原、贾谊等历史上的南贬文人曾对他产生触动，引其共鸣，巴山楚水的凄凉，也曾使其无限伤感。所以，刘禹锡贬谪时期的"骚怨"心理、政治讽刺诗、咏史怀古诗、与楚文化的关系、对"骚怨"文学传统的继承和超越等也进入研究视阈，出现刘铁峰《论刘禹锡贬谪诗中的"骚怨"表达》（《船山学刊》2001.2），白俊奎《刘禹锡贬谪时期的咏史怀古诗述论》（《西南民族学院学报》2000.7），白俊奎、张雪梅《刘禹锡贬谪生涯中的政治讽刺诗新论》（《西南民族学院学报》2002.9），于伟《刘禹锡贬谪诗与楚文化》（《湖南人文科技学院学报》2011.1），王建梅《刘禹锡贬谪诗对屈骚的继承和超越》（《潍坊教育学院学报》2009.3）等论文。吴迪华、戴伟华《强弱势文化视野观照下刘禹锡的连州文学创作》（《广州广播电视大学学报》2013.4），则从强弱文化圈的角度切入，分析刘禹锡为突破弱势文化圈限制所做的各种尝试，进一步揭示其在连州时期进行文学创作时的心理动因，并分析弱势文化圈给刘禹锡的文学创作在题材和语汇等方面所带来的改变。这种研究视角极为新颖。

刘禹锡朗州谪居生活与文学创作，得到研究者更多关注。谷茨《刘禹锡在朗州所写的诗歌》（《湖南师院学报》1975.4），强调此期诗歌的阶级斗争和思想路线的重要性。同年，湖南省法研班刘禹锡诗文选注小组选编《刘禹锡在朗州的诗歌选注》（《湖南师院学报》1975.4）。阳自润《"十见蛮江白芷生"——刘禹锡在朗州》（《湖南师院学报》1980.2），论述刘禹锡在朗州期间搜集民歌等的文学活动。此外，戴志传《刘禹锡谪居武陵》（中国文联出版社，2003）和刘梦初《刘禹锡朗州诗文研究》（中南大学出版社，2004）两部研究专著，对刘禹锡在朗州的活动作了全方位考察。

5. 唱和诗

刘禹锡曾将自己与白居易、裴度、令狐楚、李德裕等人的唱和诗编为《刘白唱和集》《洛中集》《彭阳唱和集》《吴蜀集》。此外，他与其他文人也多有酬酢之作，因此这也成为研究的一个主题。熊飞《刘禹锡、白居易唱和诗简论》（《湖北大学学报》1990.2），采用“以诗证史”方法，以刘白唱和诗为基本材料，考证二人定交时间，论述唱和诗与永贞革新及牛李党争之关系等问题。王玫《刘禹锡白居易唱和诗研究》（首都师范大学，2002）从二人交情、诗作内容、艺术特征等不同角度考察刘白唱和诗。马来西亚学者林水檺《从刘禹锡与柳宗元的唱和诗看两人的交谊》（《东方丛刊》1995.2），付瑶、刘小年《刘禹锡与柳宗元唱和诗论列》（《黑龙江史志》2008.16）等则对刘柳唱和诗作了较细致的论述。孙思旺《刘禹锡元稹枕鞭唱和诗系年纪事辨正》（《文学遗产》2012.5）指出刘、元曾围绕文石枕、壁州鞭的酬赠之什，当作于元和十三年，而非元和五六年间。肖瑞峰《论刘禹锡与牛僧孺的唱和诗》（《浙江社会科学》2015.1）指出刘、牛既把唱和当作修补持续恶化的人际关系的一种必要手段，也把唱和视为暗中角力的一种方式。此外，综合性研究主要有付瑶《刘禹锡唱和诗研究》（新疆师范大学，2005），付瑶、刘小年《刘禹锡唱和诗的体制述论》（《广西民族学院学报》2006.1）等。

6. 诗歌理论

刘禹锡不仅是诗人，也是诗论家。其诗歌理论主要建立在对天人关系的思考之上，同时也受到佛教禅宗思想的影响，主要表征于创作实践、与朋友的书信交流，以及所作诗序和文序等，因此，其诗歌理论也成为学界探讨的对象。综合性论述，主要见于《文学批评史》和《古代文论选》等教材。研究论文则有常文《略论刘禹锡的革新文艺观》（《湖南师院学报》1975.4），它从文艺为政治服务立场出发，认为刘禹锡革新的文艺观是他革新的政治观的反映，是当时儒法两条路线斗争的产物。刘国盈《论刘禹锡的文艺思想》（《天津师院学报》1982.3）对刘禹锡在古文运动中的作用，以及刘所认知的文学与时代关系问题进行了论述。孙琴安《刘禹锡的诗歌理论》（《镇江师专学报》1986.2），就刘禹锡诗歌理论的哲学源头、主张形式为内容服务、重视辞采、注意诗歌风格与性情及环境的关系等方面展开论述。肖瑞峰《刘禹锡诗论初探》（《杭州大学学报》1987.2），从艺术构思、诗歌语言、创造性三方面对其诗歌理论进行探究。陈绪万《刘禹锡文学观初探》（《人文杂志》1990.5），指出刘禹锡重视文学与政治的关系，同时也注重辞采，强调内容与形式密切结合。王运熙《刘禹锡的文学批评》(《殷都学刊》1992.2),揭示刘禹锡注重诗歌写作工巧与识达,重视诗歌意境。同时,还对刘禹锡散文理论进行辨析。赵晓岚《刘禹锡诗论新探》(《求索》1994.2),将刘禹锡诗歌理论概括为三点:一是强调诗歌“义得而言丧”“境生于象外”的审美特质;二是提出因定得境、虚静成诗的创作论;三是提倡天然邃美、静而味长的诗风。刘欢《刘禹锡意境理论新探》(《西北大学学报》1994.4)指出刘禹锡所言“境生于象外”,“境”是指作者在作品中要表达的旨意,“象”则是由文字刻画的种种物象。马现诚《刘禹锡与佛教及其诗论》(《广西民族学院学报》1999.1)、高林广《佛禅美学与刘禹锡的诗学思想》(《内蒙古社会科学》2000.5)、龚玉兰《刘禹锡的文学理论与禅之关系》(《广西社会科学》2001.5),讨论刘氏“虚静说”、意境论与禅宗的禅定和妙悟等思维方式的关系。彭书麟等《中国少数民族文艺理论集成》(北京大学出版社,2005)选录了刘禹锡部分文论作品,但其注释漏误不少,针对这个问题,胡晓军撰文逐一指正。[①] 此外,陈允锋《论刘禹锡的地理意识及其诗学思想特点》(《宁夏社会科学》2004.3)、《论刘禹锡的中道观及其对文艺思想的影响》(《宁夏社会科学》2005.2)、《论刘禹锡的诗道观》(《商丘师范学院学报》2008.4),对刘禹锡文学思想进行了系统研究,颇具新意。

7. 诗歌体裁

刘禹锡诗歌创作诸体兼擅,七绝、五律、乐府尤有特色。孙琴安等人专就其诗歌体裁进行研究。其《刘禹锡的七绝贡献及其地位》(《铁道师院学报》1993.2)指出七绝四个方面的贡献:一是内容题材非常广泛;二是大胆地伸向了恋情这一领域;三是随物感兴,有水到渠成之妙;四是汲取民歌营养、仿民歌音调。其七绝在中国诗歌史上应占有一定地位。孙琴安《论刘禹锡的五律》(《铁道师院学报》1999.3),认为其怀古五律独占鳌头,五律妙句横见侧出,晚年五律精切老成。但总的来看,刘禹锡的五律大致只是继承了杜甫的路数,代表了元和向晚唐过渡那一时代的五律风格。孙琴安《简论刘禹锡的五七言古诗》(《苏州铁道师范学院学报》2000.4),指出刘禹锡的五古带有魏晋五言之遗韵,其七古得王维、李颀、高适、岑参的真传,犹有盛唐之气象和笔力,这在中唐时期是颇为难得的。孙琴安《刘禹锡诗歌中特殊形式的诗体》(《古典文学知识》2001.5),讨论刘禹锡的“一字至七字”诗、六言绝句以及其他一些特殊诗体。刘禹锡乐府诗的研究,主要有金振华《别开生面的民歌

① 胡晓军.《中国少数民族文艺理论集成》刘禹锡部分注释误漏举正[J].重庆工学院学报(社科版),2007(8).

创作——论刘禹锡的新乐府诗》(《苏州大学学报》1997.3)，讨论刘禹锡新乐府诗的内容和艺术，及其与民间文学的关系。韩国金银雅《刘禹锡对乐府古题的体认与运用》(《唐代文学研究》2002.0)，先从古题仿制的目的入手，讨论古题乐府创作的背景，再从形式和主题两方面分析刘禹锡模拟中如何承袭传统以及如何发挥创新力的问题。王琳《刘禹锡乐府诗研究》（首都师范大学，2006)、孙明慧《论刘禹锡的乐府诗》（中央民族大学，2006）从整理刘禹锡乐府作品入手，讨论乐府诗与音乐的关系等问题。张煜《刘禹锡的新乐府观及新乐府创作》(《山西大学学报》2007.1)，指出刘禹锡不仅创作了52题66首新乐府作品，而且有鲜明的新乐府理论。

8. 诗歌与政治

唐代政治风云变幻，对文学家的创作产生重要影响。胡可先《中唐政治与文学》(安徽大学出版社，2000)、《政治兴变与唐诗演化》(中国社会科学出版社，2003)、《唐代重大历史事件与文学研究》（浙江大学出版社，2007）对此有较全面的论述。中唐永贞革新、甘露之变、牛李党争等事件，对刘禹锡造成极大影响，政治与诗歌创作的研究也主要围绕这几方面展开。北京师范学院五七干校理论组《简论刘禹锡和他的政治诗》(《人民教育》1975.1)，从儒法两条路线的斗争出发，对刘禹锡政治生涯及其诗歌创作进行论述。李庆发《刘禹锡的政治讽刺诗》(《衡阳师专学报》1990.5)，对其政治诗内容进行概括：一是讽刺宦官、藩镇、新贵以及他们的走狗；二是对当时腐败的朝政进行无情的揭露和讽刺。邵之茜《试论中唐政治革新对刘禹锡诗歌创作的影响》(《陕西教育学院学报》1999.1）指出，刘禹锡大量诗歌作品既是其坚持革新思想的生动写照，又是中唐错综复杂政治斗争的缩影。赵荣蔚《甘露之变与刘禹锡后期诗歌创作》（《盐城师范学院学报》2000.3）指出，甘露之变后，刘禹锡始终保持儒家政教型品格，这使其后期诗歌取得了高于白居易的成就。此外，喻亮《中晚唐朝政纷争与刘禹锡的诗文创作》（武汉大学，2004)、白茹《永贞革新与刘禹锡的诗歌创作》(内蒙古大学，2004）等硕士学位论文也以此为论题进行讨论。

9. 诗歌与佛教

刘禹锡诗歌与佛教禅宗关系密切。肖瑞峰《论刘禹锡诗中的佛教烙印》(《贵州文史丛刊》1986.3)，分析刘禹锡信奉佛教的原因。佛教在其诗中表现为祈灵台之清静，绝是非之臧否；厌现实之烦忧，羡僧侣之逍遥；赞佛禅之法力，赏禅理之妙趣。而从艺术上看，其谈禅语佛的诗作，大多味同嚼蜡，令人不能卒读。刘宝才《唐代思想家与佛教僧人交往的原因——读刘禹锡送僧诗》(《西安联合大学学报》2001.3)，多方面阐述刘禹锡与佛教僧人交往的原因：

一是学习佛学方法，丰富发展儒家学说；二是在政治上失意时，事佛信佛，寻求精神寄托；三是与僧人特别是诗僧交往，多出于科学的求知精神。而龚玉兰则认为，刘禹锡是受到了历史和时代风气的熏染，才产生了精研佛理、结交禅僧等一系列与佛教有关的活动的，他的这种态度是出于对当时流行的禅宗的社会作用的思考和研究，而不是仕途受挫才产生的。① 王树海《佛禅与刘禹锡的人情诗性》（《社会科学战线》2002.6），指出透辟的佛理加上对现实清醒的认识，使其诗逐渐增加议论因素，显露出唐、宋诗缓慢过渡的种种征兆。贺秀明《刘禹锡白居易晚年老病奉佛诗之同异》（《福建论坛》2006.6），指出刘禹锡晚年不甘老暮，对生活、老病的态度比白居易积极达观。白居易奉佛的程度比刘深，刘好佛重在佛学的方法论，白则重视佛教的修行实践。普慧《王维、柳宗元、刘禹锡对惠能禅的总结与推动》（《陕西师范大学学报》2004.1），指出惠能卒后，王维、柳宗元、刘禹锡所作碑铭，扩大了惠能在盛、中唐整个知识界上层的影响。同时，三人的文学创作又深受惠能禅的深刻影响，构成了禅与文学密切联系的重要一维。

10. 接受史

刘禹锡诗歌对后世产生的重要影响，也早为研究者所关注。卞孝萱《刘禹锡与晚唐诗人》（《河北师范大学学报》1983.3），对刘禹锡与姚合、李商隐、温庭筠、杜牧等人的文学影响进行了细致分析。吴汝煜《谈刘禹锡诗歌的影响》（《徐州师范学院学报》1985.1），阐述刘禹锡对晚唐诗人、两宋诗家及元明清诗人的影响。《刘禹锡研究》一书，收录卞孝萱《刘禹锡与晚唐诗人》《刘禹锡与苏轼》《刘禹锡与江西诗派》《刘诗历代评述选辑》等文章②，特别是《选辑》，有助深入认识刘禹锡接受史。肖瑞峰《略论刘禹锡对中日诗坛的影响》（《浙江社会科学》1995.5），从《和汉朗咏集》中所录刘禹锡诗歌，以及日本文人的模仿之作出发，论述刘诗东传及其对日本汉诗写作的影响。李亮《刘禹锡诗歌两宋接受史研究》（广西师范大学出版社，2010）从诗歌精神、语词、意象等方面梳理了宋代刘禹锡接受史。

除了上述论著之外，对于刘禹锡诗歌的研究还涉及山水诗、寓言诗等，这里我们略举数例以见其概。山水诗研究如徐扬尚等《山水画　神话　抒情诗——读刘禹锡〈浪淘沙·九曲黄河〉》（《盐城师专学报》1991.1）、张佳音《心境与家世：柳宗元与刘禹锡山水诗文比较》（《北方论丛》2006.2）等。寓言诗研究则有刘欢《刘禹锡寓言诗创作特点探析》（《西北大学学报》

---

① 龚玉兰．刘禹锡“事佛而佞”心态探析［J］．内蒙古社会科学（汉文版），2002（1）．

② 屈守元，卞孝萱．刘禹锡研究［M］．贵阳：贵州人民出版社，1989.

1995.3）、江云《铮铮铁骨，宁折不弯——浅议刘禹锡的讽刺诗》（《康定学刊》1996.1）、邵之茜《刘禹锡寓言诗思想内容初探》（《陕西教育学院学报》2000.4）、彭飞《柳宗元、刘禹锡寓言文学创作论稿》（吉林大学，2008）等。

相对来讲，刘禹锡散文和辞赋研究属后起之事，研究成果也比较薄弱。吴汝煜《刘禹锡传论》（陕西人民出版社，1988）虽专设一章论述刘禹锡在唐代古文运动中的地位、散文成就、《陋室铭》的作者归属、渊源与影响等问题，但该书主体并不在此。卞孝萱、卞敏《刘禹锡评传》（南京大学出版社，1996）也同样如此，虽对刘禹锡散文成就和影响都有所涉及，但并未全面展开。唐骥《刘禹锡散文略论》（《宁夏大学学报》1995.4），认为刘禹锡散文多作于被贬时期，表现了他被贬后的痛苦愤懑，其艺术性主要表现为富有激情，借古讽今，婉妙幽远，骈句占了相当的比重，对秦汉散文语言有所借鉴。马来西亚林水檺《刘禹锡的散文成就》（《唐代文学研究》1998.0），从思想深刻与说理生动的论说文、造语精妙的描写文两方面展开评述。崔桂萍《刘禹锡论说文研究》（江西师范大学，2007）、赵金《刘禹锡论说文综论》（华中师范大学，2007）、汪政《刘禹锡柳宗元散文比较论》（上海社科院文学所，2008）、苏文根《刘禹锡散文研究》（福建师范大学，2010）、马也《刘禹锡散文研究》（沈阳师范大学，2015）等硕士学位论文，也以刘禹锡散文为论题。

刘禹锡辞赋研究，主要集中于特色分析及对屈原的继承和接受讨论上。张汉清、缪长盈《浅论刘禹锡咏秋诗赋的特色》（《青海师专学报》1991.4），指出其咏秋诗赋特点：一是以饱蘸感情的笔调描绘秋色，赞美秋天；二是以含蓄尽致的笔触借秋寄志，体现抱负；三是以内蕴丰富的笔墨写秋抒愤，指斥丑类；四是具有朴素唯物主义思想和朴素辩证法观点。刘梦初《刘禹锡与柳宗元赋体文学比较》（《湖南文理学院学报》2004.1），指出刘、柳赋的共同特征主要是鲜明的贬谪主题、强烈的骚怨精神、深邃的哲理阐释，刘、柳对赋体文学接受的差异主要表现为柳多固守而刘多超越。刘梦初《试论刘禹锡接受屈骚的契机与必然》（《求索》2004.6），认为贬谪朗州是刘接受屈原的契机，相同的环境遭遇是外因，相似的禀赋才能是内因。何念龙《萧条异代　接武前贤——论刘禹锡对屈原的继承》（《江汉论坛》1991.7），指出刘禹锡的内在精神与辞章文采，都从屈原及其作品中受到了巨大启迪与影响，他是屈原精神及其文学传统的最好继承者。李少花《试论刘禹锡对宋玉辞赋的接受》（《中国楚辞学》2009.3），从悲秋伤春主题、巫山云雨事象、伤高怀远情结等方面展开论述。此外，周哲涵《刘禹锡辞赋研究》（东北师范大学，2012）、孙荆辉《刘禹锡赋作研究》（延边大学，2009）对刘禹锡辞赋作了综合研究。

四、哲学思想研究

刘禹锡自谓“长于论”，善于思考论辩。他在少年时期体弱多病，因此开始对医学产生兴趣，思考天、人关系，此为其哲学思想萌芽。贞元十二三年及后数年间，刘禹锡作《因论》七篇[①]，包括《鉴药》《讯甿》《叹牛》《儆舟》《原力》《说骥》《述病》等七个寓言小品。“永贞革新”失败，其谪居朗州期间创作《天论》三篇，贬居夔州又作《因论》。刘禹锡的这些论述，体现出其哲学思考的整体性和系统性。刘与柳宗元、韩愈曾有一段哲学论辩，过程是这样的：韩愈在“王叔文党”贬谪四年之后，持其有神论的世界观对柳宗元进行说教。柳宗元特作《天说》，“以折韩退之之言”。刘禹锡以柳宗元的终点为起点，续作《天论》三篇“以极其辩”。柳宗元最后作《答刘禹锡天论书》，声明《天论》乃《天说》的传疏，二者原则上“无异道焉”，论争至此结束。[②] 这是《天论》的写作背景。在《因论》《天论》之外，刘禹锡的哲学思考还体现在其他诗文中，如《辨迹》《机汲》《答道州薛侍郎论方书书》《答饶州元使君论政书》《高陵令刘君遗爱碑》等。

对于刘禹锡哲学思想的研究，始于20世纪50年代，此前所编的哲学史和思想史教材均无涉及。50年代中期，洪潜等编《哲学史简编》（人民出版社，1957）才开始刘禹锡哲学的研究。赵纪斌《刘禹锡和柳宗元无神论思想研究》（《哲学研究》1957.5），系统阐述了刘、柳哲学体系，指出二人无神论思想的三个特点：第一，以唯物主义为基础，对当时宗教迷信观念进行了批判；第二，将无神论思想贯彻到社会历史领域，用以认识历史发展、解释社会现象，形成独特的历史观；第三，将这一理论贯彻到实践领域，发动了进步的政治斗争。萧萐父《关于刘禹锡的“天与人交相胜”的学说》（《江汉学报》1962.7）指出刘禹锡综合前人的思想成果和当时的科学成就，在哲学路线上直接和庄子的“天与人不相胜”的观点对立起来，创立了“天与人交相胜”的系统学说，把对真理的认识向前推进了一大步。上述研究，可称为刘禹锡哲学思想研究的第一个阶段。

70年代中期，刘禹锡哲学思想研究进入第二个阶段。由于特殊历史原因，

---

① 《因论》写作时间，陶敏等《刘禹锡全集编年校注》系于贞元十二三年及其后数年间。与瞿蜕园《刘禹锡集笺证》略同。肖瑞峰则将《因论》系于刘禹锡谪居夔州时期。参见肖瑞峰．从《天论》到《因论》：刘禹锡哲学思想的演进［J］．浙江工业大学学报（社科版），2014（1）．

② 参见赵纪斌．刘禹锡和柳宗元无神论思想研究［J］．哲学研究，1957（5）．

这一阶段的特点，一是以《天论》为研究中心，二是以阶级斗争为论述立场。袁德金《评刘禹锡的〈天论〉》（《中山大学学报》1974.5），对《天论》核心要义、《天论》的历史局限等展开论述。武汉大学中文系组织一批教师注释翻译《天论》，成果发表在《武汉大学学报》（1974.2）。敬堂《刘禹锡的崇法思想和革新精神——介绍〈刘宾客文集〉中的几篇文章》（《文物》1974.9），重点研究《天论》《唐故衡州刺史吕君集纪》《子刘子自传》。萧涤非《唐代法家诗人刘禹锡》（《文史哲》1975.1），认为刘禹锡在尊法反儒的斗争中，表现得最为突出的是反对儒家的天命论。他继承了荀子《天论》中的“天人相分”和“人定胜天”思想，对孔孟之徒鼓吹的“知天命”“畏天命”“死生有命”“听天由命”等反动思想进行了有力的批判。广东师院中文系学员也发表《中唐时期政治革新的思想武器——评刘禹锡的“天与人交相胜”说》（《广东师院学报》1975.2），认为柳宗元、刘禹锡同韩愈在哲学思想上的论战，是“永贞革新”运动中儒法两条路线斗争的深入和继续，“天与人交相胜”说是革新派的战斗思想武器。赵山《“非礼”和“有礼”——评刘禹锡和韩愈的两首诗》（《思想战线》1976.1），通过比较刘禹锡《始闻秋风》与韩愈《左迁至兰关示侄孙湘》，指出两首诗之所以呈现出差异，其原因就在于刘禹锡是主张革新的进步诗人，韩愈则是坚持复古的道学文人。归根结底，这是他们所执行的不同政治路线所决定的。

80年代初至今，是刘禹锡哲学研究的第三个阶段。此阶段还存在延续70年代研究思路的现象，如黄钊《柳宗元的〈天说〉与刘禹锡的〈天论〉》（《湘潭大学学报》1984.3）、汪益民《浅谈柳宗元和刘禹锡的天论》（《浙江大学学报》1993.1）、罗炽《刘禹锡、柳宗元唯物主义自然观探胜》（《武汉师范学院学报》1983.6）等。但此期最重要的特点是对刘禹锡哲学思想展开全面研究。

1. 时空观、世界观、宇宙观

谭家健《略谈刘禹锡的时空观》（《河南师范大学学报》1979.5）提出“时空观”概念，他认为在刘禹锡看来，离开具体的事物（“相”）去理解“空”的观念，或者死死抓住“空”而不承认“有”都是不对的。刘禹锡把时间和事物运动密切联系起来，从而肯定了时间的客观性和物质性。刘禹锡的唯物主义时空观，是唐代自然科学发展的产物，尤其和当时的天文学、宇宙理论、光学、声学有密切联系，既受到它们的积极影响，同时又有着明显的局限性。纪作亮《试论刘禹锡的宇宙观》（《学术界》1989.5），认为刘禹锡“宇宙观”主要表现他所提出的“天与人交相胜，还相用”等学说，主张战斗的无神论。张铁夫《论柳宗元和刘禹锡的世界观》（《零陵学院学报》2003.4），从有神论和唯心论、无神论和唯物论、佛教唯心主义三方面进行论述。

2. 自然观、天人关系

刘鄂培、竺士敏《中国古代天人观的发展与柳宗元、刘禹锡论自然与人的关系》(《中国社会科学院研究生院学报》1999.2)，认为刘禹锡哲学思想对现代社会极具启发价值，对于解决人类当下的困境有重要意义。刘真伦《韩愈、柳宗元、刘禹锡天人关系理论的现代诠释》(《周口师范学院学报》2005.1)，指出三人根本观念是一致的：天与人是两个对应的独立存在。至于三者之间的关系，韩强调其相悖相仇，柳强调其相分相对，刘强调其相胜相用。刘春霞《刘禹锡自然观研究》(东华大学，2007) 认为刘禹锡的自然观体现在自然物质学说及医学研究上。牛艳娇《论刘禹锡的天人观》(郑州大学，2010) 对刘禹锡“天人观”的现代价值作出揭示。黄岩《试论刘禹锡的生态伦理观及其当代价值》(《江西教育学院学报》2003.4) 注意到刘禹锡的“生态伦理观”，认为刘禹锡的“天与人交相胜，还相用”的理论观点，蕴涵着颇为丰富的生态伦理思想。

3. 佛学思想

蔡惠明《刘禹锡的佛教因缘》(《香港佛教》1985.36)，对刘禹锡与佛教的关系作了梳理。叶瑜《刘禹锡与佛教》(《中国历史博物馆馆刊》1994.2)，分析刘禹锡的佛学修养，指出在刘禹锡看来，佛教并非全是消极的，佛教于无形中协助了道德教化，有利于陶冶人们的思想情操，起到了刑罚和政令起不到的巨大作用。何剑平《刘禹锡与佛教》(《唐都学刊》2003.3)，认为《维摩诘经》是对刘禹锡影响较大的一部经典。杨鸿雁《刘禹锡与佛教》(《贵州大学学报》1992.2) 论述刘禹锡的佛教因缘及佛学观念、佛教对其文学创作的影响。张碧波《论刘禹锡和佛教禅宗》(《学术交流》1988.6)，对刘禹锡佛教观念的具体内涵进行具体分析：一是笃信“空”，二是想往“隐”，三是追求“醉”。李志强《刘禹锡与佛教关系原论》(复旦大学，2005) 从刘禹锡著作出发，指出其与佛教之关系的特点是“不拘宗派，尤重禅宗”“以儒为本，援佛入儒”，并对其与诗僧关系、作品的佛经渊源、哲学思想所受佛教的影响等方面作出论述。

4. 哲学与社会政治思想

谭青《论刘禹锡的哲学和社会政治思想》(一、二)(《成都大学学报》1986.2、4)，指出刘禹锡的社会政治观集中体现在“天人之际”学说指导下的“法制”理想中。同时，他重视儒家教化，致力复兴儒学，从民本思想出发，在民生和吏治等主要政治问题上坚持进步立场。

5. 哲学思想变迁

肖瑞峰《〈天论〉与唐代元和年间的哲学论战》（《浙江工业大学学报》2013.3)、《从〈天论〉到〈因论〉：刘禹锡哲学思想的演进》（《浙江工业大学学报》2014.1）两篇论文，对刘禹锡《天论》的写作背景和过程、刘禹锡哲学思想的演进作出具体分析。

此外，刘禹锡医学哲学、中道观等思想也得到关注。吴兆华《试谈刘禹锡的医学哲学思想》（《中山大学学报》1990.2)，以刘禹锡的《鉴药》等篇为例，从人与药性、素质及自然界的关系，论述刘禹锡反对“循往以御变”的变化思想与“过当则伤和”的“度”的思想。陈允锋《论刘禹锡的中道观及其对文艺思想的影响》（《宁夏社会科学》2005.2)，指出从哲学思想方法论的角度看，儒家与佛教的中道观之所以能够获得统一性，关键在于二者都强调主体思维的不偏不倚、不落两边、不执一端。刘禹锡的不少作品就体现了这种思维特点。

五、展望

回顾和反思已有研究成果，今后刘禹锡研究似可从以下几方面进一步展开。

其一，刘禹锡经学（学术）与文学之关系。经学与文学的关联性非常密切。这方面的研究主要集中在汉、宋、清诸代的文学研究领域。唐代经学与文学的关系同样很紧密。但传统经学史认为唐代属于经学统一时代，经学研究除《五经正义》外，似乎可言及者不多。受此影响，论唐代经学与文学之关系者较少。其实并非如此。唐人经学研究成果大致可分成两种类型，一是经学家的专门著述，一是文人的经学研习。受科举考试制度影响，唐代文人多熟习经书，因为无论是进士试还是明经试，三场试制的第一场都是帖经，中唐贞元、元和时期，更是加强了考试中经史的成分。刘禹锡“家本儒素”，其父刘绪以儒学立身，有较好的家学渊源，在科举风气影响之下，刘禹锡青少年时期用功于经书，其谪居期间较为闲暇，对经典有专门研究。在朗州曾与董侹、柳宗元讨论《周易》，著《辩易九六论》，为吕温文集写序，称其“微而富艳”，认为与其“始学《左氏》书”[①] 有关。韦绚《刘宾客嘉话录》载刘禹锡讲论《毛诗》多条，可见其对《毛诗》有专门研究。此外，刘禹锡所撰《国学新修五经壁记》《奏记丞相府论学事》等文章，也是研究其经学的史料。刘禹锡对

① 瞿蜕园．刘禹锡集笺证［M］．上海：上海古籍出版社，1989：509.

经典的研究，当属文人研习一类。刘禹锡经学与文学创作关系密切，但此方面研究成果尚不多见。职此之故，亟可加强。

其二，刘禹锡域外传播史和研究史。刘禹锡诗文的域外传播和接受研究，主要见于肖瑞峰等人所述刘诗对日本汉文学的影响。刘禹锡在董晋幕，曾与新罗使者有交往。据其所作《代淮南杜司徒奏新罗请广利方状》及《谢赐广利方表》，可知新罗贺正使欲将《广利方》医书携归新罗，并得到德宗的许可。①从这些史料来看，刘禹锡诗文传入新罗，并对新罗汉文学产生影响，也是有可能的。刘禹锡海外研究史，本文仅列举中国香港、中国台湾、韩国、马来西亚等地学者部分研究成果，日本、欧美等地学者也有相关论著，需要系统研究。

其三，刘禹锡研究资料汇编。唐代李、杜、韩、柳等人均有相关研究资料汇编，刘禹锡则无。1975 年徐州钢铁厂和徐州师范学院中文系曾编过一本《刘禹锡研究资料选编》，受时代局限，内容较为陈旧。刘禹锡研究资料汇编工作应得到重视。以序跋为例，卞孝萱曾在《刘禹锡集整理工作综论》一文中，指出以往刘禹锡文集整理本（包括他自己校订的中华书局本）漏收序跋，应补充。陶敏、陶红雨《刘禹锡全集编年校注》收录了部分序跋，尚需补录。以国家图书馆所藏刘禹锡文集善本为例，可补题跋即有三种：一，清光绪三十一年仁和朱氏刻结一庐剩余丛书本《刘宾客文集三十卷外集十卷》五册，章钰跋；二，清抄本《刘宾客文集三十卷外集十卷》四册，冯浩跋；三，清抄本《刘宾客外集十卷》一册，翁同龢跋。

其四，刘禹锡学术研究与地方经济文化建设。刘禹锡一生足迹遍布大江南北，对地方文化产生重要影响，特别是朗州、连州、夔州、和州等地。刘禹锡在地方文化经济建设中的作用和价值，以往并未得到地方政府的足够重视。不过，近年来在学界的积极推动下，这种情况逐渐好转。1992 年，湖南常德成立诗墙修建委员会，刘梦初负责刘禹锡在朗州期间诗文搜集工作。2012 年，常德成立刘禹锡研究会。刘禹锡死后葬于河南荥阳檀山（今荥阳豫龙镇檀山）。在当地学者的推动下，2005 年底荥阳市政府开始兴建“刘禹锡公园”，荥阳老年诗社着手笺注刘禹锡诗文。次年《檀山诗豪刘禹锡》（中州古籍出版社，2006）出版，该书收录当地文人咏刘禹锡的诗歌 30 余首。2005 年，广东连州成立“刘禹锡学术研究会”，2010 年建造“刘禹锡纪念馆”，2011 年举办第一届全国刘禹锡学术研讨会。这些事例说明，刘禹锡学术研究在当今地方文化建设中具有积极作用。但这项工作的思路和方法尚有待进一步深入探索。

（作者单位：贵州师范大学）

---

① 吴夏平．唐与新罗书籍活动考论［J］．中国典籍与文化，2015（2）．

刘禹锡学术研讨会暨“中国刘禹锡研究会”成立大会综述

张兴茂

2015年11月22日至23日，由华南师范大学文学院、清远市委宣传部、连州市委宣传部主办，连州市刘禹锡纪念馆承办的“纪念刘禹锡赴任连州1200周年暨刘禹锡学术研讨会”在连州市举行，来自北京大学、复旦大学、中国人民大学、南京大学、浙江大学、南开大学、厦门大学、四川大学、中国社会科学院文学研究所等高校和研究机构，以及来自美国、日本的专家学者70余人参加了会议。本次会议汇集了陈尚君、戴伟华、胡可先、胡阿祥、卢盛江、钱志熙、王小盾、吴在庆、肖瑞峰、薛天纬、查屏球等古代文学研究专家，可谓学者阵容强、学术水平高。

本次研讨会分大会开幕式、大会发言、小组讨论、闭幕式主题发言、小组总结汇报、闭幕式等多项议程。中国唐代文学学会会长陈尚君教授、澳门大学Robert（安乐博）教授、广东省优势重点学科中国语言文学一级学科负责人戴伟华教授、连州市委书记黄裕团在开幕式上致辞，清远市、连州市领导列席了开幕式。

研讨会收到论文40余篇，涉及刘禹锡的文学创作、哲学思想、谪宦心态等，角度多元，观点新颖，展现了刘禹锡研究的新成果和新动向。

第一，刘禹锡研究回顾。

刘禹锡的研究绕不开瞿蜕园的《刘禹锡集笺证》和陶敏、陶红雨的《刘禹锡全集编年校注》这两本古籍整理的力作。陈尚君的《瞿蜕园解读刘禹锡的人际维度——瞿蜕园〈刘禹锡集笺证〉评述》以瞿蜕园解读刘禹锡诗歌人际维度的诸多实例为证，高度评价了瞿蜕园《刘禹锡集笺证》的成就以及其中所蕴含的瞿氏之学术追求与治学方法。陈尚君指出，梳理人事，考索作品中渗透出来的或显或隐的交际维度，是准确深入理解作品的关键。欲精确地解读古人作品中所涉及的人际关系，既需要娴熟的古诗驾驭能力，还要了解各个方面的文化背景，并且要具备丰富的人生阅历，而瞿蜕园集种种条件于一身，其《刘禹锡集笺证》所取得的杰出学术成就令人敬仰。瞿蜕园可谓为刘禹锡研究的深入开展指明了一条新的进路。陶敏、陶红雨以二十年之功对刘禹锡别集进行了整理，戴伟华、秦丽纱的《典范与校勘——再读〈刘禹锡全集编年校注〉》认为陶敏、陶红雨的著作具有资料整理齐全、征引文献细致详明、注释精细准确的特色，体现了我国古籍整理出版的最高水平。该文还就《刘禹锡全集编年校注》所引《资治通鉴》文献和《新唐书》《旧唐书》之“纪”部分进行了校勘，对这部著作引文的讹误之处进行校正。

本次会议还收到两篇关于刘禹锡研究综述的论文，分别是吴夏平的《刘禹锡研究回顾与展望》和李琳的《刘禹锡研究领域的拓展与深化——刘禹锡研究全国学术研究会会议综述》。吴夏平在论文中指出，近百年来，刘禹锡研究的基础性工作如生平考订、年谱撰制、传记写作、版本考辨、文集整理、诗文系年和注释等总体上已基本完成。学界对刘禹锡诗歌的研究集中在《竹枝词》、风俗诗、咏史怀古诗、贬谪诗、唱和诗、诗歌理论、诗歌体裁、诗歌与政治、诗歌与佛教、接受史等方面，而散文和辞赋研究较为薄弱。从刘禹锡哲学研究来看，大致经历了三个阶段，20 世纪 50 年代主要研究刘禹锡的无神论和唯物主义思想，70 年代则从阶级斗争出发分析“天与人交相胜”的政治意义，从 80 年代初至今主要研究刘禹锡的时空观、世界观、天人观、自然观及中道观等思想。文章通过回顾和反思已有研究成果，认为未来学术方向可从以下几方面展开：一是刘禹锡经学（学术）与文学之关系，二是刘禹锡域外传播和海外研究史，三是刘禹锡研究资料汇编，四是刘禹锡学术研究与地方经济文化建设等。李琳的论文则对 2013 年 12 月 12 日在湖南常德举行的刘禹锡研究全国学术研讨会进行了综述，总结了会议中刘禹锡的评价以及与柳宗元的比较、刘禹锡在朗州的行迹与创作、刘禹锡文化名片与地方文化建设三个方面的议题。

第二，刘禹锡诗歌创作的研究。

本次会议中，刘禹锡诗歌是与会者关注的重点，研究的角度大致可以分为三个方面。

（1）刘禹锡诗歌艺术的探究。刘青海《刘禹锡七绝艺术探微》重点探讨了刘禹锡的乐府体七绝、咏史怀古七绝和自我抒情类七绝的艺术风格、特点、渊源，从诗学源流演变的角度重新定位了刘禹锡七绝的文学史意义。文章认为在中晚唐时七绝艺术在整体上显示出了平实、平浅乃至平庸化的特点，刘禹锡创作出了新的乐府体七绝《竹枝词》，为文人诗向民间文学学习提供了成功的典范。另外，刘禹锡调用各种艺术手段创作出构思精巧、浑厚健举的七绝，对晚唐李商隐、杜牧一派的咏史怀古七绝影响巨大。罗筱玉、张明明的《试论中唐雅俗衍化之际的刘禹锡诗歌创作》则认为刘禹锡的诗歌具有独树一帜的美学风范，特别是乐府类诗歌化俗为雅的成功实践，具备上承盛唐遗意、下启宋人诗风的诗史价值。

（2）刘禹锡贬谪诗的研究。肖瑞峰的《论刘禹锡谪守连州期间的诗歌创作》通过分析刘禹锡在连州期间的诗歌创作，发现其创作重点由朗州十年的揭露政敌的讽刺寓言诗向歌颂平藩胜利的政治诗转移。这种转移既是为他的创造精神所驱使，也是因为风起云涌的国家形势给了他新的题材、新的驰骋才力的天地。与此同时，刘禹锡将平凡的春种秋收劳动作为乐于驾驭的题材，聚焦于当地的风土人情和百姓生产生活的书写，这属于一种“开边拓土”的尝试。杨子怡的《从困在人间到哲理解脱——漫谈刘禹锡迁谪诗的自我超越》对刘禹锡的迁谪诗进行了深入的探讨。作者认为刘禹锡的迁谪诗可以归纳为两种情境，一是用诗来抒写他生活在民间的所见所闻所感，写人生之苦，抒忧国之情，述报国之志，表达对社会人生的看法；二是从现实人生的困苦中超越出来，对人生痛苦、现实苦难进行深层次的哲理思考，以诗中之理来参悟现实之理，以理性的思考去反省超越。刘禹锡不仅实现了自我解脱，也完成了对同时代诗人的超越。方新蓉、杨林夕的《〈海阳十咏〉研究》对刘禹锡在连州创作的《海阳十咏》进行了深入的研究。文章分析了十咏景观的命名意蕴，认为刘禹锡对这10首诗的命名是刻意追求的，并以此来表现自己的理想志趣。论文还分析了该组诗的内在联系、内容情感、语言艺术，并通过对刘禹锡的造园艺术的解读，来窥探贬谪文人心理及生存的状态。此外，李艳、温宇新的《论刘禹锡的贬官诗歌》对刘禹锡贬谪诗歌中所蕴含的贬官文化、特有美学风格以及诗中所展现出来的精神世界进行了深入的考察。

（3）对刘禹锡诗歌的文本细读。吴在庆特别强调文本细读，其论文《刘禹锡诗注释品评》通过对《伤愚溪三首并引》《泰娘歌并引》《经伏波神祠》等诗歌的精到注释和品评，展示了细读文本的重要性，而其解读的本身也具有示范性的意义。亢巧霞《刘禹锡和白居易〈竹枝词〉的相异性》以刘禹锡的11首《竹枝词》和白居易4首《竹枝词》为切入点，分析二人《竹枝词》创作的相异性。文章认为白居易和刘禹锡的《竹枝词》数量都不多，然而在后世《竹枝词》的创作过程中，刘禹锡的影响明显高于白居易，这和刘、白创作《竹枝词》的用意、写作特点、创新因素等紧密相关。张兴茂的《刘禹锡贬谪期间的送别诗探论——兼论刘禹锡对僧人干谒的态度》一文则以刘禹锡的送别诗为研究对象，分析了刘禹锡在人生不同时期的送别诗创作，从而考察出刘禹锡在仕宦生涯中心态、思想的若干变化。

第三，刘禹锡与文人词研究。

王小盾《刘禹锡〈竹枝词〉和〈忆江南词〉的文学史意义》一文指出，作为一种以依调填辞为特色创作方法、具有特殊格律的诗歌体裁，词的产生经过了民间辞、乐工辞、饮妓辞、文人辞等四个阶段。在饮妓辞阶段，曲子作为酒筵改令曲流行，较早有韦应物等人的《调笑令》和《三台令》。在文人辞阶段，曲子辞曾作为格律范本辞流行，较早有裴諴、温庭筠的打令词。刘禹锡于815年至819年守连州，822年在夔州创作《竹枝词》，837年在洛阳“依《忆江南》曲拍为句”作《春词》。这些作品代表了从饮妓曲子辞到文人格律辞这两个阶段的过渡有重要意义。而刘禹锡的这一创作倾向，乃开始于他在连州期间同民间文化的接触。此外，张久灵《刘白唱和：开创了文人依曲填词的先河》和《刘禹锡与竹枝词》两篇文章也关注到了刘禹锡词，前者认为刘禹锡“和乐天春词，依《忆江南》曲拍为句”所作的《忆江南》二首与白居易原作《忆江南》词三首在词的发展史上占有重要的地位，刘白的这次唱和是唐末以后文人依曲填词创作活动的开始。后者则认为刘禹锡在三峡创作的竹枝曲调虽是依声作词，但在韵律上作了较大改进，使曲子在轻快悠扬与高亢昂扬之间灵动流转。

第四，刘禹锡文、赋的研究。

本次会议对刘禹锡的赋也给予了关注。郑真先、戴伟华的《论刘禹锡接受屈骚之表现及其因缘》认为作为南贬文人的刘禹锡对屈赋进行了主动的学习，其接受屈赋的表现有二，一是对骚怨精神的接受，如心系政治、忧国盼归，忠于善道、不改所操，刺世疾邪、不懈斗争；二是对骚赋形式的接受，如《问大钧赋》《何卜赋》等便是学习屈赋的结果。究其因缘，则是源于贬谪的政治挫折、随之而来的疾病困扰以及强弱势文化较量下的自觉选择。孙琴安的《如何正视唐赋的文学价值——以刘禹锡、柳宗元的赋为例》，通过分析刘禹锡、柳宗元的辞赋创作，认为从抒情性和文采性来看，赋这种文体相比于表、议、诔、启等功用为主的文体而言更具文学价值，遗憾的是，在批判“形式主义”等极左的思潮影响下，赋的文学价值长期被忽略。文章期待研究者们关注包括刘禹锡赋在内的唐赋，并对唐赋的文学价值和地位有一个更为客观的认识与公正的评价。

此外，还有学者关注到了刘禹锡的集纪文、诗序。吴夏平的《刘禹锡集纪文的史料价值》依托文本细读与史性眼光，考察了刘禹锡所作的八篇集纪文，认为刘氏所撰文集序，具有文体学、文学史、文献学等多方面的价值。从序文文体演进的角度看，刘禹锡集纪文增入了作者传记，且具有“隐约其词”的特点，亦即对作者事迹有所择取，表达方式委婉含蓄，这是对集序文文体的一种发展。从文学史的发展来看，刘禹锡的集纪文充分体现了他的文学史观，他认为文学史的发展具有时代性，由时代性进而形成周期性。这种文学史观与其天道运周、否极泰来的哲学思想相合。从文献学的角度来看，首先，可依据刘禹锡集纪文追溯一些散佚的唐人文集的本来面目；其次，刘禹锡在进行文集编纂时，于承继唐人编纂文集的基本方法外自创新法，这使得他的集纪文有编撰学方面的价值。此外，刘禹锡的文集序还有补正史阙略的史学价值。吴振华的《论刘禹锡的诗序》从基本类型、思想内容、艺术成就等方面分析了刘禹锡的诗序，认为刘禹锡的诗序简古朴素、凝练生动，或托物主志，寄意深远；或叙事摹人，生动深情；或宣扬佛道精义，寻求精神的超越，他的诗序是中唐古文运动的重要成果。吴金梅对刘禹锡的《天论》进行了深入的讨论，其《社会有“法”，“天”“人”和谐——刘禹锡〈天论〉思想意蕴再解读》探讨了《天论》中刘禹锡的辩证主义天人观，认为刘禹锡不仅对天人关系作一般的阐述，还表达出了高度重“法”的观念。刘禹锡在讨论“天”与“人”的关系时，引入了“法”的概念，并表明“法”是决定“天”与“人”谁更胜一筹的决定性因素。“人”只有以行之有效的“法”来进行自我法理，才能成为天地万物之间的主宰者，才能够摆脱对“天意”的迷信而实现“人”对“天”的“相胜”。为了进一步阐明“天与人交相胜”的观念，刘禹锡还提出了“数”与“势”的概念，并将“天”“人”与万物皆纳入视域中。

第五，刘禹锡的诗文创作与宗教、哲学思想的关系研究。

刘禹锡不仅是著名的诗人、散文家、政治家，同时也是一位哲学家，且受佛教影响极深。刘禹锡的诗文创作、诗歌理论与他的思想、学术背景有着密不可分的关系，张海沙《刘禹锡连州时期诗风之转变》一文认为刘禹锡在连州期间深入接受了南方宗禅思想的影响，他所作有关佛教禅学的碑铭文字既是佛教禅学传播的重要资料，也是刘禹锡佛学思想的重要表现。刘禹锡在连州创作的诗歌充满了对连州地区风物人情的赞美，这并不仅仅是出于文人的猎奇心理，而是有着哲学与宗教思想基础的，这个基础便是慧能南宗禅推崇的自性。何剑平的《刘禹锡的诗文创作与汉译佛典之关系》认为刘禹锡与僧人的交往有文字之交、佛理之交和不拘宗派的特点，他会通儒释的观念代表了中唐文人的普遍思想。刘禹锡熟读《维摩诘经》《楞伽经》《华严经》，其中《维摩诘经》对他影响最大，这不仅表现在他的诗文作品中，同时也表现在他的人生践履和行为方式上。钱志熙《刘禹锡的诗论与诗艺》认为，刘禹锡是一位在诗歌创作方面独具宗旨，在艺术上有自觉意识的诗人。盛中唐之际的诗学转型加上刘禹锡在诗歌艺术上的丰富经验以及他在哲学思想上的深厚造诣，使得他能够将诗歌创作方面的感性经验提炼为一些重要的艺术范畴，提出富于思辨性、具有丰富美学思想的诗歌理论。文章对刘禹锡诗论的理论内涵作了阐述，并且解释了其与刘氏独特的哲学本体论与认识论的关系，以及与中唐各派诗学的关系。程圳生《略论刘禹锡与中唐儒学》分析了刘禹锡所处的儒学文化生态及其儒学观，认为刘禹锡的儒学观和融通儒释的通变观使其成为中唐儒学的改革者和复兴者。唐晓敏的《刘禹锡的诗歌中的文艺心理学思想》则认为刘禹锡诗歌中包含着丰富的文艺心理学思想。

第六，刘禹锡及其文学作品的接受与传播研究。

杨碧海、杨国安的《宋代对刘禹锡政治评价的变化及其思想文化史意义》一文梳理了宋代对永贞事件及与之相关的刘、柳的评价转变。在宋代，对永贞事件的评价大致可以分为两个方面，一是沿袭唐代以来正史系统的负面评价，对此事持否定态度，但对刘、柳评价又有具体不同，代表人物有晁补之、洪迈、胡寅、苏轼、刘克庄等。另一群体则对此事件或人物给予了积极评价。相比于唐代和宋初的刘禹锡政治评价，北宋中期的刘禹锡评价出现了新的转机，一些学者如范仲淹、王安石、陈善等开始对刘禹锡参与的王叔文集团予以整体肯定，对永贞政治的改革予以认可，对刘禹锡等人的肯定也超出了惋惜其才华的范围。实际上，宋代对历史人物的评价与宋代学术与政治有着若明若暗的关系。马茂军、钟业尉《刘禹锡未列“唐宋八大家”缘由考论》分析了刘禹锡在“唐宋八大家”未获一席之地的原因：第一，刘禹锡古文在宋代的接受度不高，传播不广，影响不足；第二，“唐宋八大家”成名的奠基期——南宋的古文选本具有很强的时代性和“厚今尊宋”的倾向，对唐文不够重视，故仅列在宋代影响巨大的韩柳二家，不及他家。日本学者土谷彰男的《白居易、刘禹锡对韦应物“雅韵”的接受——以白居易“警策”之评为线索》认为，白居易是在苏州刺史时代的韦应物的文学创作中发现了“雅韵”，这种诗歌创作规范不仅存在韦应物本人的作品中，还为聚集在他周围的文人群体所共有。这既是美的价值观的体现，也是理念的规范的表达。白居易还对韦应物文学创作中的“雅韵”作出了“警策”的评价，而这警策之句是作品在江南之地得到广泛阅读不可或缺的条件。白居易与刘禹锡在苏州的文学创作，也继承了韦应物“雅韵”规范。

刘禹锡及其文学作品在域外的接受与传播也得到了相应的关注，查屏球的《日本国会图书馆藏朝鲜刊〈刘宾客诗集〉考述——兼论刘禹锡诗集单行之事》，以日本国会图书馆藏的朝鲜刊本《刘宾客诗集》为考察对象，详细梳理了该书的版本、来历，并与现存的三种刘禹锡宋本《刘宾客文集》《刘梦得文集》《刘梦得文集》残本进行比勘，认为此书是以宋初流行的刘禹锡诗集为底本，将《刘宾客文集》中二十一卷至三十卷抽出单独成书。该书多存古本之貌，具有较高的校勘价值，这对于认识刘诗流传有重要的意义。陈彝秋的《从两篇拟作看朝鲜士人眼中的贬谪诗人刘禹锡》以关涉刘禹锡再授连州事的两篇朝鲜拟作——金义贞的《柳子厚送刘禹锡赴连州》、金玲的《拟唐御史中丞裴度请勿授刘禹锡播州刺史表》为中心，分析了朝鲜士人眼中的刘禹锡形象内涵，考察朝鲜文人接受刘禹锡其人、其文的特殊方式。文章认为，在朝鲜士人心目中，刘禹锡更多的是作为一个诗才颇高的贬谪文人形象存在着，他们通过拟效这种方式来表现对刘禹锡才华和人品的认同。

第七，刘禹锡贬谪心态研究。

刘锡禹在永贞革新失败后，谪居游宦二十余年，他在贬谪期间的心态历来为学界所关注。应国斌的《试论刘禹锡在被贬朗州司马之逆境中的抗争》从刘禹锡《上杜司徒书》《上淮南李相公启》《上杜司徒启》三封书启中分析了刘禹锡被贬朗州期间的复杂心理，表明他在朗州十年并没有停止过在政治上的辩诬，并且不断与命运抗争，希望执政者理解起用。与此相类的是曾晓云的论文《刘禹锡连州时期吏隐情怀真相浅探》。文章从刘禹锡贬谪连州期间所作的书表启等文体来考察刘禹锡的异域谪臣心态，得出其当时的心境是既抑郁又不甘心，同时还时刻关注国事，心怀重被起用的期盼。孙琴安的《刘禹锡在连州的文化建设及其动因》则从积极的方面关注了刘禹锡在贬谪连州期间对当地文化所作出的贡献，如注重连州文化建设和环境改善、书写连州的风土民情、重视并推广教育与卫生、保护并尊重当地的佛教文化等。文章还指出刘禹锡在连州进行文化建设的动因在于他强烈的政治事业心和主客观条件的具备。

第八，刘禹锡与中唐其他诗人、诗派之关系研究。

陈才智的《刘禹锡与元白诗派的离合》一文通过详细排比刘白二人的交游唱和诗，研究他们诗歌创作上的交互影响之迹。文章认为刘禹锡晚年因为与白居易交往、唱和而诗风具有趋同的倾向，这使得历史上屡有“刘冠白戴”的误判，其中就包括方虚谷、王渔洋、袁随园这些有名的诗评家。因此说刘白二人晚年创作倾向合大于离，这也是刘禹锡可以划入元白诗派的重要理由。张巍的《中晚唐之际的刘白诗派与姚贾诗派》，认为刘白诗派成员多为高官显宦，姚贾诗派成员则多为寒素文士，两派虽然风格对立，但他们的创作与此前的元白诗派、韩孟诗派的创作相比，诗歌境界都趋于狭小，情思均趋于淡薄，关注目光更多地集中在个人人生感受上，且表现出对现实社会的疏离感，这显示出了中唐诗歌向晚唐诗歌过渡的倾向。

第九，刘禹锡史料的考证。

新材料的出土与对史实的进一步挖掘，使得刘禹锡其人、其交游、其诗文仍有许多可考证的空间。胡可先《新出土刘禹锡书〈崔迢墓志〉考论》一文对近年洛阳龙门新出土的《崔迢墓志》进行了多角度的考察。第一，通过对墓志书者的题署，厘清了刘禹锡与郭行馀的交谊；第二，通过撰者的题署与墓志行文语气的差异，探讨了唐代墓志形成过程的特点；第三，通过对崔迢家世和经历的解读，探析中古时期世家大族的历史变迁情况。刘禹锡书法作品多在流传中散佚，因为《崔迢墓志》的出土，使得后人得以一睹刘禹锡书法的风貌。其书法特点近于欧阳询和虞世南，在当时亦有一定的地位。徐乐军的《刘禹锡之子咸允府试事发微》通过对刘禹锡之子刘咸允参加府试事的考察，揭示了当时人事关系的复杂。刘禹锡为爱子咸允府试事请托于崔群，崔群允诺后要求充任试官的门生张正谟关照并首选。然而崔群与当正的牛党政要不合，刘禹锡更与牛党魁首牛僧孺有过节。在复杂而微妙的官场中，张正谟公然违背崔群之托，使刘咸允府试事不顺利，足见刘禹锡在当时政治处境的艰难。刘聿鑫《说〈经檀道济故垒〉》一文考证了题中“檀道济故垒”一地，认为指的是南京古檀城。此诗为刘禹锡罢官回洛阳途经现在的南京所作，诗歌借刘宋朝廷杀害功臣自毁长城的行为寄托对王叔文被杀的悲愤与悼念。曹丽芳《刘禹锡集三宋本刊刻时地献疑》对当前所认知的刘禹锡集的三个传世宋本提出了几点疑问，期望有助于彻底理清宋刻刘集的情况。李菁《连州首位进士刘景非本地乡贡——由刘禹锡〈赠刘景擢第〉而来的一个小问题》一文对《赠刘景擢第》一诗的传统解读提出了质疑与更正。通过钩稽文献，证实刘景应举并非以连州乡贡的身份，而是在异地他乡因郑司徒的赏识而蒙解荐。刘景并不是刘禹锡在连州的追随者，他在修业期间并没有得到刘禹锡的指点，其再举成名也跟刘禹锡在连州的文教建设没有直接的关联。而《赠刘景擢第》一诗则是刘景及第后消息传至乡里后，刘禹锡为了庆贺而作。

与会专家着眼于学术研究的发展，还对刘禹锡研究方法与研究思路展开了讨论。薛天纬以《陋室铭》为例，认为应当妥善处理好学术研究与文化现象的关系。卢盛江则在《关于古代文学及刘禹锡研究的几个问题》一文中提出，包括刘禹锡研究在内的古代文学研究，第一要务仍然是史料和文献问题，要对新史料的发掘和整理有足够的重视；第二要对地方史料多加关注，并联系时代背景，避免单一思维，加强对传统史料的细读；第三要从地域文学的角度思考问题，开拓研究的思路。胡阿祥认为对刘禹锡的学术研究可以更好地兼顾文学与史学两个方面，并以韩愈研究会的运行情况为例，建议可以吸收更多的地方学者参与进来，并与其他相关地方建立更为密切的联系。

会上，地方文史工作者也分享了自己的研究成果与心得，曹春生《刘禹锡连州诗歌注释》（现代出版社 2015 年版）、黄山长《刘禹锡岭南文脉探源》（中国文联出版社 2015 年版）、周则强《初读〈阳山庙观赛神〉——试探刘禹锡竹枝词诗体的创立地》等著作和论文也引起了与会者的关注。地方文史工作者们就地方上的刘禹锡研究成就、特色与专家们进行了交流，并对刘禹锡的研究提出了一些具有建设性的意见。黄山长强调了地方学者研究的优势和意义，认为要重视和利用地方上的材料如民俗文献等；何志昌表达了对乡贤刘禹锡的敬慕之情，希望刘禹锡研究能更好地与地方经济和文化建设结合起来。这些发言丰富了与会者对连州历史以及刘禹锡的认识。此外，日本学者长谷川真史还对日本中唐文学会刘禹锡读书会自 1996 年以来的开会地点、参加人员、选读作品进行了介绍，并表示欢迎更多的中国研究者参加，共同努力来提高刘禹锡研究的水平。

综观本次会议提交的论文及讨论，整体上显示了学术视野开阔，研究方法多样的气象。德高望重的专家功底扎实、眼界阔远，年轻新锐思路灵活、方法新颖，各具优势。另外，来自不同职业的学者也在研究中显示出各自的长处。大会学术氛围浓郁，充分展现了国内外学者对刘禹锡研究的热情与创新精神。

本次会议以刘禹锡学术研讨会为契机，成立中国刘禹锡研究会，秘书处设在华南师范大学文学院。华南师范大学文学院教授张巍在闭幕式上介绍了中国刘禹锡研究会成立的情况，宣读了中国唐代文学学会关于成立中国刘禹锡研究会申请的批复，随后举行了隆重的授牌仪式。大会通过投票选举产生了研究会的领导机构，具体为，顾问：陈尚君、吴在庆、阎琦；会长：戴伟华；副会长：胡可先、胡阿祥、钱志熙、吴夏平、肖瑞峰、查屏球；秘书长：曹春生、王景福、曾祥永；副秘书长：张巍。

中国刘禹锡研究会的成立，标志着刘禹锡研究迈向一个新的台阶。中国刘禹锡研究会将充分发挥纽带的作用，加强学术交流，提高活动频率，开创刘禹锡学术研究学术争鸣、百花齐放的新局面。正如陈尚君在开幕式时表示，刘禹锡研究必将做出更好的成绩，并将对地域发展做出更多的贡献；作为古代文化的研究者、学习者、承传者，我们有责任也有信心使刘禹锡及古代文学的研究更上一层楼。

（作者单位：华南师范大学）

后　记

2015年11月22日至23日，由华南师范大学文学院、广东省清远市委宣传部、连州市委宣传部主办，连州市刘禹锡纪念馆承办的“纪念刘禹锡赴任连州1200周年暨刘禹锡学术研讨会”在连州市隆重召开。华南师范大学戴伟华，复旦大学陈尚君、查屏球，温州大学王小盾，中国人民大学薛天纬，厦门大学吴在庆，南开大学卢盛江，浙江工业大学肖瑞峰，北京大学钱志熙，南京大学胡阿祥，浙江大学胡可先，中国社会科学院文学研究所陈才智，四川大学何剑平，澳门大学Robert（安乐博），日本九州大学长谷川真史等海内外专家学者70余人参加了会议。经中国唐代文学学会批准，成立“中国刘禹锡研究会”。大会选举戴伟华教授为会长，肖瑞峰、钱志熙、胡可先、胡阿祥、查屏球、吴夏平六位教授当选为副会长，广东连州刘禹锡学术研究会会长曹春生、湖南常德刘禹锡学术研究会会长曾祥永、安徽宣城历史文化研究会会长王景福当选为秘书长，华南师范大学张巍教授当选为副秘书长。陈尚君、吴在庆、阎琦三位教授担任学会顾问。“中国刘禹锡研究会”挂牌华南师范大学文学院和连州市刘禹锡纪念馆，秘书处设在华南师范大学文学院。

会议收到关于刘禹锡的研究论文40余篇，本文集收录35篇。以下对论文集的编辑情况略作说明。

一，论文大体按照研究内容分类编排。集中所收文章，约可分为六大类：一是诗歌研究；二是文、赋研究；三是史实考述；四是文集研究；五是域外研究；六是学术史研究。研究刘禹锡诗歌的论文，涉及刘诗的方方面面，比如诗歌艺术和风格，刘诗与刘白、元白诗歌流派，与佛典、文艺思潮等之间的关系，诗歌选释，贬谪诗等。其中贬谪诗关注者较多。文、赋研究论文，主要讨论刘禹锡未列入“唐宋八大家”的原因，刘氏所作序文，如诗序、文集序，以及刘赋的价值和接受等。史实考述论文，其范围包括刘禹锡的人际维度、刘书《崔迢墓志》、宋人对刘的评价、刘咸允府试等史事。文集研究论文，集中于日藏朝鲜刊《刘宾客诗集》、刘集宋刻本，以及《刘禹锡全集编年校注》校勘等问题。刘禹锡域外研究论文两篇：一是对日本中唐文学会刘禹锡读书会的介绍，一是论述刘禹锡在朝鲜士人中的影响。学术史研究论文两篇，一是梳理近百年来刘禹锡研究情况，二是对本次会议的综述。这样划分，只是对论文内容的大致归类。

二，其中有两篇论文，是编委会向作者邀约的。一篇是尚永亮先生的《逆境超越与悲秋情怀——以刘禹锡诗的风格主调为中心》，另一篇是阎琦先生的《〈刘禹锡选集〉导读》。感谢两位先生对学会的大力支持！阎先生当时不在国内，论文经由薛天纬先生转发。感谢薛先生对学会的厚爱和辛劳付出！

三，编辑工作，除上述区划类别之外，主要是按出版社要求，调整论文格式。对作者原文，做了一些必要的错别字和标点符号的修改，其余均保留原貌。

华南师范大学文学院、连州刘禹锡纪念馆等单位和机构对本次学术研讨会的顺利召开作了精心部署和周密安排，为论文集的出版付出了辛勤劳动。所有作者都及时与编委会联系沟通，认真修改论文。在此一并致谢！

限于编者水平和能力，错漏在所难免，敬祈专家学者指正！

编　者

2016 年 5 月